I. n 27.
32914 bis - 32914 ter.

AVIS PRÉLIMINAIRE

Cette correspondance est en quelque sorte la Préface obligée de l'*Histoire du Pensionnat Menpenti* ; elle indique en effet le motif légitime qui m'a porté à exhumer de la poussière et à livrer à l'impression des manuscrits et des souvenirs que j'avais condamnés à un profond oubli.

Puisqu'on a pensé que l'affaire Menpenti était un incident assez remarquable pour ne pas être déplacé dans la biographie d'un Prélat renommé, que l'exposition qu'on en a faite pèche par défaut d'exactitude et que d'ailleurs les contemporains au milieu desquels je termine mon existence, ou ignorent complètement cette affaire, ou n'en ont reçu qu'une impression défavorable, il importe à mon honneur et surtout à la vérité historique de rétablir les faits dans toute leur *nudité*.

Comme ce sont des *Mémoires* privés que j'écris, en tant qu'ils se rattachent à des événements publics, on ne sera pas étonné que je parle presque toujours à la première personne.

J'espère qu'en considération des nombreux aveux de mes propres fautes, on daignera aussi m'excuser d'avoir, entraîné par les circonstances, présenté quelquefois mon éloge.

On trouvera dans mes papiers les pièces officielles sur lesquelles je base mon récit, et les autographes des principaux personnages qui ont joué un rôle dans ce drame. Je les confie à la loyauté et à l'affection de ma famille.

P. J.

MA CORRESPONDANCE

AVEC

Le Père RAMBERT

Supérieur du Grand Séminaire de Fréjus

Oblat de M. I.

« Loquimini Veritatem.
« unusquisque cum proximo
« suo... et pacem diligite »
(ZACH, C. 8, v. 16, 19).

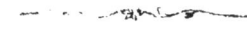

MARSEILLE
IMPRIMERIE GIRAUD ET DURBEC
24, Rue Pavillon, 24

1888

MA CORRESPONDANCE

AVEC

Le Père Rambert

Supérieur du Grand Séminaire de Fréjus

EXTRAITS DE LA BIOGRAPHIE DE Mgr EUGÈNE DE MAZENOD

PAR LE PÈRE RAMBERT

Supérieur du Grand Séminaire de Fréjus

(Livre IV, les épreuves, page 695)

Cependant plus la situation de Mgr d'Icosie se prolongeait, plus elle devenait critique. Le gouvernement ne voulait pas s'éclaircir sur son compte ; il s'obstinait à croire vraies les accusations absurdes portées contre lui, le considérant toujours comme un homme dangereux, un chef de parti ouvertement hostile à sa politique. Or, Mgr de Mazenod étant déclaré par les ministres déchu de sa qualité de français, était par là-même à leur merci ; et ils pouvaient, sans jugement préalable, le faire déporter à l'étranger.

Mgr d'Icosie ne l'ignorait pas, ni ses amis non plus ; car, malgré la bonté de son cœur, la grandeur de son caractère, la noblesse et la générosité de ses procédés, il avait des ennemis. Hélas ! ses pires ennemis, les plus redoutables à tous égards, c'étaient deux mauvais prêtres étrangers, interdits dans leur propre diocèse, qui étaient venus se réfugier à Marseille pour y établir, malgré l'autorité épiscopale, une maison d'éducation.

L'évêque d'Icosie connaissait trop les antécédents de

ces ecclésiastiques pour ne pas se croire obligé, en conscience, d'avertir les familles chrétiennes et les détourner d'envoyer leurs enfants dans une institution où leurs âmes étaient en péril. A ces malheureux prêtres s'adjoignaient tous ceux qui, pour divers motifs, croyaient avoir à se plaindre de l'autorité diocésaine ; et, comment ne pas donner lieu à des plaintes quand, par devoir, on doit tout réduire à l'obéissance, imposer des sacrifices, réformer des abus, réprimer des désordres, stimuler les négligents ? M⁹ d'Icosie passait à bon droit pour l'âme du Conseil épiscopal ; aussi était-ce contre lui que s'élevaient toutes les plaintes.

On connaissait l'ardeur de son zèle pour la perfection du clergé, son énergie indomptable dans la poursuite de ses desseins de perfection, sa fermeté inébranlable pour la répression des scandales. C'était donc à lui que les mécontents faisaient remonter tout ce que les actes de l'autorité épiscopale pouvaient avoir de sévère. Connaissant la position de l'évêque d'Icosie, soit à Rome, soit à la Cour de France, ils ne manquèrent pas d'en profiter, attaquant le prélat tantôt à la secrétairerie d'Etat du Quirinal et tantôt auprès du gouvernement de Louis-Philippe. Au cardinal secrétaire d'Etat, on le représentait comme compromettant la dignité épiscopale par une situation extra-légale qui l'exposait, d'un jour à l'autre, à être traîné devant les tribunaux comme factieux et perturbateur de l'ordre public. Auprès des ministres du roi des Français, on renouvelait les accusations qui avaient trouvé déjà tant de crédit, de réunions et de complots politiques à l'évêché, etc., etc. On y ajoutait l'espèce d'état de révolte permanente où se maintenait M⁹ de Mazenod, en continuant de prendre le titre de grand-vicaire et d'en exercer les fonctions. On se plaignait, en outre, de son absolutisme et de son omnipotence dans l'administration. Un mémoire très-perfide, écrit dans ce sens, fut publié à Marseille et répandu à profusion.

Mᵍʳ de Mazenod, voyant que la position n'était plus tenable, résolut de s'éloigner, du moins pour un temps, afin de tâcher de se faire oublier de ses persécuteurs, si c'était possible. Il donna officiellement sa démission de vicaire-général, fit nommer à sa place un des prêtres des plus vénérables du clergé de Marseille, M. l'abbé Chaix, ancien curé de la paroisse de Notre-Dame du Mont, et il partit de Marseille sous le prétexte apparent de remplir des fonctions épiscopales dans divers diocèses privés de leur pasteur, mais en réalité pour fuir devant l'orage et attendre le moment de la Providence.

Il comptait sur Elle, Elle ne lui fit pas défaut ; mais ce n'était pas sans une bien amère tristesse qu'il s'éloignait ainsi de Marseille en fugitif, et aussi de ses meilleurs amis, de son vieil oncle, âgé de 85 ans, pour prendre le chemin de l'exil. Il écrivait à cet oncle vénéré, dès le lendemain de son départ :

« *16 juin 1835.*

« Croyez, mon cher oncle, que c'est avec un véritable regret que je m'éloigne de vous. C'est le mal le plus sensible que pût me faire l'*indigne sujet* que l'enfer inspire. »

Et d'Avignon, le 26 juin 1835 :

« J'éprouve, mon cher oncle, une sorte de peine à être loin de vous le jour d'une si belle fête (du Sacré-Cœur) pour votre diocèse. Quelles que soient les consolations spirituelles que je rencontre dans ma marche, on peut dire apostolique, je gémis et suis vraiment contrarié du motif qui a déterminé mon voyage. C'est vraiment trop fort d'être obligé de céder la place à la révolte et à l'audacieuse calomnie, personnifiée dans la personne de cet indigne pamphlétaire, qui s'est donné la mission d'outrager votre autorité et notre très-saint ministère. »

« *Marseille, le 10 mai 1886.*

« Monsieur le Supérieur,

« On vient de me faire lire quelques lignes de la biographie de feu M⁺ʳ Eugène de Mazenod, dans lesquelles je regrette d'avoir remarqué des assertions dont je puis démontrer, preuves en mains, l'inexactitude, concernant l'affaire de *Menpenti*.

« Comme la qualité principale de l'histoire, vous ne l'ignorez pas, est certainement la vérité et qu'il n'est pas juste de relever le mérite d'un supérieur quelconque au détriment d'un inférieur dont l'honneur sacerdotal pourrait être compromis, j'espère de votre bonne foi, dont je ne doute nullement, que vous voudrez bien faire bon accueil aux rectifications que j'ai à vous présenter.

« Je suis le seul survivant des acteurs de ce drame semi-séculaire ; j'ai, moi seul, des pièces authentiques qui contredisent formellement ce que vous avancez ; vous serez donc bien aise, j'en ai la conviction, de connaître ces rectifications, qui ne concernent que des faits contre lesquels, vous le savez, on ne raisonne pas.

« J'ai, comme l'on dit vulgairement, un pied dans la tombe ; je n'ai donc nullement l'intention de renouveler une polémique qui serait aujourd'hui très déplacée; mais je dois à ma mémoire et à l'honneur de ma famille de ne pas laisser passer, avant de mourir, sans une légitime protestation, ce qui pourrait devenir pour moi une sorte de flétrissure permanente dans un ouvrage destiné à une certaine célébrité.

« Cependant, vous concevez que je dois attendre votre réponse avant de vous communiquer mes observations.

« Agréez l'assurance de ma respectueuse considération avec laquelle j'ai l'honneur d'être, Monsieur le Supérieur, votre très-humble serviteur.

« JONJON, *prêtre*,
« Ancien chef d'institution. »

« *12 mai 1886.*

« Monsieur l'Abbé,

« C'est au retour d'une absence de quelques jours que j'ai pu prendre connaissance de la lettre dont vous avez bien voulu m'honorer.

« Je recevrai avec gratitude les documents que vous me proposez ; car, en effet, la qualité principale de l'histoire c'est la vérité, et j'espère bien n'y avoir pas manqué.

« Veuillez agréer, Monsieur l'Abbé, mes sentiments respectueux et dévoués.

« RAMBERT. »

« *Marseille, le 24 mai 1886.*

« Monsieur le Supérieur,

« Vous étiez bien jeune, peut-être même n'étiez-vous pas encore de ce monde, lorsque les événements qui me concernent, et que vous relatez à mon grand regret d'une manière si incomplète, s'accomplissaient à Marseille ; aussi, pour les écrire, avez-vous dû recourir à des renseignements que vous avez recueillis de la meilleure foi du monde, puisque *vous espérez*, dites-vous, *n'avoir pas manqué à la vérité*. J'espère, à mon tour, pouvoir vous convaincre que vous y avez manqué ; je l'espère de votre intelligence, de votre équitable impartialité et surtout de cette charité évangélique qui fait de nous tous une même personne morale. Sans autre préambule, j'entre en matière :

« 1° Après avoir exposé longuement et avec amertume les projets haineux des *pires ennemis* de Mgr d'Icosie, à la tête desquels vous n'hésitez pas à mettre *deux prêtres étrangers au diocèse,* vous citez immédiatement des fragments de deux lettres du prélat, adressées à son oncle, l'une du 16 juin 1835 et l'autre du 26, même mois, même année ; il est question dans ces deux lettres *d'un indigne sujet que l'enfer inspire, d'un indigne pamplétaire,* etc., etc.

« Pour quiconque sait lire et résumer ses lectures, il doit paraître évident que ce personnage sinistre, qui jette le trouble dans l'âme de Mgr d'Icosie, ne peut être qu'un de ces deux prêtres que vous présentez, dans les lignes qui précèdent, sous de si sombres couleurs. Eh bien ! rien n'est plus contraire à la vérité.

« Ces prêtres n'ont fondé leur maison d'éducation, dont vous ne faites pas un tableau séduisant, qu'aux premiers jours du mois d'octobre ; ils ont vécu pendant tout l'été dans l'obscurité la plus complète et ne prenaient aucune sorte de part aux plaintes, aux tracasseries et aux dénonciations qui ont provoqué la démission de Mgr d'Icosie, comme vicaire-général, et son départ de Marseille.

« Je vous défie, Monsieur le Supérieur, de trouver dans les divers écrits qui ont été à votre disposition, la moindre trace de leur coopération ou de leur complicité dans les mesures que l'on prit alors pour forcer le prélat à s'éloigner de Marseille. Cette lutte a précédé la nôtre, qui, j'ose l'affirmer, y fut complètement étrangère.

« Cet anachronisme, qui, dans toute autre circonstance, pourrait être inoffensif, ne l'est pas en réalité, grâce à l'affectation que vous mettez à passer sous silence certains incidents dont la gravité aurait dû, ce me semble, être prise en considération dans une biographie proprement dite. Vous allez en juger vous-même.

« Plus que tout autre, Monsieur le Supérieur, vous, sous les yeux de qui ont passé tous les manuscrits, mémoires et mélanges, concernant le long épiscopat des de Mazenod, vous devez connaître les faits saillants qui ont marqué cette période. Je ne saurais donc croire que vous ignorez qu'au mois de juin 1835, tandis que M⁶ʳ d'Icosie épanchait dans le cœur de son oncle *son amère tristesse,* un procès se plaidait devant l'officialité métropolitaine ; qu'un jeune prêtre, simple vicaire de paroisse, y soutenait publiquement les droits d'un curé inamovible et accusait formellement M⁶ʳ d'Icosie *d'absolutisme et d'omnipotence* dans l'administration, qui, croyez-le bien, ne plaisait pas alors ni à la grande majorité du clergé, ni à la plupart des fidèles ; il ne me paraît pas croyable non plus que M⁶ʳ Jeancard, qui a joué le rôle de défenseur de l'évêque dans cette affaire, n'ait laissé dans ses écrits posthumes aucun témoignage du dévouement qu'il déploya dans cette circonstance.

« Ainsi, Monsieur le Supérieur, je ne me rends pas compte de votre silence sur cet épisode, et j'en suis d'autant plus douloureusement surpris que vos jeunes lecteurs, qui n'ont jamais entendu parler de ce prêtre, ne manqueront pas de le confondre avec les fondateurs du Pensionnat-Menpenti ; ce qui, assurément, à cause du portrait que vous faites de ces derniers, ne lui fait pas honneur ; et, d'autre part, au nom de ces deux prêtres déjà fortement chargés de leurs propres méfaits, à l'un desquels vous semblez attribuer les faits et gestes du premier, j'ai le droit, en ma qualité de seul survivant, de vous rendre responsable d'une lacune qui est une nouvelle diffamation, au moins indirecte, bien que vous n'en ayez pas prévu, j'aime à le croire, toutes les conséquences.

« 2° Vous avancez que *deux mauvais prêtres étrangers, interdits dans leurs propres diocèses, étaient venus se réfugier à Marseille pour y établir, malgré l'autorité épiscopale, une maison d'éducation.*

« D'abord, nous étions trois et non pas seulement deux ; l'oubli du troisième prêtre dans vos renseignements est d'autant plus inconcevable, qu'il n'était pas étranger, qu'il appartenait au diocèse de Marseille, qu'il y était très considéré pour ses talents oratoires, qu'il avait une affection filiale pour Mgr d'Icosie, dont il était par conséquent tendrement aimé ; ce qui ne l'empêcha pas d'être, sur les trois, le plus chargé d'iniquités.

« Les deux autres étaient, en effet, étrangers ; mais ils étaient venus à Marseille non pour y fonder une maison d'éducation, mais parce qu'ils y avaient été appelés officiellement par M. l'abbé Bicheron, supérieur du Petit-Séminaire, au nom de l'évêque ; ils ont exercé dans cette maison, pendant dix-huit mois, les fonctions de professeurs des plus hautes classes et avaient tous les pouvoirs dont jouissent les prêtres approuvés. Vous êtes bien obligé, Monsieur le Supérieur, d'admettre *à priori* que ces deux prêtres n'avaient pas été interdits dans leurs diocèses, pour justifier l'administration épiscopale de Marseille du reproche de légèreté, d'imprudence et d'indélicatesse à l'égard des familles chrétiennes qui lui confiaient leurs enfants ; c'eût été, en effet, par trop fort que Mgr d'Icosie, qui, dites-vous, connaissait leurs antécédents de prêtres tarés, ou M. Tempier, qui pouvait et devait les connaître, les eût cependant accueillis sans hésitation et placés honorablement dans une maison d'éducation ecclésiastique.

« S'il fallait confirmer mon témoignage touchant ces faits matériels, j'invoquerais celui de plusieurs élèves ou collaborateurs que la mort a encore respectés, tels que l'abbé Richaud, chanoine adjoint; l'abbé Gondran, curé de Saint-Cannat; l'abbé Gras, chanoine honoraire et membre de l'Académie ; l'abbé Timon-David, chanoine honoraire ; l'abbé Bargès, professeur d'hébreu à la Sorbonne ; le docteur Chapplain, doyen de l'Ecole de Médecine ; de Boisjelin, neveu de Mgr de Mazenod, etc., etc. ; et, si la mort n'avait pas éclairci les rangs, je pourrais encore citer l'abbé Meistre, vicaire-général ; l'abbé Payan, archiprêtre ; l'abbé Carbonel, chanoine ; l'abbé Couture, curé de Saint-Philippe ; l'abbé Estoupan, curé de Saint-Lazare ; l'abbé Saint-Rôme, supérieur de l'Ecole Belsunce ; enfin, l'abbé Bicheron et Mgr Jeancard, eux-mêmes.

« Mais le prêtre originaire de Toulon était au moins en disgrâce, me direz-vous. C'est possible et même probable, puisque je me souviens qu'il se plaignait souvent de l'évêque de Fréjus, Mgr Michel. Mais cela ne prouve pas qu'il fût un mauvais prêtre, d'abord parce que, comme je viens de le dire, on alla le chercher à Toulon et il fut reçu à Marseille sans difficulté ; c'est M. l'abbé Carbonel, alors professeur de quatrième, qui fut chargé de cette mission. Ensuite, combien de prêtres disgrâciés n'aurais-je pas à vous nommer, que vous vous garderiez bien de flétrir par la qualification de *mauvais* ? Le nombre en étant considérable, je me borne à vous citer ceux qui se présentent actuellement à ma pensée : Sous l'épiscopat des de Mazenod, l'abbé Maurel, supérieur du Grand-Séminaire ; l'abbé Carrier, professeur de théologie, de philosophie et de rhétorique, un des plus savants prêtres de l'époque, et généralement les anciens curés de Marseille. Sous Mgr Cruice, l'abbé Cailhol, ancien vicaire-général ; l'abbé Carbonel, chanoine titulaire, et toute la congrégation des Oblats, en bloc. Sous Mgr Place, l'abbé Guiol, l'abbé Pontier et l'abbé Payan, révoqués comme vicaires-généraux, etc., etc. Ainsi, la disgrâce de tel et tel prêtre ne suppose pas toujours qu'ils ont démérité, en perdant la confiance de leurs supérieurs, parce que ceux-ci, incontestablement, ne sont ni impeccables ni encore moins infaillibles.

« J'ai hâte d'arriver à ce qui me concerne.

« Lorsque, entraîné par les lettres séduisantes de M. l'abbé Bicheron, je me décidai, pour mon malheur, à quitter mon diocèse et à accepter le poste qu'on m'offrait à Marseille, je reçus de M. Bony, supérieur du Grand-Séminaire, une lettre très touchante, de laquelle j'extrais ce qui suit :

« *Aix, 4 septembre 1833.*

« Vous avez dû recevoir, Monsieur et très cher Jonjon,
« une lettre de M. Boulard, qui vous écrit de la part de
« Mgr l'archevêque, pour vous engager à venir le voir.
« Soyez assuré que Mgr l'archevêque *vous veut du bien ;*
« *il vous estime fort* et *il vous est attaché.* Il a dessein
« de vous employer au Petit-Séminaire, sur la demande
« que M. Rouchon lui a faite de vous... Je vous écris,
« mon cher Jonjon, uniquement pour vous engager à ne
« pas refuser ce poste qui vous est offert ; vous y serez
« avec agrément, et vous ne garderez pas, par ce moyen,
« sans utilité le talent que Dieu vous a donné. Pensez que
« vous vous devez, avant tout, à votre diocèse...
« Je vous aime et vous embrasse de tout mon cœur.

« BONY. »

« J'eus le malheur, je le répète, de ne pas suivre les exhortations charitables et paternelles de mon directeur spirituel, et je priai de nouveau l'autorité ecclésiastique de m'autoriser à quitter le diocèse. M. Boulard, vicaire-général, me répondit en ces termes :

« *Aix, 28 septembre 1833.*
« Monsieur,

« J'ai fait part à Mgr l'archevêque de la lettre que vous
« m'avez écrite le 22 de ce mois. Sa Grandeur m'a chargé
« de vous répondre que, *pour vous prouver l'intérêt*

« *qu'il vous porte et le désir qu'il éprouve de vous voir*
« *jouir d'une bonne santé, il consent à vous* PRÊTER *pour*
« *neuf mois à son vénérable voisin...*

« Recevez une nouvelle assurance des sentiments d'in-
« térêt et d'attachement de votre très-humble serviteur.

« BOULARD, *vicaire général.* »

« Après avoir lu ces documents, serez-vous convaincu, Monsieur le Supérieur, surtout pour ce qui me concerne, que vous avez certainement manqué à la vérité, en écrivant que j'étais alors *un mauvais prêtre, interdit dans mon diocèse ?* Et si, comme vous l'affirmez, Mgr d'Icosie *connaissait mes antécédents*, il ne devait pas évidemment me mettre au nombre *de ses pires ennemis*.

« Vous ne direz pas, pour justifier votre méprise, que, n'étant pas nommé expressément, je n'ai nul droit de me plaindre ; les détails dans lesquels vous entrez, et qui ne peuvent s'appliquer qu'à la personne de l'abbé V... et à moi-même, rendent toute dénégation impossible ; il n'y a pas eu, en 1835, d'autres prêtres étrangers, fondant une maison d'éducation et encourant pour ce fait la colère épiscopale, que les trois prêtres dont je viens de parler ; si votre ouvrage était livré à la vente publique, personne ne s'y méprendrait à Marseille, et la diffamation même calomnieuse (vous daignerez me pardonner cette expression) serait complète.

« Enfin, je ne sais comment concilier avec votre récit un article *communiqué*, du 10 octobre 1835, de la *Gazette du Midi* dans lequel on peut lire ce qui suit :

« N'est-il pas vrai que ces trois messieurs, deux étran-
« gers au diocèse, ont été accueillis avec une bonté
« paternelle, dans des circonstances critiques pour eux ? »

« Donc, évidemment, nous ne sommes pas venus à Marseille, d'après la *Gazette*, qui insérait alors dans ses colonnes tout ce qui nous était défavorable, *pour fonder une maison d'éducation malgré l'évêque.* Et si l'on peut conclure tout au plus que nous étions en disgrâce, ce qui est faux pour ce qui me concerne, sans nul doute nous ne devions pas *être interdits,* sinon *la bonté paternelle* eut été une coupable tolérance.

« Je poursuis :

« 3° Vous prétendez que *les pires ennemis de Mgr d'Icosie étaient deux prêtres,* etc. Je ne partage pas, Monsieur le Supérieur, votre manière de penser ; j'ai toujours cru et je crois encore que ceux qui soutiennent une lutte quelconque en plein jour, soit qu'ils prennent l'initiative du combat, soit qu'ils repoussent les attaques ou se tiennent sur la défensive, à la face du soleil, ne sont pas *les pires ennemis, les plus redoutables à tous égards.* J'ai toujours cru et je crois encore que ceux qui lancent la pierre et cachent le bras, qui dissimulent leurs sentiments hostiles et se couvrent hypocritement de la peau de brebis pour atteindre plus sûrement le pasteur, méritent avec plus de raison les qualifications odieuses que vous employez. Or, personne n'ignore à Marseille que Mgr d'Icosie avait des ennemis secrets, qu'il honorait pourtant de sa confiance et comblait de faveurs, et qui, abusant de cette intimité, dénonçaient à Rome ses excès de pouvoir, tout en le flattant et recevant ses caresses. En voulez-vous une preuve ?

« Au mois de septembre 1856, l'élite du clergé de
« Marseille, convoquée par Mgr de Mazenod, s'était réunie
« en Synode... *Les divers membres qui la composaient,*
« dit l'historien du Synode, *n'avaient d'autre pensée que*
« *celle de leur chef ; rarement l'union des esprits et des*
« *cœurs n'avait paru d'une manière plus consolante.* .
« Les travaux du Synode étant arrivés à leur terme, un
« prêtre éloquent fut chargé d'offrir à Mgr l'évêque l'hom-
« mage de la profonde reconnaissance du clergé et pro-
« nonça à ce sujet un discours remarquable, dans lequel

« on épuisa tout le vocabulaire de l'adulation la plus cha-
« leureuse... M⁸ʳ de Mazenod meurt en 1861, et les
« notables de ce même clergé s'empressent de rédiger
« une lettre cauteleuse qu'ils adressent aux vicaires-
« généraux capitulaires, pour leur demander en termes
« respectueux, bien entendu, ce que l'évêque vénéré, le
« père bien-aimé avait fait des fonds déposés dans la
« caisse diocésaine ; et, comme il y avait un vide complet,
« vous fûtes accusés, Messieurs les Oblats, d'y avoir
« puisé à deux mains.

Dites-moi, Monsieur le Supérieur, si ceux qui conçurent l'idée et qui l'exécutèrent *de donner un coup de
pied à un cercueil et de souffleter un cadavre*, furent
des amis ou des ennemis ? Et, si vous me demandez à
quelle source j'ai puisé les détails distingués par des
guillemets, vous serez étonné, je n'en doute pas, d'apprendre que c'est un de ceux que vous pourriez compter
parmi *les ennemis* de M⁸ʳ d'Icosie, qui, indigné d'une
si révoltante couardise, entreprit de venger la mémoire
du prélat dans un écrit qui fit alors quelque sensation,
dont on a ignoré l'auteur jusqu'à ce jour, et que personne n'a songé à réfuter, quoique les inculpés fussent
sur le chandelier. »

« 4° *L'évêque d'Icosie, dites-vous encore, connaissait
trop les antécédents de ces ecclésiastiques pour ne pas se
croire obligé en conscience d'avertir les familles chrétiennes, et les détourner d'envoyer leurs enfants dans
une institution où leurs âmes étaient en péril ;* et,
en effet, pendant plus d'un an, tous les moyens, jusque-
là inusités, furent employés par l'administration épiscopale, dont M⁸ʳ d'Icosie, vous en convenez, était le
pivot central, pour arriver à l'anéantissement de notre
maison ; réunion de curés, circulaires, avis aux confesseurs, la presse de toute couleur et la chaire même,
rien ne fut négligé. L'attaque fut violente et anticanonique ;
j'ai entre les mains une décision de la Sacré-Pénitencerie

qui condamne un des principaux engins de guerre, inventés pour nous détruire ; d'autre part, la défense, je ne l'ai jamais dissimulé, franchit quelquefois les limites imposées par le respect et l'obéissance, comme l'accusation avait dépassé celles que lui traçaient la charité et la justice. La réaction, personne ne l'ignore, est toujours proportionnelle à la compression qu'on éprouve, ce qui est vrai au physique et au moral, fatalement ou humainement ; enfin, les deux fleuves débordés rentrèrent chacun dans son lit et le respect du droit.

« Voilà, en peu de mots, Monsieur le Supérieur, l'histoire vraie de Menpenti. En effet, aux premiers jours de février 1837, notre maison, comme vous le dites, et d'après les instructions données par l'Evêché, était *une institution maudite, où les âmes étaient en péril.* Le mois ne s'était pas écoulé que dans cette même maison, ayant toujours à sa tête les trois mêmes prêtres, on pouvait y faire sûrement son salut ; et, au mois d'avril suivant, M#r d'Icosie administrait, lui-même, dans sa chapelle, les sacrements d'Eucharistie et de confirmation à vingt-huit de nos élèves, dont la bonne tenue et le pieux recueillement le charmèrent tellement, qu'il ne pût s'empêcher d'en témoigner sa satisfaction à M. l'abbé Camatte, curé du Rouet et confesseur des élèves.

« Après tous ces détails, que j'affirme sur mon honneur et que je pourrais confirmer par des témoignages dignes de foi, n'aurez-vous pas quelque regret d'avoir rappelé, en suivant des guides infidèles, le souvenir d'une lutte sur laquelle vous auriez pu passer l'éponge, comme vous l'avez fait pour d'autres événements plus ou moins critiques ?...

« Ceux, en effet, de vos lecteurs qui ont connu de fort près M#r Eugène de Mazenod (et ils sont encore assez nombreux) remarquent qu'il y a dans la *Biographie* des réticences regrettables sur des circonstances d'une gravité exceptionnelle ; ces réticences ont d'autant plus lieu de s urprendre, que vous êtes très expansif à l'égard d'autres circonstances qui auraient pu être cachées, daignez en convenir, sans inconvénient, jusqu'au jour du jugement ; je ne doute pas que le grand prélat, dont je n'ai jamais méconnu le vrai mérite, ne fût de mon avis, s'il était encore de ce monde.

« Aussi les fondateurs de Menpenti n'ont-ils pas à se féliciter de la mention que vous faites d'eux, qui, certes, est loin d'être *honorable;* et moi qui, des trois, suis le seul survivant, j'eusse mieux aimé laisser couler mon obscure existence jusqu'à la dernière goutte, que de soulever inopportunément une poussière depuis lontemps abattue sur une route que ne hante plus le clergé du moment, l'intérêt général de l'Eglise appelant ailleurs ses trop légitimes préoccupations ;

« 5° Enfin, je lis dans le même passage de votre œuvre la déclaration suivante : *On se plaignait de l'absolutisme et de l'omnipotence de Mgr d'Icosie dans l'administration. Un mémoire très perfide, écrit dans ce sens, fut publié à Marseille et répandu à profusion.*

« Si, Monsieur le Supérieur, un mémoire très-perfide fut publié à Marseille en 1835, je ne pense pas qu'il ait été répandu à profusion, puisque je n'en ai jamais eu connaissance. Quoi qu'il en soit, il me paraît encore évident que des lecteurs ignorants ou superficiels ne manqueront pas de le mettre de nouveau à la charge *des deux mauvais prêtres*, à cause du défaut d'ordre chronologique que j'ai déjà signalé dans votre récit ; peut-être même est-ce votre opinion, d'après les renseignements erronés que vous avez consultés. Une rectification me paraît donc encore ici nécessaire pour sauvegarder tout à la fois la vérité de l'histoire et la véracité de l'historien. Un mémoire, en effet, seulement justificatif et non perfide à aucun degré, fut imprimé au mois de février 1837 et non en 1835 ; mais il ne fut pas publié, encore moins répandu à profusion, puisqu'il eut les honneurs d'un *auto-da-fé* dans un four de boulanger, en présence de l'auteur et de M. l'abbé Jeancard, représentant de l'évêque ; deux exemplaires seulement furent sauvés de ce déluge de feu. J'ignore ce qu'a fait du sien mon complice dans cette exécution brûlante ; quant au mien, il repose en paix chez moi, et je me garderai bien de lui faire part de nos explications pour ne pas troubler la sérénité de ses vieux jours.

« En terminant, Monsieur le Supérieur, cette lettre, dont vous daignerez excuser la longueur, à cause des graves documents et des importantes rectifications que j'ai dû vous présenter, j'ai deux conclusions à tirer.

« Réfléchissant sur le danger que j'ai couru d'être compromis dans mon honneur sacerdotal d'une manière irréparable, si un ami charitable ne m'avait mis sous les yeux deux pages de votre livre, je me suis décidé à réaliser une pensée qui me traverse l'esprit depuis longtemps, c'est de mettre de l'ordre dans les notes que j'ai prises sur cette affaire Menpenti, qui a laissé dans mon existence une trace si profonde, afin que ma famille, après mon décès, trouve aisément les moyens de me justifier dans le cas où la malveillance attaquerait ma mémoire, comme vous l'avez fait vous-même, fort innocemment, j'en ai la ferme conviction. Personne, je le pense, ne m'en contestera le droit. C'est la première conclusion ; elle m'est personnelle (1).

« Quant à la seconde, qui vous regarde, je ne pousserai pas l'indiscrétion jusqu'à vous tracer explicitement la règle de conduite que vous avez à tenir par rapport à la situation critique que vous m'avez faite ; les fonctions éminentes que vous exercez et le rang distingué que vous

---

(1) L'*Histoire du Pensionnat Menpenti* est sous presse ; elle sera totalement imprimée sous ma surveillance, si la Providence m'accorde encore un an d'existence.

occupez dans votre congrégation me garantiraient tout seuls la satisfaction qui m'est due, si, d'ailleurs, votre savoir et vos vertus sacerdotales ne m'en donnaient le ferme espoir.

« Mais ce que je ne puis taire, c'est que j'attends de votre charité une réponse qui me fasse connaître clairement vos impressions et surtout votre dessein, en vous prévenant avec naïveté que mon grand âge et mes infirmités ne s'accomoderaient pas d'un trop long délai.

« Agréez, etc.

« JONJON, *prêtre,*

« Ancien chef d'institution. »

Dès le 26 mai, le Père Rambert *m'accuse réception de la lettre dont j'ai bien voulu l'honorer et me prie de l'excuser, s'il ne répond pas aussi promptement que je le désirais,* à cause de certaines occupations qu'il daigne m'exposer ; il finit ainsi sa lettre :

« Veuillez avoir la charité de m'excuser, M. l'Abbé, et
« d'agréer l'expression de ma profonde estime, ainsi que
« celle des sentiments respectueux avec lesquels j'ai
« l'honneur d'être votre très-humble serviteur.

« RAMBERT. »

---

4 Juin 1886.

« Monsieur l'Abbé,

« Ayant pu effectuer mon retour plus promptement que je ne l'avais espéré, je me hâte de vous envoyer la réponse que vous attendez de moi.

« Vous me permettrez, Monsieur l'Abbé, de ne pas discuter vos appréciations, mais de me borner aux seuls faits qui font l'objet de vos observations. Si je ne me trompe, ces faits se résument à deux.

« 1° L'existence d'un pamphlet faussement attribué à MM. les Fondateurs de Menpenti. J'ai relu attentivement la phrase incriminée et je n'ai pu voir la preuve de l'accusation dans un paragraphe où j'ai cherché à résumer les principales oppositions que rencontra l'administration de Mgr d'Icosie en 1835. Je parle, il est vrai, de MM. les Fondateurs de Menpenti, mais je ne leur ai pas imputé la publication d'un pamphlet que je savais parfaitement avoir été composé par un prêtre de Marseille qui trompait la confiance de Mgr d'Icosie. La preuve que ce pamphlet a existé se trouve dans les fragments de lettres que j'ai cités. Qu'il fût répondu à profusion, c'est ce qu'affirment les mémoires que j'ai eus sous les yeux et j'ai d'autant moins douté de ce fait que j'ai trouvé plusieurs exemplaires de ce pamphlet dans les archives et que l'on m'en a envoyé du dehors pendant que j'écrivais mon ouvrage.

« Le second fait que vous me reprochez, Monsieur l'Abbé, c'est de n'avoir parlé que de deux prêtres fondateurs de Menpenti, tandis qu'ils étaient trois et d'avoir chargé la mémoire de ces deux prêtres que j'indique comme deux prêtres étrangers au diocèse. Ici, en effet, j'ai fait une confusion regrettable, n'ayant plus les documents originaux sous les yeux, quand j'ai écrit la rédaction définitive de la vie de Mgr de Mazenod. Je me suis fié à des notes qui sont évidemment incomplètes, puisque vous l'affirmez. Je savais bien qu'il y avait eu trois fondateurs de Menpenti MM. V. et B. et vous, Monsieur l'Abbé. Mais j'ai cru à tort que MM. V. et B. étaient deux prêtres étrangers au diocèse, tandis que vous seul faisiez partie du clergé Marseillais. Ne voulant pas entrer dans le détail d'une affaire qui me paraissait avoir si peu

d'intérêt pour la famille spirituelle de Mgr de Mazenod (à qui cette vie était destinée exclusivement), je me suis borné à ne parler que de deux prêtres étrangers, croyant ainsi vous mettre hors de cause. Car je dois à la vérité d'avouer que dans cette déplorable affaire de Menpenti, ... j'ai trouvé dans les archives l'affirmation plusieurs fois répétée de vos vertus sacerdotales et l'expression du regret que votre bonne foi ait été trompée . . . .
Cette erreur matérielle je la déplore d'autant plus que si M. B. était du diocèse de Marseille, et si M. V. et vous étiez étrangers, évidemment les accusations portées contre les deux prêtres indiqués s'adressent à vous.

« Je suis prêt, Monsieur, à faire la rectification qu'il vous plaira d'exiger, car je n'ai que de la consolation à avouer mes erreurs et à les réparer le plus efficacement qu'il me soit possible. Je me propose de retoucher entièrement tout le paragraphe incriminé et d'en faire disparaître tout ce qui pourrait donner lieu à une accusation imméritée. Mais cela est pour l'avenir; quant au passé et au présent que faire?

« L'ouvrage n'est pas destiné à la publicité, vous le savez, et nul dans la congrégation des Oblats, si ce n'est le R. P. Fabre et moi, n'a l'honneur de vous connaître, que faire donc? Vous envoyer une pièce par laquelle je regretterais mon erreur et ferais la déclaration la plus formelle que, lorsque j'ai parlé des deux prêtres fondateurs de Menpenti, je n'ai nullement eu l'intention de parler de vous, que j'ai eu au contraire celle de vous excuser d'un blâme qui ne pouvait vous atteindre? Parlez, Monsieur l'Abbé, et je me rendrai avec empressement à vos désirs; ce ne sera que justice de ma part.

« Veuillez en attendant agréer l'expression de mes sentiments de profonde estime et croire au respectueux dévouement de votre très-humble serviteur.

« RAMBERT. »

Marseille, le 6 Juin 1886.

« Monsieur le Supérieur, »

« Je vous remercie bien sincèrement de l'empressement que vous avez mis à donner à ma dernière lettre une réponse développée, telle à peu près que je le désirais ; ma satisfaction est d'autant plus vive que j'avais parfaitement saisi la légitimité des motifs que vous m'exposiez pour ajourner vos explications. Vous me demandez avec une spontanéité dont je suis profondément ému, ce qu'il faut faire.

« Puisque vous daignez soumettre votre jugement à celui qui n'a actuellement d'autorité que celle d'un octogénaire, voici ce que je pense d'une question que je n'aurais pas soulevée, croyez-le-bien, s'il ne s'agissait de *ce quelque chose* qui l'emporte sur les dignités, les richesses et même la vie, je veux dire l'honneur sacerdotal qui se confond chez moi avec l'honneur du citoyen.

« Je conviens d'abord avec vous qu'il faut renoncer en général à discuter les appréciations sur le fond des choses; nous n'avons, en effet, ni l'un ni l'autre la prétention de renouveler un débat dont l'importance ne s'accommoderait pas des limites étroites d'une lettre. Cependant si nous devons nous borner à préciser les faits qui paraissent exiger des rectifications, je pense qu'il ne faut pas s'arrêter légèrement sur ceux qui ont été exposés d'une manière beaucoup trop défavorable ou qui, ayant été écrits d'après des notes que vous reconnaissez incomplètes, sont tout-à-fait contraires à la vérité.

« Ainsi vous concevez que je ne puis vous laisser dire, sans quelque protestation, que les fondateurs du Pensionnat Menpenti, auxquels vous avouez que vous faites allusion, étaient *les pires ennemis* de Mgr de Mazenod et que leur maison était une institution où *les âmes des élèves etaient en péril*, puisque je suis en mesure de prouver le contraire. Mais je désire seulement par délicatesse que vous constatiez mon opinion, sans vous croire obligé d'y adhérer ; évidemment cette constatation prouvera à vos lecteurs qu'ils ne doivent pas ajouter foi aveuglément à vos affirmations, dénuées de preuves. Vous avouez que les fondateurs du Pensionnat de Menpenti ont été étrangers à la rédaction du mémoire qui fut publié en 1835 ; il me semble que vous devriez ajouter que Mgr de Mazenod ne les visait pas dans les deux lettres adressées à son oncle, dont vous avez cité des fragments.

« Les fondateurs de Menpenti, vous le reconnaissez, étaient trois et non pas seulement deux ; et vous devez reconnaître aussi que celui des trois, que vous mettez hors de cause, appartenait au Diocèse de Marseille et fut la principale cause des mesures rigoureuses prises contre nous par l'Évêché ; tout cela est de notoriété publique dans le clergé de Marseille, même aujourd'hui ; la fameuse lettre du 12 août, qui fut adressée à ce prêtre, et dont on doit trouver des traces dans les archives de l'Évêché, en est une preuve irrécusable.

« De nombreux témoignages de personnes très-graves, j'ai l'honneur de vous le rappeler, pourraient certifier que les deux prêtres étrangers ne sont pas venus à Marseille pour y fonder une maison d'éducation et qu'ils ont exercé en y arrivant, pendant 18 mois, les fonctions de professeur au petit séminaire du Sacré-Cœur où ils avaient été accueillis avec la plus grande bienveillance (1) ; ce qui prouve au moins indirectement que lorsqu'ils sont arrivés à Marseille, ils n'avaient pas été interdits dans leurs diocèses ; et pour ce qui me concerne personnellement, j'ai des pièces très-authentiques, qui le démontrent aussi certainement que possible.

---

(1) La *Gazette du Midi* du 10 octobre 1835 atteste formellement ce dernier fait.

« Enfin, il est question dans le second volume de *trois prêtres dévoyés*, dont Mgr de Mazenod connaissait *l'immoralité* et qui adressaient des articles à la *Correspondance de Rome*. Comme vous ne nommez personne, qu'il s'agit aussi dans le premier volume de trois *mauvais prêtres*, il me paraît évident que les prêtres de 50 ans et au-dessous, qui ne connaissent qu'imparfaitement la première affaire et la seconde, pourraient courir le risque de les confondre : Or, la *Correspondance de Rome* a paru environ dix ans après la séparation définitive des prêtres de Menpenti, qui d'ailleurs étaient rentrés en grâce avec l'autorité ecclésiastique. Quoique j'aie ignoré presque jusqu'à ce jour les ennuis que ce journal avait donnés à Mgr de Mazenod, je ne puis cependant vous dissimuler que j'ai pris des renseignements à peu près officiels sur cette affaire ; or, j'ai découvert, à ma grande surprise, que les prêtres collaborateurs de la *Correspondance* n'étaient ni immoraux, ni interdits, et qu'ils ont presque toujours occupé dans le clergé de Marseille un rang très-distingué. Au reste, ce n'est qu'incidemment que je m'arrête sur cette affaire qui ne me regarde pas.

« Vous vous proposez de retoucher entièrement toutle paragraphe incriminé, sans doute à une nouvelle édition ; vous ajoutez que l'ouvrage n'est pas destiné à la publicité et que d'ailleurs nul dans votre congrégation, si ce n'est le Révérend-Père Fabre et vous *n'a l'honneur de me connaître*.

« Il est vrai que les Oblats, mes condisciples, sont tous morts, le Père Paris, le Père Vincent, le Père Bernard etc. Mais Son Éminence l'archevêque de Paris ne doit pas avoir oublié que je suis un des souscripteurs pour l'Église de Saint-Martin.

« Quoi qu'il en soit, votre ouvrage, qui est entre les mains des Oblats dispersés dans toutes les parties du monde, jouit déjà d'une assez jolie publicité ; de plus vous en avez fait don, tant à Aix qu'à Marseille, à des laïques et à des prêtres, qui n'appartiennent pas à votre congrégation ; or, ces laïques et ces prêtres, mes anciens élèves ou amis, me connaissent parfaitement ; par conséquent il ne me conviendrait pas d'attendre une nouvelle édition, puisque je ne serai plus certainement de ce monde lorsqu'il vous plaira de la publier.

« D'ailleurs ce que je vais vous proposer est fort simple et de facile exécution ; sans prétendre vous imposer une forme de rédaction, ce qui serait inconvenant de ma part, vous pourriez faire la rectification à peu près comme il suit :

« M. l'abbé J.., le seul survivant des fondateurs du Pensionnat dit Menpenti, nous écrit pour nous demander des rectifications, concernant ce que nous avons avancé à la page 695 du premier volume de la Biographie.

« Il affirme qu'il est en mesure de prouver : 1° que ces fondateurs n'étaient pas les *ennemis*, encore moins les *pires ennemis* de Mgr d'Icosie, puisqu'il n'ont pas pris l'initiative de la lutte et qu'ils n'ont fait que repousser les coups qu'on leur portait ; 2° que dans leur maison, les âmes des élèves n'étaient pas plus en péril que dans d'autres du même genre, puisque après de mûres réflexions, Mgr d'Icosie avait consenti à ce qu'ils continuassent leur institution, en jouissant du droit commun, sans toutefois les couvrir immédiatement de sa protection, ce qu'ils n'avaient jamais demandé.

« On conçoit que nous ne pouvons faire autrement que d'enregistrer ces déclarations, ne voulant pas discuter le fond des choses.

« De notre part, nous n'hésitons pas à avancer que nous avons été induit en erreur par des notes incomplètes en affirmant que les fondateurs de Menpenti n'étaient que deux, tandis qu'il est incontestable qu'ils étaient trois ; et que les deux prêtres étrangers sont venus à Marseille, pour y fonder une maison d'éducation, tandis que d'après de nombreux témoignages, ils ont d'abord exercé pendant dix-huit mois les fonctions de professeur de hautes classes au petit séminaire du Sacré-Cœur, où 'ils avaient été accueillis avec la plus grande bienveillance, ce qui prouve au moins indirectement, nous dit M. l'abbé J... qu'ils n'avaient pas été interdits dans leurs diocèses ; s'ils l'avaient été, l'autorité ecclésiastique de Marseille n'aurait ni pu ni dû les recevoir dans une maison diocésaine.

« Mais pour ce qui concerne personnellement M. l'abbé J..., un de ces deux prêtres étrangers, nous affirmons, d'après les pièces authentiques qu'il nous a présentées, qu'il jouissait de l'estime et de l'affection de Mgr l'archevêque d'Aix, lorsqu'il s'est décidé de son propre mouvement à venir à Marseille, ce qui d'ailleurs est confirmé par les notes que nous avons trouvées dans les archives de Marseille etc. *(ici vous mettrez ce que vous voudrez sans pourtant rien exagérer, parceque je ne suis pas un saint à canoniser.)*

« Nous affirmons encore que M. l'abbé J... et ses collaborateurs ont été complètemet étrangers au *Mémoire* dont il est question à la page 696 et que, par conséquent, Mgr d'Icosie ne les visait pas dans les lettres à son oncle, dont nous avons donné des fragments.

« M. l'abbé J..., désire enfin que nous affirmions que ses collaborateurs et lui ont été aussi étrangers aux divers articles insérés dans la *Correspondance de Rome* et dont nous avons parlé dans le second volume de la Biographie ; autant qu'il est en nous, et d'après des données que nous croyons certaines, nous déclarons que nous n'avons jamais entendu dire que ces prêtres se soient ingérés de cette coopération, ni que Mgr de Mazenod ait eu la pensée de les incriminer sur ce point.

« Lorsque, Monsieur le Supérieur, vous aurez rédigé cette pièce, selon votre style, vous daignerez m'en envoyer une copie ; je vous la renverrai assurément avec mon approbation ; vous en ferez imprimer autant d'exemplaires qu'en a la Biographie, vous aurez l'obligeance d'en remettre un à chaque personne, qui possède en ce moment votre œuvre et que vous devez connaître ; mais comme en dehors des Oblats et de ces personnes, je sais pertinemment que plusieurs autres ont lu et lisent la Biographie à votre insu, serais-je indiscret, si je vous suppliais de faire imprimer quelques exemplaires de plus de vos rectifications, et de les mettre à ma disposition ?

« Mille fois pardon, Monsieur le Supérieur, de la sollicitude que je vous donne, et que je voudrais bien vous épargner ; Mais *Curam habe de bono nomine*, nous dit l'Esprit-Saint ; et au lieu de laisser le soin de la réparation à des personnes étrangères à notre état ou indifférentes, j'aime mieux qu'elle se fasse de mon vivant avec toute la décence qui convient au caractère sacerdotal.

« Agréez, etc.

« JONJON, Prêtre,
« Ancien Chef d'Institution. »

Le 8 juin le Père Rambert m'accuse réception de ma lettre du 6, en me priant de vouloir bien lui permettre de retarder la réponse à cause des examens de fin d'année et de l'ordination, et *me renouvelle l'assurance de ses sentiments les plus respectueux.*

Le 20 juin, dès le lendemain de l'ordination générale le respectable Supérieur *s'empresse de m'envoyer les déclarations que je lui avais demandées;* je les lui renvoie de mon côté avec quelques légères modifications qui sont acceptées.

Le 20 juillet, je reçois 50 exemplaires des rectifications imprimées avec la lettre suivante :

« Monsieur l'Abbé,

» J'ai enfin l'honneur de vous annoncer que je mets aujourd'hui même à la poste les rectifications imprimées que vous m'avez demandées ; vous en trouverez 50 exemplaires.

« Il n'a pas tenu à moi que cet envoi ne vous ait été fait plus tôt.

« Veuillez agréer, Monsieur l'Abbé, la nouvelle expression de mes sentiments respectueux et très-dévoués.

« Rambert. »

RECTIFICATIONS

M. l'abbé Jonjon, le seul survivant des fondateurs de la maison d'éducation visée à la page 695 du 1ᵉʳ volume de la vie de Mgr de Mazenod, nous écrit pour nous demander une rectification :

Il affirme qu'il est en mesure de prouver :

1° Que ces fondateurs n'étaient pas les ennemis et encore moins les pires ennemis de Mgr d'Icosie, n'ayant fait que repousser les coups qu'on leur portait.

« 2° Que les deux fondateurs étrangers n'étaient pas interdits dans leurs diocèses.

3° Que dans leur maison les âmes des élèves n'y étaient pas plus en péril que dans d'autres maisons du même genre ; Mgr d'Icosie ayant consenti après mûres réflexions à ce qu'ils continuassent leur institution sous le bénéfice du droit commun. »

« Ne voulant pas entrer en discussion sur le fond, nous ne pouvons qu'enregistrer ces déclarations.

« De notre part nous n'hésitons pas à déclarer :

« 1° Que nous avons commis une erreur en laissant supposer que les fondateurs de la susdite maison n'étaient que deux tandis qu'ils étaient trois.

« 2° Que les deux prêtres étrangers ne sont pas venus à Marseille dans le but d'y fonder une maison d'éducation, ayant d'abord exercé pendant dix-huit mois les fonctions de professeurs des hautes classes au petit-séminaire du Sacré-Cœur.

« 3° Que M. l'abbé Jonjon, un de ces deux prêtres étrangers jouissait, d'après les pièces authentiques qu'il nous a présentées, de l'estime et de l'affection de son archevêque, lorsqu'il s'est décidé de son propre mouvement à venir d'Aix à Marseille ; ce qui d'ailleurs est confirmé par les archives de l'Evêché de Marseille, où nous avons trouvé l'éloge plusieurs fois répété par Mgr d'Icosie des vertus sacerdotales de M. l'abbé Jonjon.

« 4° Que nous n'avons jamais eu l'intention d'attribuer à ces prêtres le mémoire dont il est question à la page 696 et que par conséquent Mgr d'Icosie ne les visait pas dans les lettres à son oncle dont nous avons cité des fragments.

« 5° Enfin que M. l'abbé Jonjon et ses collaborateurs ont été complètement étrangers aux divers articles de la *Correspondance de Rome*, dont nous avons parlé dans le second volume de la vie de Mgr de Mazenod.

« Nous faisons d'autant plus volontiers cette déclaration que ni Mgr de Mazenod, ni nous, n'avons jamais eu la pensée de les incriminer sur ce point.

Fréjus, 2 Juillet 1886.

RAMBERT, *o. m. i.*

MA RÉPONSE :

Saint-Chamas, (pavillon St-Victor) *23 Juillet 1886.*

« Monsieur le Supérieur,

« C'est à mon pays natal, où je suis venu respirer l'air des champs pour quelques mois, que m'arrivent votre bonne lettre et les 50 exemplaires de rectification, que vous m'annoncez.

« Je vous remercie bien sincèrement : je suis surtout très-touché, croyez-le, de la promptitude que vous avez mise à me satisfaire et que vous avez poussée, je n'hésite pas à l'écrire, jusqu'à la générosité ; vous avez en effet daigné faire de ma personne un éloge que je ne vous demandais pas, et auquel j'étais loin de m'attendre, puisque je sais dans mon âme et conscience que je ne le mérite pas ; ma vieille expérience des choses de ce monde ne me permet pas d'apprécier autrement cette sorte de procédés.

« Aussi est-ce avec quelque confusion que je vous réitère mes excuses d'avoir troublé par mes exigences la sérénité de vos pieuses et utiles occupations ; ce qui adoucit pourtant l'amertume de mes regrets, c'est que vos rectifications, si loyalement exprimées, tout en sauvegardant mon honneur, contribueront à relever aux yeux de vos lecteurs le mérite de votre important ouvrage et à leur donner une haute idée de la solidité des principes, de la noblesse des sentiments et de l'impartialité de l'écrivain.

« Daignez agréer, Monsieur le Supérieur, la nouvelle assurance de ma sincère gratitude, ainsi que le témoignage de mes sentiments les plus respectueux et les plus dévoués.

« JONJON, Prêtre,
« Ancien Chef d'Institution »

25 Juillet 1886.

« Monsieur l'Abbé,

« A mon tour, je me hâte de vous remercier de votre si bonne lettre.

« N'aurais-je obtenu qu'un tel témoignage de votre satisfaction, que je me considèrerais comme amplement récompensé des rectifications que vous avez bien voulu me demander. Mais j'ai de plus la consolation de vous avoir rassuré et d'avoir rendu hommage aux vertus incontestables d'un prêtre vénérable, un de nos vétérans dans le sacerdoce. C'est vous être acquis des droits à ma reconnaissance.

« Je n'ai d'ailleurs voulu, en écrivant par l'ordre de de mes supérieurs la vie de notre aimé fondateur, faire qu'une œuvre digne de sa mémoire ; c'est-à-dire une œuvre de vérité, de respect et de paix. Si je m'en suis écarté, bien involontairement en quelque point, c'est me rendre un vrai service que de me le signaler, service dont j'apprécie tout le prix.

« C'est donc moi qui vous suis reconnaissant et c'est le cœur plein de la gratitude la plus respectueuse que je prends la liberté de me recommander à vos prières du saint sacrifice et vous réitère, cher Monsieur l'Abbé, l'expression de ma profonde estime et de mon plus affectueux dévouement.

« RAMBERT, *o. m. i.* »

P. S. On m'a objecté que les rectifications du Père Rambert, surabondantes pour ce qui me concerne personnellement, sont incomplètes et par conséquent insuffisantes pour d'autres objets de plainte.

Je conviens qu'en effet elles sont incomplètes, en ce sens que le Père Rambert n'énumère que deux faits, les moins importants de la cause, tandis que les trois circonstances que je suis *en mesure* d'éclaircir et par conséquent de prouver, ne sont pas autre chose que des faits, qui se rattachent au fond de l'affaire, mais indirectement.

Trois prêtres pouvaient-ils légitimement fonder une maison d'éducation, et les moyens employés par l'Évêché pour l'empêcher ou la détruire étaient-ils équitables et canoniques, ou de véritables excès de pouvoir ?

Telles sont les questions fondamentales, sur lesquelles nous avons gardé nos appréciations personnelles, et je n'ai demandé expressément aucune rectification, parce que le Père Rambert les avait exclues de son récit.

Mais est-il bien vrai que ces rectifications soient tout-à-fait incomplètes, concernant les trois faits que *je suis en mesure de prouver* ?

Le Père Rambert les avait exposés avec tant d'assurance, que la plupart de ses lecteurs, étrangers à ces évènements ou par leur naissance ou par leur position, et entraînés par le caractère, le talent et les vertus de l'écrivain, ne pouvaient faire autrement que d'ajouter foi à son témoignage.

Or ne pas dissimuler à ces lecteurs, dont on a fait en quelque sorte avec soi une même personne morale, *qu'il se présentait un écrivain, ayant des allures sérieuses, qui, assurait-il, était en mesure de prouver que ce qu'on avait avancé concernant les évènements auxquels il avait pris une large part, péchait par défaut d'exactitude, n'est-ce pas comme s'il leur disait : Il est au moins possible que je me sois trompé ; mettez-vous donc en garde provisoirement contre mes affirmations, bien que je les aie faites de bonne foi?* Que ce langage implicite ne satisfasse pas complètement mes honorables contradicteurs, je ne leur en fais pas un crime, mais je les renvoie à mon *Histoire du Pensionnat-Menpenti*, qui est sous presse et dans laquelle je pense qu'ils trouveront les amples renseignements qu'ils désirent. Cependant je ne puis leur accorder que les rectifications qui m'ont été données soient insuffisantes pour la généralité des lecteurs. Ensuite, en livrant à l'impression *ma Correspondance*, n'y trouvera-t-on pas sans faire de grands efforts d'imagination le germe et l'indication des *preuves que je suis en mesure de donner ?*

Si mes honorables et pieux contradicteurs ne sont pas satisfaits de ces explications, la gloriole, dont on se dépouille difficilement, le regrettera. Mais je ne me repentirai jamais d'avoir été profondément ému de la promptitude avec laquelle le respectable et savant Oblat a fait une abnégation si sincère de son amour-propre d'écrivain ; sacrifice dont un historien très-contemporain, célèbre entre tous, a donné l'exemple (1), mais que bien d'autres, même parmi *les grands semeurs* de paroles divines, trouvent trop lourd pour leurs épaules, ou d'une saveur trop amère pour la délicatesse de leur goût.

---

(1) Augustin Thierry.

ERRATA

De ma correspondance avec le Père Rambert

Page 3, 7ᵉ ligne, lisez : *Notre-Dame-du-Mont.*
» 4, 27ᵉ » » *Très —*
» 6, 27ᵉ » » *Vicaire Général* (sans trait d'union, une fois pour toutes)
» 11 29ᵉ » » *Sur ces trois*
» 12 4ᵉ » » *Eût été*
» 13 36ᵉ » » *Sacrée*
» 14 9ᵉ » » *Dans son lit naturel, et le calme succéda à la tempête, avec la raison et le respect du droit.*
» 20 15ᵉ » » *Croyez-le bien*
» 9 29ᵉ » » *Tout à fait*
» 22 23ᵉ » » Tout le
» 30 17ᵉ » » Événements

HISTOIRE
DU
PENSIONNAT MENPENTI

PREMIÈRE PARTIE

HISTOIRE

DU

PENSIONNAT MENPENTI

PAR

l'Abbé POLYDORE JONJON.

In vacuum laboravi, siné causá et vanè fortitudinem meam consumpsi : ergo judicium meum!...
(ISAÏE, ch. 49, v, 4)

MARSEILLE
IMPRIMERIE GIRAUD et DURBEC
—
1886

PROLOGUE

Avant de clore l'épisode de ma vie, qui comprend mon séjour à St-Remy, en qualité de vicaire, je crois devoir donner des couleurs acceptables à mon départ de cette ville et à ma sortie du diocèse d'Aix, et justifier à mes yeux cette grave résolution par des motifs au moins plausibles. Lorsqu'on s'approche de l'Eternité, et qu'on passe en revue certains actes douteux du passé, on aime à trouver des explications, qui, si elles n'absolvent pas complètement, peuvent être admises sans contestation pour des circonstances très-atténuantes.

J'avais obtenu, il est vrai, la permission de partir pour Marseille; mais je l'avais, pour ainsi dire, arrachée des mains de mes supérieurs; mes dernières supplications avaient revêtu une sorte de caractère impérieux, et semblaient exiger plutôt que demander une réponse affirmative; étais-je donc assuré de faire la volonté de Dieu? Je partis, j'en conviens, sans éprouver le moindre scrupule; mais aujourd'hui je ne puis me dissimuler que je me faisais illusion, en couvrant du manteau de la prudence ce qui n'était qu'un entêtement et une sensibilité vaniteuse. (Voir à l'*Appendice*, n° 1, mon départ de St-Remy).

D'autre part la sincérité de la confession exige qu'on ne se fasse pas plus coupable qu'on ne l'est; j'ajouterai donc à ma décharge qu'en fouillant dans les plis et replis de ma conscience, je ne me reconnais coupable d'aucune intention malsaine; qu'aucune pensée d'ambition et de cupidité n'altérait la pureté de mon goût pour l'enseignement; et que ces deux grands mobiles, qui gâtent souvent les actions en apparence les plus vertueuses et à l'influence desquels cèdent quelquefois les personnages les plus éminents, furent complètement étrangers à ma détermination.

En effet, je refusais à Aix le poste de professeur de rhétorique, pour accepter à Marseille celui de professeur de troisième ; et lorsque mes amis m'en témoignaient leur surprise, je leur répondais que, *fatigué de faire parler de moi,* je voulais m'ensevelir pour quelque temps dans les humbles travaux d'une classe secondaire ; persuadé qu'ils me tiendraient lieu de refuge, pour éviter la publicité et les occasions d'exposer mon nom et mes actes à la critique ; et j'étais tellement sincère en tenant ce langage que, si quelqu'un avait pu soulever devant mes yeux le voile de l'avenir, j'aurais reculé d'épouvante, et cela, sans exagération.

Quant à la cupidité, en renonçant aux paroisses, pour me livrer à l'enseignement, soit à Aix, soit à Marseille, je diminuais mes revenus ; j'avais écrit expressément à l'abbé Bicheron que je laissais le chiffre de mes honoraires à sa volonté, et que je les accepterais, quels qu'ils fussent ; je demandais seulement deux pièces, une pour chambre à coucher et l'autre pour cabinet d'étude ; mes honoraires furent fixés à 300 fr.; on y ajouta 200 fr. lorsque je fus nommé directeur des classes.

D'ailleurs je n'ai jamais rien fait pour m'enrichir, ma vie tout entière l'atteste : aussi, après la perte de mes biens de famille, mon imprévoyance pour l'avenir, que mes amis m'ont souvent reprochée, m'aurait naturellement conduit à la misère ou au moins à la gêne, si la Providence n'avait fait en quelque sorte mes propres affaires.

Enfin je ne savais pas ce qui se passait au Séminaire de Marseille, que je considérais de loin comme une sorte de paradis terrestre ; je croyais, d'après les lettres qu'on m'écrivait, que l'harmonie la plus parfaite régnait entre le supérieur et les professeurs, et j'ignorais surtout qu'il ne venait d'être élevé à ce poste qu'à la suite d'un complot dont il avait été l'âme, contre son prédécesseur.

D'autre part on m'avait instruit jusque dans les moindres détails des difficultés que soulevait chaque jour l'administration faible et trop minutieuse de l'abbé Rouchon, supérieur du petit Séminaire d'Aix ; on m'avait raconté certaines scènes presque scandaleuses auxquelles avaient donné lieu tout à la fois la trop grande susceptibilité de l'un et les ridicules exigences des autres ; et comme je cherchais alors la paix par dessus tout, je fus effrayé de ce tableau et je me dis : au moindre tapage qu'il y aura encore, tu seras mis en cause, et on te l'attribuera ; prenons donc la fuite.

Me suis-je trompé ? la réponse est dans les faits dont je vais entreprendre le récit, et qui me donneront le droit de dire :

Pour éviter Charybde, on tombe dans Scylla.

N. B. — Voyez à l'*Appendice*, note 2me, la doctrine des anciens sur le professorat ; elle est d'autant plus remarquable que la plupart de nos familles chrétiennes l'ignorent, ou paraissent l'ignorer, puisqu'elles ne la pratiquent pas.

PREMIÈRE PARTIE

PROFESSORAT

AU

PETIT SÉMINAIRE DE MARSEILLE

CHAPITRE PREMIER

Année classique 1833-34

I

AVANT-PROPOS

Quoique le ministère des paroisses m'eût inspiré d'abord une grande répugnance, j'avais fini par ne pas m'y déplaire ; je trouvais même des charmes dans certaines fonctions, par exemple, la visite des malades ; la prédication, depuis que je m'étais habitué aux Cadeneaux à l'improvisation, m'était devenue plus facile, et j'abordais la chaire avec moins d'appréhension. Mon caractère facile et expansif m'ouvrait les cœurs des gens du peuple, avec lesquels j'ai toujours sympathisé ; mais je n'aimais pas à faire la cour aux bourgeois, encore moins à hanter les châteaux, à rechercher les invitations à diner, etc.; aussi est-ce toujours avec ceux qui étaient à la tête de la paroisse ou de la commune que j'ai eu des affaires à démêler; et l'on a pu se convaincre, par la lecture des *chapitres précédents* (1), que je n'ai jamais pris l'initiative des discussions. J'aurais donc pu continuer à desservir une paroisse en qualité de vicaire ou même de curé; et avec l'aide de Dieu et un peu moins de ces contradictions qui dépassent les limites ordinaires, j'aurais fourni ma carrière dans ce genre de vie avec autant de succès, je le pense, que plusieurs de mes contemporains, auxquels, sans orgueil, je pouvais ne pas me croire inférieur.

Cependant je ne perdais pas de vue mes chères études classiques; le souvenir de mes triomphes scolaires, si purs et si touchants, faisait souvent diversion aux travaux obscurs et parfois humiliants des paroisses; j'aimais à causer latin, grec, histoire, littérature, lorsque l'occasion se présentait; j'ai toujours eu à Salon et à St-Remy des enfants qui prenaient chez moi gratuitement des leçons de latin; ainsi ma vocation à l'enseignement était en quelque sorte un feu caché sous la cendre, qui devait tôt ou tard éclater; je me sentais appelé à cette carrière par un penchant auquel je me gardais bien de résister. La Providence m'y destinait tellement que, lorsque, au mois d'octobre 1833, je mis le pied dans le petit Séminaire du Sacré-Cœur, pour y être professeur, la première fois de ma vie, je me mis à l'œuvre, personne ne le niera, comme un vétéran, et qu'aujourd'hui encore à 70 ans, la classe est mon occupation journalière.

Mon entrée au petit Séminaire fut donc comme la réalisation d'un long rêve; j'aimais déjà ces fonctions que je n'avais pas encore exercées avec une affection sincère, que je ne pouvais dissimuler; je n'étais frappé

---

(1) Allusion à l'*Histoire de mes Chutes*.

que des brillantes couleurs de la rose, sans en voir les épines; j'étais heureux en pensant que j'allais communiquer ce que j'avais appris, à des élèves avides de savoir, leur aplanir les voies, leur diminuer les difficultés que j'avais surmontées par des efforts persévérants, leur faire aimer l'étude et par conséquent employer le moins possible les moyens coercitifs pour les faire travailler; trouver des occasions journalières de vérifier la bonté de certaines pratiques que j'avais imaginées et qui demandaient la consécration de l'expérience. Je me proposais non-seulement de viser au développement des facultés intellectuelles des élèves, mais encore de chercher surtout à diriger les facultés morales, en sondant leurs cœurs, et me faisant, s'il était possible, le confident de leurs pensées et de leurs tendances; enfin j'espérais recueillir, comme un fruit naturel, et comme la plus douce et la plus légitime récompense de mon dévoûment et de ce que les Païens eux-mêmes ont appelé un second enfantement, leur affection filiale, actuelle et persévérante jusqu'à la mort, et par dessus tout la reconnaissance impérissable des familles que j'allais remplacer dans la charge sacrée de l'éducation.

Tels étaient les rêves dorés que je faisais sur mes nouvelles fonctions, que je croyais sans témérité être au niveau de mes forces, lorsque je me trouvai en face de mes premiers élèves.

Je fus reçu à Marseille par M. l'abbé Bicheron, M. l'abbé Fouquet, mon ancien surveillant, et surtout B***, mon ancien condisciple et ami, avec des transports de joie; ma rentrée dans cette maison où j'avais passé avec bonheur trois années de mon éducation scolaire et j'avais chanté naguère ma première grand'messe, fut une sorte d'ovation. Mais avant d'exposer mes travaux pédagogiques, je dois faire connaître les principaux acteurs du drame qui va commencer.

II

PORTRAITS

1° Mgr Fortuné de Mazenod n'était ni un puits de science ni un foudre d'éloquence ; l'illustration de son nom et de puissantes protections l'avaient fait évêque de Marseille ; incapable peut-être d'administrer une paroisse un peu importante, évidemment il n'aurait pas pu tout seul supporter le poids d'un diocèse, tel que celui de Marseille ; mais il y avait alors plusieurs curés qui l'auraient aisément partagé avec lui ; et comme à part les qualités intellectuelles qui laissaient beaucoup à désirer, il avait abondamment celles du cœur, il eût été infailliblement adoré des fidèles et du clergé tout entier, s'il était venu tout seul prendre possession de son siége et s'était entouré des prêtres éminents dont je viens de parler.

2° Mais Mgr Fortuné avait un neveu, qu'il appelait familièrement Eugène, qu'il aimait tendrement et de qui il était aimé avec la même affection, je n'en doute pas ; ce neveu, après avoir joué dans le monde un rôle qui ne me regarde pas, se sentit appelé à l'état ecclésiastique : devenu membre du clergé, il y apporta son caractère vif, entreprenant et indépendant ; il fallait qu'il fût à la tête de quelqu'un ou de quelque chose ; il fonda à Aix une congrégation de jeunes gens, qu'il recruta parmi les étudiants en droit ; ce n'était-là qu'une bouchée pour son zèle dévorant ; il réunit autour de lui quelques prêtres pieux, plus ou moins instruits, sur lesquels il exerçait par le prestige de son nom une grande influence et auxquels il était certainement supérieur par l'intelligence ; il en fit des missionnaires de Provence, spécialement dévoués à l'instruction des pauvres et des habitants des campagnes, auxquels ils prêchaient la parole de Dieu dans l'idiome provençal. Les uns, fougueux orateurs et d'une voix tonnante, entraînaient les masses et opéraient, il faut en convenir, des prodiges de conversion ; les autres, moins ardents, mais plus onctueux et non moins pathétiques, poursuivaient et complétaient l'œuvre des premiers ; ils la reformaient même quelquefois lorsqu'elle était exagérée. M. l'abbé Eugène de Mazenod appartenait à la 2me classe. Il avait incontestablement à cette époque une réputation bien établie de sainteté et d'éloquence ; il poussait l'amour de la pauvreté jusqu'à une sorte de coquetterie ; ainsi les soutanes râpées, les chapeaux usés et les souliers raccommodés ne lui déplaisaient pas ; mes compatriotes en furent témoins pendant la mission qu'il donna à St-Chamas. Mais si l'on a souvent les qualités de ses défauts, on a aussi réciproquement les défauts de ses qualités.

On voit M. l'abbé de Mazenod en 1820, à la mission de Marseille, à la tête de ses missionnaires, évangélisant les vieux quartiers, tandis que les missionnaires de France remplissaient les mêmes devoirs dans la nouvelle ville. Il y avait parmi ces derniers des hommes bien supérieurs aux premiers pour les talents et l'instruction ; ils avaient de plus sur ceux-ci l'avantage de parler un français correct, élégant, avec une voix sonore et l'accent du Nord, ce qui pour les Marseillais, même ceux de St-Laurent et des Carmes, l'emporte toujours sur les discours les mieux écrits et les plus solides des prêtres Provençaux. La piété, le zèle et les bonnes intentions de tous ces ouvriers évangéliques, qui travaillaient à la même vigne du Seigneur, étaient incontestables ; mais de la rivalité à la jalousie le passage est étroit et la pente rapide ; de 14 à 25 ans je ne croyais pas qu'il fût possible que des hommes qui, pour conquérir des âmes à Dieu, se livrant chaque jour à des prédications pieuses, ne s'aimassent pas entre eux comme des frères ; à plus forte raison qu'ils se permissent la fine raillerie, la critique amère, la médisance malicieuse.

Je ne poursuis pas cette nomenclature des intempérances de langue ; j'ai su plus tard qu'elles sont beaucoup trop usitées parmi ceux qui hantent le Sanctuaire ; j'ai donc compris sans l'avoir ni vu ni entendu, (j'étais trop jeune pour m'occuper de ces misères) que *l'homme ennemi* ne perdait pas son temps, tandis que les missionnaires consacraient leurs sueurs et leurs veilles à éclairer les âmes et à les sauver. S'il ne lui fut pas donné d'empêcher ni encore moins de détruire l'œuvre grandiose qu'ils avaient entreprise, qu'ils achevèrent avec tant de succès et dont nous avons encore de beaux restes, il est certain qu'il sema l'ivraie au milieu du bon grain. On sait ce qui se passa le jour même de l'installation de Mgr Fortuné de Mazenod, comment les missionnaires de France furent honteusement expulsés, et remplacés dans leur ministère par les missionnaires de Provence. Je m'abstiens de me prononcer sur cette mesure ; mais à coup sûr, elle n'était pas opportune ; les quelques missionnaires de France qui continuaient à Marseille avec zèle et talent, l'œuvre de la mission, jouissaient de l'estime générale et surtout de la confiance des dames de l'aristocratie financière ; chasser sans transition et sans préliminaires ces prêtres, anciens collaborateurs, c'était faire preuve d'une audace brutale, qui devait annoncer aux moins clairvoyants un avenir chargé de tempêtes.

Lorsque l'abbé de Mazenod fonda ses missionnaires, qui sont devenus plus tard les *Oblats de Marie,* il avait pris cette devise modeste, qui fit partie plus tard de ses armoiries d'évêque : *ad evangelizandum pauperibus misit me.* Lorsqu'il arriva avec son oncle revêtu des titres de premier vicaire général et de grand prévôt du Chapitre, était-ce encore Dieu qui l'envoyait cette fois, pour évangéliser les riches et les pauvres, les grands et les petits, les fidèles et le clergé, ou bien s'était-il jeté de son propre mouvement dans cette nouvelle voie ? Pour moi, qui ai vu de fort près cet homme, la réponse n'est pas douteuse.

Il n'entre pas dans mon plan de faire maintenant l'histoire de cette longue administration qui a duré près de quarante ans ; je dois me borner à en présenter quelques traits généraux, qui suffiront pour faire connaître le fonds de ma pensée.

L'esprit de domination animait M. l'abbé Eugène en tout et partout ; après avoir ameuté les jeunes prêtres qu'il cajolait et qui le flattaient, contre leurs curés dont on rendait ainsi la position insoutenable, il les brisa à leur tour, comme des instruments devenus inutiles ; il a destitué et interdit des curés titulaires, même un supérieur du grand Séminaire, qu'il a nommé curé, quelques années après, afin de prouver sans doute la sagesse et la justice de sa première décision. Il relégua pendant plusieurs années dans une des paroisses les plus minimes de la banlieue, un prêtre, le plus instruit de ce temps, quoiqu'il eût professé la rhétorique et la théologie ; tout son crime était d'avoir critiqué certains actes administratifs avec une naïveté et une candeur d'enfant. (1).

Comme il fallait beaucoup d'argent pour exécuter les vastes projets de construction qu'il avait conçus, il n'était pas toujours délicat sur le choix des moyens ; en sorte que la cupidité marchait de pair chez lui avec l'ambition.

Ainsi il a tenu à ce que la nouvelle Cathédrale fût construite sur l'emplacement de l'ancienne, quoiqu'il faille des siècles pour que ce monument soit au centre de la ville, parce qu'il était possesseur de quelques terrains, dans les environs.

Qui plus que lui fut royaliste ou carliste avant 1830 ?

---

(1) M. l'abbé Carrier, mon compatriote.

— 16 —

Mais pour être nommé évêque de Marseille et supplanter son oncle de son vivant, il n'a pas hésité de faire sa cour à Louis-Philippe. Toute la ville de Marseille a été témoin du rôle ridicule qu'il a joué en 1848. Son républicanisme a été de courte durée ; nous le voyons impérialiste sous Napoléon III ; il serait redevenu républicain sous M. Thiers.

Cependant pour être juste, je reconnais qu'il avait de grandes qualités ; il avait une volonté de fer, lorsqu'il s'agissait de triompher d'un obstacle quelconque ; c'est ainsi qu'il est parvenu à doter le diocèse de nombreuses institutions qui lui ont survécu et de plusieurs églises absolument indispensables pour les besoins de la population.

Il savait aimer et se faire aimer de certains prêtres qu'il comblait d'honneurs ; s'il avait pu imposer la confiance et l'amour, comme on exige l'obéissance et l'on inflige un châtiment, il l'aurait fait ; aussi se montrait-il souvent affable, familier, populaire ; mais tous ces dehors de mansuétude, qui n'étaient pas pourtant de l'hypocrisie, parce qu'ils lui étaient naturels, faisaient place bientôt à une sévérité impitoyable dès qu'il se trouvait en face de la moindre opposition.

Quoiqu'il se dit ultramontain, parce qu'il avait introduit à Marseille certaines cérémonies de la liturgie romaine et qu'il croyait à l'infaillibilité du Pape, il n'en respectait pas davantage les lois ecclésiastiques : on lui attribue ces paroles caractéristiques : *le Droit Canon, c'est moi.*

Dans une brochure intitulée *Les Frères Quêteurs,* l'auteur appelle quelque part Mgr de Mazenod *le grand prélat ;* comme tout est relatif en ce monde, il est certain qu'en le comparant aux Cruice, aux Place et aux Robert, ses trois successeurs, il les a dépassés autant par son talent administratif que par la majesté de sa taille ; je pense aussi que l'auteur a dû être légitimement indigné de ce qu'après la mort de cet évêque si puissant pendant sa vie et parconséquent si respecté et si redouté, le haut clergé marseillais s'empressa d'insulter à sa mémoire dans une adresse fameuse ; monument de couardise et de cette sorte d'énergie, qui n'est que *de la moutarde après dîner*.

Enfin, pour terminer cette simple esquisse par un fait final qui résume tout et peint l'homme d'un seul trait, Mgr Eugène n'a pas rougi d'écrire de sa propre main dans son long et interminable testament qui fut lu en chaire, comme partie intégrante de l'oraison funèbre, *qu'il ne comprenait pas comment il pouvait se faire qu'il eût des ennemis*, lui, disciple d'un Dieu crucifié ! *Mendaces filii hominum in stateris !*

Comme il fallait que tout pliât le genou devant lui, il avait eu soin de se donner un entourage poussant la docilité et la souplesse jusqu'à la servilité et en général peu favorisé pour les dons de l'intelligence. Parmi ceux qui furent les instruments aveugles de son omnipotence et qui en ont assumé tout l'odieux, je dois citer l'abbé Tempier.

3° Après avoir conduit des chevaux de renfort sur la grande route d'Aix à St-Cannat pendant son enfance et même une partie de son adolescence, il se livra brusquement aux études préparatoires qui l'introduisirent au grand Séminaire ; lorsqu'il eût été ordonné prêtre, on le nomma vicaire à Arles, où sa piété, il faut le dire, fut remarquée. J'ignore s'il se rendit de son propre mouvement auprès de Mgr de Mazenod, ou si celui-ci l'appela auprès de lui ; singulière vocation à l'état de missionnaire pour un homme qui, plus tard, lorsqu'il était supérieur du grand Séminaire, ne pouvait pas achever la plus courte période sans tousser après chaque mot. Mais il avait, dit-on, pour compenser les défauts d'éloquence et de littérature, une facilité étonnante pour le calcul, l'arpentage et le mesurage ; il fut toujours le grand entrepreneur des travaux de maçonnerie qui furent exécutés sous les de Mazenod.

Un jour (c'était au début de la nouvelle administration) en plein Conseil, présidé par l'évêque, M. l'abbé Tempier dit à M. Bonnefoy, curé de St-Théodore, vicaire général honoraire : *Monsieur, ce que vous dites-là est déplacé ;* — *Monsieur,* répliqua vertement l'honorable curé, *il n'y a ici de déplacé que vous.*

Je passe à d'autres.

4° L'abbé Jeancard, aujourd'hui évêque de Cérame *in partibus* et chanoine de St-Denis, était entré fort jeune dans l'ordre des Oblats ; lorsque je l'ai connu en 1833, il en était sorti ; or ce qui m'étonne, ce n'est pas qu'il en soit sorti, mais qu'il y soit entré ; actif, pétulant, fin railleur et surtout intelligent et instruit beaucoup plus que tous les autres familiers de Mgr de Mazenod, il les dominait par son talent et les tourmentait par ses moqueries ; il n'avait du missionnaire ni l'aptitude ni le sérieux ; je tiens d'une de ses cousines, qui demeurait rue de l'évêché, qu'*il ne se gênait pas, dans ses conversations pétillantes d'esprit, de ridiculiser les populations qu'il était allé évangéliser, de ce qu'elles accompagnaient en pleurant les missionnaires jusqu'aux portes du village.*

Après avoir quitté les Oblats, je ne sais pourquoi, il se retira, dit-on, dans son diocèse de Fréjus ; il était même sur le point d'être nommé curé d'une paroisse importante, lorsque Mgr de Mazenod, qui ne pouvait se passer de sa plume, le rappela et l'attacha définitivement au diocèse de Marseille par un canonicat titulaire, avec les fonctions de secrétaire particulier, qui étaient réelles, et celles de professeur au grand Séminaire, qui étaient un peu *ad libitum.* On conçoit qu'un homme de cette trempe devait être le confident naturel de l'abbé Bicheron ; c'était curieux d'entendre ces deux hommes, comme cela m'est arrivé par hasard, éplucher la conduite, le genre de vie et les moindres paroles des divers membres de l'administration et de faire des critiques, qui, par ricochet, tombaient sur le chef lui-même. On prétend qu'il travaille à la vie de Mgr de Mazenod, son bienfaiteur ; mais si cette œuvre n'est pas encore achevée, je doute, d'après ce que j'entends dire de son état physique et moral, qu'il soit capable d'y mettre la dernière main. Comme le lion malade, il a perdu ses dents, jadis si redoutables aux curés, lorsqu'il accompagnait son évêque dans les visites pastorales ; on peut donc dire de lui : *Quantùm mutatus ab illo !* Mais

Le temps qui change tout, change aussi nos humeurs.

5° M. l'abbé ou le Père Eugène, comme on voudra, en prenant possession, sous le nom de son oncle, du diocèse de Marseille, voulut bien admettre dans son conseil, deux curés, celui de St-Théodore, dont je viens de parler, et celui de St-Vincent-de-Paul ; mais comme je viens de l'insinuer, la corde ne tarda pas à être tendue ; à leur mort, ils ne furent pas immédiatement remplacés par d'autres membres du clergé ; il faut en effet au grand Sultan des eunuques serviles et surtout silencieux.

Cependant lorsque nos démêlés commencèrent, je trouvai M. Flayol, ex-curé de Roquevaire et M. Chaix, ex-curé de Notre-Dame-du-Mont, grands vicaires titulaires.

Le premier, je n'en doute pas, a dû être un excellent curé ; mais, s'il avait eu une ombre d'intelligence et la conscience de sa position, il aurait compris qu'il n'était pas autre chose à l'évêché qu'un plastron, objet de railleries ; il eut le malheur de se prendre au sérieux, surtout dans le débat qu'il engagea dans l'affaire *Menpenti*.

M. l'abbé Chaix était à cette époque l'aigle du clergé, l'âme et le conseil des jeunes prêtres qui avaient un avenir ; il n'était ni prédicateur ni écrivain ; mais il passait pour être un théologien, qualification qui alors tenait lieu de beaucoup d'autres, comme plus tard celle d'administrateur, qu'on a donnée aux prêtres qui ont eu l'adresse d'endetter leurs fabriques, pour améliorer, enrichir, peindre et même reconstruire leurs églises. Avec des mots on a toujours mené les hommes.

Ces deux vicaires généraux sont morts presque immédiatement après la lutte que j'ai soutenue contre eux ; on a osé dire que je les avais tués. *Post hoc, ergò propter hoc*. Comme si celui qui repousse une injuste attaque, pouvait être responsable des blessures même mortelles que reçoivent les agresseurs.

J'arrive au petit Séminaire du Sacré-Cœur, aujourd'hui Collège Catholique ou Ecole Belsunce. J'y trouve parmi mes anciennes connaissances l'abbé Fouquet, l'abbé B***, depuis longtemps séculier, et M. l'abbé Bicheron.

6° L'abbé Fouquet avait passé son enfance et son adolescence au petit Séminaire ; après une absence de quelques années, à cause du service militaire, il y était revenu pour y passer son âge viril ; il y passera sa vieillesse et il y mourra, revêtu presque toujours de la même fonction de surveillant ; il a observé avant d'entrer dans les ordres, les interstices aussi rigoureusement que possible ; il n'a jamais été en effet capable ni de faire un prône ni de parler aux élèves un quart d'heure sur un sujet quelconque ni même d'entendre la confession de qui que ce soit ; la direction de sa propre conscience lui suffisait ; ajoutez-y la récitation du bréviaire et la messe, c'était tout ce que ses épaules pouvaient supporter.

Eh bien ! cet homme avait un talent, d'autant plus rare, qu'il produisait en quelque sorte deux effets contraires ; il savait se faire craindre et aimer ; il n'avait ni une figure imposante ni une contenance majestueuse ni la parole facile ; il dépassait quelquefois même les limites de la modération par sa vivacité ; mais on l'aimait toujours, parce qu'il aimait lui-même les élèves avec beaucoup d'entrain et prenait volontiers ses ébats avec eux.

Dix ans environ s'étaient écoulés, depuis que je l'avais

laissé surveillant et mon surveillant ; je le retrouvai surveillant et je devins son supérieur, lorsque je fus nommé directeur des classes. A-t-il vu mon élévation d'un œil favorable ? je ne le pense pas. Je crois qu'il partagea les préventions des professeurs contre moi, sans toutefois se montrer ouvertement hostile.

Cependant un jour à une grande promenade, il me fit une petite scène ridicule, qui me prouva qu'il digérait mal mon élévation : « Vous oubliez, me dit-il, que j'ai été votre professeur. » J'avoue que j'eus tort de lui répondre : « Vous n'avez jamais été mon professeur ni digne de l'être. » J'en fus d'autant plus fâché que le soir même, comme il avait la conscience timorée, il reconnut son tort et me fit des excuses.

Cela ne m'empêchait pas d'être son défenseur, sans qu'il s'en doutât, auprès de M. Bicheron, qui ne l'encaissait guère.

Pendant l'octave de la Fête-Dieu, il avait été invité par un curé de la banlieue à porter le St-Sacrement à la procession. La longueur de la cérémonie l'empêcha d'arriver à l'heure du coucher des élèves, et je le remplaçai, sans faire le moindre embarras de cet incident. Mais M. Bicheron, qui *avait la passion du règlement,* voulut donner une leçon énergique au retardataire, en ordonnant aux domestiques de fermer les portes de la maison, et forçant ainsi le pauvre abbé Fouquet d'aller coucher en ville, à l'hôtel ou ailleurs.

L'inexorable supérieur avait compté sans la pieuse ruse de l'abbé Chirac, qui trouva moyen d'ouvrir la porte de la basse-cour, sans toucher à la serrure. L'abbé Fouquet arriva tout essoufflé à sa chambre, où il me trouva surveillant le dortoir et je le tranquillisai de mon mieux.

Avec un autre homme, c'eût été une affaire finie ; et en effet le lendemain je n'y pensais plus, lorsque M. Bicheron me manda auprès de lui et m'annonça qu'il venait de l'évêché pour y demander la sortie de M. l'abbé Fouquet et qu'il allait devant moi lui signifier cette décision, comme si elle avait été prise avec mon adhésion.

L'honnête criminel comparut en effet devant nous et, après avoir entendu sa sentence aussi pâle qu'un mort, il sortit précipitamment et courut vers sa chambre comme hors de lui-même ; redoutant quelque catastrophe, je le suivis ; à peine arrivé, il s'étala sur son lit, où il resta environ deux heures sans connaissance ; je fis venir immédiatement les domestiques, et pendant qu'on lui donnait les soins les plus empressés, je me hâtai de descendre chez M. le supérieur, pour le prévenir de ce qui se passait. « Allez vite lui annoncer, me dit-il, avec son rire sardonique, que j'ai voulu seulement plaisanter. » Drôle de plaisanterie en effet qui explique bien des choses.

Dans ses dernières années, l'abbé Fouquet n'avait plus au Collége Catholique qu'un titre qui rappelait ses anciennes fonctions ; il est mort chanoine honoraire, regretté de tous ceux qui l'avaient connu de près.

7° M. l'abbé B*** avait été mon condisciple au petit Séminaire pendant deux ans ; c'était un des nombreux élèves de l'abbé Audric, curé de St-Barnabé ; le presbytère en effet de cet homme de Dieu a été pendant longtemps une pépinière d'ecclésiastiques, presque tous excellents sujets.

Nous devions nous retrouver chez les Jésuites, lorsque l'arrivée des de Mazenod nous obligea de rentrer dans notre diocèse ; Mais, je fus atteint de la fièvre à Saint-Chamas, quelques jours avant mon départ ; et je ne pus reprendre mes études qu'au mois d'octobre suivant ; ce ne fut donc qu'après la rhétorique que Polydore put renouveler au grand Séminaire avec Narcisse (c'est ainsi que nous nous appelions) nos relations d'amitié et reprendre notre chère étude de la langue grecque, qui avait alors si peu d'amateurs qu'on nous traitait sans façon d'*originaux* ; il fallait en effet l'être un peu, pour entretenir, pendant les vacances, une correspondance en grec, dont j'ai conservé des échantillons.

B*** se distinguait par ses réparties spirituelles, la vivacité de son imagination, et une logique incisive ; mais il n'avait pas le caractère égal, et sa franchise dégénérait quelquefois en brusquerie choquante ; son jugement n'était pas toujours droit et il poussait beaucoup trop loin la susceptibilité ; ce défaut qu'il n'a pas su maîtriser, le rendait ombrageux et devait amener plus tard des collisions fâcheuses entre lui et ses meilleurs amis.

Lorsqu'il eût fini sa théologie deux ans avant moi, il remplaça l'abbé Pasquier, comme professeur de philosophie ; nos relations n'en devinrent que plus intimes. Aussi lorsque j'ai célébré ma première messe basse, le lendemain de mon ordination, il fut un de mes deux servants. Notre correspondance en grec est un témoignage irrécusable de la sincérité de l'amitié qui nous unissait alors.

Pendant que j'étais à Salon et aux Cadeneaux, il était toujours professeur de philosophie au grand Séminaire ; mais son caractère indépendant, ses opinions philosophiques qui étaient opposées à celles des Sulpiciens, et d'autres motifs d'hésitation dont je ne me suis jamais informé, mirent de la froideur entre eux et lui. Bref, il était professeur de rhétorique à Marseille, lorsque j'étais à St-Remy. Ce fut donc avec un vrai bonheur que nous retrouvâmes lui et moi l'occasion de nous revoir, de vivre de nouveau sous le même toit et à la même table, de reprendre le cours de ces études que nous avions cultivées avec tant d'ardeur et de renouer ainsi les nœuds d'une amitié qui avait paru se ralentir par une séparation forcée de trois ans.

Hélas ! l'homme propose et les événements disposent.

8° J'ai dit ailleurs pour quel motif j'avais brisé une lance avec l'abbé Bicheron, lorsqu'il était curé de Grans et comment nous nous réconciliâmes ; j'ai aussi exposé les troubles que provoqua la fameuse circulaire Rey-Abel, pour l'anniversaire des trois journées en 1831. M. le curé de Grans ne se contenta pas d'y faire de l'opposition ; il se démit même de sa cure et se retira à Marseille où il fut parfaitement accueilli par Mgr de Mazenod, le neveu, qui avait pu l'apprécier pendant le séjour de quelques mois qu'il avait fait à Grans, auprès de M. de Joannis, son parent.

M. l'abbé Bicheron était intelligent, caustique, frondeur ; ses critiques de l'administration Rey plaisaient d'autant plus à M. l'abbé de Mazenod qu'elles se rapprochaient de ses opinions politiques qui tendaient alors à la monarchie de la branche aînée ; et que d'ailleurs M. le grand prévôt, même lorsqu'il fut revêtu du caractère épiscopal, n'a jamais imposé silence à ceux qui critiquaient avec esprit les défauts de ses voisins.

Le petit Séminaire du Sacré-Cœur avait été d'abord confié à une société de prêtres, qui remplacèrent M. Ripert, lorsque celui-ci fut nommé chanoine titulaire ; j'ai toujours ignoré l'organisation de ces prêtres, qui avaient pris le nom de Prêtres du Bon-Pasteur, sous les auspices de quelques vieillards qui avaient appartenu jadis à cette congrégation ; leur premier supérieur fut l'abbé Caire, qui les quitta bientôt, pour se rendre à Paris, où l'appelaient ses talents et de hautes protections. M. l'abbé Carentène, mon ancien professeur de quatrième, lui succéda, mais ne le remplaça point.

Cependant comme il avait beaucoup de dignité extérieure, d'affabilité et de savoir vivre, que les professeurs des hautes classes soutenaient par leur zèle éclairé la réputation de la maison, et qu'il avait un talent tout particulier pour diriger les travaux des ouvriers, il fut le premier à faire sortir cette maison de sa vieille ornière et à lui donner cette allure d'élégance et ce goût pour les beaux-arts, qui en ont fait une des premières maisons d'éducation de Marseille. Lorsque j'y ai chanté ma première grand'messe à la Noël de 1829, M. l'abbé Carentène en était encore supérieur ; ce fut pour lui et pour moi un vrai jour de fête ; il m'avait aimé, lorsque j'étais son élève ; de mon côté je ne l'avais jamais oublié.

Ces prêtres du Bon-Pasteur, parmi lesquels on distinguait MM. Pontier, Desnoyer, Fissiaux, etc., soutenaient la maison à leurs frais et dépens ; mais ils en retiraient les bénéfices qui commençaient à être importants et n'entraient pas dans la caisse du diocèse. Cet établissement de fraîche date ne reposait pas sur des bases bien solides, puisqu'un souffle seul de M. de Mazenod suffit pour le renverser et en disperser les débris à tous les vents ; que se passa-t-il entre ces Messieurs et l'administration épiscopale ? je l'ignore. Mais évidemment une maison qui volait de ses propres ailes et dont la caisse n'était pas commune avec celle du diocèse, ne pouvait pas être viable.

M. l'abbé Bicheron était arrivé dans ces entrefaites ; on jeta naturellement les yeux sur lui, pour en faire un supérieur ; mais en homme habile, il déclina cet honneur et cette responsabilité ; ce n'est pas en effet sans quelque danger de ne pas réussir qu'on succède à un personnel de directeurs et de professeurs, qui ont su mériter l'estime et l'affection des parents et des élèves. Il fit donc mettre à la tête de la maison M. l'abbé Meistre, ancien élève de M. Ripert, prêtre intelligent, pieux et instruit, mais dont la capacité, comme administrateur, laissait beaucoup à désirer. M. l'abbé Bicheron se réserva la seconde place, c'est-à-dire, le titre de directeur ; « Si « l'affaire n'avait pas réussi, disait-il confidentiellement, « il m'eut été facile d'attribuer l'échec au supérieur et de « donner à comprendre que j'aurais mieux fait que lui. » Cependant comme M. l'abbé Meistre était un homme de mérite, qu'il avait quelques bons professeurs et que d'ailleurs la mobilité du caractère marseillais se prête à tous les changements, la maison marchait sur le même pied qu'auparavant ; et toute la gloire en rejaillissait sur M. Meistre, beaucoup plus connu à Marseille que M. Bicheron. Le moment était donc venu pour celui-ci de sortir du second rang et de monter au premier.

Pour atteindre ce but, le moyen le plus efficace était de perdre M. Meistre dans l'esprit de M. de Mazenod, de dissimuler ou de présenter sous un faux jour ses qualités, de faire ressortir ses défauts, d'ameuter contre lui les jeunes professeurs, de lui susciter de leur part des querelles journalières ; en un mot de lui rendre la position insoutenable par une suite continuelle de vexations aussi odieuses que ridicules. Mais ce moyen-là n'était pas honnête ; qui en doute ? Est-il bien sûr qu'il ait été employé sur une échelle plus ou moins large ? J'en douterais moi-même, si je n'étais pas arrivé presque immédiatement après la chute de M. Meistre et le triomphe de l'abbé Bicheron et si je n'avais pas vécu avec les principaux complices. On croira peut-être qu'il faisait ostensiblement de l'opposition et qu'il commandait lui-même le feu ; oh ! certes non ; il avait soin d'assister de loin à ces luttes de bas étage, et se contentait d'entretenir l'animosité dans des conciliabules clandestins ; puis M. l'abbé Jeancard faisait à l'évêché le récit de tous ces tiraillements avec ce talent de railleur qui le distinguait, et suppléait par son crédit à la hardiesse qui manquait à son cher ami.

Ainsi à Pâques, M. l'abbé Bicheron fut nommé supérieur du petit Séminaire du Sacré-Cœur et pour fiche de consolation, on plaça M. Meistre à St-Martin avec le titre de pro-curé. Ce changement se fit au milieu de l'année classique, afin, disait l'abbé Bicheron, de le rendre moins ostensible, et par conséquent moins nuisible aux intérêts de la maison ; il faut en effet que le mécontentement soit bien grave, pour qu'un père de famille s'expose à compromettre les études de son fils, en changeant d'institution, lorsque l'année classique est très-avancée.

On verra bientôt que ce calcul ne réussit pas, lorsqu'il fut décidé de l'employer contre moi.

9° Il me reste à dire quelques mots sur un de mes condisciples, qui s'est distingué dans ce temps-là par son opposition virulente à l'administration du diocèse.

L'abbé Lazare Martin, un des prêtres marseillais les plus intelligents de mon époque, dont le talent précoce, pour certaines questions qui sont ordinairement au-dessus de la portée des écoliers, lui faisait dédaigner souvent les travaux classiques, avait sur tous ses condisciples même des classes au-dessus de la sienne, une incontestable supériorité ; il exerçait donc sur eux une influence presque irrésistible à cause de l'énergie de son caractère, de l'indépendance de son langage et de ses tendances un peu trop vives pour la critique ; les professeurs mêmes avaient à compter avec lui.

Cependant, quoique bon élève, il n'était pas le plus fort de sa classe ; je lui étais sans contredit supérieur pour les leçons et certains devoirs, qui semblaient ne pas être dignes de sa colère ; mais, comme il lisait beaucoup, lorsqu'il saisissait le sens des versions, sa traduction était ordinairement plus élégante que la mienne.

Nos caractères, quoique différents, ayant néanmoins plusieurs rapports de ressemblance, nous nous liâmes d'amitié et nos relations n'ont cessé qu'avec sa mort. Mais je n'étais pas son confident en toutes choses, parce qu'il savait que mon indépendance n'allait jamais jusqu'à dépasser certaines limites.

Ainsi un jour, M. Renoux, notre professeur de seconde, homme très-capable, que j'aimais beaucoup, tout à la fois comme homme et comme professeur, malgré quelques excentricités de caractère, arriva en classe, traînant à sa suite les professeurs et les principaux élèves des classes de troisième et de quatrième ; nous fûmes surpris d'une réunion dont nous ignorions le motif ; mais bientôt l'épouvante succéda à l'étonnement, lorsqu'il annonça qu'un de nous l'avait outragé, en le couvrant de ridicule, dans une lettre adressée à un élève des Jésuites ; et en même temps il sortit cette lettre de sa poche et nous en fit lecture sur un ton visiblement ému ; or l'abbé Martin qui était l'auteur de cette lettre était à mes côtés ; je passais pour être son confident, quoique je ne le fusse pas toujours ; aussi M. Renoux n'hésita pas à m'accuser publiquement de complicité.

Le résultat de cette scène dramatique fut, on devait s'y attendre, le renvoi de Martin, qui alla terminer son année classique chez M. Abel, à Aix ; quant à moi, je n'eus pas de peine à prouver mon innocence ; j'en fus quitte pour la peur et je recouvrai sans efforts les bonnes grâces de M. Renoux, que j'ai toujours fréquenté dans la suite jusqu'à sa mort.

Mes relations avec Martin n'en cessèrent pas pour cela; pendant les vacances que je passais à Marseille, comme je l'ai dit, nous nous voyions très-souvent ; c'est lui qui m'introduisit à la congrégation de M. l'abbé Allemand, prêtre d'une sainteté toute spéciale, à qui aucun de ses disciples n'a ressemblé, pour la simplicité, quoiqu'ils aient presque tous été des prêtres fort remarquables.

L'abbé Martin était alors, comme l'on dit, dans la manche de M. de Mazenod ; aussi fut-il ordonné prêtre, bien avant l'âge requis, et il n'avait pas encore vingt-quatre ans, qu'il était déjà curé de St-André ; c'est là que je le trouvai, lorsque étant diacre, je vins prendre mes dernières vacances ; je le revis à la Noël, après avoir été ordonné prêtre.

Pendant que j'étais vicaire à Salon, on le retira de St-André où son caractère entreprenant était à l'étroit, et on le plaça vicaire à St-Ferréol, dont le curé l'avait connu fort jeune, lorsqu'il était vicaire lui-même à St-Laurent. Que s'est-il passé entre ces deux hommes ? j'ai oublié les détails de leur antipathie ; mais autant que ma mémoire est fidèle, Martin ne dissimulait plus ses tendances libérales et ses répugnances pour le gallicanisme, qu'il puisait dans les œuvres de Lamennais et la lecture du journal *L'Avenir ;* chose remarquable ! à cette époque aux yeux de l'ancien clergé, quiconque était ultramontain passait pour une mauvaise tête, un écervelé ; et pour avoir du sens commun, en philosophie, il fallait être Cartésien et adopter le système du sens privé !

L'abbé Martin dut donc quitter St-Ferréol et fut nommé à St-Théodore, où M. Léautier qui avait remplacé M. Bonnefoy, était alors curé ; les deux vicaires, ses collaborateurs, étaient MM. Bérenger et Blanc ; il se trouvait là avec d'anciennes connaissances, puisque ces trois prêtres avaient été employés au petit Séminaire, lorsque nous étions élèves ; et de plus ils étaient, même le curé, en parfaite communauté d'idées avec lui.

Depuis quelque temps il faisait à l'évêché une opposition indirecte, dissimulée, tortueuse, que je n'ai jamais approuvée ; Mgr Eugène de Mazenod, qui était devenu Mgr d'Icosie *in partibus,* avait formé de nouvelles paroisses qu'il fallait doter des revenus du diocèse, à défaut des subventions de l'Etat ; il imagina de mettre tout le casuel des paroisses de Marseille en commun et d'admettre au partage de la somme totale, qui était alors considérable, le clergé des nouvelles paroisses. Cette égalité qui de prime abord semble équitable ne l'est pas du tout en réalité ; il y a en effet des paroisses plus populeuses et par conséquent plus fatigantes que d'autres ; est-il juste que le salaire soit égal, lorsque le travail ne l'est pas ? La décision de l'évêque souleva une tempête d'indignation et de murmures. L'abbé Martin s'en fit l'interprète en faisant insérer dans *Le Sémaphore* un article violent, sans signature ; c'était la première fois qu'on livrait à la publicité les actes arbitraires de l'évêché ; l'émotion fut grande et chacun se demandait qui avait ainsi osé donner le signal de l'émeute; l'évêque-neveu qui n'y allait pas de main morte, employa le moyen qui lui parut et qui était en effet le plus efficace pour découvrir le coupable : un agent de l'évêché passa dans toutes les sacristies et fit signer à chaque prêtre une déclaration par laquelle il jurait qu'il n'était pas l'auteur de l'article. L'abbé Martin se trouvant pris entre le parjure et l'aveu de sa faute, n'hésita pas ; il alla se jeter aux pieds de l'évêque d'Icosie, qui, satisfait de sa confession, lui pardonna et fit cesser l'enquête.

Mais Martin, qui était, il faut l'avouer, vindicatif, ne lui pardonna pas son humiliation ; il continua à la sourdine son opposition ; c'est lui qui rédigea les deux articles me concernant, dont je parlerai bientôt ; puis, lorsque M. l'abbé Jonquier, curé titulaire des Aygalades, fut interdit, et qu'il en appela à l'officialité d'Aix, qui, grâce à la vacance du siége et à la bonhomie de M. l'abbé Abel, vicaire général, fonctionnait alors pour la première fois de notre siècle, l'abbé Martin, sortant enfin de ses ténèbres et déposant fièrement le masque, se présenta comme défenseur et plaida, dit-on, avec beaucoup d'éloquence ; il était alors vicaire à St-Charles *intra-muros*. M. l'abbé Jeancard, avocat de l'évêque, se contenta d'envoyer un mémoire.

A son retour à Marseille, l'abbé Martin trouva chez lui une lettre de l'évêque, qui lui enlevait tous ses pouvoirs de vicaire, et ne lui laissait que la faculté de célébrer; quant à M. Jonquier, on le laissa pendant quelques mois dans la même situation, pour lui prouver qu'on ne faisait aucun cas de son appel. Cependant il y eut des pourparlers, à la suite desquels la conciliation se fit sur ces bases ridicules :

Un pro-curé administrerait la paroisse avec les deux tiers du traitement et tout le casuel ;

M. le curé conserverait son titre et exercerait ses fonctions, seulement une fois par an.

Et de l'abbé Martin, défenseur, pas un mot. Il a vécu pendant sept ou huit ans de ses revenus de famille, logé dans la maison d'une vieille dame riche qui ne le laissait manquer de rien. Mais cette disgrâce à laquelle il devait s'attendre, a brisé son existence ; il a dévoré en silence son chagrin et ses déboires, renonçant à toute polémique la plus inoffensive ; il a fini par faire sa soumission, qui cette fois-là a été sincère, et, après quelques années d'une vie pieusement obscure, il est mort du choléra vicaire à St-Joseph.

J'exposerai bientôt l'affaire Jonquier dans tous ses détails.

III

JE SUIS NOMMÉ DIRECTEUR DES CLASSES

Ma classe de troisième était composée de 12 à 14 élèves, presque tous intelligents et tous d'une docilité parfaite au moins envers moi ; on les avait prévenus en ma faveur ; aussi avons-nous fait bon ménage jusqu'à la fin de l'année classique, sans que le moindre sujet de brouillerie ait interrompu la bonne harmonie qui régnait entre nous ; chacun récitait les leçons et travaillait de son mieux, selon sa mémoire et ses facultés ; comme je leur donnais sans affectation des témoignages journaliers d'amitié, ils me payaient de la même monnaie.

J'avais repris avec B*** nos causeries intimes ; aucun nuage ne se montrait sur l'horizon, pour annoncer un orage prochain ; l'abbé Fouquet ne paraissait pas du tout humilié de ma présence ; B*** n'avait-il pas été aussi son subordonné et presque tous les autres professeurs n'étaient-ils pas plus jeunes que lui ? Tous ces messieurs, la plupart simples ecclésiastiques, me faisaient un excellent accueil, parce que, quoique prêtre, je n'étais que leur égal ; un seul, M. l'abbé Vidal, de Toulon, récemment arrivé comme moi, était du même âge que M. Bicheron, et son ancien condisciple.

J'avais enfin trouvé ce que je cherchais ; une occupation conforme à mes goûts, des élèves que j'aimais et qui m'aimaient, une société agréable, et par dessus tout la paix de l'âme.

O mon Dieu, vous qui sondez les cœurs et qui savez qu'alors je ne soupirais qu'après une vie paisible et obscure, pourquoi avez-vous permis qu'on m'arrachât à mes humbles fonctions, pour y ajouter un titre et un emploi plus honorables, qui ont soulevé des tempêtes et m'ont fait glisser dans l'abîme ?... *Investigabiles viœ ejus!*

M. l'abbé Bicheron n'avait pas de directeur des classes : supérieur général de toute la maison, il concentrait dans son unique pouvoir l'administration tout entière ; cela ne pouvait pas durer ; pour le soulager dans tout ce qui regardait l'économat, il avait un agent subalterne, originaire de Grans, qui exécutait ponctuellement toutes ses volontés et qui par conséquent en assuma l'odieuse responsabilité. Quoique les professeurs-prêtres eussent le pouvoir de confesser, cependant on avait chargé de la direction spirituelle générale l'abbé Giraud-St-Rôme, qui appartenait à une famille riche de Marseille, et n'en vivait pas moins humblement ; il avait une grande piété, beaucoup de zèle et prêchait avec une simplicité pleine d'onction ; mais son esprit étroit le faisait tomber souvent dans des minuties puériles et le portait à adopter des mesures vexatoires. En résumé c'était un homme médiocre, mais honnête. L'abbé Bicheron le laissait faire, mais ne le consultait ni pour les classes ni pour les grands actes de l'administration.

Or l'ancien curé de Grans, malgré toute sa réputation de savant, qui pour certaines questions n'était pas usurpée, ne pouvait pas se dire littérateur ; son bagage scolaire était fort restreint. Il savait à peine lire le grec et je ne sache pas qu'aucune science mathématique ou physique lui fût familière ; quoique très-intelligent, il n'avait pas de suite dans ses idées ; il n'entendait rien à l'organisation des classes ; il pouvait bien un jour ou deux satisfaire ses élèves de philosophie, parce qu'il avait beaucoup lu et qu'il ne manquait pas d'une certaine facilité à s'exprimer ; mais son caractère inconstant et paresseux l'emportait bientôt sur ses résolutions et il laissait ses élèves réduits à leurs propres forces.

D'après cet exposé qui est loin d'être chargé, on conçoit aisément qu'un directeur des classes était absolument indispensable à M. l'abbé Bicheron, pour la marche régulière des études, dans une maison qui comptait alors pour la première fois 180 élèves, tous pensionnaires ; il eut la malheureuse pensée de jeter les yeux sur moi, pour ce poste élevé ; il me dit confidentiellement que les professeurs de rhétorique et de seconde, n'étant pas prêtres et ne paraissant pas devoir l'être un jour, il ne pouvait leur donner sa confiance pour l'administration de la maison, ni leur déférer la mission délicate de le remplacer en cas d'absence ou de maladie, et que moi seul je remplissais les conditions voulues ; par conséquent il me supplia de lui venir en aide et de partager sa grande besogne. Je lui fis observer qu'étant novice dans l'enseignement, c'était un peu téméraire de ma part d'accepter un emploi qui me plaçait au-dessus d'anciens professeurs, même de ceux qui étaient chargés des classes supérieures à la mienne ; que de plus M. l'abbé Vidal, professeur de physique était beaucoup plus âgé que moi et qu'il me répugnerait d'avoir le pas sur lui ; à mon tour je le conjurai de me laisser sous le chandelier, au moins pendant la première année, sauf à accepter son offre plus tard, si telle était toujours sa volonté. Au reste, ajoutai-je, donnez-moi 24 heures pour y réfléchir.

Je m'empressai de faire part de cette proposition à mon ami B***, qui ne parut pas s'en émouvoir et qui, dans la crainte d'avoir l'abbé Vidal à sa tête, m'assura qu'il serait enchanté, pour ce qui le concernait, de ma nomination ; *plutôt toi que tout autre,* me dit-il.

Cependant j'entrevoyais à la lumière de ma petite expérience les difficultés que j'aurais à surmonter et certains écueils contre lesquels peut-être je me briserais. Je me décidai donc à décliner l'honneur et la charge qu'on m'offrait et le lendemain en effet j'abordai M. l'abbé Bicheron avec mon refus sur les lèvres ; mais il ne me donna pas le temps de parler ; cet homme était parfois séduisant ; naturellement froid, réservé et même dissimulé, il lui arrivait comme par distraction d'être expansif, d'ouvrir son âme et de tenir un langage amical ; j'avoue que ce sont-là des moyens de persuasion auxquels je résiste rarement. Aussi après quelques paroles insignifiantes et peu énergiques, qui témoignaient que j'étais vaincu, je lui dis que, puisqu'il le voulait absolument et qu'il me le demandait comme un témoignage d'amitié, j'acceptais.

Je fus installé, le dimanche suivant, en présence de tous les élèves et les professeurs ; cette cérémonie consista en ce que je lus le bulletin des notes hebdomadaires, en accompagnant cette lecture d'observations à l'adresse des élèves ; et comme parmi les assistants se trouvait M. le supérieur, il fut évident pour tous qu'en me cédant sa place, quoiqu'il fût présent, je devenais directeur ; cependant comme cette nomination ne fut pas formellement exprimée, cet oubli donna lieu à la malveillance de la méconnaître ; je dis *cet oubli,* quoiqu'il soit à peu près certain que M. Bicheron, en ne pas me proclamant explicitement, avait une arrière-pensée ; il se réservait une porte pour sortir, selon les occurences ; il jouait ainsi avec moi un jeu de bascule, sur le succès duquel il comptait, parce qu'il ne me connaissait qu'imparfaitement.

IV

SUITES DE MA NOMINATION

Généralement les élèves sortirent satisfaits de la séance ; on savait déjà comment je dirigeais ma propre classe, que je conservais malgré mon nouveau titre ; on espérait donc que je suivrais le même système et les mêmes principes pour la direction générale des études. Quant aux professeurs, ils se divisèrent en deux camps ; les uns me furent ouvertement hostiles et les autres n'ayant aucune raison de se plaindre, attendu que leur amour-propre n'était pas froissé, acceptèrent avec une indifférence toute passive la décision de M. le supérieur, excepté cependant MM. Chirac et Demandolx, avec lesquels j'ai toujours eu de bons rapports ; les premiers, que je dois nommer, furent, on s'y attend, les professeurs de physique, de rhétorique et de seconde : MM. Vidal, B*** (hélas !) et Roubaud.

J'avais accepté la fonction de directeur des classes, avec une grande répugnance ; je le répète et je reviens à dessein sur cela, parce que c'est le point de départ de mes malheurs et que j'ai le droit de faire retomber la responsabilité de mes fautes sur ceux qui n'ont tenu aucun compte ni de mes bonnes intentions ni de leurs promesses. Je suis naturellement timide et circonspect ; il m'en coûte beaucoup d'avancer dans une route que je ne connais pas ; mais, m'étant une fois lancé dans une entreprise quelconque, que je crois légitime, il n'est pas dans mes habitudes de reculer, à cause des obstacles, qui, me forçant à redoubler mes efforts, augmentent indirectement mon énergie ; ainsi l'opposition me rend service, me grandit en quelque sorte malgré moi.

Le soir, avant souper, j'eus une assez longue conférence avec l'abbé Bicheron ; et pour lui prouver que je prenais mon titre au sérieux, je lui signalai un grand abus qui régnait dans la maison et qui était le résultat du défaut d'unité dans l'administration ; centralisateur par principe, mais indolent de caractère, il laissait volontiers le soin des détails aux professeurs, qui non-seulement avaient la police de leurs propres classes, mais encore se mêlaient de maintenir la discipline générale par des punitions qu'ils infligeaient de leur propre autorité sans que le supérieur eût connaissance de la faute ; je fis entendre à M. Bicheron qu'il fallait au plus tôt faire cesser cette extension de pouvoir que les professeurs s'arrogeaient et ne leur laisser qu'une surveillance générale, qui était pour eux moins un droit qu'un devoir. Nous décidâmes donc que, lorsqu'ils auraient à se plaindre d'un élève dans leurs classes ou qu'ils le trouveraient en faute en dehors de la classe, ils m'en donneraient avis et que ce serait désormais à moi et non à eux à déterminer le genre de punition à infliger ; mais avant toutes choses, il fallut établir le pouvoir administratif, qui fut ainsi constitué : M. Bicheron, le chef suprême, secondé par deux ministres, le directeur des classes, de qui relevaient tous les professeurs et spécialement les surveillants ou maîtres d'étude, et le directeur spirituel, M. Giraud-St-Rôme, chargé spécialement de la confession et des cérémonies religieuses.

M. Bicheron me pria d'annoncer ce nouvel état de choses à MM. les professeurs ; c'était évidemment à lui, supérieur, à faire cette notification ou bien à reculer et à me remettre à ma place ; je commis une faute en ne pas lui posant cette alternative ; mais pouvais-je supposer que, tandis qu'il m'approuvait et m'autorisait à agir, il dît *à parte* que je faisais tout cela de mon propre mouvement ? Aussi l'insurrection ne tarda pas d'éclater, dès qu'on reçut ma circulaire, qui fut accueillie spécialement par les trois ci-dessus nommés avec les commentaires les plus dédaigneux ; on me raillait dans les classes ; on épiait mes paroles et mes actes, pour me signaler aux élèves comme un homme de peu de valeur, sur le compte duquel on s'était mépris, etc., etc.

Comme je viens de le dire, ces mauvais procédés, loin de me décourager, augmentaient plutôt mon énergie ; mais avant d'engager une lutte sérieuse, que je ne redoutais pas, je crus que quelques explications franches et cordiales avec B***, comme elles devaient l'être entre deux condisciples qui s'étaient donné jusqu'à ce jour des témoignages nombreux et non équivoques d'estime et d'affection, produiraient un bon effet.

J'allai donc spontanément, et à l'insu de tout le monde, le trouver à sa chambre et je le priai de me dire carrément si ma nomination lui avait déplu et s'il jugeait que dans mon intérêt il valait mieux rester simple professeur ; *tu n'as qu'à parler*, lui dis-je, *et je vais de ce pas me démettre de mon titre ; je tiens plus à ton amitié et à ma tranquillité qu'à cet honneur*. Il me fit la même réponse qu'auparavant et m'assura qu'il n'avait pas vu ma nomination de mauvais œil et qu'il en était même satisfait. *Je ne fais*, répliquai-je, *cette démarche qu'auprès de toi ; quant aux autres, c'est une autre affaire*.

Après cette visite qui me satisfit, parce que j'avais lieu de croire que les explications avaient été sincères, je me rendis chez l'abbé Bicheron et je lui fis part de ce qui venait de se passer entre B*** et moi ; quant à la levée de boucliers des professeurs, il en connaissait tous les détails et me parut indigné de leur conduite. Cependant je le suppliai pour la dernière fois de revenir sur ses pas, pour la paix de la maison, et de ne pas se gêner, parce que j'étais très-disposé et cela sans arrière-pensée, à m'ensevelir de nouveau dans mes humbles fonctions de professeur. *Gardez-vous bien*, me dit-il, *de reculer ; restez à votre poste, et je vous soutiendrai*. Je lui exposai alors de nouveau mes projets de réforme, qu'il approuva, et dès le lendemain je me mis à l'œuvre pour les faire exécuter. En voici le résumé :

« L'administration de la maison sera concentrée dans les trois directeurs ci-dessus nommés.

« La police générale de la maison et la direction des études seront confiées au directeur des classes, au nom du supérieur ; les professeurs n'auront plus que la police de leurs classes ; mais ils se contenteront de signaler les délinquants à ce dernier, qui déterminera, selon la faute, la nature et la durée des pensums ou des châtiments.

« Les professeurs suivront pour la récitation des leçons, la correction des devoirs et généralement pour tout ce qui concerne les classes, les prescriptions du directeur ; ils pourront cependant en appeler au supérieur de sa décision.

« Ils auront un registre des notes hebdomadaires et des places des compositions, qu'ils remettront tous les samedis au directeur des classes, afin qu'il puisse en faire un résumé, qui sera lu le lendemain dimanche en présence de tous les professeurs et de tous les élèves et sera affiché au parloir. Ce résumé servira pour envoyer aux parents les notes du trimestre. »

Ce règlement, dans les détails duquel je n'entre pas, fut notifié et exécuté ; mais je laissai MM. Vidal et B***, faire leurs classes comme ils l'entendaient, l'un à cause de son âge et l'autre, par respect pour notre vieille amitié.

Je défendis aux surveillants de donner pour punitions des vers à copier ; coutume absurde, invétérée, qui existe encore même dans les lycées, puisque le ministre actuel se propose, dit-on, de l'abolir et de la remplacer précisément par le système que j'établis ; tout élève qui n'avait pas su ses leçons ou qui n'avait pas fait ou avait mal fait son devoir, ou qui avait mécontenté les surveillants pendant les études, était condamné à la salle de retenue, pendant la récréation qui suivait le dîner ; là je faisais apprendre les leçons qu'on n'avait pas sues, refaire le devoir mal fait et je donnais 10, 15 ou 20 vers français ou latins, à étudier aux élèves dissipés.

Depuis cette époque j'ai toujours employé et fait employer par mes subordonnés ce moyen disciplinaire, que l'Université de France regarde comme une invention de sa part ; il n'est pas sûr cependant qu'elle l'adopte.

Après environ un mois de sourds murmures et de tiraillements, presque tous les professeurs reconnurent mon autorité ; de mon côté j'eus pour eux beaucoup de prévenances et de politesse, de telle sorte que quelques-uns devinrent mes intimes amis, me visitaient souvent, passaient la soirée chez moi et me faisaient même confidence de leurs secrets ; je puis citer MM. Chirac, Carbonel, Dalmas, Demandolx, Chabert.

Je dis presque tous ; car M. Roubaud, professeur de seconde, continua, tout en se soumettant, à se tenir à l'écart ; je n'eus pas l'air de me préoccuper de ses bouderies, parce qu'il me respectait extérieurement ; comme il était fort léger et qu'il faisait beaucoup trop valoir ses petites connaissances dans la littérature moderne, je ne fis pas la moindre avance vers lui. Nous nous sommes revus plus tard ; il a paru me témoigner de l'amitié et de l'estime ; je l'ai comblé à mon tour de politesse et d'égards. Depuis deux ou trois ans il a renoncé brusquement à ses visites, d'où j'ai conclu qu'il n'avait guère changé en vieillissant. A la suite d'une attaque, il est devenu presque hébété ; il vient de mourir dans l'obscurité.

Quant à B***, j'éprouve une grande répugnance à revenir sur des détails dégoûtants, qui prouvent jusqu'à l'évidence combien peu nous devons compter en ce monde sur la plupart de ceux qui se disent nos amis ; cette répugnance se concevra aisément d'abord à cause de nos anciennes relations d'intimité qui ont été reprises plus tard, pour être rompues de nouveau ; et ensuite, parce qu'au moment où j'écris cette page, nous avons échangé quelques lettres très-amicales, à l'occasion de notre correspondance en grec en 1826 et 1827. On trouvera toutes ces lettres fort curieuses dans mes papiers ; celles qui étaient entre les mains de B*** me sont arrivées dans un état de véritable décomposition ; il m'a fallu le soin le plus minutieux pour refaire un tout de toutes ces parcelles détachées de pages moisies ; on dirait qu'elles ont fait partie des ruines d'Herculanum. Mais je reviens, puisqu'il le faut, à nos misères.

B***, très-probablement froissé de la supériorité que j'avais à exercer sur lui, en ma qualité de directeur des classes, sacrifiant à cet entêtement vaniteux les sentiments de l'amitié, et foulant aux pieds même toutes les convenances, fut le seul de tous les professeurs qui persévéra, je ne dis pas à porter avec peine le joug de mon autorité, puisque par décence je ne le lui ai jamais imposé, mais à ne pas le reconnaître en se permettant des actes formels et publics de manque d'égards et d'impolitesse. Si je les exposais en détail, on ne croirait pas que moi, à qui l'on a fait souvent une réputation de vivacité désordonnée, j'ai souffert ces avanies pendant toute l'année scolaire.

L'abbé Bicheron continuait à jouer son rôle habituel de duplicité. Ses habitudes de paresse et de nonchalance me laissaient presque tout entier le fardeau de la direction des classes ; et comme je remplissais mes devoirs simultanés de professeur et de directeur avec un zèle passionné, que j'étais aussi souvent avec les élèves que mes occupations me le permettaient, que j'avais supprimé une foule de mesures odieuses et inutiles, et qu'enfin l'administration générale fonctionnait avec moins de raideur qu'auparavant, et beaucoup plus de paternité, mon influence dans la maison croissait de jour en jour, et je puis affirmer sans crainte de recevoir un démenti, que je possédais l'affection des élèves, sans qu'on ait pu me reprocher plus tard d'avoir employé des moyens illégitimes, lorsque leurs dispositions éclatèrent au grand jour. Les parents eux-mêmes avaient beaucoup plus de rapports avec moi qu'avec le supérieur, qui n'était presque jamais visible pour eux, à moins qu'ils ne vinssent payer le trimestre. Il se couchait très-tard, se levait de même, et laissait le soin de dire la messe de la communauté à l'abbé Chirac, tandis que je la disais moi-même aux ecclésiastiques à 6 heures du matin, quoique nous nous fussions couchés après minuit. Enfin il ne quittait sa chambre que pour descendre à la salle de billard, où l'on était sûr de le trouver, lorsque sa présence devenait nécessaire ; aussi une dame ne l'appelait-elle jamais que *le garçon cafetier.*

Dans cet état de choses, M. le supérieur jaloux de ma petite gloire, quoique je travaillasse pour la sienne, ne faisait rien pour sauvegarder ma dignité ; les coups de pied que je recevais entraient dans ses vues secrètes et dans son système de machiavélisme, *divide ut imperes.* Malgré mon infériorité notoire en talents, il avait pourtant besoin de moi ; il le sentait ; aussi jamais il ne me faisait de l'opposition en face ; mais je n'ignorais pas les propos malins qu'il se permettait en présence des professeurs, ses railleries au moins indécentes sur mon zèle outré, qui me portait, disait-il, *à me noyer dans les bulletins des élèves, etc., etc.* Quelquefois même il ôtait le masque, et me boudait pendant plus de huit jours ; or quelle grande faute avais-je commise ? j'avais préparé de mon mieux les membres de l'académie littéraire à une séance publique, que j'ouvrais ordinairement par la lecture d'un discours ; cette institution empruntée des jésuites existait avant mon arrivée ; mais je la réformai complètement d'après mes idées ; je rédigeai un nouveau règlement, qui peut-être existe encore ; nous avions tous les dimanches une séance particulière que je présidais ; chaque membre lisait son travail, qui était soumis tout à la fois à ma censure et à la critique des élèves, et je gardais pour les séances publiques les compositions qui avaient obtenu l'approbation générale. Plusieurs de ceux qui faisaient alors partie de l'académie, sont devenus, chacun dans son genre, des hommes distingués ; je puis citer Payan, Chassangle, Gras, Rodier, Cailhol, etc. (Voir l'*Appendice*, n° 3).

C'était là assurément pour moi un surcroît de travail, surtout quelques jours avant les séances publiques ; M. l'abbé Bicheron qui ne m'aidait pas seulement de son petit doigt, se réservait la douce satisfaction de me critiquer en compagnie de son ami fidèle, l'abbé Jeancard et de me bouder régulièrement pendant plusieurs jours ; c'était là ma récompense. De mon côté je le payais de la même monnaie ; mais comme il ne pouvait pas se passer de mon concours journalier, il finissait par monter chez moi au troisième étage et me racontait des choses indifférentes avec un rire banal et forcé, dont je n'étais pas dupe : ainsi finissait la bouderie jusqu'à la nouvelle séance académique.

Il était d'usage d'accorder une grande promenade aux académiciens, après les séances ; une fois, je les conduisis à Géménos ; j'avais à peu près 30 élèves et quelques professeurs ; après le repas sur le gazon dans les bois de St-Pons, chaque professeur, avec mon autorisation, prit un certain nombre d'élèves et l'on se dispersa ainsi par bandes de côté et d'autre ; quoique je leur eusse bien recommandé à tous de se rendre à Géménos à une heure fixe, afin que nous pussions arriver à Marseille de manière à assister à l'exercice du Mois de Marie, mes ordres ne furent pas exécutés par la faute des professeurs ; nous n'arrivâmes donc qu'après l'exercice commencé.

Or quel était le langage de l'abbé Bicheron, tandis que le reste de la communauté se rendait à l'église et que nous n'y étions pas ? « S'ils manquent l'exercice, disait-il à l'abbé Chirac, je leur ferme la porte de la maison. » Il ne l'aurait pas fait sans doute, mais il me semble que c'était déjà bien mauvais de sa part de tenir un tel propos et de montrer qu'il y avait dans son cœur une bonne dose d'acrimonie, dont il ne put pas en effet se rendre maître; un des académiciens, âgé d'environ 18 ans, rhétoricien et frère du secrétaire général de l'évêché, Stanislas Cailhol, paya pour moi ; en entrant au réfectoire, il dit quelques mots à son voisin ; M. le supérieur l'ayant aperçu, le condamna de sa voix la plus stridente à se mettre à genoux au milieu du réfectoire, humiliation dont je fus tellement vexé pour lui, que je quittai brusquement la table et me retirai dans mes appartements.

Etais-je le seul à me plaindre de l'abbé Bicheron ? La plupart des professeurs avaient à souffrir de ce caractère bizarre ; quelques-uns lui faisaient la cour, parce qu'ils redoutaient ses dénonciations occultes, dont il n'était pas avare.

Un jour l'abbé Chirac vint me voir très-inquiet et me demanda s'il était à ma connaissance que l'abbé Bicheron eût le dessein, comme il l'avait eu quelques mois auparavant, de le faire placer vicaire dans une paroisse ? « Pourquoi soupçonnez-vous cela ? lui dis-je. » — « C'est que ce matin, me répondit-il, pendant la récréation il s'est approché de moi en riant, s'est suspendu à mon bras familièrement et m'a tenu les propos les plus aimables. » C'était donc là, d'après l'abbé Chirac, un symptôme de malice. Ce trait peint l'homme tout entier. Or l'abbé Chirac était un jeune prêtre pieux, spirituel, bien élevé et surtout bon ami.

V

FIN DE L'ANNÉE SCOLAIRE

C'est dans cette vissicitude de luttes, de travaux incessants, de consolations d'une part et de déboires de l'autre que je passai ma première année scolaire, qui se termina par un incident où M. l'abbé Bicheron se montra dans toute sa nudité.

Pendant les trois jours qui précédèrent la distribution des prix, j'étais occupé tout le jour et une partie des nuits à corriger les compositions des prix, besogne qui devait se faire avec l'aide des professeurs et dont ils se déchargeaient sur moi sans façon ; j'avais aussi à déterminer les prix de toutes les classes et à faire toutes les dispositions nécessaires pour que la distribution se fît exactement.

M. l'abbé Bicheron me fit un jour l'honneur d'assister à ce travail d'organisation ; j'étais arrivé aux classes élémentaires ; un de ses neveux, fils de sa sœur, en faisait partie ; comme il n'était pas fort, et que d'ailleurs il était fort jeune, je l'avais mis sur la liste de ceux auxquels on accorde un prix d'encouragement. « Otez ce nom-là, me dit-il brusquement. »

Or lorsque sa sœur, que j'avais connue à Salon, quand j'étais vicaire, amena son fils au commencement de l'année, elle me le recommanda chaudement, en me disant confidentiellement : « je connais mon frère, il ne s'en occupera pas. »

Mais poursuivons.

Le jour de la distribution est arrivé ; tout est prêt ; le matin, je donnai un dernier coup d'œil aux compositions des académiciens et je priai un de mes élèves de mettre mon discours au net; l'abbé Bicheron put donc à mon insu le lire tout entier; comme en ce moment la chute de Lamennais était imminente, et que cet événement n'était étranger ni à la littérature ni à la philosophie ni à la religion, j'avais cru pouvoir déplorer la perte de celui que j'appelais notre Père; on trouvera ce discours au n° 3 de l'*Appendice*.

Il n'y a rien, à part quelques phrases exagérées, qui ne pût être dit; mais c'eût été extraordinaire que M. Bicheron parût satisfait de mon travail. D'ailleurs pourquoi ne pas me prévenir? j'aurais supprimé ce qui ne lui semblait pas convenable; et je lui aurais pardonné sa bouderie habituelle, après la cérémonie; j'avais toutes les vacances pour m'en consoler. Mais voici ce qui arriva :

La distribution des prix devait commencer par la séance académique à 4 heures; à 2 heures je fis transporter sur la table qui était sur l'estrade, tous les prix; et avec l'aide de deux professeurs je les plaçais avec ordre, sans trop me presser, et veillant à ce qu'on ne pût commettre aucune erreur dans la distribution; je me proposais d'aller me vêtir convenablement à 3 heures 1/2 et de conduire moi-même les académiciens à la séance; c'était ainsi convenu.

A 3 heures, les deux évêques, l'oncle et le neveu, arrivent avec les vicaires généraux et l'éternel abbé Jeancard chez M. l'abbé Bicheron; comme je ne m'attendais pas à cette prompte arrivée, je fis dire à M. l'abbé Bicheron que je n'étais pas encore prêt et qu'il voulût bien attendre encore demi-heure. Je comptais là-dessus et je me hâtais de finir mon arrangement, lorsque les deux professeurs qui étaient avec moi me dirent : « Voyez donc les évêques qui s'avancent avec M. l'abbé Bicheron et les autres professeurs. » Je fus en quelque sorte paralysé; je ne savais que faire; enfin l'indignation prit le dessus; je laissai tout en désordre et je me retirai à ma chambre.

On envoya chercher les académiciens, qui ne voulaient pas marcher sans moi et finirent enfin par se rendre à l'appel du supérieur, l'un après l'autre ; ce fut là un désordre assurément ; Mgr de Mazenod, le neveu, en fut impressionné ; on dut naturellement m'en faire un crime, puisque deux ans après, dans un entretien de réconciliation, il me demanda sur cet incident des explications, qui parurent le satisfaire ; mais c'était de la moutarde après dîner. Il aurait fallu qu'on me les demandât le lendemain de la distribution ; je les aurais données en présence des deux professeurs qui travaillaient avec moi et qui m'auraient rendu une justice complète.

J'insiste sur tout cela, parce que ce fut le commencement des préjugés dont je fus victime l'année suivante. *Hinc prima mali labes.*

Le lendemain matin, je ramassai tous les registres et tous les papiers qui concernaient la direction des classes et de l'académie, et je les portai à M. Bicheron, comme pour lui indiquer que je me démettais de ces deux fonctions. Je m'attendais à une réception glaciale et j'étais bien décidé à rentrer dans mon diocèse ; plût à Dieu que je l'eusse fait ! Mais à mon grand étonnement il m'accueillit en me tendant la main, me faisant presque des excuses de ce qu'il appelait un malentendu, mais qui n'était que trop un *entendu réel*. Il fit semblant de ne pas remarquer que j'avais déposé les registres chez lui et me rappela, ce dont nous étions convenus quelques mois auparavant, qu'au mois d'octobre je remplacerais B*** à la rhétorique, que Roubaud, mon autre adversaire, céderait la place pour la seconde à M. l'abbé Blanc, prédicateur distingué, dont il me fit le plus grand éloge et qu'enfin l'abbé Félix, serait professeur de philosophie.

Toutes ces confidences presque amicales auxquelles je ne m'attendais pas, produisirent une diversion qui malheureusement me désarma ; je l'ai déjà dit et je me plais à le répéter : quels que soient les torts qu'on me fasse, quelque sensibles que soient les outrages dont on m'abreuve, je ne sais ce que c'est que la rancune ; la moindre petite avance, lorsque je la crois sincère, me fait changer de résolution. Cependant après tant de méprises, je suis devenu, je le sens, beaucoup moins crédule et maniable.

Je partis donc pour St-Chamas où ma mère avait repris son ancien domicile après mon départ de St-Remy.

J'y ai passé tout le mois des vacances dans la solitude la plus complète, lisant tous les traités de rhétorique, tant anciens que modernes, qui étaient à ma disposition et traçant le programme d'études que j'avais à faire suivre à mes nouveaux élèves ; je n'étais pourtant pas assuré de retourner à Marseille ; il était en effet possible et même probable que l'abbé Bicheron, rendu à lui-même et à ses réflexions, profitât de la mauvaise impression qu'avait produite mon absence tout à fait anormale à la distribution des prix, pour suggérer à l'administration ecclésiastique de Marseille la pensée de se passer de mon concours et de me congédier ; j'ai appris en effet plus tard de la bouche même de Mgr d'Icosie, comme je viens de l'insinuer, qu'il avait été fortement intrigué du désordre qui avait eu lieu au début de la séance ; et comme je partis pour St-Chamas, sans prendre la peine d'aller à l'évêché, pour y donner mes explications sur cet incident, je devais être coupable au moins d'une grande étourderie aux yeux de l'autorité. Quoi qu'il en soit, je ne reçus aucune lettre pendant tout le temps des vacances, et j'observai la même réserve.

CHAPITRE II

Année classique 1834-35

Etrange et déplorable coïncidence ! Tandis que je tiens la plume, âgé de 70 ans, pour exposer toutes les circonstances de la mémorable lutte que je soutins, il y aura bientôt quarante ans, contre l'administration ecclésiastique de Marseille, une discussion aussi grave que la première, quoiqu'elle ne soit pas encore publique, s'élève entre deux prélats, l'archevêque d'Aix et l'évêque de Marseille, d'une part, et moi de l'autre. Quelles en seront les suites et le résultat final ? Dieu le sait. Ainsi, comme les Juifs, lorsqu'après la captivité de Babylone ils reconstruisaient les murs de Jérusalem, je tiens dans ma main sénile la plume qui me sert tout à la fois de truelle et d'épée. Si Dieu me conserve la santé et l'intelligence, je raconterai toutes les péripéties du drame qui va se dérouler et livrer de nouveau mon nom, je le pressens, à la publicité. Mais pour ne pas devancer les temps ni ne rien anticiper, je reprends avec une profonde tristesse, Dieu m'en est témoin, le fil de ma narration. (1)

I

DIVERS INCIDENTS JUSQU'AU CARÊME

Après les vacances, c'est-à-dire, aux premiers jours du mois d'octobre, je me rendis à Marseille, pour y remplir

---

(1) L'affaire à laquelle je fais allusion, a été exposée longuement dans l'*Histoire du Revenant*.

les fonctions de professeur de rhétorique. Mais j'étais bien décidé à ne plus accepter d'autre emploi ; après tout ce qui s'était passé l'année précédente, ma répugnance n'était-elle pas naturelle et en quelque sorte légitime, surtout depuis l'admission dans la maison de MM. Félix et Blanc, qui tous les deux étaient plus âgés que moi et avaient une réputation de savoir, d'éloquence et même de littérature bien supérieure à la mienne ? J'avoue naïvement que la présence de ces nouveaux collègues ne réveilla dans mon cœur aucun sentiment de jalousie ; au contraire, j'avais tellement souffert que j'étais bien aise d'avoir un prétexte très-plausible pour refuser tout à la fois la direction des classes et celle de l'académie, dont les fonctions respectives ne s'étaient jamais séparées, si M. Bicheron avait encore la pensée de me les offrir.

Lorsque j'entrai dans la maison, on sortait de l'église où Mgr l'évêque venait de célébrer la messe du St-Esprit ; je compris tout de suite que j'aurais dû arriver la veille, pour assister à cette cérémonie préliminaire de l'ouverture des classes ; je ne puis maintenant donner les motifs de ce retard, qui préoccupa, je le sais, M. Bicheron ; aussi dès qu'il m'aperçut, il me fit un signe de tête amical ; et quoiqu'il fût à côté de l'évêque, lorsque je m'avançai vers lui, il me serra la main aussi affectueusement qu'il pouvait le faire.

Après la récréation qui suivit le dîner, je pris possession de ma classe, composée des anciens élèves de M. Roubaud ; les philosophes de l'année dernière avaient pris leur vol pour le grand Séminaire ; mes élèves de troisième passaient sous la direction de M. Blanc, et ceux de M. B*** passaient sous celle de M. Félix. M. Bicheron n'étant plus chargé que de l'administration de la maison, avait du temps plus qu'il ne lui en fallait pour diriger les études générales et les travaux de l'académie ; mais il avait peu d'aptitude pour ce genre d'occupation, qui exige un esprit d'ordre, de l'activité et surtout de la persévérance dans l'exécution du plan qu'on a conçu ; je ne prétends pas avoir eu toutes ces qualités à un degré supérieur ; mais l'expérience a prouvé que j'en avais une plus forte dose que lui ; il en était tellement convaincu, qu'il ne nomma personne pour me remplacer, pensant que j'irais moi-même m'installer à mon ancien poste d'honneur et reprendre mes fonctions de l'année dernière.

Il est certain que je n'avais à craindre ni de la part de M. Félix ni de celle de M. Blanc les avanies que B*** m'avait fait subir. J'avais eu des relations assez intimes avec le premier, soit à St-Chamas, où il avait été curé, soit à Arles, où il exerçait les fonctions d'aumônier, pendant que j'étais vicaire à St-Remy ; c'est donc avec une vraie satisfaction mutuelle que nous nous retrouvâmes côte à côte à Marseille ; quant au second, il ne pouvait pas trouver mauvais que le professeur de rhétorique eût le pas sur le professeur de seconde.

Mais en connaissant M. Bicheron tel qu'il s'était montré, pouvais-je de mon propre mouvement lui demander si je devais être encore directeur des classes, avec l'alternative ou d'essuyer un refus honteux ou de m'attendre à ce que plus tard il ne se serait pas gêné pour dire que je m'étais ingéré de moi-même des affaires de la direction ? J'insiste sur tout cela, parce que ce fut une des causes de nos divisions.

Quinze jours s'étaient écoulés depuis l'ouverture des classes, qui, organisées l'année dernière d'après mon règlement, suivaient l'élan qu'elles avaient reçu ; les bulletins hebdomadaires se faisaient avec l'aide d'un surveillant ou d'un professeur ; mais l'académie était encore sans chef ; plusieurs de ses membres, les plus distingués, avaient disparu ; il fallait les remplacer par des élèves de seconde, mes anciens élèves de troisième ; et personne ne prenait l'initiative de combler cette lacune. L'amour-propre de M. Bicheron était froissé de se voir dans la nécessité d'avoir recours à moi ; et de mon côté je répugnais à faire les avances ; je voulais de sa part une prière formelle et directe ; il n'avait qu'à me mander chez lui et me dire, par exemple : « Eh bien ! vous allez encore vous charger de l'académie, n'est-ce pas ? » C'était fort simple et ce peu de mots m'auraient satisfait ; il prit une autre route, qui ne résolut pas le problème. Voici ce qui se passa :

Les anciens membres de l'académie et ceux qui aspiraient à le devenir, vinrent un jour avec une grande solennité me prier de vouloir bien encore les diriger dans leurs travaux littéraires, en m'assurant que M. le supérieur leur avait manifesté le désir que je reprisse ces fonctions, si je le voulais. Je remerciai beaucoup ces jeunes gens de leur démarche et de l'honneur qu'ils me faisaient ; je les priai de m'excuser si je ne leur donnais pas actuellement une réponse affirmative, pour des motifs que je ne pouvais leur exposer de vive voix ; et je leur promis de leur faire connaître par écrit mes intentions.

Je leur écrivis en effet une lettre dont je n'ai pas conservé la copie, et dans laquelle, après les avoir de nouveau remerciés, je donnai pour prétextes de mon refus ma faible santé et l'importance de la classe de rhétorique, dont j'étais chargé pour la première fois et qui par conséquent réclamait tous mes soins et tout mon temps ; mais le véritable motif fut le souvenir des coups d'épingle que j'avais reçus et dont ne me garantissait pas la route détournée qui avait été prise pour obtenir mon adhésion. Ainsi pendant tout l'hiver il n'y eut de séances académiques ni privées ni publiques ; au reste la privation de ces solennités littéraires fut peu sensible, à cause du choléra, qui interrompit deux fois nos classes, à la Noël et avant Pâques ; mais M. Bicheron m'en garda un profond ressentiment, qui éclata au mois d'avril.

Je reviens à ma classe, composée de 10 à 12 élèves, dont quelques-uns ont joué ou jouent encore un rôle assez important.

C'est alors que je conçus le plan de mon cours de littérature et que je commençai à l'exécuter ; au lieu de mettre entre les mains des élèves un traité quelconque, dont ils m'auraient fait un résumé, je leur parlais chaque jour environ une demi-heure sur les préceptes de la rhétorique ; le lendemain chacun me présentait sur une copie le résultat de son travail sur le sujet traité la veille et rédigeait ainsi lui-même à son point de vue un cours de rhétorique. Je préparais ma classe avec beaucoup de zèle, en étudiant divers auteurs ; aussi m'écoutait-on avec attention, et de tous les devoirs que j'imposais, c'était celui qu'on ne manquait jamais de faire.

J'ai enseigné d'abord la rhétorique, avec de simples notes, que je développais en parlant ; ce n'est que plus tard, lorsque j'ai fait l'éducation des MM. de Jessé, que j'ai écrit mon grand cours de littérature, tel qu'il est.

Je vivais donc avec mes nouveaux élèves, comme je l'avais fait l'année précédente ; sans leur faire l'ombre d'un reproche ni encore moins les menacer d'une pénitence quelconque, j'étais généralement satisfait de leur application et même de leurs succès, qui ne pouvaient être que relatifs, on le comprend ; débarrassé de tous les soucis de la direction générale, je me concentrais tout entier dans les détails les plus minutieux de mon emploi; aussi en étais-je récompensé par les témoignages d'affection et d'estime que mes élèves me donnaient ; ce n'est pas sans émotion que mes regards tombent quelquefois sur les compliments en vers français, en vers latins, en prose latine et même en anglais, qu'ils daignèrent me présenter la veille du jour de l'an, le 31 décembre 1834 et que j'ai conservés.

Quoique je ne fusse plus directeur des classes, je n'avais rien perdu de mon ancienne influence dans toute la maison ; ce qui arriva six mois après en est une preuve évidente ; j'étais aussi dans d'excellents termes avec tous les professeurs, dont quelques-uns prirent l'habitude de passer la soirée chez moi, après le souper ; ce qui déplaisait à M. Bicheron ; il me soupçonna de vouloir renouveler contre lui le triste rôle de conspirateur qu'il avait si bien joué contre M. Meistre ; or rien n'était plus éloigné de ma pensée ni plus étranger à mes habitudes que cette manière de faire de l'opposition ; aurais-je voulu m'y soumettre, que la vivacité de mon caractère ne me l'aurait pas permis. C'était donc évidemment sans arrière-pensée, que je réunissais chez moi presque tous les soirs quelques professeurs, surtout ceux dont les chambres étaient les plus rapprochées de mes appartements. Quoi qu'il en soit, voilà le second motif pour lequel ma sortie de la maison tôt ou tard fut décidée dans l'esprit de M. Bicheron ; mais conformément à son système, l'exécution fut renvoyée à Pâques ; et en attendant, rien ou presque rien dans ses rapports journaliers n'indiquait qu'il nourrît un tel dessein.

A la Noël, quelques cas de choléra donnèrent l'alarme et interrompirent nos classes pendant environ quinze jours ; il n'y eut rien de bien saillant jusqu'au mois de mars ; l'interruption fut alors un peu plus longue : l'épidémie prit en effet un caractère plus sérieux et fit beaucoup de victimes, surtout dans les hôpitaux. Comme mes occupations de professeur avaient cessé, j'allai offrir mes services à M. l'abbé Plumier, mon compatriote, qui était aumônier au Grand Hospice. Pour m'aguerrir en quelque sorte, je parcourais chaque jour les salles des cholériques ; il me semble voir encore un homme se tordant sur son lit, en proie à des douleurs atroces et paraissant insensible à toutes les marques d'intérêt qu'on lui donnait.

II

PRÉLIMINAIRES DE LA DISSENSION

Lorsqu'il n'y eut plus aucun cas ni en ville ni dans les hôpitaux, les élèves rentrèrent et nous nous remîmes à l'œuvre ; nous étions à la mi-carême. Je dois maintenant signaler deux incidents qui mirent le feu aux poudres.

M. l'abbé Bicheron avait fait construire de nouvelles classes, au milieu de la grande cour de récréation, de telle sorte que les élèves de la grande division furent totalement séparés de ceux de la petite division ; à la reprise des classes après le second choléra, les travaux venaient d'être achevés ; les appartements étaient naturellement très-humides et il était imprudent d'y laisser séjourner les élèves pendant quatre heures de la journée ; n'importe ; M. Bicheron ordonna à tous les professeurs de déserter les anciennes classes qui étaient situées au 3me étage et d'occuper les nouvelles ; j'en fis l'expérience pendant quelques jours ; mais, comme le petit nombre de mes élèves n'était pas suffisant pour échauffer l'appartement, je décidai avec eux de retourner à l'ancienne classe. Le motif me parut si légitime que je crus pouvoir me dispenser de prévenir M. le supérieur de notre résolution, ce que j'aurais pourtant dû faire, je le confesse ; mais à peine eut-il appris cela, qu'il m'ordonna avec humeur de descendre à la nouvelle classe, sans se préoccuper des conséquences fâcheuses qui pouvaient en résulter pour notre santé ; l'obéissance fut prompte ; mais je fus obligé de calmer l'indignation des élèves, qui n'hésitèrent pas à considérer cette défense comme une taquinerie, faisant suite à celles de l'année dernière

Le second incident fut plus grave ; on peut le regarder comme l'étincelle qui prélude à l'incendie.

M. Bicheron avait fait de nouveaux dortoirs et de nouvelles classes ; or on n'entretient pas des ouvriers de tout genre, pendant une année entière, sans argent ; avec 180 élèves, dont la plupart payaient 600 fr. sans compter les fournitures, les recettes étaient considérables ; et s'il n'y avait eu d'autres dépenses que les honoraires des professeurs, les traitements des domestiques et les frais journaliers que réclame ce qu'on appelle dans les prospectus une nourriture saine et abondante ou pour parler plus historiquement, suffisante, assurément le superflu eut été considérable et M. Bicheron aurait pu se flatter d'avoir une maison prospère ; or bien avant la fin des trimestres, la caisse était vide ; il fallait pourtant faire face aux dépenses journalières et à tous les frais de cuisine, payer à la fin de chaque mois les professeurs et les domestiques, donner des à-compte importants à tel et à tel ouvrier, qui ne pouvaient attendre ; il fallait donc, pour ne pas faire triste mine, recourir aux économies, trancher dans le vif des dépenses superflues, supprimer surtout les embellissements inutiles, en un mot, diminuer le nombre des ouvriers ou les congédier tout à fait et ajourner les travaux qui n'étaient pas nécessaires. Mais M. Bicheron avait son plan, qu'il fallait exécuter, coûte que coûte, pour trouver de l'argent, il réduisait bien certains frais ; mais c'étaient ceux principalement auxquels il ne fallait pas toucher, ceux qu'exigeait la nourriture des élèves ; les professeurs n'étaient guère mieux traités ; un d'eux moins tolérant que les autres jeta un jour le plat rempli d'os et de graisse au milieu du réfectoire, ce qui n'était pas propre à calmer le mécontentement des élèves, qui était devenu général.

L'abbé Félix que j'avais choisi pour mon confesseur depuis le mois d'octobre et dont je dirigeais aussi la conscience *(admirabile commercium),* gémissait en secret, comme moi, de cet état de choses et n'osait en parler à son ami et ancien condisciple, qu'il tutoyait, et avec lequel il vivait assez familièrement ; mais connaissant son caractère entêté et ombrageux, il ne se serait pas permis de lui faire la moindre remontrance ; aucun des autres professeurs n'en eut même l'idée ; et lorsque un jour dans une réunion je manifestai le dessein d'accomplir ce que j'appelais un devoir, on me traita d'imbécile et d'insensé ; et l'on eut parfaitement raison.

Je ne crois pas à la fatalité ; je ne pense pas que les choses arrivent parce qu'elles doivent arriver ; cependant comment se fait-il que, depuis que je suis mêlé à certaines affaires publiques, les causes les plus innocentes, les plus légitimes et en apparence les plus légères, ont toujours produit chez moi des effets désastreux et ont soulevé des tempêtes ? Etait-ce un crime de se présenter poliment à M. Bicheron, de lui exposer sans amertume et en observant tous les ménagements possibles, les griefs et les murmures des élèves, qu'il soupçonnait peut-être, mais dont il n'avait pas la certitude ; de se faire l'interprète charitable des plaintes mêmes des professeurs et de quelques familles, et enfin d'accompagner ces avis salutaires de protestations d'amitié et de dévoûment ? non, certes, ce n'était pas un crime ; qui oserait le nier ? Mais il faut avouer qu'après tout ce que j'avais éprouvé à Salon, aux Cadeneaux et à St-Remy, j'étais encore beaucoup trop naïf, pour espérer que l'abbé Bicheron ne serait pas froissé de ma démarche et ne croirait pas qu'elle était le résultat d'un complot.

Cependant mes observations furent accueillies sans que la moindre impression pénible se manifestât ni dans ses paroles ni sur ses traits ; au moins je ne le remarquai pas ; il m'adressa diverses questions, comme un homme qui était décidé à prendre mes avis en considération et me réitéra plusieurs fois ses remerciments de lui avoir fait ouvrir les yeux sur un danger que ses nombreuses affaires l'avaient empêché d'apercevoir. Je le quittai donc très-satisfait de ma visite que j'appelais dans ma bonhomie un devoir accompli. On remarqua en effet quelques améliorations dans le régime ; et comme le bruit de la démarche que j'avais faite, grâce aux indiscrétions des professeurs, se répandit dans la maison, on ne manqua pas de me les attribuer ; ce qui n'était pas de nature assurément à diminuer ma popularité.

III

DÉBUT DE LA DISSENSION

L'abbé Bicheron, très-habile dans l'art de dissimuler beaucoup plus que je ne le pensais, s'était contenu de son mieux en ma présence ; mais si j'avais pu lire au fond de sa pensée, je ne serais pas sorti de la conférence si triomphant ; on le vit en effet quelques jours après s'absenter pour vingt-quatre heures ; il était parti pour Aix, où il jouissait alors encore d'une grande réputation de science et de vertu, et d'un grand crédit auprès des vicaires généraux, malgré les excentricités de sa conduite lorsqu'il était curé à Grans. Que leur dit-il ? Je n'ai pas assisté à la conférence qui eut lieu entre M. Gal ou M. Bony et lui ; mais j'ai su plus tard que tel fut le thème de la conversation : « M. Jonjon ne peut plus rester à Marseille ; Mgr d'Icosie veut s'en défaire à tout prix ; donc pour le sauver d'une disgrâce imminente, il faut le faire rentrer immédiatement dans son diocèse. »

M. Gal qui m'était sincèrement attaché et qui était loin de soupçonner une si noire duplicité dans l'ancien curé de Grans, lui promit de me chercher un poste dans le plus bref délai et de me rappeler huit jours après cette démarche, afin qu'elle ne parût pas avoir été la cause de mon départ. Or que se passait-il pendant cette huitaine ? *Il ouvrait son cœur,* selon ses expressions, à M. l'abbé Blanc, *le prêtre impur,* avec lequel on me fera bientôt un crime de m'être associé ; il avait jeté les yeux sur lui pour me remplacer, comme professeur de rhétorique ; il affectait de passer les récréations avec ce nouveau confident de ses pensées : « Ah ! lui disait-il entre autres choses, *comme ces quinze jours me pèsent !* » et à peine avait-il quitté l'abbé Blanc, que celui-ci peu flatté de recevoir ces perfides confidences, montait à ma chambre pour me tout révéler et m'en témoigner son indignation.

Enfin le 3 avril je reçus de M. Gal la lettre suivante dans laquelle, comme on le voit, il s'excuse de son mieux d'une nomination qui n'avait aucune raison d'être et use de toutes les précautions oratoires pour m'étourdir sur les conséquences fâcheuses d'une retraite si précipitée.

ARCHEVÊCHÉ D'AIX
—
« *Aix, 2 Avril 1835.*

« Monsieur,

« J'ai toujours pensé, que ce n'était pas pour toujours que vous vous étiez éloigné de votre diocèse, et que lorsque nous aurions besoin de vous, nous trouverions en vous, un prêtre soumis et docile à la voix de ses supérieurs. La paroisse de Rognac se trouve sans curé, dans un moment où sa présence serait très-nécessaire ; si vous pouvez, sans déplaire à Mgr l'évêque de Marseille, vous dégager des liens que vous avez contractés avec lui, vous nous rendrez service, et nous vous saurons bon gré d'être venu au secours d'une population assez intéressante, et même religieuse, qui nous demande avec instance de lui donner un pasteur.

« A mon particulier, je serai charmé de voir rétablir entre nous nos anciennes relations, et de vous donner des nouvelles preuves de sincère attachement avec lequel je suis votre très-humble et très-obéissant serviteur. (1).

« GAL, *vic. gén. cap.* »

Je m'attendais à un changement quelconque ; mais être rappelé dans mon diocèse, au milieu de l'année scolaire, après avoir été directeur des classes et professeur de rhétorique, pour devenir curé de Rognac, fut, je l'avoue, une pilule trop amère pour mon amour-propre ; mais on conviendra avec moi qu'un départ subit dans de telles conditions ne pouvait pas être honorable et ouvrait un vaste champ aux conjectures. Aussi à peine eus-je pris connaissance de cette lettre, que je ne fis qu'un bond de ma chambre à celle de M. Bicheron ; il était assis à son bureau ; sans le saluer, je lui présente la lettre tout ouverte : « Lisez, lui dis-je ; c'est vous qui m'avez fait nommer curé de Rognac. »—« Ce n'est pas moi, répondit-il pâle d'émotion. »—« C'est vous, répliquai-je en lui enlevant la lettre des mains, oui, c'est vous. » Et sans dire autre chose, je sortis et je remontai à ma chambre avec la même promptitude que j'avais mise pour en descendre.

Bicheron avait le caractère malin et perfide ; cependant il ne persévérait dans ses méchancetés que lorsqu'il tra-

---

(1) Mes lecteurs remarqueront, avec moi, que M. Gal constate que j'étais *lié* à l'égard de Mgr l'évêque de Marseille ; or évidemment ces liens devaient être réciproques et pris en considération par les deux parties contractantes ; par conséquent on ne pouvait pas plus me congédier arbitrairement qu'il ne m'était permis de me retirer, sans l'agrément de l'évêque.

vaillait dans l'ombre contre des adversaires qui ne pouvaient ou qui ne voulaient pas résister à ses intrigues. Mais il manquait d'énergie, lorsqu'on lui résistait en face. Aussi, dès que j'eus fermé sa porte, il se rendit chez l'abbé Félix, dont la chambre était à côté de la sienne, et le pria lâchement de monter chez moi et de me calmer.

L'abbé Félix avait des qualités d'esprit incontestables ; mais ses qualités de cœur n'étaient pas au niveau de son intelligence ; il n'était pas méchant sans doute ; mais se dévouer et s'exposer à un danger quelconque, pour sauver un ami, c'était au-dessus de ses forces ; il raisonnait, lorsqu'il fallait agir spontanément et suivre le premier penchant de la nature, qui bien loin d'être toujours mauvais, est souvent dans les nobles âmes la source des plus héroïques entreprises.

L'abbé Félix donc s'empressa de s'acquitter, comme un automate, de la commission délicate qu'on venait de lui donner ; il me trouva debout relisant ma lettre de nomination à la cure de Rognac : « Sois tranquille, me dit-il, ne pense plus à cette affaire ; c'est bien lui qui en est la cause ; il arrangera tout ; il te le promet. » — « Ah ! ce n'était pas lui, maintenant c'est lui ; voyez comme j'ai frappé juste ; eh bien, dites-lui que je le remercie ; je vais essayer de ne plus y penser. » Sur ce, M. Félix descendit pour rendre compte au supérieur de sa mission, avec la même impassibilité ; et cependant qui mieux que lui eut réussi à faire entendre raison à son ancien condisciple, s'il avait voulu user de son ascendant légitime ?

On comprendra que je ne pouvais pas laisser à M. Bicheron le soin d'arranger cette affaire à sa fantaisie ni rester neutre et indifférent, comme si je n'avais pas été l'objet de tout le mouvement qui s'était fait autour de moi.

Je dus d'abord répondre à M. Gal pour le remercier de de son bon souvenir et en même temps pour lui faire observer que je ne pouvais pas accepter le poste qu'il m'offrait, sans que mon honneur fût compromis ; je lui promis d'être à sa disposition au mois d'août, s'il avait besoin de mes services pour quelque poste que ce fût ; j'ajoutai, ce qui était vrai, que l'intention de M. Bicheron était de me conserver et qu'il allait lui écrire dans ce but, comme venait de me l'assurer M. l'abbé Félix.

Je fus plus expansif dans la lettre que j'adressai en même temps à M. Bony, à qui je fis connaître sans détour l'état des choses.

Ces deux lettres produisirent un effet prodigieux ; j'ignore ce qu'on écrivit immédiatement à M. Bicheron ; mais s'il faut en juger par la colère qu'il en ressentit et qu'il ne put s'empêcher de me témoigner dans la lettre suivante, on a dû lui tenir un langage sévère, à cause du double rôle qu'il jouait, en se faisant mon protecteur, après avoir été mon dénonciateur.

Cette lettre est aussi tortueuse pour la forme que pour le fond ; l'orthographe laisse un peu à désirer ; mais je la donne telle que je la trouve dans mes papiers. Le décousu et l'obscurité de certaines phrases et les nombreuses ratures qu'on y remarque, ne s'expliquent que par le trouble d'une conscience qui affecte, pour m'intimider, les réticences mystérieuses pleines de menaces et la compassion hypocrite.

« *11 Avril 1835.*

« Mon cher Monsieur Jonjon,

« Quelque répugnance que j'éprouve à traiter en conférence les affaires pénibles, je me serais décidé à vous voir, si ce n'était que j'ai pensé qu'une lettre vous serait plus utile. Permettez-moi donc de vous dire quelque chose de votre situation dans la maison ; il me semble qu'elle est fausse ; il me sera facile de vous le démontrer.

« Vous avez sans doute regardé comme non avenues les communications que je vous fis faire par M. Félix ; les choses que je vous entends dire, que je vous vois faire, ont fait naître cette opinion dans moi ; détrompez-vous, mon cher Monsieur. *Rien n'est vrai*, comme ce qui vous fut dit et de mes dispositions personnelles à votre égard et de mes démarches à Aix et des intentions de l'évêché de Marseille. Oui, il est très-*constant* que j'ai voulu vous épargner des ordres fâcheux, lorsque j'ai invité M. Bony à vous donner de l'emploi à Aix ; et *si* ces ordres fâcheux n'ont point été donnés, *parceque* j'ai obtenu, après bien des instances, que l'on vous laisserait tranquillement partir, d'après ceux que vous recevriez de votre diocèse.

« Je ne vous en veux point pour avoir écrit à M. Bony avec une aussi forte irritation contre moi ; l'intérêt que je vous porte, est fondé sur des motifs qui *n'excluent* pas la prévoyance de ces emportements plus ou moins vifs. *Rappellez-vous* les premiers rapports que nous eûmes ensemble ; vous me jetâtes à la figure une lettre que je méritais bien peu ; vous le reconnûtes sur l'heure ; eh bien ! je me flatte que plus tard vous reconnaîtrez vos injustices présentes. Quelque disposé que je sois à faire la part de l'exaltation actuelle de votre esprit, je ne puis me défendre de vous plaindre amèrement de votre allégation à M. le grand vicaire Gal. Serait-il bien vrai que moi *je vous eusses dit expressément que vous ne deviez point songer à abandonner votre poste ?* Vous écriviez en même temps à M. Bony ce que vous savez et ce que je n'ignore pas. Et que prétendiez-vous en me prêtant ces indignes absurdités ? Me peindre apparemment comme un Tartuffe, un calomniateur qui n'oserait soutenir en face ses délations ?

« Oh ! Monsieur, que vous me faites pitié ! N'avez-vous pas vu que je n'avais qu'à dire un mot pour renvoyer à qui de droit le rôle de duplicité et de fourberie ? Eh bien ! ce mot, je ne le dirai pas ; non, je ne donnerai point à

M. Bony les éclaircissements qu'il me demande, puisqu'ils vous nuiraient, et je vous regarde comme assez malheureux.

« *Seulement que je vous dise* que votre séjour dans la maison ne peut se prolonger sans de graves inconvénients ; on est contre vous à l'évêché dans des dispositions certainement sévères ; elles ont tenu contre mes *suplications* les plus vives ; on veut que vous sortiez du diocèse. Voulez-vous attendre que l'ordre vous en soit signifié ?

« Ah ! si vous me permettiez de suivre un instant les inspirations de l'amitié, que vous ne pouvez m'empêcher de sentir, *j'irai* auprès de vous, je vous *conjurerai* avec larmes de ne point vous perdre, de profiter de la voie honnête qui vous est ouverte ; celle que vous menacez de suivre, est un abime....., je n'ose insister, crainte de vous faire du mal. J'éprouve même du regret de tout ce que je vous ai dit ; cependant il m'a paru que ceci était obligé. M. Bony *m'interpellait* sur une accusation : j'avais à lui répondre qu'on avait trompé M. Gal ; j'ai pensé de vous le dire à vous-même, afin de vous laisser profiter de mon silence.

« Mes dispositions ne sont nullement hostiles et je serai toujours prêt à vous servir.

« Votre tout dévoué,

« BICHERON. » (1)

---

(1) A propos de cette lettre, il est un incident bon à relater. Lorsque j'étais précepteur chez M. de St-Pons, à Salignac, M. l'abbé Aubert était curé d'Eguilles. Il avait la prétention de deviner le caractère des personnes, en examinant la forme de l'écriture. Or il professait la plus profonde estime pour M. l'abbé Bicheron et traitait sans façon de faussetés ou au moins d'exagération ce que je lui exposais de mes griefs contre l'ancien supérieur du petit Séminaire, qui était alors littéralement sur le pavé. Un jour donc j'eus la maligne pensée de mettre sous les

Ma position dans la maison, d'après M. Bicheron, *était fausse*. Il avait raison ; je ne voulais sortir qu'au mois d'août ; il voulait me mettre à la porte immédiatement ; par conséquent *ses dispositions personnelles* n'étaient pas amicales ni même simplement bienveillantes ; personne ne doutait dans la maison de la nature de ses dispositions à mon égard. Ainsi premier mensonge.

Il a fait *des démarches à Aix* pour me sauver et m'empêcher de tomber dans l'abîme ; et cependant il avait osé me dire : *ce n'est pas moi*. Mais si la charité et l'amitié lui ont suggéré cette démarche tortueuse, ce qui n'est pas dans la nature de ces deux vertus, pourquoi en effet ne pas suivre leurs inspirations les plus ordinaires et recourir à une dénonciation à laquelle je n'ai pas assisté, au lieu d'avoir avec moi une conférence confidentielle en présence de l'abbé Félix ? Ainsi *les démarches* à Aix n'ont pas été faites dans mon intérêt. Deuxième mensonge.

On était contre moi à l'évêché dans des dispositions extrêmement sévères. Et pour quel motif ? Je n'ai jamais pu savoir précisément pour quelles fautes j'avais ainsi assumé la colère de l'évêché, ni ce *mot* terrible qui devait tant me nuire et qui n'a jamais été prononcé, pas même au plus fort de la lutte. Tout mon crime plus tard fut de m'être associé avec deux prêtres qui jouissaient alors de l'estime de M. Bicheron, et dont l'un, le confident de ses pensées secrètes, devait me remplacer, comme professeur de rhétorique. D'ailleurs la conférence que j'eus quelques jours après avec Mgr d'Icosie, est une

---

yeux du curé la lettre susdite en plaçant mon pouce sur la signature, et je lui demandai ce qu'il pensait du caractère de l'homme qui l'avait écrite. Sa réponse fut prompte : « Cet homme, me dit-il, n'est pas sincère ; les sinuosités de son écriture sont le signe incontestable de sa duplicité. » En même temps je retirai le pouce ; et la signature dévoilée fut tout à la fois le triomphe du devin et ma propre justification.

démonstration complète du troisième mensonge. « Que vous ai-je fait, dis-je naïvement au prélat? Que me reprochez-vous? On m'assure que vous êtes irrité contre moi. Je vous en supplie; daignez me faire connaître le mal que j'ai fait. » — « Moi, me répondit-il, je n'ai pas à me plaindre de vous; on m'a dit que vous ne pouviez pas vivre avec M. le supérieur; et dans ce cas il faut que l'inférieur se retire. D'ailleurs, ajouta-t-il, *vous ne venez jamais me voir.* »

« Je vous comprends, Monseigneur, lui dis-je; vous me confirmez, ce que je savais déjà, que la vraie cause qui provoque mon départ, vient des dispositions personnelles de M. Bicheron; d'autre part M. Bicheron prétend que c'est vous-même qui exigez mon départ, en quelque sorte malgré lui; d'où je conclus qu'il faut que je parte; mais il me semble qu'il n'y a aucun motif grave pour précipiter une sortie, qui peut avoir pour moi de fâcheux résultats dans l'opinion publique; attendons le mois d'août; je n'étais pas sur le pavé, lorsque mon archevêque *m'a prêté seulement pour neuf mois à son vénérable voisin;* je n'y serai pas non plus en quittant le diocèse de Marseille; de cette manière notre séparation se fera sans bruit ni scandale. »

Mgr d'Icosie était si peu irrité contre moi que ce langage, dicté par la raison et l'équité, lui fit impression; aussi il me répondit avec beaucoup de calme, je le déclare hautement, qu'*il consentait à cet arrangement et qu'il en parlerait à M. Bicheron.* Ainsi le troisième mensonge est incontestable.

Quant au reproche que le prélat venait de me faire, *de ne jamais aller le voir*, je l'avais bien mérité; je n'ai jamais su jouer le rôle de courtisan; ce qui m'a fait en diverses circonstances une réputation de *frondeur*, côtoyant celle d'*insubordonné*. Mais puisque je n'allais pas voir Mgr d'Icosie, que je ne faisais aucune tentative pour entrer dans ses bonnes grâces, ce qui m'eût été facile, en lui rappelant le souvenir de la Mission de St-Chamas, et de M. Bernard (1), qui lui avait donné l'hospitalité dans sa maison; souvenir qu'il a toujours conservé, qui a été plus tard l'objet d'une conversation intime et à cause duquel il dit à M. l'abbé Guyon, le prédicateur, qu'*il avait un faible pour moi;* puisque, dis-je, je n'allais pas le voir, je ne conspirais donc pas au Séminaire contre M. Bicheron, dont j'aurais pu aisément révéler la conduite journalière peu digne d'un supérieur, ses excès de pouvoir, le mécontentement des élèves, etc. En n'allant jamais à l'évêché où au contraire M. Bicheron se rendait souvent, je laissais semer et croître les préjugés défavorables, sans y opposer des accusations formelles, qui auraient provoqué une enquête; or si j'avais été un conspirateur, il faut convenir que je n'étais pas habile et que je prenais une route toute opposée à mon dessein.

M. Bicheron me reproche de l'avoir fait passer pour un Tartuffe; j'aurais pu lui répondre : « Ce n'est pas ma faute, si vous avez passé pour tel; pourquoi en avez-vous joué le rôle ? » Mais rien de semblable n'a été écrit dans la lettre que je lui adressai.

Enfin M. Bicheron rappelle l'incident de Salon, avec aussi peu d'exactitude ; il avait prétendu n'avoir pas tenu le propos qu'une dévote lui attribuait contre moi et m'avait autorisé à lui imposer une pénitence sévère, comme si sa juridiction sur cette personne était supérieure à la mienne; cette dévote avait fort bien entendu et n'était pas capable d'inventer ce propos; il était donc certain que M. Bicheron l'avait tenu; touché cependant de sa dénégation que je pris pour un désaveu sincère du propos, je le priai d'excuser ma promptitude à le croire coupable. Or quel rapport y avait-il entre cette mince discussion et la longue suite des mauvais procédés que je viens d'exposer et qui étaient d'une notoriété publique ?

---

(1) Mon compatriote et ami intime de mon grand-père.

Voici ma réponse telle que j'en ai trouvé la copie :

« *11 avril 1835.*

« Monsieur le Supérieur,

« Je déclare avec autant d'assurance que si j'allais paraître devant Dieu, que l'abbé Félix m'a dit que vous, M. Bicheron, vous ne souffririez pas mon départ. Si une rétractation devient nécessaire, ce n'est pas à moi à la faire; d'ailleurs je suis fort aise de savoir que vous ne vous êtes point opposé à mon départ.

« Je déclare que les ordres fâcheux dont vous me menacez, ne m'épouvantent nullement; ma conscience ne me reproche contre l'administration épiscopale que quelques paroles vagues, comme il arrive d'en prononcer aux autres professeurs et à vous-même. D'ailleurs ma conduite intègre sur tout autre rapport et le dévoûment que j'ai déployé l'an dernier pour la prospérité de la maison, devraient, ce me semble, couvrir ces légères fautes. Ainsi, Monsieur, l'abîme que vous me faites entrevoir me fait compassion, (pour me servir de votre langage). Quand la conscience ne me reproche dans le passé que des sacrifices inutiles, des services méconnus et oubliés, il n'y a pour moi aucun abîme à redouter; il n'y a à mes yeux d'autre abîme que la colère de Dieu.

« Je déclare que lorsque vous m'avez fait renoncer au vicariat de St-Remy et à tous les avantages qu'on me promettait à Aix, et que je suis venu chez vous pour professer seulement la troisième, j'ai cru que l'autorité ecclésiastique de Marseille contractait des obligations envers moi, et moi envers elle, et qu'il ne serait pas loisible à l'une et à l'autre des deux parties contractantes de briser ces liens, sans des raisons graves et évidentes. Je déclare enfin que vous êtes le seul dans la maison à regarder ma situation comme fausse ; vous savez mieux que personne que ma présence n'est dangereuse sous aucun rapport.

« (Il me semble, si je ne me fais illusion, que je ne me suis pas rendu coupable dans cette lettre, de cette *exaltation*, qui est le thème usité de tous mes ennemis).

« **Agréez**, etc.

« Jonjon. »

Je remarque en passant que, quoique je ne susse pas un mot du Droit Canon, et que je n'envisageasse cette question que d'après les lumières du bon sens et du droit naturel, pour la première fois je me révoltai en quelque sorte contre la prétention de l'évêque de Marseille de me considérer comme un étranger ; et comme au moment où je trace ces lignes, c'est-à-dire, après 40 ans, je suis encore victime de cette grave erreur de l'épiscopat français, je crois devoir exposer sur ce point les vrais principes, que je copie mot à mot d'un cours de Droit Canonique par l'abbé Goyhénèche :

« On devient sujet d'un évêque de quatre manières : 1° par l'origine ; 2° par le domicile ; 3° par la collation d'un bénéfice ; 4° par une résidence de trois ans auprès d'un évêque, comme son *familier*.

« Tout fidèle est sujet d'un évêque, par l'origine, etc.

« On acquiert le domicile dans un diocèse, quand on y fixe son habitation, avec le dessein d'y demeurer toujours, ou bien lorsqu'on y est demeuré pendant dix ans, comme l'observe Innocent XII.

« On est sujet d'un évêque à raison du bénéfice, lorsqu'on a légitimement obtenu dans son diocèse un bénéfice ecclésiastique. »

D'après ces principes, il est évident que, quoique pendant la première année, je fusse encore sujet de l'archevêque d'Aix, puisqu'*il m'avait prêté seulement pour neuf mois à son vénérable voisin*, je n'étais pas moins soumis à la juridiction de l'évêque de Marseille, à raison de mon emploi, qui était une sorte de bénéfice ; de plus l'administration ecclésiastique d'Aix ne m'ayant pas réclamé à la fin de l'année scolaire, et m'ayant implicitement autorisé à continuer mon séjour à Marseille, je fus libre de contracter un nouvel engagement au moins pour un an, et par conséquent, je redevins provisoirement sujet de l'évêque de Marseille, qui devait me traiter comme tel ; et de même que je ne pouvais décemment quitter la maison sans motif raisonnable, ainsi l'on ne pouvait pas me congédier, comme on me l'écrivit plus tard, *pour des motifs qu'il n'était pas nécessaire de me dire.*

C'est ainsi au reste que M. Gal envisageait ma position dans sa lettre du 2 avril, comme je l'ai fait observer.

CHAPITRE III

Mon Expulsion du Petit Séminaire

I

CAUSE OU PRÉTEXTE DE CETTE EXPULSION

Je reviens à l'exposition des faits.

Après ma visite à Mgr d'Icosie, qui me fit connaître assez franchement la vraie situation, et me permit de continuer mon emploi jusqu'au mois d'août, je me fis un devoir rigoureux de garder le plus profond silence sur tout ce qui s'était passé et de me concentrer entièrement dans mes occupations de professeur ; je veillais surtout à ne rien faire qui pût déplaire à celui que je pouvais appeler mon ennemi, malgré ses dénégations ; je savais qu'il dévorait en secret le dépit d'avoir été frustré dans son espérance ; pour me servir d'une expression technique, il me taquinait souvent pour des minuties ; mais je faisais semblant de ne pas m'en apercevoir et rien ne me faisait pressentir que je finirais par perdre patience. J'ai ainsi vécu jusqu'au 6 mai, presque un mois.

Ce jour-là le temps était humide et la matinée avait été fraîche ; j'avais donc encore du feu à mon cabinet d'étude.

Je descendis à l'infirmerie où se trouvait alité depuis quelques jours un élève de troisième, mon compatriote, Chapplain (1) ; je le trouvai tout habillé, étendu sur son lit ; je l'engageai à venir chez moi pour se chauffer ; ce

---

(1) Aujourd'hui docteur en chirurgie, d'une incontestable habileté.

qu'il fît immédiatement en prévenant l'infirmier, qui était un de mes élèves de l'année dernière ; or tous les professeurs avaient toujours eu la faculté de prendre des élèves soit pendant les récréations, soit pendant les heures d'étude, pour les mener à leurs chambres, sous la seule condition d'avertir le surveillant, quel que fût leur motif, qu'ils n'étaient nullement obligés de faire valoir ; j'avais trouvé cet usage à mon arrivée l'année précédente et je n'y avais pas touché ; j'avais donc le droit de conduire cet élève dans mes appartements ; et vouloir m'en empêcher, c'eût été évidemment faire une défense tout exprès pour moi ; la taquinerie eût donc été flagrante ; or c'est ce qui arriva.

A peine l'élève en question était-il assis dans mon cabinet, que l'infirmier arriva, en me le réclamant au nom de M. le supérieur, qui, par hasard sans doute, venait de visiter l'infirmerie ; j'aurais dû, j'en conviens, obtempérer à cet ordre ; mais la méchanceté me parut si évidente, que j'en fus révolté ; je répondis cependant avec modération : « dites à M. le Supérieur qu'il soit tranquille ; M. Chapplain est sous ma surveillance. » L'infirmier s'acquitta de la commission ; mais il revint bientôt après, avec l'ordre formel de ramener M. Chapplain à l'infirmerie. Toutes mes résolutions s'évanouirent et ma patience s'en alla en fumée : « dites à M. le Supérieur, répliquai-je, que j'ai, comme les autres professeurs, le droit de garder un élève qui n'est pas en classe. » Le mot était lâché ; je résistais à la volonté de M. le Supérieur ; elle était arbitraire assurément ; le désir de me trouver en faute était très-évident ; n'importe. M. Bicheron fait immédiatement sa toilette et part pour l'évêché ; qu'a-t-il dit pour me noircir et aggraver ma faute, qui en réalité était bien excusable, puisqu'elle avait été provoquée, je l'ai toujours ignoré ; mais il faut que le tableau ait été bien chargé, puisqu'à son retour, il m'écrivit la lettre suivante, au nom de l'évêque :

PETIT SÉMINAIRE
de
MARSEILLE

« *6 mai 1835.*

« Monsieur,

« J'ai dû informer Monseigneur l'évêque de l'inconcevable conduite que vous avez tenue à mon égard ce matin. Voici les ordres qu'il me charge de vous transmettre :

« Vous voudrez bien intimer à M. Jonjon de sortir
« incessamment de votre maison, où ses fonctions cessent
« à l'instant même. En faisant exécuter ce que je vous
« mande, veuillez aussi, Monsieur, faire savoir à M. Jon-
« jon que ses pouvoirs de confesser lui sont retirés et que
« sa présence étant désormais inutile dans le diocèse de
« Marseille, je l'invite à retourner dans le diocèse auquel
« il appartient. »

« Vous n'aurez donc plus, Monsieur, à vous occuper de votre classe; vous serez remplacé dès demain. Il est très-possible que vous ayez bien des affaires avec les élèves de la maison, cependant je suis forcé de leur interdire tout rapport avec vous; vous m'obligerez de ne pas me réduire à employer des moyens pénibles pour obtenir cet effet.

« Je ne crois pas qu'il vous convienne à vous, pas plus qu'à nous, de prendre un longtemps pour faire vos malles; d'ailleurs l'ordre de Monseigneur est péremptoire et ne souffre pas de retard.

« J'ai l'honneur de vous saluer.

« Bicheron. »

Ce monument de despotisme et de colère brutale ne peut être que l'œuvre d'un prêtre vindicatif; un colonel de gendarmerie n'emploiera jamais ce style sauvage à l'égard de ses subordonnés. Qu'il me soit permis de rapprocher de la faute que je viens d'exposer, les locutions suivantes :

Inconcevable conduite — ordres qu'il me charge de vous transmettre — vous voudrez bien intimer — ses fonctions cessent à l'instant même *(ipso facto)* — en faisant exécuter — je suis forcé d'interdire aux élèves tout rapport avec vous *(j'étais un pestiféré)* — employer des moyens pénibles pour obtenir cet effet *(c'est-à-dire emprisonner et expulser les élèves ou bien me faire sortir par la force armée)* — ne pas perdre un longtemps pour faire les malles — etc., etc.

On doit remarquer dans cette lettre la phrase sacramentelle : « ma présence étant désormais inutile dans le diocèse de Marseille, je suis invité à retourner dans le diocèse *auquel j'appartiens.* »

L'ordre étant péremptoire, il fallut, conformément au texte, *faire les malles* et partir. Je ne fus pas embarrassé pour trouver un gîte ; avec moi partit immédiatement un élève, Benoît de Montézan ; il vient de mourir, au moment où je trace ces lignes ; je lui ai donné moi-même les derniers Sacrements, et à cette occasion j'ai éprouvé de cruels ennuis qui sont exposés ailleurs ; je reviens à mon récit.

Benoît de Montézan n'était entré au petit Séminaire qu'à cause de moi ; en sortant, je l'emmenai chez lui, où je trouvai de la part de sa mère, camarade d'enfance de la mienne, l'accueil le plus affectueux, la table de la famille et une chambre à ma disposition.

II

MA VISITE A L'ÉVÊCHÉ
ET SUITES DE MON ENTRETIEN AVEC Mgr D'ICOSIE

C'est là que je me reposai pendant deux jours et que je cherchai à calmer les émotions qui étaient le résultat naturel et inévitable d'une expulsion si brusque, si sauvage, si peu chrétienne. Le 8, dans la matinée, j'eus la malheureuse pensée d'aller à l'évêché demander audience à Mgr d'Icosie ; il n'y avait cependant aucune témérité de ma part dans ce dessein ; j'avais conservé de ma dernière visite une bonne impression ; je n'avais pas perdu le souvenir des paroles affectueuses qu'il avait prononcées en me couronnant lui-même jadis à la distribution des prix de 1823 ; d'ailleurs je ne voulais pas me faire réintégrer dans mes fonctions ; j'étais seulement bien aise (et j'en avais le droit) de connaître les accusations qu'on avait portées contre moi et de m'en justifier, si c'était possible, ou au moins de les atténuer. J'avais eu à me plaindre de MM. Toche, Abel et Rey et même de Mgr Raillon ; mais leurs mauvais procédés que deux d'entre eux ont rachetés par des actes d'une bienveillance notoire, n'étaient jamais allés jusqu'à la violence ; je ne pouvais donc pas moralement prévoir le drame qui allait se dérouler à la suite d'une démarche qui était de ma part toute pacifique. L'apôtre St-Paul en effet n'a-t-il pas écrit ces immortelles recommandations : *Oportet episcopum..... esse..... non superbum, non iracundum, non percussorem..... sed benignum, justum, etc.?*

Après le dîner, je me dirigeai donc vers l'évêché, en

prenant un assez long détour ; car je ne dissimule pas que j'étais persuadé au moins de ne recevoir aucune satisfaction ; c'était à peu près trois heures lorsque je demandai audience et que je fus admis dans l'antichambre de Mgr d'Icosie ; la porte de son salon entr'ouverte me permettait de voir ce qu'il faisait ; il récitait son bréviaire et de temps en temps, pour observer certaines rubriques, il se mettait à genoux sur un fauteuil ; lorsque je m'aperçus qu'il avait fini ses prières, je frappai doucement à la porte, comme cela se pratique ; et au lieu de me dire, entrez, il sortit de son appartement pour me déclarer avec une brusquerie qui devait être préméditée sans doute avant la récitation du bréviaire, qu'il n'avait pas le temps de m'entendre.

Or nous étions seuls ; M. l'abbé Olive ne put donc pas être témoin de ce début et *il n'allait pas sortir avec Monseigneur, de sa chambre,* comme il l'affirme dans sa lettre, puisqu'il n'est arrivé que vers la fin de la conférence, lorsque Monseigneur et moi nous étions rentrés dans le salon de réception. J'insiste sur cette circonstance, pour prouver que M. l'abbé Olive, qui était resté dans l'antichambre, n'a pas pu voir ce qui se passait dans la chambre à coucher, où eurent lieu les principaux incidents de cette orageuse séance.

Mon caractère, naturellement timide, lorsqu'il est comprimé par une violence inattendue, reçoit, comme un ressort, de cette pression subite, une énergie qui, j'en conviens, me fait sortir de mon état normal et me rend capable de tenir un langage et de faire des actes extraordinaires.

« Vous n'avez pas le temps de m'entendre, répondis-je à Monseigneur ; mais puisque vous avez entendu mon accusateur, il faut bien que vous entendiez l'accusé ! » et en disant ces mots, j'entrai dans le salon où il me suivit avec un dépit bien prononcé ; et comme il me répéta la même phrase, sur un ton plus élevé, je lui fis la même réponse avec une vigueur proportionnelle à sa violence, en lui montrant du doigt le crucifix qui était sur sa cheminée, et que je prenais à témoin de l'injustice dont j'étais victime. Peu touché de cette pantomime, il me cria de toutes ses forces : « Sortez, sortez ; » — « Non, lui répondis-je, je ne sortirai d'ici que vous ne m'ayez entendu. » Et au lieu de sortir, je m'enfonçai dans sa chambre à coucher, où je m'assis sur un fauteuil.

Que s'est-il passé et qu'avons-nous dit pendant un quart d'heure, je ne m'en souviens plus. Je suis donc obligé d'avoir recours au *Sémaphore* du 13 mai, où se trouve exposé notre dialogue, sous une forme un peu dramatique, il est vrai, mais cependant avec une exactitude pour le fond qu'il me fut impossible alors de ne pas reconnaître. A peine en effet étais-je sorti de l'évêché, que j'allai faire confidence de ce qui venait de m'arriver à mon ami intime l'abbé Martin Lazare, dont j'ai déjà parlé ; il faisait depuis quelque temps une opposition plus ou moins occulte à l'évêché et surtout à Mgr d'Icosie ; ce fut pour lui une belle occasion d'attirer les regards du public sur les abus de pouvoir dont se rendait coupable depuis plusieurs années l'administration diocésaine ; il ne la laissa pas échapper ; je n'aurai donc plus besoin de le nommer, lorsque je citerai désormais le *Sémaphore ;* on le reconnaîtra aisément à son style ardent, quelquefois passionné et surtout exagéré, lorsqu'il vante mes qualités qu'il ne voit qu'à travers le prisme de l'amitié. Cependant je ne puis lui attribuer tout ce qui fut écrit dans le journal, concernant mon affaire, puisque M. Feissat, le rédacteur principal, s'y intéressa chaudement.

« *13 mai.*

JUSTICE DE L'ÉVÊCHÉ DE MARSEILLE

« Un prêtre doué de talents incontestables, d'une loyauté rare dans notre époque, d'un caractère qu'il est impossible de ne pas aimer et estimer quand on le connaît et qu'on l'étudie sans prévention, sincère et généreux dans son amitié, exerçait les fonctions de professeur de rhétorique au petit séminaire de Marseille. Une médiocrité qui figure dans cette maison, nous ne savons à quel titre, et qui jouit, ceci est vrai et très-vraisemblable, de toute la confiance des meneurs de l'évêché, était jaloux de ce professeur, ainsi que de quelques autres et avait fait partager son antipathie pour ce caractère élevé, aux hommes haut placés au palais épiscopal. Après plusieurs plaintes et diverses dénonciations qui supposent autant de bassesse d'âme que de pauvreté d'esprit, M. Bicheron a signifié au professeur de rhétorique de quitter la maison au plus tôt. (M. Bicheron dit : ma maison, en parlant du petit séminaire). Le professeur a eu la simplicité de croire que l'évêque étranger qui opprime le clergé et tout le diocèse de Marseille, conservait encore quelques notions de justice. Un cruel événement l'a détrompé de sa généreuse illusion. Il s'est rendu vendredi dernier 8 du courant, à l'évêché, pour se justifier auprès de l'évêque d'Icosie ; celui-ci était en conférence dans sa chambre (1). Le professeur a attendu. Monseigneur est sorti bientôt en lui disant : « Je ne puis vous entendre. »

« *Le Professeur.* — Vous avez, Monseigneur, prêté une oreille attentive au calomniateur et vous m'avez frappé ; ayez la bonté de m'entendre à mon tour.

« *L'Evêque.* — Je ne puis.

« *Le Professeur.* — Je resterai ici jusqu'à ce que j'aie pu me faire entendre.

« *L'Evêque.* — Sortez d'ici, je vous ordonne de sortir.

« *Le Professeur.* — J'ai le droit de présenter ma justification.

« *L'Evêque.* — Si vous ne sortez, j'appellerai la force armée pour vous chasser.

---

(1) Erreur.

« *Le Professeur.* — Vous le pouvez, mais alors il sera bien constaté que je ne cède qu'à la violence et à la force brutale.

« Le vénérable évêque de Marseille, appelé par son neveu, se présente et dit au professeur : sortez. Le professeur allait s'adresser à l'évêque de Marseille, mais celui-ci s'était déjà retiré ; on lui avait seulement permis de dire : sortez. Le professeur revient à l'évêque d'Icosie.

« *Le Professeur.* — Je suis opprimé, frappé injustement, je dois me défendre et me justifier.

« *L'Evêque.* — Si vous ne respectez pas mon autorité, du moins respectez celle de l'évêque du diocèse ; il vous a ordonné de sortir.

« *Le Professeur.* — Je suis chrétien comme vous, et l'Evangile qui est notre loi commune, me permet de me justifier. Je suis prêtre comme vous, et d'après les notions de justice que nous inculquons aux fidèles, l'opprimé, le condamné sans avoir été entendu, doit chercher un moyen de faire entendre sa voix. Vous avez ici une autorité souveraine ; c'est votre justice que je réclame.

« L'évêque d'Icosie écumant de rage et de colère, s'élance vers l'escalier du palais en criant : au secours, à l'assassin. Tous les employés de la maison accourent, et le domestique particulier de Mgr d'Icosie reçoit des ordres qu'on ne peut qualifier.

« La justice est l'assassin que redoute Mgr d'Icosie !!!

« Le domestique entre dans la chambre de son maître où se trouvait le professeur et dit : sortez.

« *Le Professeur.* — Ce n'est point avec vous que j'ai à traiter ; je suis prêtre et victime de la calomnie ; je veux me justifier devant l'évêque ou avec les grands vicaires.

« *Le Domestique.* — Sortez, vous dis-je.

« *Le Professeur.* — Je réclame justice et je ne céderai qu'à la violence. Mon intention est de rester ici, dussé-je y passer la nuit, jusqu'à ce que j'aie été entendu.

« Le domestique a mis la main sur le professeur ! Un

prêtre qui demandait justice a été appréhendé au corps ! Le professeur indigné, a dit : c'est assez de crimes (1), je vais me retirer.

« Cette scène s'est passée au Palais Épiscopal de Marseille, dans la chambre de Mgr d'Icosie, le 8 mai 1835, vers les 4 heures. »

Le jour même où parut cet article dans le *Sémaphore*, j'allai selon mes habitudes lire les journaux à un cercle religieux, fondé par les missionnaires, où les ecclésiastiques étaient admis gratuitement ; en y entrant, je fus étonné de la curiosité avec laquelle les membres qui étaient présents lisaient le *Sémaphore* et de l'empressement qu'on mettait à se le faire passer. Lorsque mon tour fut venu, je fus en quelque sorte pétrifié de cette mise en scène où à l'insu des assistants je jouais le principal rôle, à tel point que, lorsqu'on me demanda à plusieurs reprises si je connaissais ce prêtre, il me fut impossible de répondre ; aussi à peine fus-je arrivé à la dernière ligne, que je me hâtai de me dérober à de nouvelles questions et je laissai ces Messieurs au moins dans le doute par mon départ précipité.

C'était pour la première fois de ma vie que mes actes privés étaient livrés à la publicité ; je pensai que mon nom allait être bientôt dans toutes les bouches ; cette perspective qui n'était pas un rêve, me causa une telle émotion que j'en perdis l'appétit et le sommeil. Toute la famille de Montézan et bien des personnes qui vinrent me voir pour m'offrir leurs consolations, furent témoins de la consternation dans laquelle j'étais plongé ; je ne mentis donc pas le lendemain lorsque j'affirmai à Mgr l'évêque que je n'avais *coopéré ni directement ni indirectement* à cet écrit.

Je laisse encore parler le *Sémaphore* :

---

(1) Je n'ai pas prononcé ce mot.

JUSTICE DE L'ÉVÊCHÉ DE MARSEILLE

(SUITE)

« Le 13 mai, le jour même où parut dans notre feuille le récit de l'attentat commis sur la personne d'un prêtre recommandable, par l'ordre de Mgr d'Icosie, le professeur reçut une lettre signée Flayol, qui lui annonçait que l'évêque de Marseille l'attendait le lendemain. Après le traitement qu'il avait essuyé le 8, le professeur était en droit de demander des garanties pour sa sûreté personnelle ; cependant il se rendit seul à l'évêché ; l'évêque de Marseille et M. Tempier le reçurent.

« L'évêque, tenant à la main notre numéro du 13, lui dit : Voilà ce que vous avez fait ou ce que vous avez fait faire.

« *Le Professeur.* — Monseigneur, je n'ai coopéré ni directement ni indirectement à la publication de cet article.

« *L'Evêque.* — Il faut donc le *désavouer*.

« *Le Professeur.* — Je ne puis le *désavouer*, car malheureusement tout est vrai.

« *L'Evêque.* — Non, Monsieur, tout n'est pas vrai.

« *Le Professeur.* — L'article est exact. La lettre que je pourrais écrire à M. le Rédacteur du *Sémaphore*, serait plus nuisible qu'utile à Mgr d'Icosie.

« *L'Evêque.* — Puisque vous ne voulez pas désavouer cet article, je vous défends de dire la messe dans mon diocèse.

« *Le Professeur.* — Si je ne dis pas la messe, je communierai.

« *L'Evêque.* — Et qui vous confessera ? Vous êtes un méchant prêtre.

« *Le Professeur.* — Ne vous mettez pas en peine de ma conscience ; je trouverai des confesseurs.

« Le professeur s'est retiré ; toutefois comme un évêque

ne peut pas refuser arbitrairement à un prêtre l'autorisation de dire la messe, que pour imposer à un prêtre cette privation capitale il faut de graves raisons, que ces raisons doivent être exposées au condamné, et s'il l'exige, doivent lui être exposées par écrit, (c'est un devoir pour tout supérieur ecclésiastique sous peine de suspense *a divinis* encourue *ipso facto*), le professeur écrivit une lettre à Monseigneur pour le prier de lui signifier par écrit et la censure qu'il portait contre lui et les motifs sur lesquels elle était fondée. L'évêque a signé en réponse une lettre qu'on peut résumer ainsi : « Vous n'êtes pas de « mon diocèse, dès lors je puis vous refuser l'autorisa-« tion de dire la messe, quand je crois avoir de graves « raisons ; ces raisons je ne puis vous les dire, parce que « je n'ai pas pris la peine d'examiner votre affaire !!! » On pense bien que le professeur ne se tient pas pour battu.

« Dans l'intérêt de la morale publique et par pitié pour les meneurs de l'évêché, nous devons leur apprendre qu'il est un très-grand nombre de leurs contemporains qui méritent le nom sacré d'honnête homme et qui savent appeler de leur véritable nom ceux qui ont recours dans l'ombre à des calomnies infâmes, quelqu'habit qu'ils portent. Ainsi qu'ils soient sur leur garde, la probité est une vertu, les gens d'honneur de tous les partis le savent. »

En sortant de l'évêché, j'allai, comme la première fois, faire confidence à l'abbé Martin des incidents de ma seconde visite, en lui faisant des reproches d'avoir divulgué tout ce que je lui avais rapporté de la première et en lui recommandant avec les plus vives instances de ne plus me livrer à la publicité, au nom de mes plus chers intérêts ; mais il n'en fit rien, comme on vient de le voir. Il y a dans ses appréciations quelques erreurs, que je partageais moi-même à cette époque. J'éclaircirai tout cela dans la suite de cette discussion.

Voici les lettres auxquelles le *Sémaphore* fait allusion :

« *14 mai 1835.*

« Monseigneur,

« Je crois devoir réitérer par écrit la protestation que j'ai faite ce matin de vive voix ; je n'ai coopéré ni directement ni indirectement à l'article du *Sémaphore;* j'en ai été indigné autant et même plus que Votre Grandeur ; d'autre part je ne puis faire aucune rétractation, parce qu'elle ne tomberait que sur quelques expressions peu importantes : le rapport du *Sémaphore* est vrai quant au fond ; une rétractation serait plus nuisible qu'utile à Mgr d'Icosie. Cependant vous m'avez interdit *à sacris;* vous avez eu sans doute de graves raisons pour vous déterminer à prendre une mesure si sévère ; je respecte votre décision ; mais je vous prie de me donner connaissance par écrit des motifs pour lesquels je subis un si terrible châtiment. Si j'avais perdu la crainte de Dieu, et mérité la qualification de *mauvais prêtre* que vous m'avez donnée, je supporterais avec moins de peine la privation que vous m'infligez ; au reste que tous ceux qui vous entourent me jugent comme ils voudront ; je suis innocent devant Dieu ; dans quelques mois vous connaîtrez la vérité.

« Agréez, etc.

« JONJON. »

Le lendemain je reçus la réponse suivante de Mgr l'évêque, par la plume sceptique de M. l'abbé Jeancard :

ÉVÊCHÉ DE MARSEILLE
—
« *Marseille, le 15 Mai 1835.*

« Vous appartenez, Monsieur, au diocèse d'Aix. Des raisons qu'il n'est pas nécessaire de vous dire me font désirer pour le bien, que vous y rentriez ; ces raisons sont suffisantes pour que je vous retire l'autorisation de célébrer dont tout prêtre doit être nanti pour dire la messe dans un diocèse où il est étranger. La mesure que j'ai prise à votre égard n'est pas autre chose.

« Si vous étiez mon diocésain j'aurais approfondi davantage cette fois comme les autres la question qui vous concerne ; mais vous n'êtes que par accident justiciable de mon autorité et je me contente de vous renvoyer, autant qu'il est en moi, devant votre juge naturel, c'est-à-dire, devant l'ordinaire de votre diocèse qui vous a déjà réclamé.

« Voilà tout ce que je puis vous dire après votre lettre dont quelques expressions peu mesurées sembleraient exiger que je ne vous fisse point de réponse.

« J'ai l'honneur de vous saluer.

« † CHARLES FORTUNÉ,
« Evêque de Marseille. »

Ma réplique :

« *13 Mai 1835*.

« Monseigneur,

« Quoique j'appartienne au diocèse d'Aix, je ne me crois pas étranger dans celui de Marseille. J'ai quitté mon diocèse avec le consentement de mon archevêque et j'ai été reçu à Marseille avec les démonstrations de joie les plus vives.

« Pendant 19 mois environ j'ai exercé dans le petit séminaire les fonctions les plus honorables. En quittant cette maison, je me suis décidé pour des raisons de santé, de m'établir à Marseille, avec l'agrément des grands vicaires d'Aix, qui ne m'auraient pas *réclamé*, sans les instances de M. Bicheron, et qui ont adhéré aux observations que je leur ai faites.

« Cela étant, je ne suis pas étranger, Monseigneur, dans votre diocèse ; et vous ne pouvez être dispensé de me dire les raisons qui vous portent à me retirer l'autorisation de célébrer. (1)

« Il est fâcheux que vous *n'ayez pas approfondi davantage* la question qui me concerne ; si vous aviez daigné le faire, vous auriez peut-être connu la vérité, rendu justice à qui le mérite, et l'Eglise de Marseille ne serait pas affligée d'un scandale dont je suis innocent.

« Prenez-y garde, Monseigneur, quelques personnes, qui, je le sais bien, fréquentent l'évêché, sèment dans le public des bruits étranges ; je ne reculerai devant aucune difficulté, fallut-il consumer le peu de forces qui me restent ; car l'honneur sacerdotal m'est plus cher que la vie. Je vous supplie, Monseigneur, et au besoin je requiers de Votre Grandeur, pour mettre fin à tous ces scandales, de m'accorder l'autorisation de célébrer ou de me donner connaissance par écrit du crime dont je suis coupable.

« Ne me forcez pas à déchirer moi-même le voile ; soyez assuré que j'emploierai tous les moyens qui sont en mon pouvoir pour venger la vérité ; je ne redoute pas la lumière ; je ne crains que les jugements ténébreux et les décisions prises pour *des raisons qu'il n'est pas nécessaire de dire.*

« J'ai l'honneur d'être, etc.

« Jonjon. »

Cette lettre demeura sans réponse ; je me trompe ; on chargea l'abbé Olive, alors vicaire à St-Martin, un de mes anciens condisciples des Jésuites, de me déshonorer ; il avait assisté à la fin de la fameuse séance ; on lui rédigea

---

(1) La prétendue faute pour laquelle on me châtiait, ayant été commise à Marseille, d'après l'évêché, c'était donc l'évêque de Marseille, qui était mon juge canonique.

une lettre qu'il n'a fait que signer ; aussi dans nos dernières relations, qui ont été aussi intimes qu'auparavant, il n'a jamais été question de ce triste incident et j'ai été un de ses plus chaleureux défenseurs dans la pénible affaire qui a abrégé ses jours.

SÉMAPHORE DU 23 MAI

« Si, en relevant les actes arbitraires de l'évêché de Marseille, nous n'étions mus que par l'esprit de parti, nous pourrions ne pas publier la lettre de M. l'abbé Olive, comme la *Gazette du Midi* s'abstint de rendre publique celle de M. Reynier, recteur de St-Louis, lorsque nous soutînmes les droits de ce prêtre, contre les prétentions exagérées de l'évêché.

« Mais des sentiments plus élevés nous animent et nous ne croyons pas devoir refuser à ceux que nous attaquons ni à ceux qui se déclarent leurs champions, la publicité qu'ils réclament. Nous nous permettrons de répondre à leurs allégations. (1).

« Monsieur le Rédacteur,

« Je me trouvais *présent dans l'appartement* de Mgr l'évêque d'Icosie, lorsque la scène que vous racontez dans votre numéro du 13 mai, eut lieu entre ce prélat et un professeur du petit séminaire ; j'ai voulu laisser à ce dernier le soin de relever les inexactitudes de votre récit, et je me suis tu jusqu'aujourd'hui ; mais ayant appris que M. J*** ne voulait rien dire, je crois de mon devoir de rétablir les faits.

« Mgr l'évêque d'Icosie *allait sortir avec moi de sa*

---

(1) Je fus complètement étranger à ce préambule de la lettre comme aux commentaires qui la suivent.

chambre, pour monter avec moi en voiture, au moment où M. J*** s'introduisit *sans se faire annoncer.* Monseiseigneur lui dit en propres termes : *Je vous demande en grâce de me dispenser de vous écouter ; ce n'est pas ma faute si vous ne pouvez pas vous entendre avec votre supérieur.* Et comme M. J*** insistait avec une sorte de violence, Mgr d'Icosie lui dit de s'adresser à *Mgr l'évêque de Marseille,* ajoutant que pour lui il allait sortir.

« Dès lors M. J*** déclara qu'il ne se retirerait pas et qu'il ne céderait qu'à la violence ; il était dans un état d'agitation extraordinaire. Le bruit qu'il faisait attira Mgr l'évêque de Marseille, qui l'engagea en vain à se retirer et qui lui dit quelque chose de plus que ce mot : Sortez, le seul qu'on se plaise à lui attribuer dans votre récit.

« Enfin je dois dire que Mgr l'évêque d'Icosie était fort loin d'écumer de rage et de fureur, *qu'il montra au contraire une grande modération,* qu'il n'a point appelé : au secours, ni crié à l'assassin, qu'il n'a point ordonné à son domestique de porter la main sur M. J***, que ce domestique, venu sur l'ordre de Mgr l'évêque de Marseille, *n'a pas touché* M. J***, mais qu'il s'est contenté de lui dire : *puisqu'on vous prie de sortir, pourquoi, Monsieur, ne sortez-vous pas ?* ce que *je lui avais moi-même conseillé,* en m'étonnant de sa résistance.

« Voilà, Monsieur, *la vérité,* que j'aime d'autant plus à faire connaître, que j'appris à cette occasion que le prélat attaqué dans votre article et *qui se montre en toute circonstance* l'ami et le père de tous les bons prêtres, avait donné peu de jours auparavant une audience d'une heure à M. J*** et qu'il avait obtenu *de notre vénérable évêque* que ce professeur resterait au petit séminaire, s'il *pouvait s'entendre* avec le supérieur de cet établissement.

« Veuillez, Monsieur, publier cette lettre, et agréer l'assurance de ma considération distinguée.

« OLIVE,
« Prêtre, Vicaire de St-Martin. »

« C'est un spectacle douloureux de voir avec quelle audace l'évêché fait mentir les prêtres et avec quelle docilité ceux-ci se prêtent à ces impostures. Nous ne voulons faire aucune réflexion sur la position actuelle de M. Olive vis-à-vis de l'évêché ; mais nous maintenons le récit que nous avons fait de l'attentat commis sur un prêtre dans la chambre de Mgr d'Icosie, dans tous ses détails. Seulement nous ajouterons quelques circonstances que nous avions oubliées. Le domestique de Mgr d'Icosie, après avoir dit une seconde fois au professeur : *sortez, vous dis-je*, ajouta : *car si vous ne passez par la porte, je vous fais passer par la fenêtre.*

« Mgr d'Icosie était présent, lorsque son domestique parlait ainsi au professeur, et il l'excitait du geste et de la voix. Telles sont les formes judiciaires de Mgr d'Icosie. Ce n'est pas tout. Des hommes en rapport avec l'évêché répandaient contre le professeur une de ces calomnies qui ne viennent jamais à l'esprit des honnêtes gens. Ses confrères du petit séminaire et les élèves de cette maison ont rendu publiquement témoignage aux vertus de M. l'abbé Jonjon. Eh bien ! trois professeurs ont été chassés, un élève a éprouvé le même sort, un autre a été emprisonné. Les menaces, les cachots et les expulsions ont été employées pour punir ce témoignage rendu à la vérité.

« M. l'abbé Olive qui a suivi d'autres errements, rétablit les faits. Tous les marseillais se souviennent que l'évêché a fait imprimer dans la *Gazette du Midi* que M. l'abbé Franc avait donné sa démission volontaire de la rectorerie des Grands-Carmes. Nos lecteurs et les habitants de St-Louis savent que l'évêché avait nié dans la *Gazette du Midi* que l'église de St-Louis eût été interdite. Il est peu de personnes qui aient eu quelques rapports avec l'évêché sans l'avoir surpris en flagrant délit de mensonge.

« Nous nous arrêterons là pour aujourd'hui.

« Bientôt nous examinerons si M. Bicheron est supérieur du petit séminaire, et nous présenterons quelques observations générales sur la fausse position de plusieurs ecclésiastiques de notre diocèse.

« Il faut enfin arrêter l'administration épiscopale dans sa marche illégale et injuste. »

La *Gazette du Midi* inséra la lettre de l'abbé Olive, en la faisant précéder et suivre des réflexions suivantes :

« M. l'abbé Olive nous adresse copie de la lettre écrite par lui au rédacteur du *Sémaphore*. Témoin des faits si odieusement dénaturés par ce journal, il lui appartenait de dire la vérité. »

« Monsieur,

« (Je me trouvais présent dans l'appartement, etc.) »

« Nous n'ajouterons aucune réflexion à cette lettre ; car l'expérience nous a trop bien appris qu'on peut être juste aujourd'hui avec tout le monde, excepté toutefois avec ceux qui sont revêtus de l'autorité légitime. Autrefois on eut trouvé tout simple qu'un professeur qui ne pouvait s'accorder avec son supérieur immédiat, fût remercié de ses services ; on eut compris mieux encore qu'un évêque, après avoir essayé les moyens de conciliation, eut laissé les choses suivre leur cours naturel, et l'on n'aurait pas eu assez de blâme pour l'homme qui aurait voulu, en quelque sorte, s'imposer de vive force, et faire une scène dans un palais épiscopal. Il paraît qu'on a changé tout cela. »

Voilà ce que la *Gazette* appelle *n'ajouter aucune réflexion;* elle *trouve tout simple* de rejeter le témoignage de la victime et de présenter comme irrécusable celui d'un prêtre qui n'a assisté qu'au dénoûment du drame, dont la position dépendante est de nature à affaiblir la certitude de son récit et qui ne fait dans cette circonstance qu'une personne morale avec l'évêque.

Mgr Rey, évêque de Dijon, n'était-il pas *revêtu de l'autorité légitime?* On lira au n° 5 du chapitre 5, les appréciations de la *Gazette* sur l'administration de ce prélat ; elle n'y va pas de main morte pour la flageller impitoyablement et encourager le clergé de ce diocèse dans son hostilité ; mais Mgr Rey était un *Philippiste* et Mgr de Mazenod, actionnaire de la *Gazette*, était un *Carliste* ou était encore regardé comme tel ; ainsi ce qui était *juste* à Dijon, ne l'était pas à Marseille.

Autrefois, comme aujourd'hui, un professeur n'était pas un domestique *qu'on remercie de ses services* en lui donnant ses huit jours, lorsqu'il plaît au maître de le congédier, surtout lorsque pour attirer ce professeur, on lui a fait renoncer à une position honorable et qu'on a pris une sorte d'engagement avec lui. *Autrefois*, comme aujourd'hui, un évêque aurait entendu les deux parties et *n'aurait pas laissé les choses suivre leur cours naturel*, c'est-à-dire, n'aurait pas sacrifié le subalterne au caprice de son supérieur immédiat et l'on aurait certainement pris parti en faveur d'un homme qui aurait été jugé et condamné, sans avoir été entendu, et l'on n'aurait pas eu assez de blâme pour un supérieur surtout ecclésiastique, qui par un déni formel de justice aurait été la première cause du scandale.

Ainsi, rédacteur de la *Gazette*, qui que vous soyez, rien n'est changé ; le fait matériel est ici une iniquité flagrante ; les circonstances qui l'ont accompagné, très-étranges sans doute, ont été provoquées évidemment par l'évêque ; *autrefois*, d'après les principes invariables de la morale, la responsabilité du scandale aurait pesé sur sa tête, comme elle doit peser aujourd'hui.

La lettre du malheureux abbé Olive et les insinuations perfides de la *Gazette* m'imposèrent l'obligation rigoureuse de sortir du mutisme auquel par prudence je m'étais condamné ; il m'en coûta beaucoup d'entrer dans une polémique publique qui devait avoir, je le prévoyais, de très-graves suites, et un grand retentissement; pour faire un contraste, selon les expressions de M. Feissat, *avec les fureurs de l'évêché*, je m'efforçai de prendre le ton le plus modeste, au risque de passer pour un bonhomme, aux yeux de tous ceux qui devaient s'attendre de ma part à un langage décidé et énergique.

Voici donc ma réponse, telle que j'en trouve une copie dans mes papiers :

« *Marseille, le 23 Mai 1835.*

« Monsieur le Rédacteur,

« Vous avez inséré dans votre numéro d'hier, une lettre à laquelle je dois une prompte réponse.

« Quelque répugnance que j'éprouve à employer la voie des journaux, que je n'ai jamais reconnu comme juges des affaires ecclésiastiques, M. l'abbé Olive me force de rompre enfin le silence : je déclare à tous les fidèles de la ville de Marseille que je suis innocent de tout ce scandale, que j'ai été complètement étranger à la rédaction des articles qui ont paru ces jours derniers dans le *Sémaphore*, et que je n'y ai coopéré en aucune manière.

« C'est avec douleur que je me vois obligé de revenir sur cette déplorable affaire : la lettre de M. l'abbé Olive m'en fait un devoir. Je répondrai à cette lettre avec d'autant plus de calme et de simplicité, que je n'ai que des faits à constater et la vérité à défendre. M. l'abbé Olive a entrepris de *rétablir les faits*. Je confesse hautement qu'il a été malheureux dans son entreprise; car je dois m'inscrire en faux contre la plupart de ses assertions.

« Il est faux d'abord que Mgr l'évêque d'Icosie m'ait tenu un langage doux et mielleux. A peine m'eut-il aperçu, qu'il se dirigea en toute hâte vers la porte, en me faisant signe de partir, et me répétant plusieurs fois qu'il ne pouvait m'entendre.

« M. l'abbé Olive prétend que j'ai insisté avec *une sorte de violence;* le correctif a été nécessaire sans doute pour faire passer une expression si étrange. Je n'ai employé d'autre violence que celle d'une contenance ferme et d'un langage énergique, dicté par la pureté de ma conscience.

« M. l'abbé Olive était assurément préoccupé lorsqu'il écrit que *j'étais dans un état d'agitation extraordinaire.* On conçoit que cette remarque était nécessaire pour justifier l'emploi de la *force armée* dont on m'a menacé. Ceci n'a pas besoin d'autres commentaires.

« J'ignore si Mgr d'Icosie écumait de *rage et de fureur,* mais je sais qu'il ne déploya pas une *grande modération,* puisqu'il me prit lui-même par le bras pour me faire sortir.

« M. l'abbé Olive devait être considérablement distrait, tandis qu'il était témoin de cette scène ; car je suis obligé de dire, pour venger la vérité, que le domestique de Monseigneur me dit expressément avec une rudesse que je n'ose qualifier : « *C'est moi, Monsieur, qui vous com-« mande de sortir.* » Et à l'instant je reçus un coup sur l'épaule gauche. Tout cela se passait en présence de Mgr d'Icosie et de M. l'abbé Olive.

« Il est vrai que Mgr d'Icosie m'avait donné non pas *peu de jours,* mais environ trois semaines auparavant une assez longue audience. Il fut satisfait de mes explications et je lui en sus gré. J'ai été de nouveau accusé, ne devais-je pas de nouveau être entendu ?

« Vous n'êtes pas obligé, Monsieur le Rédacteur, de me connaître, ni de savoir tout ce qui se passe au petit séminaire ; ce ne sera pas moi qui vous imposerai cette obligation ; mais dans le cas où vous continueriez à admettre dans vos colonnes des insinuations contre moi, vous me forceriez peut-être à déchirer le voile et je ne serais responsable ni devant Dieu ni devant les hommes du nouveau scandale qui affligerait l'Eglise de Marseille.

« Je suis, avec une parfaite considération,

« Votre très-humble serviteur,

« JONJON, Prêtre. »

A toutes les faussetés ou inexactitudes que j'ai signalées dans ma lettre, j'ajoute, ce que j'ai déjà souligné, que M. l'abbé Olive n'était pas présent dans l'appartement de Monseigneur ; que par conséquent Monseigneur n'allait pas sortir avec lui de sa chambre ; que M. Olive n'étant pas présent au début de la séance, il n'a pas pu affirmer que je m'étais introduit sans me faire annoncer, ni entendre les belles paroles que M. l'abbé Jeancard, vrai auteur de la lettre, met dans la bouche de Monseigneur ; que les paroles qu'on prête au domestique ne sont pas exactes et qu'enfin soutenir que Mgr d'Icosie se montrait en toute circonstance l'ami et le père de tous les bons prêtres, c'était une adulation mensongère qui dut faire hausser les épaules à tout le clergé marseillais, témoin des vexations dont la plupart des curés de Marseille, appartenant tous à l'ancien clergé, avaient été ou étaient encore victimes, de la part du neveu de l'évêque.

Dirai-je que la *Gazette du Midi* refusa d'insérer dans ses colonnes ma réponse, et n'imita point la loyauté du *Sémaphore* qui avait inséré celle de l'abbé Olive ? Cela paraîtra peut-être surprenant à ceux qui ignorent que, Mgr de Mazenod étant un des actionnaires de cette feuille, elle devait naturellement, sinon en conscience, faire de nos débats une querelle en quelque sorte personnelle.

III

OBSERVATIONS THÉOLOGIQUES OU CANONIQUES

Je reviens maintenant sur les erreurs théologiques ou canoniques qui sont échappées aux divers acteurs du drame que je viens d'exposer.

1° Comme je l'ai déjà fait observer, on avait tort de me considérer comme un étranger ; mon honneur et mes intérêts se trouvant en jeu, l'évêché de Marseille n'avait pas le droit de me congédier brusquement du petit séminaire et de me retirer l'autorisation de célébrer *pour des raisons qu'il n'était pas nécessaire de me dire.*

2° Ce refus, d'après l'aveu de M. l'abbé Jeancard, n'était pas une censure ; c'était une simple défense, une sorte de mesure de police, que l'évêque crut devoir employer dans la persuasion où il était que j'étais l'auteur ou le coopérateur des écrits dont il avait à se plaindre.

3° Si Mgr l'évêque avait eu la pensée de m'infliger une vraie suspense, c'eût été une sentence *ex informatâ conscientiâ,* qui, d'après les usages reçus, dispense des formalités judiciaires, qu'on peut alors ne pas observer, sans encourir les pénalités auxquelles faisait allusion l'abbé Martin ; ces pénalités au reste ne regardent que les juges qui ne sont pas revêtus du caractère épiscopal ; Nosseigneurs les évêques peuvent donc violer impunément les lois de l'Eglise, quoique, disent les Canonistes, ils ne soient pas exempts de péché mortel ; ils ne sont donc *ipso facto* responsables que devant Dieu. Les sentences *ex informatâ conscientiâ* ne doivent se prononcer que secrètement et pour des péchés occultes ; or par un abus étrange de pouvoir, elles sont toujours publiques en France, pour toute sorte de fautes, et l'on ne peut en appeler qu'à Rome. En attendant l'accusé est interdit, déshonoré, réduit quelquefois à la misère, etc.

Je me suis longuement étendu ailleurs sur cette pratique vraiment déplorable, surtout lorsqu'on prétend que l'appel n'est pas suspensif, c'est-à-dire, qu'avant toute procédure, on commence par tuer l'accusé, sauf à le juger plus tard.

IV

INCIDENTS DU PETIT SÉMINAIRE

Pendant que tout ce que je viens d'exposer, se passait en ville, d'autres incidents non moins remarquables avaient lieu au petit séminaire.

A peine fus-je parti, le 6 mai, que le plus grand désordre régna dans la maison ; les classes furent en quelque sorte suspendues ; l'arbitraire notoire dont on avait usé à mon égard, avait brisé le nerf de la discipline ; on ne priait plus ; on ne jouait même plus ; les récréations se passaient à tenir des conversations animées ; à l'église, on ne voulait plus chanter ; il y a encore au moment où je fais ce récit, de nombreux témoins qui pourraient en certifier la vérité, quelque exagéré qu'il paraisse.

Le mécontentement des élèves était partagé par tous les professeurs, sans en excepter un seul ; mais la plupart ayant des ménagements à garder, concentrèrent en eux-mêmes leurs sentiments et gardèrent la neutralité. Cependant trois d'entre eux ne se crurent pas obligés à tant de réserve et pensèrent qu'il était de leur devoir de justifier ma conduite et d'expliquer en même temps la mesure qui avait été prise à mon égard.

Ces trois professeurs étaient M. l'abbé Vidal, professeur de physique, M. l'abbé Blanc, professeur de seconde et M. l'abbé Bargès, professeur de quatrième. Je n'avais jamais eu avec le premier de grandes relations ; il était un de ceux qui l'année précédente avaient contesté mon autorité de directeur des classes ; le second avait été nommé professeur de rhétorique à ma place et était devenu le confident de l'abbé Bicheron ; quant au troisième, il n'existait entre lui et moi aucune sorte d'intimité. Depuis mon départ je n'avais plus revu ces trois professeurs ; on ne pouvait donc en aucune manière me rendre complice de la résolution un peu hardie qu'ils prirent, j'en conviens, de se mêler au mouvement en le dirigeant et de livrer à la publicité leur manifestation. Leur zèle, comme ils devaient s'y attendre, fut suivi d'une destitution immédiate.

Après leur départ, une protestation fut rédigée dans la Maison au nom des élèves qui furent représentés par 51 signatures ; on peut les lire à la suite du texte original. Le nombre de ces signatures eût été plus considérable, si la position délicate de ceux qui étaient revêtus de l'habit ecclésiastique, ne les eût empêchés de me donner ce témoignage d'estime et d'affection (1).

Ce projet de protestation fut accompli avec tant d'habileté et de promptitude que déjà cette pièce était au bureau du *Sémaphore*, lorsque M. Bicheron, qui était en quelque sorte isolé dans la maison, en eut connaissance. Le jeune Amalric, un de mes bons et affectueux élèves de l'année précédente, qui avait porté lui-même dans les classes la protestation pour obtenir des signatures, fut

---

(1) Mes élèves de rhétorique, la plupart ecclésiastiques, n'ont pas signé ; cependant l'un deux vient de rappeler a mon souvenir (ce que j'avais oublié), qu'ils avaient fait une pétition, en leur propre nom, à Mgr l'évêque, et que cette démarche, faite à l'insu de M. Bicheron, faillit les compromettre.

enfermé dans un appartement, condamné à y passer une nuit et un jour, au pain et à l'eau, jusqu'à l'arrivée de son père, qui avait été prévenu de son expulsion. On remarqua que la chambre qui servit de cachot à ce trop ardent jeune homme, n'était pas munie d'un *objet indispensable. (Intelligenti pauca).* La vengeance de M. l'abbé Bicheron n'entrait pas dans ces détails humiliants ; elle planait dans une atmosphère plus pure et plus relevée.

Voici les deux écrits dont il est question :

« Personne mieux que les prêtres qui sont chargés des diverses fonctions du petit séminaire, ne peut apprécier le caractère de l'ancien professeur de rhétorique de cette maison. Témoins des belles qualités dont il est doué, ils regardent comme un devoir pour eux de détruire certaines impressions fâcheuses qu'a produites dans l'esprit de quelques personnes l'insertion dans votre journal d'un article qui le concerne. Les jugements portés sur son compte ont été différents ; l'édification des fidèles nous impose l'obligation de donner à ce sujet une explication satisfaisante. M. l'abbé Jonjon la donnerait lui-même s'il n'était résolu de demeurer complètement étranger à cette affaire. Nous déclarons donc consciencieusement *qu'en aucune manière*, il n'a contribué à l'article qui vous a été confié. Un prêtre d'une vertu aussi éprouvée que notre ancien professeur de rhétorique, est incapable de se laisser emporter à aucun esprit de vengeance. Respectant toujours l'autorité à laquelle il est soumis par le sacerdoce, il a pu s'affliger, sans murmurer, des mesures dont on l'a frappé. Il a regardé comme un malheur pour lui de ne pouvoir obtenir à cet égard des éclaircissements qui l'eussent satisfait ; mais tout ce qu'il a pu saisir, c'est que l'âme la mieux faite n'est pas toujours comprise, qu'alors il n'y a plus d'accord possible, et que ces malentendus entraînent souvent le sacrifice d'une ou de plusieurs personnes. Voilà à peu près ce qu'on lui a indiqué. Il a communiqué à des amis de cœur les causes de son chagrin. Sans doute, on ne refusera pas à un prêtre le droit de chercher dans l'amitié du soulagement à ses peines. Un entraînement d'affection généreuse a porté peut-être quelqu'un de ceux qui avaient reçu ses communications, à placer dans vos colonnes le récit d'un fait qui a eu quelque retentissement. L'affliction de M. Jonjon, depuis ce moment, est de nature à faire comprendre que ses vertus ne se démentent jamais, et que, comme tous les bons prêtres, il saura toujours édifier les chrétiens qui font de la soumission leur premier devoir.

« Des personnes d'un jugement précipité ont fait à ce sujet des réflexions peu mesurées dont elles auraient à se repentir amèrement, si, le connaissant d'aussi près que nous, elles savaient un jour quelle est l'estime que mérite un aussi bon ecclésiastique.

« Il n'est pas un professeur dans le petit Séminaire qui ne soit prêt à s'unir à nous pour appuyer le témoignage que nous rendons en faveur de M. l'abbé Jonjon.

« Signé :

« *des Prêtres professeurs du petit Séminaire.* »

« Les élèves du petit Séminaire éprouvent, en voyant s'éloigner d'eux M. l'abbé Jonjon, le besoin de lui offrir un témoignage public de leur reconnaissance et du respect que leur inspirera toujours le souvenir de ses éminentes qualités. Ils n'ont appris son départ qu'avec l'impression d'une douleur profondément sentie ; mais leur âge et l'esprit qui les anime, les obligent, pour être fidèles aux exemples et aux enseignements de cet ancien Directeur, à ne point s'établir juges des motifs d'administration temporelle qui ont déterminé son éloignement. Il a été suivi de trois autres professeurs également chéris et considérés de la Maison entière. Les fonctions spéciales que M. l'abbé Jonjon avait jointes, dans un temps, à son titre de professeur, ont établi entre lui et les élèves des rapports plus directs qui ont mieux fait connaître le mérite de ce respectable ecclésiastique. Il serait assez difficile de distinguer celui d'entre eux qui a une plus haute idée de la bonté de son cœur, de l'élévation de son âme, de ses vertus angéliques, de sa foi vraiment sacerdotale unie à la simplicité des mœurs les plus aimables et aux charmes d'une piété aussi édifiante et sincère que ses talents sont admirables. En lui se résument toutes les idées qu'on leur a données, jusqu'à ce jour, d'un excellent prêtre. Le souvenir d'un tel maître vivra longtemps dans la mémoire des élèves du petit Séminaire.

« *(Suivent les signatures*
« *des principaux Élèves.)* » (1).

L'évêché fut consterné de cette nouvelle levée de boucliers, qui tendait à compromettre l'existence de son petit

---

(1) Je m'abstiens de donner les noms des signataires, quoique je les aie ; après environ un demi-siècle, j'ai à regretter la mort de plusieurs d'entre eux, qui ne sont plus là pour confirmer leur signature ; et n'ayant conservé des relations intimes qu'avec un petit nombre des survivants, je croirais manquer de prudence en livrant à la publicité les noms de ceux dont j'ignore les sentiments actuels.

Ces deux témoignages, rédigés par des amis qui ignoraient ou ne connaissaient que vaguement ce qui s'était passé à l'évêché, sont beaucoup trop flatteurs, et je conviens aujourd'hui qu'ils pouvaient me nuire dans l'opinion publique plutôt que de m'être utiles ; cependant ils ne me furent pas défavorables, en ce sens que ceux-là mêmes qui avaient condamné d'abord ma conduite à l'évêché, comprirent qu'elle avait une sorte de raison d'être dans mes antécédents mis en face des procédés dont on avait usé à mon égard.

Séminaire. Comprend-on en effet ce que pouvait devenir une Maison d'éducation, privée subitement de quatre professeurs des hautes classes, avec un supérieur détesté généralement et qui venait de perdre, par un excès notoire de pouvoir, toute influence sur le personnel de la Maison? On décida d'abord de détruire la mauvaise impression que devaient produire naturellement sur le public marseillais les deux écrits qui venaient de paraître dans le *Sémaphore* ; il fallait d'abord prouver et publier que la majorité des professeurs avait été contraire ou au moins étrangère à la manifestation de leurs confrères et qu'on avait imposé l'autre à la signature de quelques élèves par séduction ou tout autre moyen coupable. Quoique ce projet ne me fût pas directement hostile, il était cependant de nature à me porter tort, en donnant un mauvais vernis aux moyens qu'on avait employés pour me justifier. Or tout cela entrait dans les vues de l'évêché.

M. l'abbé Jeancard, l'exécuteur des hautes-œuvres, homme de plume et d'action, arriva au petit Séminaire avec un manuscrit, dont il fit la lecture avec commentaires aux professeurs qui restaient, réunis dans le cabinet de M. Bicheron, et leur proposa de le signer ; M. l'abbé St-Rôme, directeur spirituel de la Maison, prêtre pieux et grave, qui a été plus tard supérieur, refusa de le faire, parce que, dit-il, n'ayant pas signé le premier écrit, il ne devait pas signer le second et qu'il voulait rester neutre dans cette querelle ; les abbés Chirac, Demandolx et autres se sentant soutenus par l'exemple d'un homme qui faisait autorité dans la Maison, refusèrent également ; un seul crut devoir se distinguer et apposer sa signature à ce fameux écrit dont je n'ai jamais su le contenu ; ce fut M. l'abbé Félix, mon ancien curé de St-Chamas, avec lequel j'avais eu des relations étroites, lorsque nous étions voisins, lui à Arles et moi à St-Remy, que j'avais choisi pour mon confesseur, au début de l'année classique et qui m'avait adopté pour le sien, à qui j'avais prêté un matelas de mon lit, pendant une maladie assez grave dont il fut atteint au mois de novembre dernier; oui, M. l'abbé Félix qui aurait pu avec un peu de zèle et moins d'égoïsme profiter de sa familiarité avec M. Bicheron, pour le calmer et lui inspirer des sentiments plus équitables et plus humains; M. l'abbé Félix, dis-je, oubliant l'avis de l'Esprit-Saint : *Mandavit unicuique de proximo suo,* et ne se préoccupant que du principe réflexe : *In dubio standum est pro superiore,* ne rougit pas de noircir le papier qui devait me diffamer au moins indirectement, des cinq lettres de son nom.

Une seule signature ne faisait pas l'affaire de l'évêché; livrer cette circonstance à la publicité, c'était évidemment ajouter à la honte de M. Bicheron et à ma gloire; c'était vérifier en ma faveur ce passage de l'Évangile : *Salutem ex inimicis nostris et de manu omnium qui oderunt nos.* Aussi M. l'abbé Jeancard, plein de dépit et ne pouvant dissimuler sa colère, reprit son papier, qu'il froissa entre les mains, et ouvrant la fenêtre, le jeta dans la basse-cour de la cuisine; tous ces détails m'ont été donnés par un professeur, témoin oculaire et auriculaire, un des acteurs de cette scène; on les trouvera intégralement exposés dans le Mémoire qui fut imprimé en 1837.

Il fallait cependant songer à combler les lacunes que venait de faire le départ des quatre professeurs; on fit venir quelques ecclésiastiques du grand Séminaire d'Aix, parmi lesquels se trouvait M. l'abbé Daime; mais pour remplacer M. Bicheron, qui ne pouvait plus paraître dans la Maison et qu'on ne voulait pas cependant congédier, afin de ne pas nous donner gain de cause, on jeta les yeux sur un ancien membre de la Congrégation du Sacré-Cœur, M. l'abbé Desnoyers, dont le caractère affable et conciliant contribua à calmer l'agitation qui s'était produite à la suite de mon départ.

« Oh! que cette quinzaine me pèse, » avait dit M. Bicheron à l'oreille de M. Blanc, lorsqu'il attendait la lettre de M. Gal, qui devait me nommer curé à Rognac; il avait bien raison d'avoir un noir pressentiment; cependant ni lui ni moi nous ne pouvions prévoir cette tempête; jusqu'alors son plan de renvoyer, au milieu de l'année, les professeurs dont il voulait se défaire, lui avait réussi; pour la première fois il trouva une résistance, qui nous brisa tous les deux, j'en conviens, mais avec des résultats différents, puisque à partir de ce moment, (c'est un fait historique) à tort ou à raison la renommée de mon mince mérite s'est accrue, et celle qu'il s'était acquise, (puis-je dire encore) à tort ou à raison, diminua insensiblement.

CHAPITRE IV

Suites de l'Année classique 1834-1835

Le sort en est jeté : sans boussole et sans voiles
Je m'apprête à voguer sous un ciel sans étoiles !

I

MES RELATIONS AVEC L'ÉVÊCHÉ DE MARSEILLE
ET AVEC LES VICAIRES GÉNÉRAUX CAPITULAIRES D'AIX

Cependant les prêtres qu'on avait congédiés du petit Séminaire, surtout l'abbé Vidal et l'abbé Blanc, ne restaient pas oisifs ; ils me faisaient de fréquentes visites, soit pour nous consoler mutuellement de notre commune disgrâce, soit pour me communiquer le dessein qu'ils avaient conçu de fonder un pensionnat, espérant avec raison qu'il nous serait facile d'avoir un bon noyau parmi les élèves mécontents du petit Séminaire ; mais ils ne pensaient pas que la chose fût faisable, si je ne leur prêtais pas mon concours, au moins comme professeur externe.

Je déclare franchement que ce projet avait été et était encore loin de ma pensée ; l'idée de profiter de mon influence sur les élèves pour les attirer, les séduire et les entraîner sur mes pas, n'a jamais germé dans ma tête ; naturellement timide, lorsque rien ne m'excitait, et n'ayant aucune sorte d'expérience pour les affaires administratives et économiques, j'étais très-disposé à jouer un second rôle, plutôt que de m'aventurer dans le premier. D'ailleurs la perspective des dangers de tout genre qu'un tel projet allait provoquer, entre autres celui de compromettre mes ressources pécuniaires et par conséquent la sécurité de mes parents, avec des associés qui ne paraissaient pas avoir de grandes avances ; de plus la situation morale et religieuse de trois ou quatre prêtres sans autorisation de célébrer, qui allait prêter le flanc à mille bruits plus ou moins odieux ; enfin les conseils de plusieurs de mes amis qui me faisaient entrevoir avec une sorte de certitude ce qui à mes yeux n'était que probable ; tous ces motifs et d'autres encore dont le principal était ma santé qui réclamait du repos physique et de la tranquillité d'esprit, me détournaient d'entrer complètement dans les vues de ces Messieurs ; je ne leur promis donc qu'un concours indirect, auquel même évidemment j'aurais renoncé, si l'évêché avait daigné me tendre la main et ne m'avait pas forcé en quelque sorte à regimber, en continuant à me fouetter sans pitié.

Mme de Montézan m'avait confié son fils Benoît ; M. Autran, dont le fils ainé devait épouser Caroline de Montézan, m'avait promis son plus jeune fils, qui était resté au petit Séminaire.

Mon but principal était donc de vivre tranquille et obscurément, en suivant mon penchant légitime, qui était de me livrer à l'étude et d'augmenter la somme très-incomplète de mes connaissances, tout en donnant des leçons à quelques élèves ; mais il fallait absolument régulariser ma situation, vis-à-vis de l'autorité ecclésiastique. Sans entrer dans de longs détails, j'écrivis à MM. les vicaires généraux capitulaires d'Aix, qui, après la mort de Mgr Raillon, administraient le diocèse, pour leur demander l'autorisation de prolonger mon séjour à Marseille ; ce que j'obtins aisément, grâce au crédit dont jouissait mon ami intime, l'abbé Sibour, secrétaire général. On traitait alors à l'archevêché la grosse affaire de M. l'abbé Jonquier ; ce qui explique pourquoi on ne répondit que le 22 juin à ma lettre du 9, dont je n'ai pas conservé la copie.

ARCHEVÊCHÉ D'AIX
—

« *Aix, le 22 Juin 1835.*

« A M. Jonjon, prêtre du diocèse d'Aix.

« Monsieur,

« Les vicaires généraux capitulaires ont reçu la lettre que vous leur avez écrite le 9 juin présent mois, pour en obtenir le renouvellement de l'autorisation qui vous avait été accordée de demeurer à Marseille; je suis chargé par mes collègues de vous répondre qu'ils accèdent à vos vœux, et que vous pourrez rester à Marseille tout le temps que vos affaires l'exigeront.

« Boulard,
« Vicaire général capitulaire. »

Muni de cette pièce, j'adressai le 24 juin la lettre suivante à Mgr l'Evêque de Marseille, quoiqu'il ne fût qu'une ombre dans l'administration :

« Monseigneur,

« J'ai l'honneur d'informer Votre Grandeur, que j'ai reçu de M. Boulard, vicaire général capitulaire d'Aix, une lettre dans laquelle il m'annonce au nom de tous les vicaires généraux, que je suis autorisé à demeurer à Marseille tout le temps que mes affaires l'exigeront.

« Mes parents ayant fixé leur domicile dans cette ville, je ne puis faire autrement que de les y suivre. Je vous prie donc, Monseigneur, de mettre un terme à l'épreuve à laquelle vous m'avez soumis il y aura bientôt deux mois. Vous avez décidé que j'avais besoin, pour célébrer, d'une autorisation spéciale, parce que j'étais étranger; aujourd'hui je redeviens légalement habitant de Marseille et par conséquent votre sujet. D'autre part je persiste à protester de mon innocence ; veuillez bien, Monseigneur, m'accorder cette autorisation si nécessaire au salut de mon âme ; je ne refuse pas de donner des explications, si vous en demandez ; car, encore une fois, je ne crains pas que la lumière pénètre dans mes actes.

« Agréez, etc.

« JONJON. »

Cette lettre n'arriva pas à son adresse; Mgr Charles Fortuné était trop sincèrement pieux et naturellement bon pour ne pas être touché d'un langage qui constatait mon droit avec tant de simplicité et de calme, après tout ce qui s'était passé ; je conclus avec raison qu'il ne l'avait pas lue, puisqu'on ne me fit aucune réponse. C'est alors, je crois, qu'il faut placer la supplique suivante au Pape, que j'ai trouvée dans mes papiers et dont j'avais perdu complétement le souvenir : certaines expressions un peu violentes s'expliquent par l'indignation bien légitime que dut m'inspirer le dédain persévérant de l'évêché à mon égard.

« Beatissime Pater,

« Ego infra scriptus, sacerdos diœcesis aquensis, duobus ab hinc annis in diœcesi Massiliensi commoror ; et in hac, annuente meo archiepiscopo, et D.D. de Mazenod comprobantibus, munera studiorum rectoris et rhetorices professoris in parvo seminario adimplevi ; nunc ad pedes vestræ sanctitatis provolutus, justitiam efflagito ab illo cui datum est pascere et regere oves et Pastores.

« Longœvâ œtate debilitatus episcopus Massiliensis, totam suo nepoti commisit auctoritatem, invitis ferè universo sacerdotum conventu fideliumque grege ; hic, non dico, gubernat, sed disturbat totam Massiliensem Ecclesiam, cujus rei innumera possunt afferri testimonia. Ego ipse, humillimus vestræ sanctitutis servus, testis adsto, et victima illius sœvi regiminis.

« Apud ipsius tribunal falsò accusatus inobedientiœ crimine, inauditus condemnatus sum, atque suspensus ab omni jurisdictione sacramentali.

« Ante illius conspectum honeste et Comiter comparui ; sed januam sui cubiculi mihi superbè ostendit, omnemque defensam et quamlibet apologiam audire pertinaciter recusavit ; imò, Sanctissime Pater, mihi armatos homines minatus est, nisi ex cubiculo ejus protinùs exirem. Tandem ejus famulus, illo sciente, vidente et imperante, me percussit ; cujus violentiœ testem presbyterum nomine *Olive* adhibebo, si opus sit.

« Si episcopus Icosiensis me haberet ut peccatorem, quare exemplum Domini Nostri J.-C. cujus crucem super vestimentum gerit, non sit secutus ? Si è contra justum me existimaret, quomodo de tam stupendo agendi modo se purgare possit, nescio.

« Postquam ad pedes J.-C. hanc ignominiam deposui, ut peccata mea redimam, debui ad tribunal vestræ sanctitatis meam injuriam referre quæ redundat in omnem clerum, cujusque impunitate mihi multisque aliis dignitas sacerdotalis videretur commaculari.

« Vestræ tamen Beatitudini me totum committo, et quidquid judicaverit aut egerit etiam contra me, æquè feram.

« Massiliæ die   mensis Junii 1835.

« JONJON. »

C'est à Grégoire XVI que cette supplique fut adressée ; le Saint-Père en a-t-il eu connaissance ? je l'ignore. Il est plus que probable que l'influence de Mgr de Mazenod, qui était certainement supérieure à la mienne, a dû en paralyser les effets, si ma voix a pu se faire entendre. Quoi qu'il en soit le silence se fit au delà des monts comme en deçà. Les griefs s'accumulaient et commençaient à peser lourdement dans un des plateaux de la balance ; de quelque côté que je me tournasse, aucune main charitable ne se tendait vers moi ; l'espérance même m'était enlevée par ce silence glacial avec lequel on accueillait mes suppliques ; j'allais donc glisser presque fatalement vers la pente rapide que mes supérieurs eux-mêmes formaient devant moi en s'obstinant dans leur dureté. Aussi je ne puis dissimuler que j'avais de la peine à digérer les dernières lignes de ma supplique.

Vers la fin du mois de juin ou au commencement de juillet, j'écrivis encore deux lettres dont j'ai trouvé les copies ; l'une est adressée à l'Evêque de Marseille, qui, j'en étais convaincu, ne connaissait mon affaire que très-imparfaitement, et l'autre aux grands vicaires capitulaires d'Aix à qui il m'importait de la faire connaître aussi exactement que possible.

« A Monseigneur l'Evêque de Marseille.

« Monseigneur,

« J'ai adressé, il y a quelques semaines, au Souverain Pontife, une Supplique, dans laquelle je me plains d'un outrage commis sur ma personne par le domestique de Mgr d'Icosie ; cette violation de la dignité sacerdotale exigeant une réparation, je crois qu'il est de mon devoir de donner à Votre Grandeur quelques renseignements exacts sur cette déplorable affaire.

« Prêtre originaire du diocèse d'Aix, j'y exerçais les fonctions de vicaire, lorsque le supérieur du petit Séminaire de Marseille m'engagea à quitter mon diocèse et à accepter une place de professeur dans cet établissement ; je suivis ce conseil ; je vins à Marseille avec l'autorisation de l'Archevêque d'Aix, qui me laissa partir avec beaucoup de répugnance. Je fus reçu par Votre Grandeur et tous ses vicaires généraux avec les plus grandes démonstrations de joie. (Je pourrais au besoin présenter des témoins et des écrits pour confirmer ce que j'avance).

« Pendant environ dix-huit mois, j'ai exercé dans votre petit Séminaire, d'abord simultanément les fonctions de professeur de troisième et celles de directeur des études, et ensuite celles de professeur de rhétorique ; je déclare, comme si j'allais paraître devant Dieu, que je crois avoir rempli fidèlement tous mes devoirs et être bien loin d'avoir mérité les mauvais traitements que j'essuie depuis deux mois.

« Le Supérieur jaloux sans doute de l'influence que j'avais dans la Maison, avait employé, pour me faire partir brusquement, des moyens qui me paraîtraient impossibles, si je n'en étais pas victime. Mais les explications que je donnai à Mgr d'Icosie suffirent pour triompher de la ruse et du mensonge, et je pus continuer mes fonctions ; même après cette tentative, un vicaire général me permit d'entrer dans l'intérieur d'un couvent de religieuses cloîtrées, et d'y donner des leçons de littérature et d'histoire aux religieuses elles-mêmes ; faveur spéciale, qui peut être considérée comme un vrai certificat de la régularité de ma conduite (1).

---

(1) M. l'abbé Carentène, mon ancien professeur de quatrième, était alors aumônier des Dames de la Visitation, dont l'établissement a été remplacé plus tard par la gare du chemin de fer ; c'est cet excellent prêtre et sincère ami qui avait obtenu pour moi une faveur dont il ne jouissait pas lui-même.

« Cependant quelques semaines après, M. le Supérieur est revenu à la charge et a obtenu ma sortie de la Maison : j'ai demandé respectueusement à Mgr d'Icosie une seconde audience, pour lui donner des explications ; il n'a pas voulu m'entendre, malgré toutes mes protestations d'innocence ; et comme j'ai insisté à ne pas sortir du palais, sans avoir fait entendre ma justification, le Prélat lui-même m'a pris par le bras pour me faire sortir ; le domestique qu'il a appelé à son aide, m'a jeté à la figure des paroles grossières et menaçantes et enfin m'a donné un coup sur l'épaule gauche en me poussant vers la porte.

« J'ai pris à témoin de cette violence un prêtre qui était présent à cette scène, et qui, cédant sans doute à une influence irrésistible, vient de déclarer dans un écrit public qu'il n'a pas vu ce qu'il a vu ni entendu ce qu'il a entendu. Les journaux s'étant emparé d'un fait qui est devenu d'une notoriété publique, on a voulu me rendre responsable des différents articles qui ont paru, quoique je n'y ai coopéré en aucune manière.

« Des personnes qui fréquentent l'évêché ont répandu, pour me nuire, une calomnie infâme ; on m'a retiré non-seulement le pouvoir de confesser, mais encore l'autorisation de célébrer la Sainte-Messe. On me traite comme un étranger, quoique j'aie exercé dans la ville de Marseille des fonctions très-honorables pendant dix-huit mois et que j'aie fait connaître les graves motifs qui me déterminent à établir mon domicile à Marseille. J'ai respecté jusqu'à ce jour toutes les décisions qu'un malheureux aveuglement a inspirées. Cependant faudra-t-il que je sois privé éternellement de la participation aux Sacrements ? A-t-on le droit de me refuser l'autorisation de célébrer, *pour des raisons qu'il n'est pas nécessaire de dire et parce qu'on n'a pas davantage approfondi mon affaire ?* Ce sont, Monseigneur, les propres expressions dont s'est servi M. le secrétaire dans la lettre au bas de laquelle on lit la signature de Votre Grandeur. Suis-je donc réduit, pour obtenir justice, à invoquer le secours des lois canoniques et en appeler au Métropolitain de tous ces actes arbitraires ?

« Je souhaite sincèrement pour le repos de mon âme et pour la paix du diocèse, que Mgr d'Icosie revienne à des sentiments plus équitables et m'accorde, non des faveurs ni des priviléges, mais seulement l'autorisation de célébrer ; *le soin de mon honneur*, selon le langage de l'Esprit-Saint, et le salut de mon âme, me font également un devoir impérieux de réclamer cette faculté.

« Tels sont, Monseigneur, les faits, très-probablement mal exposés à Votre Grandeur, que j'ai cru devoir soumettre à son jugement ; je m'en rapporte d'avance à sa décision ; je la conjure d'être bien persuadée qu'aucun sentiment d'animosité, dans mon langage et dans mes actes, ne m'anime et que je ne suis inspiré que par le désir de venger l'honneur sacerdotal, qui a été violé dans ma personne.

« Daignez, etc.

« Jonjon. »

Il est bien entendu que cette lettre, comme les précédentes, demeura sans réponse et qu'à parler franchement, je ne devais pas en attendre. C'était de ma part une très-grande illusion de jeune homme d'espérer qu'un supérieur, même ecclésiastique, s'humilie au point d'avouer sa faute et de reculer, à moins qu'il n'y soit forcé par une autorité supérieure ou par des circonstances impérieuses auxquelles on ne peut résister, sans se suicider ; le moment n'était pas encore venu où le pot de terre pouvait se mesurer sans trop de risques avec le pot de fer.

Voici maintenant ma lettre aux grands vicaires capitulaires d'Aix ; on y remarquera des répétitions ; mais en écrivant à des personnes différentes, il fallait bien revenir sur les mêmes faits.

« Messieurs les Vicaires généraux,

« Il y aura bientôt deux ans que, mécontent du service des paroisses, je demandai à Mgr l'Archevêque l'autorisation de m'établir à Marseille au petit Séminaire ; elle me fut accordée avec beaucoup de répugnance, comme vous le savez, d'après plusieurs lettres qui me furent alors adressées *officiellement* de la part de feu Mgr Raillon ; je fus reçu à Marseille avec de grandes démonstrations de joie, ce qui pourrait au besoin être certifié par des témoins oculaires.

« Pendant dix-huit mois j'ai exercé au petit Séminaire les fonctions les plus honorables ; et je crois pouvoir sans témérité défier qui que ce soit de mes accusateurs de signaler dans ma conduite la moindre irrégularité, encore moins de la prouver par des faits et des témoignages.

« Mgr d'Icosie qui m'honora d'une audience, aux premiers jours d'avril, fut tellement satisfait de mes explications, qu'une semaine après M. Flayol, vicaire général, m'autorisa à entrer dans l'intérieur d'un couvent de religieuses, pour leur enseigner les belles-lettres ; privilége dont la concession prouve évidemment que l'administration ecclésiastique était satisfaite de ma conduite.

« Cependant M. Bicheron continuait à me tendre des piéges, pour me trouver en faute et avoir lieu d'intenter une nouvelle accusation. Il ne lui a pas été difficile de réussir ; car j'avoue mon impuissance à me défendre contre la ruse. J'ai été sur le champ expulsé du petit Séminaire avec une violence sans exemple. Les journaux s'étant emparés à mon insu et à mon grand déplaisir, de cette affaire, on a voulu me faire un crime de cette manifestation, dont je ne suis nullement responsable. Aussi m'a-t-on retiré l'autorisation de célébrer la Ste-Messe, ce qui produit pour moi tous les effets d'un interdit. Trois ou quatre lettres que j'ai adressées à Mgr l'Evêque pour lui demander justice contre l'arbitraire de son administration, n'ont été honorées d'aucune réponse.

« Que devais-je faire dans cette pénible situation ? Après tant de désappointements et de froissements que j'ai éprouvés dans le service des paroisses, je n'avais plus le courage de m'y engager de nouveau. D'autre part je ne pouvais me retirer à St-Chamas, puisque mes parents avaient établi leur domicile à Marseille ; le parti le plus sage et le seul qui me restait à embrasser, était de demeurer dans cette ville au sein de ma famille et d'y employer mes loisirs à des occupations honnêtes.

« Je vous remercie infiniment, MM. les Vicaires généraux, de m'avoir autorisé à suivre cette dernière résolution ; j'ai cru devoir en donner connaissance à Mgr l'Evêque de Marseille, afin qu'il apprît que j'étais de nouveau légalement habitant de Marseille et par conséquent son sujet ; je lui ai donc demandé, pour le salut de mon âme, la révocation de la mesure qui a été prise contre moi et que je ne puis attribuer qu'à la colère de certains membres de son administration. Mais cette notification n'a pas été plus heureuse que mes premières lettres.

« Cependant je ne puis ni ne dois rester plus longtemps dans cet état de perplexité ; ce serait une prévarication que d'être indifférent sur la privation de célébrer le Saint-Sacrifice. Quoique pêcheur aux yeux de Dieu, je ne crois pas être assez criminel pour que je doive renoncer indéfiniment à cette faculté. Vous avez déclaré, Messieurs les Vicaires généraux, dans l'arrêt prononcé sur l'affaire du Curé des Aygalades, qu'on ne pouvait en appeler qu'au Métropolitain, en personne, des actes de la juridiction gracieuse. Mais la présence du Métropolitain peut se faire encore attendre longtemps.

« D'ailleurs la permission de célébrer me paraît devoir être considérée plutôt comme un droit attaché au caractère sacerdotal, que comme une grâce de l'Evêque ; aussi le prêtre ne devrait-il en être privé extra-judiciairement que pour de graves motifs et pour un temps très-limité. Quel est en effet le diocèse de France ou du monde catholique où l'on se permette de retirer avec tant de légèreté l'autorisation de célébrer et de jeter ainsi la déconsidération sur la personne d'un prêtre qui peut dans cet état être assimilé à un vagabond ? (1).

« Je vous conjure donc, MM. les Vicaires généraux, de venir à mon secours, parce que je suis opprimé ; daignez m'éclairer de vos conseils et me continuer votre bienveillante protection ; je ne refuse pas de comparaître devant votre tribunal, s'il le faut ; ou plutôt je désire aujourd'hui plus que jamais et j'exige même pour mon honneur, que la lumière pénètre dans tous mes actes.

« Je vous demande en outre, MM. les Vicaires généraux, un *Celebret* pour tout le diocèse d'Aix ; je puis avoir des rapports avec beaucoup de prêtres de mon diocèse ; mes affaires privées m'appelleront souvent à St-Chamas ; je suis dans le cas de voyager dans les diocèses étrangers ; ce *Celebret* m'est donc indispensable pour ne pas être traité comme un homme sans aveu. Je l'attends au plus tôt de votre bienveillante équité.

« Daignez, etc.

« JONJON. »

Les Vicaires généraux capitulaires n'étaient pas des hommes supérieurs ; mais en temps ordinaire ils n'étaient pas au-dessous de leur haute position. Ils étaient généralement aimés et estimés, parce qu'on ne remarquait dans leur administration, à part quelques cas de favoritisme, ni taquinerie, ni entêtement, ni méchanceté, ni vengeance. Excepté M. Abel, avec lequel je n'avais jamais eu des relations intimes et qui ne me connaissait que depuis notre correspondance des Cadeneaux, je puis affirmer que tous les autres m'étaient sincèrement dévoués, comme je

---

(1) C'est ce qui malheureusement n'arrive que trop souvent.

l'ai prouvé plus haut. Mais malheureusement M. Abel était le seul qui fût capable, sinon de sa propre nature, mais par boutade et originalité, de déployer un peu d'énergie et prendre l'initiative ; il venait de le prouver dans l'affaire de M. Jonquier. Ainsi celui qui aurait pu me défendre, ne le voulut pas ; et ses collègues qui, je n'en doute pas, l'auraient voulu, cédèrent d'abord à leur pusillanimité ; puis, comme il arrive quelquefois dans les âmes faibles, dépourvues de caractère, mais honnêtes, un changement subit, que j'attribue à l'influence de mon ami Sibour, en fit en quelque sorte d'autres hommes ; ainsi dans l'espace de quelques jours ou peut-être même de quelques heures, l'autorisation que je demandais, fut d'abord refusée et immédiatement après accordée ; on en jugera par les deux pièces qui se trouvent au n° 5 de l'*Appendice* et qui constatent ces variations, fort peu honorables, il faut en convenir, pour une administration sérieuse.

M. l'abbé Cavalier, qui m'avait remplacé aux Cadeneaux, sachant que je me proposais d'aller dire la messe chez lui, consulta MM. les Vicaires généraux, sans me prévenir, pour savoir s'il pouvait m'y autoriser ; comme je n'étais réellement interdit ni dans le diocèse de Marseille ni encore moins dans le diocèse d'Aix, et qu'on n'avait promulgué aucune défense contre moi dans ce dernier, il est certain que ceux qui me connaissaient de près pouvaient en sûreté de conscience me laisser dire la messe chez eux ; ce fut donc une imprudence puérile de la part de M. le curé du St-Esprit à Aix (1), et de celle de M. le curé des Cadeneaux spécialement, de consulter sur ce point les grands Vicaires et de chercher à les éveiller, lorsqu'ils ne demandaient pas mieux, je le sais, qu'on les laissât endormis ; mais ce ne sera pas la seule fois que

---

(1) L'abbé Chambarel.

M. l'abbé Cavalier me compromettra. M. l'abbé Chabaud, mon ancien collègue de Salon et de St-Rémy, était alors curé de Septèmes ; c'était un vrai ami et il l'a toujours été jusqu'à sa mort. Voici la lettre qu'il m'écrivit pour me faire part des ordres ou recommandations qu'avait reçus son voisin :

« *Septèmes, 7 Juillet 1835.*

« Mon très-cher Ami,

« Je n'ai pu me procurer une copie de la lettre en question ; mais aujourd'hui étant allé aux Cadeneaux, je l'ai lue et relue et la voici telle que ma mémoire me la rappelle :
« Monsieur le Curé. — Je réponds à votre lettre dans
« laquelle vous me demandez si vous pouvez laisser dire
« la messe à l'abbé Jonjon ; le *Conseil* a été d'avis que vu
« les circonstances actuelles de ce qui se passe à Mar-
« seille, vous ne pouvez pas lui permettre de la dire ni
« aucun autre prêtre du diocèse. J'ai l'honneur d'être, etc. »
« Voilà la lettre, en voici l'occasion : Lorsque le curé du St-Esprit sut que vous aviez dit la messe dans sa paroisse, il alla trouver les grands vicaires pour leur demander s'ils étaient d'avis que vous pussiez dire la messe dans le diocèse d'Aix. Le Conseil s'assembla, délibéra, et décida, dit-on, que vu les circonstances actuelles de votre position à Marseille, il ne leur convenait pas de vous laisser dire la messe dans ce diocèse. *C'est du juste milieu renforcé !!*

« C'est là, mon très-cher ami, tout ce que j'ai pu savoir d'intéressant pour vous. Je ne vous en invite pas moins à venir passer avec moi la fête de Ste-Anne, le 26 courant, jour de dimanche ; si vous ne dites pas la messe, au moins vous me ferez diacre, vous entendrez une nouvelle messe en musique et officierez à vêpres.

« D'ailleurs ce petit voyage fera, ce me semble, une agréable diversion à vos contradictions et à vos sérieuses occupations.

« J'ai l'honneur d'être votre tout dévoué

« CHABAUD. »

L'abbé Chabaud n'était pas un homme d'esprit ; mais il avait un jugement droit et joignait à une piété tendre et à une régularité de mœurs incontestable une grande franchise qui se rapprochait beaucoup de la mienne ; il fus donc avec raison choqué de la conduite évasive des grands Vicaires d'Aix ; système de bascule qui était alors celui du Gouvernement, qui consistait à osciller entre la droite et la gauche et qu'on avait baptisé du nom de *juste milieu*. La lettre suivante de l'abbé Sibour que je reçus le lendemain, est une démonstration très-sensible de ce défaut d'équilibre, constaté par l'abbé Chabaud.

ARCHEVÊCHÉ D'AIX

—

« *8 Juillet 1835.*

« Mon cher Ami,

« Le Conseil Diocésain a délibéré sur la demande que tu faisais aux grands Vicaires d'un *Celebret* pour tout le diocèse d'Aix, et je suis chargé de te transmettre sa décision.

« Ces Messieurs ne s'opposent pas à ce que tu dises la messe dans tout le diocèse d'Aix ; ils t'accorderont pour cela toute permission *spéciale* que tu pourras souhaiter ; mais dans l'état de tes rapports avec l'administration diocésaine de Marseille, ils ne croient pas devoir accorder un *Celebret* GÉNÉRAL. Ils pensent que cette restriction leur est commandée par les égards qu'ils doivent à Mgr l'Evêque de Marseille. Il m'en coûte, mon ami, d'avoir à te communiquer cette décision que dans ta conscience de bon prêtre tu regarderas comme plus que sévère à ton égard. Je l'ai combattue, quand il le fallait, il ne me reste plus maintenant qu'à t'engager à t'y résigner. Au reste, il ne faut pas que je te laisse ignorer que ceux mêmes qui ont cru devoir rejeter ta demande, sont remplis pour toi d'un tendre intérêt. Mais ils croient que tu t'égares dans ta résistance aux volontés de l'Evêque de Marseille. Pleins de respect pour l'autorité épiscopale qui a eu tant à souffrir à Marseille dans les derniers temps, ils regrettent infiniment de te voir entraîné dans un parti qui semble décidé à la méconnaître entièrement. Il y a là des noms, mon ami, qui ne sont pas, à ce qu'il paraît, *aussi purs que le tien*. C'est peut-être un grand malheur qu'en t'associant à eux, tu leur prêtes une force qui sans toi leur manquerait. Et moi qui sait que tu ne te trouves là que par bonté, et qui sais en même temps que toutes les rigueurs qui t'atteignent depuis ta sortie du Séminaire, ne viennent que de cette liaison, je te plains au-delà de ce que je puis te le dire.

« Ce qui me console, c'est que ceux-là mêmes qui, soit à Aix soit à Marseille, te traitent dans tout ceci comme coupable, font cependant, je parle surtout de ceux de Marseille, *une très-grande différence* entre toi et les autres prêtres qui les inquiètent. Je sais qu'ils te recevront paternellement à la première démarche que tu feras vers eux ; j'ai su même de source certaine, que l'évêque d'Icosie avait été sur le point de t'écrire une lettre toute pleine de sentiments véritablement affectueux, pour opérer entre toi et l'administration diocésaine de Marseille une réconciliation, et qu'il n'a été détourné de son dessein que par la crainte d'échouer et de fournir alors une arme de plus contre eux.

« Mon cher ami, je te dis tout cela parce que j'aurais une bien grande envie de te voir enfin tranquille et heureux ; et je sais que ce bonheur, c'est dans la paix que tu le trouveras et non dans l'agitation et dans les luttes éternelles. Crois-moi, retire-toi pour quelque temps dans le sein de ta famille ; sépare ta cause de toute autre cause, et tu verras tous ceux que Dieu te donna pour chefs, revenir à toi comme tu les vois s'en éloigner maintenant. Pour moi, quelque part que tu te trouves, tant que tu voudras de mon attachement et de mon amitié, j'irai te les offrir. Adieu. Regarde ma lettre comme toute confidentielle.

« Je t'embrasse de tout mon cœur.

« SIBOUR. »

Il m'en coûte beaucoup de trouver quelque chose à redire dans une lettre si tendre, si affectueuse, si franchement amicale ; mais puis-je aussi ne pas éprouver quelque peine à entendre mes amis les plus sincères et les plus intimes me reprocher les fautes des autres, me rendre responsable de leurs injustices et déplacer constamment l'état de la question, quelques efforts que je fasse pour bien éclaircir la situation ? Il est incontestable que je n'ai jamais pris l'initiative de la lutte et que je n'ai fait que repousser les attaques ; et cependant je suis un brouillon, un caractère inquiet, et je ne me plais que dans les querelles et les agitations. — Dans tout ce que je viens de raconter et dans le langage de mes lettres trouve-t-on des symptômes évidents de toutes ces mauvaises dispositions ? Mais examinons la lettre de l'abbé Sibour, que je ne puis m'empêcher de relire après tant de temps avec respect et attendrissement. Pour abréger je ne mettrai que les premiers mots des phrases qui sont l'objet de mes observations.

1° *Ces Messieurs ne s'opposent pas, etc.* — Ils s'y opposent cependant dans la lettre à M. Cavalier.

2° *Ils t'accorderont toute permission spéciale.....* Ils ne croient pas devoir t'accorder un Celebret général. —

Voilà, selon les expresssions de l'abbé Chabaud, du juste milieu renforcé au suprême degré ! Ainsi toutes les fois que j'aurais eu une course à faire dans telle ou telle paroisse, on m'aurait donné un *Celebret* de quelques jours, qui ne m'aurait jamais été refusé et qui pourtant n'aurait pas été général. Il paraît que ces Messieurs finirent par comprendre que cette distinction était puérile, impraticable et absurde, puisque j'ai trouvé dans mes papiers ce *Celebret* général daté, je ne sais pourquoi, du 7 juillet, c'est-à-dire, de la veille du jour où l'abbé Sibour m'écrivait qu'on ne voulait pas me le donner. Or ce *Celebret,* qu'on le remarque bien, porte la signature de M. Abel, celui des vicaires généraux qui m'était le plus indifférent, pour ne pas dire hostile. (1).

3° *Ils croient que tu t'égares dans ta résistance, etc.* — Ah ! nous y voilà ; déjà le projet de fonder un établissement avec trois autres prêtres avait transpiré ; or aux yeux, je ne dis pas de l'Evêque, mais de l'administration épiscopale, c'était un crime abominable d'oser faire de la concurrence au petit Séminaire ; partout ailleurs, à Lyon, à Paris, à Aix même, des ecclésiastiques ou seuls ou associés à des laïques, pouvaient se consacrer en sûreté de conscience et même avec l'agrément de l'autorité ecclésiastique, à l'éducation de la jeunesse ; à Marseille, seulement, c'est s'engager *dans un parti qui semble méconnaître le respect dû à l'Evêque. (2).*

4° *Il y a des noms qui ne sont pas si purs que le tien, etc.* — Cependant les Messieurs qui portaient ces noms, étaient conservés avec honneur au petit Séminaire, tandis

---

(1) J'ai trouvé de plus un *Celebret* spécial pour les Cadeneaux, daté du 24 juillet. (Voir le n° 5 de l'*Appendice).*

(2) L'abbé Sibour lui-même n'a-t-il pas été d'abord collaborateur et associé de Nicolas, mon compatriote, et plus tard aumônier de l'institution ?

que j'en étais chassé ignominieusement, et l'un d'eux qui devait me remplacer dans la chaire de rhétorique, était le confident de M. Bicheron.

5° *Tu leur prêtes une force qui sans toi leur manquerait, etc.* — On avait donc fini par comprendre à l'Evêché que j'avais été bon à quelque chose et que mon expulsion n'avait pas de motif légitime, puisque *toutes les rigueurs qui m'atteignaient depuis la sortie du Séminaire, ne venaient que de cette liaison.* Il est pourtant certain et historique que les rigueurs ont précédé cette liaison, qui n'a été que le résultat forcé de la persévérance des rigueurs.

6° *Je parle surtout de ceux de Marseille, etc.* — Comment se fait-il que les prêtres qui les inquiètent le plus en ce moment, étaient conservés au Séminaire, et qu'ils ne sont devenus *inquiétants* que depuis qu'ils ont pris la défense de celui qui inquiète le moins l'Evêché ?

7° *Je sais qu'ils te recevront paternellement, etc.* — Erreur ! Pourquoi ne répondaient-ils pas à mes lettres ? N'étaient-elles pas *des démarches vers eux ?*

8° *Je sais même de science certaine, etc.* — Non, cher ami, cela n'est pas vrai ; on t'a trompé ; est-ce qu'on désirait sincèrement une réconciliation, lorsque on ne répondait pas à mes lettres ou qu'on n'y répondait que pour me déclarer que j'eusse à quitter Marseille *pour des raisons qu'il n'était pas nécessaire de dire?*

9° *J'aurais une très-grande envie de te voir tranquille et heureux, etc.* — Et moi aussi, je le désire et je l'ai toujours désiré ; mais pourquoi ai-je toujours rencontré sur ma route des gens qui sont venus m'assaillir, lorsque je suivais la ligne droite ? Pourquoi toutes les pierres qui sont tombées du ciel m'ont atteint, sans toucher mes compagnons de voyage ?

10° *Sépare ta cause de toute autre, etc.* — Ainsi l'Evêché avait oublié *ma conduite intolérable au petit Séminaire, la séance scandaleuse de l'Evêché,* les articles du

Sémaphore ; tout mon crime était mon projet d'association pour fonder un Pensionnat. Que je rentrasse dans le sein de ma famille pour quelque temps et tous ceux qui me tournaient le dos reviendraient à moi. Donc mon expulsion ignominieuse du petit Séminaire, encore une fois, était sans excuse ; et *l'ordre péremptoire de faire au plus tôt mes malles,* comment le qualifier ? Ceux qui l'avaient donné et ceux qui me l'avaient transmis étaient-ils des hommes pacifiques et paternels ? Que Dieu leur pardonne !!!

11° En relisant cette lettre en 1876 et dans les circonstances critiques où je me trouve, il me semble que mon ami Sibour, mort évêque de Tripoli, me fait entendre sa voix d'outre-tombe ; s'il était témoin de l'acharnement avec lequel deux évêques me poursuivent, il me dirait encore, je le sais : *Quelque part que tu te trouves, tant que tu voudras de mon attachement et de mon amitié, j'irai te les offrir.*

Quelques mois avant de mourir, en me voyant entrer dans sa chambre, il disait à la sœur de *l'Espérance* qui le soignait, lorsqu'une cruelle maladie lui avait presque enlevé l'usage de la parole : *Voilà mon meilleur ami !!!*

II

TROISIÈME INVASION DU CHOLÉRA

15 Juillet.

Pour la troisième fois le choléra faisait des victimes dès les premiers jours de juillet ; pour ne pas effrayer la population, on n'en parlait presque pas ; mais le nombre des cas et surtout de ceux qui étaient mortels, augmentant chaque jour, tous ceux qui avaient dans les villages voisins un logement convenable, commencèrent à déserter la ville ; la famille de Montézan ne fut pas la dernière à prendre cette résolution et alla s'établir dans sa maison de campagne de Château-Gombert ; je dus naturellement l'y suivre, puisque j'étais chargé de faire travailler Benoît et même de donner des leçons de français à Mlle Caroline, qui est devenue plus tard Mme de Lombardon. Mme de Montézan offrit l'hospitalité à ma mère, qui était alors à Marseille, ainsi qu'à toute la famille Garcin ; on établit des lits comme on put, même dans tous les salons et pendant environ deux mois, cette excellente dame, qui n'était pas prodigue, mais qui avait un cœur excellent et aimait beaucoup sa famille, logea et nourrit à ses frais de 15 à 20 personnes.

Il n'entre pas dans mon plan de décrire les ravages de ce troisième choléra ; quoique j'habitasse la campagne, je savais tout ce qui se passait à la ville, soit par les récits des membres de la famille Garcin, qui y allaient tous les jours pour leurs affaires, soit parce que de temps en temps je m'y rendais moi-même pour me rendre compte des progrès du fléau. Ainsi je me souviens d'avoir parcouru un jour toute la rue Paradis, ne rencontrant sur mes pas que deux ou trois personnes ; à la rue Vacon, j'ai vu jeter les cadavres par la fenêtre dans les tombereaux qui passaient ; on n'a jamais su le nombre de ceux qui sont morts pendant les derniers jours de juillet ; des familles entières disparaissaient dans les vingt-quatre heures ; on ne prenait plus la peine ni de porter les morts à l'Eglise ni de les faire enregistrer.

Qu'avais-je à faire dans la position que l'Evêché m'avait créée ? J'étais comme un soldat qui, sans armes et n'appartenant à aucun corps de troupe, assiste, sans pouvoir y prendre part, à une bataille. Je voulus pourtant n'avoir aucun reproche à me faire et bien prouver que ce n'était pas la crainte du danger qui me retenait à la campagne, loin des atteintes de l'épidémie. Je me décidai à écrire à l'Evêché la lettre suivante, dont je trouve une copie sans date dans mes papiers.

« Monseigneur,

« Depuis environ un mois, j'habite le quartier de Château-Gombert, où j'ai suivi Mme de Montézan, qui m'a confié son fils, après ma sortie du Séminaire. C'est là que je viens d'apprendre tout ce qui se passe à Marseille. Je sais où doit m'appeler, dans ce danger public, mon caractère de prêtre.

« Au mois de mars dernier j'offris mes services à l'aumônier de l'hospice et au curé de St-Cannat ; aujourd'hui je les offre à Votre Grandeur, puisqu'elle seule peut me rendre utile. Mais je ne puis lui dissimuler que je n'attends aucun bon résultat de ma démarche. Je connais malheureusement de fort près quelques-uns de ses conseillers ordinaires et je ne pense pas qu'ils aient renoncé à leur malveillance.

« Que Dieu les éclaire et leur pardonne ; quoique grand pêcheur devant Dieu, j'ose dire que je suis innocent devant la justice humaine ; et je protesterai toute ma vie contre les rigueurs que me fait subir depuis quatre mois l'administration ecclésiastique de Marseille.

« Daignez, etc.

« JONJON. »

Ceux qui, après avoir lu la lettre de l'abbé Sibour, liront aussi celle que je viens de transcrire, ne douteront pas que Mgr d'Icosie n'ait mis immédiatement à exécution son dessein de m'adresser *une lettre pleine de sentiments affectueux*. Eh bien ! ils se tromperont ; Mgr d'Icosie ne répondit pas plus à cette lettre qu'aux autres ; il était absent, c'est vrai ; mais ceux qui gouvernaient à sa place, n'avaient pas d'autres sentiments que les siens ; on continua donc à me laisser sans autorisation de célébrer à Château-Gombert, comme je l'avais été à Marseille ; il paraît que l'offrande de ma vie que je leur faisais spontanément, ne fut pas jugée suffisante pour mériter l'accueil *paternel* que m'annonçait l'abbé Sibour.

Si quelques mots seulement de cette lettre ont pu froisser quelques membres du Conseil, on devait m'en demander la rétractation, que je n'aurais pas refusée et passer l'éponge sur ce léger défaut de forme, en considération de tout le reste, qui était irréprochable, et des circonstances actuelles.

Hélas ! comme mon excellent et généreux ami se faisait illusion sur les bonnes intentions de ces Messieurs !!! Je m'en rends compte aisément, par les conférences qu'il venait d'avoir avec l'abbé Jeancard, pour l'affaire du curé Jonquier ; l'homme de l'Evêché n'eut pas beaucoup de peine pour faire entendre à l'abbé Sibour ce qu'il voulut et pour me montrer à lui à travers le prisme de ses préjugés haineux (1). Cependant on a dû remarquer qu'il ne réussit pas à m'enlever l'amitié sincère et l'affectueux dévoûment de mon ancien camarade.

III

PRÉPARATIFS DU PENSIONNAT MENPENTI

Pendant ce temps-là que faisaient mes futurs collaborateurs ? Ils étaient en effet parvenus, avant même que le

---

(1) Qu'avais-je donc fait à cet homme, pour être ainsi l'objectif persistant de sa haine ?

choléra éclatât, à obtenir mon adhésion complète à leur projet; comme je l'ai déjà fait observer, le dédain persévérant de l'Evêché avait été pour moi la goutte d'eau qui fait verser le verre ; on aurait dit que Mgr d'Icosie et l'abbé Jeancard, que je ne sépare pas, avaient conspiré avec MM. Vidal et Blanc, et s'étaient mis d'accord avec eux pour m'entraîner dans un parti pour lequel j'avais eu d'abord, je ne crains pas de le redire, une si grande répugnance.

Mes collaborateurs (puisqu'il faut donc les appeler de ce nom) s'étaient mis en quête d'un local, hors la ville, qui pût contenir au moins de 50 à 60 élèves ; nos prétentions ne s'élevaient pas plus haut ; après avoir bien cherché, ils finirent par trouver sur la grande route de Toulon, au quartier du Rouet, au couchant de la Capelette, une maison de campagne, qui, vue du chemin, paraissait un vrai château ; elle avait en effet une façade majestueuse, qui se déployait en forme d'éventail, en pierres de taille, et était surmontée d'une balustrade assez élégante, également en pierre ; il y avait au milieu une porte qui avait aussi des allures châtelaines ; mais on ne l'ouvrait presque jamais. En dépassant ce mur colossal, à droite ou à gauche, on se trouvait simplement en face d'une bastide, avec deux salons et une cuisine au rez-de-chaussée, deux chambres à coucher au 1er étage et quelques mansardes au 2me.

Lorsqu'on m'y conduisit, je fus à la première vue enchanté de l'originalité de cette maison. Je demandai au fermier comment on l'appelait : « la Belle Bastide, » me répondit-il. « Bah! répliquai-je, elle doit avoir un autre nom ; cherchez bien dans vos souvenirs ; » il avait en effet de 65 à 70 ans. « Ah! reprit-il, c'est vrai, on l'appelait autrefois le *Château Menpenti*. Voici pourquoi : l'ancien propriétaire, après avoir ainsi entassé pierres sur pierres et dépensé beaucoup d'argent, pour faire une construction ridicule, ne cessait de dire à ses voisins qui

le critiquaient : *m'en penti*, c'est-à-dire, *je m'en repens.* »
« A la bonne heure, m'écriai-je, voilà un nom qui, tout sinistre qu'il est, ne laisse pas que de me sourire ; va pour le Château Menpenti, (sans apostrophe). Ici nous ferons l'établissement Menpenti. » Et mes collaborateurs d'applaudir.

Mais nous étions évidemment trop à l'étroit ; l'habitation que j'appellerai désormais *Château*, nous donnait une cuisine, une salle à manger pour nous, un réfectoire pour les élèves, un salon de réception, un économat, un cabinet de physique avec les appartements de M. Vidal et une lingerie. Mais où trouver des appartements pour les classes, les salles d'étude et les chambres des autres directeurs ? Le propriétaire actuel ou plutôt l'associé ou le représentant des propriétaires, commençait alors sur la route même, (nous étions dans les premiers jours d'août,) des constructions sans avoir un but bien déterminé ; nous lui dressâmes un plan conforme à notre dessein ; nous convînmes du prix et il mit tout de suite la main à l'œuvre pour nous satisfaire, après avoir exigé, bien entendu, notre triple signature. Ce fut un jour néfaste pour moi et je ne m'en doutais pas le moins du monde ; nous signâmes cette convention de 3.800 fr. de loyer avec une étourderie inouïe, dont je devais plus tard subir les ruineux résultats. Ce qui m'excusa, ce fut mon inexpérience dans les affaires, et la confiance que m'inspirait la prétendue habileté de M. l'abbé Blanc, que je croyais en effet grand connaisseur des affaires civiles ; avec 3.800 fr. à cette époque, comme me l'a souvent répété mon ami M. Robert, un des premiers courtiers de ce temps, nous aurions eu un palais. Ce fut donc une excellente affaire pour M. Chanteduc, l'homme en question ou plutôt pour la Compagnie et un affreux début pour nous. Mais le sort en était jeté *(alea jacta erat)*. Nous avions signé ; c'était fini. MM. Vidal et Blanc s'installèrent au Château avec quelques élèves, et moi je retournai à Château-Gombert.

C'est pendant le mois d'août que je rédigeai notre premier prospectus et le règlement de notre institution dont on peut lire les détails à l'*Appendice* n° 2 de la 2me partie.

Mais avant d'exposer les circonstances de notre installation et les divers incidents qui signalèrent l'année classique 1835-36, il me paraît convenable de donner un aperçu de certains faits qui, quoique étrangers à mon histoire, s'y rattachent néanmoins, comme il sera facile de s'en convaincre.

CHAPITRE V

Affaires Jonquier et Rey

I

APPRÉCIATION DU « SÉMAPHORE »

M. l'abbé Jonquier, curé de première classe des Aygalades, et par conséquent inamovible, accusé de je ne sais quel délit, mais très-certainement antipathique à l'Evêché, parce que, comme la plupart des anciens curés de cette époque, il avait conservé une indépendance raisonnable, en face des mesures vexatoires de Mgr d'Icosie, M. l'abbé Jonquier, dis-je, était depuis quelque temps sous le coup des censures épiscopales. Il demandait des juges ; on faisait la sourde oreille ; on lui donna même un vicaire qui, sous le nom de pro-curé, administrait la paroisse, et, comme un vrai satellite, ne servait que trop par l'originalité de son caractère et la brusquerie de ses procédés, les ordres arbitraires de ses chefs ; ce prêtre fut récompensé de ce servilisme par sa nomination à la cure titulaire de Mazargues, lorsque son honteux ministère fut accompli. J'ajoute à sa décharge qu'il a réparé dignement dans son nouveau poste ses faiblesses antérieures.

M. l'abbé Jonquier, fatigué de toutes ces vexations interminables, après avoir demandé inutilement justice devant l'officialité de Marseille, en appela à l'officialité métropolitaine d'Aix. Voici en quels termes le *Sémaphore* du 16 juin parle de cette affaire :

« *16 Juin 1835*.

« Une affaire qui doit beaucoup intéresser le clergé, se plaidera mercredi 17 du courant devant l'officialité métropolitaine. L'Evêque de Marseille a lancé des censures contre M. le curé des Aygalades. Celui-ci est intimement convaincu que ces censures sont nulles et injustes ; mais l'Evêché de Marseille ne reconnaît aucune autorité au-dessus de lui, il juge en dernier ressort ; tout ce qui s'oppose à ses volontés et à ses caprices, est impie, hérétique ou tout au moins schismatique. M. Jonquier sait que, d'après les lois de l'Eglise et de l'Etat, l'autorité métropolitaine est juge, en cas d'appel, de toutes les décisions et sentences émanées des évêques suffragants ; mais il connaît aussi le despotisme de l'administration ecclésiastique de Marseille, et tout de suite il a interjeté appel devant le Conseil d'Etat, pour arriver légalement devant le Métropolitain ; ce qu'il avait prévu, est arrivé. M. le Garde des Sceaux, ministre des Cultes, lui a répondu par l'organe de M. Vaïsse, préfet par intérim des Bouches-du-Rhône, qu'il devait d'abord se présenter devant le Métropolitain, et que le recours au Conseil d'Etat ne lui serait ouvert, qu'après la sentence métropolitaine, s'il croyait devoir l'attaquer.

« Dès que cette réponse lui est parvenue, M. le curé des Aygalades a interjeté appel devant l'officialité métropolitaine, l'archevêché d'Aix étant vacant ; mercredi dernier, ce tribunal canonique et légal s'est déclaré compétent, s'est saisi de l'appel de M. Jonquier, et a décidé que les débats contradictoires s'ouvriraient publiquement le 15 du courant, à 10 heures du matin, et que l'Evêque de Marseille et M. Jonquier seraient assignés pour le jour et l'heure fixés.

« L'évêque d'Icosie, après avoir parlé avec sa fatuité ordinaire de cette affaire, s'est éloigné de Marseille. Cet éloignement suppose qu'il a donné des ordres acerbes, qui seront exécutés en son absence.

« Quoi qu'il en soit, M. Jonquier et l'Evêque de Marseille se trouveront en présence mercredi prochain dans la personne de leurs représentants respectifs.

« Le tribunal jugera avec impartialité, nous l'espérons. »

L'affaire en effet fut plaidée : en voici le compte-rendu ou plutôt l'appréciation du *Sémaphore* :

« 27 *Juin*.

« On nous écrit d'Aix, pour nous annoncer que l'officialité a prononcé son jugement dans l'affaire de M. Jonquier, curé des Aygalades. Voici quelques détails qu'on nous donne à ce sujet :

« L'officialité dont depuis 50 ans peut-être on n'avait vu d'audience, avait attiré aujourd'hui le jeune clergé d'Aix, venant là témoigner de ses sympathies pour ces formes protectrices, garanties par la publicité.

« Dans un mémoire, l'Evêché a décliné la compétence du tribunal, se fondant sur ce que l'acte dont se plaint le curé des Aygalades, émanant de sa juridiction volontaire et gracieuse, ce n'est qu'au Métropolitain à en connaître.

« M. Jonquier s'est fait représenter par M. Martin, vicaire à la paroisse de St-Charles. Ce prêtre, disciple de M. Lamennais, a quelque chose du regard de feu de son maître. Après un hommage aux effets sociaux de la révolution de 89, il a établi éloquemment que la censure déférée au tribunal procédait de la juridiction contentieuse et que l'officialité était compétente. Sa discussion a été savante et chaleureuse ; il s'est montré fort de logique et pur d'élocution.

« C'était au Promoteur de parler. Un jeune prêtre qu'on dit intelligent et instruit, se lève ; ici il n'a fait preuve que d'une grande retenue qu'on aurait pris pour de l'impuissance. Après le résumé de l'affaire, il a lu des conclusions qui ont étonné et que le tribunal cependant a sanctionnées. Il a requis que l'officialité se déclarât incompétente, parce que l'acte à elle déféré, émanait de la juridiction volontaire et qu'elle fixât un délai de 8 jours, pour que l'Evêché fît ses diligences judiciaires ; à défaut, les censures tomberaient.

« Comprenne ceci qui pourra ; un tribunal qui n'a pas le droit de connaître d'une affaire et la décide néanmoins, ne pourrait-on pas dire : absurde ?

« Les juges ont passé dans une salle à part pour délibérer, et l'assemblée a vu avec peine que le jeune Promoteur entrât aussi. Au reste cette observation n'est que dans l'intérêt des principes ; car ignorant les formes judiciaires, il a cru, membre du tribunal, devoir l'accompagner partout. »

Le jeune Promoteur, qui n'était autre que l'abbé Sibour, était réellement intelligent et instruit ; s'il fut, comme on l'affirme, inférieur à l'abbé Martin, dans cette circonstance, c'est qu'il défendait une mauvaise cause et que dans sa conviction, je le sais, il partageait, sinon l'entraînement, au moins la manière de penser de son adversaire ; comme lui, il avait été zélé partisan de Lamennais ; et, souvent à l'insu des vicaires généraux, en face desquels il se trouvait au secrétariat, il avait rédigé des articles pour le journal l'*Avenir*. Au reste les contradictions mêmes qu'on remarque dans les conclusions, sur lesquelles je donnerai bientôt des explications, indiquent suffisamment ses perplexités et ses tendances.

II

COMPTE-RENDU DE CE JUGEMENT
AVEC L'APPRÉCIATION DE LA « GAZETTE DU MIDI »

« On se plaît, depuis quelques jours, à entretenir le public de l'affaire de M. Jonquier, curé des Aygalades, avec Mgr l'Evêque de Marseille. Le *Sémaphore* a publié à cet égard un récit passablement embrouillé et qui a ouvert un vaste champ aux conjectures et aux interprétations. On répand le bruit que le curé a eu gain de cause contre son Evêque devant l'officialité métropolitaine, et ce prétendu triomphe est exploité sans ménagement. Il est donc nécessaire de rétablir la vérité, et pour cela il suffira de faire connaître les conclusions prises par M. l'abbé Jeancard pour Mgr l'Evêque, et de transcrire le jugement qui est intervenu.

« M. Jeancard a conclu à ce que l'officialité se déclarât incompétente, attendu qu'il était question d'actes émanés de la juridiction volontaire de Mgr l'Evêque de Marseille. Il a en même temps donné l'assurance positive que l'affaire au fond serait poursuivie devant l'officialité de Marseille dans le délai de quinzaine, ou que la suspense serait levée, si les poursuites n'avaient pas lieu avant l'expiration de ce délai. (L'affaire au fond n'avait encore été entamée nulle part. L'appel interjeté n'avait pour objet qu'un incident ou question préjudicielle.)

JUGEMENT :

« Nous Jean-Pierre Abel, vicaire général capitulaire du
« diocèse d'Aix, remplissant les fonctions d'official, le
« siège vacant ;

« Vu l'acte d'appel du sieur Jonquier, curé de la
« paroisse des Aygalades, diocèse de Marseille, en date
« du 1ᵉʳ juin 1835, par lequel il appelle devant l'officialité
« métropolitaine d'Aix :

« 1° De l'injonction qui lui a été faite de comparaître
« seul devant le conseil de l'Evêque de Marseille, après
« tout ce qui a été fait contre lui ;

« 2° D'une censure correctionnelle dont il a été frappé
« le 4 avril par l'Evêque de Marseille, consistant en une

« suspense de toutes fonctions curiales et sacerdotales
« pendant l'espace d'un mois ;

« 3° D'une autre suspense de toutes fonctions curiales
« et sacerdotales dont il a été frappé le 2 mai par l'Evê-
« que de Marseille, pour avoir, ladite suspense, son effet
« jusqu'à ce qu'il ait été statué par qui de droit sur toute
« son affaire ;

« Vu la requête du même sieur Jonquier à la même date
« du 1ᵉʳ juin 1835, par laquelle il demande :

« 1° Qu'il soit jugé qu'il a droit de se présenter assisté
« de deux défenseurs, quand il paraîtra devant son Evêque
« pour soutenir son procès (1) ;

« 2° Que l'Evêque de Marseille soit condamné à payer
« tous frais et dépens ;

« 3° Que dans le cas où l'Evêque de Marseille voudrait
« abandonner son procès, il fût condamné à rétracter par
« écrit ses deux lettres des 17 et 22 mars, et à les
« désavouer également par écrit dans l'enquête faite dans
« la paroisse des Aygalades le 23 mars.

« Vu la lettre de Mgr l'Evêque de Marseille, sous la
« date du 14 juin 1835, par laquelle il nous fait savoir
« qu'il a chargé l'abbé Jeancard, son secrétaire particu-
« lier, de suivre à Aix l'affaire de M. le curé Jonquier ;

« Vu toutes les pièces de la correspondance entre Mgr
« l'Evêque de Marseille et M. le curé des Aygalades ;

« Après avoir entendu dans leur dire, d'une part, M.
« l'abbé Jeancard pour Mgr l'Evêque de Marseille, et de
« l'autre M. l'abbé Martin, vicaire de Saint-Charles *intra-*
« *muros* à Marseille, pour M. le curé des Aygalades ;

« Vu, en outre, sur la matière les règles de Droit Canon

---

(1) On n'a jamais refusé à M. Jonquier la faculté de se faire
assister de deux défenseurs, quand il paraîtrait devant ses juges
pour soutenir son procès ; mais on s'est borné à vouloir qu'il
comparût seul devant son Evêque en conférence extra-judiciaire.

« et ordonnances, et notamment le Concordat de 1801 et
« l'art. 15 du décret qui accompagne ledit Concordat ;

« Considérant qu'il y a deux espèces de juridiction, la
« contentieuse et la volontaire ;

« Que l'officialité métropolitaine ne peut voir que des
« actes de la juridiction contentieuse, les actes de la juri-
« diction volontaire n'étant pas de son ressort, mais
« pouvant être seulement soumis à la censure du Métro-
« politain en personne, ou du Concile provincial quand il
« y a lieu ;

« Considérant que les trois actes dont est appel, éma-
« nent de la juridiction volontaire de l'Evêque de Mar-
« seille, n'ayant pas été environnés des formes judiciaires
« essentielles à l'exercice de la juridiction contentieuse ;

« Que la première suspense d'un mois était purement
« correctionnelle ; que la seconde, qui doit avoir son effet
« jusqu'à ce qu'il ait été statué définitivement, loin d'être
« un jugement définitif, appelle, au contraire, nécessaire-
« ment le jugement de l'officialité diocésaine de Marseille ;

« Considérant, d'autre part, qu'une enquête ordonnée
« par Mgr l'Evêque de Marseille dans la paroisse des
« Aygalades, annoncée comme enquête publique, dirigée
« par trois commissaires épiscopaux, bien qu'elle n'ait
« pas été environnée des formes judiciaires, a pu néan-
« moins être considérée par M. Jonquier comme enquête
« judiciaire et commencement de procédure contre lui ;

« Que par suite, et toujours sous l'empire de cette
« préoccupation, il a pu désirer de ne pas se présenter
« seul devant le Conseil de l'Evêque de Marseille et
« devant l'Evêque lui-même, ce qu'il n'aurait certaine-
« ment pas pu faire sans désobéissance, s'il avait pu pen-
« ser qu'il ne s'agissait pas de son procès ;

« Considérant, en outre, que la suspense du 2 mai doit
« être limitée, même selon ses termes, par le jugement à
« intervenir, après qu'il aura été statué sur l'appel ;

« Considérant que ce jugement à intervenir ne pourrait

« être longtemps ajourné, sans que M. Jonquier en souf-
« frît un grave dommage ;

« Nous déclarons :

« 1° Que l'officialité métropolitaine est incompétente
« pour juger le fond de la cause dont est appel ;

« 2° Nous renvoyons M. Jonquier, curé des Aygalades,
« devant l'officialité diocésaine de Marseille ;

« 3° Nous déclarons que si, dans la huitaine à dater de
« demain 23 juin, la procédure n'est pas commencée
« devant l'officialité diocésaine de Marseille, et si le juge-
« ment n'est pas intervenu quinze jours après le commen-
« cement de la procédure, la censure du 2 mai aura
« atteint sa limitation, et Mgr l'Evêque de Marseille sera
« censé avoir abandonné la cause.

« Donné à Aix, dans l'officialité métropolitaine, le
« 22 juin 1835.

« *Signé :* ABEL,

« Vicaire général, cap. official. »

« On le voit, la décision est, à peu de choses près, la reproduction des fins prises au nom de Mgr l'Evêque de Marseille par M. l'abbé Jeancard. »

III

MON APPRÉCIATION, D'APRÈS LE DROIT CANON

L'article du *Sémaphore* n'était pas *embrouillé*, comme le prétend la *Gazette du Midi ;* il avait parfaitement raison de trouver *absurde* un jugement en vertu duquel le tribunal, tout en se déclarant incompétent, enjoignait à l'une des deux parties certaines opérations à jour fixe, de telle sorte que, si elle ne s'exécutait pas, l'autre partie devait rentrer dans la jouissance de ses droits, ce qui par le fait était se déclarer compétent.

Après avoir étudié sérieusement cette question, voici comment je crois devoir expliquer cette contradiction :

Le Concile de Lyon, tenu sous Innocent IV, établit la discipline suivante (liv. 1, tit. 16, ch. 1) :

« L'official du Métropolitain ne peut procéder contre
« les Evêques suffragants en prononçant contre eux des
« sentences d'interdit, de suspense ou d'excommunica-
« tion ; quand il s'agit de correction et de discipline
« ecclésiastique, c'est l'Archevêque en personne, comme
« supérieur immédiat, qui doit connaitre de ces affaires. »

D'autre part on lit dans les Mémoires du clergé, tome 7, page 1485, ce qui suit :

« L'official métropolitain n'a pas droit de juger les
« appels interjetés des ordonnances des Evêques, éma-
« nées de la juridiction volontaire ; il faut se pourvoir
« devant l'Archevêque. » (Page 215, DE HÉRICOURT, *Lois ecclésiastiques*).

Donc toute la question se résumait dans ceci : les censures portées contre M. Jonquier émanaient-elles de la juridiction volontaire ou gracieuse, ou bien de la juridiction contentieuse ? Dans le premier cas, l'officialité d'Aix était incompétente, d'après la discipline ecclésiastique ; elle était compétente dans le second, puisqu'il s'agissait seulement de révoquer une sentence.

Or, d'après l'enseignement des Canonistes, la juridiction ecclésiastique (judiciaire) se divise en volontaire ou gracieuse et en contentieuse. La nature des choses que les supérieurs sont obligés de régler et les moyens différents qu'on emploie pour s'en instruire, ont servi de fondement pour établir cette division.

Ainsi la juridiction contentieuse s'exerce dans le for extérieur, en suivant les formes judiciaires prescrites par le Droit, et seulement dans le propre territoire du juge ;

par exemple, lorsqu'on porte des censures contre un clerc.

La juridiction volontaire ou gracieuse n'exige aucune forme judiciaire et s'exerce cependant dans le for extérieur, mais, comme l'on dit, *de plano, sine strepitu forensi*, même hors du propre territoire ; on l'appelle ainsi, parce que l'exercice de cette juridiction dépend du seul discernement du juge, soit que ses actes puissent être réformés par son supérieur, soit qu'on ne puisse pas appeler de sa décision ; et dans ce dernier cas, elle est proprement dite *gracieuse*.

Ainsi le refus de donner des permissions à des prêtres qui n'ont pas de titre pour prêcher et confesser et les pouvoirs accordés par l'Évêque à ses vicaires généraux, appartiennent à la juridiction gracieuse ; elle prend le nom de *pénitentielle*, lorsqu'elle s'exerce dans le for intérieur et regarde le Sacrement de Pénitence.

Mais le refus de conférer les Ordres à un postulant, quoique appartenant à la juridiction volontaire, peut être déféré au supérieur, qui a le droit de réformer la décision.

De plus, puisque les Canons déterminent les cas auxquels les Evêques eux-mêmes doivent être déposés, ne peut-on pas tirer cette conclusion générale, dit le père Thomassin, que les prêtres sont soumis au même jugement et aux mêmes clauses ? Parmi les preuves nombreuses qu'on pourrait citer à l'appui de cette thèse, je me borne à rappeler le Canon 26 du 4me Concile de Constantinople, en 870. Il s'agit d'un prêtre qui a été déposé par son Evêque pour quelque crime et qui prétend l'avoir été injustement. Le Concile autorise ce prêtre à recourir au Métropolitain, qui doit recevoir l'inculpé, appeler l'Évêque, et réuni à d'autres Évêques, examinera l'affaire, pour confirmer ou révoquer la première sentence.

Telle a été la jurisprudence de toute l'Eglise dès les premiers siècles, et Rome l'a constamment suivie depuis cette époque.

Aussi on peut lire à la page 24 de la 3me partie, note 1,

des *Lois Ecclésiastiques,* de Héricourt, ce qui suit :
« L'Evêque ne peut ôter la juridiction attachée au béné-
« fice, que dans les cas déterminés par le Droit, et après
« lui avoir fait son procès ; il n'est donc pas le maître et
« le propriétaire de cette juridiction. »

(Voir Reiffenstuel, de Héricourt, Rousseaud de Lacombe, Goyénèche, André, etc.)

D'après toutes ces autorités, maximes et pratiques, il résulte évidemment que les censures, portées contre un curé titulaire et inamovible, émanaient de la juridiction contentieuse et que par conséquent l'officialité métropolitaine avait le droit d'en connaître, même le siége étant vacant. D'autre part l'officialité de Marseille n'ayant prononcé aucun jugement, et l'Evêque n'ayant censuré M. Jonquier qu'extra-judiciairement ou *ex informatâ conscientiâ*, il n'y avait pas eu un jugement de 1re instance et l'officialité métropolitaine ne pouvait pas admettre un appel d'une sentence qui n'avait pas eu lieu. De plus on ne peut appeler des censures *ex informatâ conscientiâ*, enseignent les Canonistes modernes, qu'au St-Siége. L'officialité était donc pour ces deux raisons doublement incompétente.

Mais comme ces sentences ne peuvent être prononcées pour des péchés publics ni parconséquent être livrées à la publicité, l'official devenait compétent, pour en prononcer ou au moins en constater la nullité, par défaut de procédure essentielle.

Enfin comme ces sortes de censures doivent être temporaires, et *considérant que le jugement à intervenir ne pourrait être longtemps ajourné* sans que M. Jonquier en *souffrit un grave dommage*, l'officialité d'Aix déclara, plutôt d'après le bon sens et la justice naturelle que d'après le Droit Canon (qu'elle paraissait ignorer), que M. Jonquier serait censé être relevé des censures, si à un jour déterminé le jugement n'était pas intervenu.

On a vu ci-dessus quelle fut l'issue de cette grosse

affaire? M. Jonquier ne fut pas cité devant l'officialité de Marseille ; il fut par conséquent relevé *ipso facto extérieurement de ses censures,* qui d'ailleurs étaient nulles intérieurement, comme je viens de le dire ; mais les tracasseries humiliantes continuèrent jusqu'au mois d'octobre ; alors il y eut une transaction à laquelle ce vénérable curé finit par adhérer, pour jouir d'un peu de repos, avant de mourir ; on lui donna un nouveau pro-curé, qui eut pour lui plus d'égards que le premier. Il lui céda le presbytère, les deux tiers du traitement et le casuel. Une fois l'an il venait célébrer la Messe, faire le prône, en un mot, montrer à ses paroissiens qu'il était encore leur curé.

Quant à l'abbé Martin, on lui retira les pouvoirs de vicaire, immédiatement après la plaidoirie, et il ne fut nullement question de lui dans la transaction.

Au traité des Pyrénées, grâce entière fut accordée à Condé, qui avait servi contre sa Patrie.

Clero aliter visum !!

IV

MON APPRÉCIATION PERSONNELLE
SUIVIE D'UN ARTICLE DU « SÉMAPHORE »

Ainsi depuis le mois de mai les scandales se succédaient sous une administration qui abusait de la faiblesse et de la confiance aveugle de son chef ; malgré son incapacité, Mgr Fortuné eut été béni de tous, s'il n'avait pas été en quelque sorte sous la tutelle de son neveu ; je sais qu'il sentait l'humiliation de son état ; mais comme la plupart des membres du clergé, il gémissait en secret et laissait faire ; les observations respectueuses n'avaient aucune valeur ; il aurait fallu que le tonnerre grondât autour de l'Evêché et que la voix de Dieu, représentée par une protestation générale, se fit entendre à l'oreille du saint Evêque. Mais le moment n'était pas encore venu ; en attendant la *Gazette du Midi* continuait à insérer dans ses colonnes le mensonge et les perfides insinuations, condamnait ce qu'elle ignorait et compromettait ainsi tout à la fois la dignité épiscopale et l'autorité métropolitaine, en enregistrant un arrêt qui, sous des formes presque contradictoires, ne laissait pas que de mettre un frein aux prétentions anti-canoniques de l'Evêché ; pour l'honneur de tous, il eut mieux valu garder le silence ou au moins ne pas livrer intégralement cette pièce à la publicité (1). Que résulta-t-il en effet de cette révélation ?

Les affaires du clergé n'intéressent que médiocrement le monde financier ; on ne lit pas ou on lit superficiellement les articles qui exposent en général et vaguement les plaintes des prêtres, qui sont l'objet des vexations épiscopales. Mais lorsqu'on met sous les yeux du lecteur le plus léger ou le plus distrait, une anecdote ou une chronique plus ou moins scandaleuse, l'attention s'y porte fatalement, surtout lorsqu'il se rencontre des circonstances curieuses et appartenant à l'actualité, comme dans l'affaire de l'abbé Jonquier.

On voyait en effet un curé septuagénaire poursuivi depuis quelques années avec un acharnement qu'on ne pouvait pas dire inouï, hélas ! dans le diocèse de Marseille ; il s'était mis d'abord sous la protection de l'officialité diocésaine ; quoi de plus naturel et de plus légitime qu'un accusé demande à être jugé ; et quoi de plus inique

---

(1) Chose curieuse ! la *Gazette du Midi* avait alors pour rédacteur en chef, M. Abel, neveu du Vicaire général d'Aix.

et de plus anti-social qu'on lui refuse des juges. Cependant ce n'est qu'à la suite de ce refus, qu'il a recours à l'officialité métropolitaine ; alors, la *Gazette* en convient, l'officialité diocésaine se réveille, reconnaît son tort ou son erreur et fait le ferme propos de s'amender ; mais il paraît que la grâce efficace lui a manqué ; elle se rendort, pour ne se réveiller qu'à son heure, puisqu'après quarante ans, elle est encore muette.

Le *népotisme*, si funeste à la papauté pendant longtemps, fut à cette époque un véritable fléau pour l'Eglise de Marseille. Quelque sévère que paraisse ce langage, il est pourtant en réalité conforme à l'arrêt de la Cour métropolitaine, que la *Gazette du Midi* s'est bien gardée d'appeler *factieux* et de présenter comme *une sanction à la révolte*, selon les expressions dont elle usait envers les écrivains du *Sémaphore*.

Je ne veux pas, avait dit Mgr d'Icosie, que mon palais soit converti en tribunal. Et voilà que l'official métropolitain lui impose cette dure et humiliante obligation ; et par la plume de son représentant, il promet d'obéir, tant qu'on lui serre la gorge ; mais une fois débarrassé de ses adversaires, il se hâte de jeter aux oubliettes l'arrêt malencontreux qui lui a rappelé que son pouvoir n'est pas illimité, et que l'Evêché de Marseille n'est pas un Evêché modèle.

Cependant le rusé secrétaire avait fait merveilleusement son devoir ; la diligence avait porté à Aix, dit-on, beaucoup d'instructions secrètes, des notes officielles et même des supplications officieuses ; c'était, bien entendu, le vénérable Evêque qui avait signé tous ces écrits, adressés à un prêtre, M. le chanoine Abel. Mais M. l'abbé Jeancard ne parut pas ; il se rendait justice en se claquemurant et se faisant remplacer par un *pâle mémoire*, écrit, dit-on, avec *rapidité* et *négligence ;* et Mgr d'Icosie crut devoir se préparer par une retraite volontaire à l'humiliation qu'il allait subir.

Le champ était donc libre ; aussi l'éloquent défenseur du curé septuagénaire n'eut pas de peine à pulvériser le *mémoire incorrect* et à triompher du jeune Promoteur dont la haute intelligence et le noble caractère se refusaient assurément à soutenir une *cause imposée*. Les trophées de M. l'abbé Martin ont dû se présenter souvent comme un fantôme odieux au chevet de ses lâches adversaires; ils n'ont pu étouffer cette voix puissante qui a flétri hautement leur administration tracassière ; mais si la victoire leur a échappé, la vengeance leur est restée, comme suprême auxiliaire ; bien que maudite par J.-C., nos Pontifes l'arment grotesquement de foudres sacrés ; que mille nœuds gordiens se présentent, les censures de l'Eglise lui tiennent lieu de l'épée d'Alexandre (1).

Ainsi un prêtre, chargé légitimement de la défense d'un vieillard vénérable, protégé pour l'accomplissement de ce devoir par le droit des gens, autorisé par les Canons de

---

(1) Mgr d'Icosie exhalait ainsi sa pieuse fureur dans les deux lettres suivantes, adressées à son oncle :

« *16 Juin 1835.*

« Croyez, mon cher Oncle, que c'est avec un véritable regret « que je m'éloigne de vous ; c'est le mal le plus sensible que pût « me faire l'*indigne sujet que l'enfer inspire*..... »

« *26 Juin 1835.*

« J'éprouve, mon cher Oncle, une sorte de peine à être loin de « vous le jour d'une si belle fête (le Sacré-Cœur) pour votre « diocèse. Quelles que soient les consolations spirituelles que je « rencontre dans ma marche, on peut dire apostolique, je gémis « et suis vraiment contrarié du motif qui a déterminé mon « voyage ; c'est vraiment trop fort d'être obligé de céder la « place à la révolte et à l'audacieuse calomnie, personnifiée dans « la personne de *cet indigne pamphlétaire*, qui s'est donné la « mission d'outrager votre autorité et notre très-saint minis- « tère..... *(Biographie).* »

l'Eglise et la constitution de l'Etat, fût rejeté *arbitrairement* du ministère des paroisses, en vertu de la juridiction *gracieuse !!!*

On a beaucoup écrit et beaucoup parlé contre le despotisme des Césars et l'autocratie des Ottomans ; ne pourrait-on pas dire à nos dépositaires de l'autorité de l'Eglise : *mutato nomine, de te fabula narratur ?* Avec d'autant plus de raison que nous vivons tous, pontifes, prêtres et fidèles sous les lois évangéliques et que nous avons tous un même chef, dont le *joug est doux* et le *fardeau est léger* et dont les doctrines exercent même une influence salutaire sur les peuples qui n'y croient pas encore. Nos tribunaux civils observent scrupuleusement toutes les formes judiciaires, même à l'égard des plus infâmes scélérats ; nos administrations ecclésiastiques seules s'en dispensent. La barbarie, chassée de l'Europe civilisée, se serait-elle réfugiée dans les palais épiscopaux ? A cette pensée, la plume tombe des mains, le cœur oppressé ne sait que gémir et la bouche ne peut que répéter ce cri patriotique et religieux : « Dieu sauve l'Eglise de France. »

Telles étaient les considérations auxquelles je me livrais dans ma solitude, tandis que le *Sémaphore* du 10 juillet insérait ce qui suit :

« *10 Juillet.*

« Quoi qu'en ait dit la *Gazette du Midi*, il n'en est pas moins certain que Son Eminence le cardinal Pacca a écrit une lettre à Mgr d'Icosie, contenant des plaintes sur sa mauvaise administration du diocèse de Marseille, et de vifs reproches sur la manière indigne dont il traite les prêtres. Il lui rappelle ce qu'on lui avait écrit dans d'autres circonstances, la défense à lui faite par le Pape de se mêler de l'administration du diocèse ; et il lui enjoint, vu qu'il n'a tenu aucun compte des ordres de Sa Sainteté, et vu aussi les plaintes incessantes qui arrivent à Rome contre lui, et de la part des prêtres et de la part du Gouvernement, il lui enjoint, disons-nous, de sortir de Marseille et même du Royaume. Voilà pourquoi Mgr d'Icosie s'est éloigné au moment des processions de la Fête-Dieu et n'a pas pu parader à Marseille.

« Encore un mot. Comment se fait-il que la *Gazette du Midi* qui déclame avec autant de persévérance que d'acrimonie contre l'autorité civile et judiciaire du Gouvernement de Juillet, défende avec ténacité les meneurs de l'Evêché de Marseille ? Cependant depuis 13 ans que M. de Mazenod, aujourd'hui évêque d'Icosie, gouverne souverainement notre diocèse, un grand nombre de prêtres ont été interdits, expulsés, forcés par l'arbitraire inhumain de l'Evêché à quitter leur état, et jamais aucun prêtre n'a pu connaître les griefs qu'on lui reprochait, se faire assister d'un ami pour élever la voix en sa faveur ; il n'a jamais obtenu la protection de la publicité des débats contradictoires de la légitime défense. Aussi toutes les décisions de l'Evêché outragent la morale publique, froissent tous les cœurs honnêtes, soulèvent l'indignation ; et les treize années de l'administration de M. de Mazenod et de ses agents serviles ne sont qu'une longue suite de méfaits, d'injustices et d'illégalités flagrantes.

« Néanmoins la *Gazette du Midi* trouve tout cela bien ; elle s'indigne contre ceux qui osent douter de la moralité des actes de nos administrateurs diocésains.

« Cette opposition de langage, cette contradiction dans ses jugements relatifs aux pouvoirs civil et ecclésiastique, tiennent sans doute à une cause grave.

« Les garanties que la *Gazette* demande à l'autorité civile et judiciaire en faveur des citoyens français, pourquoi ne les demande-t-elle pas à l'autorité ecclésiastique en faveur des prêtres ? Ceux-ci ne sont-ils pas français ? Ne sont-ils pas des hommes ? Ne doivent-ils pas être protégés par la loi naturelle, la loi divine et les idées de justice admises dans tous les temps ? Un prêtre est-il aux yeux de l'autorité ecclésiastique de Marseille et de la *Gazette* une bête fauve, un ilote, un paria sans droit, sans raison, sans conscience ? Est-il une pure machine qui se meut au gré de l'Evêché ? Doit-il mettre de côté les lois de Dieu, de l'Eglise et de l'Etat, pour ne suivre que les inspirations souvent fausses, quelquefois perverses, séditieuses même, de l'administration ecclésiastique ? En un mot, un prêtre peut-il être honnête homme sans recevoir les coups de l'Evêché et essuyer les outrages de la *Gazette ?*

« Pour hésiter sur le sens des réponses à ces diverses questions, il faut être sous l'empire de graves préoccupations. Il faut ou que l'esprit soit plongé dans l'illusion, ou bien, qu'abjurant tous les principes, ne suive que la voix de l'intérêt. La rumeur publique assure que l'Evêché de Marseille est actionnaire de la *Gazette du Midi*. Que Dieu préserve la France du triomphe de la *Gazette ;* car le Royaume serait gouverné comme l'administration ecclésiastique gouverne le diocèse. »

Di, talem avertite Pestem !

V

Mgr REY, ÉVÊQUE DE DIJON

Comme je l'ai dit ailleurs, M. l'abbé Rey avait été récompensé de son zèle pour la révolution de Juillet, par sa nomination à l'évêché de Dijon ; ses intrigues pour arriver à l'épiscopat avaient été si ostensibles, que ses nouveaux diocésains le virent arriver avec beaucoup de répugnance et peut-être ils ne dissimulèrent pas assez leur mécontentement ; cet état de choses exigeait de la part du nouveau prélat une grande prudence, dont ne sont pas capables en général les pasteurs qui n'entrent pas *par la porte dans la bergerie.* Aussi les préjugés devinrent bientôt des griefs et les griefs des chefs d'accusation. Mais je vais laisser parler la *Gazette,* qui, ne se trouvant plus en présence de Mgr de Mazenod, un de ses actionnaires, ne craignait pas d'être *factieuse* ni de *prêcher la révolte,* en signalant avec amertume les excès de pouvoir de l'Evêque de Dijon. Je rappelle que c'est la *Gazette* qui va parler. On croira en effet lire le *Sémaphore.* Ce qu'il y a de pitoyablement curieux, c'est que les mercuriales dirigées contre Mgr Rey coïncident avec les apologies de Mgr de Mazenod.

« *16 Juin 1835.*

« Un conflit de juridiction, qui s'était élevé entre Mgr Rey, évêque de Dijon, le préfet de la Côte-d'Or et le ministre de la Justice, au sujet de la nomination aux cures, avait laissé sans curé, pendant près d'un an, la commune de Fontaine-Française.

« Ce déplorable abandon a produit un résultat plus déplorable encore. Quatre cents habitants se sont réunis dans l'église et ont résolu de demander un prêtre à Châtel. Ces hommes égarés ne donnent à leur schisme d'autre prétexte que la nécessité de l'éducation religieuse et l'inutilité de leurs efforts pour faire cesser le conflit. Il y a chez eux stupide ignorance et rien de plus.

« Cependant le mal va s'accomplir, si l'on ne se hâte d'y porter remède. Incontestablement les auteurs du conflit sont les véritables auteurs de ce désordre. Mais sur qui la responsabilité morale doit-elle retomber ? Sur le Ministre, sur le Préfet, sur l'*Evêque, sur les trois ensemble ? Déplorable choix à faire, mais qui apprendra sans doute au chef de l'Etat que les prêtres tricolores ne feront jamais de bons évêques.* »

Et Mgr d'Icosie n'a-t-il pas été passablement tricolore en 48 et sous l'Empire ? Personne n'ignore à Marseille le rôle grotesque qu'il a joué à la Plaine St-Michel, en bénissant la statue de Marianne, représentant la République.

Plus tard, lors de la bénédiction de la première pierre du Château Impérial, on a pu entendre, comme moi, le même prélat, lire sur le ton le plus emphatique un discours d'un style ampoulé à l'adresse de l'*Empereur*, de l'*Impératrice* et du *Prince Impérial* : c'est ainsi qu'il termine les principales périodes de sa harangue. Or, c'était le 15 août, pendant que tout le clergé marseillais assistait à la procession générale, pour accomplir le vœu de Louis XIII, que Mgr Eugène de Mazenod faisait en plein air, en face du fort St-Nicolas, sa profession de foi en faveur de la dynastie des Napoléons. Mais il y avait à la *Gazette* deux poids et deux mesures, quoique le savant M. Abel y tînt la plume ou qu'il en eût au moins la principale direction.

« *GAZETTE DU MIDI*

« *23 Septembre 1835.*

« L'administration de l'évêque de Dijon, Mgr Rey, excite de nombreuses plaintes. *L'Ami de la Religion* rapporte ainsi les réclamations que le clergé de ce diocèse a fait entendre dans une retraite donnée récemment par un ecclésiastique du Midi, M. l'abbé Boué.

« Beaucoup de bons curés ne s'étaient rendus à la
« retraite que dans l'intention de profiter de cette réunion
« pour faire entendre leurs plaintes et leurs vœux. Les
« curés de canton présents ont présenté, au nom de tous
« leurs confrères, une supplique dans la forme la plus
« respectueuse, pour y exposer les maux du diocèse. On
« ne connaît point encore le résultat de cette démarche;

« puisse la vérité se faire jour malgré les efforts de tous
« ceux qui entourent, obsèdent et trompent l'autorité ! On
« croit que M. Boué lui-même qui a vu de près l'état des
« choses, a essayé de faire entendre des avis salutaires.

« On dit que la supplique porte sur un grand nombre
« d'objets ; on s'y plaint de la longue vacance de plusieurs
« cures, de l'affluence des prêtres étrangers, de la réha-
« bilitation de quelques mauvais prêtres, interdits précé-
« demment et qui ne paraissent guère s'être amendés, de
« l'état déplorable du petit Séminaire, où il n'y a ni piété
« ni discipline, de l'état même du grand Séminaire, qui
« laisse beaucoup à désirer ; enfin du malheur qui a placé
« auprès du chef des hommes discrédités, ou même flétris,
« dont le langage et la conduite sont un sujet de gémisse-
« ments pour le clergé et les bons fidèles. Nous serions
« heureux d'apprendre que cette nouvelle tentative aura
« plus de succès que les précédentes. »

Voilà donc une retraite pastorale, où tous les prêtres
bons et mauvais doivent se rendre pour se recueillir,
entendre la parole de Dieu, se corriger et s'édifier
mutuellement, transformée en une sorte de réunion insur-
rectionnelle, ayant pour chef le prédicateur lui-même ;
on avoue publiquement que l'Evêque est obsédé et trompé
par des hommes discrédités et flétris. On fait du diocèse
de Dijon le tableau le plus lamentable et tout le désordre
est attribué à la présence récente du nouvel évêque, qui,
presque instantanément aurait *changé l'or pur en un
plomb vil*. Je n'ai jamais eu beaucoup d'entraînement ni
pour la personne ni encore moins pour les actes de Mgr
Rey. Mais je crois que l'*Ami de la Religion et du Roi*,
comme il se nommait sous la Restauration, et la *Gazette
du Midi*, son fidèle écho, voyaient l'administration de
Mgr Rey à travers le prisme de la légitimité et ne lui
pardonnaient pas son origine *tricolore ;* il a fait des fautes
incontestablement ; mais le moyen qu'on employait alors

pour le faire descendre de son siége, était-il bien canonique et surtout édifiant?

Quoi qu'il en soit, Mgr Rey finit par succomber sous les efforts réunis du clergé et de l'autorité civile, qu'il avait eu la maladresse de froisser simultanément et est venu mourir à Aix, obscurément, dans sa propre maison. On dit que lorsqu'il reçut les derniers Sacrements, après avoir fait selon l'usage sa profession de foi catholique, il prononça lentement ces paroles : *Je pardonne à tous ceux, quelles que soient leur position et leurs dignités, qui m'ont autrefois offensé.* Il faisait allusion à Son Eminence Mgr Morlot, alors archevêque de Paris, cardinal, et jadis membre influent du clergé de Dijon.

Sic transit gloria mundi.

CHAPITRE VI

Suite des menées de l'Evêché contre les Fondateurs de Menpenti

---

I

LETTRE DE L'ABBÉ BLANC ET RÉPONSE DE L'ÉVÊCHÉ

Au commencement du mois d'août, M. l'abbé Blanc, qui avait pris possession du Château Menpenti avec l'abbé Vidal et quelques élèves, crut devoir faire une démarche de soumission auprès de Mgr l'Evêque, qui qui était pour lui seul son *Ordinaire* d'origine, attendu que l'abbé Vidal appartenait au diocèse de Fréjus et n'était, comme moi, soumis qu'indirectement à la juridiction de l'Evêque de Marseille, d'après la pratique reçue.

M. l'abbé Blanc, petit neveu de Mgr Guigou, évêque d'Angoulême, avait été ordonné prêtre par son oncle, qui tenait à le garder auprès de lui, lorsqu'il fut réclamé par sa mère, domiciliée à Marseille et sujette à de graves infirmités.

Mgr de Mazenod lui fit un excellent accueil et l'honora longtemps de son estime et de son affection. L'abbé Blanc prêchait avec beaucoup d'élégance et de dignité ; et son langage correct, véhément, relevé par une figure intéressante attirait à ses sermons et conséquemment à son confessionnal l'aristocratie du sexe dévot. Il avait donc une clientèle dorée qui laissait de temps en temps chez lui des traces brillantes de sa générosité ; un prêtre ainsi posé, qui avait eu l'heureuse pensée de prendre pour son directeur spirituel Mgr d'Icosie, pouvait braver impunément les dénonciations, qui, grâce au système gouvernemental du susdit prélat, étaient alors en grande vogue. De quoi en effet ne fut-il pas accusé ? Il m'a fait sur ce point des confidences que je dois taire, mais qui prouvent qu'il était très-utile d'avoir Mgr Eugène pour directeur de la conscience ; la pieuse familiarité de ce prélat fut souvent en effet une ressource infaillible, une sorte d'asile sacré où les coupables mêmes pouvaient se réfugier en toute sécurité.

M. l'abbé Blanc, qui avait de nombreux jaloux, surtout parmi les anciens prêtres, fut l'objet de fréquentes dénonciations, sur la valeur réelle desquelles je m'abstiens de me prononcer ; j'en parlerai plus tard ; Mgr d'Icosie qui se plaisait, pendant la confession de son pénitent, à passer ses doigts dans les boucles de sa longue chevelure, lui servait de bouclier ; mais, lorsqu'il ne pouvait faire autrement que de prendre en considération tel ou tel grief, il se contentait de le changer de paroisse ; enfin le cycle presque entier étant épuisé, il le jeta dans le petit Séminaire où il vint me trouver et devait me remplacer à mon départ ; ainsi celui qu'on jugeait indigne de diriger la conscience des dames et des demoiselles, était devenu le confident de M. l'abbé Bicheron et était présenté aux jeunes gens comme un modèle des vertus sacerdotales. On sait comment M. l'abbé Blanc sortit de cette fausse position et pourquoi je crus devoir m'attacher à lui, en reconnaissance de l'intérêt qu'il m'avait porté et du dévoûment tout spontané qu'il avait montré et dont il m'était impossible alors de soupçonner l'arrière-pensée.

Dans cet état de choses, il se décida donc à faire une démarche auprès de Mgr d'Icosie ; connaissant parfaitement le défaut de la cuirasse, comme l'on dit, il aurait sans contredit réussi à l'attendrir et à le désarmer, si au lieu d'écrire, il lui avait fait une visite ; aussi sa lettre ne produisit aucun effet; elle tomba dans le domaine du *Conseil* et on lui fit cette fameuse réponse du 12 août, que je n'ai jamais lue pour d'excellentes raisons, mais qui devait être un recueil complet de toutes les infamies qu'on avait reprochées en divers temps au *pénitent* de Mgr d'Icosie et au *confident* à qui M. Bicheron *avait révélé son âme tout entière.* C'est cette dégoûtante lettre qu'on nous engagera à publier ; on y reviendra, toutes les fois qu'on prendra la plume pour discréditer notre Maison. Je ne pouvais justifier directement M. Blanc d'accusations que je ne connaissais que vaguement ; d'ailleurs à quoi bon remuer ce fumier ? Personne n'y aurait gagné. Mais je crois avoir réussi à faire crouler ce formidable appareil d'accusations par des preuves indirectes, comme on pourra s'en convaincre par la lecture de mon *Mémoire;* de telle sorte que si l'abbé Blanc, en mettant le pied à Menpenti, avait pris la résolution, je ne dis pas d'un chrétien ou d'un prêtre, mais d'un honnête homme, de ne prêter le flanc à aucune critique sérieuse, l'Evêché en aurait été pour ses frais de diffamation.

II

NOTE DE LA « GAZETTE »
SYNODE ET CIRCULAIRE AUX CURÉS

La lettre du 12 août, quoique injurieuse et diffamante, ne suffisait pas, pour le but que se proposait l'Evêché ; il fallait à tout prix, *per fas et nefas*, nous empêcher d'ouvrir le pensionnat et le détruire à sa naissance : le moyen qui parut le plus efficace, fut la diffamation publique. Ainsi la *Gazette du Midi* du 3 septembre insérait la note suivante, de la part de l'Evêché :

« Mgr l'Evêque de Marseille ayant appris que l'on
« faisait courir le bruit que le pensionnat établi dans la
« maison de campagne de Menpenti avait obtenu son
« approbation et serait dirigé sous ses auspices, se trouve,
« après avoir hésité quelque temps, dans la fâcheuse
« nécessité de protester contre cet abus de son nom. Sa
« lettre du 12 août dernier aux Directeurs de cet établis-
« sement éclairerait, si elle était publiée, toute la question.
« Quoi qu'il en soit, la responsabilité spirituelle de Mon-
« seigneur comme pasteur des âmes, l'oblige à son grand
« regret de déclarer publiquement qu'il ne saurait couvrir
« de son autorité les résultats de l'éducation qu'on donnera
« dans le Pensionnat dont il s'agit. »

N'est-il pas évident que cette longue note, imaginée pour faire taire un bruit qui ne courait pas, et qu'on ne supposait que pour se donner le droit de protester publiquement, était un écrit diffamatoire et pouvait par conséquent être l'objet d'une citation devant les tribunaux ? L'évêque a le pouvoir d'infliger des censures occultes, sans employer les formes judiciaires ; mais s'il les livre à la publicité, avant d'avoir employé les formalités canoniques, il devient coupable, comme tout autre citoyen, du délit de diffamation ; de plus dans le cas actuel il violait la justice, en détournant, par des insinuations perfides, les pères de famille de nous confier leurs enfants et en mettant ainsi un obstacle direct et ruineux à l'usage de notre droit.

Mais est-ce assez? Oh ! non... La lettre du 12 août, quoique adressée aux Directeurs, n'était en réalité que pour M. Blanc; l'entrefilet de la *Gazette* pouvait passer inaperçu ; et d'ailleurs tous les prêtres ne lisent pas tous les jours la *Gazette*, et comme en toutes choses, il faut considérer la fin ou le but, et que le but de l'Evêché était de nous écraser, il devait au plus vite aborder les grands moyens et employer ces grands remèdes que justifient seulement les maladies les plus graves.

Le 25 septembre, on convoqua en Synode tous les curés, recteurs et aumôniers de Marseille, non pour les consulter ni pour délibérer et prendre leur avis, mais pour leur déclarer qu'ils avaient à se mettre en état d'hostilité contre le nouvel établissement, s'ils tenaient à ne pas rompre avec l'Évêché. Je n'ai jamais bien su ce qui s'était passé dans cette conférence ; mais je puis affirmer, sans le moindre scrupule, que celui ou ceux qui ont pris la parole contre nous, ne nous ont pas ménagés et que pas une voix ne s'est fait entendre pour nous justifier ou au moins pour faire admettre les circonstances atténuantes.

Cette décision à huis clos ne fut pas jugée suffisante. On pensa qu'il fallait *ad perpetuam rei memoriam* la fixer et l'immobiliser en quelque sorte dans une circulaire, qui fut en effet imprimée et distribuée à tous les membres du clergé. En voici une copie :

ÉVÊCHÉ DE MARSEILLE

« *Circulaire aux prêtres approuvés de Marseille.*

« Monsieur,

« Notre sollicitude pastorale est mise à l'épreuve par l'obstination avec laquelle trois prêtres, dépourvus de tout pouvoir spirituel, poursuivent l'exécution d'un projet *qui ne saurait s'accorder avec le bien des âmes.*

« Si, *après s'être élevés contre nous* avec un éclat qui a profondément affligé la religion, ils s'étaient arrêtés dans leur voie, nous nous serions contentés de gémir en secret sur leur conduite, et de prier pour eux ; mais rien ne les arrête ; *nos salutaires conseils* ont été perdus, et nous sommes dans la nécessité de rompre enfin le silence sur ceux que nous aurions voulu toujours *couvrir du manteau de notre charité.*

« *Se plaçant par le fait* en dehors de notre juridiction nécessaire sur tout ecclésiastique habitant notre diocèse, et dans un état *d'hostilité permanente* contre notre autorité, ils osent, eux prêtres, braver ouvertement l'*Esprit de l'Eglise, fouler aux pieds* les saintes règles de la discipline et établir malgré nous dans notre ville épiscopale une Maison d'éducation qui n'est de leur part qu'une *œuvre de scandale* et de *révolte,* fondée au mépris des droits que nous tenons de J.-C. Cette Maison est un établissement *anti-catholique.* Nous ne saurions la reconnaître, encore *moins la surveiller* et la diriger sous le rapport religieux et moral ; et cependant l'éducation morale et religieuse de nos ouailles, Dieu lui-même nous l'a confiée, en nous établissant pasteur des âmes et père de la famille spirituelle.

« Mais que faut-il dire de plus ? N'est-ce pas assez que nous ayons découvert en particulier toute notre peine à la presque totalité des membres les plus marquants de notre clergé et qu'ils *aient unanimement jugé* de la même manière que nous une question déplorable ? Nous avons annoncé naguère que notre lettre du 12 août aux *Directeurs de la Maison* dont il s'agit, éclaircirait, si elle était publiée, toute la question. Mais nous ne devons pas publier cette lettre, et néanmoins des motifs de la nature la plus grave nous commandent d'avertir ceux qui ont besoin d'être avertis ; qu'ils sachent donc que leurs enfants sont un trésor d'un prix inestimable, un dépôt sacré dont ils répondront un jour au Souverain Juge, âme pour âme ; nous espérons que nous ne serons pas obligés d'en exprimer davantage sur ce triste sujet.

« Maintenant nous avons dit, notre devoir est rempli ; le vôtre, Monsieur, *est de reproduire* et de faire retentir nos avertissements ; votre zèle pour le salut des âmes et votre attachement aux vrais principes nous assurent de votre franche coopération à cet égard. Vous y mettrez la fermeté et la persévérance que vous avez toujours pour tout ce qui tient à l'accomplissement des obligations de votre état. Vous saurez en même temps que nous nous réservons à nous et à nos vicaires généraux seulement le pouvoir d'entendre les confessions des élèves externes et pensionnaires de le Maison Menpenti, sans qu'aucun autre prêtre, fût-il approuvé pour les cas même spécialement réservés, puisse s'immiscer dans cette fonction, pour quelque raison que ce soit ; toute juridiction lui est retirée à cet égard.

« Notre présente lettre-circulaire ne sera point lue en chaire.

« Recevez, Monsieur, l'assurance, etc.

« *Marseille, le 28 Septembre 1835.*

« ✝ Charles Fortuné. »

J'ai répondu longuement à cette circulaire dans les diverses lettres insérées dans le *Sémaphore* et surtout dans le *Mémoire ;* il me suffit d'expliquer ici par une analyse sommaire les passages que j'ai soulignés.

1° *Qui ne saurait, etc.* — Comment le projet de fonder un Pensionnat ne pouvait-il pas s'accorder avec le bien des âmes ? Dépourvus de tout pouvoir spirituel, par une décision arbitraire, que devions-nous faire ? Aller à la Bourse, bêcher la terre, nous faire marchands d'huile ou de vin ?

2° *Après s'être élevés contre nous, etc.* — Il me semble que c'est au contraire l'Evêché qui a commencé à s'élever contre nous et surtout contre moi.

3° *Nos salutaires conseils et couvrir du manteau de*

notre charité. — Deux mensonges dont la démonstration se trouve dans tout ce qui précède.

4° *Se plaçant par le fait, etc.* — Nous n'avions pas besoin de la juridiction de l'Evêque pour fonder un pensionnat ; c'est clairement démontré dans le *Mémoire*.

5° *L'Esprit de l'Eglise.* — Il n'a rien à voir dans l'enseignement des langues, des sciences et des lettres. Tous ces grands mots, soulignés, inspirés par la colère, sont réduits dans le *Mémoire* à leur juste valeur.

6° *Nous ne saurions la surveiller, etc.* — Ce qui était illicite en 1835 et 1836, est devenu licite en 1837. D'ailleurs si l'autorité ne doit pas protéger les mauvaises œuvres, est-elle dispensée de les surveiller ?

7° *Qu'ils aient unanimement jugé, etc.* — Cette assertion est très-hasardée ; je sais ce que plusieurs membres considérables du clergé de cette époque pensaient des vexations de l'Evêché ; mais personne n'osait élever la voix et l'on prenait ou plutôt on feignait de prendre ce silence pour une approbation.

8° *Aux Directeurs de la maison, etc.* — Toutes ces diatribes s'adressent *aux Directeurs* ; je suis donc compris dans ce pluriel. Comment alors expliquer cette grande différence qui, d'après la lettre de l'abbé Sibour, existait entre mes deux associés et moi ? La justice et la charité n'exigeaient-elles pas que je ne fusse pas enveloppé dans leur anathême, puisque je ne l'avais pas mérité ? D'ailleurs la lettre du 12 août était adressée personnellement à l'abbé Blanc ; les deux autres Directeurs n'en ont jamais eu connaissance. Il est donc faux qu'elle eût été adressée aux trois Directeurs.

9° *Le vôtre est de reproduire, etc.* — C'est-à-dire, de travailler la conscience des pères de famille, de leur refuser l'absolution s'ils continuent à nous donner leur confiance et plusieurs prêtres en effet furent fidèles à accomplir ce prétendu devoir, avant et même après la réconciliation ; je ne dois pas dissimuler que cette influence occulte, jointe à d'autres causes également délétères, finit par nous ronger, comme ces vers qui, se nourrissant de la séve des plantes, attaquent en elles le germe de la vie, les déssèchent et les font périr.

10° *Vous saurez en même temps, etc.* — Cette réserve, inouïe dans les annales de l'Eglise, a été le sujet d'une lettre qui impressionna beaucoup le clergé et les fidèles (1). Mgr d'Icosie et son digne secrétaire ne doutaient de rien ; ils formaient à eux deux un Concile général. S'ils avaient voulu nous inspirer de l'orgueil et nous faire croire que nous étions *quelque chose*, ils n'auraient pas mieux fait que d'employer à nous détruire tous les engins connus, et d'en inventer même de nouveaux : et, si le secours du ciel leur faisait défaut, de recourir aux puissances infernales.

Flectere si nequeo superos, Acheronta movebo.

Le *Sémaphore* du 3 octobre appréciait ainsi toutes ces mesures dans l'article remarquable suivant :

« *3 Octobre 1835.*

« La presse a la mission de signaler tous les attentats à la propriété, aux lois et à la dignité humaine. Le prêtre et l'homme du monde, l'évêque et le magistrat civil qui violent les lois, la justice et les convenances sociales, doivent être marqués d'un sceau réprobateur. Il est peu dans nos habitudes d'aller explorer les vieilleries du sanctuaire ; mais lorsque des actes d'une injustice évidente nous sont connus, nous devons les dénoncer à l'indigna-

---

(1) M. l'abbé Denans, ancien proviseur du Lycée de Marseille et prédicateur distingué, dit dans la sacristie de St-Théodore : « L'Evêché ne répondra jamais à cette lettre. »

tion publique et appeler sur eux l'attention de qui de droit.....

« Trois prêtres, environnés de l'estime publique et doués de talents remarquables, ne pouvant plus supporter les vexations que les bas-officiers de l'administration ecclésiastique faisaient peser sur eux, ont résolu de se consacrer à l'éducation et à l'instruction de la jeunesse, sous la protection de l'Université de France, et avec l'autorisation du Ministre de l'Instruction Publique. Le public éclairé a vivement approuvé le Pensionnat Menpenti. L'Evêché a tremblé pour son petit Séminaire, qui lui procurait de grands revenus, malgré la mauvaise direction et la faiblesse des études de cet établissement. L'Evêché a donc résolu la perte de Menpenti. D'abord il a répandu des calomnies, ce que la morale défend à tout homme honnête. Le mépris public a fait justice de cette vengeance inspirée par la cupidité. Il a fait insérer une note hypocrite et mensongère dans la *Gazette du Midi* et la *Feuille du Commerce*. Les fondateurs de Menpenti ont eu pitié de ceux qui descendaient si bas et ont accordé à leurs ennemis la protection du silence. L'Evêché voyant ses efforts impuissants a eu recours à des moyens qui ne sont plus de notre âge. Il a appelé le 25 septembre les curés, recteurs et aumôniers de Marseille, pour leur débiter à huis clos des calomnies odieuses contre les directeurs de Menpenti et leur ordonner de ne rien négliger pour nuire à cet établissement, même de refuser l'absolution à tous les parents qui enverraient leurs enfants à Menpenti. Le clergé a trouvé en général la conduite de l'Evêché blâmable ; mais aucun prêtre n'a osé dire en présence de l'Evêque et de son Conseil que l'honneur ne permettait pas de calomnier des prêtres absents. L'Evêché a pris le silence du clergé pour une approbation ; aussi s'est-il décidé à une nouvelle mesure plus violente. Il a fait imprimer chez M. Marius Olive une circulaire distribuée clandestinement à tout le clergé, pour défendre à tout prêtre de confesser les élèves du Pensionnat Menpenti. L'Evêque seul et ses vicaires généraux, MM. Flayol, Chaix et Tempier, pourront les confesser.

« Dans notre siècle, des persécutions si misérables ne feront point de mal à Menpenti; mais elles inspireront un dégoût profond pour les hommes revêtus des plus hautes dignités ecclésiastiques de Marseille. Nous devions signaler à l'indignation publique ce despotisme sacrilége, cet abus de la religion; M. le Recteur de l'Académie et M. le Ministre de l'Instruction Publique doivent intervenir directement. L'empire des lois ne doit pas s'arrêter sur le seuil du palais épiscopal de Marseille. »

III

DIVERS ÉCRITS PUBLIÉS POUR ET CONTRE
LE PENSIONNAT MENPENTI

Afin d'exposer, sans autres préoccupations, tout ce qui regarde l'ouverture de notre Maison, le genre de notre administration intérieure, l'organisation de nos classes et ma correspondance secrète avec MM. les vicaires généraux pour la confession des élèves, je dois en quelque sorte déblayer le terrain et transcrire ou indiquer les divers écrits qui furent publiés dans le courant du mois d'octobre; cette polémique est une suite naturelle des efforts tentés par l'Evêché, pour provoquer notre chute, dès les premiers pas de notre course.

Indépendamment de la *Gazette du Midi*, qui nous insultait et nous calomniait, dans un style oratoire et solennel, il y avait alors un petit journal, intitulé *Feuille du Commerce*, qui, pour contenter tous les goûts, et compléter l'œuvre de sa grande sœur, avait adopté le genre comique et ordurier : on va en juger par l'article suivant du *Sémaphore*, du 6 octobre :

« *6 Octobre.*

« Hier plusieurs personnes qui ont coutume de faire des recherches scientifiques et par conséquent profondément obscures, nous ont fait remarquer un article de la *Feuille du Commerce,* dirigé contre le *Sémaphore.* Cet article qui serait passé inaperçu sans la bienveillante érudition de ces personnes, nous a rempli du plus profond étonnement. Il paraît que pendant que nous nous livrions paisiblement à nos occupations journalières, la *Feuille du Commerce* nous attaquait depuis tantôt deux mois, nous *piquait*, nous *harcelait,* sans signe de vie de notre part, c'est-à-dire sans réponse à la polémique de la feuille sus-mentionnée à laquelle d'ailleurs de mémoire de journaliste personne n'a jamais répondu.

« Il ne nous appartient pas de déroger à d'aussi vieilles coutumes. Chacun a ses prérogatives dans ce monde, nous respecterons donc les vôtres, ô *Feuille de Commerce* que vous êtes ! Nous vous permettons de nous *harceler*, de nous *piquer,* sans donner signe de vie ; bien plus, nous étalerons vos piqûres au grand jour, ô mouche du coche ! Nous montrerons au public le sang que vous nous tirez, ou en d'autres termes, nous reproduirons les platitudes que vous appelez des articles. Nous commencerons aujourd'hui cette tâche, pleine d'ineffables amusements par la reproduction de l'exorde de votre mémorable article ; de votre article de *Feuille du Commerce* du 5 octobre 1835. Voici cet article :

« Le *Sémaphore* qui faisait le mort depuis tantôt deux
« mois, que nous avions attaqué, piqué, harcelé, sans en
« obtenir signe de vie, se réveille enfin et monte *sur son*
« *grand cheval ;* le voilà, lance au poing, lui ce grand

« *détrousseur de prêtres*, qui provoque, menace et jure
« de faire reconnaître à tout passant *la beauté de sa*
« *Dame ;* je me trompe, je voulais dire l'innocence, la
« pureté, les vertus évangéliques de tous *prêtres rebelles,*
« *mondains, républicains, flétris* et dont il se déclare le
« protecteur. Ce sont les Messieurs de Menpenti qu'il
« couvre aujourd'hui de sa puissante égide. Ah ! *Séma-*
« *phore,* que tu es maladroit ; décidément tu n'entends
« rien aux *choses de la guerre ;* au lieu de placer ces
« Messieurs sur l'estrade, comme des *pagodes,* au lieu de
« veiller autour, toi, pauvre *Don Quichotte,* te promenant
« et fatiguant les airs de tes rodomontades, il fallait
« t'écrier : On pense à vous, Messieurs, on vous regarde,
« *cachez-vous vite, rentrez sous terre, vous ne pouvez que*
« *gagner à n'être pas vus.* C'était un conseil d'*ami,* mais
« maintenant on dirait que tes articles religieux ou plutôt
« impies, ne sont plus de la main de ce prêtre, tu sais
« bien, je te le nommerais, si tu le désires ; non, non, ce
« n'est pas lui qui parlait hier dans tes colonnes ; il sait
« trop bien qu'il faut se taire désormais ; et moi aussi je
« voulais les oublier, tu pouvais t'en apercevoir ; depuis
« longtemps j'étais devenu le *plus bénin,* le plus inoffensif
« des journaux ; pas le moindre petit mot contre ces
« enfants dénaturés de l'Eglise. Je me disais : pourquoi
« remuer cette *boue,* laissons-les accomplir leurs *œuvres*
« *de ténèbres ;* ils sont maudits, ils tomberont ou plutôt
« ils périront comme ces plantes qui s'élèvent au-dessus
« d'une vase infecte et qui pourrissent sur pied, et je me
« taisais. Franchement, je ne m'attendais pas à cette pro-
« vocation ; mais puisque tu jettes le gant, je le relève. »

« Nous espérons que la feuille en question nous fournira
l'occasion de donner à nos lecteurs d'aussi agréables
exemples de style et d'imagination. »

Le même numéro du 6 octobre contenait la lettre sui-

— 163 —

vante d'un père de famille (1), précédée de quelques observations du rédacteur :

« *6 Octobre.*

« Il se passe en ce moment un fait qui soulève à un haut degré l'attention des hommes graves. L'autorité religieuse lutte contre des hommes tirés de son sein et veut les empêcher de se livrer à l'éducation publique ; d'un autre côté ces mêmes hommes font tous leurs efforts pour sortir d'une lutte où leur position de prêtres ne leur permet pas d'user de tous leurs avantages.

« Nous avons les premiers signalé au public cette situation anormale ; nous l'avons fait avec la conviction que nous remplissions un devoir, que nous défendions une liberté, celle de l'instruction publique. Maintenant si la polémique s'agrandit, si les faits avancés de part et d'autre sortent de notre domaine, pour entrer dans celui de la justice, nous attendrons avec confiance un arrêt, qui ne peut manquer de faire cesser l'abus épiscopal dont nous avons dénoncé la gravité.

« Nous avons cru devoir donner une place à part dans notre feuille à cette affaire, parce que les articles d'aujourd'hui sont tout-à-fait étrangers à la rédaction habituelle du journal. Un père de famille a cru devoir prendre la défense du Pensionnat Menpenti ; nous ne pouvions lui

---

(1) Le père de famille en question est feu M. Rolland, un des avocats les plus en vogue de ce temps-là ; il avait une maison de campagne au Rouet, à un quart d'heure de Menpenti ; il est donc tout naturel qu'il eût confié ses deux fils à mes associés, dès leur arrivée à l'établissement. Il est bien entendu que nous ne prîmes pas sous notre responsabilité toutes les appréciations de notre spirituel défenseur, qui, étant un homme du monde, a pu en tenir le langage : la *Gazette* a donc eu tort de nous en faire un crime. Au reste j'ai cru devoir, en reproduisant cette lettre, en adoucir quelques expressions.

refuser l'insertion de sa note, quoiqu'elle sorte de la polémique ordinaire de notre feuille. Les directeurs de Menpenti nous ont aussi adressé quelques lignes d'explications ; nous avons dû les accueillir parce que leur cause nous a paru juste et bonne. »

Lettre de M. R***, avocat :

« *Marseille, le 5 Octobre 1835.*

« Je suis l'un de ces pères infortunés, que la passion égare ! J'ai confié mes deux enfants aux Messieurs de Menpenti et crois n'avoir jamais à m'en repentir. Cependant quelque ferme que soit ma croyance, je lis dans la *Feuille du Commerce* un article tellement virulent contre cet établissement, que j'ai cru ne pas devoir me taire, lors surtout que je connais aussi l'article que vous avez inséré dans l'un de vos derniers numéros.

« D'où peut provenir, me suis-je dit, ce déchaînement de rage contre des hommes qui, il y a peu de temps encore, étaient chargés de l'instruction au petit Séminaire ? Comment ont-ils pu tous les trois et si vite, encourir la haine de l'Evêché ? Alors je me suis rappelé la manière *brutale* avec laquelle l'un de ces trois Messieurs de Menpenti avait été accueilli par un simulacre d'Evêque, qui heureusement n'est plus dans nos murs. Je me suis rappelé que ces trois Messieurs de Menpenti avaient été obligés de quitter le Séminaire, parce que leurs observations furent mal reçues, sur la manière dont on y nourrissait et instruisait les enfants. Je me suis rappelé qu'au sein du Conseil de l'Evêché siégeaient des hommes qui ne rêvaient que le *Saint-Office,* des hommes qui naguère avaient ruiné un établissement de demoiselles et fait expulser du collège un professeur parce qu'il était protestant, etc.

« Toutes ces choses m'étant revenues à la mémoire, j'ai commencé à croire que dans ces dernières diatribes l'Evêché n'était pas mû par un sentiment de charité chrétienne ni par sollicitude pour les jeunes enfants, mais par un esprit de haine, de jalousie et d'intérêt surtout. Et alors voulant expliquer ces trois passions hideuses (dont soit dit en passant, je ne rejette pas le blâme sur notre respectable Evêque, mais uniquement sur ses conseillers) j'ai dit, il y a haine, parce qu'on voit avec peine que des prêtres, sortant de l'ornière, veulent faire marcher de front la morale religieuse avec les institutions de l'époque ; qu'ils veulent enseigner à leurs élèves à être hommes et honnêtes citoyens, qu'ils leur enseignent la sainte et noble morale de l'Evangile, dans toute sa noble simplicité, qu'ils leur apprennent que si la religion est de toute nécessité, *elle ne doit pas cependant se placer au-dessus du pouvoir temporel, que ses ministres n'ont que trop de tendance à envahir,* qu'ils leur apprennent à respecter le pouvoir établi et non point à conspirer dans les sacristies, etc., etc. *Inde iræ.* Quant à la question d'intérêt, je me la suis tout aussi facilement expliquée ; le petit Séminaire comptait plus de 200 élèves ; trois professeurs éclairés s'en éloignent, nécessairement il y aura préjudice pour cet établissement : il faut donc ruiner celui qui veut le supplanter ou tout au moins le rivaliser.

« Ces deux points établis, ma conviction n'en a été que plus ferme, et j'ai reconnu que tout ce dévergondage de paroles employé par la *Feuille du Commerce*, sortait d'une tête imbue de méchanceté et de sottises, et que ce langage n'était que celui de la passion délirante ; et alors on n'est plus étonné des mesures employées par l'Evêché. Des imbéciles, viles machines montées au diapason de leurs Baziles, vont de maison en maison souffler la calomnie contre les Messieurs de Menpenti ; ce sont des rebelles, des prêtres flétris, et par qui ?... *Risum teneatis.*

« Mais ce sont des républicains ; eh ! pauvres gens, votre royaume n'est pas de ce monde ; occupez-vous de votre métier et non des opinions politiques ; laissez à l'autorité le soin de réprimer leur républicanisme, s'il y en a, et ne vous mêlez que de la pratique des vertus chrétiennes. Mais il paraît que ce dernier point vous est tout-à-fait étranger. Car y a-t-il charité chez vous qui diffamez et calomniez et par paroles et par écrits? Votre circulaire aux prêtres pour leur défendre de confesser les élèves de Menpenti en est la preuve. On dit même que vous avez écrit à divers évêques pour mettre au loin à l'index l'établissement de Menpenti. Heureusement que vous ne pouvez pas être juge dans votre propre cause, et que l'opinion, je ne dis pas de vos adhérents et de vos dupes encore trop nombreux, mais des personnes sages et éclairées, amies de l'ordre et de la vraie religion, fera justice de vos sales déclamations et en appréciera les motifs à leur juste valeur. »

D'autre part la *Gazette* avait inséré le 6 octobre l'article suivant :

« On se rappelle avec quelle violence, avec quel renfort d'injures un journal révolutionnaire de cette ville attaqua naguère, pendant plusieurs mois, notre vénérable Evêque et les membres de son administration. Nous fûmes souvent alors sur le point d'entrer en lice et de rendre aux calomniateurs les coups que sous un masque impie ils ne craignaient pas de porter à leur père. Le succès n'eût été ni douteux ni difficile ; nous serions allés chercher les rédacteurs improvisés derrière le journal où ils se cachaient, nous aurions dit des faits, des noms, et c'était assez pour couper court à toute polémique. Si nous ne l'avons point fait, si, pour nous servir d'une expression empruntée aux articles du *Sémaphore*, nous avons *protégé de notre silence* les auteurs de ses déplorables attaques, c'est que, dans sa charité et sa longanimité paternelle, Monseigneur nous fit inviter alors à nous abstenir de toute lutte. Le saint vieillard aimait mieux tout souffrir que de voir le scandale s'augmenter par la révélation de certains faits.

« Nous nous abstînmes. Le choléra vint pour la seconde fois envahir la cité : le bon pasteur se dévoua pour le salut de son peuple. Il venait de s'offrir en victime expiatoire, lorsqu'un événement imprévu le rendit tout-à-coup l'objet du plus éclatant triomphe. Il n'y eut plus pour lui dans toute la ville que des transports d'amour ; l'enthousiasme, l'explosion des sentiments publics allèrent jusqu'au délire, et la voix du peuple qui, dans ce moment, fut plus que jamais la voix de Dieu, s'éleva grande et solennelle pour répondre par des acclamations aux cris impuissants de la calomnie.

« Depuis ce jour mémorable, les accusateurs se tenaient dans l'ombre ; le silence leur convenait, mais ils n'ont pas eu le bon esprit de le garder toujours. Avant-hier un nouvel article a paru dans le journal favori : les rédacteurs auxiliaires du *Sémaphore* attaquent de nouveau leur Evêque ; ils veulent, disent-ils, le flétrir, le marquer d'un sceau réprobateur ! Et qui sont donc ceux qui outragent ainsi la triple dignité de l'épiscopat, de l'âge et de la vertu ? Si nous n'écoutions qu'une indignation trop juste, nous déchirerions le voile, et l'on verrait alors où la haine et le dépit peuvent amener des hommes.

« Mais, enfin, de quoi se plaint le *Sémaphore,* puisque c'est à lui seul que nous devons parler ? D'une note qui fut insérée dans notre journal de la part de Monseigneur, et où il était dit *que la responsabilité spirituelle de ce prélat, comme pasteur des âmes, l'obligeait de déclarer publiquement qu'il ne saurait couvrir de son autorité les résultats de l'éducation qu'on donnerait dans le pensionnat Menpenti. On s'y plaint de ce qu'il a appelé, le 25 septembre, les curés, recteurs et aumôniers de Marseille, pour leur débiter,* dit-on, *à huis clos, des calomnies odieuses contre les directeurs de cet établissement ;* enfin, de ce qu'il a adressé une circulaire à son clergé pour lui faire savoir qu'il se réservait, à lui et à ses vicaires généraux, le pouvoir d'entendre les confessions des élèves de *Menpenti*.

« Nous avons sous les yeux cette circulaire, et nous y lisons :

« N'est-ce pas assez que nous ayons découvert en
« particulier notre peine à la presque totalité des membres
« les plus marquants de notre clergé, et qu'ils aient
« unanimement jugé de la même manière que nous une
« question déplorable ? Nous avons annoncé naguère que
« notre lettre du 12 août aux directeurs de la maison dont
« il s'agit, éclairerait, si elle était publiée, toute la question ;
« mais nous ne devons pas publier cette lettre, et néan-
« moins des motifs de la nature la plus grave nous
« commandent d'avertir ceux qui ont besoin d'être aver-
« tis, etc. »

« Eh bien ! rédacteurs auxiliaires du *Sémaphore*, si, comme vous ne craignez pas de le dire, c'est là *une vengeance inspirée par la cupidité*, si les communications faites par Monseigneur aux membres les plus marquants de son clergé ne sont que *d'odieuses calomnies*, si les preuves qui ont porté plusieurs curés de Marseille, et les plus vénérés de tous, à exprimer leur approbation avec une énergie digne de leur vertu, dites, pourquoi ne faites-vous pas publier dans les colonnes de votre journal cette lettre du 12 août, rappelée dans la note précitée et dans la circulaire, et qui *éclairerait toute cette question ?* Direz-vous qu'elle renferme des allégations peu flatteuses ? — Mais votre réponse en fera raison. — Que les faits sont dénués de preuves ? — Nous savons que les preuves se trouvent dans la lettre, et si elles ne sont pas convaincantes, il vous sera d'autant plus facile de les réduire au néant. Au nom de l'honneur et de la vérité, Marseille vous somme, Messieurs, de publier cette lettre et de la publier tout entière. Allons, courage ! Il y va de savoir si votre Evêque a eu des raisons suffisantes de prendre une mesure aussi grave que celle de la circulaire, qui, nous le reconnaissons, est un acte d'autorité des plus significatifs. »

Réponse du *Sémaphore*, le 7 Octobre :

« La *Gazette du Midi* dans un article où se trouvent réunies les injures les plus grossières et l'escobarderie mielleuse habituelle à sa rédaction, nous accuse d'avoir attaqué l'Evêque de Marseille. Voici le paragraphe où il est question de cette lutte contre Mgr de Mazenod :

« On se rappelle avec quelle violence, etc. » « par la révélation de certains faits, etc. » Nous répondrons à la *Gazette* qu'il n'a jamais été question dans notre feuille de l'Evêque qu'avec tous les ménagements et tout le respect dûs à son âge ; tout notre blâme a été pour Mgr d'Icosie dont l'administration illégale a soulevé de nombreuses et vives réclamations. Aujourd'hui, comme toujours, la cause que nous soutenons n'a aucun but caché d'attaque contre la religion et ses ministres. Nous nous plaignons d'un abus qui n'a de religieux que les personnes qui l'ont commis, et nous en demandons le redressement à l'autorité compétente. Dans tout ceci, il n'y a pour nous ni prêtres ni religion, mais seulement une loi qu'on viole, un droit auquel on veut porter atteinte.

« Le paragraphe que nous venons de citer, au milieu de ses diatribes platement renouvelées de la *Feuille du Commerce*, contient un aveu dont nous prenons acte. Lorsque la *Gazette* n'a pas répondu à nos articles, c'est que *Monseigneur la fit inviter alors à s'abstenir de toute lutte*. Celui qui ordonne la défense, peut aussi dans certaines occasions commander l'attaque. C'est là une indication importante et que nous livrons aux sages réflexions du public.

« Du reste peu nous importent les imputations erronées de la *Gazette*, le public sait fort bien à quoi s'en tenir sur notre polémique ; nous respecterons les personnes, comme nous l'avons toujours fait ; mais nous signalerons l'immoralité partout où nous la rencontrerons, avec cette énergique persévérance que nous donne la satisfaction d'un devoir accompli. »

La *Gazette*, sommée par huissier d'insérer nos déclarations du 6 octobre, les fait précéder et suivre des considérations suivantes :

« Les Directeurs de ce Pensionnat-Menpenti dont la fondation et l'existence ont inspiré à des rédacteurs auxiliaires du *Sémaphore* tant de diatribes contre l'évêché, nous somment par huissier d'insérer la pièce suivante ; nous avons dû nous laisser forcer la main, pour que nul ne pût douter de la répugnance que nous inspire une polémique affligeante par elle-même, mais qu'on n'ose plus qualifier, quand on sait comme nous de quel caractère est revêtu celui qui a publié les articles du *Sémaphore* sous la garantie d'un protestant devenu saint-simonien :

« PENSIONNAT-MENPENTI.

« Les Directeurs de la Maison Menpenti ont appris avec
« étonnement les dernières mesures que l'administration
« épiscopale a cru devoir prendre pour essayer de
« détruire leur établissement ; ils ne se défendront pas
« en descendant jusqu'à cette polémique qui ne vit que
« de diffamation et de scandale ; lorsque le monde pro-
« fane la repousse, le clergé catholique ne rougirait-il
« pas de l'adopter ? Toutefois il leur paraît nécessaire,
« pour cette fois seulement, de protester contre tant de
« violences et de déclarer hautement que le silence
« auquel ils se sont soumis et qu'ils s'imposeront de
« nouveau, pour faire plus efficacement l'œuvre de Dieu,
« n'est point une preuve de culpabilité ou d'impuissance ;

« ils laissent aux familles religieuses qui les honorent de
« leur confiance, le soin de dénoncer à qui de droit tout
« ce que ces mesures renferment d'odieux, d'étranger à
« nos mœurs, de condamnable selon les lois de l'Etat, de
« contraire aux lois évangéliques, et d'opposé aux coutu-
« mes de l'Eglise catholique. La question personnelle qui
« les concerne sera bientôt portée devant un tribunal
« impartial dont les décisions fixeront les incertitudes des
« pères de famille, s'il peut en exister encore ; ils gémis-
« sent, et la saine partie du clergé de Marseille gémit
« avec eux, de la cruelle nécessité dans laquelle ils se
« trouvent d'attrister la vieillesse d'un prélat vénérable,
« pour défendre leur honneur et leur dignité sacerdotale;
« mais c'est un devoir pour eux, ils sauront l'accomplir ;
« alors on jugera les motifs qui ont déterminé leur sortie
« du petit Séminaire, on appréciera la pureté des inten-
« tions qui les ont dirigés dans l'établissement de leur
« maison d'éducation ; on connaîtra toutes les démarches
« qu'ils ont faites auprès de l'évêché pour lui donner une
« preuve d'une soumission *qui n'a jamais souffert aucune*
« *atteinte*. Que l'administration épiscopale se présente à
« ce tribunal avec tous ses moyens d'accusation, les
« Directeurs de Menpenti s'y présenteront aussi avec
« leurs moyens de défense ; cette voie, indiquée par les
« hommes d'honneur et de conscience, sera honorable
« pour les accusateurs en même temps qu'elle sera
« regardée comme une garantie pour les accusés. En
« attendant, ils ne croient pas devoir différer davantage
« de témoigner publiquement leur mépris et leur juste
« indignation contre ces hommes que Dieu n'inspire pas,
« qui ont osé élever des doutes sur leurs croyances reli-
« gieuses ; ils en appellent de cette accusation et de toutes
« les autres sans crainte et sans remords, au jugement
« du *Père Céleste qui sonde les cœurs et les reins.* »

« *P. S.*— L'Evêque de Marseille ne peut point canoni-
« quement interdire au curé de la paroisse la confession

« des élèves ; d'ailleurs, si l'administration épiscopale en
« venait à ce point d'aveuglement, justice serait bientôt
« faite de ce nouvel abus de pouvoir. Quoi qu'il advienne,
« les Directeurs de Menpenti prennent l'engagement de
« faire confesser *régulièrement* leurs élèves, nonobstant
« toutes les entraves que l'on pourra mettre à l'accom-
« plissement de ce devoir. »

« *N. P. S.* — Au moment de livrer à l'impression
« notre lettre, nous lisons dans la *Feuille du Commerce*
« un ramassis de diatribes que les hommes qui se res-
« pectent ne sauraient écrire ; en attendant de dénoncer
« aux tribunaux ces imputations dégoûtantes, qui ont
« besoin d'être flétries par un jugement (car il n'y a
« qu'un jugement qui flétrit ; des actes d'animosité, de
« passion et de despotisme n'ont jamais flétri personne)
« nous donnerons aux parents qui nous confient leurs
« enfants toutes les explications qu'ils désireront, sur
« notre conduite, que nous n'hésiterons pas à mettre en
« face de celle de nos accusateurs. »

« Suivent quelques lignes dirigées contre la *Feuille du Commerce*, que MM. les Directeurs de Menpenti mena-
cent d'un procès ; nous n'insérons point ces lignes parce
qu'elles sont injurieuses pour un journal auquel nous
devons d'autant plus d'égards, qu'il a répudié les doctrines que longtemps il défendit comme nous.

« Maintenant que nous avons satisfait à la loi, il nous
sera permis sans doute de dire notre opinion sur le fond
même de la querelle si perfidement exploitée par le
rédacteur auxiliaire du *Sémaphore*. Cette opinion la
voici :

« Le *Sémaphore* s'est plaint de la violence dont les
Directeurs de Menpenti ont été, disent-ils, les victimes
de la part de l'administration ecclésiastique. Lorsque des
hommes revêtus d'un caractère qui leur impose l'obligation de donner l'exemple du respect et de l'obéissance

envers leurs supérieurs, laissent porter et portent eux-mêmes une telle accusation devant l'opinion publique ; lorsqu'ils reconnaissent le *Sémaphore* comme leur journal, et ne désavouent pas les articles violents que cette feuille a publiés pour eux et par lesquels elle a provoqué la discussion de leur position actuelle, c'est apparemment que ces hommes ne récusent pas le tribunal de l'opinion publique ; dès lors comment se fait-il que les Directeurs de Menpenti se refusent, malgré la sommation faite, à produire cette lettre du 12 août où sont énoncés tous les motifs de la mesure qui leur fait jeter les hauts cris ? Il n'y a pas moyen de faire prendre le change : il faut ou que cette lettre soit publiée, ou qu'il soit reconnu que la circulaire de l'Evêque de Marseille à son clergé est fondée sur des raisons qui la justifient pleinement.

« Vous dites que vous vous adressez à un tribunal compétent ; mais le public, devant lequel votre affaire a été portée par vos amis ou par vous-mêmes, est un tribunal compétent que nul ne songe à décliner. Instruisez donc ce public, instruisez les pères de famille, livrez-leur toutes les pièces du procès ; ne laissez pas tant de gens dans l'anxiété et votre honneur en compromis ; il y a urgence, un plus long délai vous serait funeste.

« Et, d'ailleurs, quel est ce tribunal compétent pour casser les actes de l'autorité spirituelle ? le métropolitain ? Mais le métropolitain doit prononcer en personne, et il ne sera sur son siège que dans quelques mois ; le Pape ? mais vous savez comment Sa Sainteté a fait répondre au curé des Aygalades, dans une affaire qui, bien plus que la vôtre, semblait réclamer un jugement ; la voici cette réponse : RECURRAT AD PROPRIUM EPISCOPUM (qu'il s'adresse à son propre évêque). Un d'entre vous, Messieurs, qui a voulu, lui aussi, porter plainte à Rome, n'a-t-il pas reçu la même réponse ?

« Il n'y a donc rien à espérer pour vous du côté du Saint-Siège ; vous n'avez guère plus à attendre du côté du métropolitain, qui n'a pas à statuer dans une question de ce genre. C'est au seul évêque diocésain qu'il appartient de départir la juridiction des confesseurs et d'en déterminer l'étendue et la mesure ; il règle dans sa sagesse quels sont les *cas réservés* de son diocèse, et ce droit est sans appel.

« Vous osez dire, dans la pièce signifiée par huissier, que malgré la circulaire dont, pour plus d'authenticité, chaque exemplaire porte la signature de votre Evêque, chaque curé a le droit de confesser vos élèves ; eh bien ! que l'on consulte les curés et que l'on voie s'il en est un seul qui veuille mettre en pratique votre principe ; vous n'en trouverez point qui consente à trahir pour vous son devoir et à faire acte de révolte. D'ailleurs, tous dans ce diocèse, et vous le savez bien, partagent sur la circulaire et sur l'affaire en général, l'opinion de leur Evêque ; comment pourriez-vous en trouver un de connivence avec vous ?

« Vous prenez devant les pères de famille l'engagement de faire confesser leurs enfants ? et par qui ? par un prêtre révolté contre la discipline sacerdotale, par un schismatique ? Mais ces enfants que vous menacez de cet étrange confesseur, appartiennent à des familles catholiques qui reconnaissent l'autorité des pasteurs légitimes de l'Eglise ; elles ne voudraient pas d'un nouveau Châtel qui surgirait là tout exprès pour s'emparer de ces consciences encore innocentes et les égarer. Sans doute, nous aimons à le croire, telle n'est pas votre intention ; mais, dès lors, vous n'avez plus dans le diocèse de Marseille d'autres confesseurs pour vos élèves que Mgr l'Evêque et ses vicaires généraux... Vous irez là !... C'est bien ; on vous y attend.

« Dans un article que le *Sémaphore* a joint à votre déclaration, un de vos défenseurs suppose que la menace contre laquelle vous vous élevez, a pour motif « votre « éducation selon le siècle, votre haine et votre mépris « pour les anciens errements, votre dédain pour le vieux

« clergé, votre antipathie contre les jésuites et le jésui-
« tisme, et enfin vos principes libéraux. » Si ce n'est là le
texte, c'est au moins le sens, et là-dessus invectives et
grosses injures. Libre à vous, Messieurs, d'adopter cette
défense. Nous répondrons seulement, parce que nous le
savons avec certitude, qu'il n'est pas le moins du monde
question de tout cela dans cette lettre du 12 août où sont
exposés tous les motifs qui ont dicté la mesure épiscopale,
cette lettre dont la ville de Marseille attend avec impatience
la publication. Nous vous engageons à ne pas la faire
attendre trop longtemps : l'honneur et la vérité vous en
font une loi ; livrez donc cette pièce, une fois pour
toutes ! »

Nous crûmes devoir faire cette réplique collective qui
parut dans le *Sémaphore* du 9 octobre :

« La *Gazette* nous somme pour la seconde fois, au nom
de tout le peuple marseillais, qu'elle ne représente pas
assurément dans cette affaire, de faire imprimer la lettre
du 12 août. Puisque les *rédacteurs improvisés* de la
Gazette ont une foi si ardente à toutes les accusations qui
sont contenues dans cette lettre, nous ne concevons pas
pourquoi elle n'a pas encore figuré dans ses colonnes.
Quant à nous, veut-on savoir les motifs de notre réserve ?
Prêtres et fidèles de la ville de Marseille, écoutez : est-il
permis de publier un écrit aussi dégoûtant que celui de
la *Feuille du Commerce* et signé : *Charles Fortuné, évêque de Marseille ?* Nous ne le pensons pas. Nous avons
pour la dignité épiscopale plus de vénération que ces
jeunes prêtres qui couvrent d'un manteau sacré leur
animosité personnelle.

« Au reste que la pieuse *Gazette* et ses charitables
coopérateurs aient un peu de patience ; cette lettre sera
présentée aux tribunaux ; et après le jugement nous
dévoilerons enfin tout ce qui se passait dans le petit

Séminaire, sous la dernière administration. Dieu et toute la ville de Marseille nous sont témoins que nous n'avons point engagé la lutte ; le scandale, quelque horrible qu'il soit, ne tombera pas sur nos têtes. Telle est notre réponse pour le moment ; la *Gazette* n'en aura pas d'autre, quelque incessantes que soient ses attaques, jusqu'après l'arrêt des tribunaux ; alors nous accepterons tous les défis et nous la sommerons de nous suivre sur une arène où elle ne paraîtra pas. (1). »

Pourquoi n'avons-nous pas réalisé la menace des tribunaux, que nous faisions si souvent? Je ne puis pas aujourd'hui me l'expliquer ; nous aurions eu certainement gain de cause, puisque la diffamation, sinon par la lettre du 12 août qui était secrète, mais par la circulaire et les écrits publics, étaient incontestable. Il est vrai que nous avions alors, parmi les pères de famille, des hommes méticuleux, raisonneurs, qui s'étaient imposés à nous, comme conseillers, et dont les avis, dans la position critique où nous étions, devaient être pour nous des ordres. Aussi avons-nous rarement répondu à la *Gazette* et nous avons presque toujours laissé la parole aux rédacteurs du *Sémaphore ;* nous avons ainsi vécu sous cette tutelle pendant presque toute l'année.

Dans notre réplique collective, nous passâmes sous silence la partie la plus saillante de l'article du 8 octobre et nous laissâmes sans réponse l'article que publia la *Gazette* le 10 octobre pour achever de vomir ce qui lui restait sur le cœur, contre notre déclaration qu'elle avait insérée par le ministère d'un huissier.

Il ne faut pas que l'on perde de vue que le *rédacteur improvisé* de la *Gazette* était M. l'abbé Jeancard, qui vient de mourir évêque *in partibus ;* quant à la *Feuille*

---

(1) C'est ce qui est arrivé en 1836-37.

du Commerce, dont je n'ai pu recueillir qu'un seul article, malgré toutes mes recherches, j'ai toujours soupçonné qu'un ecclésiastique, familier de l'abbé Bicheron, lui avait prêté sa coopération dans cette œuvre diffamatoire ; mais je ne me permets pas d'en dire le nom, parce que je n'ai pas la certitude du fait.

« *10 Octobre.*

« Pour quiconque a pu lire les diatribes publiées contre l'évêché de Marseille dans les colonnes du *Sémaphore*, et que les Directeurs du Pensionnat-Menpenti ont hautement avouées, c'est quelque chose de très-édifiant, sans contredit, que d'entendre ces Messieurs nous déclarer par voie d'huissier qu'ils *ne veulent pas se défendre en descendant à une polémique qui ne vit que de diffamation et de scandale*. C'est, en vérité, s'y prendre un peu tard. Ont-ils donc oublié que depuis six mois le scandale et la diffamation font vivre la polémique de leurs amis ? et le silence ne serait-il nécessaire ou convenable que quand on les somme de publier cette lettre du 12 août où sont reproduits tous les faits qui ont décidé la conviction des curés de Marseille, et qui dévoilerait toute la question à la conscience de la population ?

« Des prêtres qui rougiraient d'une polémique scandaleuse et diffamatoire, sont-ils bien recevables, eux si modestes, si ennemis de tout ce qui peut affliger les cœurs religieux, à qualifier officiellement les mesures prises par leur évêque, d'actes de *violence* renfermant des choses *odieuses et condamnables selon les lois de l'Etat*, contraires aux lois évangéliques et opposées aux coutumes de l'Eglise catholique ? N'est-ce pas là une censure amère autant que scandaleuse et diffamatoire de l'autorité que Dieu a confiée aux pasteurs de l'Eglise ? Est-ce là le respect qu'ils professent pour *la vieillesse de leur vénérable Evêque ?* Est-ce là cette *soumission qui n'a jamais souf-*

fert aucune atteinte? Vous verrez qu'il n'y a d'*odieux* que ce qu'on se permet de dire sur ces Messieurs avec des ménagements infinis, et que ce qu'ils écrivent sans aucune espèce de ménagement contre un saint vieillard, leur pasteur et leur père, est édifiant autant que juste. La défense eût-elle été moins réelle, quand elle aurait adopté le ton qui convient à des prêtres parlant à leur évêque, au lieu de descendre à des assertions injurieuses, dénuées de preuves et qui n'avaient d'autre but que de porter atteinte à une autorité à laquelle les Directeurs de Menpenti sont personnellement si redevables? N'est-il pas vrai que, de ces Messieurs, deux, étrangers au diocèse, y ont été accueillis avec une bonté paternelle dans des circonstances critiques pour eux, et que le troisième y a été traité longtemps avec des égards et des ménagements plus que généreux?

« Les Directeurs de Menpenti parlent des démarches qu'ils ont faites auprès de l'évêché. Oui, ils ont écrit à Monseigneur une lettre qu'après leur précédente conduite et les outrages de leur journal, ce prélat ne put s'empêcher de regarder comme une dérision sanglante ; et il répondit en relevant ce qu'il vit de déplacé dans cette pièce, en leur administrant avec preuves les motifs de son opinion. Les Directeurs ont-ils répliqué, ont-ils essayé une justification devenue si nécessaire? Non, ils se sont tus, comme aujourd'hui encore ils se taisent, sur cette réponse du 12 août, dont le public leur demande communication ; ils n'ont pas cherché le moins du monde à persuader de leur innocence celui qui était, qui est encore leur juge ; ils ont poursuivi leur œuvre, et les avis salutaires que leur donnait leur pasteur ont été perdus. Oh! que du moins ils ne le soient pas pour les pères de familles, auxquels leur devoir et leur intérêt le plus cher font une loi de connaître enfin la vérité tout entière!

« Messieurs de Menpenti parlent de *mépris* et *d'indignation;* cela est très-fier, sans contredit, mais ne prouve pas grand'chose ; les accusés en seraient quittes à trop bon compte si une phrase hautaine suffisait à leur acquittement. Il n'a été donné qu'à un seul homme de dire à ses juges : *Montons au Capitole et allons remercier les Dieux*. Vous êtes accusés, l'acte d'accusation est dans vos mains ; si vous n'y répondez point, vos fières paroles sont un scandale de plus.

« Vous vous plaignez de ce que *l'on a élevé des doutes sur vos croyances religieuses*. Nous n'avons pas mission de les juger, mais vous savez tout comme nous qu'il ne s'agit nullement de *croyances* religieuses ou politiques dans cette lettre du 12 août, où, nous le répétons, vous avez lu l'énoncé et la justification des motifs qui ont dicté la mesure prise à votre égard. N'espérez donc pas faire illusion au public ; publiez la lettre, répondez-y victorieusement, ou passez condamnation.

« Vous déclarez *appeler sans crainte et sans remords* de toutes les accusations portées contre vous au *jugement du Père Céleste qui sonde les cœurs et les reins*. Ce jugement, Messieurs, est rendu déjà ; et puisse la miséricorde divine le révoquer bientôt en faveur du repentir ! Mais ce n'est pas là ce qui importe le plus aux pères de famille : l'éducation de leurs enfants ne se fera pas après cette vie, et c'est un jugement pour le temps présent que leur sollicitude a besoin de porter. Pour appeler avec honneur à la justice divine, il faut, au préalable, avoir donné aux hommes la preuve irrécusable de son innocence ; autrement, ces paroles que l'homme *sans remords* ne prononce pas toujours *sans crainte* ne sont qu'une inutile bravade. J.-J. Rousseau, dans le livre où, de sa propre main, il a consigné sa déplorable vie, ne craignit pas de dire à Dieu : *Que chacun de mes semblables découvre à son tour son cœur auprès de ton trône avec la même sincérité, et puis qu'un seul ose te dire : Je fus meilleur que cet homme-là !*

« Or on le sait, malgré les prestiges de l'éloquence,

cette apostrophe, sublime d'orgueil, n'a fait absoudre Rousseau ni par la religion ni par la postérité. »

Les Directeurs auraient pu compléter leur réplique du commentaire suivant à vol d'oiseau, des articles 5, 8 et 10 octobre de la *Gazette* :

5 Octobre.

On se rappelle avec quelle violence ce journal attaqua notre vénérable Evêque, etc. — La pieuse *Gazette* abuse étrangement de la confiance de ses lecteurs, lorsqu'elle se permet cette perfide assertion. Le *Sémaphore* tout en livrant à l'indignation publique les excès révoltants de l'administration épiscopale, a toujours respecté les qualités personnelles et le caractère sacré du saint vieillard.

Nous fûmes sur le point d'entrer en lice, etc. — La *Gazette* est toujours entrée en lice, en faveur de ceux qui soldent son enthousiasme ; elle n'a jamais reculé devant la coopération de sa plume vénale ; la réserve dont elle se vante est une pure illusion ou plutôt une feinte volontaire ; n'a-t-elle pas en effet toujours inséré tout ce qu'on lui a présenté contre notre établissement ?

Le succès n'eut été ni douteux ni difficile, etc. — La *Gazette* fait ici sans doute allusion aux débats scandaleux qui ont affligé l'Eglise de Marseille pendant le mois de Mai. Or il ne s'agissait point encore alors de l'établissement Menpenti. Si ma mémoire est fidèle, les outrages commis contre la dignité sacerdotale dans la personne d'un prêtre occupaient tous les esprits ; ce prêtre a déclaré plusieurs fois qu'il était complètement étranger à la rédaction du *Sémaphore* et sa réponse à M. l'abbé Olive n'a été qu'une justification, provoquée par les assertions inexactes qu'on avait suggérées à celui-ci ; les âmes honnêtes et vraiment religieuses s'intéressent vivement à l'honneur d'autres prêtres, qu'un supérieur inhabile avait sacrifiés à sa politique ombrageuse ; on flétrissait d'une voix unanime cet esprit sordide qui dirigeait l'administration du petit Séminaire ; on prononçait même contre cette Maison de sinistres oracles que l'événement a vérifiés.

Ce sont là les faits que la *Gazette* aurait révélés ! Mais on ne révèle pas ce qui est public, ou bien, puisqu'elle affirme que par certaines révélations *elle aurait coupé court a toute polémique,* aurait-elle une connaissance plus étendue de nos affaires? Pourquoi ne le fait-elle pas aujourd'hui? Lorsqu'on se permet de faire peser sur trois prêtres, sans distinction, des accusations vagues qui les diffament, on ne doit pas se faire scrupule en laissant les généralités de spécifier les griefs ; qu'elle parle clairement ; l'honneur même exige qu'elle cesse de s'envelopper de ces paroles mystérieuses qui ne font que révolter la conscience publique, au lieu de l'éclairer.

Nous serions allés chercher les rédacteurs improvisés derrière le journal, etc. — Voudriez-vous insinuer, Monsieur le Rédacteur, que les Directeurs de Menpenti ont rédigé tous les articles qui ont paru depuis six mois dans le *Sémaphore?* Détrompez-vous ; nous ne sommes pas journalistes, et nous pensons qu'un prêtre est appelé en ce monde à de plus nobles fonctions ; nous sommes fiers de ne pas suivre sur cette question les errements de l'évêché ; personne n'ignore que Mgr d'Icosie et ces jeunes prêtres qui lui doivent leur éducation, ont depuis quelque temps cette tendance ; s'il faut ajouter foi à l'opinion publique, deux prêtres qui jouissent de la confiance de l'Evêque, dirigeraient la rédaction de la *Feuille du Commerce.*

Que la *Gazette* s'épargne désormais toute recherche et qu'elle sache qu'il n'est pas dans nos habitudes de nous couvrir de la responsabilité d'un journaliste. Ainsi lorsque un devoir impérieux nous oblige d'emprunter la voie des journaux, on trouve toujours notre nom au bas de la page, sans qu'il soit nécessaire de le chercher.

Le saint vieillard aimait mieux tout souffrir, etc. — Me serait-il permis de demander à la *Gazette* les motifs qui ont déterminé dans le saint vieillard ce changement de résolution et de conduite? Ce qui était scandaleux et criminel au mois de mai, serait-il devenu méritoire au mois de septembre? Mais tout le monde sait que le saint vieillard n'est pour rien dans cette polémique de plume; je souhaite qu'il n'en ait pas la responsabilité.

Le choléra vint pour la seconde fois, etc. — On ne s'attendait guère à voir le choléra dans cette affaire. Je craignais à la première lecture que la *Gazette* n'allât nous traiter d'empoisonneurs; mais non : l'accusation est plus grave : nous résistons à la voix de Dieu, qui s'est déclarée par la voix unanime du peuple. Croyez-vous bien, M. le Rédacteur, que l'enthousiasme du peuple marseillais dans ce jour solennel, était inspiré uniquement par la vénération qu'on doit au caractère personnel de l'Evêque? Ne serait-il pas plus chrétien d'attribuer cet admirable incident à l'empire des sentiments religieux, dont l'Evêque, quel qu'il soit, est le principal représentant? Ce triomphe est honorable sans doute et pour la ville de Marseille et pour l'Evêque ; mais vouloir l'exploiter en faveur de toutes les mesures que se permet l'administration, ce serait, à mon avis, faire acte d'un souverain orgueil et abuser sacrilégement des grâces célestes.

Un nouvel article a paru, etc. — Encore une fois, M. le Rédacteur, nous n'avons pas de journal favori ; nous laissons ce privilége aux Jeancard et aux Bicheron ; nous ne voulons flétrir personne, encore moins l'Evêque. La ville de Marseille nous est témoin que nous n'avons pas engagé la lutte et que nous ne faisons que repousser les coups que nous portent d'injustes adversaires. Ainsi déchirez le voile, quand vous voudrez; nous désirons, nous osons le dire, plus qu'eux, cette apocalypse.

De quoi se plaint le Sémaphore? *etc.* — Le *Sémaphore*, comme les Directeurs, se plaint de trois iniquités, que vous, *Gazette*, vous glorifiez.

D'abord il est évident que la note insérée dans la *Gazette* de la part de l'Evêché, renferme des insinuations diffamatoires et peut être par conséquent déférée aux tribunaux.

Ensuite on se plaint de la condamnation à huis clos de trois prêtres en présence de tous les curés, sans que les accusés aient été cités et entendus ; ce qui est une incontestable iniquité.

Enfin, on reproche à l'Evêché sa circulaire non seulement comme une nouvelle diffamation, mais encore comme un abus énorme d'autorité (1).

Pourquoi ne faites-vous pas publier dans votre journal la lettre du 12 août, etc. — Nous ne la faisons pas publier par la raison toute simple, qu'ayant été adressée à un seul, qui n'a pas jugé convenable de nous la communiquer, il est physiquement impossible aux deux autres de la livrer à la publicité ; et cependant dans vos allégations injurieuses, ô *Gazette* charitable, vous enveloppez les trois Directeurs ; il semble que vous frisez, ce faisant, tant soit peu la calomnie.

Quant à l'approbation des curés les plus vénérés, l'avenir montrera quelle en est la valeur, lorsqu'ils ne seront plus sous la pression de Mgr d'Icosie (2).

8 Octobre.

Il n'y a rien à espérer pour vous du côté du Saint-Siége, etc. — Si le curé des Aygalades et le prêtre en

---

(1) On le démontrera plus tard dans une lettre, qui, insérée dans le *Sémaphore,* est restée sans réponse

(2) Personne n'ignore la regrettable défection des curés de la ville, à la mort de Mgr Eugène, qui était devenu évêque de Marseille.

ques:ion ont reçu la réponse susdite, ce dont il est permis de douter, c'est un véritable déni de justice, qu'il faut mettre sur le compte, non du Saint-Siége, mais sur celui des employés subalternes d'une congrégation romaine (1).

Le Métropolitain doit prononcer en personne, etc. — Cela n'est vrai que lorsqu'il s'agit d'infliger une censure ; l'official peut réformer ou modifier les sentences des suffragants, comme il aurait pu le faire canoniquement dans l'affaire du curé des Aygalades, s'il y avait eu une vraie sentence ; apprenez cela, théologiens de l'Evêché !

Vous ne trouverez pas un seul curé qui consente à confesser vos élèves, etc. — Nous le savons ; la peur leur fera méconnaître leur droit et leur devoir : mais sachez encore, théologiens de l'Evêché, *qu'il n'appartient pas à l'Evêque de restreindre à son gré les droits curiaux.* C'est le cardinal de la Luzerne qui vous donne cette leçon; il est permis sans doute à l'Evêque de se réserver l'absolution de certains péchés énormes ; mais il est inouï dans toute l'histoire de l'Eglise qu'un évêque quelconque se soit réservé l'absolution d'une catégorie de fidèles laïques. D'ailleurs si les confessionnaux de Marseille sont fermés à nos élèves, nous espérons que ceux des diocèses voisins leur seront ouverts et qu'ils pourront y recourir pour se soustraire, non à une loi, mais à l'oppression.

Vous irez là... c'est bien, on vous y attend, etc. — Quelle menace ! Nous avions cru jusqu'à ce jour que le confessionnal était un tribunal de miséricorde !... Et dire qu'une pensée si contraire à la doctrine catholique a été conçue à l'Evêché de Marseille, écrite par un écrivain du susdit palais, et insérée dans les colonnes du journal qui se pique d'être le plus religieux de notre région ! Eh bien ! oui, nous irons là... et nous verrons !

---

(1) La *Gazette* saura bientôt qu'on peut espérer quelque chose du Saint-Siége.

10 Octobre.

Diatribes qu'ils ont hautement avouées, etc. — Il est faux que nous ayons hautement avoué tout ce qui a été imprimé, sans notre signature, dans le *Sémaphore*.

Tous les faits qui ont décidé la conviction des curés de Marseille, etc. — Tous ces faits ne regardaient qu'un seul inculpé ; est-il juste, encore une fois, d'en rendre responsables les deux autres ? Et n'était-il pas juste que ces faits fussent dévoilés en présence de l'inculpé, qui aurait eu ainsi la faculté de se justifier ?

Sont-ils bien recevables... à qualifier d'actes de violence, etc. — Ce n'est pas notre faute, si les mesures qu'on prend au nom de l'Evêque, sont en réalité des actes de violence, et méritent toutes les qualifications qu'on leur donne. C'est un loup qui attaque, *sous le hoqueton du berger, qu'il a endossé*.

Avec des ménagements infinis, etc. — Les lecteurs de la *Gazette* doivent être en effet très-édifiés des ménagements infinis que l'on a pour nous, surtout en comparant les articles signés par nous, et desquels seuls nous sommes responsables, avec ceux qui partent évidemment de l'évêché ; et si le *Sémaphore* est coupable dans ses attaques, qui au reste ne s'adressent pas à la conduite personnelle, la *Gazette*, qui n'est pas moins violente dans la forme, est beaucoup plus coupable, puisque ses injures déshonorent les actes privés de trois personnes, revêtues d'un caractère sacré.

Deux étrangers au diocèse, ont été accueillis dans des circonstances critiques pour eux, etc. — J'affirme que l'un des deux ne s'est pas présenté de lui-même à Marseille, et qu'un prêtre a été député auprès de lui à Toulon de la part de M. Bicheron pour négocier son introduction au petit Séminaire comme professeur de physique ; l'évêché a donc commis une grave imprudence en autorisant cette démarche, s'il est vrai que ce prêtre fût alors dans des circonstances critiques.

Pour ce qui me concerne, le rédacteur de l'article, quel qu'il fût, me calomniait incontestablement; pour lui fermer la bouche, je n'avais qu'à montrer la lettre de M. Boulard, dans laquelle ce vicaire général m'écrivait que Mgr l'Archevêque d'Aix me *prêtait* seulement pour neuf mois à son vénérable voisin ; et d'après tout ce qui a été exposé ci-dessus, m'a-t-on traité avec une bonté paternelle ?

Quant à ce troisième, qui seul a reçu et lu la lettre du 12 août, et qui par conséquent y est seul incriminé, il jouissait cependant il y avait à peine quelques mois, de la confiance de l'évêché, puisqu'on l'avait choisi pour me remplacer comme professeur de rhétorique. De deux choses l'une : ou cet homme n'était pas aussi coupable qu'on le prétendait, ou s'il était un prêtre impur, l'évêché commettait une nouvelle imprudence, plus grave que la première, en le plaçant et en le maintenant dans une Maison d'éducation diocésaine.

Votre lettre est une dérision sanglante, etc. — Si la lettre collective est une dérision sanglante (joli accouplement de mots) peut-on qualifier ainsi les lettres que j'ai adressées moi seul à l'évêché dans le courant de l'été ? Pourquoi sont-elles restées sans réponse ?

Les accusés en seraient quittes à trop bon compte, etc. — Nous sommes accusés, j'en conviens; mais l'acte d'accusation n'est pas entre nos mains ; et d'ailleurs les accusés ont le droit de réclamer des juges et d'exiger que ces juges ne soient pas leurs accusateurs; l'illusion à Scipion est donc une dérision, sinon sanglante, au moins superflue ; ce n'est qu'un hors-d'œuvre, pour jeter de la poudre aux yeux.

Ce jugement est rendu déjà, etc. — Nous en appelons au jugement du Père Céleste, et l'on nous répond que ce jugement est déjà rendu, parce que des écrivains, dont la haine déborde, l'ont prononcé, en se couvrant du manteau de l'Evêque. Est-ce que ce langage ne sent pas le fanatisme des sectaires?

L'Evêché aurait-il eu une révélation immédiate, ou bien, s'identifierait-il avec Dieu lui-même? A-t-il oublié qu'on peut appeler de son jugement à celui du Métropolitain, puis à celui du Concile Provincial, ensuite à celui du Souverain Pontife? Et si l'on se soumet à ce dernier jugement, pour ne pas éterniser le procès, ne sait-on pas à l'Evêché que le Saint-Siége n'est pas infaillible dans ses décisions sur les causes criminelles, et qu'on peut en appeler dans le for intérieur au jugement de Dieu? Pauvres canonistes! remettez-vous sur les bancs, vous en avez besoin.

Il faut un jugement pour le temps présent..... Il faut donner aux hommes la preuve irrécusable de l'innocence, etc. — Le jugement pour le temps présent, nous le sollicitons avec les plus vives instances; mais encore une fois nous désirons qu'il soit prononcé par de véritables juges et non par des accusateurs et des adversaires passionnés. Devant ce tribunal tel que l'Eglise l'a établi, nous tâcherons de prouver l'injustice des attaques dont nous sommes l'objet; et si nous ne pouvons nous justifier, alors, mais seulement alors, notre condamnation sera équitable.

Ainsi pour donner aux hommes la preuve irrécusable de notre innocence, il nous faut des juges impartiaux, que l'Evêché s'obstine à nous refuser; nous sommes ecclésiastiques, nous devons donc être jugés canoniquement; par conséquent notre déclaration est légitime et ne peut être assimilée à l'apostrophe de J.-J. Rousseau, qui se plaçait tout seul en face de Dieu; allusion historique tout aussi déplacée et ridicule que la première.

APPENDICE

N° 1

M. l'abbé Bicheron, ancien curé de Grans, était devenu en 1833 supérieur du Petit-Séminaire du Sacré-Cœur à Marseille. L'abbé B***, un de mes anciens condisciples, y était professeur de rhétorique. Ces deux hommes, mes amis à divers titres, eurent la pensée pour mon malheur de m'attirer à Marseille. J'étais alors vicaire à St-Remy, où je venais d'éprouver quelques désagréments. Ils m'écrivirent les lettres les plus séduisantes que j'ai regretté plus tard de n'avoir pas conservées, surtout celle de l'abbé Bicheron, qui n'y allait pas de main morte, et n'hésitait pas à faucher tous les principes et à en faire litière, pour me faire prendre une résolution désespérée.

Comme je m'attendais à une opposition de la part de mes supérieurs d'Aix, et que je lui exprimai mes craintes à ce sujet, il me répondit hardiment que, puisque on m'autorisait à renoncer au service des paroisses, et que je n'avais pas promis obéissance pour le professorat, sur ce point j'étais libre de me livrer à l'enseignement à Marseille aussi bien qu'à Aix ; donc la conclusion pratique était, d'après lui, que je pouvais partir pour Marseille, sans leur autorisation.

L'abbé Bicheron jouissait alors d'un grand crédit à l'archevêché d'Aix et à l'évêché de Marseille ; il comptait parmi ses amis les prêtres les plus distingués des deux diocèses ; mais, malgré tout ce prestige et quoique j'eusse dès lors la réputation d'être une tête exaltée, je ne me sentis pas le courage de passer le Rubicon, comme on me le conseillait chaudement ; j'adoptai la voie diplomatique, qui, pour mon malheur, je le répète, ne réussit que trop.

J'adressai donc le 15 du mois d'août à Mgr Raillon ma supplique à peu près dans les termes suivants, d'après quelques notes que j'ai trouvées :

« Monseigneur,

« Quoique les contradictions doivent être regardées comme le chemin du ciel, il est vrai de dire toutefois que trop persévérantes et trop rapprochées, elles peuvent être dangereuses pour une vertu ordinaire. Tout en reconnaissant la justice des jugements de Dieu, qui a le droit de châtier, selon son adorable volonté, les moindres fautes, je n'ai pu m'empêcher de sentir vivement la rigueur des jugements des hommes. Je ne puis donc me dissimuler, Monseigneur, que les forces de mon corps sont désormais insuffisantes pour soutenir une lutte, dont je ne puis prévoir la fin, puisqu'à défaut de délits véritables, on transforme en crime une maladie, pour me nuire.

« Je ne sais si je me fais illusion, Monseigneur, mais il me paraît que le moment est venu où je dois, comme nous y autorise J. C., prendre la fuite, pour faire diversion. Je pense que de nouvelles occupations sous un autre ciel adouciront cette amertume et cette aigreur de sentiments qui doivent naissance à des circonstances malheureuses et imprévues et qui sont plutôt opposées que conformes à mon caractère.

« J'espère que mon éloignement du diocèse pendant quelque temps détruira toutes les préventions que j'ai soulevées contre moi par des actes susceptibles de diverse interprétation et auxquelles je regrette avec sincérité d'avoir donné lieu même innocemment. Mon absence du diocèse pourra n'être que temporaire ; car ce n'est pas ma pensée de renoncer à tout jamais à l'honneur de servir le pays qui m'a vu naître. Cependant j'attends, Monseigneur, votre autorisation, comme une marque certaine de la volonté de Dieu ; et ce ne sera qu'avec votre permission formelle que je quitterai, le premier dimanche d'octobre, le poste que j'occupe.

« Daignez, etc.

« JONJON. »

Réponse :

ARCHEVÊCHÉ D'AIX
—
« *Aix, le 30 Août 1833.*

« Monsieur,

« Je suis chargé par Monseigneur de vous informer qu'il a été très-touché de la dernière lettre que vous lui avez écrite ; qu'il n'y répond pas, parce qu'il aime mieux avoir une conférence avec vous, et qu'il vous invite en conséquence à venir passer 24 heures à Aix après la Nativité de la Ste-Vierge, à son retour de Lambesc où il ira donner la Confirmation.

« Je puis vous dire en attendant que Monseigneur vous porte beaucoup d'intérêt et qu'il prend part à votre situation.

« Je ne vous parle pas de mes sentiments particuliers pour vous : vous les connaissez, et je vous en renouvelle l'assurance.

« BOULARD, Vic. gén. »

Cette réponse est certes on ne peut plus satisfaisante ; Mgr l'Archevêque *est touché de ma lettre ; il me porte beaucoup d'intérêt ; il m'invite à une conférence.* N'avais-je pas lieu d'en être content, surtout en la rapprochant de la lettre que M. Bony m'écrivit quelques jours après, pour me faire connaître officiellement et en détail les intentions de Sa Grandeur? Non seulement M. Bony confirme le témoignage de M. Boulard, mais encore il enchérit évidemment sur ses expressions : *Monseigneur me veut du bien ; il m'estime fort ; et il m'est attaché.* Que pouvait-on dire de plus? Voici cette lettre :

« *Aix, le 4 Septembre 1833.*

« Vous avez dû recevoir, Monsieur et très-cher Jonjon, une lettre de M. Boulard, qui vous écrit de la part de Mgr l'Archevêque, pour vous engager à venir le voir. Soyez assuré que Mgr l'Archevêque vous veut du bien. Il vous estime fort, et il vous est attaché ! Il a dessein de vous employer au petit Séminaire sur la demande que M. Rouchon lui a faite de vous, et c'est pour cela qu'il veut avoir avec vous un entretien. Je vous écris, mon cher Jonjon, uniquement pour vous engager à ne pas refuser le poste qui vous est offert. Vous y serez avec agrément, et vous ne garderez pas, par ce moyen, sans utilité le talent que Dieu vous a donné. Pensez que vous vous devez avant tout à votre diocèse, que vous avez promis obéissance, et que Dieu vous bénira si vous y êtes fidèle. Il y a très grande apparence que M. Pasquier sera employé aussi pour veiller sur les études, et leur donner la direction convenable. Adieu, je vous aime et vous embrasse de tout mon cœur.

« BONY. »

J'avais manifesté le dessein de me livrer à l'enseignement; M. l'abbé Rouchon, mon ancien et bon curé de St-Chamas, que je vénérais et qui m'avait toujours témoigné beaucoup d'amitié, était alors supérieur du petit Séminaire ; il y avait eu l'année précédente des tiraillements entre lui et ses professeurs ; il s'agissait de renouveler le personnel ou de le modifier ; M. l'abbé Pasquier, mon ancien professeur de philosophie que j'avais remplacé comme vicaire à St-Remy, devait être directeur des classes. Je savais déjà indirectement qu'on m'offrait la chaire de rhétorique, pour mon début dans l'enseignement. En vérité, il semble qu'une telle perspective devait être pour moi couleur de rose et qu'il n'y eut pas à balancer ; je me rendis en effet à Aix pour m'entendre avec M. Rouchon et prendre une résolution définitive. Ce fut dans la sacristie du *St-Esprit* que la conférence eut lieu et non au petit Séminaire, afin de ne pas éventer la mine ; car il s'agissait d'éconduire trois ou quatre professeurs. Autant que ma mémoire est fidèle, le résultat de cet entretien fut satisfaisant pour tous les deux ; malheureusement MM. Bony et l'abbé Sibour étaient absents ; ils ne purent donc pas confirmer par leurs exhortations amicales la résolution que je venais de prendre de ne pas quitter le diocèse ; d'autre part je ne parus ni au secrétariat ni à l'archevêché. Pourquoi ai-je commis cette faute ? Après plus de quarante ans qui viennent de s'écouler, je ne puis en donner le vrai motif. Il est certain que Mgr Raillon ne m'inspirait aucune confiance ; et malgré son retour vers moi, je ne pouvais avoir oublié ses mauvais procédés aux Cadeneaux et tout récemment à St-Remy. Je retournai donc comme un soldat armé à la légère qui va se mesurer avec des ennemis pesamment armés ; je trouvai en effet deux lettres de Marseille qui effacèrent entièrement les bonnes impressions que j'avais reçues à Aix. J'écrivis donc à M. Boulard la lettre suivante, qu'aujourd'hui je n'approuve pas :

« *22 Septembre 1833.*

« Monsieur le Vicaire général,

« Je suis infiniment reconnaissant de l'intérêt que Mgr l'Archevêque prend à ma position et de la bienveillance qu'il daigne me faire témoigner. Plût à Dieu que j'eusse reçu un peu plus tôt l'assurance de ce changement de dispositions ; je n'eusse pas pris la résolution dont je vais vous donner connaissance, après en avoir au préalable exposé les motifs.

« J'ai manifesté à Monseigneur dès le 15 du mois d'août mon intention bien formelle de quitter le diocèse ; je lui ai exposé succinctement mes raisons et je lui ai demandé son autorisation comme une marque de la volonté divine. J'ai cru raisonnablement reconnaître cette autorisation dans le silence que l'on a gardé sur ma lettre pendant 15 jours. Ce silence, joint à tous les antécédents dont je vous épargne le détail, et surtout à la menace qui me fut faite, le mois dernier, de ne plus me donner d'emploi dans le diocèse, m'a paru suffisamment explicatif de la volonté de Sa Grandeur ; et le 30 août, jour où je n'avais pas encore reçu votre lettre, j'ai donné ma parole aux autorités ecclésiastiques de Marseille, jusqu'à ce que, toute prévention cessant, je puisse travailler de nouveau dans mon diocèse d'origine.

« A vrai dire, M. le Vicaire général, cette *menace* pèsera longtemps sur ma conscience, non pas comme un remords, mais comme un souvenir désolant de tout ce qu'a pu faire la prévention. Je reconnais aujourd'hui plus que jamais la vérité de cette maxime, que la calomnie est un charbon qui noircit toujours, lorsqu'il ne brûle pas. Il est pénible sans doute de parler de soi dans un sens favorable ; mais je crois pouvoir dire hautement que cette menace, je ne l'ai pas méritée : je ne l'ai pas méritée à Salon ; interrogez les prêtres qui y travaillent après moi ; je ne l'ai pas méritée aux Cadeneaux ; il est facile de s'enquérir du bien ou du mal que j'y ai fait ; je ne l'ai pas méritée à St-Remy ; consultez les trois ecclésiastiques qui doivent bientôt entrer au grand Séminaire : je m'en réfère à leur témoignage des dispositions de tout le peuple à mon égard.

« Peu importent sans doute à un ministre de J. C. les jugements des hommes; mais il importe beaucoup aux supérieurs, avant de déployer les rigueurs de la sainte discipline, de ne pas oublier qu'un seul acte coupable, et à plus forte raison involontaire, devrait en quelque sorte être absorbé par le reste de la conduite toute régulière et irréprochable, toute pleine d'actes méritoires et de sacrifices (1). Vous concevez, Monsieur le Vicaire général, que ce n'est pas pour moi seul que je hasarde ces réflexions; je ne les poursuis pas; car je suis fatigué de contrister ceux que j'honore et que j'aime dans toute la sincérité de mon âme.

« Il y a contre moi, je ne puis en douter, des impressions défavorables; mon éloignement du diocèse est seul capable de les détruire; je supplie donc encore une fois Monseigneur de me permettre de m'absenter pour tout le temps que Sa Grandeur déterminera.

« Daignez, etc.

« Jonjon. »

Si j'avais eu à 27 ans l'expérience que j'ai à 70, je n'aurais pas écrit cette lettre; Mgr l'Archevêque aurait bien fait de couper court à toutes ces correspondances par un *veto* définitif, que certainement je n'aurais pas enfreint. Il avait d'autant plus de raisons d'en finir, que je lui donnais en quelque sorte une leçon, qui, quoique bonne en soi, était alors au moins superflue, puisque MM. Boulard, Bony et Sibour m'avaient rendu complète justice en son nom. Or qu'on me permette d'examiner de sang froid ce qui me serait arrivé, sans soubresauts et par la route battue, si je n'avais pas écrit cette lettre, qui est le

---

(1) On me reprochait d'avoir outragé en chaire quelques notabilités de St-Remy.

point de départ d'une déviation si compromettante pour mon repos, mon honneur et peut-être aussi le salut éternel de mon âme.

D'abord j'aurais professé à Aix la rhétorique très-probablement avec succès, puisque j'ai réussi à Marseille dans le même emploi, sur un théâtre plus important. Lorsque un an après, M. Rouchon fut nommé vicaire général et que M. Pasquier le remplaça comme supérieur, je devenais légitimement directeur des classes, puisque je l'ai été à Marseille dès la première année de mon professorat ; enfin lorsque M. Pasquier a été vicaire général, je le remplaçais naturellement comme supérieur, vu que cela est arrivé à tous les directeurs des classes, jusqu'à aujourd'hui ; et puisque j'ai encore réussi, en cette qualité, à Marseille, c'eût été bien extraordinaire que la même plante n'eût pas produit les mêmes fruits sur un terrain et dans un climat identiques. Mais ma mauvaise étoile ou, pour parler plus chrétiennement, la Providence ne l'a pas voulu, ou ne l'a pas permis ou mieux a toléré que je prisse une autre route. *Judicia Dei abyssus multa.*

Si j'avais écrit cette lettre à l'un des prélats que j'ai connus plus tard de fort près, qui se font gloire de ne jamais revenir sur leurs pas, je sais par expérience ce qu'il m'aurait répondu et la conduite qu'il aurait tenue à mon égard. Mais Mgr Raillon et M. Boulard eurent la charité de ne pas m'en vouloir de la liberté que je prenais de leur écrire qu'ils n'auraient pas dû me condamner, avant de m'avoir entendu ; ils firent semblant de ne pas comprendre, et M. Boulard m'écrivit, en quelque sorte sous la dictée de l'Archevêque, la lettre du 28 septembre, dont le ton paternel contraste avec le langage sévère que j'avais tenu dans la mienne ; la voici :

ARCHEVÊCHÉ
D'AIX, D'ARLES & EMBRUN
—
 « *Aix, le 28 Septembre 1833.*

« Monsieur,

« J'ai fait part à Mgr l'Archevêque de la lettre que vous m'avez écrite le 22 de ce mois. Sa Grandeur m'a chargé de vous répondre que, pour vous prouver l'intérêt qu'il vous porte et le désir qu'il éprouve de vous voir jouir d'une bonne santé, il consent à vous *prêter* pour neuf mois à son vénérable voisin. En conséquence vous pouvez vous rendre à Marseille, sans aucun obstacle de la part de Mgr l'Archevêque.

« Vous me parlez dans la même lettre de l'impression forte que vous a faite une *menace* qui pèsera sur votre conscience, non comme un remords, mais comme un souvenir désolant. J'ignore entièrement la nature de cette menace, mais je vous conseille de ne plus vous en occuper, et de relire, pour vous tranquilliser, ce que je vous mande ci-dessus des dispositions de Mgr l'Archevêque à votre égard.

« Recevez une nouvelle assurance des sentiments d'intérêt et d'attachement de votre très-humble serviteur.

« Boulard, Vic. gén. »

Cette lettre confirme et couronne toutes les autres; elle m'a toujours tenu lieu de cuirasse et de bouclier contre les traits de la malignité et de l'envie; elle est aujourd'hui encore pour moi un vrai *palladium.* Est-il possible en effet de témoigner à un jeune prêtre plus d'attachement et d'estime que Monseigneur ne le fait, en chargeant M. Boulard de m'écrire qu'il consent à *me prêter* pour neuf mois *seulement à son vénérable voisin?* Et M. Boulard à oublié la menace qu'il m'a faite et me conseille de ne plus m'en occuper, comme s'il me disait : *Allons, n'en parlons plus; faites comme si je n'avais rien écrit.* Nos supérieurs actuels ne se piquent pas de tant de mansuétude ; au lieu de courir après la brebis égarée et de la ramener au bercail, ils chassent impitoyablement celle qui veut y rentrer et la font poursuivre, loin des pâturages sacrés, par des serviteurs mercenaires, qui, épousant toutes les préventions de leur maître, en exécutent servilement les ordres.

N° 2

DOCTRINE DES ANCIENS SUR LE PROFESSORAT

1° Impellimur nâturâ ut prodesse velimus quàm plurimis, inprimisque docendo et tradendis comparandæ prudentiæ rationibus, itaque non facile est invenire qui non tradat alteri quod sciat ipse. Ita non solum ad discendum propensi sumus, verum etiam ad docendum (1). (Cicero *de finibus bonorum et malorum*, lib. III, c. XX).

2° Quærenti mihi quânam re possem prodesse quàm plurimis, nulta major occurrebat quàm si traderem civibus meis vias optimarum artium (2). (Cic. *de Divinat.*, II, I).

3° Quis est nostrûm liberaliter educatus, cui non educatores, cui non magistri sui atque doctores, cui non locus ille ipse mutus ubi altus aut doctus est, cum gratâ

---

(1) 1° Nous sommes portés naturellement à vouloir nous rendre utiles au plus grand nombre possible, principalement en enseignant et en communiquant les moyens d'acquérir la science. C'est pourquoi il est bien difficile de trouver quelqu'un qui n'apprenne pas à un autre ce qu'il sait lui-même. Ainsi nous sommes portés non-seulement à nous instruire, mais encore à enseigner.

(2) 2° Lorsque je cherchais de quelle manière je pourrais me rendre utile au plus grand nombre possible, rien de mieux ne se présentait à ma pensée que d'enseigner à mes concitoyens la route des nobles études.

recordatione in mente versetur? (1) (Cic. *pro Plancio*, XXXIII).

4° Non is solùm Reipublicæ prodest qui tuetur reos et de pace belloque censet, sed qui juventutem exhortatur, qui in tantâ bonorum præceptorum inopiâ, virtute instruit animos, qui ad pecuniam luxuriamque ruentes prensat ac retrahit, et, si nihil aliud, certe moratur, in privato publicum negotium agit.

An ille plus præstat qui inter cives verba pronuntial, quàm qui docet quid sit justitia, quid pietas, quid sapientia, quid fortitudo, quid mortis contemptus, quid Deorum intellectus, quantum bonum sit bona conscientia? (2) (Seneca *de Tranquillitate vitæ*, c. III).

5° Ne dicas nihil præceptori debere te nisi mercedulam, quia aliquid numeraveris, quædam pluris sunt quàm emuntur; emis à bonarum artium præceptore rem inestimabilem, studia liberalia et animi cultum. Mercedem fert non meriti, sed occupationis suæ, quôd a rebus suis avocatus nobis vacat.

---

(1) 3° Qui de nous ayant reçu une éducation libérale, ne conserve pas dans son cœur un souvenir délicieux de gratitude de ceux qui l'ont élevé, de ses maîtres, de ses instituteurs, et même de ce lieu muet où il a été élevé et instruit.

(2) 4° On sert la République non-seulement en défendant les accusés et en donnant son avis sur la paix et sur la guerre, mais encore, dans une si grande pénurie de bons précepteurs, en dirigeant la jeunesse, en formant les âmes par la vertu, en saisissant et en retirant du mauvais sentier ceux que la cupidité et la luxure entraînent, et au moins en retardant leurs excès, si l'on ne peut obtenir autre chose; ainsi une occupation privée devient un service public.

Celui qui rend des jugements entre les citoyens, l'emporte-t-il en mérite sur celui qui enseigne ce que sont la justice, la piété, la sagesse, la force d'âme, le mépris de la mort, la nature de la Divinité et combien la bonne conscience est un bien précieux?

Præceptor in docendo et laborem et tœdium tulit; hortando bonam indolem erexit, et modo laudibus fecit animum, modo admonitionibus discussit desidiam. Tùm ingenium latens et pigrum injectà (ut ita dicam) manu extraxit, nec quæ sciebat, malignè dispensavit, quò diutius esset necessarius, sed cupit, si posset, universa transfundere.

Sordidissimorum quoque artificiorum institutoribus suprà constitutum aliquid adjicimus, si nobis opera illorum enixior visa est; in optimis verò artibus quæ vitam excolunt, qui nihil se plus existimat debere quàm pepigit, INGRATUS est. Hoc cùm factum est, pretium operæ solvitur, animi debetur (1). (Sen. *de Benificiis*, lib. VI, c. 15, 16, 17).

Fidèle à ces maximes, j'ai toujours considéré comme un devoir l'attention de conserver avec mes anciens profes-

---

(1) 5° Ne dites pas que vous ne devez à votre précepteur que le modique salaire que vous lui avez payé. Certaines choses valent plus que le prix auquel on les achète. Vous achetez à un maître des beaux-arts une chose inestimable, c'est-à-dire les connaissances libérales et la culture de l'esprit. Il reçoit la récompense non de son mérite, mais de son travail, en ce qu'il délaisse ses occupations pour vaquer aux nôtres.

Les leçons du précepteur allégent notre travail, en dissipant l'ennui; ses exhortations maintiennent dans la droiture les bons penchants, ses louanges donnent du courage, ses avertissements secouent la nonchalance; il tire en dehors, pour ainsi dire, en y mettant la main, les talents cachés et inertes; il ne communique pas avec parcimonie ce qu'il sait, afin de se rendre plus longtemps nécessaire; mais il désire au contraire, si c'était possible, de verser dans nos âmes l'universalité de ses connaissances.

Nous donnons un supplément de salaire aux ouvriers qui nous initient aux plus vils métiers, si nous découvrons dans leur travail des soins plus empressés. Mais dans les beaux-arts qui embellissent la vie, celui qui pense qu'il ne doit rien de plus que le prix dont on est convenu, est un INGRAT : lorsque cela arrive, on paye le travail matériel, mais la dette du cœur reste.

seurs des relations d'intimité ; et ce n'est pas sans remords que je les ai quelquefois interrompues : aussi concernant le début de mes études, j'ai écrit ce qui suit :

>Que ne devons-nous pas à notre tendre mère?
>De l'éducation posant le fondement,
>Sa parole d'amour fait jaillir la lumière
>Dans les sombres replis de notre entendement.
>Mais qui fécondera cette bonne semence
>La séve réchauffée est une autre naissance ;
>Le maître qui la donne est un présent du ciel.
>Que nous avons reçue au foyer paternel?

Je ne pense pas qu'en prenant en considération mes quarante-six ans de professorat, il y ait de l'exagération à m'appliquer ce distique de mon crû, que j'ai oublié dans mon épitaphe :

>Formandis animis juvenûm sudavit et alsit ;
>Infelixque labor juvit et ipse senem (1).

---

(1) Natus et ipse deâ. (Virgile)

N° 3

DISCOURS AUX MEMBRES DE L'ACADÉMIE
DU PETIT SÉMINAIRE DU SACRÉ-CŒUR, A MARSEILLE
(1833)

« Messieurs,

« Chargé par M. le Supérieur de présider à vos exercices littéraires, je n'ai pu me dissimuler, en acceptant cette tâche, l'importance des engagements que je contractais. La confiance dont j'ai été honoré aurait seule suffi pour réclamer toute ma sollicitude, si d'ailleurs la nature des occupations que je dois diriger ne l'exigeait impérieusement. Vous n'avez pas sans doute perdu de vue la haute pensée qui a inspiré l'institution de l'Académie ; aussi devez-vous comprendre, pourquoi sur un sujet en apparence frivole, je vous fais entendre ce cri de ma conscience.

« La plupart de ceux qui siègent dans cette enceinte, et à qui j'ai l'honneur d'adresser la parole, doivent se rappeler avec une vive émotion la mémoire de ce jour solennel où la voix de Dieu, par l'organe de son Pontife, les appela au fauteuil académique ; leurs cœurs furent alors inondés de joies ineffables et de ces chastes délices qui sont l'apanage exclusif de l'innocence. Les fleurs semblaient naître sous leurs pas ; ils se plaisaient à se bercer de glorieuses espérances, et le plus brillant avenir souriait à leur jeune et ardente imagination : ce fut pour eux un beau jour parmi les plus beaux de leur vie.

« Mais en vous rappelant, Messieurs, un si doux souvenir, en vous transportant par la pensée au milieu de cette fête et en quelque sorte sur ce char de triomphe, en faisant encore jaillir de votre front cette auréole de gloire, je dois aussi rendre hommage à la pensée chrétienne qui se lève majestueuse, dominant toute cette pompe, effaçant de son immortel éclat toutes les gloires éphémères, et laissant sur son passage une longue trace de lumière. Oui, Messieurs, je me prosterne devant cette pensée, qui a produit l'Académie et qui en est l'âme, je la couronne reine de mon intelligence et de mon cœur ; car elle est tout à la fois une pensée sublime et une pensée d'amour.

« C'est ici, jeunes chrétiens, et vous surtout, jeunes lévites, c'est ici, vous dit-on en ce jour mémorable, le gymnase préparatoire où vous devez préluder à la grande lutte qui s'est engagée sur tous les points de l'ordre social. J'adhère de tout mon cœur, Messieurs, à cette noble fin de l'Académie et je partage, autant qu'il est en mon pouvoir, tous les sentiments qui furent alors exposés, avec autant d'énergie que d'éloquence. Pouvait-on en effet vous indiquer une autre route et vous tracer une voie différente?

« Lorsque le char de la société conduit par des hommes évangéliques, roulait avec sécurité à la garde de Dieu, vers ses immortelles destinées, il fut permis à la littérature de se livrer à de joyeux ébats : mais depuis qu'une science orgueilleuse, semblable à une fille dénaturée, maudissant les entrailles qui l'ont portée et les mamelles qui l'ont allaitée, et brisant avec une sorte de frénésie le berceau de son enfance, a renié, autant qu'il était en elle, sa divine origine, a conçu je ne sais quelles ténébreuses résolutions d'effacer de ce monde et de la mémoire des peuples les vérités fondamentales, et s'est efforcée de remplacer les idées providentielles par ses fragiles conceptions, la tolérance dont je viens de parler serait puérile et pourrait même devenir criminelle.

« Que dirions-nous en effet, Messieurs, d'une littérature qui toujours indifférente ou légère ne jetterait sur un si grand péril de la société que des regrets enfantins ; qui, au lieu d'alimenter son génie à la grande scène qui se déroule à ses yeux, s'exercerait à en consumer le flambeau dans de frivoles productions, propres tout au plus à servir de hochets à la première enfance. Jeunesse chrétienne, une plus noble carrière vous est ouverte. Si vous avez reçu de la Providence quelque étincelle de génie, un esprit élevé, une âme généreuse, hâtez-vous de prendre place dans les rangs de ces religieux et savants écrivains, que nous voyons, après tant de jours mauvais, comme des astres d'un heureux présage, sur l'horizon de notre siècle, depuis longtemps chargé de vapeurs grossières ou de nuées orageuses.

« Semblables à cet arc radieux que le Père Céleste donna, dans les premiers âges du monde, comme un gage de son alliance et de ses promesses, ces jeunes littérateurs, messagers de l'espérance, et précurseurs de la nouvelle société qui fermente, s'avancent comme revêtus de la puissance d'en Haut ; ils relèvent les courages abattus et brûlent de replacer sur leur base ces vérités chrétiennes qui allaient par leur chute compromettre tout ensemble la solidité des trônes, la félicité des nations, leurs institutions, la morale et la littérature. En présence de ce vieux monde que la corruption plus encore que la décrépitude fait marcher à grands pas vers la tombe, on voit ces fidèles croyants déployer hardiment la bannière qu'un Dieu mourant planta jadis, comme le phare du monde, sur le Golgotha.

« Le spectacle de cette prodigieuse activité, de ce dévouement héroïque et surtout de cette foi chrétienne qui sort pleine de sève et de verdeur du tronc desséché de notre siècle, confond dans leurs pensées les apôtres de destruction, et les prophètes de mort, qui nous jetaient par dérision le crêpe funèbre, comme si déjà eût sonné la dernière heure du christianisme.

« Ainsi le triomphe de la Croix par la littérature et de

la littérature par la Croix, tel est, Messieurs, le grand événement qui se prépare et qui est le point de mire des communs efforts de toute cette jeunesse qui se glorifie à la fois d'être française et catholique. Si votre courage n'était pas au niveau de cette grande œuvre ; si à la vue de tant de ruines à relever, de tant de cadavres à ranimer, de tant de géants à combattre, vous sentiez vos cœurs défaillir, et vos pas chanceler, écoutez ce que proclament hautement ces pieux et savants athlètes :

« C'est au pied de la Croix, disent-ils, jusque dans les
« plaies saignantes de l'Homme-Dieu, qu'il faut puiser
« ses pensées et ses inspirations ; c'est au fond du sanc-
« tuaire, foyer de la divine charité, qu'il faut réchauffer le
« cœur engourdi ; c'est à la lumière éclatante de ces pages
« immortelles, qui ont traversé glorieusement les épreu-
« ves de dix-huit siècles, qu'il faut rallumer la flamme du
« génie. »

« On ne saurait entendre sans attendrissement un langage si consolant pour l'Eglise, épouse de J. C., pour nous ses ministres et pour vous ses enfants. D'où peut nous venir, Messieurs, une réaction si spontanée ? Quelle cause assignerons-nous à ce mouvement généreux de certains esprits et à cette tendance d'une partie de la génération qui grandit, vers les idées religieuses ? On dirait que la science, rougissant de ses désordres, et déplorant son égarement, depuis qu'elle a déserté les autels de Jéhovah, vient d'elle-même offrir son sacrifice expiatoire ; on dirait encore que cette science, jetée par un excès de délire hors du sein de l'Eglise et jusque sur le bord d'un abîme, recule épouvantée et vient toute haletante frapper à l'asile du sanctuaire, comme un enfant timide, égaré dans la prairie, court se jeter dans les bras de sa mère, à la vue d'un reptile venimeux, qui serpente à ses pieds.

« La solution de ce mystérieux problème se présente aisément à l'intelligence des enfants de lumière. Il n'est pas de *fidèles*, selon l'énergique expression de nos Pères, qui ne doive s'écrier, en empruntant le langage des devins de l'antique Egypte : *digitus Dei hic est*.

« Oui, Messieurs, ce changement qui nous frappe de stupeur, est l'ouvrage du Tout-Puissant ; la faiblesse de l'instrument qui enfante des merveilles, révéla toujours l'assistance de la divinité ; ainsi le trône des superbes Pharaons fut jadis ébranlé par la verge d'un obscur israëlite ; ainsi douze pêcheurs furent envoyés à la conquête du monde idolâtre. Ainsi la jeunesse française, à peine sortie de la première enfance, est aujourd'hui appelée à la haute mission de régénérer la société et de la retremper dans ces doctrines vitales, si longtemps méconnues et outragées.

« Montrez-vous donc, Messieurs, par votre ardente coopération, dignes d'un si généreux apostolat ; novices encore dans ce genre de combat, c'est ici que vous connaîtrez votre ennemi, et que vous apprendrez à le vaincre ; c'est ici que vous aiguiserez contre l'ignorance fastueuse le trait redoutable de la vraie science.

« Puissiez-vous, Messieurs, par votre persévérance dans l'étude, obtenir ce précieux résultat ; c'est pour soutenir votre faiblesse et guider votre inexpérience que nous confirmons aujourd'hui en les modifiant et les complétant ces règles salutaires qui naguère vous ont été données ; votre fidélité à les observer sera, nous n'en doutons point, couronnée d'un brillant succès par ce même Dieu qui les a inspirées.

« Je les dépose, Messieurs, dans vos cœurs ; c'est à votre foi et à votre zèle que j'en confie la garde ; mais c'est à vous principalement qu'il appartient de déployer la plus vigilante activité, à vous que les suffrages de vos condisciples ont élevé à la première dignité de cette réunion, pour en être le représentant et le soutien. Le mérite de vos antécédents, si justement apprécié par vos condisciples, nous donne, à M. le Supérieur et à moi-même, l'assurance que vous ne faillirez pas.

« Gloire au Très-Haut, le Père des Lumières ! Que son bras nous protége ; que sa Providence veille toujours sur nous et sur notre débile raison ; qu'elle dirige notre plume vacillante dans les voies de la justice et de la vérité ; et alors nos labeurs ne seront point infructueux ; l'immortalité leur est acquise. »

DISCOURS PRONONCÉ A UNE DISTRIBUTION DE PRIX AU PETIT SÉMINAIRE DE MARSEILLE

« Monseigneur,

« Le temps, dans son cours périodique, ramène également et les jours mauvais, de sinistre mémoire, et les jours fortunés dont le souvenir est encore une pensée de bonheur : Anniversaire !!! Combien de douces émotions, de sublimes pensers, de scènes touchantes, ne découvrons-nous pas sous cette expression que le vulgaire prononce mille fois avec tant de froideur ; à nous, aujourd'hui l'anniversaire, à nous les trésors de cette parole mystérieuse ; à nous il appartient d'en goûter les charmes et d'en savourer les douceurs ; à nous l'anniversaire, à vous aussi, Monseigneur, puisque la fête de notre bonheur est aussi l'anniversaire de vos bienfaits.

« Deux années se sont écoulées, depuis qu'à pareille époque, l'Académie formée par Votre Grandeur, brisant les lisières de l'enfance, s'est élancée, sous vos auspices, dans la carrière qui lui fut tracée : les vœux ardents qui vous furent inspirés dans ce jour solennel, n'ont point été stériles, le Dieu de votre cœur, qui en connaît toute l'étendue et la pureté, les a exaucés avec je ne sais quelle magnificence. Dès les premiers jours de son existence, cette réunion de jeunes élèves jeta le plus vif éclat ; ses travaux ont toujours été couronnés du succès le plus flatteur, et sa gloire, toujours croissante, quoique prématurée, atteste hautement que votre œuvre, Monseigneur, fut une pensée divine.

« Parmi les vertus du jeune âge, il en est qui aiment à briller dans l'ombre, ou qui ne peuvent se produire d'elles-mêmes au grand jour, sans ternir leur vernis de pureté ni altérer leurs grâces naïves : mais la reconnaissance ne fut jamais, pour tout âge, une vertu solitaire ; comme un torrent grossi par les orages et que l'étroite limite de son lit ne peut contenir, cette vertu ne saurait se renfermer dans le secret des sentiments intérieurs, sans jeter sur leur sincérité les soupçons les plus odieux : si elle bouillonne dans le cœur, pourrait-elle ne point épancher au dehors ses flots d'amour et d'innocente ivresse ? Aussi, Monseigneur, l'Académie qui vous doit son existence et ses succès et qui se repose pour son avenir sur votre paternelle sollicitude, s'empresse-t-elle de vous témoigner aujourd'hui, par mon organe, sa plus vive reconnaissance. Elle suspend sa marche triomphale pour distinguer elle-même dans la foule de ses admirateurs celui qui fut son père et se reconnaître hautement tributaire envers lui des applaudissements qu'elle va bientôt recueillir. C'est ainsi qu'elle a su se soustraire aux charmes de ces honneurs précoces où l'inexpérience trouve de si dangereux appats et que sur son jeune front couronné de lumière on voit briller encore le doux éclat d'une modeste rougeur.

« Toutefois, Monseigneur, je me hâte de reconnaître que cette pompe extérieure n'est qu'un brillant accessoire et que cette gloire n'est point, à Dieu ne plaise, son arrière pensée ni l'intention première de Votre Grandeur, dans l'établissement de l'Académie ; cette fleur à l'odeur suave, aux couleurs séduisantes recèle sous son éclatante enveloppe un fruit délicieux : le progrès dans les études littéraires; sous ce point de vue, cette institution salutaire s'élève à la plus haute importance et grandit jusqu'à la hauteur d'une pensée sociale : or, qui mieux que l'Académie peut en connaitre les avantages et en apprécier les résultats ? La carrière des sciences est semée de ronces et d'épines et notre intelligence, comme une terre inculte ne peut se féconder qu'à l'aide d'une constante sollicitude et d'une ardeur infatigable ; si l'indolence de la décrépitude saisissait le cœur du jeune homme, champion malheureux dans la lice littéraire, jamais il n'atteindra à cette borne où sont suspendues les guirlandes et les couronnes ; jamais ne retentirait, comme symbole de victoire, ce nom qu'il reçut de l'amour d'une mère, le jour de sa naissance : mais quel puissant encouragement, quelle source d'émulation et de zèle, quel foyer d'ardeur et d'enthousiasme pour de jeunes étudiants, que ces réunions imposantes où leurs travaux couronnés du succès sont fêtés par le baiser de la tendresse et l'approbation de la science ! Cette moisson de jouissances que l'on peut recueillir dans les études, c'est encore à vous, Monseigneur, que l'Adadémie en est redevable et ces élèves qui se pressent dans cette enceinte, je les vois tout prêts à entonner avec elle l'hymne de la reconnaissance.

« Enfin me serait-il permis, à moi, dépositaire de ses sentiments les plus intimes et confident de ses pensées, de révéler à Votre Grandeur un des secrets de son âme ? Mais pourquoi redouterais-je de paraître infidèle ? Mon devoir (et c'est elle qui me l'a imposé), est de me faire aujourd'hui l'interprète de son cœur : vous saurez donc, Monseigneur, que l'Académie, quoique étrangère aux événements prodigieux qui s'opèrent dans le monde, a pressenti par une sorte d'inspiration la marche progressive des idées religieuses ; on dirait que le noble instinct de sa destinée la tourmente et la presse ; ces fréquents épanchements de sa foi, ces regards brûlants vers l'avenir, ces soupirs d'espérance n'annoncent-ils pas qu'elle a deviné la sublime mission que la jeunesse chrétienne remplit avec tant d'héroïsme dans le siècle ? Peut-être son âme se consumerait-elle en feux impuissants, si votre sage prévoyance ne lui avait élevé sur ce théâtre une chaire d'où elle peut faire entendre à ses frères qui combattent, ses voix d'amour et ses cris de sympathie ?

« Actions de grâces vous soient donc rendues d'avoir inondé de pures délices et de joies ineffables ces jeunes cœurs chrétiens, et agréez cette dernière expression de leurs sincères hommages : pénétrés de leur propre faiblesse et de leur impuissance naturelle, ils n'oseraient se promettre qu'une existence précaire, si votre bonté inépuisable et votre puissante protection n'étaient les garants de leur destinée : vous achèverez votre ouvrage, Monseigneur, vous continuerez à abaisser sur vos enfants ces regards de bienveillance qui sont la récompense la plus flatteuse de leurs travaux. Vos ardentes prières leur sont à jamais acquises ; votre zèle qui les a enfantés, soutiendra leur courage, provoquera leurs efforts et préparera leurs triomphes ; et l'Académie toujours reconnaissante déposera à vos pieds sa couronne de gloire, immortelle *comme votre amour*.

DISCOURS
QUI DEVAIT ÊTRE PRONONCÉ A LA DISTRIBUTION DES PRIX
A LA FIN DE L'ANNÉE CLASSIQUE

« Monseigneur,

« Lorsque les cœurs sont rapprochés par ces liens intimes que forme la nature, ou le commerce de la vie, il est des événements qui ne peuvent ni causer des douleurs ni procurer des jouissances solitaires : aussi l'Académie que j'ai l'honneur de représenter se repliant sur elle-même, et parcourant chaque période de son existence, vous retrouve-t-elle à chaque pas, partageant son allégresse, applaudissant à ses efforts, couronnant ses succès, et participant à sa gloire ; et cette joie de Votre Grandeur devient pour l'Académie, son plus beau triomphe et la source de ses plus ineffables délices : que d'autres s'étonnent de ce zèle chaleureux qui vous fait soupirer après l'époque des réunions littéraires, et qui vous porte à briser tous les obstacles, pour venir les honorer de votre présence ; cet entraînement n'est pas pour nous un mystère, car les cœurs ont un langage pour eux seuls intelligible.

« Lorsque la naissance d'un enfant a mis un terme aux douleurs de l'enfantement, le jour qui a vu succéder les transports de joie aux cris de douleur, la puissance de la vie aux extrémités de la mort, l'accomplissement des vœux aux alarmes les plus cruelles, le repos et la conscience du bonheur aux angoisses du désespoir, ce jour est sans doute à jamais mémorable dans les fastes de la famille ; mais c'est encore un jour de bonheur pour une tendre mère, lorsque le fruit de ses entrailles a été surpris, payant d'un sourire ses soins assidus et son ardent amour ; c'est encore un jour de bonheur, lorsque la bouche de cet enfant fait entendre pour la première fois quelques syllabes inarticulées du nom de son père ou de sa mère ; les premiers pas qu'il forme dans la carrière de la vie et qu'il se permet de dérober à la surveillance de ses guides, les témoignages plus ou moins frappants du développement de son intelligence, ce sont encore-là des époques dans la vie de cet enfant qui sont marquées comme d'un sceau ineffaçable, et élevées pour ainsi dire à la dignité des solennités religieuses.

« Tel est, Monseigneur, le tableau que nous aimons à nous retracer, pour nous représenter dignement votre sollicitude paternelle pour l'Académie : vous portez sur chacun de ses pas cet œil de vigilance qui la soutient dans sa faiblesse, la garantit de toute chute, la protége contre la séduction de l'erreur et lui inspire dans ses travaux cet élan aussi pur que magnanime que tant de succès ont couronné : vous vous plaisez, pour ainsi dire, à aspirer le souffle de sa bouche, à écouter ses plus faibles accents, à comprendre ses soupirs, à deviner ses espérances, à sourire même à ses innocentes illusions : vous aimez à la voir prenant son essor dans la carrière des sciences ; vous contemplez sa marche ferme et rapide avec cette ivresse de joie qu'éprouve l'homme des champs, lorsqu'un arbrisseau qu'il a planté et arrosé de ses mains et dont la séve paraît toujours trop lente à l'ardeur de ses désirs, se couronne d'une verte chevelure, embaume l'air du parfum de ses fleurs, et dépose son brillant diadème, pour charger ses nombreux rameaux de fruits succulents.

« L'Académie, Monseigneur, ne sait point méconnaître cette sollicitude, aussi s'est-elle imposé un devoir sacré de ne point contrister votre pieuse vigilance, de correspondre à vos soins empressés, d'apprendre de votre bouche la pureté de ses doctrines, et de lire dans vos regards l'assurance de ses progrès ; elle demandait un symbole qui pût résumer ses pensées et ses espérances, lui servir de flambeau dans les ténèbres de la science et la défendre des illusions de l'esprit et des écarts de l'imagination, et ce précieux talisman, elle l'a trouvé dans cette croix qui repose sur votre sein. Tel est le signe mystérieux par lequel elle sympathisait avec les illustrations de la littérature moderne ; c'est ainsi qu'elle suivait avec la sécurité de l'innocence toutes les idées progressives d'une brillante école. Elle joignait sa faible voix aux mille voix retentissantes, pour saluer avec un pieux enthousiasme l'aurore d'une régénération littéraire par le christianisme : elle pensait que le chaos des tempêtes religieuses commençait à s'évanouir et qu'une pensée d'amour se reposait sur le monde des intelligences pour le féconder ; quoique de fait isolée de ce grand mouvement, et par conséquent quelque faible que dût être la portée de ses jugements, elle ne pouvait néanmoins s'empêcher d'applaudir à je ne sais quel triomphe de la pensée catholique, tant était vive et abondante la lumière qui se répandait dans le monde. Mais quelques voix se sont élevées, qui ont poussé des cris d'alarme, et ces voix ne sont pas vulgaires : aussi l'Académie en a-t-elle tressailli de frayeur, elle a compris que la vérité catholique pouvait être retenue captive dans des chaînes d'or, être étouffée sous le poids des guirlandes dont on chargeait sa parure, et son âme s'est livrée tout entière aux angoisses du doute ; mais ce n'était là que le commencement de ses douleurs.

« En parcourant les diverses phases qu'a subies l'Eglise chrétienne, on ne peut s'empêcher de contempler avec une sorte d'extase sa marche ferme et solennelle à travers tant d'orages et de tempêtes. Il n'est pas de siècle qui ne lui ait apporté son tribut de persécutions ; tantôt c'est une brutale oppression qui pèse sur elle, tantôt une fallacieuse protection ; aujourd'hui le plus pur de son sang rougit le pavé de ses temples, demain c'est une bienveillance hypocrite qui la couvre par dérision d'un manteau de pourpre et lui met à la main un sceptre de roseau : mille fois l'intelligence en délire s'est élevée contre la sublimité de ses dogmes, et les plus viles passions se sont déchaînées pour dégrader l'immortelle pureté de sa morale, comme ces reptiles qui répandent leur bave immonde sur les tendres fleurs de la prairie.

« Mais l'immortalité de cette Eglise fut écrite de la main de Dieu sur cette pierre qui lui sert de fondement, et chaque siècle a vu paraître des hommes revêtus de la puissance d'En Haut, qui, comme des jalons plantés sur la route de cette vie, ou des phares lumineux placés sur les écueils des mers, indiquent aux voyageurs d'ici-bas le chemin de la vérité et le port du salut. La Providence n'a point failli à notre siècle : des hommes prodigieux ont été suscités, et parmi ces sublimes ouvriers que Dieu a employés pour embellir son édifice, il en est un dont le nom ne périra point ; car le sentiment de la douleur est aussi puissant et fécond en souvenirs que celui de l'amour ; et cet homme, après avoir été aimé jusqu'à l'adoration, est aujourd'hui l'objet d'inconsolables regrets. Semblable à ces torrents dont l'industrie humaine sait réprimer le cours impétueux et dont les eaux habilement dirigées, servent à féconder la terre, mais qui, grossis tout à coup par les orages, emportent dans leurs ondes écumantes toutes les barrières qui avaient été le fruit de savantes recherches ; ainsi nous avons vu cet homme qui fut à la fois notre guide, notre lumière et notre père, accroître le trésor de l'Eglise et nettoyer le pur froment de la doctrine de ces grains impurs qui la suffoquaient.

« Mais dans ces derniers temps, nous ne savons quelles tendances étranges l'entrainaient toujours à de nouvelles transformations. Pour nous, qui avions coutume de recevoir de sa main le pain de vie, déplorant toutefois son funeste courage, nous le suivions en gémissant : mais, tandis qu'il dévorait la terre, comme le coursier des batailles, on aurait dit une chaine de monts sourcilleux qui a blessé tout à coup la fierté de ses regards ; nous l'avons vu néanmoins s'élever sur les rochers aigus, gravir sur la pente des abimes et s'enfoncer dans l'épaisseur des forêts ; nous l'attendions au pied de la montagne, demandant au ciel son retour, lorsque des lambeaux de vêtements, que le souffle des vents a apportés sur nos têtes et quelques pierres détachées qui ont roulé couvertes de sang jusque sous nos regards, nous ont glacés d'épouvante. Nous nous sommes prosternés à deux genoux et nos prières ardentes sont montées jusqu'au ciel comme la fumée des sacrifices, pour invoquer le Père des Miséricordes ; car, nous ne rougissons pas de le redire, nous aimions cet homme !

« L'Académie, Monseigneur, en gémissant sur les errements d'un beau génie, n'ignore pas qu'elle ne fait que partager votre profonde douleur ; elle n'est qu'un faible écho des lamentations du Pontife qui siége au Vatican et des autres pasteurs de l'église. Puissent tant de bras levés vers le ciel pour le salut d'un père, ramener la joie dans nos cœurs et la victoire dans nos rangs... ! Puissent tant de soupirs légitimes, tant de vœux enflammés attirer sur lui la rosée céleste et verser sur les plaies de son âme le baume d'une sincère et persévérante componction... ! Puissent les ennemis de l'Eglise que nous voyons triompher de notre deuil, rentrer dans leur vile poussière... !

« Telles sont les espérances, Monseigneur, dont l'Académie vous fait dépositaire, telles sont les prières dont elle confie le succès à votre ardente charité. Et si la sentence du suprême pasteur de l'Eglise devait être le prélude des jugements irrévocables de Dieu même, elle adorerait la justice éternelle, brisant l'instrument passager de ses prodiges, et elle attendrait en silence avec le monde chrétien quelque nouvel enfantement de sa toute puissance : tel est, Monseigneur, l'intime conviction et la profession de foi de vos enfants : mais il vous tarde sans doute d'entendre leurs voix ; je me fais donc un devoir de hâter le moment que l'Académie appelle et réclame comme une justice pour elle et comme une jouissance pour Votre Grandeur.

P.-S. — Il y a dans ces trois discours des exagérations de style que je condamne aujourd'hui ; mais cette manière d'écrire plaisait alors aux élèves ; nous étions en plein romantisme ; du reste mieux eut valu supprimer le dernier ; cet affront aurait eu une raison d'être, tandis que le procédé dont on usa pour m'empêcher de parler était sans excuse.

N° 4

La lettre suivante d'un élève, qui avait quitté le petit Séminaire au moment du second choléra, est un témoignage du mécontentement qui régnait dans la maison. Il n'a pas assisté aux incidents qu'a provoqués ma sortie du petit Séminaire. Je n'ai donc pu lui inspirer le langage qu'il tient. Aussi sa lettre est pour moi une sorte de témoin à décharge.

« Mon cher Professeur,

« Je remplis aujourd'hui un devoir dont j'aurais dû m'acquitter, il y a longtemps, il est vrai, mais je ne sais par quelle voie indirecte, on m'avait fait soupçonner que vous n'étiez peut-être déjà plus au petit Séminaire ; c'est à cause de cette incertitude que je n'ai jamais osé vous écrire. Je ne vous avais pas oublié cependant, oh non ! mon cœur ne peut perdre le souvenir de ceux qu'il a aimés. Combien de fois ne me suis-je pas demandé à moi-même ce que vous deviez penser de moi qui vous ai quitté sans vous dire l'intention où j'étais de ne plus retourner, et sans vous avoir écrit depuis ? Certes ce n'est pas là une preuve de la reconnaissance que vous méritez à tant de titres ! mais je vous ai exposé le motif de ce retard, soyez persuadé de ma bonne volonté. Avant-hier enfin quelqu'un m'écrit que vous n'étiez plus au Séminaire, qu'il y avait eu un bouleversement général ! Voilà tout ce que je sais ; j'ignore tout détail. Il ne m'aurait donc pas été donné de finir ma rhétorique avec vous. Eh bien ! maintenant je suis sans regret d'avoir abandonné pour toujours cet établissement, c'était le seul lien qui pouvait encore m'y attacher. Mécontent pour tant de choses, si j'avais eu un autre professeur, je n'y serais pas resté six mois seulement. On oublie aisément les petits chagrins qu'on peut avoir, surtout lorsqu'on est jeune, mais jamais les bienfaits qu'on a reçus. Du moins c'est ainsi pour moi, tout ce qui s'est imprimé une fois dans mon cœur, y reste gravé éternellement. Je ne pourrai donc jamais oublier ces classes paisibles, où au lieu de fléchir sous la férule d'un maître rigoureux, comme malheureusement ce n'est que trop l'ordinaire, on écoutait les doctes leçons d'un père qui instruisait ses enfants; vous direz que vous ne faisiez que votre devoir; il n'importe, je ne l'oublierai jamais!

« Je tâche de mettre ici dans mon modeste village, qui est pour moi une solitude, à profit le temps qui me presse. Franchement je vous mentirais si je vous disais que j'ai encore beaucoup travaillé à la rhétorique, je reconnais mon tort, mais les *sèches* mathématiques et l'histoire auxquelles je me suis grandement appliqué, m'en ont empêché. Je tâche de me mettre bien au courant de tout, pour passer bachelier l'année prochaine après ma philosophie. La société me manque, mais j'ai des livres et les agréments de la campagne. Voilà toute ma vie pour à présent, en attendant que le mois d'octobre m'oblige à retourner à Marseille.

« C'est alors, mon cher professeur, que je pourrai vous exprimer les sentiments d'affection et de respect que j'éprouve,

« Croyez-moi pour la vie,

« Votre élève reconnaissant et dévoué.

« C. R... d.

« *P.....res, 17 Juin 1835.* »

N° 5

ARCHEVÊCHÉ D'AIX

« Nos Vicarius generalis capitularis diœcesis Aquensis, arelatensis et ebredunensis, sede vacante, dilecto nobis in Christo Alexio-Polydoro-Andreæ-Rosæ Jonjon hujusce diœcesis presbytero ex nostrâ licentiâ Massiliæ commoranti, licentiam concedimus missam celebrandi in civitate aut diœcesi Aquensi quotiescumque negotiorum causâ huc devenerit. Præsentibus litteris usque ad finem Junii anni proximè futuri valituris.

« *Datum Aquis Sextiis die 7 mensis Julii 1835.*

« ABEL, Vic. gen. cap. »

« De Mandato
« SIBOUR, Can. s. g. »

ARCHEVÊCHÉ D'AIX

« Monsieur le Recteur des Cadeneaux est prévenu que M. Jonjon a obtenu la permission de célébrer la Sainte-Messe dans la paroisse des Cadeneaux.

« Cette permission est valable jusques à la fin de l'année 1835.

« *A Aix, le 24 Juillet 1835.*

« SIBOUR, Chan. s. g. »

Comment se fit-il que le 7 Juillet on m'accorda le *Celebret* général qui m'est refusé le 8, d'après la lettre de l'abbé Sibour, et que le 24 on donna au curé des Cadeneaux l'autorisation qu'on lui a refusée d'abord, d'après la lettre de l'abbé Chabaud ? Cette double contradiction n'était pas alors un mystère ; je ne m'en rends compte aujourd'hui que par le dévouement de l'abbé Sibour qui faisait qu'on m'accordait officieusement ce qu'on me refusait officiellement.

N° 6

VARIANTE SUR MA SORTIE DU PETIT SÉMINAIRE

Le petit Séminaire de Marseille avait vu le nombre de ses élèves s'accroître prodigieusement pendant le court intervalle de deux ans, quoiqu'on eût augmenté le prix de la pension avec une habileté remarquable. Au mois d'avril 1835, ce nombre diminua considérablement, bien qu'on fût disposé à recevoir à tout prix ceux qui se présenteraient. Expliquons ce résultat anormal, non par des injures, mais par des faits incontestables.

L'administration épiscopale avait compris que les professeurs *mobiles*, qui vivent au jour le jour et ne se chargent d'une classe que par délassement ou comme l'on dit, pour employer le temps, ne conviennent pas à une maison d'éducation sérieuse. Elle avait donc placé presque dans chaque classe des hommes qui avaient un goût décidé pour l'enseignement, et qui avaient la conscience de ne tromper les espérances ni de leurs supérieurs ni des élèves, dans les différents emplois qu'on leur avait confiés.

Cependant le génie du mal, jaloux de la prospérité du petit Séminaire, inspira à l'administrateur des idées qu'il n'avait jamais eues et qu'il avait même condamnées hautement, lorsqu'il n'était pas encore *maître chez lui*. L'esprit de cupidité ou d'ambition (les sentiments sont partagés) porta cet homme à faire des actes que la morale défend, que la politesse condamne, que l'opinion publique réprouve et que la justice divine châtie quelquefois en ce monde.

Une économie exagérée, des spéculations sordides succédèrent rapidement à ces grandes vues d'administration qu'il avait pompeusement annoncées et qui avaient déterminé Mgr d'Icosie à le choisir pour remplacer un prêtre honnête homme. Le mécontentement devint général. Les pères de famille, les élèves, les professeurs, les domestiques mêmes désapprouvaient, les uns hautement, les autres en secret, les bizarreries déplacées d'une administration qui allait par ses excès entraîner la ruine de la maison. Je laisse à d'autres le soin d'exposer les détails fastidieux et dégoûtants de toutes ces excentricités journalières. Je n'aime pas à remuer la boue, de quelque nature qu'elle soit. Je passe à d'autres faits non moins incontestables.

Prêtre, professeur et ancien Directeur des classes, je pouvais apprécier et la grandeur du mal et la gravité des reproches. Je crus que le moment était venu de remplir auprès du Supérieur un de ces devoirs pénibles et dangereux, dont une conscience irréprochable et la vraie amitié peuvent seules surmonter les difficultés et braver les périls. Je me hasardai donc à lui donner des avertissements, qui furent, je l'avoue, accueillis avec *douceur et reconnaissance*. Mais quinze jours après le Supérieur montait en voiture, arrivait à Aix, et provoquait par des instances énergiques mon rappel dans le diocèse d'Aix pour me récompenser de lui avoir donné, par mes avis salutaires, une preuve d'amitié qu'il ne méritait pas et qu'il ne recevra jamais plus en ce monde.

Or, à cette époque, il ne s'agissait ni de Menpenti ni d'aucun autre établissement; ce fut le 2 avril que commença la persécution contre les professeurs qui s'étaient le plus fortement prononcés contre les abus de l'administration; et la pensée de former une nouvelle maison d'éducation ne fut bien conçue qu'après mon départ du petit Séminaire; il m'a donc été impossible de communiquer aux élèves un projet que je n'avais pas et que je n'aurais jamais mis à exécution, si l'on ne m'y avait forcé.

Qu'on cesse donc de fatiguer nos oreilles d'une calomnie dont les élèves eux-mêmes ont démontré l'absurdité dans leurs réponses fermes aux questions insidieuses qu'on leur fit. Une enquête sérieuse en effet fut faite et ne produisit aucun résultat défavorable pour nous. Au reste, puisque l'écrivain officiel de l'évêché est en verve de révélations, je l'engage à faire connaître au public les motifs raisonnables qui ont déterminé l'évêché à prendre contre moi tant de mesures rigoureuses. Dans ce cas j'aurais à mon tour des explications à donner, des témoignages à invoquer et des lettres à publier, qui éclaireraient la question bien mieux que la fameuse lettre du 12 août.

N° 7

LETTRE AUX CURÉS EN RÉPONSE A LA CIRCULAIRE

« Monsieur le Curé,

« Les Directeurs de la *Maison Menpenti* ont appris avec autant d'étonnement que d'émotion les dernières mesures que l'administration épiscopale a cru devoir prendre, pour essayer de détruire leur établissement ; ils laissent aux familles honorables qui daignent leur confier leurs enfants, le soin de dénoncer à qui de droit tout ce que ces mesures renferment d'odieux, d'étranger à nos mœurs et de contraire aux lois évangéliques ; quant à eux ils ne se défendront pas, en descendant jusqu'à cette polémique qui ne vit que de diffamation et de scandale.

« Cependant ces Directeurs pensent qu'il est nécessaire pour cette fois seulement, de faire comprendre que le silence auquel ils se sont soumis et qu'ils s'imposeront de nouveau pour faire plus efficacement la bonne œuvre qu'ils ont entreprise, n'est une preuve ni de culpabilité ni d'impuissance : ils conçoivent tout ce qui peut paraître légitime dans l'adhésion des pasteurs secondaires aux paroles de leur évêque ; toutefois ils ne craignent pas dans cette circonstance d'être téméraires, en vous priant, Monsieur le Curé, de leur accorder une suspension de jugement.

« Depuis environ six mois des émissaires impudents colportent çà et là des bruits étranges contre chacun de nous, ne tenant aucun compte de la charité qu'ils blessent, de la dignité sacerdotale qu'ils outragent et de la paix de l'Église qu'ils compromettent.

« Ces jours derniers on a porté contre nous dans une réunion clandestine des accusations capitales ; des instructions ont été données aux divers membres du clergé, pour exploiter contre nous la foi religieuse dans les tribunaux de la pénitence. Ces actes ténébreux nous imposent l'obligation de protester hautement et contre l'illégalité du jugement et contre la fausseté des imputations.

« Un des principaux devoirs d'un évêque, enseigne St-Isidore, consiste à ne condamner qu'après un examen sérieux : *Episcopi speciale officium est, non quemquam de membris suis discerpere, nullum damnare nisi comprobatum, nullum excommunicare nisi discussum.* L'autorité ecclésiastique de Marseille a-t-elle rempli ce devoir envers nous ? N'a-t-elle pas au contraire profité de l'absence des accusés pour donner à la futilité de ses moyens toute la force d'une preuve incontestable ? Cette prévarication, (car c'en est une) nous le déclarons dans notre âme et conscience, a été commise contre nous.

« Que l'administration épiscopale nous fasse comparaître devant un tribunal canonique ; que le vénérable et infortuné évêque de Marseille réunisse dans son palais ces prêtres vertueux et éclairés que la voix unanime des fidèles appelle à la direction des affaires ecclésiastiques. Si un quart d'heure d'audience ne nous suffit pas, pour réduire en poussière toute l'accusation et faire rougir nos envieux, nous consentons à subir les châtiments les plus sévères et à renoncer au projet que nous avons conçu uniquement pour des motifs que notre conscience ne nous reprochera jamais.

« Agréez, etc.

« Pour l'Administration,

« JONJON. »

N° 8

LETTRE A M. LE MINISTRE DES CULTES
SOUS LA SIGNATURE DE M. L'ABBÉ VIDAL
ADMINISTRATEUR DE LA MAISON

« Monsieur le Ministre,

« J'ai l'honneur de vous informer que j'ai ouvert le 1ᵉʳ octobre le pensionnat dont M. Reynard, député, a sollicité avec tant de zèle l'autorisation. Je suis infiniment reconnaissant de l'intérêt que vous avez témoigné pour mon entreprise et de la promptitude avec laquelle ma demande a été expédiée. Après tant de bienveillance, je puis, sans témérité, implorer votre protection contre les vexations inouïes dont je suis victime en ce moment.

« M. Reynard a dû vous faire connaître les motifs qui m'ont déterminé à fonder cette maison d'éducation avec deux autres prêtres qui partagent mes principes et qui sont en butte à la même persécution.

« Je ne reviendrai pas sur des antécédents qui, en vérité, ne sont pas flatteurs pour l'évêché de Marseille, mais qui perdent en quelque sorte de leur importance, en présence des graves événements de ces jours derniers.

« L'Évêque de Marseille ou plutôt ses jeunes et hardis conseillers, non contents de répandre clandestinement contre chacun de nous des calomnies infâmes, en sont venus à un tel point d'aveugle acharnement, qu'une circulaire diffamatoire signée par l'Évêque, a été envoyée à tous les Curés et Recteurs de la ville. On y appelle notre maison d'éducation un établissement *anti-catholique;* on défend à tous les prêtres, même au curé de notre paroisse, d'entendre la confession des élèves. Cette circulaire avait été précédée d'une réunion de curés, dans laquelle après une allocution virulente, on leur enjoignait de refuser l'absolution aux pères de famille qui nous confient leurs enfants.

« Toutes ces violences qui auraient dû nous donner le coup de la mort, n'ont servi qu'à nous accréditer davantage et qu'à faire croître le nombre de nos élèves. Ce que voyant, l'Évêché a pris d'autres mesures ; il a emprunté la plume d'un vil écrivain, journaliste obscur ; la *Feuille du Commerce* a rempli plusieurs colonnes de diatribes que les hommes qui se respectent, n'écrivent jamais.

« Prêtres catholiques, citoyens intègres et honnêtes, nous aurions dû intenter contre ce journal une action juridique ; nous en aurions attendu sans crainte le résultat ; car il nous importait de reporter l'infamie sur la tête de nos calomniateurs.

« Cependant, Monsieur le Ministre, quel que soit l'entrainement du moment, nous avons compris que cette mesure n'est pas nécessaire à un établissement qui a été fondé sous vos auspices, et que toutes les autorités locales voient s'élever avec satisfaction. Membres de l'Université, nous avons pu former une maison d'éducation indépendante de l'autorité épiscopale ; l'Évêque de Marseille n'a d'ailleurs aucun droit essentiel sur nous, puisque des trois associés deux appartiennent à un diocèse étranger, et qu'ils ont établi leur domicile à Marseille avec l'assentiment de leurs supérieurs ecclésiastiques. Quoique soumis à la juridiction épiscopale, comme prêtres, pour la discipline générale, nous n'en relevons pas pour nos actes privés, qui ne sont l'objet d'aucune défense canonique.

« Nous ne pouvons donc attribuer toutes ces entraves qu'à l'esprit d'envahissement et de cupidité, qui domine dans tous les actes de cette administration. Que l'Évêque réussisse à nous détruire, malgré l'autorisation ministérielle, il ne manquera pas de publier qu'il exerce une omnipotence ecclésiastique même sur les établissements universitaires.

« J'avais eu d'abord la pensée pour prévenir tous ces débats de faire ériger le pensionnat en collége ; j'en ai été empêché par les nombreuses occupations inhérentes à tout commencement d'entreprise ; mais je n'ai pas perdu de vue ce projet.

« Je termine, en implorant de nouveau votre protection contre tant d'arbitraire et de violence. Ne m'abandonnez pas aux caprices d'une administration qui pèse épouvantablement sur tout le clergé ; vous rendrez un éminent service aux nombreuses familles qui nous honorent de leur confiance et vous acquerrez un nouveau droit à la profonde estime des hommes éclairés.

« Agréez, etc.

« Vidal. »

N° 9

VARIANTE SUR Mgr REY PROMU A L'ÉVÊCHÉ DE DIJON
(1832)

Lorsque pour la troisième fois la Providence eut permis, sans doute pour nous faire expier nos péchés, que M. l'abbé Rey, chanoine, fût placé à la tête du diocèse d'Aix, en qualité de vicaire général capitulaire, généralement les prêtres, excepté quelques cerveaux malades, gémirent de l'élévation d'un homme qui, depuis six mois, semblait avoir contracté une alliance honteuse et pris a tâche de contrister Mgr de Richéry. Il avait en effet publié une brochure, dans laquelle il osait prendre sur les déterminations du pieux et modeste prélat une insolente initiative. A ses yeux on ne se pressait pas assez de rendre hommage à la révolution de Juillet et de se soumettre ostensiblement au régime qui en était sorti.

Mgr de Richéry n'avait pas le caractère assez énergique pour imposer silence au chanoine rebelle ; il concentra son émotion et sa douleur dans son âme et mourut quelque temps après d'une attaque d'apoplexie, emportant dans la tombe les regrets unanimes du clergé ; regrets d'autant plus vifs et profonds, qu'on s'attendait, ce qui arriva en effet, à subir encore le joug de M. Rey.

Le Chapitre alors, comme presque toujours, était composé de vieux prêtres, infirmes, d'une intelligence médiocre et sans énergie. M. Rey était relativement jeune, maniait assez bien la parole et la plume ; il lui était donc facile de galvaniser à son gré ces cadavres ambulants, et de les trainer à sa remorque. On ne l'estimait pas; on l'aimait encore moins; et cependant il fut nommé premier vicaire général capitulaire; cette élection fut naturellement confirmée par le gouvernement de Juillet. Il était visible que c'était là sa première étape avant d'arriver à l'épiscopat.

Depuis longtemps l'ambitieux chanoine aspirait à cette dignité; c'est probablement dans cette vue qu'en 1814 et surtout en 1815, lui plus que tout autre avait trainé dans la boue du haut de la chaire le drapeau tricolore, et élevé jusqu'aux nues le drapeau blanc; mais la Restauration ne fit aucun cas de ce zèle excentrique, soit que M. Rey ne fût pas jugé à la hauteur du poste qu'il convoitait, ce que je suis tenté de croire, soit que l'excès même de ses démonstrations le rendit suspect. Ce qui est encore assez probable.

Ce jeûne de quinze ans qu'on lui avait fait subir, contribua sans doute à cette volte-face dont nous fûmes tout à la fois les témoins et les victimes. Il chanta la palinodie avec le même zèle et la même chaleur de style; dans ses amplifications évangéliques le drapeau tricolore fut tiré de la poussière et le drapeau blanc devint l'objet de ses sarcasmes et de ses anathèmes.

Quelques voix se firent entendre, pour signaler et flétrir cette sorte d'apostasie; mais leur résistance isolée n'eut d'autre résultat que d'amasser sur la tête de ces rares opposants tout le poids d'une basse colère.

Notre clergé se souviendra qu'il fut un temps où les officiers municipaux étaient chargés par l'autorité diocésaine de surveiller nos actes et d'inspecter nos cérémonies; où les avis menaçants d'un sous-préfet nous étaient communiqués comme une décision des congrégations romaines; où la sublime prérogative d'enseigner les peuples était supprimée, certains jours de fête, pour dissiper les ombrages d'un pouvoir *trembleur*; ainsi le doigt de l'homme, d'un homme-prêtre, effaçait ce qu'avait écrit le doigt de Dieu.

« Prenez-garde, disait-on aux membres du jeune clergé qui n'adoraient pas le veau d'or ; prenez-garde, si vous vous agitez un peu trop, nous vous ferons jouer le rôle du Juif-Errant dans le diocèse ; ne troublez pas la bonne harmonie qui doit régner entre le clergé et les agents municipaux ; nous recevrons comme des preuves authentiques d'un zèle intempestif toute plainte émanant de ces derniers. »

Enfin M. Rey fut promu à l'évêché de Dijon.

« Il est des temps déplorables, *(Luctuosis temporibus)* pour me servir des expressions de notre révérend Claude, où pour le bien de la paix universelle, on permet ce qu'on appelle un moindre mal, pour éviter de plus grands désordres ; extrémités bien fâcheuses et temps vraiment déplorable, qui ne sont pas rares, hélas ! dans l'histoire de l'Eglise. » En lisant ces paroles échappées de sa plume dans le *Monitum* de l'*Ordo* de 1832, la pensée se porte instinctivement sur Balaam, forcé par l'inspiration divine de prophétiser en faveur d'Israël et de maudire ceux qui voulaient le charger d'or et d'honneurs.

Temps en effet déplorables où les ministres inférieurs de l'Église sont comme le marchepied dont se servent les ambitieux pour monter plus haut ou comme des victimes qu'ils offrent en holocauste au Dieu-Montalivet (1) ou à tout autre Dieu de même nature.

Mais par là même que ces temps sont fâcheux et déplorables, on ne devrait pas les aggraver par l'adulation. Cependant quelques prêtres d'une conduite équivoque et d'une ambition vulgaire sont venus faire leur cour au nouveau prélat et ramasser autour de sa table les miettes de ce pain qu'il avait acheté au prix de nos persécutions.

---

(1) Alors un des ministres de Louis-Philippe.

D'autres qui passaient pour des gens honnêtes, se disant entraînés par la force supérieure des choses, n'ont pas rougi de saluer de leurs acclamations le soleil levant; un d'eux, après s'être excusé auprès du chapitre des mensonges qu'il allait débiter, lui adressa un jour de fête, le compliment le plus flatteur et le plus emphatique, de cette voix tremblante et de ce ton nasillard, que ceux qui lui ont survécu n'ont pas oublié; enfin pour achever le tableau, une place distinguée lui avait été désignée dans le chœur de l'église métropolitaine et nos prudents chanoines, chacun à son tour, recevant l'encensoir des mains des thuriféraires, l'élevaient respectueusement devant la face de l'évêque élu.

Le jour du sacre fut encore pour lui une brillante journée; il devait y recevoir, avec la plénitude du sacerdoce, cette abondance des dons de l'Esprit-Saint, qui faisaient des hommes nouveaux des successeurs immédiats des apôtres. Mais chose étonnante et en quelque sorte monstrueuse! combien de prélats ont trouvé dans leur sacre un écueil où leur modeste vertu a fait un triste naufrage; la sphère d'activité de leurs défauts s'est agrandie avec une élévation qui était au-dessus de leurs forces et de leurs mérites et le peu de lumière qu'ils avaient reçue de la droite raison, a été absorbée dans l'auréole qui couronne leur suprême dignité.

Mgr Claude, évêque de Dijon, par la grâce du St-Siége apostolique, a appartenu malheureusement à cette dernière catégorie de prélats; combien d'abus de pouvoir a-t-il commis, après avoir pris possession de son siége? Je l'ignore, mais il a trouvé dans ce diocèse des hommes de foi et d'énergie, à tel point que le gouvernement lui-même s'en est ému; on a dû lui faire comprendre qu'une retraite spontanée était indispensable pour redonner à ce diocèse la paix dont il jouissait auparavant; après sa démission, on l'a fait chanoine de St-Denis; on lui a permis de jouir de ses revenus dans sa propre maison de la ville d'Aix, où il a passé les dernières années de sa vie dans l'obscurité la plus complète, supportant, dit-on, avec beaucoup de résignation la honte bien méritée de sa chûte.

L'abbé Montagard, qui est mort curé de St-Trophime, avait assisté à ses derniers moments ; il m'a rapporté qu'avant de recevoir le Saint-Viatique, le prélat s'exprima ainsi d'une voix mourante : « Je pardonne à tous ceux, quels que soient leurs titres et de quelques dignités qu'ils soient revêtus, tous les chagrins qu'ils m'ont donnés. » Mgr Morlot, archevêque de Paris et cardinal, ancien vicaire général de Dijon, se présentait alors à sa pensée. Mais le souvenir de Mgr de Richéry, de MM. Boulard et Gal et des prêtres qu'il avait sacrifiés à son ambition ne lui inspirait-il pas quelques remords ? Pas une parole n'est sortie de sa bouche concernant ce revers de la médaille :

Judicia tua, Abyssus multa !!

N° 10

2 Septembre 1835.

M. Poujoulat ainé, qui est devenu un personnage important en politique et dans les lettres, avait été mon condisciple au grand Séminaire en 1826 et 1827. Quoiqu'il fût très-intelligent et qu'il s'occupât beaucoup de littérature et surtout de poésie, rien ne faisait présager dans l'écorce un peu rude du villageois de La Fare une âme d'élite et un écrivain distingué. Comment fut-il introduit dans la société de M. Michaud qui l'associa à ses travaux historiques et littéraires et l'attacha à la rédaction de la *Quotidienne*, ce sont des détails que j'ai toujours ignorés.

Depuis son départ du grand Séminaire, je le revis pour la première fois sur le Cours à Aix, lorsque j'allais partir pour Salon ; nous eûmes seulement le temps de nous donner quelques poignées de main chaleureuses et d'échanger quelques questions sur notre position respective et sur nos camarades du grand Séminaire. Il me parut très-satisfait ; je crois que c'était en 1830, avant la révolution de Juillet.

En 1832, j'étais curé des Cadeneaux ; un dimanche d'été, après avoir dit la première messe, je m'étais assis sur une chaise devant la porte du presbytère, en attendant l'heure de la seconde messe ; il faut savoir que l'ancienne église était à deux pas de la route par laquelle on allait de Marseille aux Pennes, à Berre, à La Fare, à Salon, à St-Chamas, etc.

Tandis que j'étais livré à mes réflexions, qui ne pouvaient être que pieuses entre deux messes, j'aperçus trois voitures, vulgairement dites cabriolets, qui s'avançaient à la file et dont les voyageurs paraissaient de loin se préoccuper de ma présence ; lorsqu'elles furent arrivées en face de l'église, je les vis couper la route à droite et se diriger vers le presbytère ; je me dressai à l'instant pour aller à leur rencontre ; dès que nous fûmes à portée de nous bien distinguer et de nous entendre, la grosse voix de Poujoulat frappa agréablement mes oreilles : « Bonjour, cher curé. » — « Ah ! cher ami, je suis heureux de vous voir ; eh bien ! descendez tous, venez vouz reposer et vous rafraîchir dans mon modeste presbytère. » Poujoulat descendit le premier, nous nous embrassâmes cordialement ; ses compagnons de route, au nombre de sept ou huit nous suivirent dans mon salon où mon excellente mère, qui avait deviné ma pensée, s'empressa d'apporter des biscuits, des verres et une bouteille de vin blanc ; après avoir fait honneur à mon offrande hospitalière, sans que je pusse moi-même y prendre part, Poujoulat me raconta qu'il venait de l'Orient, c'est-à-dire, de la Judée, avec son savant protecteur M. Michaud, qu'il avait rempli une bouteille de l'eau du Jourdain, précisément à l'endroit où selon la tradition Jésus-Christ avait reçu le baptême des mains du St-Précurseur et qu'il allait faire servir cette eau au baptême d'une de ses nièces à La Fare.

Je le félicitai de son heureux voyage, de ses succès littéraires, de la pieuse pensée qu'il avait eue d'apporter de l'eau du Jourdain et enfin du bon souvenir d'amitié qu'il avait conservé pour moi, malgré la médiocrité et l'obscurité même de mes fonctions. Nous nous embrassâmes de nouveau avec les mêmes sentiments affectueux ; je donnai une bonne poignée de main à ses camarades, dont je n'ai jamais su ni le nom ni la position, je les accompagnai jusqu'à leurs voitures et je leur donnai à leur grande satisfaction, au moment où ils partaient, ma bénédiction pastorale.

Depuis cette courte visite, je n'avais plus eu de relations avec Poujoulat ; je savais seulement par l'abbé Sibour notre ami commun, avec lequel il était depuis quelque temps en correspondance, quelle était sa position à Paris, et de quelle considération il jouissait ; ce qui me porta à lui envoyer un prospectus de notre établissement, en l'accompagnant d'une lettre dont je n'ai pas gardé copie et à laquelle il me fit la réponse suivante, beaucoup trop flatteuse pour moi.

« Mon cher Jonjon,

« J'étais à Montbéliard avec MM. Michaud et Nodier envoyés pour assister à l'inauguration de la statue de Cuvier, lorsque ta lettre arrivait à Passy ; voilà pourquoi ma réponse s'est fait un peu attendre,

« Je n'ai point poussé les *hauts cris* (1) en voyant ton nom au bas d'une lettre à mon adresse ; je me suis contenté de sourire de plaisir et de te remercier intérieurement d'avoir songé à moi. Je suis de ceux qui trouvent du bonheur dans le culte des souvenirs ; aucun nom ne me charme comme le nom d'un ancien camarade ; la signature de Jonjon devait donc être la bienvenue à Passy. Les détails que tu me donnes sur ta vie m'intéressent beaucoup ; tu as eu la destinée des hommes de génie, mon cher ami ; l'enthousiasme et les ardentes amitiés se sont attachés à tes pas en même temps que les grandes haines ; il ne faut point te plaindre ; ton lot est magnifique.

« J'ai lu attentivement et avec un très-vif intérêt le prospectus de l'établissement Menpenti ; il y a dans ce prospectus l'idée d'une belle régénération dans les études, et tout me fait penser que votre entreprise réussira ; je te promets d'annoncer l'établissement Menpenti dans les principaux journaux de Paris.

« Mais de quel vertige est donc frappé votre évêque ?

---

(1) J'avais employé cette locution dans ma lettre.

Pourquoi les chefs de votre clergé s'obstinent-ils à rester dans les vieux chemins au milieu des imperfections et des ruines du passé ? Hélas ! ce n'est pas seulement l'évêque de Marseille, ce sont la plupart des prélats de France qui se traînent ainsi misérablement dans les mauvaises routines et les systèmes décrépits ! Le clergé catholique devrait être à la tête du siècle comme la colonne lumineuse du désert, et je m'afflige de le voir à la queue de la société comme une arrière-garde boiteuse et sans forces. C'est à de jeunes prêtres tels que toi, mon ami, qu'il appartient d'aiguillonner la caravane paresseuse, c'est aux jeunes talents de la nouvelle génération ecclésiastique qu'il appartient de crier le *veni foras* sur ce vaste sépulcre sacerdotal. L'établissement Menpenti entre des mains puissantes peut devenir un grand moyen d'action dans le sens du renouvellement que j'indique, et je ne doute pas que toi et tes coopérateurs vous n'arriviez à de beaux résultats.

« Adieu, mon cher Jonjon, tu me feras le plus grand plaisir quand tu me donneras de tes nouvelles et de celles de Menpenti ; je serai toujours disposé à te servir dans toutes les choses qui me seront possibles. En échange, je te demanderai un peu d'amitié et de temps en temps un tendre souvenir.

« POUJOULAT.

« *Passy, le 2 Septembre 1835.* »

N° 11

« ÉCHO DE LA JEUNE FRANCE »

Que n'aurais-je pas à dire sur ce petit journal, dont je fus un des premiers abonnés et qui fut fondé après 1830, par de jeunes littérateurs qui étaient tout à la fois catholiques et royalistes. Voici ce que je pensais à cette époque qui fut une sorte de renaissance religieuse, après le voltairianisme des *libéraux*, sous la Restauration. J'accompagnai l'envoi d'un prospectus aux Rédacteurs du journal des considérations suivantes :

« *Octobre 1835.*

« Monsieur le Rédacteur,

« Lorsque l'*Écho de la Jeune France* parut sur la scène littéraire, des événements prodigieux venaient de s'accomplir ; les uns y avaient applaudi avec entrainement et avec cette joie féroce que l'hypocrisie seule est capable de manifester en présence d'une noble infortune. Les autres, glacés d'effroi et mourant de consternation, avaient cru que le règne des principes sociaux touchait à son heure suprême et que le dernier soleil s'était levé sur la société entière ; d'autres enfin dont les sages prévisions avaient annoncé la catastrophe du char politique et qui plusieurs fois avaient importuné de leurs sévères remontrances ses conducteurs imprudents ou inhabiles, d'autres, dis-je, s'étaient résignés franchement à la nouvelle transformation politique qu'une main de fer nous avait faite. Au milieu des éclats de la foudre et de la chute des trônes, ils avaient distingué je ne sais quelle voix mystérieuse qui dominait tous ces bruits sinistres et qui appelait à la réforme sociale tous les *hommes de bonne volonté.*

« Le symbole de la foi catholique fut arboré sur les ruines encore fumantes d'une monarchie séculaire ; les stupides envahisseurs de l'archevêché en profanaient encore les dépouilles ; mais déjà le sanctuaire des lois retentissait des applaudissements que le nom du Pontife romain avait soulevés dans un nombreux auditoire ; une société fut fondée pour hâter les progrès de la reconstruction morale et répandre au loin l'empire des nouvelles idées. Toute la génération actuelle fut conviée à mettre la main à l'œuvre.

« Nous ne dirons pas si les hommes politiques ont répondu à cet appel ; à d'autres le soin de contrôler leurs actes et de signaler ou leur coopération ou leurs égarements. Nous ne prétendons pas non plus citer le clergé à notre barre. Encore sous l'impression terrible que les événements de 93 lui avaient faite, peut-être une grande majorité a-t-elle plutôt suivi les aspirations rétrogrades d'une crainte pusillanime qu'écouté le cri sublime de l'espérance. A nos descendants le droit de prononcer sur cette question de fait une décision impartiale.

« Mais quelle que soit l'opiniâtreté de certains préjugés et dussions-nous provoquer la froide acrimonie de certains caractères, il est un aveu que l'impérieuse conviction doit nous arracher, malgré la juste défiance que nous inspirent nos faibles lumières. Mais que redoutons-nous ? Pourquoi tant d'hésitation à nous prononcer ? Tandis que les écrivains les plus éminents de l'époque soutiennent la *Jeune France* de leur puissant patronage, qu'ils lui prédisent succès, gloire, avenir, pourquoi des prêtres catholiques craindraient-ils de s'aventurer, en faisant un aveu public et énergique de leurs sympathies pour les nobles efforts et la généreuse persévérance de ces *jeunes intelligences* qui puisent leur courage et leurs lumières au foyer du christianisme ?

« Non, M. le Rédacteur, lorsque nous croyons à une vérité, nous aimons à la publier hautement ; la charité chrétienne représentée autrefois dans le cénacle sous l'image de langues de feu, est une vertu d'expansion et de prosélytisme ; or, à une époque de mouvement et de réforme, l'inaction nous paraîtrait une apostasie et la dissimulation un crime de lèse-société.

« L'*Écho de la Jeune France* comptait à peine quelques jours d'existence, et nous nous empressâmes d'unir notre faible voix aux mille voix retentissantes qui l'encourageaient. Depuis, dans les différentes positions où la Providence nous a placés, nous n'avons cessé de faire connaître cette feuille, d'en propager les principes, et de favoriser leurs succès, selon la mesure de nos moyens et de notre influence.

« Cependant des cris d'alarme se sont fait entendre ; des hommes se sont rencontrés, qui aspirant au monopole du bien et de la vérité, ont prétendu qu'il leur appartenait ; mais autres temps, autres mœurs et parconséquent autres institutions : ils ont jeté à la face de la *Jeune France* des écrits injurieux qui ne prouvent qu'une chose, l'impuissance d'une caducité envieuse et dont la jeunesse s'est vengée par des actes et des entreprises utiles. Elle a poursuivi sa marche triomphante, à force de sacrifices et de dévoûments : sa prospérité toujours croissante n'a pas engourdi ses bras ni amolli son courage et les publications les plus avantageuses à la société se sont succédées avec une rapidité qui est tout à la fois une preuve de talent et de zèle.

« Nous n'avons jamais été, M. le Rédacteur, témoin impassible des travaux de la *Jeune France ;* nous soupirions depuis longtemps après le moment où la Providence changeant notre position trop dépendante, nous permettrait de consacrer légitimement tous nos loisirs au grand œuvre que vous poursuivez avec tant de gloire. Nous nous sommes interrogés devant Dieu et nous avons mesuré nos forces, pour savoir comment nous pourrions devenir vos coopérateurs le plus efficacement et le plus directement possible.

« Après un mûr examen et nous être assurés du concours de professeurs, animés des mêmes principes, nous avons arrêté nos pensées sur un projet d'une maison d'éducation dont vous trouverez ci-joint le prospectus.

« La génération qui nous précède et qui vit encore en partie au milieu de nous, n'a rien fait, il faut le dire, pour préparer un avenir à notre jeunesse. Faire des ruines, reconstruire sur le même sol encore mouvant des édifices éphémères, laisser tomber de mépris en mépris jusqu'à la poussière des chemins les maximes éternelles et s'entre-déchirer pour des formules d'invention humaine et des institutions arbitraires : telle est en général la physionomie de la génération à laquelle nous succédons.

« A nous donc, infortunés héritiers d'un père coupable, de reprendre la société par sa base, de travailler sur une matière vierge, vigoureuse et féconde. C'est là, nous le voyons, le but constant de toutes vos entreprises ; ce sera aussi le nôtre. Nous ne pensons pas qu'une maison d'éducation dirigée par des prêtres soit aujourd'hui une excentricité ridicule ; l'école voltairienne n'existe plus ; c'est un fait presque accompli ; le sacerdoce catholique redevient ce qu'il doit être, d'après son institution ; en se chargeant de l'éducation de la jeunesse, il ne fait que rentrer dans ses droits que la tempête des derniers temps avait emportés : le christianisme répond incontestablement à tous les besoins de la société ; or *l'homme ne vit pas seulement de pain,* a dit la Sagesse incarnée ; le prêtre de J.-C. a donc tout à la fois le devoir et le droit de prendre part à toutes les entreprises morales.

« Nous espérons, M. le Rédacteur, que nous ne bornerons pas nos relations à cette communication que nous venons de vous faire; votre journal sera désormais le dépositaire de toutes nos pensées et le confident de nos sentiments les plus intimes; vous pouvez donc en annonçant notre établissement, le considérer comme votre œuvre; c'est à ce titre que nous appelons votre sollicitude sur nos premiers efforts; nous recevrons avec reconnaissance les encouragements et les conseils dont vous voudrez bien nous honorer. Ayant les mêmes principes et le même but, puissions-nous être couronnés du même succès. »

P.-S. — Lorsque j'ai écrit ce qui précède, je voyageais comme mes contemporains, dans le pays des chimères et des illusions; plusieurs révolutions se sont succédées; mais l'Université de France est toujours debout et aujourd'hui comme alors elle enserre la jeunesse dans son cercle de fer.

Pour ne plus revenir sur ce sujet, j'anticipe en insérant la lettre suivante que le vicomte Walz, auteur des *Lettres Vendéennes*, m'adressa le 27 mai 1837.

ÉCHO DE LA JEUNE FRANCE
& REVUE CATHOLIQUE
Rue St-Honoré, 345

« Monsieur,

« L'*Écho de la Jeune France* a besoin des sympathies des hommes comme vous. Voilà cinq ans qu'il fait la guerre aux mauvais principes et qu'il lutte pour conserver à la jeunesse française les vieilles doctrines d'honneur d'autrefois. Ce ne sera pas vous qui abandonnerez ceux qui luttent pour ce que vous aviez, pour ce que vous espérez. Vous resterez avec nous, vous nous aiderez dans nos travaux. Parmi mes collaborateurs, je compte des jeunes gens, ils s'arrangent de mes cinquante ans, parce que mon cœur n'a pas trop vieilli, et que j'ai encore dans l'âme un grand amour pour ce qui est noble et élevé, un grand dégoût pour ce qui est bas et vil.

« Veuillez, Monsieur, me donner l'assurance que vous continuerez à être des nôtres et recevez celle des sentiments distingués avec lesquels j'ai l'honneur d'être, Monsieur, votre très-humble serviteur.

« V. WALZ,
« Auteur des *Lettres Vendéennes.* »

Tout cela était aussi bien dit que bien pensé et bien senti. Comme je partageais alors les illusions de cet homme d'intelligence et de cœur sur l'avenir qui paraissait s'annoncer pour la *Jeune France*, dont nous faisions partie, je ne pouvais qu'être enthousiasmé de ce langage. Aussi je n'hésitai pas à renouveler notre abonnement, en adressant à M. le Vicomte une lettre sympathique, dont je n'ai pas gardé la copie.

Il est à remarquer que nos affaires de *Menpenti*, qui venaient alors de se terminer, n'avaient pas fait une bien mauvaise impression sur l'esprit de cet écrivain aussi recommandable par sa foi religieuse que par ses doctrines politiques.

Il est encore bon de noter que le langage qu'il tient sous Louis-Philippe est à peu près encore aujourd'hui celui que tiennent les écrivains honnêtes en faveur du Comte de Paris, petit-fils de l'usurpateur.

TABLE

	Pages
Prologue	5

PREMIÈRE PARTIE
PROFESSORAT AU PETIT SÉMINAIRE DE MARSEILLE

CHAPITRE PREMIER
ANNÉE CLASSIQUE 1833-34

Avant-propos	9
Portraits	12
Je suis nommé Directeur des classes	31
Suites de ma nomination	35
Fin de l'année scolaire	44

CHAPITRE II
ANNÉE CLASSIQUE 1834-35

Divers incidents jusqu'au Carême	48
Préliminaires de la dissension	54
Début de la dissension	57

CHAPITRE III
MON EXPULSION DU PETIT SÉMINAIRE

Cause ou prétexte de cette expulsion	70
Ma visite à l'Évêché et suites de mon entretien avec Mgr d'Icosie	74
Observations théologiques ou canoniques	93
Incidents du Petit Séminaire	94

CHAPITRE IV
SUITES DE L'ANNÉE CLASSIQUE 1834-35

Relations avec l'Évêché de Marseille et avec les Vicaires généraux capitulaires d'Aix	102
Troisième invasion du choléra	121
Préparatifs du Pensionnat Menpenti	124

CHAPITRE V

AFFAIRES JONQUIER ET REY

	Pages
Appréciation du *Sémaphore*.	128
Compte-rendu de ce jugement avec l'appréciation de la *Gazette du Midi*.	131
Mon appréciation d'après le Droit Canon.	135
Mon appréciation personnelle, suivie d'un article du *Sémaphore*	139
Mgr Rey, évêque de Dijon.	145

CHAPITRE VI

SUITE DES MENÉES DE L'ÉVÊCHÉ CONTRE LES FONDATEURS DE MENPENTI

Lettre de l'abbé Blanc et réponse de l'Évêché.	150
Note de la *Gazette* — Synode et Circulaire aux Curés.	152
Divers écrits publiés pour et contre le Pensionnat Menpenti.	160

APPENDICE

N° 1. — Autres détails sur mon départ de St-Remy.	189
N° 2. — Doctrine des Anciens sur le professorat.	199
N° 3. — Discours aux Membres de l'Académie du Petit Séminaire du Sacré-Cœur de Marseille (1833).	203
Discours prononcé à une distribution de prix au Petit Séminaire de Marseille.	208
Discours qui devait être prononcé à la distribution des prix à la fin de l'année classique.	211
N° 4. — Lettre d'un élève.	217
N° 5. — Permission de célébrer.	219
N° 6. — Variante sur ma sortie du Petit Séminaire.	221
N° 7. — Lettre aux Curés en réponse à la Circulaire.	224
N° 8. — Lettre à M. le Ministre des Cultes sous la signature de M. l'abbé Vidal, administrateur de la Maison.	226
N° 9. — Variante sur Mgr Rey, promu à l'évêché de Dijon (1832).	229
N° 10. — Mes relations avec Poujoulat.	234
N° 11. — *Écho de la Jeune France*.	238

ERRATA

Page 83, ligne 20, lisez : *15 Mai.*
» 142, » 14, » : *leur*
» 145, » 14, » : *il*
» 199, » 11, » : *nulla*
» 200, » 9, » : *pronuntiat*
» 202, après le 5ᵐᵉ vers placez le dernier :
    Que nous avons reçue au foyer paternel ?
Page 206, ligne 31, lisez : *comme*

Additions essentielles a la page 136 et a la page 184

I

On lit dans Thomassin, concernant les grands Vicaires des Evêques, ce qui suit: « Le Pape Innocent IV, dans le concile de Lyon, donna des « bornes aux officiaux des Archevêques; car il leur défendit de frapper « d'interdit, de suspense ou d'excommunication les Evêques de la pro- « vince, (pendant le temps que l'Archevêque serait dans la province « ou qu'il n'en serait pas loin) ce respect étant dû à la personne « sacrée des Evêques. »

Cette déclaration est conforme à la décrétale d'Innocent IV, ainsi conçue : « Officiales Remensis Archiepiscopi (quandiù in suâ provinciâ vel circa illam extiterit) in suffraganeos interdicti, suspensionis, vel excommunicationis proferre sententiam non attentent; et hoc idem ab officialibus aliorum Metropolitanorum circa ipsorum suffraganeos (quibus ob reverentiam pontificalis officii deferri volumus in hâc parte) præcipimus observari. » (li. 1. tit. 16, cap. 1 in sexto)

Ce texte est de Jean André, le plus célèbre canoniste du quatorziè- me siècle ; il le commente ainsi : « Donec Archiepiscopus de facili « potest haberi, officiales ejus suffraganeum excommunicare, suspen- « dere aut interdicere non possunt propter ordinis episcopalis rever- « entiam. »

Or l'Archevêque étant mort et par conséquent absent pour un temps plus ou moins long, il s'ensuivrait, d'après ce commentaire, que les officiaux pendant la vacance du siège, auraient une juridiction entière sur les suffragants; ce qui en France n'était pas reçu, d'après de Héricourt et les Mémoires du Clergé. On lisait en effet *extiterint*, au lieu de *extiterit* en attribuant la parenthèse aux officiaux, ce qui ne me parait pas logique: il est évident en effet que les officiaux n'ont de juridiction que dans leur province, et qu'ils n'en ont pas pour peu qu'ils en sortent; il était donc superflu d'en faire l'observation. Mais comme les hautes convenances exigent que l'Archevêque n'autorise pas son official à censurer en sa présence un de ses suffragants et qu'il se réserve la charge et l'odieux de cette mesure disciplinaire, il me parait plus conforme à la raison de préférer *extiterit* à *extiterint*.

11

Mgr de Bailleul, évêque de Versailles, écrivit à M. l'abbé Appert, curé doyen de St Arnoult, la lettre suivante :

Monsieur le curé,

« Je vous annonce que je vous retire et interdis par la présente lettre le pouvoir d'administrer un Sacrement quelconque à celui que vous désignez sous le nom de duc de Normandie » 1833.

Or si un Evêque peut déposer un curé après un jugement canonique, il n'a pas la faculté de lui enlever son pouvoir *ordinaire* et pastoral sur une partie de son territoire ou de son troupeau. C'est là une prétention injustifiable d'après le droit canon, et puis le Prince était Catholique, il avait le devoir de fréquenter les Sacrements; donc il en avait le droit.

(La Légitimité, N° 31 page. 488)

HISTOIRE

DU

PENSIONNAT-MENPENTI

DEUXIÈME PARTIE

> » Mes travaux ont été stéri-
> « les ; j'ai consumé mes forces
> « en vain et sans fruit : de là
> « les jugements *défavorables*
> « *de la part des adorateurs du*
> « *succès* ; *mais j'espère* en la
> « justice de Dieu. » *(Traduc-
> tion libre d'Isaïe, ch. 49,
> ver. 4).*

MARSEILLE

IMPRIMERIE GIRAUD ET DURBEC
24, Rue Pavillon, 24
—
1888

DEUXIÈME PARTIE

MENPENTI

M'ENPENTI PAS, MARCHI TOUJOU !

CHAPITRE PREMIER

Premier Trimestre de l'Année Classique 1835-36

1°
Inscription du Cadran Solaire

D'abord que signifie l'inscription ci-dessus ? Nous avions fait tracer un cadran solaire sur le mur de cette partie de la nouvelle maison qui était vis-à-vis de la façade septentrionale du château.

L'inscription que nous nous proposions d'y mettre, serait-elle en grec, en latin ou en français ? Serait-ce une maxime vulgaire, une vérité banale, telle qu'on en trouve partout ? Ou devions-nous chercher une sentence qui frappât l'attention par sa nouveauté ? Notre petit conseil avait agité toutes ces questions sans les résoudre, lorsqu'un matin, en m'habillant, l'inscription ci-dessus mentionnée, se présenta soudainement à mon imagination ; je la proposai immédiatement à mes collaborateurs qui l'adoptèrent, et ces mots : *M'enpenti pas, marchi toujou !* furent peints au-dessus du cadran. En voici l'explication :

Nos envieux et nos ennemis, ayant appris que nous avions donné à notre maison naissante le nom d'Etablissement Menpenti, ne manquèrent pas de dire : « Voilà un nom bien choisi, ils s'en repentiront. » L'événement, en effet, a justifié leur prédiction ; mais, comme je le prouverai bientôt, nous n'avons pas eu à nous repentir de l'entreprise elle-même, qui a eu dès le commencement des éléments de succès incontestables ; si elle n'a pas réussi, c'est d'abord et par dessus tout notre faute personnelle à répartir entre nous, non à égales parts, comme je l'expliquerai ; c'est cette faute, dis-je, qui mina sourdement notre édifice et le fit crouler ; mais la plus grande responsabilité pèse sur la tête d'un seul et absorbe, en quelque sorte, celle des deux autres ; et comme je ne pouvais pas, je ne devais pas même prévoir qu'un de nous entravât l'œuvre de ses collègues et paralysât leurs efforts, ce fut aves la plus grande confiance que, comparant notre marche à celle du soleil qui ne s'arrête jamais, je jetai à la face de ceux qui nous insultaient, le *M'enpenti pas, marchi toujou !* qui fut bientôt dans toutes les bouches et qui a survécu longtemps sur le mur aux diverses transformations que la maison a subies après notre départ.

J'ai dit *par dessus tout notre faute personnelle,* parce qu'elle a été, en réalité, la principale cause de notre ruine. Mais il faut bien reconnaître qu'elle n'aurait produit que des effets passagers, contre lesquels il eût été possible de réagir, s'il ne s'était pas rencontré d'autres dissolvants, tout à fait indépendants de notre volonté. Ainsi, à la persécution ouverte et publique de la part de l'Evêché, succéda une opposition occulte, d'autant plus nuisible qu'elle se cachait et que nous ne pouvions l'atteindre ; ajoutons à ce ver invisible qui nous rongeait à notre insu, les tracasseries odieuses que nous eûmes bientôt à subir officiellement de la part de l'Université, qui fut pour nous vraiment une *Sæva Parens;* enfin, n'oublions pas le perfide croc-en-jambe de nos cupides propriétaires, méfait qui ne peut être conçu et exécuté que par des gens qui hantent *la Bourse ;* il était humainement impossible d'empêcher une chute, qui n'a pu être retardée que par des efforts inouïs. C'est ce que j'expliquerai plus tard. *(Voir l'appendice nº 1).*

2°

Administration de la Maison

Le nombre de quatre fut bientôt réduit à trois, par la retraite de M. l'abbé Bargès dont le caractère irrésolu ne tint pas contre les conseils des uns, les menaces et les promesses des autres ; en réalité on peut dire de lui : *optimam partem elegit.* Il avait beaucoup de goût pour les langues anciennes ; il était passionné surtout pour l'hébreu ; je ne sais comment il parvint à se lier d'amitié avec l'abbé Glaire, professeur à la Sorbonne et le plus fort hébraïsant de ce temps-là ; après avoir été son suppléant pendant plusieurs années, il l'a remplacé sans bruit ni trompette dans sa chaire d'hébreu, avec de bons appointements ; il joue aujourd'hui même dans le monde savant un rôle assez important qui lui vaut des honneurs, de la considération et un certain bien-être qui n'est pas à dédaigner.

Nous restâmes donc trois sur la brèche, et comme l'Université ne pouvait, ou plutôt ne voulait reconnaître qu'un seul chef, nous lui présentâmes M. l'abbé Vidal, qui fut agréé par elle, avec le titre d'Administrateur. Comme il était le plus âgé, l'abbé Blanc et moi, nous lui cédâmes ce titre, qui fut en réalité seulement honoraire ; cet excellent homme, à la destinée duquel je me suis trouvé associé pendant quatre ans, par une circonstance tout à fait indépendante de ma volonté, passait pour être savant ; il l'était en effet, dans les sciences naturelles et mathématiques, mais il avait un savoir indigeste qu'il ne savait pas communiquer. Ses nombreuses relations en ville avec des savants de tous genres, lui faisaient souvent oublier qu'il avait une classe à faire ; son extérieur, fort peu attrayant, la faiblesse de sa vue et certaines habitudes originales, ne lui donnaient pas sur les élèves une très grande influence ; cependant, on l'aimait assez généralement, mais on le respectait peu, et sa présence partout où il s'agissait de montrer de l'autorité, provoquait plutôt le rire, qu'elle n'inspirait de la crainte.

Quant à l'administration proprement dite, il ne s'en est jamais mêlé, d'abord parce qu'il en était incapable et ensuite à cause de ses fréquentes absences ; et comme j'étais le plus jeune, et peu habitué aux soins matériels qu'exige un pensionnat, M. l'abbé Blanc, dût forcément ajouter cet emploi aux fonctions spéciales qui lui furent attribuées par notre règlement, et dont je vais parler.

M. l'abbé Blanc, était fort connu dans Marseille ; malgré les accusations de l'Évêché, il jouissait encore d'une bonne réputation dans la classe aisée ; ce n'était pas un homme d'un profond savoir, mais il possédait à fond le savoir-vivre et le savoir-faire, deux qualités indispensables pour réussir dans le grand monde ; il faisait valoir le peu qu'il savait avec grâce et habileté, il causait bien et accueillait avec toutes les formes qu'exige la haute société, les parents des élèves; il paraissait donc avoir tout ce qu'il fallait pour être un bon administrateur, dont en effet il exerça les fonctions dès les premiers jours, avec l'aide de son ami M. Laurent, qui fut chargé de la comptabilité. Les élèves, surtout ceux de la première division, le respectaient parce qu'il avait dans son extérieur et dans le ton de son langage, quelque chose d'imposant, mais en général on ne l'aimait pas.

Quoique administrateur de fait, il n'en avait pas le nom ; il fallut pourtant lui donner un titre qui pût le distinguer de ses collègues. Nous le nommâmes donc Directeur des classes, fonction pour laquelle il n'avait qu'une médiocre aptitude, et dont par conséquent je fus réellement chargé, quoique je ne fisse rien d'important sans le consulter ; je me bornais même à le lui communiquer lorsque je le voulais absolument.

Quel fut enfin mon département spécial auquel je dus ajouter la surveillance des études et la direction des classes ? Comme nous nous attendions à une lutte sérieuse contre l'Évêché, avec lequel très prochainement nous devions avoir des explications pour la confession des élèves, et qu'à tort ou à raison j'étais le seul qui, de son propre aveu, pût marcher le front haut et la tête levée, il nous sembla que je devais être spécialement chargé de tout ce qui concernait la Morale et la Religion, c'est-à-dire la surveillance des exercices de piété, l'explication du catéchisme, les instructions religieuses et enfin la correspondance avec les messieurs de l'Évêché, travail immense, qui ajouté à mes quatre ou cinq heures de classe par jour, aurait dû me tuer, attendu que je mangeais très-peu et que je dormais encore moins.

J'avais une chambre dans la nouvelle Maison, mais je n'y étais presque jamais ; je couchais dans le dortoir même de la première division, à côté des élèves ; un simple rideau me séparait de mon voisin ; je présidais au lever et au coucher, à la prière du matin et à celle du soir ; et lorsque je remontais après le souper, qui était le seul moment de la journée où je pouvais causer sérieusement avec mes collègues des affaires de la maison, je visitais tous les dortoirs et je ne me couchais ordinairement qu'après minuit, pour me lever à quatre heures et demie et faire lever les élèves avec nos quatre surveillants à cinq heures.

M. l'abbé Vidal, en sa qualité d'administrateur, était logé au château ; il faisait une ou deux heures de classe par jour, travaillait dans sa chambre ou allait se promener en ville, et la maison marchait sans qu'il s'en doutât.

M. l'abbé Blanc, n'avait, comme M. Vidal, que fort peu de classes à faire. Nous lui confiâmes la partie purement littéraire de la cinquième année, mais la direction de la cuisine et l'organisation des repas l'occupaient beaucoup ; habitué chez lui à un régime fastueux, il l'introduisit à la table des élèves et à la nôtre, à mes frais et dépens ; c'est lui qui m'a appris comment il faut s'y prendre pour donner à dîner aux personnes de quelque distinction ; aussi lorsqu'il nous arrivait des étrangers subitement, nous n'étions jamais embarrassés, quelque jour que ce fût ; *la fortune du pot*, n'était pas mauvaise. Je dois donc lui savoir gré de ses leçons culinaires, quoique son talent d'amphytrion m'ait coûté cher. Comme sa mère était atteinte d'une infirmité qui l'empêchait de sortir, il allait souvent la visiter ; c'était au moins le motif qu'il me donnait pour justifier ses fréquentes absences.

Le dimanche, je présidais seul aux exercices religieux, qui consistaient dans une instruction sur le catéchisme, que je remplaçais par un sermon familier pendant le carême ; dans la psalmodie des vêpres à la chapelle de l'établissement, et dans l'assistance à la messe au Rouet d'abord, ensuite à Notre-Dame-du-Mont.

Plus tard, lorsque je célébrai moi-même la messe au Rouet, toute la communauté y assistait les dimanches.

J'étais aussi chargé de la rhétorique pour les élèves de la 5me année, de la philosophie pour ceux de la 6me, et des éléments du grec pour ceux de la 2me.

Ainsi M. l'abbé Vidal, administrateur, n'administrait rien.

M. l'abbé Blanc, directeur des classes, administrait la cuisine, enregistrait les recettes, dirigeait les dépenses et laissait reposer son talent de prédicateur ; enfin moi-même, sous le nom de Directeur Spirituel, dont j'exerçais toutes les fonctions sauf la confession, je dirigeais en réalité les études et faisais mouvoir, malgré mes frêles forces physiques et par l'énergie de ma volonté, que personne ne m'a jamais contestée, la maison tout entière, sauf la cuisine et l'économat.

Notre maison débuta avec vingt élèves au 1er octobre, la plupart venant du Petit Séminaire ; elle ne tarda pas à atteindre le nombre de quarante ; nous avons terminé l'année avec soixante, dont cinquante-huit pensionnaires, un demi-pensionnaire et un externe ; nous avons commencé la seconde année avec quatre-vingt élèves et la troisième avec cent.

Les trois Directeurs avaient immédiatement sous leurs

ordres, je l'ai déjà dit, quatre surveillants qui étaient en même temps professeurs internes et ne quittaient pas les élèves aux récréations, aux promenades, aux dortoirs et au réfectoire, en se partageant les occupations de la journée, de manière à avoir chacun quelques heures de liberté ; il y avait de plus trois ou quatre professeurs externes, seulement pour une ou deux heures, indépendamment des maîtres d'agrément pour la musique, le dessin, l'escrime et la danse. Ce dernier exercice était aux frais de la maison.

Ajoutez un cuisinier avec son marmiton, *un réfectorier, deux dortoriers*, un commissionnaire et deux lingères, on trouvera, je pense, que notre personnel de maîtres et de servants ne laissait rien à désirer pour le nombre ; la qualité des professeurs, surtout externes, était aussi très imposante. M. l'abbé Blanc avait fait un petit choix d'hommes très connus dans les lettres et les sciences ; nous les payions très-cher, quoique leur aptitude comme professeurs ne fût pas toujours incontestable ; je puis citer, parmi les meilleurs, M. Autran, une de nos célébrités poétiques contemporaines ; alors il n'était pas encore millionnaire, et les 800 francs que nous lui donnions pour trois heures de latin par semaine, n'étaient pas à dédaigner pour lui.

Quant au plan d'études et à l'organisation journalière de la Maison, on en trouvera les détails à l'Appendice n° 2, à la suite de la convention, qui est l'œuvre de M. Blanc, et du prospectus que j'ai rédigé moi-même, lorsque j'étais à Château-Gombert, chez M° de Montézan. L'application en a été faite pendant quatre ans, et après quarante-deux ans d'expérience, je crois pouvoir affirmer que le plan que j'ai conçu à trente ans, pour une grande maison, devrait aujourd'hui subir bien peu d'amendements et qu'il serait à désirer que l'on adoptât quelques-unes de ces innovations qui furent alors accusées d'originalité.

3°

Correspondance pour la Confession des Elèves

OCTOBRE

Par sa lettre circulaire du 28 septembre à tous les prêtres approuvés de Marseille, l'Evêché avait annoncé officiellement que la confession des élèves était réservée aux trois Vicaires généraux : MM. Tempier, Flayol et Chaix

J'ai fait connaître plus haut ces trois personnages.

M. Flayol était, je le répète, un digne prêtre, qu'on avait retiré de Roquevaire pour en faire un Vicaire général, instrument très-maniable entre les mains de Mgr D'Icosie.

M. Chaix, ex-curé de Notre-Dame-du-Mont, faisait marcher sous ses enseignes la plupart des jeunes prêtres qui aspiraient a la célébrité et qui visaient à se faire un nom par la prédication ; Mgr d'Icosie s'était décidé, pour faire taire les critiques, à choisir pour Vicaires généraux des prêtres généralement estimés dans le clergé militant.

M. Tempier avait été relégué au Grand Séminaire où il conservait le titre ne Grand Vicaire honoraire, et les deux autres étaient Vicaires généraux titulaires : c'est avec ces trois dignitaires que la lutte va s'engager.

Cependant, comme toutes les mesures prises contre nous étaient censées avoir été adoptées par l'Evêque dont la signature de vieillard se lisait au bas de tout ce qui émanait de l'Evêché, c'est à lui que je dus d'abord adresser mes demandes. Voici ma première lettre dont la date précise m'est inconnue :

Du 8 au 10 octobre 1835.

Monseigneur,

Chargé par mes collaborateurs de surveiller la moralité des élèves et de diriger les exercices religieux, je dois prendre des mesures pour faciliter aux enfants qui nous sont confiés, la réception du Sacrement de Pénitence ; parmi tous les moyens légitimes qui peuvent être adoptés, je m'arrête à celui qui concilie notre dignité et l'intérêt des élèves avec la soumission que nous vous devons.

Vous avez déclaré dans une circulaire que les Vicaires généraux peuvent seuls entendre la confession de nos élèves ; je demande aujourd'hui l'exécution de cette mesure et je vous prie de désigner celui qui aura à remplir cet important devoir. Je le recevrai avec tous les égards qui sont dus et à son caractère et à sa mission.

Les élèves sont libres presque tous les jours depuis quatre heures jusqu'à cinq heures, mais que le confesseur détermine lui-même l'heure et le jour, et je m'efforcerai de faire plier le règlement de la maison à toutes ses exigences; j'ai toujours désiré ardemment que la volonté de Dieu s'accomplit ; je ne fais pas aujourd'hui d'autre vœu.

Agréez, etc.

J., Directeur Spirituel.

Le moment n'était pas encore venu d'attaquer la circulaire de front ; nous en aurions même toujours subi les humiliantes et ennuyeuses conséquences, si l'on n'avait pas poussé les abus jusqu'aux dernières limites ; je ne me serais pas permis de demander que le confesseur se rendit chez nous, si nous avions été dans la ville ; mais puisque le curé de notre paroisse ne pouvait pas être à notre disposition, je ne pensais pas qu'on nous obligeât à faire plusieurs kilomètres, pour faire remplir à nos élèves un devoir indispensable, c'est pourtant ce qui arriva ; mais c'est une bagatelle que la confession ; *de minimis non curat prætor;* huit jours s'étant écoulés sans réponse, j'écrivis pour la seconde fois ce qui suit :

Vers le 18 octobre 1835.

« Monseigneur,

« J'ai eu l'honneur de vous adresser une lettre dans laquelle je vous annonçais qu'ayant été chargé par mes collaborateurs de la responsabilité morale et religieuse, je devais prendre des mesures pour faciliter à nos élèves la réception du Sacrement de Pénitence, et qu'afin de vous donner une preuve incontestable de ma soumission, j'avais adopté pour faire remplir cet important devoir de religion, la mesure restrictive que vous avez cru devoir prendre ; en conséquence, je vous priais de me désigner le confesseur, afin que je pusse m'entendre avec lui pour les questions de jour et d'heure et autres détails. Une semaine s'est écoulée, et je n'ai pas eu de réponse. Cependant, *nos enfants demandent du pain, et personne ne se présente pour leur en couper.*

« Quelle que soit mon indignité, je ne crois pas avoir perdu le droit de savoir les décisions qui me concernent, surtout celles qui tendent à me châtier. Je vous en supplie donc Mgr, faites-moi connaître au plus tôt votre volonté, afin que je puisse m'y conformer et vous donner par mon obéissance un témoignage non équivoque du profond respect avec lequel, etc.

J., Directeur Spirituel. »

Après plusieurs jours d'attente, l'Évêché se montrant encore sourd et muet à mon égard et la fin du mois s'approchant, je me décidai à écrire à M. l'abbé Chaix, le prêtre et le curé modèle, le grand Directeur Spirituel du jeune clergé.

24 ou 25 Octobre 1835.

« Monsieur le Vicaire Général,

« J'ai adressé deux lettres à Mgr l'Evêque de Marseille ; j'ai sollicité une réponse avec instance, mais avec respect ; on n'a pas cru devoir m'accorder *cette faveur*. Que la volonté de Dieu soit faite.

« Fidèle au système de modération que j'ai suivi depuis le mois de juin, je ne me plains que devant Dieu d'un silence que nos enfants ne méritent pas de subir, et dont une conscience droite peut calculer les suites fâcheuses pour eux.

« Je m'adresse directement à vous, M. le Vicaire Général, pour l'accomplissement d'un devoir, dont vous êtes particulièrement responsable, d'après la décision de l'Administration Épiscopale. Pour ce qui me concerne, je n'ai qu'à vous demander des explications sur le jour, l'heure et les autres détails, c'est à quoi se borne toute ma responsabilité.

« Le porteur de cette lettre, attend une réponse, si vos occupations vous permettent de la lui donner.

« Agréez, etc.

J., D. S. »

M. l'abbé Chaix ne répondit pas à cette lettre ; quel fut le motif de son silence ? Ai-je eu une conférence avec lui de vive voix ? Je ne m'en souviens plus, mais il paraît qu'il dut causer et de ma lettre et de mon entretien, s'il a eu lieu, avec ses collègues, puisque je reçus enfin la lettre suivante, écrite tout entière de la main de M. Jeancard, et signée par M. l'abbé Cailhol, qui fut dans cette circonstance le bouc émissaire.

M. le Secrétaire Général, dont le nom se présente pour la première fois sous ma plume, appartenait à une famille honorable de Marseille ; il étudiait à Saint-Sulpice, lorsque M. l'abbé Fortuné de Mazenod, fut nommé Évêque ; on l'amena à Marseille, où, après avoir été successivement Sous-Secrétaire, premier Secrétaire et Chanoine, il devint enfin Vicaire Général. En 1835, il était Secrétaire Général, Chanoine titulaire et grand Chantre ; il n'était pas l'ami de M. l'abbé Bicheron, et je sais qu'il prenait part à toutes nos peines ; mais son caractère beaucoup trop flexible en faisait, comme de plusieurs autres prêtres, un serviteur aveuglément docile et un instrument inerte entre les mains de celui à qui il devait sa position.

La lettre qu'il a signée et non rédigée, attendu que les deux écritures sont bien distinctes, ne répond à rien pour le fond, et me traite cavalièrement au suprême degré ; on me le paiera plus tard à gros intérêts ; mes supérieurs m'ont toujours traité comme un valet, qui à son tour oublie naturellement les égards qu'il doit à ses maitres.

Évêché *Marseille, 29 octobre 1835.*
DE
MARSEILLE

Monsieur, en réponse aux deux lettres que vous lui avez écrites, Monseigneur me charge de vous dire qu'il s'en réfère à ce que vous a exprimé de vive voix Monsieur Chaix au sujet de la confession de vos élèves.

Recevez, Monsieur, l'assurance de ma considération distinguée.

Le Secrétaire Général de l'Evêché,
CAILHOL, Ch^{ne}-G^d-Ch^{tre}.

4°

NOVEMBRE

1ᵉʳ Novembre 1835.

« Monsieur le Chanoine,

« Vous m'annoncez dans votre lettre du 29 octobre, que Mgr s'en réfère, au sujet de la confession de nos élèves, à tout ce que M. Chaix m'a exprimé de vive voix; j'adhère à cette décision, mais je me crois obligé de soumettre à Mgr quelques observations.

« La confession n'est pas seulement une croyance, elle est encore un devoir indispensable de pratique religieuse. Je dois donc faire observer que l'état souffrant et maladif de M. Chaix, et ses nombreuses occupations, ne lui permettent pas d'entendre régulièrement chaque mois la confession de tous nos élèves. Or, comme les Vicaires Généraux seuls ont la faculté de s'immiscer dans ce *for* intérieur, *réservé par jugement extraordinaire*, il me semble que nos élèves ont le droit de demander un autre confesseur qui vienne en aide à M. Chaix, pour l'accomplissement d'un devoir, dont l'Evêché lui-même fait connaître l'importance par la mesure exceptionnelle qu'il a prise.

« Je vous prie donc, Monsieur, au nom de tous les élèves catholiques qui nous sont confiés, de manifester à Mgr et à tous ses Grands Vicaires le désir que ces élèves éprouvent de recevoir un Sacrement dont le refus n'a jamais été adopté par l'Église comme une peine canonique. Vous m'obligeriez infiniment, si vous daigniez m'honorer au plus tôt d'une réponse suffisamment explicative.

Agréez, etc.

J., D. S.

M. l'abbé Cailhol eut ordre de me répondre seulement le 10 novembre ; ce n'est pas qu'on ait eu besoin de délibérer longtemps, mais il entrait dans les vues de l'Évêché de décourager tout à la fois les Directeurs, les Parents et les Élèves ; peu lui importait que le bien spirituel en souffrît, pourvu qu'il pût faire échec à notre entreprise.

La lettre suivante écrite tout entière de la main de M. Cailhol, est un peu plus polie pour la forme ; mais elle n'en est pas moins sèche et sévère pour le fond ; ainsi le voulaient ses maîtres.

Évêché
DE
MARSEILLE

Marseille, le 10 novembre 1835.

Monsieur,

En réponse aux deux dernières lettres que j'ai reçues de vous, je dois vous prévenir que ce n'est pas à M. Chaix, seulement, mais à tous les grands vicaires de Mgr l'Évêque, qu'il appartient, d'après les dispositions arrêtées à cet égard, d'entendre les confessions des élèves du Pensionnat Menpenti.

J'ai l'honneur d'être avec une considération distinguée, Monsieur, votre très humble serviteur.

CAILHOL, Ch[en].

On conçoit aisément que l'indignation que je concentrais, non sans peine, devait naturellement me monter au cerveau, à la suite de tous ces délais calculés, qu'il était bien difficile de justifier. Voici ma réponse à la lettre du 10 novembre.

12 novembre 1835.

« Monsieur le Chanoine,

« Votre réponse du 10 novembre que j'attendais avec impatience, et dont enfin vous avez bien voulu m'honorer, ne satisfait qu'imparfaitement aux demandes que j'ai faites dans mes lettres précédentes.

« Je vous remercie de m'avoir appris officiellement, après que mille bruits contradictoires ont circulé dans le public depuis environ deux mois, que le ministère de MM. les vicaires généraux est l'unique moyen de salut pour nos élèves catholiques, dans tout le diocèse de Marseille. Je me soumets à cette décision avec toute la résignation dont un prêtre doit aux fidèles et la leçon et l'exemple. Mais votre silence sur les autres questions de détail, que j'ai faites, m'oblige à vous dire aujourd'hui expressément ce que je ne faisais qu'insinuer dans mes précédentes lettres.

« Voici donc, Monsieur, ma profession de foi :

« Je crois que le Sacrement de la Pénitence est un des plus nécessaires pour le salut, et que, pour cette raison, J.-C. a dû en faciliter la réception.

« Je crois que l'obligation de le recevoir pour les fidèles implique rigoureusement le devoir de l'administrer pour les prêtres, et que ce devoir souvent imposé par la justice, l'est toujours par la charité, qui, à l'exemple du Bon Pasteur, n'attend pas la brebis égarée, mais court après elle, pour la ramener au bercail.

« Je crois enfin qu'un prêtre, qui n'est pas employé dans le ministère des paroisses, comme un Vicaire Général et qui néanmoins enlève à un curé son pouvoir, pour se l'attribuer à lui-même, s'expose à éloigner les fidèles de la fréquentation des Sacrements, s'il n'a ni heures ni jours bien déterminés pour entendre les confessions et s'il refuse même d'entrer avec eux dans ce détail.

« Cela posé, rien ne me paraît plus nécessaire que les explications que je demande depuis un mois ; rien ne me paraît plus légitime que l'empressement que je mets à les solliciter. Vous me pardonnerez donc la liberté que je prends de vous dévoiler toute ma pensée, en considération du salut éternel de nos élèves qui est grandement compromis par tous ces retards.

« Agréez, etc. J., D.-S. »

Ainsi, après environ un mois et demi, la question n'était pas plus avancée que le premier jour ; il était pourtant bien facile de me répondre, après ma première lettre, que MM. Tempier, Chaix et Flayol étaient chargés chacun d'un tiers de nos élèves et que ces messieurs seraient à ma disposition un tel jour, à telle heure et à un tel endroit, comme on l'a pratiqué après mon retour de Paris. Pourquoi différer si longtemps, au grand détriment spirituel de nos élèves, d'accorder ce qu'on ne pouvait pas leur refuser et de nous appliquer la loi martiale qu'on avait inventée pour détruire notre Œuvre dans son germe ? N'était-il pas évident que pour atteindre à un but qu'ils prétendaient être louable, ils faisaient un mal indéniable et qu'ils me donnaient le droit de leur dire un jour publiquement, avec le grand Apôtre : *non sunt facienda mala ut veniant bona ?* leur négligence était d'autant plus inconcevable que dans leur pensée, la confession étant pour eux un moyen d'arriver jusqu'à la conscience des élèves et de détruire en eux l'estime et la confiance que nous leur inspirions, ils devaient donc se mettre à l'œuvre au plus tôt possible pour employer un moyen dont l'efficacité ne leur paraissait pas douteuse.

Quoi qu'il en soit, je vais continuer à rendre compte de ma correspondance avec M. Chaix.

Le 16 novembre 1835.

« Monsieur le Vicaire Général,

« Quinze jours se sont écoulés, depuis que je vous ai fait connaître mon adhésion aux mesures prises par l'Evêché au sujet de la confession de nos élèves; vous n'avez pas répondu immédiatement, parce que, me dit-on, il fallait attendre le rétablissement de votre santé ; une seconde fois vous venez de me présenter vos infirmités comme la cause de votre silence ; or, cette explication ne peut me satisfaire, puisqu'il m'est revenu que la veille et le lendemain du jour où vous avez reçu ma dernière lettre, vous avez rempli vos fonctions ordinaires dans le couvent des Grandes-Maries, et que, depuis quelques jours, vous donnez une retraite spirituelle aux prêtres que vous dirigez.

« Cependant, M. le V. G., nos enfants n'ont pas perdu leur droit aux Sacrements de l'Eglise. D'après la décision de l'administration épiscopale, le curé de la Paroisse ayant été dispensé de ses obligations de Pasteur envers eux, les Vicaires Généraux en ont été chargés solidairement ; sinon, il pourrait se faire qu'une partie de nos élèves se trouvât sans confesseur.

« En conséquence, j'ai l'honneur de vous prévenir que s'étant soumis à cette mesure depuis environ un mois ils attendent avec impatience que vous vous présentiez ou que vous leur déterminiez le lieu, le jour et l'heure ; ils veulent remplir leur devoir, quelque pénibles que soient les conditions qu'on leur impose.

« J'en appelle à votre équité et à vos lumières. N'êtes-vous pas tenu en justice d'entendre la confession de ceux dont vous vous êtes *réservé* tous les péchés et n'est-il pas certain que par vos retards vous compromettez leur Salut éternel ? Mon langage est-il condamnable ou plutôt n'est-il pas conforme aux principes de la théologie ? Prononcez vous-même ; j'attends votre décision.

« J'ai l'honneur, etc.

J., D. S. »

Cette fois la réponse ne se fit pas trop attendre ; je reçus trois jours après la lettre suivante, dont le premier et long paragraphe explique le silence et les retards du signataire.

Réponse de M. Chaix, sans date :

« Monsieur,

« Quand je reçus votre dernière lettre, j'étais au lit, malade, votre domestique doit vous l'avoir dit ; je l'ai été jusqu'à dimanche dernier où j'ai commencé à aller à l'Eglise et à dire la messe. Je pris sur moi de confesser les frères des Ecoles Chrétiennes la semaine dernière et je fis pour cela un effort imprudent. Je n'ai point donné de retraite aux prêtres ; comme la maison où elle se donnait était au voisinage de la mienne, j'y suis allé quelquefois assister à quelque iustruction, mais je n'y ai pas ouvert la bouche, avant de prendre le ton de réprimande ; assurez-vous bien de la vérité des faits.

« Je vous ai fait prévenir que je vous avertirais quand je pourrai entendre vos élèves. En attendant adressez-en une partie à mes autres confrères ; ils sont engagés comme moi — car je ne compte pas me charger de tout le pensionnat, l'œuvre n'est pas assez attrayante.

« J'ai l'honneur de vous saluer,   CHAIX, v. g. »

Je n'avais pas à insister sur les questions de fait qui sont traitées, dans cette lettre, parce qu'en effet on aurait pu m'avoir donné des renseignements faux ou exagérés ; mais le second paragraphe gâta la sauce ; et le dernier membre de phrase qui le termine me fit bondir ; en lisant cette saleté, (qu'on me passe l'expression) je ne pus me contenir — oh ! le vilain ! m'écriai-je — je pris la plume immédiatement et je lui fis la réplique suivante :

Le 21 novembre 1835.

« Monsieur le Vicaire Général,

« Les observations que j'ai eu l'honneur de vous adresser me paraissent plus que jamais légitimes, depuis que vous m'avez présenté une justification si peu satisfaisante dans votre lettre datée de... N'est-ce pas en effet inouï dans l'Eglise de Dieu qu'on se croie obligé de faire *un effort imprudent* pour un acte de dévotion et de charité, tandis qu'on se dispense des obligations de justice ? Je laisse cette question pour le moment ; j'y reviendrai plus tard.

« Permettez, M. le V. G., que je m'arrête sur quelques expressions qui ont terminé votre lettre. Vous vous refusez d'entendre la confession de *tous* nos élèves, parce que, dites-vous, *l'œuvre n'est pas assez attrayante.*

« *L'œuvre n'est pas assez attrayante!*... Au nom de Dieu, M. le V. G., lorsque vous laissez échapper de votre plume de telles expressions, vous devez développer davantage votre pensée. Une trop grande concision peut devenir scandaleuse et donner lieu à des interprétations malsaines ou à des jugements inexorables.

« Lorsque je rappelle à mon souvenir toutes les bonnes inspirations que j'ai reçues dès ma plus tendre enfance au foyer chrétien de la famille et plus tard dans mon éducation ecclésiastique, toutes les instructions qui m'ont été données pour fortifier la foi, nourrir la piété et conserver le sentiment de la dignité sacerdotale, et enfin tout ce que j'ai pu faire de bien, avec l'aide de Dieu, dans les différentes paroisses où j'ai exercé le Saint Ministère, je ne puis arrêter ma pensée sur cette phrase, sans éprouver des sentiments pénibles.

« Puis-je croire en effet qu'aujourd'hui la vertu sacerdotable ait besoin d'être encouragée par la facilité ou l'attrait des actes ? Est-il même croyable que votre zèle pour le Salut des âmes, si justement renommé, ne puisse s'exercer que sur des œuvres attrayantes ? Quoique vos expressions ne soient pas équivoques, je ne puis me persuader que vous ayez voulu consacrer une maxime que la morale évangélique repousse ; assurément vous n'en avez pas calculé toute la portée.

« Cependant serait-il bien vrai qu'elle ne fût pas attrayante, cette œuvre dont l'administration épiscopale a dispensé le curé de la paroisse, pour en charger les vicaires généraux ? Depuis quand la direction spirituelle de la jeunesse, est devenue une œuvre dégoûtante ? Auriez-vous sur la nature de ce ministère d'autres pensées que celles de J.-C. ? Je ne le crois pas, quelque étrange que soit votre assertion ; j'en appelle au témoignage de tous les prêtres, vrais serviteurs de Dieu, et surtout à votre jugement, dont on vante partout la rectitude. De toutes les fonctions du St-Ministère en est-il une qui offre plus de consolation et qui réjouisse plus le cœur que la direction de la jeunesse ? (1)

« Mais je crois vous comprendre ; votre pensée se présente à mon esprit avec une effrayante clarté. Lorsque vous avez tracé cette ligne, votre imagination était souillée, n'est-ce pas ? Vous vous représentiez des maîtres de corruption à dévoiler, des cœurs gâtés à purifier, peut-être même des principes religieux à redresser ; car il est écrit qu'un *abîme appelle un autre abîme*.

« Eh bien ! M. le V. G., si ce hideux tableau se trouvait conforme à la réalité, le devoir qui vous a été imposé de remédier à tant de maux ne serait pas attrayant sans doute, pour me servir de votre expression voluptueuse ; mais assurément il ne paraîtrait pas dégoûtant aux prêtres qui ont l'esprit des Vincent-de-Paul, des Fénelon et d'autres grands serviteurs de Dieu dont vous connaissez les noms mieux que moi.

« Faut-il qu'un jeune prêtre apprenne à un vieillard, profondément versé dans la théologie mystique, que la grâce de Dieu adoucit toutes les peines du Ministère et fait trouver des charmes, de vrais charmes, dans les pratiques les plus révoltantes pour la nature ?

---

(1) *Nescio prorsus*, enseigne Gerson, *si quidquam majus esse possit quam parvulorum animas (partem non indignam horti ecclesiastici) quasi plantare aut rigare* (tract. de parvulis ad Chr. trah.)

« L'œuvre n'est pas assez attrayante !... Mais si le tableau avait été chargé de noires couleurs par des hommes que Dieu n'inspire pas ; s'il n'était le résultat que de vos préventions ; si par la confession assidue de nos élèves que vous ne connaissez pas encore et la surveillance exacte de l'administration de notre maison, où vous n'avez pas encore mis le pied, vous veniez à reconnaître vous-même l'énormité de vos erreurs, quelle ne serait pas votre confusion d'avoir compromis le salut de nos élèves, qui sont vos ouailles, par ce retard affecté et coupable dont ils osent aujourd'hui par mon organe vous demander justice ?

« L'œuvre n'est pas assez attrayante !.. C'est vraiment pitoyable de voir avec quelle assurance un Vicaire général me jette à la figure ces paroles injurieuses ! Puisque vous ambitionnez les œuvres attrayantes, Monsieur, je vais vous indiquer le lieu où probablement vous en trouverez. Il existe au *Boulevard des trois journées* une maison d'éducation où pendant dix-huit mois j'ai rempli des fonctions importantes et j'ai pu sonder toute la profondeur des plaies dont elle doit être naturellement couverte ; n'est-il pas évident en effet que la corruption, telle que vous la comprenez, peut y faire de rapides progrès, tandis qu'un supérieur *sans piété* se vautre entre deux draps jusqu'à 9 heures du matin, laissant à ses professeurs le soin de célébrer dans la semaine la messe à laquelle il n'assiste pas ? est-ce incroyable que tout ne doive pas être régulier dans cette maison, tandis que le même homme, qui abuse si étrangement de la confiance de l'Evêque et des parents, se traîne pendant toute la journée de son lit à la salle de billard, du billard au réfectoire, du réfectoire aux ateliers ou au coin de la cheminée, chargée de journaux de toute couleur ?

« Cet homme garde parmi ses professeurs un ecclésiastique qu'il soupçonne de ne pas assister à la messe les dimanches, et avait donné sa confiance pleine et entière à celui de mes associés que vous diffamez sans pitié.

« Le Métropolitain, notre juge commun, aura seul la connaissance de tous ces désordres après vous.

« Ainsi, quelque grande que soit votre répugnance pour les œuvres qui ne sont pas attrayantes, hâtez-vous d'étendre votre vigilance sur la maison que je viens de vous indiquer, tandis que vous surveillerez la nôtre ; vous pourrez dans quelques mois établir une comparaison qui, j'ose le dire sans témérité, fera monter la rougeur au front de nos envieux et de nos détracteurs.

« Au moment de clore cette lettre, je reçois la vôtre du 20 ; je me propose de répondre sous peu de jours, non par des invectives, mais par des raisonnements et des faits aux nombreuses accusations que vous y entassez. Nous verrons si j'ai mérité les reproches de désobéissance et d'insubordination, que l'on est convenu de me faire, depuis qu'on a si mal réussi à salir ma réputation. Nous verrons si l'administration épiscopale que tous les catholiques du diocèse distinguent du vénérable Evêque, est innocente envers mes collaborateurs ; nous verrons si son opposition à notre projet peut être regardée comme légitime ; nous verrons enfin si l'âge et les infirmités d'un supérieur quelconque lui donnent le droit d'écraser ses inférieurs sous le poids de son autorité et si ces derniers ne peuvent jamais faire entendre des remontrances respectueuses, quoique sévères et énergiques.

« J'ai l'honneur, etc.   J, D. S. »

Évêché
DE
MARSEILLE

Marseille, le 20 Novembre 1835.

« Monsieur,

« J'ai dû communiquer à Monseigneur notre Evêque et à son Conseil, votre lettre du 16, elle a été trouvée digne d'une sévère réprimande pour sa hardiesse et son inexcusable impertinence ; on a été étonné de ce que vous avez osé faire la leçon à un ancien du sacerdoce, à votre supérieur, à un homme que son âge et ses infirmités même devraient vous rendre respectable ; puisque ma santé me le permet, vous pourrez m'envoyer une troisième partie de vos élèves lundi à 10 heures à l'église du premier monastère de la visitation. Je vous préviens qu'après avoir entendu la confession de ces jeunes gens je leur ordonnerai de dire à leurs parents que le confesseur *au quel* ils ont été *addressés* trouve très convenable qu'on les retire du pensionnat où ils sont actuellement, que ce confesseur leur réitèrera cet avis jusqu'à ce qu'il ait été mis en exécution et que ceux qui ont fait la communion n'auront pas l'absolution tant qu'ils seront dans cet établissement. Il faudra donner à ces élèves les motifs que nous avons de ce refus. Nous ne dirons pas que c'est *par ce que* le pensionnat auquel ils appartiennent est dirigé par trois prêtres dont deux sont entièrement diffamés par les vices honteux *aux quels* ils se sont livrés et le troisième a un esprit d'indépendance et d'insubordination qui se manifeste d'une manière scandaleuse à la première occasion. C'en serait assez pour dégoûter de votre établissement les parents qui ont quelque désir de former leurs enfants à l'obéissance et à l'amour de la chasteté. Nous pourrions le faire; mais nous nous contenterons de dire à ces jeunes élèves que leur pensionnat étant désavoué par l'évêque et dirigé par des prêtres interdits, il ne convient pas que nous consentions à ce qu'ils y restent.

« Si ces conditions ne vous rebutent pas, vous pouvez nous envoyer vos élèves.

« Au reste vous voudrez bien répandre dans le public, ce que nous faisons de notre côté, que l'évêque n'est pas l'ennemi de l'établissement; il reconnait qu'un pensionnat où l'on dirigerait les élèves vers le commerce et la marine, est convenable à Marseille; que par conséquent il favorisera toutes les personnes qui voudront appliquer leurs talents à une fin si convenable ; la seule chose qui dégoûte Monseigneur et ses vicaires généraux, ce sont les qualités personnelles des prêtres qui maintenant veulent former un institut de ce genre ; qu'on les remplace par d'autres d'une réputation honorable et d'une moralité vraiment chrétienne et le gouvernement ecclésiastique donnera toute sa bienveillance et sa protection à cette bonne œuvre.

« Je prie le seigneur pour qu'il vous fasse comprendre combien notre conduite est raisonnable et qu'il vous *rammène* à des principes meilleurs. Dans le cas où il vous *accordat* cette grâce je serais toujours votre dévoué serviteur,

Chaix, Archid. Vic. Gén.»

P.-S. — Je viens de communiquer cette lettre à Monseigneur l'Evêque, à Mgr son neveu et à Messieurs les vicaires généraux. Ils en ont approuvé tout le contenu et ont déclaré qu'elle renferme leurs véritables sentiments.

Cette lettre du 20 novembre, qu'on vient de lire, est le complément de la circulaire du mois de septembre ; elle dévoile avec une brutale franchise le complot formé par l'administration épiscopale — parsemé de fautes d'orthographe saillantes, qui indiquent que le grand théologien n'avait pas profité des leçons de son instituteur primaire, cet écrit renferme en outre des calomnies manifestes, qui supposent dans l'ex-curé de Notre-Dame-du-Mont ou l'ignorance du droit canonique ou une sorte de vertige provoqué par son élévation subite aux honneurs.

Il peut se faire que M. l'abbé Blanc, sujet de l'Evêque de Marseille, eût été interdit dans la fameuse lettre du 12 août ; mais ni M. Vidal ni moi nous ne l'avons été ni pu l'être ; on nous refusait les ornements, comme on le fait aux prêtres étrangers qui n'ont pas de *celebret* de la part de leur ordinaire ; mais on n'appelle jamais cette mesure de précaution *un interdit*, à moins d'ignorer les premiers éléments de la discipline ecclésiastique. Même l'interdit lancé contre l'abbé Blanc dans une lettre ne pouvait pas être considéré comme une censure. M. Chaix affirme dans un *Post-scriptum* que Mgr l'Evêque, Mgr son neveu et Messieurs les autres Vicaires Généraux ont approuvé tout le contenu de la lettre.

Or, j'affirme sur mon honneur, que Mgr d'Icosie m'a déclaré à Paris au mois de février 1836, lorsque je lui eus montré la décision de la Sacrée Pénitencerie, et plus tard, lorsque le calme fut rétabli, qu'il n'avait pas approuvé les procédés des Vicaires Généraux à notre égard — il y a eu évidemment un menteur d'un côté ou de l'autre — c'est la répétition de ce qui se passa dans ma première visite à Mgr d'Icosie qui renvoyait à M. Bicheron ce que celui-ci attribuait à l'Evêque. D'ailleurs, M. Chaix, dans une lettre qu'on lira plus tard, a désavoué formellement son affirmation à mon retour de Paris.

Après avoir lu et relu cette lettre, pour m'en bien pénétrer, et d'ailleurs retenu par mes occupations, je ne pus y répondre que le 24. Voici en quels termes, tels que je les trouve dans mes papiers, j'écrivis à tous les vicaires généraux.

24 novembre 1835

« Messieurs,

« J'ai reçu ces jours derniers de M. Chaix, Vicaire Général, une lettre pleine de reproches amers et de graves accusations. Je dois respecter la colère d'un vieillard et ne pas répondre à ses invectives ; mais je ne puis laisser dans l'ombre ses imputations calomnieuses et surtout les assertions étonnantes qu'il émet pour légitimer les hostilités inexcusables de l'administration épiscopale.

« *L'Evêque*, m'écrit-il, ne s'opposerait pas à un établissement qui tendrait spécialement à préparer des élèves pour la marine, le commerce, etc., ce qui signifie en d'autres termes : l'Evêque ne s'opposerait pas à une maison d'éducation dirigée par des prêtres, et qui ne serait pas un petit séminaire.

« M. Chaix compte étrangement sur ma crédulité ou sur mon ignorance, lorsqu'il me tient ce langage ; il devrait savoir que je ne puis être étranger à tout ce qui s'est passé à Marseille, depuis que la famille de Mazenod occupe le siège épiscopal. Ce n'est pas la première fois que des prêtres étrangers ou diocésains, ont conçu le projet d'une maison d'éducation. Or, toute la ville sait que les propositions de ce genre furent toujours accueillies à l'Evêché, avec une répugnance qui se changeait bientôt en vexations contre le prêtre, et surtout avec un dédain qui ne s'est jamais démenti. Voici des faits pour les incrédules :

« M. Eugène Caire a toujours été arrêté dans ses projets d'établissement, d'abord par un refus d'approbation, et plus tard par des menaces.

« On engagea formellement M. Bonnafoux à renoncer à un pensionnat qu'il voulait fonder, parce que, disait-on, *il ferait tomber le petit séminaire.*

« La sensibilité de M. Coulin fut souvent mise à l'épreuve, lorsqu'il prêtait le secours de sa coopération à M. Odouard, maître de pension.

« M. Léautier, actuellement curé du Rouet, fut débouté de ses prétentions à l'aumônerie du Lazaret, dès qu'il eut l'imprudence de parler trop ouvertement de ses projets ultérieurs d'une maison d'éducation.

« Au mois d'avril 1835, M. Tempier demanda sérieusement à l'abbé Bicheron, si un pensionnat dirigé par des prêtres, mais à la nomination de l'Evêque, dans la ville d'Aubagne, ne nuirait pas à la prospérité du petit séminaire de Marseille.

« Je n'ai pas la prétention de citer tous les faits qui peuvent détruire l'affirmation du Vicaire Général ; vous les connaissez mieux que moi ; il est bon seulement que vous sachiez que je ne suis pas d'humeur à admettre comme légitime toute sorte de justification ; est-il en effet probable que cette administration si fière de son gouvernement de fer et de sa ténacité de principes, abandonnât de gaîté de cœur un système qu'elle a suivi jusqu'à ce jour avec tant de persévérance ? M. Chaix me permettra de ne pas y croire et de penser avec tous ceux qui savent raisonner que la cupidité est le grand mobile de toutes les persécutions que nous endurons. Ce n'est pas notre faute, si malgré toutes les diffamations que l'on a semées dans le public avec tant de profusion, toute la ville s'obstine à ne voir dans cette affaire qu'une question d'intérêt ; des soupçons si graves et si universels ne se seraient pas formés sur la nature de vos motifs, si déjà par vos antécédents vous n'y aviez prêté le flanc.

« Faut-il vous rappeler toutes vos paroles imprudentes, toutes vos démarches cauteleuses et tous vos débats scandaleux avec les ouvriers qui ont eu des affaires avec vous ? Faut-il vous apprendre que votre amour de l'argent passera bientôt en proverbe ?

« Mgr d'Icosie ne gémissait-il pas l'an dernier en présence d'un jeune prêtre de ce que tout l'argent qui entrait au séminaire était absorbé par les réparations et les embellissements ? et le vénérable vieillard que vous réléguez au fond du palais comme une momie Egyptienne, ne se plaint-il pas quelquefois à des prêtres de sa connaissance intime que vous lui enlevez toutes ses ressources pécuniaires ? Et pour combler ce déficit, ne l'a-t-on pas vu tendre la main à ces mêmes prêtres, pour en recevoir le revenu des restitutions incertaines ? Je m'arrête ; car je n'aime pas les révélations inutiles ; vous savez mieux que moi tout ce que votre conscience vous reproche sur ce sujet.

« M. Chaix me jette à la figure, après tant d'autres, les accusations d'insubordonné et de rebelle. En vérité, je n'y tiens plus. C'est trop abuser de ma patience ; Dieu me pardonnera, si je fais entendre à l'oreille de mes calomniateurs les accents de ma juste indignation. Dites-moi, vous tous qui mentez depuis six mois avec tant d'effronterie, qui revêtez vos mensonges de toute sorte de formes, et qui les publiez sur tous les théâtres ; dites-moi, si depuis mon arrivée dans le diocèse de Marseille, même après les affaires d'avril, vous pouvez citer un seul acte de désobéissanse aux ordres de l'Evêque, dont je me sois rendu coupable, quelque illégitimes qu'ils aient dû souvent me paraître. Dites-moi si pendant les dix-huit mois que j'ai consacrés tout entiers à la prospérité du petit séminaire, je n'étais pas un des prêtres les plus réguliers, qui faisaient partie de la maison, et si la conduite privée de M. l'Abbé Bicheron pourrait-être mise en parallèle avec celle que j'y menais, avec la grâce de Dieu.

« Dites-moi si mes supérieurs ecclésiastiques d'Aix m'ont jamais trouvé rebelle à quelqu'un de leurs ordres. Savez-vous bien que ce ne fut qu'avec la plus grande répugnance que Mgr Raillon consentit à *me prêter à son vénérable voisin seulement pour neuf mois* et que le rédacteur en soutane de la *Gazette du Midi* a glissé dans le mensonge, en publiant que j'étais venu à Marseille *dans des circonstances critiques pour moi ?* Le malheureux ! il avait essayé de salir ma réputation, au mois de mai ; mais ce qu'il n'a pu souiller, ne faut-il pas qu'il le ronge ?

« Quant aux accusations portées contre mes associés, je prie Dieu de déployer en faveur de vous tous les richesses de la miséricorde, dont vous avez un si grand besoin, à cause de cette violation publique de la charité et de la justice. Vous avez dépassé toutes les idées qu'on s'était faites jusqu'à ce jour d'une administration que l'esprit de foi ne dirige pas. La morale chrétienne est au-dessus de toutes les considérations humaines ; vous le savez comme moi ; que n'y conformez-vous donc votre conduite ? D'ailleurs toutes ces questions seront bientôt éclaircies. Je ne sais ce que vous pourrez répondre, lorsqu'on vous demandera pourquoi vous avez *appelé* dans votre diocèse et conservé avec toute sorte d'égards pendant dix-huit mois dans votre petit séminaire un prêtre sur lequel vous versez aujourd'hui avec si peu de ménagement le venin d'un cœur ulcéré ; pourquoi vous avez placé dans la même maison au mois d'octobre 1834 et honoré au mois d'avril 1835 en le chargeant d'un emploi plus important que celui qu'il occupait, un autre prêtre contre lequel vous avez épuisé depuis le mois de mai de cette même année toute la phraséologie des diffamations.

« Ma tête est trop jeune et j'ai trop peu d'expérience pour ne pas être étonné que tant de légèreté puisse se rencontrer dans une administration épiscopale. Je souhaite pour votre honneur en ce monde, et pour votre sûreté de conscience devant Dieu, que vous ayez des moyens de justification; en attendant de les connaître, je ne puis faire autrement que de vous croire coupables ou envers les parents de la confiance desquels vous avez abusé, ou envers mes collaborateurs que vous avez diffamés.

« Mais cette délicatesse que vous affectez d'avoir aujourd'hui sur le choix des maîtres qui dirigent la jeunesse, l'avez-vous jamais eue réellement ? Ce rigorisme dont vous faites parade sur votre responsabilité de l'éducation morale et religieuse, l'avez-vous toujours suivi? tout ce que je viens d'exposer devrait me donner le droit de donner à ces questions une réponse négative; mais j'ai de plus des faits accablants à présenter.

« Vous ne pouvez pas ignorer, ce que tout le monde sait, qu'il y a dans Marseille des pensionnats, où des principes irréligieux sont enseignés ouvertement, où l'immoralité est flagrante, où la porte du pensionnat est ouverte à 11 heures du soir, et où le maître de pension conduit lui-même ses élèves dans des maisons étrangères pour y passer toute la soirée. D'où vient que lorsqu'il s'agit de ces établissements, votre zèle apostolique vous abandonne ? Serait-ce parce que vous ne redoutez nullement leur influence ? Mais n'y eût-il qu'un seul élève capable d'être dépravé, vous devriez, conformément à vos principes, signaler aux familles chrétiennes les vices de ces maisons d'éducation. Cependant à cet égard vous avez toujours été muets et vous le serez longtemps encore ; car vous savez que le petit séminaire n'a rien à craindre d'une telle concurrence, mais voici d'autres faits plus importants :

« M. l'abbé Bicheron que je nomme (parce que je sais, j'ai vu, j'ai lu et j'ai entendu) était-il, est-il encore un modèle de soumission, de régularité et de piété ? Connaissez-vous, comme moi, ses maximes sur l'obéissance que les prêtres inférieurs doivent aux évêques, ses libres raisonnements sur les ordonnances épiscopales et sur les vôtres en particulier, son dédain pour tout ce qui vient de la Cour de Rome et notamment pour les indulgences ? Avez-vous gémi comme moi sur l'indolence journalière avec laquelle il dirigeait la maison du fond de son alcôve ? déjà M. Chaix a reçu dans ma lettre quelques détails ; ajoutez-les à ceux que je vous donne aujourd'hui et à bien d'autres que je présenterai plus tard ; et il en résultera un tableau consolant que les pères de famille pourront contempler, pour se rassurer sur l'éducation morale et religieuse que leurs enfants reçoivent au petit séminaire sous le patronage de l'Evêché.

« M. Chaix se met en colère, parce que, dit-il, un jeune prêtre prétend faire la leçon à un ancien du Sacerdoce, que ses infirmités doivent encore rendre plus vénérable.

« En vérité, M. Chaix connaît bien mal mes véritables sentiments. Rien de plus digne de respect à mes yeux que la vieillesse, quelle que soit la condition de l'individu ; rien ne me paraît plus sacré et plus touchant tout ensemble que le spectacle douloureux des infirmités humaines. Mais lorsque, paroissien de M. Chaix, je lui demande les sacrements et que je me plains de ses lenteurs affectées, comme d'une violation de mes droits, est-ce une insulte que je fais au vieillard, et un outrage dont j'aggrave ses infirmités ?

« L'Eglise a supposé, en autorisant les appels de l'Evêque

au Métropolitain, du Métropolitain au Concile provincial et ainsi de suite, que le pouvoir spirituel pouvait être entre les mains de certains hommes un instrument de *destruction*. Vous n'oserez donc pas affirmer, contrairement à cette discipline, que l'inférieur ne peut jamais user de ce droit d'appel, sans mériter l'odieuse qualification de séditieux. Hélas ! que dis-je ? Vous l'avez osé plus d'une fois. Le clergé de Marseille sait depuis longtemps que votre volonté souveraine est votre loi, votre Eglise, votre Dieu. Sachez bien et ne l'oubliez pas que la plainte respectueuse, quoique sévère et énergique, est le droit inviolable de l'inférieur opprimé et que j'en userai tant que la discipline de l'Eglise ne changera pas.

« Je déclare en finissant que MM. Chaix et Templier se sont rendus indignes de la confiance de nos élèves, le premier, pour m'avoir écrit qu'il ne se chargeait pas de tout le pensionnat, parce que l'œuvre n'est pas assez *attrayante* et le second, pour avoir troublé leur conscience par des questions au moins superflues et des propos calomnieux qu'ils n'ont entendu qu'avec dégoût.

« Quant à M. Flayol, l'heure qu'il a déterminée ne peut leur convenir ; en conséquence ils prient Monseigneur de leur désigner d'autres confesseurs, quoiqu'ils ne reconnaissent pas comme légitime la situation exceptionnelle dans laquelle on les a placés et qu'ils n'acceptent que comme nécessité. En attendant, ils ne croient pas pouvoir différer davantage de fréquenter les Sacrements et ils se disposent à prendre d'autres moyens que ceux qu'on leur offre avec tant de répugnance, pour se réconcilier avec Dieu et pour participer à la table Sainte.

« J'aurais pu dès le commencement de ces débats, et surtout au mois d'octobre faire descendre la polémique des journaux sur ce terrain ; je ne sais si l'abbé Jeancard m'y aurait suivi ; c'eût été chose curieuse de voir la contenance qu'il y aurait eue. Mais Dieu me garde d'obscurcir les beaux jours de son triomphe ; qu'il jouisse en paix du fruit de ses labeurs et qu'il daigne agréer, ainsi que vous tous, l'assurance de ma vive reconnaissance avec laquelle je suis, etc.

« J., *d. s.*

Je dois confesser, et je n'hésite pas à le faire, que dans mes deux lettres précédentes j'ai quelques fois dépassé les limites que trace le respect : mais comment garder son sang-froid à la lecture de ces lettres où le mensonge calomnieux, surtout à mon égard, s'étalait sans pudeur et M. Chaix insultait nos élèves sans même les avoir ni vus ni entendus ?

L'Evêché n'ayant pas pris en considération la demande que j'avais faite de nous accorder d'autres confesseurs, il est certain que j'ai conduit les élèves une fois à la Major à M. Tempier, et que j'ai eu un entretien avec M. Flayol dans la dernière quinzaine de novembre. Il est donc probable qu'il faut placer aux derniers jours du mois la lettre suivante que me renvoya M. Chaix avec sa réponse de trois lignes.

J'écrivis cette lettre, afin de mettre ces messieurs en quelque sorte au pied du mur, de les rendre inexcusables, et de justifier la résolution grave et solennelle que j'avais prise.

« Monsieur le Vicaire général,

« J'ai déclaré à Messieurs les Vicaires généraux que les élèves de Menpenti ne pouvaient plus se rendre ni à la Major ni aux Petites Maries ; vous êtes le seul qui puissiez entendre leur confession, sans leur causer du dérangement ; si vous le refusez je vous déclare, pour la dernière fois, que je vous rends responsable de la violation des commandements de l'Eglise qui sera le résultat *certain et infaillible* de votre résolution. »

« J'ai l'honneur d'être votre bien humble serviteur. »

Jonjon, prêtre.

« Monsieur,

« La *responsabilité* dont vous me parlez ne pèse pas sur moi, elle pèse sur mes confrères, *ipsi viderint*. »

CHAIX, *a. v. g.*

« *P.-S.*— A cinquante ans d'intervalle, j'ose dire, en vertu de la solidarité qui liait les trois vicaires généraux : *Si ipsi viderint, tu quoque videris*. »

Avant d'exposer l'exécution du projet dont je viens de parler et qui fit dans Marseille une si profonde sensation, je vais donner la parole aux élèves qui écrivirent à un prêtre, dont j'ai oublié le nom, et qui avait hasardé publiquement des propos mensongers. Nous comptions de nombreux partisans dans le clergé de Marseille, mais ils cachaient avec soin leurs sentiments. Dans ce clergé, très honorable d'ailleurs en général, on ne remarquait qu'un petit nombre d'hommes de grand caractère ; la plupart se taisaient et laissaient faire ; quelques-uns poussèrent même la faiblesse jusqu'à la couardise pour se faire valoir. J'en donnerai bientôt des preuves.

Voici la copie de la lettre des élèves, telle que je l'ai trouvée ; elle fut rédigée par un rhétoricien.

« Monsieur l'Abbé,

« Il n'est pas dans nos habitudes de donner une très haute importance à tous les bruits qui circulent dans les sacristies sous le patronage de certaines personnes ; nous sommes jeunes, il est vrai, mais nous avons acquis depuis quelques mois une expérience qui fait malheureusement que nous ne donnons pas indistinctement notre confiance à tout prêtre qui se présente à nous, depuis qu'un homme revêtu de ce caractère sacré, s'est permis, à notre égard, de violer la charité et la justice.

« Nous avons gémi en secret de tout ce qui s'est passé et nous avons prié pour ceux qui étaient persécutés, ne pouvant, à notre âge, témoigner autrement notre dévouement pour eux ; cependant après six mois de silence, il faut que notre faible voix se fasse entendre pour faire tomber certains propos que nous attribuons, Monsieur, à cette pitoyable démangeaison qui porte à parler sur ce qu'on ignore profondément.

« Ainsi, vous avez assuré que l'établissement Menpenti perdait chaque jour quelqu'un de ses élèves ; que ceux qui appartiennent à l'établissement ne parlent pas sincèrement lorsqu'ils disent qu'ils s'y trouvent bien, et enfin que M. Chaix vous avait affirmé qu'aucun de nous ne s'était encore présenté pour se confesser.

« Nous pourrions donner à ces trois assertions une même réponse accablante si la civilité nous le permettait ; mais nous pouvons affirmer qu'il est faux et très faux que la maison perde chaque jour quelqu'un de ses élèves ; elle n'en a perdu qu'un seul depuis le 1er octobre, et nous avons vu ce jeune enfant se jeter en pleurant dans les bras d'un de nos directeurs en quittant le seuil du pensionnat ; il est encore très faux que, tandis que nous sommes fiers et joyeux d'appartenir à cette maison, notre langage ne soit pas sincère. Attribuez, Monsieur, à d'autres qu'à nous le mensonge et la duplicité.

« Enfin nous ne savons *si M. Chaix a affirmé ou si vous avez affirmé à sa place ;* mais nous croyons savoir que notre directeur spirituel harcèle depuis plus d'un mois les Vicaires généraux et spécialement M. Chaix, afin qu'on nous détermine le lieu, le jour et l'heure de la confession, et qu'il n'a pu obtenir une réponse fort peu satisfaisante que ces jours derniers.

« Voilà, Monsieur, ce que nous vous proposons comme un sujet d'oraison mentale ; vous en retirerez sans doute d'excellents fruits pour le salut de votre âme. Vous prendrez la résolution de ne plus parler des choses que vous ignorez et vous retiendrez pour bouquet spirituel ces paroles de l'Evangile : *Nolite judicare ut non judicemini.*

« Agréez, etc. Les Élèves. »

5°

Confession hors du Diocèse

Trois prêtres seulement avaient la faculté d'entendre la confession des élèves et de les absoudre ; c'était une usurpation des droits de l'Église, inouïe, illégale, inique au suprême degré ; il faudra le démontrer un jour ouvertement, mais le temps d'en appeler à l'opinion publique n'était pas encore venu ; il fallait épuiser tous les moyens pacifiques et occultes, avant de soulever la tempête qui par la force des choses devait amener à sa suite au moins un calme relatif. Je voulus essayer si les brutales déclarations de M. Chaix étaient une mauvaise plaisanterie ou une réalité officielle ; je conduisis donc pour la seconde fois un tiers de mes élèves à la Major, au confessionnal de M. Tempier, j'avais recommandé au premier élève qui se présenterait de demander au confesseur, s'il était décidé à donner l'absolution, dans le cas où le pénitent serait bien disposé et de se retirer immédiatement, si le confesseur ne donnait pas une réponse satisfaisante.

M. Tempier ayant déclaré à cet élève qu'il était indigne d'absolution, tant qu'il ferait partie de la maison Menpenti, il se retira du confessionnal sans avoir commencé sa confession, ce qui eût été un acte inutile, et je reconduisis mon petit troupeau au Pensionnat, avec la ferme résolution de prendre le moyen extrême dont j'ai parlé et dont j'avais posé secrètement tous les préliminaires, pendant le mois de Novembre.

M. l'abbé Chabaud, mon ancien collègue de Salon et de St-Rémy était alors curé de Septèmes, paroisse limitrophe du diocèse de Marseille ; il y avait aux Pennes, paroisse qui n'était séparée du diocèse que par les Cadeneaux, l'abbé Ginoux, qui avait été aussi mon collaborateur, comme vicaire, à Salon ; après leur avoir exposé notre situation, je leur demandai s'ils auraient quelque répugnance à entendre la confession des élèves que je leur conduirais ; ils me répondirent tous les deux qu'ils étaient très disposés à me rendre ce service et que je pouvais me rendre chez eux quand bon me semblerait.

Quant à l'abbé Cavalier, curé des Cadeneaux, je n'y pensais pas ; il m'avait déjà compromis pour la messe ; je ne lui fis donc aucune proposition. Mais le bruit de mon projet étant parvenu à ses oreilles, il m'écrivit pour me prier de lui réserver un tiers de mes élèves, (voir l'appendice n° 3). Je crois qu'il était sincère, lorsqu'il me témoignait tant de zèle et d'empressement ; mais il comptait sans la petitesse de son esprit et la pusillanimité de son caractère, j'aurais dû moi-même me méfier de cet enthousiasme qui n'était qu'un feu de paille et me souvenir que

> Rien n'est si dangereux qu'un ignorant ami ;
> Mieux vaudrait un sage ennemi.

Toutefois la perspective de pouvoir réunir tout le pensionnat aux Cadeneaux, où j'avais été curé récemment, d'y célébrer la Sainte Messe en présence de nos élèves, d'y faire chez un de mes anciens paroissiens un banquet fraternel auquel seraient invités les trois confesseurs, cette perspective, dis-je, était séduisante, surtout dans les circonstances actuelles ; l'imagination l'emporta sur la raison. J'acceptai avec reconnaissance l'offre de M. Cavalier et je le prévins que je serais aux Cadeneaux avec tous mes élèves un tel jour que je ne puis en ce moment déterminer; mais qui dut être probablement de la première semaine de décembre ; j'en donnai avis à MM. Ginoux et Chabaud, afin qu'ils se rendissent aux Cadeneaux, et que les trois confesseurs pussent ainsi se mettre à l'œuvre le même jour.

Or, voici ce qui arriva : M. Cavalier, après m'avoir écrit,

se rendit à Aix vers la fin du mois, ou pour ses affaires privées, ou tout exprès pour consulter les Vicaires généraux ; ce qu'il y a de certain, d'après sa lettre du 4 décembre à l'abbé Chabaud, c'est qu'il vit ces messieurs, qu'il leur fit part de l'offre qu'il m'avait faite et du projet que j'avais conçu, de prendre pour confesseurs des prêtres du Diocèse d'Aix ; les Vicaires généraux capitulaires qui presque tous, je l'ai prouvé plus haut, s'intéressaient à moi personnellement, auraient fait semblant d'ignorer, j'en ai la certitude, ce qui se passait aux Cadeneaux, et n'auraient fait aucune démarche hostile de leur propre mouvement ; mais dès que, par la révélation directe de M. Cavalier, ils ne furent plus censés ignorer l'affaire, cédant à la crainte de mécontenter leur puissant voisin, non seulement ordonnèrent au curé des Cadeneaux de rétracter son offre, mais encore, pour ne pas faire retomber sur lui seul tout l'odieux de cette mesure, le chargèrent de dire à ses voisins qu'on retirait à tous les prêtres du Diocèse d'Aix les pouvoirs nécessaires pour entendre la confession de nos élèves.

Sauf le respect que je dois à M. Cavalier, je ne le crois pas bien sincère dans sa lettre du 4 décembre à M. l'abbé Chabaud. Comment, en effet, se fait-il qu'une lettre aussi importante que celle de sa rétractation ait été confiée, dit-il, à une personne d'Aix qu'il ne nomme pas ? Pourquoi la lettre de M. Bony, dont il parle, est-elle arrivée aux Cadeneaux précisément le jour même où nous y étions, où M. Cavalier nous attendait ou devait nous attendre ? Pourquoi enfin cette lettre a-t-elle été écrite pendant le séjour de M. Cavalier à Aix ?

Ce qui est plus probable, c'est que M. Cavalier qui savait le jour de notre arrivée, partit pour Aix la veille, alla consulter les supérieurs, pour calmer ses craintes et ne pas se compromettre ; je crois encore que c'est lui qui provoqua la lettre de M. Bony, afin d'empêcher les autres de faire ce qu'il ne voulait ou ne pouvait plus faire lui-même. Malgré sa bonhomie apparente, il avait ses petites malices, qui lui ont souvent procuré des désagréments pendant le long séjour qu'il a fait aux Cadeneaux.

Quoi qu'il en soit, voici le récit des faits : Deux grands omnibus, chargés de tout le personnel de notre maison, directeur, professeurs, élèves et domestiques et de toutes les provisions de bouche pour un dîner champêtre, partirent de Menpenti vers 9 heures, arrivèrent à la rue Paradis par le grand chemin de Rome et traversèrent la place Royale, où se tenait alors la Bourse; elle était encombrée de négociants, parmi lesquels se trouvaient plusieurs pères de famille, qui vinrent nous serrer la main et nous souhaiter bon voyage; je n'ai pas besoin de dire quelle impression laissa notre passage au milieu de cette aristocratie financière : je ne dissimule pas que j'avais ménagé cette rencontre pour faire une sorte de manifestation et mettre au grand jour la persécution inouïe dans les fastes de l'Eglise, dont nous étions l'objet ; ce fut un vrai triomphe pour notre maison ; mais je compris que nous l'avions payé bien cher, lorsque nous fûmes arrivés aux Cadeneaux.

M. Cavalier de son côté nous avait ménagé une surprise affligeante, quoique rien ne me dût surprendre de la part d'un idiot qui avait la prétention d'en savoir plus que ses confrères. Il était parti la veille pour Aix comme je l'ai dit, et avait emporté ou caché les clefs de la sacristie, par laquelle seulement on pouvait entrer dans l'église ; sa vieille mère ignorait le motif de l'absence de son fils ou faisait l'ignorante.

Jugez de mon désappointement, lorsque je me trouvai en face d'une porte fermée à clef, que je ne pouvais pas même ouvrir irrégulièrement, faute de serrurier ; il n'y avait qu'à l'enfoncer ; et j'avoue que l'idée de cette violence me traversa un moment l'esprit, tant ma juste indignation avait bien vite dépassé les limites de la raison et s'était élevée jusqu'au paroxysme de la colère; mais les curés des Pennes et de Septêmes étant arrivés, finirent par me calmer et nous entrâmes tous chez M. Négrel, mon ancien président des fabriciens. On décida qu'on dînerait et qu'après le dîner et quelques moments de récréation, M. Ginoux confesserait la moitié des élèves dans la maison, que M. Chabaud conduirait l'autre moitié à Septêmes, pour y remplir le même devoir et que nous nous retrouverions tous à St-Antoine, d'où nous repartirions pour Marseille.

Or, pendant que nous dînions, le facteur apporta la fameuse lettre de M. Bony, pour M. Cavalier ; je la déposai sur la cheminée, en priant M. Négrel de vouloir bien la remettre à M. le Curé, à son retour d'Aix ; cette lettre qui interdisait la confesssion aux deux curés, était là devant eux, pendant le repas, qui fut très animé, comme un artilleur qui pointe le canon et qui attend le signal de son chef. Or, ce chef était absent ; si M. Cavalier était arrivé avant la fin du dîner, nous aurions fait un voyage inutile et nous serions rentrés chez nous couverts de honte. Mais heureusement l'auteur de cette déloyauté attendit, pour arriver, notre départ ; et tout se passa admirablement comme nous l'avions conçu.

Le soir M. Cavalier défit le pli dont il connaissait déjà le contenu et s'empressa de le communiquer à ses deux voisins ; M. Chabaud qui joignait à une grande piété beaucoup de rectitude dans le jugement et de plus m'était sincèrement dévoué, le traita sévèrement ; la réponse de l'abbé Cavalier du 4 décembre le témoigne assez ; il fait, l'excellent homme, des efforts inouïs pour se justifier. L'abbé Chabaud et moi nous avons toujours su à peu près à quoi nous en tenir sur la conduite qu'il a tenue dans cette circonstance, plutôt au reste par bêtise que par réelle méchanceté. Je fais grâce à mes lecteurs de cette lettre qui ne mérite les honneurs de la publicité ni pour le fond ni pour la forme.

Ainsi le procédé que j'avais imaginé pour nous tirer d'embarras n'avait réussi qu'à nous créer de nouveaux ennuis ; ce que j'avais considéré comme une planche de salut après le naufrage, nous échappait des mains. Le nouvel Archevêque avait été nommé par le Gouvernement ; mais plusieurs mois devaient s'écouler, avant qu'il vint prendre possession de son siège ; je n'avais qu'une seule chose à faire ; c'était de tenter de faire revenir les Grands Vicaires d'Aix sur la fatale résolution que la peur seule leur avait inspirée ; mais je crus qu'il fallait au préalable que M. l'abbé Vidal, au nom des trois directeurs fît connaître notre situation au Recteur de l'Académie.

On trouvera cette lettre, que j'ai rédigée, à l'appendice n° 4.

6°

Mes démarches auprès des Vicaires Généraux d'Aix

Quelques jours après, je me décidai à aller à Aix ; c'était en quelque sorte tenter l'impossible ; mais personne n'ignore que lorsque on se trouve dans une position extrême, les partis les plus improbables prennent une ombre de raison et que selon le proverbe, on ne craint pas de s'accrocher même à une barre de fer rougie par le feu — tel était notre situation : parmi les Vicaires généraux capitulaires, l'un, M. Abel, m'était notoirement hostile (1) et les autres n'avaient pour moi que ce dévoûment stérile, que la moindre difficulté arrête ou qu'un scrupule de conscience refroidit. MM. Boulard et Gall appartenaient à la première catégorie et M. Bony à la seconde — je fis donc ce voyage contre toute espérance. Nous étions alors presque à la mi-décembre ; j'étais bien aise de résoudre le problème, avant les fêtes, afin que plusieurs de mes élèves pussent être admis à la communion avant la Noël, si c'était possible et qu'en passant les fêtes chez eux, ce fait important pût être constaté.

L'abbé Sibour, alors secrétaire général, me promit son concours, dès que j'aurais seulement l'adhésion d'un seul Vicaire général ; M. Bony, que je vis le premier, me fit, comme auparavant, l'accueil le plus cordial, me témoigna

---

(1) Il avait pris part avec M. Rey, son collègue, à ma destitution de Vicaire de Salon, à la suite des troubles que suscita dans le diocèse, une circulaire que rien ne justifiait — de plus je m'étais permis quelques plaisanteries à son égard lorsque j'étais curé des Cadeneaux. On trouvera des détails sur tout cela dans mes manuscrits.

le plus grand regret de se voir obligé de me contrarier ; mais il était obligé, me dit-il, de faire plier son cœur devant sa conscience qui se trouvait en face du principe *réflexe*, (1) *in dubio standum est pro superiore* ; j'avais beau lui dire que l'Evêque de Marseille n'était pas son supérieur, que l'administration métropolitaine était indépendante de celle du suffragant, que d'ailleurs il s'agissait d'une confession commencée, que le pénitent et le confesseur avaient l'un le droit et l'autre le devoir de continuer ; malgré cette dernière raison, qui devait être péremptoire, pour un théologien, je ne pus pas entamer le principe *réflexe*, qui, comme une roche vive, résistait à tous mes traits. Je remarque en passant qu'il n'était nullement question de la nullité des pouvoirs, parce que nous nous serions adressés à des prêtres d'Aix *in fraudem legis*. Nous cherchions, en effet, à nous soustraire à une persécution qui prenait la forme d'une loi et qui n'était en réalité qu'un abus de pouvoir.

La conversation ne fut pas longue avec MM. Gal et Boulard ; *la peur des De Mazenod,* comme ils disaient, les pétrifiait — restait donc M. Abel, qui, ayant appris le motif de mon arrivée à Aix, disait à qui voulait entendre : « Ah ! qu'il vienne ce fou ! je lui parlerai comme il faut ». Je faillis donc partir, sans le voir, lorsque mon bon ange, sans doute, m'inspira le courage de faire cette nouvelle tentative. L'abbé Arnaud, Vicaire au faubourg, avec qui j'avais alors quelques relations, m'ayant indiqué l'heure fixe de la matinée, où je pourrais trouver chez lui le Vicaire général sans le déranger, je me hasardai à faire cette visite, de laquelle je n'attendais aucun résultat.

Selon mes habitudes et mon caractère, lorsque je ne suis pas excité par les circonstances, je me présentai à lui avec un extérieur humble, soumis et surtout avec une grande politesse de formes et de paroles — je remarquai que ce

---

(1) Expression qu'il employait souvent.

préliminaire, qui au reste était très naturel chez moi, avait produit sur mon honorable adversaire une excellente impression. J'en profitai pour lui faire le tableau le plus touchant de la situation de nos élèves ; je ne manquai pas d'insister sur les raisons théologiques. — M. Abel, après m'avoir écouté très attentivement, me répondit avec une bienveillance qui dépassait toutes mes prévisions et toutes mes craintes, qu'il comprenait parfaitement l'état des choses : « Venez demain, ajouta-t-il, à l'Archevêché et nous verrons d'arranger cette affaire. » Je le remerciai avec toutes les démonstrations de respect dont je fus capable et j'allai annoncer ce commencement de victoire à mon ami Sibour qui ne voulait pas même y croire.

Le lendemain donc, je fus exact au rendez-vous ; à dix heures précises je me rendis au secrétariat où je trouvai réunis MM. Boulard, Gal et Abel ; l'abbé Sibour était à son poste, la plume à la main, prêt à exécuter les ordres qu'on lui donnerait. J'exposai de nouveau l'objet de ma mission, et je rappelai à tous les trois les raisonnements que je leur avais fait en particulier. M. Boutard ne répondit rien ; il me semble encore entendre M. Gal me répétant qu'*il craignait les De Mazenod ;* enfin M. Abel prenant la parole, s'exprima ainsi : « Messieurs, nous avons fait un faux pas, il faut reculer. » — « Est-ce que vous signeriez une rétractation ? lui dit M. Boulard. » — Certainement, répliqua M. Abel. » A ces mots, l'abbé Sibour qui n'attendait plus que ce signal, rédigea incontinent une autorisation d'entendre encore une fois la confession de nos élèves, afin qu'ils fussent en état de communier à la Noël, pour les curés de Septêmes et des Pennes. Comme le nouvel archevêque devait arriver avant Pâques ou immédiatement après, cette autorisation en nous permettant d'attendre nous donnait pour le moment une pleine satisfaction. Je remerciai chaleureusement M. Abel de sa généreuse fermeté, sans oublier les deux autres qui se sentirent comme délivrés d'un grand poids et furent réellement bien aises de voir faire par un autre ce qui était au-dessus de leurs propres forces ; et ils me le firent tellement comprendre, qu'il me fut impossible de leur savoir mauvais gré de leur refus. Je serrai affectueusement la main de l'abbé Sibour et je repartis immédiatement pour Marseille avec mon pli vainqueur, brûlant du désir bien légitime d'annoncer une nouvelle qui fut un vrai bonheur pour la maison ; tant les pensées et les cœurs de tous ceux qui vivaient avec nous étaient à l'unisson des nôtres.

Comment et quand fîmes-nous cette seconde course ? Il est probable que nous avons conduit une moitié de nos élèves à Septêmes et l'autre moitié aux Pennes, mais ont-ils fait la sainte communion dans ces deux paroisses ou à Marseille, puisque je sais certainement que plusieurs ont eu cette sainte faveur ? Il m'est impossible aujourd'hui de donner à cette question une réponse exacte. Ce qu'il y a de certain, c'est que les enfants allèrent passer les fêtes de Noël et celles du premier de l'an dans leurs familles, comme si le problème de la confession avait été définitivement résolu, et qu'après toutes ces sorties nous nous remîmes au travail, sans préoccupation fâcheuse.

Cependant nos élèves avaient un devoir à remplir envers M. Abel. Je leur rédigeai la lettre suivante, que ceux de la première division signèrent au nom de tous leurs condisciples.

« Monsieur le Vicaire Général,

« Fidèles aux enseignements des maîtres que la Providence nous a donnés, nous nous faisons un devoir, dans cette mémorable circonstance, de vous témoigner solennellement notre reconnaissance.

« Pour obéir à l'Eglise Catholique, dont nous sommes les enfants et dans le sein de laquelle nous voulons vivre et mourir, nous nous étions soustraits à une mesure qu'il ne nous appartient pas de juger, mais qui ne peut qu'affliger des cœurs sincèrement chrétiens ; nous avions cherché et trouvé dans votre diocèse des ministres de paix pour nous réconcilier avec Dieu.

« Quel fut notre étonnement lorsque nous apprîmes que cette ressource nous était encore enlevée ! Cependant notre confiance en Dieu ne fut pas ébranlée. Nous savions que celui qui fait *croître le lis des champs et qui donne aux oiseaux leur pâture,* ne refuserait pas à ses enfants adoptifs les secours spirituels qui sont l'aliment de leurs âmes. Nous avons donc élevé vers le ciel nos mains suppliantes avec cette ardeur qu'inspire l'assurance d'être exaucés, et Dieu vous a choisi pour être l'instrument de ses miséricordes envers nous.

« Déjà vous aviez conquis notre estime et notre vénération par le zèle que vous avez déployé pendant si longtemps pour l'instruction de la jeunesse et pour l'héroïsme de votre charité durant l'épidémie qui a désolé naguère la ville d'Aix ; aujourd'hui vous avez acquis un droit inviolable à notre affection et à notre reconnaissance ; il est écrit : *ex ore infantium et lactentium perfecisti laudem.*

« Agréez donc, Monsieur le Vicaire général, cette démarche de notre part, qui nous a été imposée par notre cœur, comme l'expression fidèle de nos sentiments, avec lesquels, nous avons l'honneur d'être vos respectueux et obéissants serviteurs.

Les Elèves.»

M. Abel m'adressa la réponse directement, la voici :

Aix, le 13 janvier 1836.

« Monsieur le Directeur,

« Messieurs les élèves composant la première division de votre établissement à Menpenti, m'ont adressé une lettre sous la date du 6 du présent mois, pour me remercier. Ma position et les circonstances du moment ne me permettent pas de leur répondre.

« Je vous prie d'être, auprès d'eux, l'interprète des sentiments de bienveillance à leur égard et d'intérêt qu'ils m'ont inspirés. Dites-leur que je me ferai toujours un vrai plaisir de leur être utile, lorsque je pourrai le faire sans manquer à mon devoir.

« J'ai l'honneur d'être, Monsieur le Directeur, votre très-humble et très-obéissant serviteur.

« ABEL, *vicaire général capit.* »

Cette réponse est digne, et même bienveillante, autant, comme il le dit lui-même, que sa position et les circonstances pouvaient le lui permettre. Nous la fîmes lire aux principaux élèves et à leurs parents ; j'en envoyai une copie à l'abbé Chabaud, pour en faire part à M. Cavalier, qui dut se mordre les lèvres ; elle nous fit beaucoup de bien, en faisant tomber indirectement les mauvais rapports et surtout elle nous donnait le temps de respirer ; mais il ne fallait pas s'endormir. C'était une halte dans le voyage ; après avoir pris un peu de repos et réparé mes forces, je devais me remettre en route, c'est-à-dire, replacer le fer chaud sur l'enclume pour le battre de nouveau et lui donner la forme voulue.

7°

Incident Léautier

Mais avant de commencer l'année 1836, j'ai quelques mots à dire sur l'audition de la Messe. Nous avions alors pour curé du Rouet, M. l'abbé Léautier, que j'avais connu autrefois comme maître d'étude au petit séminaire, et qui, de vicaire à la Trinité, était devenu, malgré son peu d'expérience, subitement curé de St-Théodore ; un jour ses trois vicaires, l'abbé Bérenger, l'abbé Blanc et l'abbé Martin, eurent leurs changements pour d'autres paroisses ; le lendemain les trois vicaires restaient à leur poste et M. le curé était littéralement sur le pavé ; c'est ainsi que l'*Esprit Saint* dirigeait l'administration épiscopale ; enfin, quelques mois après, M. Léautier dut s'estimer heureux d'être chargé de la paroisse du Rouet, une des moins populeuses de ce temps. Dès les premiers jours de notre installation à Menpenti, nous lui fîmes notre visite, qu'il nous rendit ponctuellement et il eut même l'air de fraterniser avec M. Blanc. Nous allions donc à la messe au Rouet ; il nous avait désigné la tribune, afin que nous ne fussions pas mêlés avec le peuple. Cette place nous suffit pendant le premier mois ; un peu plus tard nous étions très gênés et les élèves ne pouvaient que difficilement se mettre à genoux, l'espace n'étant pas assez grand pour avoir cette contenance ; je recommandai donc aux élèves au milieu desquels je me trouvais et que je dominais de ma haute taille, de manière à être très-visible, de se tenir debout respectueusement.

M. le curé, qui avait probablement reçu des instructions et qui, oubliant sa disgrâce ou plutôt cherchant à la réparer, voulait sans doute rentrer en faveur, avait cessé toute relation avec nous ; un dimanche, choqué de nous voir tous debout ou croyant qu'un élève manquait au respect dû au lieu saint, interrompit le sacrifice, pour nous lancer de l'autel une apostrophe véhémente ; cependant j'étais là ; il me prit sans doute pour un mannequin ; indigné de cette insulte qui s'adressait autant à moi qu'aux élèves, je ne pus me contenir ; je lui répondis de la tribune : « continuez, Monsieur, le saint sacrifice, après nous nous expliquerons. » C'était un scandale sans doute, mais qui l'avait provoqué ? Or, parmi les fabriciens qui assistaient à cette scène, il y avait deux pères de nos élèves, MM. Du Queylar et Rolland, avocat ; après la messe ils me suivirent à la sacristie, où les explications furent violentes, comme on peut le présumer ; M. Rolland alla jusqu'à dire à M. le curé : « vous avez donné à ces messieurs le coup de pied de l'âne. » A partir de ce moment, nous renonçâmes au Rouet et nous adoptâmes l'église de Notre-Dame-du-Mont, où nous entendions la messe à 9 heures, après le prône.

Cet incident est un de ceux qui m'inspirent les plus vifs regrets : je le confesse humblement, sans me faire prier, mais la provocation intempestive du curé *Bas-Alpin* fut-elle digne d'éloges ?

CHAPITRE II

Suite des Discussions concernant la Confession des Elèves

1°

JANVIER ET FÉVRIER

J'avais passé les fêtes de Noël à Septèmes avec ma mère, chez M. Jourdan, employé des Douanes, ami de mon père ; il avait épousé en secondes noces Mlle Agnès Darbès de St-Chamas, amie intime de ma mère ; on n'a pas oublié mes relations avec l'abbé Chabaud ; j'aurais donc pu avoir trois ou quatre jours de calme d'esprit, de consolation de cœur et de repos du corps dont j'avais un extrême besoin, si un mal de dents, le premier, j'ose dire, que j'aie ressenti depuis que j'étais au monde, ne m'avait obligé de garder le lit. Les douleurs que j'éprouvais étaient si violentes, que je ne savais quelle contenance tenir ; cependant je voulus faire un essai, à la façon des stoïciens, de ce que peut la force de la volonté sur la violence des souffrances physiques. Je relevais quelquefois la tête et je disais à haute voix : « Eh bien ! douleur, me voici tant que tu voudras ! Que la volonté de Dieu se fasse. » Je ne dis pas cela pour me vanter, le croira qui voudra, mais c'est une vraie histoire dont j'ai conservé le souvenir et dont je dois signaler la cause.

J'ai déjà dit que je couchais à Menpenti dans le dortoir même des élèves ; or ce local étant construit tout récemment, devait être naturellement très-humide aux mois d'octobre, de novembre et de décembre. Aussi le matin, lorsque nous nous levions, nos couvertures et surtout les draps de lit portaient des traces sensibles de l'humidité de la nuit ; les élèves, tous robustes, n'en éprouvèrent aucune sorte d'inconvénients ; moi seul je payai pour tous. Je n'en fus pas quitte pour quelques maux de tête, deux ou trois courbatures et fluxions, je finis par perdre à ce jeu plusieurs dents qui ne s'en allèrent pas sans me tourmenter, tandis que les autres contractèrent le germe de ces caries qui m'ont dégarni la mâchoire de bonne heure. Après cet incident qui appartient à la fin de l'année précédente, je reprends mon récit.

JANVIER

L'année 1836, qui devait être pour moi si orageuse, commença par une lettre très-touchante d'une ligne et demie de mon ancien élève Amalric, du Luc, qui avait porté de classe en classe la protestation des élèves pour en avoir les signatures, et fut enfermé pendant vingt-quatre heures avec les circonstances que j'ai exposées plus haut ; son père l'avait gardé chez lui pour le calmer ; il viendra bientôt me rejoindre pour terminer ses classes à Menpenti. Comme je ne dois plus en parler, j'ajoute qu'il est mort le 18 mars 1868, à l'âge de 48 ans, en honnête homme et en fervent chrétien, en prononçant ces paroles : *O cœur de mon Jésus, soyez ma force, mon refuge et mon espérance.* Sa pieuse femme l'a suivi dans la tombe environ deux ans après. Reposez en paix, mes amis !

Voici cette lettre dont je garde précieusement l'autographe :

« Années, santé, prospérité à celui qui fut mon ange tutélaire. »

AMALRIC.

Luc, 1er janvier 1836.

L'autorisation accordée par M. Abel avait été un effort surhumain ; il avait, je crois, épuisé pour faire cet acte de justice, tout ce qu'il y avait d'énergie dans son âme ; je ne lui plaisais pas ; c'était incontestable ; or personne n'ignore que pour convaincre et pour persuader, l'orateur doit remplir une condition préliminaire, généralement essentielle ; il faut qu'il plaise, ou au moins qu'il ne déplaise pas ; je n'ai jamais eu la réputation d'être orateur ; eh bien ! c'est un fait indéniable que je triomphai dans une demi-heure de conversation, d'une répugnance qui datait presque de trois ans et qu'on pouvait dire invétérée. M. Abel se conduisit dans cette circonstance, comme un honnête homme et un prêtre vraiment consciencieux, qui fait cesser les arguties de la théologie scolaire, devant les éternels principes de la justice et de la charité.

Mais pour ne pas abuser de sa complaisance et obtenir plus aisément ce que je demandais, je n'avais sollicité l'autorisation que pour terminer les confessions commencées ; la solution du problème avait donc été seulement ajournée ; il fallait reprendre la question et songer sérieusement à ne pas marcher seuls au combat, et à implorer le secours de puissants auxiliaires.

Déjà le mois dernier, M. Vidal, en sa qualité d'administrateur, seul reconnu par l'Université, avait exposé l'état des choses au recteur de l'Académie.

Mais cela ne me parut pas suffisant : je fis comprendre aux pères de famille que le moment était venu pour eux d'élever la voix et de prouver que nous ne mentions pas, lorsque nous ne cessions de publier qu'ils nous étaient dévoués ; l'un d'eux, M. Loubon, banquier, dont j'élève en ce moment un des petits-fils, rédigea pour le Ministre de l'Instruction Publique une pétition qui fut signée par environ cinquante pères de famille (voir l'appendice au n· 5).

Le nouvel archevêque d'Aix, sur la protection duquel nous comptions beaucoup, sans le connaître, tardait d'arriver ; il fallait le prévenir, et sans entrer dans les détails, le mettre au courant de nos affaires, afin que nous pussions compléter plus efficacement l'instruction de vive voix. Je me décidai donc à lui adresser la lettre qui porte le numéro 6 à l'appendice ; je fais observer pour la seconde fois qu'il y a dans ces sortes de lettres beaucoup de répétitions qui sont inévitables, lorsque c'est toujours le même rédacteur qui expose les mêmes faits ; ce qui n'est pas un grave inconvénient, lorsque ces écrits sont adressés à diverses personnes.

Il nous restait encore une démarche à faire, bien autrement grave que les trois premières ; je ne doutais pas de l'illégalité des décisions qu'on avait prises contre nous à l'Evêché de Marseille, concernant la confession des élèves ; mais il s'agissait de la faire condamner expressément par la sacrée pénitencerie ; je n'avais pas grand espoir de réussir, c'est-à-dire d'obtenir une décision favorable ; Mgr de Mazenod, le neveu, avait à Rome de nombreuses et puissantes protections ; je pensais donc qu'il lui serait très-facile, s'il connaissait notre dessein, de l'entraver et d'empêcher la sacrée Congrégation de nous répondre. Quoi qu'il en soit, nous confiâmes notre supplique à la bienveillance et à la discrétion de M. Périer, consul de Rome, que l'abbé Blanc connaissait particulièrement, et dont j'ai eu plus tard le petit-fils, Théophile Seux, pour élève.

Il est bien évident que le tableau que je trace d'une maison d'éducation avec des couleurs si hideuses, n'est pas celui de la nôtre ; mais je l'ai chargé tout exprès, afin que la réponse, si elle était affirmative, fût péremptoire et coupât court à toutes les difficultés. Quoique la supplique soit datée du 2 Janvier, la réponse ne fut donnée que le 3 Février ; elle n'était pas encore arrivée à Marseille vers le milieu du mois, lorsque je partis pour Paris où elle me fut envoyée par mes associés ; je dirai bientôt l'impression qu'elle produisit sur l'esprit de Mgr d'Icosie, avec qui je me suis rencontré dans cette ville. *(Voir l'appendice n° 7)*.

C'est ainsi que se passa le mois de Janvier ; prières, lectures spirituelles, chapelet, explication du Catéchisme, messes les jeudis et les dimanches à Notre-Dame-du-Mont, psalmodie des Vêpres à notre chapelle, tels étaient les exercices religieux auxquels se livraient les élèves sous ma surveillance ; la confession seule manquait ; mais je crus qu'avant d'aborder de nouveau cette question, je devais attendre une réponse quelconque des diverses lettres que nous avions envoyées ; d'ailleurs puisque la plupart de nos élèves avaient communié pour la Noël, il n'était pas urgent de nous occuper du sacrement de pénitence ; nous pouvions fort bien attendre un mois et même deux.

Mais le mois de Janvier et une partie du mois de Février s'étant écoulés dans une attente vaine, nous commençâmes à être inquiets ; et le soir, après le coucher des élèves, étant réunis tous les trois au réfectoire pour souper, nous agitions divers projets, sans pouvoir nous arrêter à un seul ; si quelqu'un de nous, dit l'un des trois, allait à Paris, avec des lettres de recommandation pour quelques députés, il verrait le ministre, le nouvel archevêque d'Aix et autres personnages influents. Mais qui devait se charger de cette mission ? Je n'avais pas fait jusqu'alors de grands voyages ; j'avais peu d'usage des habitudes du grand monde pour lesquelles j'ai toujours eu de la répugnance ; je n'ai jamais eu et j'avais alors encore moins d'aptitude pour les rôles diplomatiques ; d'ailleurs je croyais ma présence dans la maison (et elle l'était en effet) absolument indispensable pour les classes et la surveillance générale. M. Blanc au contraire pouvait être facilement remplacé pour l'intérieur de la maison et il était admirablement doué de toutes les qualités requises pour réussir dans ces sortes de mission.

Quant à M. Vidal, nous n'y pensâmes pas ; il n'y songeait même pas lui-même. Enfin M. Blanc, avec une franchise dont il faut lui tenir compte, n'hésita pas à me dire que la question qu'il fallait traiter à Paris étant essentiellement morale et religieuse, il fallait que celui des trois dont les antécédents, de l'aveu même de nos adversaires, n'offrait sur ce point aucune prise à la critique, partît et agît avec l'assurance de pouvoir lever le front haut, devant qui que ce fût. Eh bien ! soit, lui répondis-je ; mais le plus tôt sera le mieux. Et immédiatement, malgré la froide saison, ma faible santé et un dégoût comme jamais je n'en ai éprouvé de ma vie, je fis mes préparatifs de voyage, sans qu'aucune personne de la maison, en dehors de nous trois et le sieur Laurent, ne se doutât le moins du monde de mon dessein.

Pour la première fois depuis que j'avais endossé l'habit ecclésiastique, il fallut reprendre les vêtements profanes, parce qu'il y avait alors quelque danger à voyager sous le costume de prêtre ; dans trois jours, tout fut prêt ; je ne pouvais partir sans faire mes adieux aux enfants ; on les réunit tous à la chapelle, sans qu'ils sussent à quelle cérémonie ils allaient assister ; ils virent enfin arriver un jeune homme qui, vêtu d'une redingote et tenant un chapeau rond à la main, se mit à genoux devant l'autel ; ils ne savaient que penser, lorsque je me tournai vers eux pour leur adresser quelques mots ; alors ils se précipitèrent tous sur moi pour m'embrasser ; il me semble voir encore toutes ces mains et tous ces bras tendus, qui me serraient contre l'autel ; je finis par me délivrer de ces tendres chaînes en leur donnant à tous, comme je le faisais quelquefois pour les empêcher de me poursuivre pendant les récréations, ma bénédiction paternelle qu'ils reçurent à genoux. Quelques minutes de ces scènes attendrissantes me faisaient oublier toutes mes peines, adoucissaient toutes mes amertumes et me donnaient un courage de lion. Je couchai le soir chez ma mère, à la rue Sénac, et le lendemain matin à 5 heures je partis avec la diligence de Galines (1).

---

(1) Je parle rarement de mon père, parce que son emploi dans la marine de la douane lui imposait de fréquentes et longues absences, qui l'empêchaient de suivre de près mes opérations ; il ne pouvait s'empêcher de les approuver, parce qu'elles étaient une sorte de reflet de son caractère, il avait été en effet récemment décoré pour un acte de bravoure.

2°

Départ pour Paris et incidents divers pendant mon séjour à la capitale

On voyageait alors encore à petites journées ; nous n'arrivâmes à Lyon que dans la matinée du troisième jour ; comme je ne connaissais pas cette ville, je m'y arrêtai assez pour en conserver une idée, et je ne repartis, je crois, que le surlendemain matin ; bientôt le froid devint plus intense ; pendant la nuit, une fois, on nous fit tous descendre parce que les ornières assez profondes dans lesquelles roulait la voiture, étaient tellement durcies par la glace, qu'on craignait qu'elle ne versât ; nous marchâmes ainsi environ une demi-heure sur la neige gelée jusqu'à Avallon.

Nous arrivâmes à Sens, le dimanche matin ; après le déjeuner, j'eus le temps d'aller à la cathédrale, où je trouvai un prêtre en chaire, faisant probablement le prône ; comme j'avais des bas de forçats, je fus pour les assistants un objet de curiosité et aussi une cause de distraction pour le prédicateur ; enfin, nous arrivâmes à Paris après minuit ; la voiture s'étant arrêtée à l'hôtel Rossignol, rue Grenelle, je demandai une chambre et je pris mon premier sommeil dans la capitale.

Nous étions aux derniers jours du carnaval ; après avoir déjeuné à l'hôtel, je ne perdis pas mon temps à bâiller, comme un nouveau débarqué, devant les nombreuses curiosités qui frappaient mes regards ; pour le moment, mon unique objectif était Menpenti : j'avais des lettres de recommandation pour MM. Reynard, député de Marseille, Emmanuel Poulle, député du Var et de Lamartine. Ce dernier étant absent, je rapportai la lettre que lui avait adressée un de nos professeurs, qui avait avec lui des relations intimes, elle est à l'appendice n· 8.

Pour faire mes visites promptement et sûrement, il me fallait un cocher qui me servît de guide ; malheureusement j'étais tout à la fois novice et à la capitale et dans les voyages : le conducteur de la voiture de remise, que je pris à l'heure, comprit cela tout de suite et se joua de moi à peu près pendant deux heures ; au lieu de prendre la route directe pour la rue et le numéro que je lui indiquai, il fit en sorte de tomber dans la grande rue St-Honoré, où les mascarades à cheval, en voitures à livrées et en tombereaux chargés d'une chair humaine peu correcte, formaient deux haies, et le milieu de la rue n'était occupé que par les employés de la police, qui maintenaient le bon ordre ; toute cette cavalcade plus ou moins immonde allait au pas, et les voitures honnêtes qui s'y engageaient ne pouvaient pas quitter cette singulière procession en passant à l'autre côté ; il fallait attendre une rue de traverse pour se dégager ; or par hasard il faisait ce jour-là, lundi ou mardi, un temps magnifique ; nous avions presque un soleil de Provence ; et comme la voiture était à demi-découverte, il eût été facile à une personne de ma connaissance de me prendre en flagrant délit de débauche *carnavalesque ;* je couvrais mon visage de mon mieux et je m'effaçais autant que je le pouvais, pour ne pas être reconnu : j'eus à endurer ce supplice pendant environ demi-heure ; enfin dès que j'aperçus à ma gauche une rue, j'ordonnai impérieusement à mon cocher de s'y diriger, pour me délivrer de cette cohue ; il ne me fut pas difficile, quelques jours après, de me rendre compte de la ruse dont j'avais été dupe.

Ma première visite fut pour M. Reynard ; je dois avouer que je n'en fus pas très-satisfait ; il me reçut assez froidement et me témoigna son étonnement du voyage que j'avais entrepris, comme si nous avions douté de son zèle et de son empressement à s'occuper de notre affaire ; aussi je ne mis plus le pied chez lui. C'était un riche bourgeois, prétendu libéral, comme nous avons aujourd'hui des millionnaires, prétendus républicains.

M. Emmanuel Poulle au contraire fut on ne peut plus affable et complaisant; il se mit entièrement à ma disposition pour me procurer toutes les facilités dont je pouvais avoir besoin, soit pour mon agrément, soit pour mes affaires.

Il me donna une carte pour assister aux séances de la Chambre et m'accompagna lui-même au Ministère de la Justice, qui réunissait alors celui des Cultes. Le chef de la première division, député et par conséquent collègue de M. Poulle, me permit de lire dans un grand registre les notes accusatrices que l'administration épiscopale de Marseille avait envoyées au ministre contre nous trois : celles qui concernaient mes associés, je devais m'y attendre, étaient tout à fait odieuses ; quant aux miennes relativement meilleures, elles n'avaient pas été moins inspirées par la haine farouche de nos adversaires : « j'étais un insubordonné, républicain, Lamennaisien ! ! ! » trois calomnies dont j'ai démontré l'infamie dans mon *Mémoire* et dont la dernière me fit sourire ; tant le ridicule le disputait à l'odieux dans ces accusations ! ne sachant que dire, il fallait bien pourtant me noircir de quelque manière ; eh bien ! mon sourire fut remarqué par l'employé supérieur du Ministère, qui eut l'air de prendre au sérieux la note de Lamennaisien, presque aussi grave à ses yeux que celle d'impudique. Comme les opinions politiques pervertissent le jugement des hommes les plus éclairés ! ! !

Mais il m'importait surtout d'avoir une conférence avec le ministre de l'Instruction Publique ; malheureusement pendant mon voyage, le Ministère avait été renversé, et nous étions alors, comme l'on dit, dans une crise ministérielle ; le chef de cabinet, qui s'appelait, je crois, Génie, me fit un excellent accueil ; mais c'est tout ce qu'il pouvait faire ; il m'engagea pourtant à exposer de nouveau brièvement notre situation dans une lettre que j'adresserais au ministre nouveau, dès qu'il serait nommé, en lui demandant une audience.

Huit ou dix jours s'écoulèrent avant la reconstitution du Ministère ; je profitai de ce retard pour faire d'autres visites qui, quoique moins importantes, me paraissaient avoir quelque utilité et même sous certains rapports étaient nécessaires.

Avec mon *celebret* que l'abbé Sibour m'avait fait obtenir l'année dernière au mois de juillet, je pus célébrer la messe à St-Eustache provisoirement ; mais je dus enfin aller à l'Archevêché pour le faire viser. M. l'abbé Affre, qui était alors Vicaire général, fit d'abord quelques difficultés ; il voulut me renvoyer à l'Archevêque d'Aix ; mais comme je lui fis observer avec raison que ce prélat ne me connaissant pas, et n'ayant encore aucune juridiction dans le diocèse, se refuserait probablement à apostiller ma demande, M. le Vicaire Général se décida à me donner une autorisation pour 10 jours ; on peut la lire à la suite du *celebret* d'Aix. J'étais loin de penser que cet homme modeste et presque timide serait un jour archevêque et serait tué au milieu des barricades.

Le Nonce du Pape, ou simple chargé d'affaires (mes souvenirs sont un peu vagues) me reçut avec beaucoup d'indifférence, se tint constamment debout pendant les dix minutes de la conférence, sans m'offrir un siège et ne me donna pas un mot de satisfaction ; tel fut à mon égard le représentant du Père commun des fidèles à Paris ; il était *gros et gras* ; cette masse de chair est arrivée au cardinalat ; je n'en ai pas retenu le nom.

Le supérieur du séminaire de St-Sulpice fut beaucoup plus poli et par conséquent plus chrétien ; il daigna même discuter avec moi les questions théologiques que je lui proposais; ne pouvant pas tout à fait entrer dans mes vues, il n'osa pas cependant me condamner formellement ; nous causâmes longtemps sur feu M. Dalga, MM. Bony et Malègue ; en résumé, je fus content de sa réception.

J'étais à peine arrivé à Paris, lorsque je reçus de mes associés la réponse de la Sacrée Pénitencerie, dont j'ai déjà parlé ; ils m'apprenaient aussi que Mgr d'Icosie était à Paris, et l'on m'en indiquait l'adresse. Il paraît qu'il était même parti avant moi pour y traiter l'importante question de sa réhabilitation comme citoyen Français ; il en avait en effet perdu la qualité, en se faisant sacrer à Rome sans l'autorisation du Gouvernement. Pouvais-je espérer qu'étant hors de son diocèse et du théâtre de son omnipotence, dans une circonstance où il y avait à craindre que par des intrigues je ne misse des obstacles à son dessein, il serait plus traitable ? Je n'y comptais pas beaucoup ; cependant c'était probable, et comme je voulais tout essayer, je me décidai à lui écrire pour lui demander une audience. Sa réponse, et surtout le *Post-Scriptum*, indiquaient évidemment une détente ; était-elle franche ou feinte ? Mais peu m'importait, après tout ce qui s'était passé, j'étais bien aise de voir de près cet homme et surtout de savoir le jugement qu'il porterait sur la décision de la Sacrée Pénitencerie. Voici sa lettre écrite de sa main :

MERCREDI

« Je ne me refuse pas à vous voir, Monsieur, puisque vous m'en témoignez le désir. Je serai demain chez moi de neuf à onze heures du matin.

« Recevez, Monsieur, l'assurance de ma considération distinguée.

« † Ch. Jos. Eug., *Evêque d'Icosie*. »

P.-S. — Si par hasard ma lettre, que je fais mettre à la petite poste ce matin, ne vous arrivait pas à temps, vous pouvez venir chez moi quand il vous plaira. Il est rare que je sorte avant dix heures.

Je fus exact au rendez-vous ; j'eus l'attention de me présenter en soutane et je fus reçu par le fameux domestique en question, qui cette fois fut, probablement d'après la consigne, convenable et respectueux. C'était environ dix heures, lorsque j'entrai dans l'appartement de M^sr d'Icosie; à onze heures, le susdit domestique entra pour prévenir Sa Grandeur que la collation était prête (nous étions en Carême); je me dressai pour me retirer; mais Monseigneur qui parlait, m'obligea de me rasseoir; une seconde fois le domestique donna le même avertissement, et Monseigneur me répéta la même injonction; enfin je crus devoir céder au troisième avertissement, quoique l'Evêque ne parût pas être dégoûté de notre entretien. Voulut-il réparer et me faire oublier l'odieux de sa réception du mois de Mai ou bien avait-il quelque arrière-pensée en exagérant ses bons procédés envers un homme qui était peu versé dans les rouertes de la diplomatie? Ce qui va se passer au mois d'Avril à Marseille expliquera dans quel sens il faut entendre les démonstrations dont je fus alors l'objet.

Quoi qu'il en soit, notre conversation, dont les détails m'ont échappé, dut rouler nécessairement sur l'objet de ma mission; je ne manquai pas de lui soumettre la décision de la Sacrée Pénitencerie; je ne sais ce qui se passa dans son âme, lorsqu'il fit lecture de cette pièce, qui était sa propre condamnation, mais il me répondit, en me la rendant, sans se déconcerter: « Mais nous n'avons jamais pensé le contraire. » — « Je suis heureux, Monseigneur, répliquai-je, de l'apprendre de votre bouche; il paraît qu'il y a eu un malentendu. »

Lorsque je sortis de son appartement, il m'accompagna jusqu'à la porte de son antichambre, où l'attendaient deux prêtres marseillais, en habit bourgeois, qui se trouvaient depuis quelque temps dans une situation critique, l'abbé F... et l'abbé S... Singulière rencontre !

Aux premiers jours du mois de mars, je reçus des principaux élèves une lettre qu'on trouvera au numéro 9 de l'appendice. J'y reconnus l'écriture de Chapplain ! tout ce qui part du cœur a toujours eu le privilège de m'intéresser, aussi l'ai-je conservée précieusement comme un souvenir de ces premières années de professorat, qui furent en quelque sorte, la lune de miel de mon métier, quoique chargées d'ennuis, d'angoisses et de vexations de tout genre.

Parmi les lettres de recommandation qui m'avaient été remises à Marseille, j'en avais une pour un cousin de M. Loubon, appelé Bénet, qui était employé à la Bibliothèque du Louvre : comme on peut le voir par sa lettre, placée à l'appendice numéro 10, j'obtins de son obligeance des cartes pour visiter les palais royaux et les manufactures ; j'en usai largement pendant tout le temps que dura la crise ministérielle. Je parcourus Paris dans tous les sens, à pied et en voiture, selon les occurences, mais en profitant de la leçon que j'avais reçue le premier jour. Je fis même des courses hors de Paris, au Bois de Boulogne, à St-Cloud et à Versailles. Je ne parle pas de l'impression que me fit ce séjour dans la capitale ; je ne pourrais que répéter ce qu'on trouve dans beaucoup d'écrits, sur tant de merveilles de tout genre, qui se sont en quelque sorte centralisées dans cette ville, et qu'on ne rencontre pas ailleurs. Lorsque j'y suis retourné, après plus de trente ans, j'avais si bien exploré les principaux quartiers, qu'il m'a été facile de m'y reconnaître.

J'ai déjà dit que mon séjour à Paris coïncidait avec le Carême ; c'était la première fois que l'abbé Lacordaire montait dans la chaire de Notre-Dame, pour commencer ses conférences ; j'ai eu la satisfaction de l'entendre trois dimanches consécutifs. A midi on disait une messe pour ceux qui voulaient en profiter ; car la plupart des auditeurs, libéraux, Saints-Simoniens, incrédules, venaient là pour jouir des beaux effets d'une éloquence sans précédent et dont le disciple de Lamennais, devenu plus tard dominicain, a emporté le secret dans sa tombe. Il fallait bien que son langage fût à la hauteur des circonstances et de son auditoire, pour qu'il pût captiver avec un mince filet de voix, l'attention de ces milliers de personnes, qui remplissaient la grande nef et qui soulignaient souvent la fin des périodes de l'orateur, par un murmure favorable.

Quant à mon régime, je trouvai bientôt le moyen de vivre économiquement, sans me gêner, aux restaurants divers qui sont dans les passages ou au Palais Royal ; je déjeunais à 10 heures et je dinais à 6 heures ; j'eus la fantaisie un jour d'entrer dans un restaurant appelé le *Petit Vatel* ; j'en eus assez d'une fois : on m'en donna pour mes 18 sous ; généralement je ne dépensais guère plus de 4 francs par jour ; dans mes derniers voyages, aux mêmes restaurants, le prix avait augmenté.

J'étais à Paris, lorsque pour la première fois on joua l'opéra des *Huguenots*, de Meyerbeer ; c'était une belle occasion pour moi, sans aucun danger spirituel et sans scandale, de faire connaissance avec le théâtre. Eh bien ! je confesse que je n'ai pas succombé à la tentation, afin que je pusse dire en arrivant à Marseille sans mentir, que je n'avais pas mis le pied dans un théâtre.

M. Emmanuel Poulle que je voyais de temps en temps me témoignait toujours le même zèle ; il m'engagea à adresser une lettre au garde des sceaux, qui était en même temps ministre des cultes, afin que lorsque le ministre de l'instruction publique serait nommé, on pût voir en même temps les deux ministres et les engager à agir de concert.

Voici cette lettre telle que j'en trouve la copie dans mes papiers :

« Monsieur le ministre,

« Il se passe en ce moment dans la Ville de Marseille des faits dont la gravité est de nature à appeler l'attention du Gouvernement.

« Trois prêtres, ayant renoncé au service des paroisses avec l'agrément de leurs supérieurs respectifs, pour se consacrer à la carrière de l'enseignement, ont obtenu l'autorisation du ministre de l'instruction publique, pour fonder un pensionnat. Ces prêtres jouissaient de la confiance de l'Evêché au mois d'avril 1835, puisqu'ils étaient chargés à cette époque des fonctions les plus honorables dans le Petit Séminaire de Marseille.

« Au mois de septembre de la même année, lorsqu'ils étaient sur le point d'ouvrir leur pensionnat, et que déjà les plus vives sympathies, non seulement des pères de famille, mais encore des personnages les plus éminents et les plus éclairés, se manifestaient pour leur établissement, la diffamation fut employée, pour refroidir l'enthousiasme et même l'éteindre tout à fait, s'il était possible.

« Des rapports contre nous ont été faits à huis clos dans une assemblée de curés ; on a signalé, dans une circulaire, notre maison, comme un établissement anticatholique, précisément parce que nous n'avons pas cru que l'autorisation de l'Evêché fût une condition absolument nécessaire. Cependant le public a fait justice de toutes ces diatribes, et dès le début soixante pères de famille nous ont confié l'éducation de leurs enfants. Alors l'Evêché a cru devoir redoubler de zèle et de sévérité. Tous les prêtres approuvés de Marseille ont reçu l'ordre de refuser l'absolution à ces pères de famille ; nos élèves ne peuvent se confesser à aucun prêtre de Marseille ; le curé même de la Paroisse refuse de les entendre ; les vicaires généraux seuls ont le privilège, je ne dis pas de les confesser, mais de leur dire que, s'ils ne s'engagent pas à quitter notre maison, ils ne pourront jamais recevoir l'absolution.

« Toutes ces mesures, inouïes dans l'histoire de l'Eglise, supposent assurément que les instituteurs doivent être étrangements coupables, ou qu'au moins de très-fortes préventions pèsent sur eux. Or, il me semble qu'il existe un moyen tout à fait efficace et honorable de connaître la vérité : que l'Evêché de Marseille constitue un tribunal ecclésiastique ; qu'il nous y fasse comparaître, et chacun présentera ses preuves et ses témoignages. Si nous sommes condamnés, la sentence du juge suffira pour détruire notre établissement et nous perdre dans l'opinion publique, sans que l'Evêché soit obligé de compromettre sa dignité, en déchirant la réputation de trois prêtres. S'il ne veut pas nous soumettre à cette épreuve, avons-nous tort d'exiger qu'il laisse notre pensionnat jouir du droit commun, c'est-à-dire, que nos élèves puissent se confesser, comme les autres catholiques, à tout prêtre approuvé ?

« M. le Ministre de l'instruction publique, que nous regardons comme notre chef et notre protecteur naturel, en notre qualité d'instituteurs, a reçu un rapport circonstancié de toute notre affaire et une protestation des pères de famille ; c'est à lui que je me suis d'abord adressé pour demander que justice nous fût rendue ; on m'a répondu que la répression des abus du pouvoir ecclésiastique appartenait au Ministre des Cultes, et qu'on allait vous adresser toutes les pièces concernant le Pensionnat Menpenti.

« N'est-ce pas odieux, Monsieur le Ministre, que soixante familles, soixante enfants, dix-huit professeurs et trois prêtres, soient ainsi, pour ainsi dire, jetés hors de l'Eglise, sans examen et sans discussion, quoiqu'ils sollicitent un jugement depuis six mois, sans pouvoir l'obtenir ? Et ne serait-il pas enfin au moins convenable de présenter les preuves juridiques qui ont formé la conscience de l'Evêque ?

« Daignez donc, Monsieur le Ministre, prendre en considération nos légitimes plaintes et agréer l'hommage, etc.

« J. *d. s.* »

Je ne sais si ma visite à Mgr Bernet, nommé à l'archevêché d'Aix, a précédé ou suivi ce que je viens de raconter. Mgr Bernet avait été vicaire à Orléans, lorsque M. l'abbé Raillon fut nommé administrateur de ce Diocèse en 1813, malgré l'opposition de Pie VII, alors confiné à Fontainebleau ; l'abbé Bernet opposa, dit-on, une vigoureuse résistance à l'administration schismatique de l'abbé Raillon, qui rentra dans la vie privée en 1814, et ne fut remis en lumière que sous Charles X, grâce à la protection de Portalis, son ancien élève. Nommé alors à l'Evêché de Dijon, il fut transféré après 1830 à l'archevêché d'Aix, où j'ai eu des relations avec lui, exposées ailleurs.

Son antagoniste l'abbé Bernet fut favorisé sous la restauration, qui lui tint compte de sa conduite à Orléans et fut nommé, je ne sais quelle année, à l'Evêché de La Rochelle d'où on le tira en 1836 pour remplacer à Aix Mgr Baillon, par un singulier concours de circonstances.

On n'a pas oublié que je lui avais adressé avant de partir pour Paris un exposé assez détaillé de notre affaire ; il la connaissait donc ou il devait la connaître, lorsque je me présentai à lui, comme prêtre du Diocèse d'Aix, le premier de ses nouvelles ouailles, qui vînt rendre ses hommages à son pasteur ; en cette dernière qualité, il fut très-aimable, me fit de très-belles promesses, eut l'air de ne pas croire à la possibilité des vexations que nous éprouvions, mais il ne prit aucune sorte d'engagement ; il fit bien ; car il ne l'aurait pas tenu ; je le retrouverai bientôt à Aix et je dirai le rôle qu'il a joué dans l'affaire Menpenti en général et dans mes affaires en particulier ; il n'a pas peu contribué à entretenir et même à augmenter mes répugnances pour les procédés arbitraires de l'Episcopat français.

Il ne me restait donc plus qu'à voir le Ministre de l'Instruction Publique dont on ne pressait pas la nomination.

Le 22 février, le Ministère s'était réorganisé ; M. Pelet (de la Lozère), protestant, comme M. Guizot, l'avait remplacé en qualité de Ministre de l'Instruction Publique, mais il ne me fut possible de l'aborder que le 7 ou 8 mars, il y avait à peu près un mois que j'étais absent de Marseille ; le besoin de ma présence, on me l'écrivait, commençait à se faire sentir ; d'ailleurs tout ce que j'avais à faire à Paris était à peu près accompli ; ou plutôt, j'avais acquis la conviction que si, en arrivant à Marseille, je ne trouvais pas les vicaires généraux mieux disposés, il faudrait encore lutter et enfin faire un appel à l'opinion publique ; bien décidé à partir au plus tôt, je demandai une audience particulière à Monsieur le Ministre qui me l'accorda par écrit, me fit un excellent accueil et me promit de s'occuper de notre affaire, de concert avec MM. Reynard et Poulle.

J'ai oublié de mentionner que c'est pendant mon séjour à Paris que le fameux Fieschi fut exécuté à six heures du matin ; vu l'heure et la saison, plusieurs personnes, du nombre desquelles j'étais, se dispensèrent d'assister à cette triste, mais inévitable expiation.

Pendant les quelques loisirs que j'avais à Paris et en voyage, je composai une romance sur l'air de la *Normandie* que j'avais appris de quelques normandes avec lesquelles j'avais fait route (elle se trouve à l'appendice 11) ; on la chanta souvent à Menpenti à mon retour avec beaucoup d'entrain ; les circonstances en firent tout le mérite.

J'avais composé une autre romance dont je n'ai retenu que quatre vers.

Quel fruit ai-je retiré de ce voyage lointain, de toutes ces visites et de mes conférences avec tant de personnages ? Si je considère tout cela par rapport à moi, j'avoue que je n'ai pas perdu mon temps ; je me suis initié aux usages du monde, auxquels j'étais encore un peu étranger ; j'ai acquis une plus grande connaissance des hommes, des choses et surtout du cœur humain et l'horizon de mon intelligence s'est agrandi ; à part quelque jours d'indisposition, provenant de mon éternel mal de gorge, ma santé, malgré le changement de température, se fortifia et je compris l'avantage que je pouvais retirer, le cas échéant, de ces honnêtes et utiles distractions ; d'où m'est venu ce goût des voyages qui m'a sauvé plusieurs fois d'une mort imminente, ou au moins a réparé mes forces affaiblies par un long travail et m'a rendu capable de reprendre ce que j'avais commencé.

Quant à notre affaire, je n'ai rapporté aucune décision

définitive de le part des représentants de l'autorité civile ; la réponse évasive de l'archevêque d'Aix ne m'annonçait pas un grand zèle pour nos intérêts ; M⁺ʳ d'Icosie seul me paraissait disposé à détendre son arc et à prendre en considération le jugement des casuistes romains ; mais il fallait retourner aux trois vicaires généraux ; mesure exceptionnelle, qui entre les mains des trois vieillards ignorants ou fanatisés, devait tôt ou tard nous détruire, en faisant peser sur nous une diffamation permanente.

3°

Allure de l'Évêché à mon retour de Paris; Lettre des Députés

J'arrivai à Marseille du 15 au 20 mars, vers la fin du carême, puisque cette année Pâques était le 3 avril ; ma rentrée dans la maison fut un véritable triomphe, je ne puis me rappeler toutes ces démonstrations d'amitié, qui partaient vraiment du cœur, sans en être attendri ; mais il était temps que j'arrivasse, je compris bien vite que mes classes et surtout la discipline générale avaient souffert ; étant aimé et estimé comme je l'étais, je puis le dire sans vanité, parce que c'est un fait incontestable, il me fut facile de réprimer quelques abus qui s'étaient glissés et de rétablir l'ordre partout.

Comme les fêtes de Pâques s'approchaient, il fallut songer sérieusement à la confession. M⁺ʳ d'Icosie étant arrivé en même temps que moi, je me décidai à lui demander une audience, pour savoir si je le trouverais aussi bien disposé à Marseille qu'à Paris et surtout s'il prendrait au sérieux la décision de la Sacrée Pénitencerie ; c'était en effet pour nous une question capitale que nos élèves ne fussent pas jugés indignes pour le seul fait de leur séjour dans notre maison. J'espérais bien que MM. les Vicaires généraux ne pousseraient pas la prévarication jusqu'au point de refuser l'absolution à ceux qui seraient d'ailleurs bien disposés.

L'audience me fut accordée ; mais Mgr d'Icosie, qui ne pensait plus à me traiter avec bienveillance et qui s'attendait à quelque discussion pénible, me reçut, entouré de tous les Membres de l'Administration et de quelques chanoines ; on put donc me dire des choses humiliantes, sans que j'aie eu en quelque sorte la faculté d'y répondre. Ainsi la conférence fut sèche et sévère de part et d'autre ; je ne m'étais donc pas trompé lorsque j'avais soupçonné à Paris que Mgr d'Icosie me jouait la comédie ; cependant il fut bien arrêté qu'on ne tourmenterait plus les enfants sur leur séjour dans la maison.

Mais d'autres difficultés ne manquèrent pas de surgir ; ainsi on mit des doutes sur la validité des confessions faites dans le diocèse d'Aix ; de là l'obligation qu'on imposait aux élèves de refaire leurs confessions. Chacun des Vicaires généraux ne voulait se charger que d'un tiers des élèves, qui par conséquent ne pouvaient choisir leur confesseur sur trois ; et puis, comment faire cette répartition, surtout lorsqu'il arrivait de nouveaux élèves et que leur nombre ne pouvait pas se diviser exactement par trois. De plus la faculté de changer de confesseur n'existait pas pour eux ; tout élève qui n'était pas sur la première liste d'un confesseur était impitoyablement repoussé de son confessionnal, quoique le nombre de ses pénitents ne fût pas augmenté. Enfin on demandait comme une clause indispensable le nom des élèves.

Tels sont les tristes et scandaleux débats auxquels nous allons nous livrer dès le mois d'avril, débats qui se prolongeront dans le courant de l'été et qui, en se renouvelant au mois d'octobre, amèneront fatalement la grande lutte et notre victoire définitive. Mais avant d'entrer dans ces ignobles détails, je reviens sur nos démarches diplomatiques.

Nous reçûmes le 2 avril une lettre portant la signature de MM. Reynard et Poulle ; après mon départ ils avaient entretenu de nos affaires le ministre de l'Instruction Publique ; la marche légale, d'après celui-ci, était de soumettre la question au conseil de l'Université, dont la décision serait renvoyée à M. le Ministre de la Justice et des Cultes ; les deux députés, nos protecteurs, espèrent cependant que les vexations disparaîtront peu à peu et rendront inutile l'intervention du gouvernement (voir la lettre à l'appendice numéro 12). Je compris parfaitement ce que signifiait cette conclusion ; toutes nos doléances étaient destinées à disparaître dans les paperasses des ministères ; et avant que le secours nous arrivât, nous avions le temps de mourir dix fois : ce que nous avions de mieux à faire, c'était de suivre la maxime : *Aide-toi et le ciel t'aidera ;* d'ailleurs le moment n'était pas éloigné où l'Université elle-même, par ses professeurs, ses inspecteurs et ses recteurs, devait remplacer l'Evêché dans ses vexations haineuses. Nous renonçâmes donc à intéresser en notre faveur tous ces grands dignitaires, au moins avant d'avoir fait un second essai de la confession par le ministère des vicaires généraux.

4°

Nouvelle correspondance pour la confession

D'après quelques-unes de mes lettres, il paraît que M. l'abbé Chaix entendit avant Pâques, ce qu'il appelle dans son style *une bande* de nos élèves ; expression que suivent ordinairement les mots de *voleurs* ou d'*assassins*. Il paraît encore qu'il fut néanmoins assez aimable envers eux et qu'il en admit quelques-uns à la communion et renvoya les autres après Pâques ; mais qu'alors s'étant ravisé, il renouvela certaines prétentions qui m'autorisèrent à lui rappeler ses devoirs. Quant aux deux autres vicaires généraux, ma correspondance soit avec l'Evêché, soit avec ces messieurs, indiquera clairement quels furent les points en litige entre eux et moi pendant les mois d'avril, mai et juin.

La mesure prise par l'Evêché présentait des obstacles qui la rendaient moralement et en quelque sorte physiquement impraticable. En effet, M. Tempier avait établi son confessionnal à la Major et lorsque nous y allions à l'heure déterminée par lui-même, il manquait d'exactitude et nous faisait attendre ; M. Flayol avait établi le sien aux Petites Maries, où plus tard on a construit la grande gare du chemin de fer ; comprend-on la difficulté que nous avions d'aller de Menpenti, lorsque les nouvelles rues n'étaient pas encore tracées, jusqu'à cette colline sur laquelle le couvent s'élevait ? Quant à M. Chaix, il était très occupé et infirme ; quoi de plus naturel et de plus légitime que de demander trois autres confesseurs, n'importe lesquels ? L'évêque de Marseille a-t-il jamais manqué de prêtres dociles, obséquieux et même courtisans ? Eh bien ! cette demande de nos élèves, faite dès le 14 avril, fut jetée aux oubliettes. Elle est pourtant écrite d'un style convenable et respectueux.

Je la donne telle que je la trouve dans mes papiers ; mais par discrétion j'omets les signatures, qui me rappellent des souvenirs divers, après environ un demi-siècle écoulé.

« Monseigneur,

« Placés par nos parents dans un pensionnat qui semblait nous offrir des garanties pour une éducation chrétienne, nous sommes soumis à des mesures qui sont des obstacles à l'accomplissement de nos devoirs religieux. Nous sommes chrétiens, Monseigneur, et chrétiens catholiques avant tout ; les confesseurs que vous nous avez désignés se trouvent, l'un à cause de ses indispositions fréquentes, et les deux autres à cause de l'éloignement de leur demeure, dans l'impossibilité de nous diriger efficacement dans les voies du salut ; car nos parents, d'accord avec notre directeur spirituel, s'opposent à ce que nous allions à l'extrémité de la ville pour trouver un confesseur. Si cette résolution paraît criminelle à Votre Grandeur, que le châtiment n'en retombe point sur nos têtes. Nous vous prions donc, Monseigneur, de vouloir bien nous faciliter les moyens d'accomplir le commandement que l'Eglise nous impose. Nous laissons à votre haute sagesse le choix des moyens. Nous nous permettons seulement de vous dire que tous ceux qui ont ci-dessous apposé leur signature désirent ardemment de se confesser et de communier.

« Nous sommes avec le plus profond respect, Monseigneur, de Votre Grandeur, les très-humbles et très-obéissants serviteurs.

(Suivent les signatures).

« Je certifie que cet écrit signé par nos principaux élèves, a été rédigé par l'un d'eux ; je me joins à eux pour solliciter la grâce qu'ils désirent obtenir.

« Jonjon, *d. s. de l'Etablissement.*

« *Menpenti, le 14 Avril 1836.* »

Mgr Bernet avait pris possession de son siège à Aix ; immédiatement après les solennités de Pâques, il était venu passer quelques jours, comme l'indique la note de la *Gazette du Midi*, (1) avec les deux prélats ; je n'ai pas

---

(1) Des bruits inquiétants avaient circulé sur la santé de Mgr l'Archevêque d'Aix ; on disait qu'à peine arrivé dans son diocèse, il était tombé gravement malade. Nous sommes heureux de pouvoir démentir cette nouvelle. Mgr Bernet vient d'arriver aujourd'hui même à l'Evêché, où il passera quelques jours avec les deux prélats.

assisté à leur conférence ; mais Sa Grandeur a dû y prendre le mot d'ordre, qui était *neutralité complète*, mot d'ordre qui ne fut que trop fidèlement observé.

Cette note fut suivie dans le même numéro de l'entrefilet suivant :

« On pourrait croire, d'après ce qu'a dit le *Sémaphore* dans son numéro du 2 avril, que Mgr l'Evêque aurait révoqué un partie des mesures prises à l'égard du pensionnat de Menpenti ; ce journal a été mal informé. Nous sommes priés de déclarer que ces mesures sont maintenues intégralement, les motifs énoncés dans la lettre du 12 août dernier aux directeurs de cet établissement, subsistant toujours. »

J'y avais préparé une réponse, que certains pères de famille méticuleux m'empêchèrent de publier, *par prudence*, disaient-ils ; la voici, elle est censée avoir été faite le 20 avril :

« Monsieur le Rédacteur,

« Vous avez annoncé dans un des derniers numéros de votre journal que les *mesures prises par l'Evêché de Marseille contre le pensionnat Menpenti étaient maintenues intégralement ; vous avez été prié*, dites-vous, *de faire cette déclaration, afin de rectifier la note du* Sémaphore, *qui, selon vous, aurait été mal informé* : je n'ai pas lu cette note et je voudrais pouvoir en dire autant de la réponse qu'on a cru devoir y opposer comme un antidote ; je ne serais pas dans la triste nécessité de donner un démenti à des hommes que je dois honorer et respecter.

« Je viens donc, Monsieur le Rédacteur, vous prier, à mon tour, d'insérer dans votre journal ces quelques lignes qui font partie d'une lettre que m'adressa M. Chaix, Vicaire général, le 20 novembre 1835 :

« Je vous préviens qu'après avoir entendu la confession
« de ces jeunes gens, je leur ordonnerai de dire à leurs
« parents que le confesseur auquel ils ont été adressés,
« trouve très-convenable qu'on les retire du pensionnat où

« ils sont actuellement ; que ce confesseur leur réitèrera
« cet avis, jusqu'à ce qu'il ait été mis à exécution, et que
« ceux qui ont fait la communion n'auront pas l'absolution,
« tant qu'ils seront dans cet établissement. »

« *P. S.* — Je viens de communiquer cette lettre à
« Mgr l'Evêque, à Mgr son neveu et à Messieurs les vicaires
« généraux ; ils en ont approuvé tout le contenu et ont
« déclaré qu'elle renferme leurs véritables sentiments. »

« M. Tempier, vicaire général, auquel je conduisis moi-même quelques élèves, environ une semaine après, leur parla dans le même sens ; ce qui porta ces élèves à ne pas commencer leur confession ; j'atteste ce dernier fait sur mon honneur.

« Or, si c'est là une mesure (et il est évident que c'en est une) il n'est pas moins évident qu'elle a été révoquée.

« En effet, le même M. Tempier m'a déclaré ces jours-ci formellement, que, lorsque les élèves se confesseront convenablement, ils pourront être absous.

« D'autre part M. Chaix qui a entendu ces jours derniers la confession de quelques élèves, a déployé dans ce ministère une charité dont ces enfants conserveront le souvenir, et les a admis à faire leurs Pâques.

« Enfin le même M. Chaix dans sa lettre du 18 avril m'annonce expressément *qu'il a changé sa première détermination* parce que telle est la volonté de Monseigneur l'Evêque.

« Tout cela posé, j'ai l'honneur de vous demander, M. le rédacteur, qui de vous ou du *Sémaphore* a été le plus mal informé ? N'est-ce pas clair que c'est vous ?

« Voulez-vous savoir maintenant quelle est la cause de cette volte-face, qu'on n'ose pas avouer et qu'on se permet même de nier avec une assurance qui a lieu de surprendre ? C'est que Rome a parlé ; si vous en doutez, je tiens à votre disposition la décision que j'ai obtenue de la sacrée Pénitencerie concernant cette mesure, qui avait été prise et qui a été réellement révoquée.

« Je dois cependant avouer que, malgré des actes nombreux de soumission d'une part et des promesses de l'autre, toutes les mesures n'ont pas été révoquées ; mais il suffit qu'une seule l'ait été, pour qu'il soit faux d'affirmer que toutes sont maintenues *intégralement*.

« Agréez, etc.

« J., d. s. »

Voici la lettre de M. Chaix du 18 avril :

Marseille, le 18 Avril 1836.

« Monsieur,

« Dans une des premières lettres que je vous ai écrites, je disais que je confesserais la portion de vos élèves qui m'échoirait, mais que je ne leur donnerais pas l'absolution tant qu'ils seraient dans votre établissement. *Je croyais que c'était l'avis de Monseigneur l'Evêque.*

« J'ai su depuis que le prélat veut qu'on donne l'absolution et qu'on fasse participer aux Sacrements les élèves qui d'ailleurs seront bien disposés ; j'ai changé aussitôt ma détermination et dès la première bande que je confessai, je pris des mesures pour que ces jeunes gens pussent faire la Ste-Communion.

« Je vous prie de m'envoyer exactement ceux que j'ai renvoyés, mais il serait utile que je fusse averti par avance du jour où ils doivent venir ; les huit qui sont venus le samedi avant le dimanche *in albis* sont venus bien intempestivement.

« J'ai l'honneur d'être votre serviteur.

« Chaix, a. v. g. »

Ainsi dans cette lettre, M. Chaix me dit naïvement : « je croyais que c'était l'avis de Monseigneur l'Evêque ». Pourtant dans sa lettre du 20 novembre, il m'affirmait l'avoir lue à *Monseigneur l'Evêque qui en avait approuvé tout le contenu*. Qui croire de M. Chaix du mois d'avril ou de M. Chaix du mois de novembre ? Lorsqu'on a embrassé une mauvaise cause et qu'on est décidé à la faire réussir *per fas et nefas*, on tombe dans des contradictions qui humilient, pour ne pas dire, qui déshonorent.

---

17 Avril 1836.

Je dois placer ici ma seconde supplique à la Sacrée Pénitencerie.

Sa première réponse, qui nous avait été si favorable, m'avait donné de la hardiesse ; ma nouvelle démarche était surtout dans l'intérêt de l'abbé Blanc, dont la position à l'égard de l'Evêché de Marseille, dont il était sujet par sa naissance et par le domicile, était beaucoup plus critique que celle de l'abbé Vidal et la mienne : l'Evêque de Marseille était incontestablement son *ordinaire*. Il eût donc été très-avantageux pour lui et très-important pour notre Société, qu'une décision de Rome approuvât ou au moins tolérât directement ou indirectement sa situation actuelle. Tel était mon but en écrivant cette supplique, dans laquelle je chargeai encore le tableau à dessein, comme je l'avais fait dans la première. On la trouvera dans l'Appendice n· 13.

L'Evêché très irrité de la première réponse qui avait été donnée à son insu, avait dû, par ses agents, prévenir les membres de la Congrégation et faire de nous un tableau de fantaisie ou au moins très-chargé ; aussi la réponse qui m'arriva le 2 mai, fut qu'il fallait *recourir à l'ordinaire*, c'est-à-dire consulter précisément celui contre lequel la supplique avait été dirigée. Cependant j'avais proposé un cas de conscience, comme la première fois ; nous avions notre *ordinaire* dans le premier cas, comme dans le second. Pourquoi donne-t-on une réponse directe et formelle au mois de mars et la refuse-t-on au mois de mai ?

D'ailleurs l'Evêque ne peut résoudre qu'officieusement les cas de conscience douteux et c'est toujours aux Congrégations romaines qu'on s'adresse, en dehors de l'*ordinaire*, pour avoir des solutions officielles et canoniques.

Aussi je ne crois pas me faire illusion en pensant que le mutisme de la Sacrée Pénitencerie dans cette circonstance, avait quelque chose de louche ; ce fait donc mérite d'être mentionné.

5°
Suite de la Correspondance

La démarche toute filiale que nos élèves avaient faite n'ayant pas eu de résultat, puisque leur lettre ne fut honorée d'aucune réponse, ce manque d'égard m'avait mis naturellement de mauvaise humeur ; ce qui contribua encore à m'exaspérer, c'est l'affectation que mettait M. Tempier à oublier qu'il avait un rendez-vous au confessionnal avec des enfants qui venaient de faire une heure de marche pour remplir leur devoir religieux ; enfin je ne pus contenir mon indignation, lorsque M. Flayol, à qui j'étais allé demander quelques explications sur l'heure et le lieu, me congédia brutalement.

Je pris donc la plume et j'écrivis *ex-abrupto* les trois lettres suivantes ; une à Mgr l'Evêque, la seconde à M. Tempier et la troisième à Mgr d'Icosie. Elles sont violentes, j'en conviens ; mais les actes de ces messieurs n'étaient-ils pas violents et plus coupables que de simples écrits ?

Qu'on me condamne, j'y consens, pourvu qu'on réprouve des prêtres qui faisaient un si coupable usage de leur autorité.

Enfin, qu'on n'oublie pas que j'écris une histoire et non un panégyrique ; aussi vais-je exposer exactement ce qui s'est passé et ne dissimuler aucune faute tant d'un côté que de l'autre.

A Monseigneur l'Evêque.

17 Avril 1836.

« Monseigneur,

« Les membres de votre Conseil commettent des abus d'autorité étranges ; je viens d'être victime d'un acte de grossièreté si odieux que je ne puis m'enpêcher d'écrire à Votre Grandeur ce que m'inspire une juste indignation.

« C'est de M. Flayol que je me plains.

« J'ai reçu en outre de M. Chaix deux lettres, qui prouvent qu'on ne peut ajouter foi à la parole, même écrite de MM. les Vicaires Généraux.

« Que prétend-on par cette conduite anti-évangélique ? Veut-on me pousser dans quelque parti extrême ? les malheureux qui l'espèrent, seront confondus dans leurs désirs insensés : Dieu sait que mes intentions sont pures et qu'il n'est pas dans ma pensée de déserter la Doctrine catholique ; le conseil de l'Evêque de Marseille la respecte si peu qu'un mauvais amour-propre le porte à se réfugier dans le mensonge, pour se tirer d'embarras.

« Je m'arrête, Monseigneur ; car je regrette de suivre les inspirations d'une colère que Dieu n'approuve pas.

« Cependant je ne puis m'empêcher, en terminant, de faire observer à Votre Grandeur que je ne reconnais pas la science sacerdotale et encore moins le zèle pastoral dans cette indifférence calculée que montrent vos Vicaires généraux à entendre la confession de nos enfants. Il y a des mesures qui équivalent devant Dieu à un refus ; c'est à son tribunal que j'attends ceux qui les ont adoptées.

« Agréez, etc.

J., *d. s.* »

Cette lettre dut probablement se croiser avec celle de M. Chaix du 18.

Voici la réponse que me fit M. Jeancard, en se couvrant de la signature de l'Evêque :

Évêché
DE
MARSEILLE

Marseille, le 19 Avril 1836.

« Ma première pensée en lisant la lettre que j'ai reçue de vous en date du 17 du courant a été de vous renvoyer cette lettre pour vous apprendre enfin que ce n'est pas sur ce ton qu'on parle à un Evêque.

« Cependant toute réflexion faite, je garde l'original écrit de votre main, parce que c'est un témoignage de l'esprit qui vous anime. Je m'en servirai en temps utile, prévoyant que le moment n'est peut-être pas éloigné où la voie que vous paraissez vouloir suivre vous *jetera* hors de la communion des pasteurs légitimes de l'Eglise.

« J'ai l'honneur de vous saluer,

« † CHARLES FORTUNÉ, *Evêque de Marseille.* »

A Monsieur Tempier.

« Monsieur le Supérieur,

« Il me paraît fort étrange qu'un Vicaire général d'un diocèse catholique ne rougisse point d'affecter de l'indifférence pour l'accomplissement d'un devoir qu'il s'est lui-même imposé. Vous ne pouvez, avez-vous dit, entendre les confessions qu'une fois la semaine ; vous ne voulez le faire que dans une seule église et à une heure particulière.

« Or vous savez qu'il existe dans Marseille des catholiques qui ne peuvent s'adresser qu'à vous, à l'heure, au jour et aux lieux indiqués ; vous n'ignorez pas que, pour remplir vos conditions, nos élèves font de très-grands sacrifices ; et cependant vous vous permettez de quitter le poste où la charité et la justice auraient dû vous tenir comme enchaîné, puisque la veille on avait pris la peine de vous avertir.

« En vérité, Monsieur, c'est traiter un peu trop *cavalièrement* (passez-moi l'expression) les sacrements et la théologie. Vous n'avez pas daigné seulement me faire dire par mon envoyé, si vous seriez à votre poste ou non. Est-ce sur des enfants que vous avez prétendu vous venger d'un défaut de formes d'une lettre que j'ai écrite à la hâte ? N'avez-vous pas compris que, lors même que j'aurais voulu vous offenser (ce qui n'est pas), votre vertu aurait été mise à l'épreuve et que les enfants ne devaient pas être responsables de ma faute ?

« Misérable que vous êtes ! enflez-vous, comme la grenouille, vous en avez un extrême besoin. La vengeance fut toujours un crime ; mais exercée envers les faibles, c'est une odieuse lâcheté.

« J'ai l'honneur, etc.

« J. d. s. »

20 Avril 1836.

A Monseigneur d'Icosie.

« Monseigneur,

« Il paraît que les Vicaires généraux du diocèse de Marseille ne prennent pas fort au sérieux les questions religieuses et surtout l'accomplissement du devoir pascal. Ils avaient, je ne sais pour quel motif, refusé l'absolution aux élèves de notre pensionnat. M. Chaix m'avait écrit formellement que, d'après la décision du Conseil de l'Evêque, il n'y aurait pour eux ni absolution ni communion ; ils se sont évidemment trompés, puisque la sacrée pénitencerie les a condamnés, que M⁰ʳ l'Archevêque d'Aix les a désapprouvés, et ne voulait pas croire à la possibilité d'une pareille résolution, et qu'enfin l'Evêque de Marseille lui-même, ainsi que me l'a écrit M. Chaix, veut expressément que nos enfants puissent recevoir le sacrement de l'Eucharistie, conformément à la promesse que vous m'avez faite à Paris

« Pourquoi donc M. Chaix refuse-t-il d'entendre la confession de ceux qui se présentent ? Les Vicaires Généraux ne sont-ils pas solidaires ? Les paroissiens d'une Eglise quelconque sont-ils obligés de se compter et d'établir parmi eux des divisions et des *bandes*, lorsqu'il y a dans la paroisse un curé et plusieurs vicaires ? Pourquoi M. Flayol a-t-il refusé aujourd'hui d'entendre la confession d'un élève ? D'où vient qu'il m'a reçu chez lui avec une grossièreté dont on ne trouve d'exemple que sous la tente d'un Bédouin ?

« Cette opposition pouvait avoir un résultat fâcheux pour la prospérité de notre maison au mois d'octobre 1835 ; mais il est bon que les ennemis de notre œuvre sachent que par la grâce de Dieu et malgré tous nos défauts, nous croyons être aujourd'hui au-dessus de leur colère.

« Je pense néanmoins, Monseigneur, qu'il est de mon devoir de vous prévenir que le salut de nos élèves se trouve en péril par la négligence bien constatée des Vicaires Généraux. »

« Daignez, etc... J. d. s. »

Je n'ai pas conservé la copie de toutes les lettres que j'écrivais à ces messieurs ; les deux lettres de M. Chaix, du 22 et du 23, sont donc des réponses aux miennes ; il paraît par la lettre du 22 que j'avais proposé à M. Flayol l'Eglise de la Trinité pour lieu de la confession ; le digne homme me donne le choix entre le Calvaire et les Petites-Maries. Quant à la promesse dont parle M. Chaix, je suis assuré de ne pas l'avoir faite ; il m'aura mal compris.

Un confesseur a évidemment le droit de revenir sur les confessions précédentes, lorsqu'il le juge nécessaire ; mais dans l'état des choses la prétention de M. Chaix s'attaquait aux confessions faites à Aix, parce qu'il prétendait faussement que les confesseurs n'avaient pas de pouvoir ; or la validité de ces confessions, par rapport à la juridiction, n'était pas pour moi douteuse ; je ne pouvais donc pas engager les élèves à les refaire.

Marseille, le 22 avril 1836.

« Monsieur,

« Je viens de voir M. Flayol, il consent à se rapprocher de vous. Il répugne à établir son tribunal à la Trinité. Il vous offre deux églises : celle du Calvaire et celle des Petites-Maries. Si une de ces deux peut vous convenir, entendez-vous avec lui pour les jours et les heures.

« N'oubliez pas que vous m'avez promis d'engager vos élèves à refaire les confessions faites depuis leur rentrée chez vous lorsque je l'exigerai. S'ils se refusaient à cette mesure je ne pourrais pas continuer à entendre leur confession.

« J'ai l'honneur de vous saluer.

« CHAIX, *a. v. g.* »

D'après la lettre de M. Chaix du 23, en réponse à la mienne, il paraît que j'avais préféré les Petites-Maries, pour ne pas être obligé de traverser la ville en allant au Calvaire ; étant bien décidé de ne plus aller à la Major, je voulais partager la besogne entre M. Flayol et M. Chaix ; celui-ci de guerre lasse consent à cet arrangement, et accepte dix élèves de plus, pourvu qu'ils n'aient pas fait la première communion ; nouvelle condition ajoutée à toutes les autres ; mais se défiant de la complaisance de son collègue, il m'engage à *ne pas lui dire qu'il a la moitié des élèves à confesser*. Quelle naïveté ! il y aurait à rire assurément, si la question n'était pas éminemment sérieuse.

Marseille, le 23 avril 1836.

« Monsieur,

« Je ne crois pas que M. Flayol puisse se rendre aux Petites-Maries à 2 heures. On dîne à l'Evêché à une heure. Je vous conseille de voir vous-même ce monsieur, vous prendrez plus facilement les arrangements qui vous seront convenables ; s'il faut le faire par lettre, cela ne finira plus.

« Je crois qu'il ne convient pas de dire à M. Flayol qu'il a la moitié des élèves à confesser. Je consens à prendre encore dix élèves, mais vous me donnerez de ceux qui n'ont pas encore fait la première communion, il est juste que mon confrère ait sa portion de ceux qui l'ont faite. On me trouvera toujours disponible le lundi et le jeudi à 10 heures.

« J'ai l'honneur de vous saluer.

« CHAIX, *a. v. g.* »

D'après une information peu exacte que j'avais reçue, ce qui n'était pas un crime, j'adressai la lettre suivante à M. Flayol :

26 Avril 1836.

« Monsieur le Grand Vicaire,

« M. Chaix m'avait prévenu que vous consentiez à vous rendre au Calvaire ou aux Petites-Maries, pour entendre la confession de nos élèves ; il paraît que vous avez changé de résolution, puisque vous ne voulez maintenant remplir ce devoir qu'une seule fois au Calvaire et que vous m'obligez à conduire ensuite les élèves toujours aux Petites-Maries, quoique ce dernier rendez-vous soit sujet à beaucoup d'inconvénients.

« J'adhère cependant à votre décision, parce que je sais que mes sacrifices, accompagnés de la résignation et de la pureté d'intention, ne seront pas sans récompense. Je consens donc à conduire une partie de nos élèves aux Petites-Maries, dans la matinée du jeudi, de quinze en quinze jours, après vous en avoir donné avis. Si c'est là votre pensée, veuillez-bien m'honorer d'une courte réponse.

« J'ai l'honneur, etc.

« J. *d. s.* »

Le respectable M. Flayol me répondit le 27 par un joli billet doux, à la troisième personne, qui est une preuve, parmi mille autres, de la faiblesse de l'homme le plus vertueux, lorsqu'il se laisse dominer par la passion ; quelle honte qu'une page si dégoûtante ait à sa tête ces mots officiels : *Évêché de Marseille !* Et cependant M⁵ʳ l'évêque de Marseille était un modèle de piété angélique ! et toutes ces luttes ignobles qui tendaient à dégoûter 60 élèves de la fréquentation des Sacrements, se passaient sous ses yeux ou au moins dans le palais qu'il édifiait de ses trop modestes vertus ! Un jour, lorsque le calme sera rétabli, M⁵ʳ d'Icosie me dira qu'il avait désapprouvé toutes ces mesures et que Messieurs les Vicaires généraux les avaient adoptées *malgré lui ;* et il me tiendra ce langage *punique*, lorsque M. Flayol sera descendu dans la tombe et que M. Chaix sera agonisant ! Mais je reviendrai sur ce curieux entretien : nous ne sommes maintenant qu'aux derniers jours d'Avril, entièrement occupés, moi à faire accomplir à nos élèves le devoir pascal et ces Messieurs à les en éloigner. N'est-ce pas odieusement curieux ?

Voici le billet de M. Flayol :

Évêché *Marseille, le 27 avril 1836*
DE
MARSEILLE

« Qui est-ce qui a dit à M. Jonjon, que M. Flayol avait changé de sentiment ? M. Flayol ne rétracte aucunement sa parole, il recevra toujours les personnes qu'il se charge d'entendre en confession, aux Petites Maries, le jeudi dès sept heures jusqu'à neuf heures du matin, et au Calvaire, les vendredi et samedi dès huit heures jusqu'à onze heures du matin.

« FLAYOL, *archid. vic. gén.* »

Comme la plupart de mes vieux papiers n'ont pas de date, je suis souvent fort embarrassé pour y donner une place en suivant l'ordre chronologique : mais comme je devais une réponse aux impertinences que se permettait l'abbé Jeancard sous le manteau de l'Evêque, je pense que les deux lettres suivantes furent écrites vers la fin d'avril ou aux premiers jours du mois de mai.

Avril ou Mai 1836.

Aux Membres du Conseil.

Messieurs,

« Il est fâcheux que dans le diocèse de Marseille un inférieur ne puisse élever la voix contre l'oppression, sans s'attirer des qualifications odieuses. Quelque modérée en effet que soit la justification, quelque évidente que soit l'innocence, l'accusé sait d'avance qu'il sera traité d'*impertinent*, par cela seul qu'il aura ouvert la bouche pour se défendre.

« Mais que M. l'abbé Jeancard *emprunte* la signature sacrée du vénérable vieillard pour m'annoncer que je serai bientôt hors de la communion des Pasteurs légitimes, c'est ce qui me fait sourire de pitié ; car j'ai l'honneur de connaître ce que vaut M. Jeancard comme prêtre, et j'ai dû apprécier, il y a quelque temps, son respect pour ses supérieurs légitimes. Je n'ignore pas que ce malheur, s'il avait lieu, serait pour lui et son digne ami, le sujet d'une grande joie. Je ne crois pas néanmoins pouvoir leur donner de longtemps, avec l'aide de Dieu, le spectacle qui est annoncé avec toute l'emphase d'un libelliste dans la lettre que j'ai reçue ces jours derniers.

J'ai été, je suis, et je serai toujours soumis aux ordres légitimes de mes Pasteurs et de tous ceux qui sont revêtus de leur autorité. Mais lorsque ces derniers soutiendront devant moi et contre moi des doctrines douteuses comme certaines, des opinions erronées comme saintes et évangéliques et qu'ils se permettront des actes réellement arbitraires contre mes droits de citoyen, ma réputation et ma dignité sacerdotale, et même mes intérêts pécuniaires, je ne croirai jamais pécher envers eux par irrévérence, en opposant à des adversaires formidables par leur position sociale et leur pouvoir absolu, la seule autorité du raisonnement, appuyée sur la puissance des faits.

Dans la dernière conférence que j'ai eu l'honneur d'avoir avec vous, Messieurs, en présence de Mgr d'Icosie, j'ai eu à soutenir des discussions ou plutôt j'ai entendu des principes que je ne puis admettre, parce qu'ils sont opposés à l'éducation sacerdotale que j'ai reçue et aux doctrines théologiques qu'on m'a enseignées. Ensuite on s'est permis certains actes arbitraires que je ne puis concevoir pour les mêmes raisons.

Je voudrais pouvoir jeter un voile sur les erreurs de mes pères et cacher dans la profondeur des abîmes des actes que condamne l'esprit de charité.

« Mais votre persévérance à me couvrir d'ignominie, à me contrarier dans la voie honnête que j'ai embrassée et surtout à molester ce que j'ai de plus cher en ce monde, après un père et une mère, les enfants adoptifs que la Providence m'a donnés, cette persévérance, dis-je, me fait un devoir de dissiper à force de lumières, tous les nuages que vous entassez et de montrer aux moins clairvoyants, que ceux-là ne sont pas toujours guidés par l'Esprit de Dieu, qui s'approchent le plus près des Saints-Autels — je m'adresse aujourd'hui à l'un d'entre vous, qui n'est pas le moins influent.

« M. Tempier, vicaire général, supérieur du grand séminaire et professeur de théologie, m'a fait ce raisonnement, à l'expression près, si ma mémoire est fidèle :
« je n'ai jamais refusé de confesser vos élèves ; j'avais dès
« le commencement les mêmes intentions qu'aujourd'hui ;
« par conséquent vos élèves ont toujours eu dans Marseille
« des secours spirituels certains. Cependant vous les avez
« conduits dans un diocèse voisin, où ces mêmes secours
« ne pouvaient qu'être incertains, quant à la validité du
« sacrement. Vous avez donc exposé les enfants à com-
« mettre des sacrilèges et vous êtes responsable devant
« Dieu de tout ce désordre. »

« Je prie M. Tempier de vouloir bien se transporter avec

moi par la pensée dans un des sanctuaires de la justice, vulgairement appelés Tribunaux : Supposons un instant que la question qui nous occupe soit du ressort de ce tribunal et que M. le vicaire général y soit accusé d'avoir refusé l'absolution à nos élèves par le seul fait de leur séjour dans notre maison. Il le niera sans aucun doute, comme il l'a déjà fait, avec beaucoup d'assurance, jusqu'à deux fois. Mais si douze jeunes gens tenant un crucifix à la main et prenant à témoin ce Dieu qui est mort pour eux et qu'ils ont reçu dans la sainte communion, déclaraient que M. Tempier leur a dit expressément qu'ils ne recevraient jamais l'absolution, à moins qu'ils ne quittassent l'établissement ; si moi-même venant à l'appui de ce temoignage, je faisais lecture d'une lettre de M. Chaix, vicaire général, dans laquelle on trouve ce qui suit : « Vos élèves qui ont « fait la communion, n'auront pas l'absolution, tant qu'ils « seront dans cet établissement..... je viens de commu- « niquer cette lettre..... à Messieurs les vicaires géné- « raux ; ils en ont approuvé tout le contenu et ont déclaré « qu'elle renferme leurs véritables sentiments. »

« J'ignore quelle serait la contenance de M. Tempier, après ces témoignages incontestables : mais assurément il ferait une réponse ; car, comme le dit fort spirituellement le père de Ligny, il est rare qu'un bon docteur reste sur ses dents ; et personne n'ignore qu'il existe une certaine théologie dont les ressources sont infinies. Quoi qu'il en soit, je n'ai aucun doute sur le genre de décision qui émanerait du tribunal en question ; je pense même que la conviction de M. Tempier serait tant soit peu ébranlée et qu'il attribuerait à une sorte de vertige la contradiction manifeste de son langage ; je pourrais enfin tirer cette conclusion rigoureuse que nos élèves n'ont pas eu des secours spirituels certains dans le diocèse de Marseille. Mais dans ce cas, ne devais-je pas en chercher ailleurs ? qui osera le nier ? dira-t-on qu'en ayant recours à des prêtres d'un diocèse étranger, c'était *in fraudem legis* et que par conséquent l'absolution a été nulle ?

« Je réponds d'abord que de notre part, il n'y a eu aucune sorte de fraude et que nous avons agi publiquement et en face du soleil ; en second lieu qu'on ne peut pas appeler une loi, une extension inouïe, insolite et tout à fait arbitraire d'un pouvoir qui a été donné *pour édifier et non pour détruire*, d'après le concile de Trente ; que s'il y a dans l'Eglise des péchés très-graves *réservés*, on n'a jamais vu, depuis que l'Eglise existe, tous les péchés d'une classe de laïques, entièrement réservés ; qu'il a été par conséquent permis de croire que les prêtres du Diocèse d'Aix avaient une juridiction pleine et entière sur nos enfants ; que c'est ainsi que l'ont décidé les supérieurs ecclésiastiques d'Aix, qui n'ont jamais douté de la validité de la confession ; et qu'enfin, d'après Ligorio, les théologiens enseignent communément qu'il est permis d'entendre les confessions des fidèles, avec une juridiction probable, surtout lorsqu'il y a de très-graves motifs pour en user.

« Il me semble, Messieurs, que le langage que je viens de vous tenir est tout à fait conforme à la raison chrétienne, aux principes d'une saine théologie et aux égards qui vous sont dus ; je défie M. l'abbé Jeancard d'y répondre et surtout d'y trouver un seul mot qui me mette dans le cas d'être jeté hors de l'Eglise.

« Agréez, etc.

« J., *d. s.* »

Je ne me souviens pas, à l'occasion de quel fait, j'écrivis la lettre suivante, que je trouve dans mes papiers sans date.

A Monseigneur d'Icosie.

« Monseigneur,

« Vous eûtes la bonté dernièrement de me donner connaissance d'un désordre qui aurait eu lieu dans l'Eglise du Rouet, et dont nos élèves se seraient, disait-on, rendus coupables. Je vous ai su gré de cette sollicitude, quoique le fait ne soit nullement prouvé et que les circonstances aient été certainement exagérées, d'après le témoignage même du curé (rapporteur) ; quoi qu'il en soit, je me permets, Monseigneur, de vous donner une preuve de ma reconnaissance, en vous dénonçant à mon tour un scandale d'une catégorie bien différente et dont vous saurez apprécier la gravité.

« Un professeur du Petit Séminaire de Marseille a été surpris, ces jours derniers, dans l'arrière-salon d'un café, causant familièrement avec des demoiselles, de telle manière que deux jeunes gens se sont arrêtés, pour jouir de ce spectacle.

« Ce même individu était fortement soupçonné de ne pas entendre la Ste-Messe, lorsque j'étais encore au Petit Séminaire ; j'avais été chargé moi-même de le surveiller par l'abbé Bicheron ; ce dernier pourrait au besoin vous donner des détails sur les inquiétudes d'un autre genre que ce même professeur lui donnait ; le métier de dénonciateur m'a toujours paru si dégoûtant, lors même que je me vois contraint d'en faire des actes, que je me décharge volontiers des détails sur le zèle de ceux qui ont fait de la dénonciation le marche-pied de leur fortune.

« Vous m'obligerez, Monseigneur, de prévenir l'abbé Jeancard que j'ai toujours distingué la signature de l'Evêque de Marseille des insolences que se permet son secrétaire, que je consens à confronter mes opinions théologiques sur la confession, avec celles de l'ex-professeur de théologie et même ma conduite sacerdotale avec celle de l'ex-religieux missionnaire.

Daignez, etc.

J., *d. s.* »

M. l'abbé Chaix, comme je l'ai déjà dit, avait paru s'humaniser ; mais il ne tarda pas à reprendre ses mesquines hostilités, tout en admettant plusieurs élèves à la communion pascale ; comme il était le plus rapproché et que pour ce motif il nous convenait le mieux, je le ménageai tant que je pus, feignant d'avoir oublié notre correspondance de 1835 ; mais soit qu'il agit de son propre mouvement, soit qu'à l'Evêché on excitât son zèle persécuteur, il se remit à nous taquiner tantôt pour l'heure, tantôt pour le nombre et surtout pour le nom des élèves, dont il prenait note. Cette exigence dans toute autre circonstance aurait passé inaperçue ; mais je n'ignorais pas que le but de ces messieurs, en demandant le nom, ne pouvait être qu'hostile ; aussi, sans imposer aux élèves l'obligation de ne jamais dire leur nom, je les laissais parfaitement libres de ne pas le dire, s'ils avaient là-dessus quelque répugnance. Je dois faire observer que sur les listes que je donnais à ces Messieurs, je ne mettais pas le nom de famille.

Un jour, vers le milieu du mois de mai, j'étais avec une trentaine d'élèves aux Grandes-Maries, où M. Chaix avait établi son confessionnal ; il avait eu soin de se munir d'une feuille de papier et d'un crayon ; je compris tout de suite son intention ; il écrivit en effet les noms des premiers qui se présentèrent, sans que je fisse la moindre observation ; lorsque le tour de Charles Lavison, dit Carletto, arriva, après le *confiteor*, le jeune homme quitta le confessionnal et vint me demander s'il était obligé de dire son nom : sur ma réponse négative attendu que je ne pouvais, sans mentir, en donner une autre, il retourna à M. Chaix et refusa d'obtempérer à son désir ; alors le confesseur se dressa et prit le chemin de la sacristie ; voyant qu'il quittait le surplis, et faisait mine de ne plus retourner, j'allai le trouver, et il y eut alors entre lui et moi une scène fort regrettable sans doute, que je voudrais pouvoir effacer de mon souvenir, mais qui n'en restera pas moins comme un des incidents les plus fâcheux de la persécution dont nous étions victimes.

« Vous, lui dis-je, l'aigle du clergé marseillais, qui pas-
« sez pour être le modèle des curés et le plus grand théo-
« logien de votre temps, vous qui êtes tout à la fois le
« conseil des vieillards et le Mentor des jeunes prêtres,
« dites-moi si le nom est un péché et dans quelle théologie

« on enseigne qu'un pénitent est obligé de décliner son
« nom ; je ne le défends pas à ceux qui y consentent ; mais
« je ne puis pas l'imposer comme un devoir à ceux qui
« répugnent de faire cette manifestation. Soyez juste,
« Monsieur ; et que la passion ne vous aveugle pas : j'ai
« fait mon devoir : je vous défie de le nier ; faites le vôtre
« en retournant immédiatement à votre poste. »

Il me semble voir encore dans la sacristie ce vieillard tremblant de tous ses membres et surtout de ses longues mains qu'il me tendait, comme pour me calmer ; mon apostrophe *ex-abrupto* l'avait foudroyé, mais en éclairant son esprit, qui se rendit à la démonstration un peu rude de la vérité : sans me répondre il reprit le surplis et continua son œuvre, se gardant bien de demander encore le nom de ceux qu'il avait encore à confesser. Quant à moi, confus d'une victoire que j'avais remportée par une sorte de violence, je me mis à genoux et prosterné devant Dieu, je lui en demandai pardon, quoique ce fût de ma part un acte tout à fait involontaire : mais, *Seigneur, Dieu des vertus*, ajoutai-je, *jusques à quand serez-vous en colère sur la prière de votre serviteur ? Donnez-nous la paix (Dona nobis pacem) ! ! !*

Mais Dieu ne m'exauça pas ; une nouvelle taquinerie me fit perdre patience et j'adressai à M. Chaix, le 21 mai la lettre ci-jointe, qui est un résumé de tous mes griefs. Il se garda bien d'y répondre ; mais autant que ma mémoire est fidèle, il me la renvoya ; ce qui explique pourquoi j'en ai une copie nette, sans ratures et sur un papier convenable ; il paraît, d'après mon langage, que M. Chaix marchait de pair avec ses collègues.

Voici la lettre :

Marseille, le 21 Mai 1836.

« Monsieur le Vicaire général,

« Depuis qu'il vous a plu d'accepter le titre de Vicaire général, je ne sais, par quelle fatalité, de malencontreux événements viennent chaque jour dépécer votre vieille réputation de savant théologien et de saint prêtre.

« Vous aviez décidé que les élèves de Menpenti étaient indignes d'absolution. L'Archevêque d'Aix, l'Evêque d'Icosie, et, qui plus est, la cour de Rome, par l'organe de la Pénitencerie, vous ont condamné ; et lorsque vous avez eu la malheureuse pensée de couvrir votre défaite, vous n'avez pas reculé devant un mensonge. (Mon portefeuille est en ce moment dépositaire de deux lettres, écrites de la main de M. Chaix et terminées par sa signature, qui constatent le fait de la manière la plus authentique.) Qu'est donc devenue cette science théologique, qui ramassait jadis un docile troupeau, autour de votre fauteuil, nouveau trépied de l'Oracle de Delphes ? Qu'est devenue cette probité sacerdotale, qui vous avait attiré l'estime et la confiance des vieillards du Sanctuaire ?

« Vous devez savoir qu'un curé est tenu en justice d'administrer les sacrements à ses paroissiens, lorsque ces derniers les demandent raisonnablement : or, il est incontestable que vous avez refusé d'entendre la confession des élèves de Menpenti, qui sont devenus vos paroissiens, par une décision épiscopale. Auriez-vous le courage de soutenir qu'un curé de paroisse n'est obligé de confesser que la moitié ou le tiers de sa paroisse ?

« Vous devez savoir qu'un confesseur expérimenté n'a pas besoin de connaître les noms et prénoms de ceux dont il entend la confession parce que le représentant de J.-C. ne fut jamais ou plutôt ne doit jamais être un commissaire de police. Vous devez savoir en outre qu'il est quelquefois dangereux de connaître les noms et prénoms et que, par conséquent, le pénitent n'est jamais tenu de les décliner : or, vous l'avez exigé, en ma présence et devant trente élèves ; vous avez donc prévariqué. Vous êtes ensuite revenu sur cette résolution ; grâces en soient rendues au Père des lumières.

« Qu'avez-vous fait encore ce soir ? Je vous ai demandé une heure particulière, afin de faciliter à nos enfants l'accomplissement du devoir pascal ; vous ne me l'avez pas accordée, lorsque vous l'auriez pu facilement ; bien plus, quand les enfants se sont présentés, même à une heure incommode pour eux, vous avez annoncé à quelques-uns que vous n'entendrez pas leur confession. En vérité, Monsieur, si vous prétendez inspirer le dégoût des sacrements à nos élèves, j'ai l'honneur de vous apprendre que vous réussirez parfaitement : mais alors j'ai droit de vous dire *tu videris*.

« Continuez, Monsieur, votre système de persécution ; comme vous n'avez pas le talent de la rendre noble, l'intelligence la moins développée sait apprécier la petitesse de vos expédients et l'arbitraire de votre conduite ; avancez dans cette carrière, violez toutes les règles de la discipline et les enseignements de la théologie ; vous vous serez opposé vainement et criminellement à une œuvre, qui, malgré notre faible mérite, est aujourd'hui au-dessus de votre colère et qui déjà a poussé de fortes racines dans le XIXme siècle que vous ne comprenez pas et qui vous écrase de son poids.

« J'ai l'honneur d'être néanmoins avec respect, Monsieur le Vicaire général, votre très-humble serviteur,

« JONJON, *prêtre*. »

C'est au milieu de ces tristes débats que nous passâmes les grandes solennités religieuses, que j'aurais pu faire célébrer au Rouet, notre paroisse, à nos élèves, avec toute l'exactitude de fervents chrétiens ; j'avais, j'ose le dire, sur eux une telle influence, que malgré la légèreté de leur âge, et à cause des persécutions, qui produisaient un effet tout opposé à celui qu'on se proposait, les pratiques mêmes de la dévotion auraient été observées avec beaucoup d'entrain et sans respect humain. Mais nous étions réduits à une messe basse, à la psalmodie des vêpres et aux sacrements de Pénitence et d'Eucharistie, en quelque sorte tirés par les cheveux. Je profitai de la procession de la

Fête-Dieu, pour faire le triste tableau de notre situation, par la lettre suivante, dont un élève me fit une copie.

Marseille, le 11 juin 1836.

« Monseigneur,

« J'ai l'honneur de vous adresser copie d'une lettre que je viens d'écrire à M. le curé du Rouet.

« Recevez l'hommage du profond respect, etc. »

Marseille, le 11 juin 1836.

« Monsieur le curé,

« Vous avez, dimanche dernier, dans une touchante instruction, exhorté vos paroissiens à faire partie de la procession qui doit avoir lieu demain, en l'honneur du Très-Saint-Sacrement. Les directeurs et élèves de Menpenti, pleins de respect et de foi pour les sacrés mystères, se feraient un devoir d'assister à cette belle cérémonie ; mais ils ne doivent pas oublier que le zèle doit être dirigé par la prudence ; or, comme leur présence à côté de vous dans une circonstance si solennelle pourrait vous être désagréable, ils ne font aucune difficulté de faire le sacrifice de leur dévotion pour vous épargner une journée d'ennui.

« Vous savez que cette réserve n'est pas sans fondement ; le 8 décembre 1835, jour de la Conception, vous aviez le pouvoir de donner la bénédiction du St-Sacrement, si l'on avait trouvé dans l'église le nombre de fidèles voulu par l'Evêque. Le pensionnat Menpenti qui pouvait remplir la condition imposée par l'autorité, se présenta pour jouir de cette faveur spirituelle ; vous me dîtes vous-même qu'il ne vous serait pas prudent de prendre cela sur vous. Dieu me garde, Monsieur le curé, de vouloir vous contrister, je n'en ai jamais eu la pensée, encore moins maintenant ; je n'ai d'autre but, en vous adressant cette lettre, que de justifier les directeurs et élèves de Menpenti des propos inconsidérés qu'on ne manquera pas de tenir sur leur absence de la procession. Je crois devoir, pour le même motif, envoyer une copie de cette lettre à l'Evêché de Marseille.

« J'ai l'honneur d'être, Monsieur le curé, votre très-humble serviteur.

« J., d. s. »

De tous les prêtres avec lesquels je me suis trouvé à cette affligeante époque de ma vie en relation d'hostilité, M. l'abbé Léautier, curé du Rouet, dont j'ai déjà parlé, est un de ceux dont j'ai conservé un piteux souvenir. Quel ambitieux vulgaire, qui pour faire la cour à des gens qui l'avaient écrasé, ne peut pas prendre sur lui de faire ce qui est formellement autorisé ! Aussi remontera-t-il à son ancienne position où je le retrouverai plus tard.

Je n'ai jamais su l'impression que ma lettre avait faite à l'Evêché ; mais si elle était tombée entre les mains et sous les yeux du bon Evêque, aurait-il pu s'empêcher d'en être ému ?

Encore une lettre à la troisième personne de l'honorable M. Flayol, qui ne veut confesser que son *tiers*, qui prétend que *cette charge doit être remplie par tiers* et qui ne veut pas laisser en souffrance les autres devoirs, pour confesser un plus grand nombre de nos élèves ; il y avait un moyen bien simple d'empêcher cette souffrance, c'était de ne pas se l'imposer. Est-ce bien sérieusement qu'il craint de dégoûter nos élèves ?

Lorsque on se charge volontairement d'une occupation nouvelle, il faut nécessairement retrancher quelque chose des occupations anciennes, si l'on ne peut pas les faire marcher de front toutes ensemble.

Quant à cette prétention, si souvent mentionnée, de n'être obligés, chacun, qu'à entendre les confessions d'un tiers, c'était une invention de ces messieurs, qui n'avait d'autre base que leur caprice et ne reposait ni sur la première déci-

sion de l'Evêque, ni sur le bon sens. Puisque nos élèves ne pouvaient s'adresser qu'à trois prêtres, n'était-il pas juste qu'ils eussent la faculté de choisir entre les trois ? Cette prétention finira par tendre tellement la corde, qu'elle se rompra.

Voici cette admirable lettre, nouveau modèle d'urbanité :

Marseille, le 20 juin 1836.

« Si les élèves de la Maison Menpenti, qui se sont adressés à M. Flayol pour recevoir le Sacrement de la Pénitence, forment à peu près le tiers du pensionnat, M. Flayol prévient MM. les Directeurs qu'il ne peut en recevoir un plus grand nombre sans que ses autres devoirs en souffrent, ou sans que les courses trop souvent *renouvellées* ne dégoûtent les élèves, s'ils ne peuvent être entendus en confession le jour que M. Flayol leur aura désigné, à cause de leur trop grand nombre (1).

« On a prévenu aussi MM. les Directeurs que MM. Chaix, Tempier et Flayol, ayant reçu de Monseigneur l'Evêque tous les pouvoirs pour exercer le ministère de la confession à l'égard de leurs élèves, cette charge doit être remplie par tiers par ces messieurs.

FLAYOL, *archid. vic. gén.* »

---

(1) La longueur de cette période ne nuit-elle pas à la clarté du sens ?

CHAPITRE III
Incidents divers

1°

Affaire Chené

Je reviens sur mes pas pour exposer une affaire d'intérieur, qui ne nous donna que quelques ennuis, mais qui aurait pu avoir des résultats très-fâcheux pour notre entreprise et devenir pour l'Evêché, à son insu, un puissant auxiliaire, quoiqu'elle se fût passée dès le premier trimestre; elle n'eut pourtant son dénoûment définitif qu'au mois de mai, à la Cour des Assises.

Parmi les domestiques qui firent partie de notre maison dès notre installation, nous en avions un appelé Chené, qui était aussi actif qu'intelligent et déployait beaucoup de zèle pour nos intérêts ; il avait surtout pour moi des attentions en quelque sorte affectueuses, qui ne pouvaient que m'inspirer de la confiance.

Il était notre commissionnaire pour les achats en ville, pour toutes les provisions et avait la haute main généralement sur toutes les affaires matérielles, ce qui lui donnait un certain ascendant sur les autres domestiques.

Il chantait, en travaillant, des cantiques et des psaumes. « Ah ! me disait-il quelquefois, si jamais vous redeveniez Curé, je serais tout à la fois votre cuisinier, votre sacristain, votre sonneur, etc. » Il me faisait souvent des reproches sur ma négligence à fermer mes tiroirs et mon bureau et à laisser même mon argent à la discrétion du premier venu. Comment se méfier d'un tel homme lorsqu'on a à peine trente ans. Bref, au mois de décembre notre homme, à la suite d'une brouillerie avec je ne sais qui, conçoit le dessein de nous quitter en compagnie du marmiton, ce qui n'était pas un crime ; mais sa faute fut de ne pas nous prévenir, de faire partir deux malles de linge appartenant en grande partie aux élèves, la veille de sa sortie clandestine, d'escamoter une montre avec chaîne en or à M. Blanc et 300 fr. à moi-même, *son maître bien-aimé*.

Le soir, après neuf heures, je descendais ordinairement du dortoir au réfectoire où nous trois nous soupions et nous délibérions sur les affaires de la maison. Le *réfectorier* qui nous servait à table nous prévint que Chené avait fait emporter dans la journée deux malles et nous demanda si nous en étions avertis. Cette nouvelle nous surprit ; je montai rapidement à la chambre où il déposait habituellement ses effets, quoiqu'il couchât dans une salle du dortoir et en réalité je trouvai qu'elle était vide ; ce fait seul d'avoir fait partir ses malles sans les avoir soumises à notre inspection confirma naturellement nos soupçons ; je m'empressai d'ouvrir le tiroir où je déposais mon argent et je trouvai qu'il me manquait 300 francs ; M. Blanc chercha en vain la boîte qui renfermait sa montre en or avec la chaîne ; tout cela était plus que suffisant pour former notre conviction.

Après nous être assurés que l'individu était dans son lit, l'abbé Blanc et moi nous nous enveloppâmes de nos larges manteaux, tels qu'on les portait alors et afin de ne pas être reconnus comme prêtres dans les rues de Marseille, à minuit, nous nous couvrîmes la tête de casquettes d'élèves et nous nous dirigeâmes vers l'Hôtel-de-Ville où se trouvait le commissaire central de la police. Après nous avoir entendus, il se décida à nous suivre avec deux soldats et deux agents de police ; étant arrivés à Menpenti, nous l'installâmes à l'économat ; j'allai moi-même, accompagné d'un soldat, éveiller Chené, en faisant le moindre bruit possible. Il fut un peu étourdi de cette visite inattendue ; mais il n'y avait pas à tergiverser, il fallait s'habiller et descendre. Nous le conduisîmes à l'économat, où déjà s'était rendu le marmiton. En ce moment, M. Blanc aperçut à terre, à côté de la porte, une boîte qui renfermait la chaîne en or de sa montre, mais la montre n'y était pas ; évidemment Chené, en entrant, avait fait glisser cette boîte adroitement. Il avoua que les malles étaient parties pour Lyon et indiqua la diligence à laquelle il les avait remises ; il déclara qu'il m'avait soustrait les trois cents francs qui me manquaient ou plutôt qu'il me les avait empruntés indirectement pour faire son voyage, se proposant de me les rendre bientôt et qu'on en trouverait la moitié sous l'oreiller de son lit. Mais il nia formellement avoir volé ce qui manquait à M. Blanc. Je retournai au dortoir avec un agent de police et je trouvai en effet 150 fr. à l'endroit indiqué ; mais en revenant, comme il fallait traverser la cour sans lumière, à une heure après minuit, l'agent de police, qui savait que j'étais possesseur de cette somme, me pria de lui donner quelque argent dont il avait besoin pour secourir sa famille, en me demandant le secret ; mais comme ce misérable ne sut pas le garder lui-même et se vanta devant ses camarades de m'avoir dupé, j'ai su qu'il avait été destitué pour cette indélicatesse. A mon grand étonnement je fus interrogé sur cet incident par le juge d'instruction.

Le marmiton ayant été reconnu innocent plus tard par le juge d'instruction fut renvoyé ; mais Chené fut conduit à Aix et condamné aux assises du mois de mai à 5 ou 6 ans de réclusion seulement, quoiqu'il y eût dans son larcin abus de confiance ; il est vrai que nous fûmes aussi indulgents que possible dans notre déposition. Qu'est-il devenu ? Je l'ignore. Mais il n'a pas laissé dans mon esprit un souvenir aussi odieux que celui de tel ou de tel qui n'ont pas passé aux assises.

A quoi tient cependant la bonne ou mauvaise issue d'une entreprise ? A un fil de soie. Si le *réfectorier* eût gardé le silence, Chené se serait levé de grand matin, selon ses habitudes, sans réveiller le moindre soupçon, et aurait emporté tous les couverts des élèves ; nous étions donc discrédités d'un seul coup, l'Evêché aurait battu des mains, j'étais dégagé de ma parole et de ma signature envers mes associés, et j'aurais encore mes oliviers de St-Chamas. J'aurais donc pu dire : *A quelque chose le malheur est bon,* mais j'avais alors d'autres idées et d'autres espérances.

M. l'abbé Vidal, je l'ai déjà dit, n'avait aucun talent d'administrateur, et malgré ses connaissances très-étendues il n'était qu'un médiocre professeur. Quoique le plus âgé des trois, il n'était pas le plus sérieux et se plaisait beaucoup trop souvent à faire des visites inutiles, au détriment de ses classes et de l'ordre général de la maison ; il n'avait donc aucune sorte d'influence sur les élèves.

Or, voici ce qui se passa tandis que l'abbé Blanc et moi nous étions à Aix, pour comparaître en qualité de témoins, aux Assises, à l'occasion de ce Chené, qui nous avait volé de l'argent et du linge, au mois de décembre. Lorsque nous arrivâmes vers le soir, à Menpenti, nous fûmes surpris de voir une foule de têtes, émergeant de toutes les fenêtres des classes et d'entendre ces mots, qui sortaient de toutes les bouches : *venez vite, venez vite.* Ce n'était ni plus ni moins que presque tout le pensionnat enfermé et séquestré, condamné jusqu'à notre arrivée à jeûner ; or, jamais on n'a mangé autant de pain que ce jour-là. Cette sévérité, d'un ridicule achevé et si peu opportune, me fit hausser les épaules ; je donnai immédiatement la liberté aux prisonniers, pour les conduire au réfectoire et de là à la salle d'études ; lorsqu'ils furent couchés, je fis une enquête, à la suite de laquelle je punis presque en riant deux ou trois élèves et tout fut oublié ; mais je me promis bien de ne plus laisser M. Vidal seul.

M. l'abbé Blanc maintenait l'ordre extérieur ; on le craignait plus qu'on ne le respectait ; ce qui nuisait à sa considération, c'était moins l'attitude de l'Evêché à son égard que ses propres imprudences, qu'il ne cachait pas assez ; je lui faisais quelquefois sur ce point des réprimandes sévères : « Voulez-vous, me dit-il un jour, exaspéré de la vivacité de mes reproches, que je vive comme un capucin ? — Nous sommes plus que des capucins, lui répliquai-je ; le capucin ne répond que de son âme ; et nous, nous répondons de notre âme et de celle des autres... »

Quant à moi, je l'ai déjà dit et je le répète sans crainte d'être démenti ; j'étais maître absolu des élèves, sans exercer sur eux une grande pression ; un seul signe de ma part était un ordre ; j'étais craint, aimé et respecté, autant qu'on peut l'être, malgré les inégalités de mon caractère ; c'est au moins ma conviction, que le souvenir des élèves survivants a confirmée. Cet état de choses, c'est-à-dire, l'âge d'or de ma profession d'instituteur durera encore un an... et après !...

Cependant l'année ne devait pas se terminer, sans qu'un nuage vint troubler la sérénité de notre ciel et donner presque gain de cause à nos détracteurs.

2°

L'Élève X...

J'avais pour l'élève X... une sollicitude toute exceptionnelle ; il était un de mes élèves de prédilection ; j'avais en lui une confiance sans bornes et je lui ouvrais souvent mon cœur comme à un ami sur la sincérité duquel je ne mettais pas le moindre doute ; il était toujours à la tête de ce qui se faisait de plus important et de plus sérieux dans la maison.

Telles étaient mes relations avec cet élève, qui devait certainement avoir pour moi la même confiance que je lui témoignais et m'ouvrir son cœur sur toutes choses, lorsque je n'hésitais pas moi, son maître, à lui ouvrir le mien ; aussi je fus en quelque sorte pétrifié, en apprenant un jour de la bouche même de son père, qui était venu pour me demander des explications, que son fils n'était pas content *de ses professeurs* et qu'il désirait suivre une autre direction. Or, ses professeurs étant principalement les trois directeurs, je devais conclure que dans la lettre clandestine qu'il avait écrite, j'étais moi-même enveloppé dans la proscription générale : je le fis donc comparaître et je le priai de s'expliquer clairement sur l'objet précis de ses plaintes. Soit qu'il se fût mal exprimé, soit que le père eût mal compris, il parut d'après ses réponses que M. Vidal était le seul dont il ne fût pas satisfait. Alors je lui demandai pourquoi, dans l'état de nos relations, il m'avait dissimulé son mécontentement dont il m'eût été facile de faire disparaître la cause, si j'en avais été prévenu ; et comme il ne savait que répondre à cette question, je ne manquai pas de faire ressortir tout ce qu'il y avait d'indigne et d'odieux dans ce procédé que je qualifiai expressément d'ingratitude.

Je ne sais s'il fut aussi coupable que je le pensais ; peut-être il ne réfléchit pas assez sur les conséquences que pouvait avoir une désertion si subite, dans les circonstances critiques où nous nous trouvions ; ce qui le prouve, ce sont les deux lettres qu'il m'écrivit après son départ et que j'ai conservées ; elles témoignent le peu de consistance de son caractère ; il paraît d'après sa lettre du 24 juillet, qu'il m'en avait écrit une première, que j'avais jugée peu convenable, dont je n'ai pas conservé le souvenir.

L'oubli de la première lettre fait de celle du 24 juillet une véritable énigme *indéchiffrable ;* quels sont *ces soupçons, ces bruits, ce fait, dont il était naturel qu'on l'accusât* et *qu'il se défendît ?* je l'ignore. Je n'ai qu'un mot à dire sur les lignes qui précèdent la signature : *il m'a aimé,* dit-il, *il m'aime* et *m'aimera toujours.* Je réponds avec Saint-Jean, que celui qui aime en paroles et non dans les actes, est un menteur : d'ailleurs pourquoi me traiter de *Monsieur* tout court ?... Cette froide qualification peut indiquer le respect, mais n'est pas une expression affectueuse.

Il est à présumer que X... étant sorti de notre maison et se trouvant dans un milieu où les soins paternels et l'expansion cordiale n'existaient pas, dut éprouver quelque remords de son ingratitude ; aussi malgré mon silence, il revint à la charge dans une troisième lettre. Il voudrait, dit-il, ne pas avoir offensé celui qu'*il aime* et qu'*il respecte*, mais n'était-ce pas un fait accompli de propos délibéré ? Ceux qui l'accusaient probablement de m'avoir abandonné et d'avoir manqué de franchise pouvaient être coupables de médisance, mais ils ne l'étaient pas de calomnie ; or ses accusateurs étaient ses anciens condisciples.

Je ne sais pourquoi il me compare à Œdipe ; ce roi pouvait certainement sauver une seconde fois son peuple, qui était venu se jeter à ses pieds et lui disait affectueusement : « Nous oublierons ce que vous avez fait pour nous jadis, si « maintenant vous nous abandonnez. » Mais quels secours pouvais-je donner à X..., lorsqu'il s'était soustrait à ma surveillance et qu'il était sous celle de M. D...? C'eût été fort drôle que j'allasse visiter ailleurs celui qui avait renoncé de son propre mouvement à ma direction. Ai-je répondu à cette dernière lettre ? je ne m'en souviens pas. Assez sur cette question affligeante qui, hélas ! se renouvellera plus tard avec des circonstances plus odieuses.

La sortie brusque et inconvenante de X... avait entraîné celle de deux autres élèves, dont les parents avaient des relations d'intérêt avec M. X... père ; de proche en proche la contagion aurait pu gagner d'autres élèves et d'autres parents ; je me décidai donc à faire imprimer une circulaire, que j'adressai à tous les parents et à d'autres personnes qui s'intéressaient à nous. J'étais assuré qu'on ne se présenterait pas ; mais l'engagement solennel que je prenais de donner des explications publiques ou privées produisit l'effet que j'attendais et nous pûmes finir l'année classique, en maintenant notre réputation intacte, au moins dans un certain entourage : *(on trouvera cette circulaire à l'appendice n° 14).*

3°

Difficultés pour le Celebret

J'ai exposé plus haut comment j'avais obtenu des Vicaires Généraux capitulaires d'Aix *un Celebret* pour tout le diocèse, qui me fut très-utile pendant mon séjour à Paris ; j'ai fait observer qu'aucun supérieur ecclésiastique ni d'Aix ni même de Marseille n'ayant porté contre moi aucune censure, je pouvais dire la Sainte Messe partout où j'étais connu, sans *Celebret* et qu'à Aix spécialement, comme me l'écrivit l'abbé Sibour au nom du Conseil, *on ne s'opposait pas à ce que je disse la messe* ; seulement en considération de l'Evêque de Marseille, on me refusa d'abord de m'en donner l'autorisation par écrit ; on revint sur cette décision pusillanime et ce fut M. Abel, je le répète, qui me signa mon *Celebret* pour un an, c'est-à-dire jusqu'à fin juin 1836.

Or les vacances approchaient ; je me proposais de voyager et de visiter des diocèses où je n'étais pas connu et par conséquent un *Celebret* récent m'était indispensable; je tentai donc de faire renouveler celui que j'avais obtenu l'année précédente, en m'adressant directement à Mgr Bernet : je n'ai pas conservé la copie des deux lettres que je lui adressai ; mais je puis juger du langage que je tins par les deux réponses de ce prélat, que j'ai conservées, dans l'une desquelles je reconnais l'écriture et les sentiments de l'abbé Sibour, que je voyais rarement, soit à cause de nos occupations soit pour ne pas le compromettre.

Dans la première lettre du 30 juillet, Monseigneur me témoigne de l'intérêt, à cause de ma position, m'engage à faire cesser l'état d'hostilité dans lequel j'étais placé vis-à-vis du vénérable vieillard ; il m'assure qu'il serait heureux de me donner des preuves de son estime et qu'il n'en suspend les effets qu'à regret.

Voilà assurément d'excellentes paroles qui prouvent que tout mon crime était mon séjour à Menpenti et que je redeviendrais blanc comme la neige, si je renonçais à notre institution. Mais alors pourquoi me chasser ignominieusement du Petit Séminaire ? Et d'ailleurs, était-il moralement possible de quitter mes associés avec lesquels j'étais lié par une convention écrite et tout à fait obligatoire ?

Puisque aucun motif qui me fût personnel n'entretenait l'hostilité entre l'administration épiscopale et moi, et que MM. Vidal et Blanc étaient les seuls obstacles au rétablissement de la paix, pourquoi, après mon départ, les conservait-on au Petit Séminaire ? On n'a jamais répondu à ces questions, quoique je les aie souvent renouvelées.

Il est probable que dans une seconde lettre, je dus entrer dans cet ordre d'idées et toucher ces raisons auxquelles il me paraissait qu'il n'y avait rien à répondre. Mais il me fut impossible de convaincre Mgr Bernet ; on peut en juger par sa seconde lettre, qui, quoique n'étant pas de la plume de l'abbé Sibour, n'en est pas moins très-convenable et très-importante par l'intérêt que Monseigneur continue à me porter, par la vive douleur que lui inspire ma triste position et surtout par les craintes qu'il me témoigne pour ma santé ; *Vous pourriez être encore*, dit-il, *si utile à l'Eglise*. Si le rédacteur de cette lettre n'était pas mon ami, il méritait de l'être : en résumé, ces deux lettres pourraient au besoin être présentées comme des certificats des sentiments d'estime et de bienveillance de mes supérieurs, quoique on me refuse ce que je demande (*voir l'appendice n° 15*).

4°

Embarras des Finances

J'aborde pour la première fois la question des finances, que j'avais le tort de mettre au second plan, ou pour mieux dire, qui était la moindre de mes préoccupations ; elle était pourtant de la plus haute importance, non seulement pour l'avenir de la maison, mais encore pour mes intérêts privés ; mes associés ne possédant rien n'avaient rien à perdre, tandis que les capitaux dont j'étais personnellement propriétaire, étaient en jeu ; presque entièrement absorbé par la question religieuse et la direction de la maison, j'oubliais que pour réussir dans toute sorte de luttes l'*argent est le nerf de la guerre*.

Ainsi grâce au système que l'Abbé Blanc avait fait prévaloir pour le régime et surtout pour le nombre et les honoraires des professeurs, l'état de nos finances à la fin du troisième trimestre était loin d'être brillant.

Au mois de juillet nous ne pouvions presque plus marcher ; nos dépenses étaient supérieures aux recettes, il fallait ou faire un emprunt ou demander à nos créanciers un délai indéfini, ce qui nous aurait compromis.

M. Laurent, *l'alter ego* de l'abbé Blanc, notre teneur de livres, imagina pour nous tirer, disait-il d'embarras, un expédient, fort usité à la Bourse, qui devait nous fournir de l'argent, sans avoir les apparences odieuses d'un emprunt. C'est ainsi qu'il raisonnait et l'abbé Blanc d'applaudir. L'abbé Vidal écoutait et ne répondait rien, attendu qu'il était aussi novice que moi dans les tripotages des hommes d'affaires.

Voici quel fut cet expédient : M. l'Abbé Vidal déclara dans trois billets à ordre avoir reçu de M. l'Abbé Blanc la somme de trois mille francs, qu'il paierait dans trois mois ; ces billets furent endossés par M. Blanc avec la formule : *passez à l'ordre de M. Jonjon* ; quant à moi je me contentai de mettre ma signature ; ainsi en supposant que ces trois signatures représentassent trois intérêts distincts, et trois maisons solides ou au moins une ou deux sur trois, évidemment les billets auraient pu se négocier à un taux convenable ; mais comment espérer cela, avec trois signatures qui n'en valaient qu'une en réalité, et même fort peu solide ? Des usuriers seuls pouvaient les accepter ; c'est ce qui arriva ; ils furent négociés au 24 p. 0|0, c'était abominable sans doute ; mais ce désagrément eût été encore supportable, si nous avions encaissé au moins 2000 et quelques centaines de francs, après avoir soustrait ce qui aurait été remis à l'agent ; nous attendons huit jours, quinze jours, trois semaines, et l'argent n'arrive pas, quoique nous sachions que les billets ont été négociés et qu'on nous les présentera à l'échéance.

MM. Blanc et Laurent se désolaient au moins extérieurement plus que nous ; ils traitaient de fripon, de coquin, de voleur l'agent qui avait, disaient-ils, *empoché* l'argent à notre barbe. Or, cet agent était leur ami intime, comme on le verra plus tard.

Eh bien ! Comprend-on que ce vol manifeste de 3000 fr. plus 24 0[0 d'intérêt, dans un moment où notre coffre était presque à sec, n'eut pas le pouvoir de me troubler, puisque c'est alors que j'adressais ma circulaire aux parents ? Cependant ces messieurs eurent tort de conclure qu'ils pouvaient récidiver en toute sûreté ; je leur fis bien voir un an après qu'on ne me trompe qu'une fois ; d'ailleurs, comment soupçonner un homme que je couvrais chaque jour de mon manteau et pour lequel je m'exposais à perdre ma petite fortune, mon honneur même et mon avenir, de jouer à mon égard le rôle infâme de fripon ? Ce soupçon était si loin de ma pensée que je ne remarquai pas même, après les vacances, le procédé peu délicat qu'avaient employé ces messieurs en mon absence, pour faire de l'argent, au risque de mécontenter justement les pères de famille.

C'est un usage établi dans toutes les maisons d'éducation de faire payer d'avance les trimestres, mais on n'exige qu'au trimestre suivant les avances qu'on fait pour les maîtres d'agrément et les fournitures mobiles. Or, ces messieurs imaginèrent d'envoyer aux parents pendant les vacances la note de ces avances, comme si nous étions sur le point de fermer l'établissement. Qu'ont-ils fait de cet argent ? en ont-ils rendu compte ? je ne m'en souviens pas ; mais M. Blanc étant caissier et M. Laurent, teneur de livres, il leur aurait été facile de me faire voir les étoiles en plein midi, si je leur avais demandé des explications, ce à quoi je ne pensais nullement, surtout au début de cette nouvelle année classique, qui s'annonçait sous de si redoutables auspices. Avant de poursuivre mon récit, j'ai cru devoir déblayer le terrain de ces honteuses manœuvres dont le souvenir seul me froisse d'autant plus, qu'elles contribuèrent à détruire notre œuvre plus efficacement que les vexations de l'Évêché.

5°

Distribution des Prix

Je n'ai rien trouvé dans mes papiers en dehors de ce que je viens d'exposer, concernant la direction de la maison, qui mérite d'être signalé ; comme je devais inaugurer à la fin de l'année classique les examens publics et individuels, qui sont devenus une spécialité de mon enseignement, je me joignis à l'abbé Blanc, chargé spécialement de la direction des classes, pour stimuler le zèle de nos professeurs, et disposer les élèves à subir avec succès leur épreuve.

Nous avions aussi à clôturer notre première année classique par une manifestation éclatante ; à couvrir notre misère d'une sorte de manteau de pourpre et selon le proverbe, à jeter de la poudre aux yeux ; ce rôle n'allait pas à mes habitudes ; mais l'abbé Vidal et moi nous étions sous l'empire de l'enthousiasme. Nous adoptâmes donc sans trop de résistance, malgré la détresse de nos finances, le projet de faire construire un ballon à grande dimension. (Pour ne plus y revenir j'écris par anticipation). Il fut en effet exécuté par des hommes de l'art ; on traça sur les flancs en lettres majuscules le mot *Menpenti*, afin qu'après avoir fait quelque bruit sur le sol, ce mot put prendre ses ébats dans la région de l'air : le ballon fut lancé le 15 août, jour de la fête spéciale des élèves ; d'abord il suivit hardiment la ligne verticale, puis une brise le poussa vers le centre de la ville, dont il rasa presque le toit des maisons à tel point que tous les promeneurs du cours purent lire sans effort le mot *Menpenti ;* enfin un coup de vent l'emporta vers le quartier de St-Henri, où il alla, dit-on, se noyer dans les eaux du golfe. Triste augure qui ne nous causa aucune émotion, lorsque le lendemain matin on nous annonça la catastrophe, parce que telle est généralement l'issue des aérostats, même lorsqu'ils sont dirigés dans leur marche par des mains aussi habiles qu'audacieuses.

Nous avions enfin à faire les préparatifs d'une distribution des prix, qui devait être précédée d'un discours approprié aux circonstances ; nous nous attendions en effet à avoir un auditoire nombreux et éclairé. Qui de nous trois devait être chargé de cette œuvre importante ? l'abbé Vidal n'écrivait pas mal lorsqu'il voulait s'en donner la peine ; quoiqu'il eût un style plus philosophique que littéraire, son titre d'Administrateur semblait lui imposer cette tâche honorable ; mais nous ne pûmes le lui faire accepter.

M. Blanc, comme prédicateur, s'était fait à Marseille, dans la haute société, une certaine réputation ; à une figure imposante et gracieuse, il joignait une voix sonore, une prononciation agréable et correcte et une élocution élégante et soutenue ; il semblait que le discours en question dût lui échoir et cependant c'est encore moi qui, malgré mes nombreuses occupations journalières, fus chargé de ce travail ; l'abbé Blanc n'ignorait pas que son nom avait été prononcé dans le courant de l'année d'une manière peu honorable pour lui, et que l'Evêché l'avait mis, lui spécialement sur le chandelier, pour en faire un épouvantail aux pères de famille ; il ne voulut donc pas, avec raison, s'exposer et exposer la maison avec lui à une critique diffamatoire, en prenant la parole dans une conjoncture aussi solennelle.

Ce discours que j'ai conservé et qu'on trouvera à l'appendice n° 16, est plus étendu que ceux que j'avais prononcés aux séances académiques du petit Séminaire. Il se ressent de l'exaltation actuelle de mon esprit, du courant des opinons que la *Jeune France* avait adoptées et de l'espoir que généralement on concevait alors d'une rénovation intellectuelle et morale. Je ne le livre à l'impression que parce qu'il fait partie de mes Mémoires et de l'histoire de notre maison. Je n'ignore pas en effet toutes les critiques légitimes qu'on peut en faire.

J'y trouve cependant des appréciations sur les réformes qu'exige la marche du siècle, que je partage encore ; je pense toujours en effet qu'il faut prendre la Société telle qu'elle est, et non telle qu'elle devrait être ; et que l'Église, avec les tendances contemporaines dont on doit tenir compte, n'aurait rien à perdre et aurait tout à gagner dans le respect mutuel non seulement des personnes, mais encore des pratiques et des croyances les plus dissidentes, qu'il ne faudrait attaquer que par les armes pacifiques du raisonnement.

Il faudra bien que les catholiques s'habituent à ce libéralisme moderne, qui bien compris n'est pas autre chose que l'opposé de l'absolutisme ou de l'autorité sans contrôle, qu'on ne saurait justifier qu'en se mettant en contradiction avec la doctrine des livres saints. Ce qui s'est passé sous le règne de Roboam, prouve évidemment que le pouvoir seul est insuffisant pour légitimer tous ses actes.

Il y a aussi dans notre siècle une tendance bien prononcée vers la séparation de l'Église et de l'État ; considérée comme une scission radicale et absolue, elle est impraticable et absurde, parce que tout État, quel qu'il soit, reposant sur les notions de Droit et de Devoir, est essentiellement moral et par conséquent religieux. Mais il me semble que le clergé ne perdrait rien de son influence, s'il ne s'immisçait pas dans les rouages simplement extérieurs de la politique, et se bornait à ses fonctions spirituelles, sans pourtant se désintéresser de la politique morale, qui est de son ressort.

Ainsi debout sur le roc impérissable de la vérité immuable, il verrait sans s'émouvoir passer les dynasties et les formes diverses de gouvernement, assisterait comme puissance neutre aux querelles que suscitent des intérêts purement temporels, et recevrait ensuite dans ses temples vainqueurs et vaincus, qu'il exhorterait à se donner le baiser de réconciliation.

La Révolution de 1848 offrait au clergé une belle occasion de jouer ce rôle pacificateur ; il l'a laissée échapper, en s'amusant d'abord à bénir des arbres de la liberté, et en prenant part ensuite aux travaux législatifs, soit comme députés, soit surtout comme sénateurs. Reviendra-t-elle ? c'est le secret de Dieu.

Mon jugement sur les jésuites est à peu près celui que j'ai exposé dans mes manuscrits. C'est un fait notoire que cet ordre religieux, quoiqu'il compte dans son sein des membres très-distingués, n'est plus comme corps enseignant à la tête de l'instruction publique ; on peut aujourd'hui, sans être enfant de Loyola, lui faire concurrence sous ce rapport avec autant de succès que d'utilité. Il est d'autre part incontestable que les jésuites remplissent leurs devoirs, dans leurs diverses fonctions, avec modestie et exactitude ; aussi une des grandes niaiseries de notre époque est de s'acharner contre cet ordre religieux, en se le représentant tel qu'il fut autrefois et dont on fait d'ailleurs un tableau infidèle, en y donnant aux ombres des dimensions exagérées.

Je prononçai ce discours avec tant d'assurance et en prenant un ton si pathétique, que mon auditoire, composé uniquement des partisans de notre institution, ne put s'empêcher de l'applaudir. Je n'étais en quelque sorte qu'un interprète et un porte-voix.

Si quelqu'un de mes paroissiens de Salon, qui m'avaient entendu, débitant d'une voix timide et tremblante les phrases apprises mot à mot de mes prônes, eût été présent, lorsque je prononçai ce discours en plein air, en présence d'environ 1500 personnes, assurément il m'aurait pris pour un autre homme.

M. Lepeytre, substitut du procureur du roi, qui avait

daigné accepter la présidence, m'avait écouté très-attentivement ; aussi, put-il faire de mes paroles un résumé dont l'exactitude frappa tous les auditeurs ; il le termina par un éloge personnel que j'eus le tort de prendre au sérieux, et qui n'était en réalité qu'un procédé de politesse.

Après la cérémonie, qui fut très longue, à cause des musiciens, j'entraînai sur mes pas les élèves et leurs parents à notre modeste chapelle où je fis une allocution chaleureuse, qui prouva à tous les assistants que j'étais encore prêtre catholique, apostolique et romain. Le soleil du 24 ou 25 août se coucha sur une des plus belles journées de ma vie ; ce fut une compensation pour les trois chutes oratoires que j'avais subies précédemment, et qui, pour des causes diverses, m'avaient forcé de descendre brusquement de la chaire.

6°

Vacances

J'avais besoin de repos après une année si laborieuse, qui devait être suivie d'une autre année encore plus orageuse. Je passai les premiers jours de vacances dans ma famille ; ma mère était un peu revenue de ses premières frayeurs et commençait à se faire avec mon genre de vie si troublée ; je lui fis part de mon projet d'aller faire une visite à nos parents de Montauban, dont je ne connaissais que deux membres, Hippolyte et Frédéric, mes cousins germains ; elle fut très attendrie au souvenir de sa sœur, qu'elle n'avait pas vue depuis trente ans et qu'elle ne devait plus revoir ; elle approuva ce voyage de tout son cœur.

Comme j'avais pris goût au costume laïque, et que d'ailleurs il fallait profiter de la dépense que j'avais faite au mois de février, je partis avec ce vêtement, tout en portant une soutane dans ma malle, pour en user selon les occurences. Je m'arrêtai à Nîmes, à Montpellier et à Toulouse, pour avoir une idée sommaire de ces trois villes.

Etant arrivé le soir à Montauban et ne connaissant pas la demeure de mes parents, j'écrivis le lendemain matin à Hippolyte pour lui faire savoir mon arrivée ; il vint immédiatement me prendre à l'hôtel et me conduisit chez lui, où ma tante *Marthonne* me reçut en pleurant et me fit l'accueil le plus affectueux, quoiqu'elle fût naturellement froide et peu expansive. Hippolyte, bien que plus âgé que moi de 5 ou 6 ans, revoyait en ma personne son ancien camarade de St-Chamas, lorsqu'il y était venu deux ou trois fois du vivant de mon grand-père et même après sa mort.

Mon oncle Bergis avec Polydore, le fils aîné, vivait à Joye, domaine qu'il avait acheté récemment en se retirant du commerce ; Frédéric était alors employé dans les ponts et chaussées, je ne sais dans quel département.

Ma tante eût été relativement heureuse, si le bonheur pouvait exister en ce monde ; mais il y avait dans son caractère un fond de mélancolie, qui ne lui avait jamais permis de profiter de son bien-être, pas même d'entretenir des relations suivies avec les divers membres de la famille de son mari.

Aussi, fus-je agréablement surpris de l'intimité qui s'établit entre elle et moi pendant les huit jours que j'ai passés à Montauban, de ses confidences et de ses conversations toutes spontanées sur des chagrins qu'elle s'exagérait et dans le détail desquels elle entrait en pleurant, comme si j'avais vécu dans sa familiarité depuis longtemps ; comme je me retirais quelquefois dans ma chambre, soit pour réciter mon bréviaire, soit pour faire quelque lecture, elle venait elle-même me trouver ; ce qui prouve que je lui avais inspiré de la sympathie ; aussi me promit-elle de venir passer quelques mois avec ma mère ; ce projet de se voir encore une fois avant de mourir souriait aux deux sœurs ; hélas ! il ne devait jamais se réaliser.

Ma tante me conduisit chez tous les parents de son mari et même chez M. le curé de la paroisse, qui s'empressa de me rendre la visite et me laissa dire la Messe *sans celebret ;* ma tante était très-heureuse d'y assister.

Après le dîner c'était le tour de mon cousin Hippolyte de me donner toutes les distractions qui étaient en son pouvoir ; il me fit visiter tout ce qu'il y avait de curieux et d'intéressant dans cette ville, qui rappelle tant de souvenirs historiques ; nous poussâmes un jour notre promenade jusqu'à Saint-Martial, qui n'était alors qu'une petite métairie ; depuis la mort du père, Hippolyte en est devenu le propriétaire.

On avait écrit à Joye, pour faire savoir mon arrivée et mon intention d'y aller passer huit jours ; on envoya donc la voiture au jour déterminé et Jean le cocher, que j'ai vu mourir l'année dernière, environ quarante ans après, me conduisit à cette belle habitation, située entre Montech et Finhan. Mon oncle s'y était retiré avec Polydore, comme je l'ai dit. Il ne perdit rien de la haute idée que j'avais conçue de lui, d'après les lettres de mon grand-père Laveirarié ; je le trouvai en effet bon, affectueux, expansif, généreux et simple envers tous ses fermiers, sans toutefois tomber dans la prodigalité et la familiarité ; il avait alors bien près de quatre-vingts ans ; mais ni son intelligence des affaires, ni son activité, ni sa santé, ne se ressentaient de son âge avancé ; il menait une vie vraiment patriarcale, et s'efforçait, par l'égalité de son caractère, de corriger les aspérités et les brusqueries de celui de son fils, qui mettait souvent sa patience à l'épreuve, presque malgré lui ; car dès qu'il l'avait perdu de vue pendant quelques heures, il le cherchait partout, jusqu'à ce qu'il l'eût retrouvé et lui eût dit quelques paroles aimables, pour compenser celles d'une autre nature qui lui étaient échappées.

Il y avait alors à Joye une salle de billard ; pendant que Polydore battait la campagne pour satisfaire ses goûts misanthropiques ou travailler à son poème sur le siège de Montauban, je passais une heure ou deux à jouer avec mon vieil oncle qui gagnait toujours la partie, d'abord parce que je ne suis fort à aucun jeu et ensuite parce que j'étais bien aise de lui donner la satisfaction d'être mon vainqueur ; puis nous parcourions les terres qui étaient immenses, en nous livrant à des causeries sur toute la famille ; rien de plus intéressant pour lui que de revenir sur le passé, sur ses relations avec son beau-père, sur son séjour à St-Chamas.

Il m'accompagna lui-même chez le curé de Finhan, avec lequel il vivait cordialement ; chose étonnante ! mes parents de Montauban, quoique protestants, ont presque toujours été les amis intimes des curés ; ce prêtre avait d'ailleurs le caractère très-aimable ; il m'accueillit avec les plus grandes démonstrations de politesse. Mon oncle l'invita à dîner à mon occasion et le surlendemain l'aimable curé à son tour me fit dîner avec quatre ou cinq prêtres de ses amis, tous d'un caractère fort jovial ; on pense bien qu'avec cet état de choses le *Celebret* ne fut pas demandé ; le dimanche, la voiture à deux chevaux de mon oncle me conduisit au village, qui n'est éloigné de Joye que d'un quart d'heure de marche ; M. le Curé fit ouvrir la porte-cochère de la cour et j'y entrai avec la voiture, en réfléchissant sur la vicissitude des choses humaines ; à Finhan j'étais sur le Capitole, en attendant d'être jeté à Marseille le mois prochain de la Roche Tarpéienne ; je passai ainsi mes huit jours dans la paix la plus parfaite, sans me préoccuper le moins du monde de ce qui se passait à Menpenti ; personne ne m'écrivait et par conséquent je me gardais bien d'empoisonner tous les agréments de mon voyage par des questions inopportunes.

Mon oncle et Polydore m'accompagnèrent jusqu'à Montauban où j'eus la satisfaction de passer deux jours avec toute la famille réunie, composée de trois protestants et d'une catholique : combien de fois depuis ce voyage, en pensant à mon oncle, me suis-je dit ? Cet homme si honnête, qui porte sur sa physionomie et dans son maintien le symbole de la sérénité de son âme, sera-t-il du nombre des réprouvés, parce que le hasard de la naissance l'a fait protestant ?.....

Enfin il fallut se séparer ; on me fit promettre un prompt retour ; mais lorsque j'y suis revenu longtemps après, mon oncle était mort à 96 ans et ma tante à 85.

En retournant je pris la route de Sorèze, par Toulouse et

par Castres, si ma mémoire est fidèle ; j'étais bien aise de visiter en détails le fameux collège de cette ville, qui avait été fondé, dit-on, par Pepin, roi d'Aquitaine, en faveur des Bénédictins, sous le nom d'*Abbaye de la Paix*.

En 1789, un Père Bénédictin, nommé Ferlus, en devint propriétaire et en fit une maison d'éducation connue sous le nom d'école de Sorèze ; lorsque je le visitai, il était très avancé en âge et avait cédé la direction de la maison à son gendre ; elle pouvait contenir 1.500 élèves ; il n'y en avait plus alors que 300 ; elle était en pleine décadence ; cela se conçoit aisément. Comment dans une petite ville d'environ 3.000 âmes recruter *un corps de maîtres nombreux et choisis*, pour remplir convenablement toutes les conditions du prospectus, qu'on trouvera dans mes papiers ? Le bénéfice de 300 élèves était évidemment insuffisant pour donner de dignes honoraires à tant de professeurs, qui ne pouvant trouver dans l'intérieur de la ville d'autres occupations lucratives, ne devaient compter que sur leurs revenus de professseurs ; un tel établissement ne peut subsister, à mon avis, qu'autant qu'il appartient à l'Etat ou à un corps religieux.

Après la mort de l'ancien Bénédictin, le collège a été exploité par des séculiers, prêtres et laïques ; enfin le Père Lacordaire en a fait l'acquisition ; il appartient aujourd'hui à une branche des Dominicains, qui d'abord séparée en quelque sorte de la souche pour des motifs que j'ignore, vient, dit-on, de s'y réunir et de mettre un terme à une scission qui ne pouvait que nuire à l'ordre entier à peine renaissant.

Le collège de Sorèze s'est donc relevé, grâce au prestige du nom de Lacordaire : quel système d'études y suit-on, et prospère-t-il ? je l'ignore; mais si l'on s'y traîne dans les méthodes universitaires, comme à Oullins, je dirai de cet établissement, comme de ceux des jésuites, de la plupart des petits séminaires et des écoles secondaires libres, qu'ils ont inutilement réclamé et obtenu la liberté de l'enseignement, puisqu'ils continuent à marcher dans l'ornière des lycées. Je m'autorise à prononcer ce jugement d'après les élèves que j'ai envoyés à Oullins, à Avignon et ailleurs et qui me sont revenus.

En quittant Sorèze, je traversai de nuit la montagne Noire, assis à côté du cocher, parce que je n'avais pas touvé de place dans l'intérieur de la voiture ; les chevaux ne trottaient pas, ne couraient pas ; ils brûlaient la route, qui n'était pas belle, à en juger par le cahotage continuel de la voiture ; je passai donc une nuit, c'est-à-dire environ six heures, dans cette agitation, qui me faisait craindre, maigre et fluet que j'étais, d'être lancé à droite ou à gauche sur les rochers, pour peu que je vinsse à m'endormir.

Enfin, j'arrivai à Béziers où je passai la journée et la nuit suivante pour me reposer : je repartis le lendemain matin et j'arrivai le soir fort tard à Menpenti.

J'avais encore quelques jours de vacances avant l'ouverture des classes ; je les passai dans ma famille ; ma mère fut heureuse non seulement de me voir content et surtout jouissant d'une bonne santé, mais encore de recevoir des nouvelles des parents de Montauban et principalement de sa sœur.

Mais pendant la journée, j'allais voir mes deux associés pour conférer avec eux sur notre situation vis-à-vis de l'Evêché et de plus sur quelles ressources pécuniaires nous pouvions compter en commençant la seconde année.

Notre caisse était à peu près vide ; c'était incontestable ; mais nous espérions bien faire face à nos besoins les plus urgents, à l'aide de la rentrée du 1er trimestre, qui paraissait devoir être copieuse, grâce à l'augmentation assurée du nombre de nos élèves ; et puis nous étions lancés ; et selon le refrain de la chanson des tisserands, qui était fort en vogue à Menpenti, nous semblions dire :

Et roule la navette, le beau temps viendra !

Quant aux 3000 francs que nous n'avions pas encaissés, dont il fallait bientôt renouveler les billets en payant le 24 pour 0|0, pas un mot de plainte de ma part !

APPENDICE
N° 1

Extrait de LA BANLIEUE DE MARSEILLE
PAR ALFRED SAUREL (1878)

MENPENTI

« Menpenti est connu surtout pour ses deux établissements ; l'un la caserne de cavalerie, formée de plusieurs corps de bâtiments séparés par des cours spéciales ; l'autre .. l'abattoir des chiens Ce dernier fait le désespoir des habitants du quartier, à tel point qu'on les a vus adresser une pétition au Maire pour s'en plaindre amèrement......................
....
....

« Recherchons maintenant les origines du nom de Menpenti. Un des écrivains Marseillais les plus féconds de nos jours, M. Louis Méry, a singulièrement embrouillé la question ; aussi croyons-nous devoir transcrire la plus grande partie d'un article qu'il donna, il y a peu d'années, à un petit journal de la localité.

« Menpenti vient du mot grec *Nepenté*.

« Le *Nepenté* était une herbe dont Polidamma, amie de la
« coupable Hélène, se servait pour composer une liqueur qui
« avait le don de dissiper la tristesse.

« Le *Nepenté* a été chanté par divers poètes. Redi dans
« son *Bacchus en Toscane* compare le vin qui chasse les
« pensées sombres et noires, *Foschi e Neri*, au Nepenté
« d'Hélène.

« Mais comment se fait-il que le *Nepenté* ait donné son

« nom à un quartier de Marseille ?... faut-il encore remonter
« aux Phocéens pour avoir l'explication du mystère ?...

« Il n'est pas nécessaire de se reporter aussi loin, car
« Menpenti ne date que du milieu du siècle dernier.

« Un négociant grec, fort riche, vit ce site paisible et eut
« l'idée d'y établir une villa où il viendrait se reposer de
« temps en temps, oubliant les ennuis de *la Loge* et les
« préoccupations des affaires.

« Ce qui fut dit, fut fait, et l'habitation fut construite. Les
« vieillards se rappellent encore ce charmant pavillon qui
« étalait une belle rotonde d'où s'élançaient deux ailes aux-
« quelles l'architecte avait donné une élégance de bon goût.

« Une fois la construction terminée, la nouvelle propriété
« prête à recevoir la famille du négociant, celui-ci se demanda
« comment il l'appellerait, et il songea tout de suite, en
« véritable hellène qu'il était, à la légende de Polidamma et
« à la liqueur que la villa devait remplacer pour lui.

« Le nom de *Nepenté* fut donc choisi, et ce nom s'étala sur
« le pavillon, jusqu'au jour où le temps le fit disparaître.

« Mais il arriva ceci, c'est que le mot grec, si facile qu'il
« fût à prononcer, ne tarda pas à avoir le sort de bien des
« mots étrangers, c'est-à-dire à être estropié.

« Le négociant avait beau répéter, quand il se mettait en
« route pour son frais asile : « je vais à Nepenté » on trouvait
« beaucoup plus euphonique de dire Menpenti. »

« Le récit qu'on vient de lire ne prouve qu'un fait ; c'est
qu'avec de l'esprit l'on peut faire croire aux choses les plus
invraisemblables. Voilà une version, passons à une autre :

« En 1465, le bon roi René régnait en paix sur la Provence
« et se livrait à de douces occupations, parmi lesquelles il
« faut compter, en première ligne, la peinture.

« Or, il advint qu'un gentilhomme provençal, attaché à la
« Cour, se permit de qualifier les œuvres de son souverain,
« d'*affreuses croûtes*.

« L'injurieux propos fut rapporté au bon roi qui, furieux
« d'avoir été attaqué dans ses distractions les plus chères,
« disgracia l'audacieux gentilhomme, confisqua ses biens et
« ne lui laissa qu'une mince propriété située au quartier ac
« tuellement appelé Menpenti.

« Ce fut là que le disgracié se retira.

« Quelques amis, restés fidèles, venaient parfois le visiter
« dans sa nouvelle retraite, et à tous, le pauvre banni répétait
« en parlant de son aventure : « M'en repenti ! M'en repenti ! »
« d'où est venu par corruption le mot « *Menpenti !* » resté en
« souvenir du gentilhomme provençal. »

« Le lecteur préférera sans doute l'étymologie scientifique de M. Louis Méry à celle du deuxième narrateur.

« Voici la nôtre, qui, nous l'espèrons bien, ne sera guère contestée, parce que les faits sur lesquels nous nous appuyons, sont authentiques.

« Quand on est arrivé au point culminant de la montée, au centre même de Menpenti, à peu près vis-à-vis de la rue Vincent, si l'on cherche bien, on aperçoit dans la rangée de maisons, qui bordent la grande route, du côté du midi, une ruelle étroite et courte.

« Cette ruelle conduit à une espèce de cour irrégulière, commune à plusieurs maisons, et l'œil se heurte à une construction élevée dont la façade ornée de balustres et de moulures du genre renaissance, ne manque pas d'élégance.

« C'est le château de Menpenti.

« On est étonné de voir cet édifice, encore de noble apparence, malgré des traces évidentes d'abandon, ainsi masqué par des maisons vulgaires, d'un côté, tandis que de l'autre, soit du côté du midi, il fait face à des terrains vastes, mais fort mal cultivés.

« Nous ne savons l'époque précise à laquelle le château fut construit ; mais on nous a dit, et tout prouve que pendant un certain nombre d'années, il a dominé seul la colline, alors inhabitée, et fait l'ornement du quartier.

« A cette époque les cadrans solaires étaient à la mode ; chaque bastide avait le sien ; et quand le soleil brillait, le paysan aussi bien que le maître de l'habitation, pouvait savoir l'heure, sans avoir recours à une montre qui coûtait fort cher.

« A cette époque aussi les devises étaient à l'ordre du jour, et pas un cadran n'était dessiné sans qu'une devise savante, philosophique ou badine n'appelât sur les lignes noires que l'ombre de l'aiguille parcourait dans la journée, les réflexions sérieuses ou bouffonnes de celui qui les regardait.

« M. Gustave Vallier dit à ce sujet dans son *Anthologie gnomonique* du département de l'Isère, récemment publiée : .

« Il y a dans l'étude de ces inscriptions une source de re-
« marques propres à exciter la curiosité sur la direction des
« idées philosophiques, scientiques ou facétieuses des deux
« derniers siècles, y compris le nôtre : on y trouve de tout,
« et il y en a pour tous les goûts ; mais les idées sérieuses,
« honnêtes et surtout mélancoliques l'emportent de beaucoup
« sur celles qui sont l'expression d'une gaité de mauvais aloi
« ou d'un manque de sens moral. »

« Le propriétaire qui fit bâtir son château dans un site alors si agréable, appartenait à la catégorie des gens sérieux ; de plus, il était provençal, il établit son cadran solaire et l'orna d'une devise qui dit en peu de mots ce qu'il est et ce qu'il pense.

« *Le soleil marche*, il éclaire le monde ; mais quoi que pensent et disent les hommes, il continue son évolution *sans regrets*.

Marchi toujou et jamaï m'en penti

« Je marche toujours et ne m'en repens jamais.

« Quelle est dans cette devise, dans cette maxime, si l'on préfère, le mot qui devait frapper le plus ceux qui regardaient l'heure sur cette montre solaire ? C'était *M'en penti*, mot qui devait régulièrement s'écrire *M'en repenti*, mais que l'artiste avait élidé.

« De *M'en penti* à Menpenti la transition n'a pas été difficile ; le château au cadran solaire est devenu le *Château de Menpenti*. Il était tout naturel que le quartier qui s'est groupé autour de lui, et a fini par l'englober et le cacher presque à tous les regards, prît le nom de ce château.

« Que nous voilà loin du breuvage de la belle Hélène et des croûtes du bon roi René !

MENPENTI ET SES ORIGINES [1]

Nous avons reçu naguère de M. l'abbé Jonjon, si avantageusement connu dans notre ville, une lettre discutant les origines du nom de *Menpenti* que porte un des faubourgs

---

(1) La *Provence Illustrée*, 18 décembre 1880.

de Marseille et que nous avions expliquées dans notre livre intitulé : *La Banlieue de Marseille*.

Ceci démontre que nous acceptons la controverse et que nous faisons bon accueil même à nos adversaires.

MONSIEUR,

En visitant ces jours derniers un de mes anciens élèves, j'ai trouvé sur la cheminée de son salon un ouvrage ayant pour titre: *La Banlieue de Marseille*, par Alfred Saurel. J'ai eu la curiosité de l'ouvrir et je suis tombé, non sans émotion, vous le comprendrez bientôt, sur l'article que vous consacrez au quartier de Menpenti.

Je passe rapidement sur la pétition des habitants de ce quartier, concernant l'établissement ou plutôt l'abattoir des chiens, quoiqu'elle me paraisse très-légitime. Après avoir pris une large part à la suppression de la muselière, en tant qu'obligatoire, comme je pourrais vous en donner des preuves irrécusables, je ne saurais être indifférent, non seulement au déplacement, mais encore à la destruction totale de cette Bastille d'un nouveau genre. C'est une des nombreuses taches qui déparent nos institutions prétendues libérales. Nos pères, qui tenaient comme nous à la sécurité de leur existence, n'avaient pas imaginé toutes ces précautions aussi futiles qu'odieuses contre celui des animaux domestiques, qui s'identifie le plus avec nous au foyer de la famille, dont les qualités physiques nous rendent des services journaliers à peu de frais, et qui se rapproche de l'humanité, si souvent il ne la dépasse pas, par ses qualités morales (passez-moi cette expression.)

Mais j'ai hâte d'arriver aux origines du nom de Menpenti, ce pourquoi je me permets de vous adresser quelques observations.

D'abord je respecte l'opinion de M. Louis Méry, mon savant et honorable ami ; mais il a eu le tort cette fois, comme en bien d'autres explications étymologiques, de faire peu de cas des traditions locales et de mettre beaucoup trop à contribution son bagage scientifique, qui n'est pas de médiocre importance ; j'ai eu l'honneur de lui démontrer combien cette tendance est sujette à de graves erreurs, lorsqu'il donna dans le *Petit Marseillais* son étymologie de Miramas et de St-Chamas ; toutefois il n'est pas impossible que Menpenti dérive de *Nepenté*, quoique ce ne soit pas probable, encore moins certain ; cependant je n'oserais dire que cette opinion *a embrouillé la question* ; seulement elle ne l'a pas éclaircie, tout en lui laissant ce parfum d'antiquité qui plaît toujours aux hommes d'étude.

La seconde version, qui nous ferait remonter à 1465, ne sort pas non plus du cadre des probabilités, quoique la forme de la construction du château ne paraisse pas indiquer une origine si éloignée ; de plus il répugne d'attribuer à un prince, dont le caractère proverbial fut la bonhomie, une susceptibilité d'artiste si féroce.

J'arrive à la troisième version, qui étant la vôtre, *ne sera guère contestée. parce que les faits sur lesquels vous vous appuyez sont authentiques.* Ce sont vos propres expressions. Eh bien ! Monsieur, si elle n'a pas été contestée, c'est que je n'ai pas eu connaissance plus tôt, je l'avoue à ma honte, de votre estimable ouvrage, et par conséquent de votre article sur Menpenti ; je me serais empressé, comme je le fais aujourd'hui, tout en reconnaissant votre loyauté, de dégager le peu de vérité qu'il y a dans votre récit des renseignements erronés qui vous ont été donnés, et que vous avez eu d'excellentes raisons, je n'en doute pas, pour croire très-exacts et même *authentiques*.

Soyez assez bon, Monsieur, pour lire attentivement les détails dans lesquels je vais entrer aussi brièvement que possible, et vous serez convaincu de la fausse route qu'on vous a fait prendre.

En 1835, trois prêtres cherchaient un local hors la ville pour y fonder une institution secondaire ; par une faveur providentielle, je suis des trois le seul survivant. D'après certaines indications qu'on nous avait données, nous vînmes visiter cette maison de campagne, qui s'élevait alors tout à fait isolée, dominant les vastes champs dans lesquels la route de Toulon était en quelque sorte encaissée ; nous demandâmes au fermier quel était le nom de cette construction dont l'originalité ne nous était pas désagréable. « On l'appelle, nous dit-il, la *Belle-Bastide.* »

Ce nom beaucoup trop prosaïque pour un édifice de ce genre ne fut pas de mon goût. — N'a-t-il pas un autre nom plus distingué, lui dis-je en riant ? — Autrefois, me répondit-il, on l'appelait le Château Menpenti, parce que le propriétaire ayant dépensé beaucoup d'argent pour une construction qui n'avait la forme de château que par derrière et n'était qu'une simple bastide sur le devant, était un objet de moquerie pour ses voisins : « Vous avez raison, leur disait-il, *ès véraï ; m'enpenti.* »

Cette quatrième version, Monsieur, est évidemment plus naturelle que les deux premières. N'est-elle pas aussi plus simple que la vôtre, qui exige la suppression de plusieurs mots, tandis que selon la mienne ou plutôt celle des anciens habitants, la tradition n'avait qu'un seul mot à retenir : *M'enpenti ?* Mais ce qui la rend incontestablement supérieure à la vôtre, c'est que, d'après vous, le château aurait tiré son nom d'une inscription que le propriétaire aurait fait peindre autour d'un cadran solaire qui servait d'ornement au château. Or, cette raison qui pour vous est fondamentale, est tout simplement une invention de la personne ou des personnes que vous avez consultées.

Il n'y a jamais eu de cadran solaire au château ni avant notre installation ni après notre départ ; c'est nous qui avons fait tracer un cadran solaire sur les nouvelles constructions que nous avons exigées pour les classes, les salles d'étude, les dortoirs et les appartements de deux directeurs, attendu que le château comprenait seulement la cuisine, les réfectoires, l'économat, la lingerie, le parloir et l'appartement d'un seul directeur ; ce grand corps de bâtisses, qui borde la route, converti après nous en caserne, est aujourd'hui, je crois, divisé en plusieurs maisons distinctes, habitées par des ouvriers.

Quant à l'inscription, si elle renferme un mérite quelconque, veuillez, s'il vous plaît, ne pas m'en dérober la gloire. Lorsque le cadran solaire fut terminé, il s'agit d'y mettre une inscription, ce qui en est le complément ordinaire. M. l'abbé V.... la voulait en latin, M. l'abbé B.... en français : en ma qualité d'helléniste, je la voulais en grec.

Or, nous agitions cette question à onze heures du soir, après notre souper. Ne pouvant pas tomber d'accord, nous nous décidâmes d'aller nous coucher, renvoyant la décision de notre petite querelle au tribunal de la nuit, qui, dit-on, porte conseil.

Le lendemain matin, en effet, j'eus une sorte d'illumination soudaine. « Les adversaires de notre institution, disais-je, ont applaudi au choix du nom de Menpenti ; le prenant pour un mauvais augure, ils ne cessent de nous jeter à la face cette sinistre prophétie : *ils s'en repentiront.* Eh bien ! adressons-leur une réponse solennelle qui soit à la portée de tous ; la langue provençale seule peut être l'interprète facile de nos sentiments ; or, de même que le soleil ne s'arrête jamais, sans dévier de sa course, ainsi notre institution doit marcher toujours, sans se repentir. »

Mon raisonnement fut approuvé de mes collaborateurs et nous adoptâmes l'inscription suivante : *M'enpenti pas, marchi toujou.* C'est la seule qui soit vraiment historique ; on la distinguait encore plusieurs années après ; je suis allé moi-même en constater l'existence.

Il est donc hors de doute, Monsieur, que ce n'est ni le cadran solaire, ni l'inscription qui ont donné le nom de Menpenti au château, et que c'est au contraire au nom du château que j'ai fait allusion dans la susdite inscription, qui est postérieure à la construction du château au moins de plus d'un demi-siècle.

Il reste maintenant une dernière question, dont je laisse la décision à votre jugement, parce que mon amour-propre seul s'y trouve engagé.

« Il est tout naturel, dites-vous en finissant, que le quartier qui s'est groupé autour de lui (le château) et a fini par l'englober et le cacher presque à tous les regards, prît le nom de ce château. »

J'avoue, Monsieur, que ce prétendu château portait *autrefois*, selon l'expression du paysan, le nom de Menpenti, c'est-à-dire au commencement du siècle ou vers la fin du siècle dernier ; mais, il n'en est pas moins vrai que ce nom était remplacé en 1835 par celui de Belle-Bastide ; c'est nous qui l'avons tiré de l'oubli en fondant notre institution, qui à tort ou à raison a passé en faisant quelque bruit ; pendant les quatre années de son existence plus de cent familles nous ont honorés de leur confiance ; elle a soutenu une lutte mémorable, à laquelle ont pris part les principaux journaux de l'époque, tels que la *Gazette du Midi*, le *Messager*, et surtout le *Sémaphore*, que vous pourriez consulter, si par hasard vous doutiez de ma parole. Quoique plusieurs de nos élèves ne fassent plus partie de ce monde, il en survit encore assez que je pourrais nommer et qui seraient prêts à fortifier de leur témoignage toutes mes assertions.

Cela étant bien établi, ne pensez-vous pas que si nous n'avons pas été la cause première du nom que porte le quartier Menpenti, il n'est ni déraisonnable ni présomptueux de croire que nous avons très-efficacement contribué à cette sorte de baptême ?

« Que nous voilà bien loin, dirai-je à mon tour, du breuvage de la belle Hélène, et des croûtes du bon Roi Réné ! »

Vous daignerez excuser, Monsieur, mon long bavardage ; je viens de payer un tribut à la vieillesse, que le bon Homère, qui ne dormait pas toujours, compare naïvement aux cigales. Vous ferez de mes observations confidentielles l'usage qui vous paraîtra convenable et vous agréerez avec bienveillance, je l'espère, l'assurance de ma considération distinguée.

JONJON, prêtre,
Ancien chef d'institution.

On voit l'usage que nous faisons de cette lettre, désirant en recevoir souvent de pareilles.

Le public, aussi bien que nous, n'aurait qu'à y gagner.

A. S.

M. Saurel est revenu, il y a quelques années, dans le *Petit Marseillais*, à la question étymologique de *Menpenti*. Comme son article n'est qu'un abrégé de sa longue dissertation, qu'on a pu lire ci-dessus, je me serais dispensé de le transcrire, si l'auteur ne m'avait pas mis en scène, en commettant une nouvelle erreur. Voici ses observations :

MENPENTI

De tous les villages et de tous les faubourgs de la ville de Marseille, il n'en est pas un dont le nom ait sollicité plus de recherches que celui de Menpenti.

Ce nom est si peu provençal au premier abord et sa finale est si singulière, que bien des gens se demandent ce qu'il signifie.

Découle-t-il du grec ? A-t-il quelque affinité avec le latin, ou bien est-ce tout simplement dans le langage vulgaire qu'il faut tenter de faire la découverte désirée ?

Nous avouons très humblement, pour notre part, que nos investigations sont demeurées sans résultat, et, après avoir proclamé naguère notre science sur ce sujet, nous devons déclarer aujourd'hui que nous ne sommes guère plus avancé que ceux qui avouent leur ignorance.

Feu Louis Méry, qu'il n'était pas facile de prendre en défaut, lorsqu'il s'agissait de découvrir une étymologie, prétendit un jour que Menpenti descendait en droite ligne de *Nepenté* ; appellation qui avait été donnée par un négociant grec à la bastide qu'il venait de faire construire dans ce quartier, tout comme aujourd'hui nous donnons des noms de fleurs quelconques aux villas nouvelles. « Or, disait Méry, le *Nepenté* était une herbe dont Polidamma, amie de la coupable Hélène, se servait pour composer une liqueur qui avait le don de dissiper la tristesse. »

On est autorisé à croire que notre savant compatriote n'était pas très convaincu de ce qu'il avait si bien dit, puisqu'un beau jour il inventa une autre histoire qu'on ne peut traiter que de conte.

Il s'agissait d'un gentilhomme provençal qui s'étant permis de critiquer un peu trop vertement les tableaux que peignait le bon roi René, fut exilé par ce prince dans sa propriété, sise dans le quartier qui nous occupe, et se trouva si bien puni que du matin au soir il se reprochait à lui-même sa franchise, à cause de la disgrâce qu'elle lui avait value, en murmurant entre ses dents : *M'en repenti ! m'en repenti !* d'où est venu *M'en penti !*

Ce qu'il y a de beaucoup plus certain, c'est que, en 1835, on voyait sur la façade méridionale du château de Menpenti, transformé de nos jours à l'intérieur, mais nullement démoli à l'extérieur, un cadran solaire avec cette inscription : *M'en penti pas, marchi toujou*, autrement dit: Je ne me repens pas et je marche toujours (1).

---

(1) Je n'ai pas cherché à relever l'erreur qui s'est glissée dans ce paragraphe : le cadran solaire était sur la façade méridionale de la nouvelle construction et non du château. Il ne faut pas donner un coup de pied à toutes les pierres qu'on rencontre sur son passage.

M. Saurel oublie de mentionner les réminiscences du fermier. qui certes ne sont pas à dédaigner.

C'était cette fois une étymologie satisfaisante et qui nous semblait toute naturelle : le quartier avait pris son nom du propos prêté au soleil par les créateurs du cadran solaire.

Malheureusement, et voici le moment de réciter notre *mea culpa* ; ce n'est pas cette inscription qui a laissé son mot principal au quartier, c'est la devise qui a été prêtée au soleil précisément parce que le mot de Menpenti existait déjà ; et si M. l'abbé Jonjon l'avait si audacieusement écrite au faîte du château dans lequel il avait fondé son établissement scolaire en 1835, c'est qu'il voulait proclamer bien fort qu'il ne se *repentait* pas de ce qu'il avait fait.

Or, si M. l'abbé Jonjon, qui a été et est encore si populaire à Marseille, nous affirme que le nom de Menpenti existait avant sa fameuse devise: *M'en penti pas, marchi toujou*, c'est que le cadran ne peut plus être invoqué comme origine de ce nom.

Le lecteur est en droit de croire que M. l'abbé Jonjon en sait plus long à ce sujet que tout autre, et qu'il a pu par conséquent nous confier le secret de l'étymologie cherchée.

Eh bien, non... ce secret est encore un secret, et les origines de Menpenti demeurent encore enveloppées des nuages de l'incertitude.

Que les curieux étudient bien cette question qui reste toute neuve, mais nous devons les prévenir qu'ils feront sagement de ne pas aller quêter des renseignements auprès du château... de Menpenti, car il est sur ce chapitre bien moins avancé que nous

Septembre 1883. ALFRED SAUREL.

N° 2

CONVENTION

Les soussignés Honoré Vidal, prêtre, Louis Pascal Blanc, prêtre, Polydore Jonjon, prêtre, désirant s'associer pour former une maison d'éducation, sont convenus et ont arrêté les clauses et conditions de leur société ainsi qu'il suit :

ARTICLE PREMIER. — Il y aura société entre les sieurs Honoré Vidal, Louis Pascal Blanc et Polydore Jonjon pour la propriété des meubles et immeubles acquis depuis le commencement de la société et généralement pour les gains et pertes survenus dans le courant d'icelle.

Art. 2. — La durée de la société est fixée pour neuf années, qui commenceront le quinze juin mil huit cent trente-cinq.

Art. 3. — Le susdit établissement est situé dans la maison de campagne dite *château Menpenti* et dans toutes ses attenances ; de plus dans le grand corps de bâtisse, sis au nord-est du susdit château, quartier du Rouet, chemin de Toulon, appartenant l'un et l'autre aux sieurs Chanteduc et Guin, le tout loué à raison de trois mille huit cents francs l'an.

Art. 4. — Les revenus provenant de la pension des élèves et des mises de chacun des associés, seront remis entre les mains du sieur Honoré Vidal qui sera chargé de la caisse.

Art. 5. — Chaque associé participera à tous les bénéfices et contribuera aux pertes et charges de la société par tiers.

Art. 6. — Le sieur Honoré Vidal sera tenu d'avoir deux registres, l'un pour les achats extraordinaires et l'autre pour les recettes et dépenses ordinaires.

Art. 7. — Il sera fait chaque année dans le cours du mois de Septembre un inventaire pour constater l'état de la société.

Art. 8. — Après cet inventaire chacun des associés prélèvera la somme de deux mille francs sur les bénéfices réalisés, si toutefois les bénéfices sont suffisants pour fournir à chacun d'eux cette somme.

Art. 9. — L'excédent des bénéfices sera partagé en deux parties dont l'une restera dans la société pour augmenter le fonds social et pourra être consacrée à l'acquisition de meubles ou immeubles nécessaires à l'établissement et l'autre sera partagée entre les associés.

Art. 10. — Toutes les dépenses, charges et dettes de la société seront prélevées avant partage des bénéfices ; dans les charges et dépenses sont compris notamment le loyer des locaux occupés par l'établissement, le traitement des professeurs, les gages des domestiques, la nourriture des élèves, etc.

Art. 11. — Les associés se nourriront en commun et aux frais de la société. Leur logement et autres dépenses de ménage seront également à la charge de la société.

Art. 12. — Dans le cas de dissolution de la société par la retraite volontaire ou par le décès de l'un des membres de la société, les parties s'entendront à l'amiable pour le paiement du loyer ; quant aux bénéfices qui auront été faits dans le courant de la société et laissés dans la caisse, l'associé sortant ou les ayants cause du défunt auront droit à un tiers de la somme qui lui revient payable au mois de septembre de la première année ; les deux autres tiers seront soldés l'année suivante, avec intérêt, aussi au quinze de septembre, époque à laquelle sont remis tous les arrangements à prendre entre les parties.

Art. 13. — Les dépenses extraordinaires ne pourront être faites sans le consentement de deux des associés, si elles s'élèvent au-dessus de la somme de cinquante francs.

Art. 14. — Le sieur Honoré Vidal est chargé sous le titre d'administrateur de toutes les dépenses ordinaires et extraordinaires de l'établissement et de la responsabilité du matériel.

Art. 15. — Le dit sieur Honoré Vidal sera tenu de présenter un état des dépenses et recettes, faites dans le courant de chaque mois.

Art. 16. — Les deux autres associés pourront, au besoin, faire les dépenses ordinaires qu'ils jugeront convenables, à la charge pour eux d'en rendre compte, sous le plus bref délai, au susdit administrateur.

Art. 17. — Une reconnaissance particulière sera faite par la société des mises de chacun des associés.

Art. 18. — Aucune dépense ne pourra être exécutée sans avoir été délibérée en conseil et approuvée par deux des associés.

Art. 19. — Et sera la présente convention faite à triple exemplaire pour être remise à chacun des associés.

Menpenti, Marseille le quinze juin de l'an mil huit cent trente-cinq.

VIDAL, *prêtre*. — L. P. BLANC. — JONJON, *prêtre*.

N. B. — M. l'abbé Blanc, qui rédigea cette convention, aurait dû énoncer à l'article 4 le chiffre de la mise de chacun des associés ; et comme, si ma mémoire est fidèle, j'avais mis en caisse moi seul autant que mes deux associés réunis, l'article 5, qui me fait participer aux bénéfices comme aux pertes pour un tiers, n'est pas équitable ; d'autant moins qu'étant seul propriétaire, je courais plus de risques qu'eux.

Les articles 6, 7, 8 et 9 n'ont jamais été observés.

L'article 10 a été spécialement violé par l'abbé Blanc.

L'article 12 a été appliqué à l'abbé Blanc très-avantageusement pour lui et au détriment des deux autres associés.
Les articles 13, 14, 15, 16 et 18 ont été comme non écrits.

PROSPECTUS

UNIVERSITÉ DE FRANCE — ACADÉMIE D'AIX

ÉTABLISSEMENT MENPENTI

PENSIONNAT

La Société est aujourd'hui témoin d'un spectacle bien consolant. Si l'on avait pu croire un moment à une affligeante séparation entre la science et la foi, tout à coup on les voit former entre elles une noble alliance. Le drapeau qu'elles ont levé pour rallier le passé et préparer l'avenir, commence à dominer les dissidences les plus orageuses. Marseille, qui occupe sur l'échelle sociale une position des plus brillantes, ne pouvait demeurer étrangère à un mouvement si salutaire : aussi voyons-nous dans ses murs de nombreux établissements où, sous l'influence des principes religieux, les beaux-arts, la littérature et les sciences positives sont cultivées avec un succès qui rappelle son ancienne gloire littéraire.

En nous permettant ces observations préliminaires, nous ne faisons que constater un fait universellement reconnu, et qui nous explique l'enthousiasme avec lequel notre projet a été accueilli par des hommes d'un mérite éminent dont s'enorgueillit notre cité. S'associer aux efforts des autres maisons d'éducation, donner aux études une direction nouvelle qui réponde aux besoins et aux croyances religieuses de l'époque, et par là, essayer de mettre un terme à ces émigrations passagères, que beaucoup de familles font encore subir à leurs enfants, pour leur donner l'éducation, cette autre vie de l'homme social, telles sont les intentions des fondateurs de l'établissement MENPENTI.

Ce projet a été conçu par des prêtres bien connus à Marseille, qui pour satisfaire leur inclination naturelle, se sont dévoués depuis quelques années à l'éducation de la jeunesse ; fonction qui est un des plus beaux apanages du sacerdoce. Ils ont demandé à quelques laïques, dont le nom est une garantie, le secours de leur coopération : l'empressement avec lequel on a répondu à leur appel, et la confiance absolue que plusieurs familles distinguées ont accordée à leur entreprise, sont tout à la fois un honneur et un encouragement ; ils s'efforceront de correspondre au zèle qu'on a déployé en leur faveur, en mettant à profit les leçons de l'expérience et en remplissant avec une fidélité inviolable les promesses exprimées dans l'exposé qui suit :

RELIGION

Il est inutile de faire observer que la religion catholique sera seule pratiquée dans une maison dirigée par des prêtres. Les exercices de piété y seront distribués avec discernement, de telle sorte que les élèves après en avoir contracté l'habitude sans efforts, ne les trouve point incompatibles avec leur nouvelle position, lorsqu'ils seront rendus à la société.

La religion ne sera pas présentée comme un précepte nu et décoloré ; elle sera considérée comme la science fondamentale qui doit servir de base et de couronnement à l'éducation profane. Un cours progressif d'instruction religieuse sera fait par un des prêtres fondateurs : les questions de dogme et de morale y seront traitées avec tous les développements convenables. Rien ne sera négligé pour attacher les élèves à une religion qui, après un siècle de combats, est devenue l'étendard de la jeunesse éclairée de notre France.

ENSEIGNEMENT
Langues anciennes

Depuis longtemps on éprouve le besoin d'apporter des modifications dans les anciennes méthodes : la perspective de neuf ou dix ans, consacrés à apprendre du grec et du latin, effraie beaucoup de parents qui renoncent à faire donner à leurs enfants une instruction solide ou les retirent d'une maison d'éducation, lorsqu'ils vont bientôt recueillir le fruit de plusieurs années d'un travail fastidieux. Pour obvier à ces graves inconvénients, une nouvelle méthode, dont le succès nous est garanti par l'expérience et par l'assentiment de bien des hommes éclairés, sera adoptée pour l'enseignement de ces langues. Nous n'entrerons pas dans le détail de l'organisation des classes, il nous suffit d'annoncer que l'on occupera surtout les élèves à retenir fidèlement les auteurs anciens. On ne les exercera aux thèmes, qu'après que la mémoire sera enrichie des expressions et des tournures des meilleurs écrivains de l'antiquité, et que déjà des analyses grammaticales multipliées auront développé et le mécanisme de chaque langue et l'intelligence de l'enfant.

Sciences

Un établissement fondé dans l'unique but de répondre aux besoins de notre siècle doit attacher la plus haute importance aux sciences positives et naturelles qui ont contribué si efficacement aux progrès des arts et aux succès de l'industrie. Ces études utiles et agréables à tous les élèves sont indispensables pour ceux qui se destinent à la marine royale, à la médecine, à toutes les entreprises industrielles, etc.

Elles seront divisées en trois années de mathématiques, trois années d'histoire naturelle, deux années de physique et une année de chimie appliquée aux arts ; le médecin de l'établissement sera chargé de faire un cours de physiologie et d'hygiène.

Plusieurs de ces cours se faisant simultanément, les études ne seront point prolongées au-delà du temps fixé plus bas.

Langues vivantes

Un cours de langues vivantes est d'obligation pour chaque élève ; on recevra au choix des parents des leçons d'italien ou d'anglais ou d'allemand ou de grec moderne. Personne n'ignore combien la connaissance de ces langues, aujourd'hui si répandue, facilite les opérations commerciales et le progrès de la littérature. L'étude raisonnée de la grammaire française fixera surtout notre attention.

Des professeurs spéciaux et permanents seront chargés du cours de belles-lettres, d'histoire et de géographie. Ces connaissances sont en ce moment le complément nécessaire de toute éducation soignée. La calligraphie et la tenue de livres feront également partie de l'enseignement.

Les élèves seront divisés en trois catégories : ceux qui ne se destinant qu'au commerce, peuvent être dispensés d'apprendre les langues anciennes ; ceux qui veulent embrasser une carrière où le grade de bachelier est nécessaire ; ceux enfin qui ont à pousser encore plus loin leurs études classiques.

Les élèves de la première catégorie pourront terminer leurs études dans quatre ans ; les heures de leurs classes seront combinées de manière à ce qu'ils puissent, avec les élèves de la seconde catégorie, suivre les cours de sciences, de belles-lettres et autres. Ces derniers, pourvu qu'ils soient doués d'une intelligence ordinaire et qu'ils nous aient été confiés à l'âge de huit ans, pourraient à quatorze posséder les connaissances nécessaires pour subir les examens des élèves de la marine royale ou de bachelier. Si quelqu'un d'eux se destinait à l'école polytechnique ou à tout autre établissement de ce genre, ses études seraient dirigées d'une manière spéciale.

Les élèves de la troisième catégorie trouveront dans la maison, pendant la septième année, des professeurs qui leur donneront sur telle ou telle autre science, à leur gré, des connaissances plus étendues.

Arts d'agrément

Le dessin et la musique seront enseignés par des maîtres qui ont donné des preuves incontestables de leurs talents. On trouvera un cirque pour des leçons d'équitation. Des appareils sont dressés pour les exercices gymnastiques.

Les élèves de notre maison sont dispensés, à cause de l'éloignement, de suivre les classes du collège.

RÉGIME DE LA MAISON

Les élèves seront reçus en qualité de pensionnaire, ou de demi-pensionnaire, ou d'externe. Les demi-pensionnaires communiqueront avec les pensionnaires à tous les exercices de la maison et ne se retireront que le soir, après la dernière classe ou avant le souper, selon la saison. Les externes n'assisteront qu'aux études qui précèderont les classes et dans une salle particulière : ils n'auront de rapport avec les pensionnaires que dans les classes ; on admettra aussi comme externes les jeunes gens qui voudraient assister à des cours particuliers, tels que ceux de physique, de chimie, de mathématiques et autres (1).

Les punitions corporelles sont prohibées. On n'emploiera pour châtier la désobéissance, la paresse et autres fautes de ce genre, que des peines morales, qui, en laissant au jeune enfant sa dignité d'homme intacte, ne produisent pas moins dans son âme la plus vive impression. Si les fautes devenaient habituelles ou prenaient un certain caractère de gravité, on se concerterait avec les parents sur les mesures que l'on aurait à prendre

Afin de maintenir la discipline et de soutenir l'application, les récompenses seront multipliées, en évitant toutefois cette profusion aveugle qui les avilit. D'autres moyens, parmi lesquels nous croyons devoir annoncer les examens publics et les séances académiques, seront aussi mis en œuvre pour exciter l'émulation.

Les élèves pourront être visités chaque jour, mais seulement aux heures de récréation. L'éloignement du local rend cette concession nécessaire, pour faciliter aux parents des entrevues avec leurs enfants : l'expérience nous a appris d'ailleurs les inconvénients des retraites trop prolongées ou trop rigoureuses, qui, en prévenant le péril pendant quelques années, ne font que l'augmenter pour toute la vie. On suppléera à cette extension de liberté par une surveillance active et consciencieuse.

On permettra de sortir une fois le mois, à des conditions qui seront présentées dans un règlement particulier. Les sorties ne seront point défendues les jours de fête solennelle, qui sont encore dans le Midi, comme le rendez-vous des plus beaux sentiments religieux et des scènes de famille les plus touchantes.

La propreté, la politesse et en général toutes les qualités extérieures qui annoncent un enfant de bonne maison, seront sous la surveillance immédiate d'un des prêtres fondateurs. Cette partie de l'éducation ne sera pas considérée comme un de ces accessoires qu'il suffit d'annoncer : un maître spécial enseignera aux élèves la manière de se présenter ; ils rece-

---

(1) Cet article fut modifié dans le règlement général de la Maison.

vront en outre des leçons de bonne lecture et de déclamation.

La nourriture sera également l'objet d'une attention particulière.

Le château MENPENTI est situé à 1.500 mètres de la ville, dans une position des plus heureuses : la pureté de l'air y contribue à entretenir la santé, tandis que l'imagination s'aggrandit à la vue des tableaux ravissants et variés que la nature y étale.

Les parents recevront, à la fin de chaque trimestre, un bulletin de l'état de santé de leurs enfants, de leurs succès, de leur application et de leur conduite.

L'année classique commencera le 1er octobre et se terminera vers la fin d'août par les examens publics, la distribution solennelle des prix et un exercice religieux, après lequel les élèves pourront être remis entre les mains des parents.

CONDITIONS

Les enfants qui ne savent ni lire ni écrire ne sont pas reçus : ceux qui n'ont pas été atteints de la petite vérole doivent présenter un certificat de vaccine ; enfin ceux qui auraient quitté une autre maison d'éducation devront exhiber un certificat de bonne conduite, à moins qu'ils ne puissent constater un séjour, dans leur famille, d'environ trois mois.

Le prix de la pension est fixé à 600 francs pour le cours d'études classiques, de sciences, de langues vivantes, pour la calligraphie et la rétribution universitaire. On ajoutera à cette somme 30 fr. pour l'abonnement à la bibliothèque, la fourniture du papier, des plumes, de l'encre, le médecin, l'abonnement aux bains, la coupe de cheveux, la propreté des vêtements et de la chaussure. La maison fournira la couchette avec ses rideaux pendant tout le temps des études, moyennant la somme de dix francs.

Le prix de la demi-pension est fixé, pour les études classiques et les autres cours, à 400 fr., celui des externes à 144 fr.

La maison pourra se charger du blanchissage et du raccommodage du linge et des habits moyennant 60 fr. par an. Dans ce cas le trousseau consistera ordinairement en trois paires de draps, huit chemises, huit paires de bas, douze mouchoirs de poche, huit serviettes, huit essuie-mains, six serre-tête, deux peignes, deux peignoirs, six cravattes, trois paires de souliers, une brosse, un chapeau rond, un couvert d'argent, un couteau de table, un traversin, des couvertures et un matelas d'environ sept pans de long sur quatre de large : un double inventaire sera dressé et signé par les parents et l'un des directeurs de la maison qui répondra du linge et des effets égarés.

Quoiqu'on n'ait point encore adopté d'uniforme, les casquettes et les vestes courtes sont prohibées pour les promenades et les sorties. (1)

Tous les prix que nous avons indiqués seront payables d'avance et par trimestre. Les arts d'agrément sont au choix et aux frais des parents.

Le petit nombre de livres qui seront adoptés pour l'enseignement seront aussi aux frais des parents ; on les trouvera dans l'établissement.

Le linge de chaque pensionnaire et tous ses effets, sans exception, même les livres, doivent porter le numéro qui lui aura été assigné.

Les lettres qu'on écrit aux élèves seront ainsi adressées :

M*** élève au château MENPENTI, quartier du Rouet, route de Toulon, Marseille.

L'ABBÉ VIDAL, Administrateur.

*Vu et permis d'imprimer,
pour M. le Recteur en tournée,*
 L'INSPECTEUR DÉLÉGUÉ.
   PONS.   (Septembre 1835).

RÈGLEMENT

AVIS PRÉLIMINAIRE

Avant de présenter en détail le présent Règlement que nous avons adopté, nous croyons devoir prémunir nos élèves contre

---

(1) Un uniforme très élégant ayant été bientôt adopté, la casquette en fit partie.

certaine illusion, qui, en prenant du crédit, frapperait leurs études de stérilité, et nos efforts d'impuissance.

Lorsqu'ils ont quitté le toit paternel, pour se placer sous notre direction, les élèves n'ont pas prétendu sans doute aggraver leur position ni encore moins se constituer dans un état de servage; cependant il serait dangereux qu'ils ne voulussent point consentir à une dépendance raisonnable, que réclament tout ensemble le bien commun et l'intérêt particulier : à tout âge et à quelque condition que l'on appartienne, la soumission est un devoir, parce que l'autorité, de quelque forme qu'elle se revête et quelque nom qu'elle emprunte, est la condition indispensable que Dieu a posée pour l'existence des grandes sociétés et la sécurité des individus : conformément à ce modèle, il n'est pas dans le monde de réunion particulière, qui ne repose sur une déférence réciproque et des sacrifices mutuels : on dirait un contrat par lequel chaque membre renonce à son indépendance et reçoit en échange les bienfaits de la société dont il fait partie : telle est la position de nos élèves dans cette maison : leur séjour volontaire parmi nous est une adhésion formelle à toutes les dispositons qui, en limitant la liberté de chacun, préviennent les dangereux effets de l'inconstance et garantissent le bien de tous.

D'ailleurs nous sommes ici les dépositaires de l'autorité paternelle : les parents, en se déchargeant sur nous du devoir le plus rigoureux que Dieu leur ait imposé, de diriger l'inexpérience des enfants, de corriger leurs défauts, d'éclairer et d'enrichir leur esprit, de distinguer et de faire croître leurs vertus naissantes, les parents, disons-nous, ont dû nous transmettre le pouvoir qu'ils ont eux-mêmes reçu de Dieu. L'autorité dont nous sommes revêtus et que nous étendons sur tous les actes de nos élèves, n'est donc point arbitraire dans son principe : nous espérons, avec l'aide de Dieu, qu'elle ne le sera point dans son exercice, et nous n'oublierons jamais ce qu'enseigne le Grand Apôtre, que *le pouvoir nous a été donné pour le Salut, et non pour la perte* de ceux qui nous sont confiés.

Les élèves ne doivent pas de leur côté perdre de vue le but principal de leur admission dans cette maison : tout notre zèle ne saurait le leur faire atteindre, si leurs efforts spontanés et leur constante coopération ne nous venaient en aide;

persuadés que leur avenir dépend presque entièrement de nos soins et de notre vigilance, ils doivent éviter ces vœux inconsidérés et ces sollicitations importunes, qui font quelquefois dégénérer la mansuétude en faiblesse, et la générosité en aveugle profusion : le maintien de la discipline est leur plus cher intérêt, comme elle est pour nous un devoir sacré : puissent les règles salutaires que nous allons exposer les guider sûrement dans les voies épineuses de la science et produire dans leurs jeunes cœurs des fruits de vie et de salut. Puisse le Dieu qui nous les a inspirées, nous préserver de la défaillance dans notre zèle, et nous accorder cette persévérance dans le bien, qui est la plus sûre garantie du succès.

CHAPITRE PREMIER

De l'Administration

L'autorité dans une maison d'éducation, étant légitime, nécessaire et avantageuse, doit s'exercer de telle manière que tous les inférieurs puissent en ressentir l'influence ; de là le besoin de communiquer le pouvoir et la sollicitude à des individus plus ou moins nombreux, selon l'importance de l'établissement ; d'autre part, on conçoit aisément que les élèves ne peuvent pas ignorer cette organisation, afin de ne mettre aucun obstacle à l'harmonie qui doit en être le résultat. Il nous paraît donc convenable que ceux qui ont été reçus dans cette maison, prennent une connaissance préalable du genre d'administration qui doit les régir, pendant le temps de leurs études.

Article Premier

Les Directeurs

1° L'établissement est administré par trois directeurs, qui jouissent d'une égale autorité, avec néanmoins des attributions respectives : le Directeur-Administrateur, le directeur des classes et le directeur spirituel.

2° Le Directeur-Administrateur est reconnu par l'université comme chef de l'établissement ; il est chargé de l'économie générale et particulière ; il reçoit ordinairement les parents et satisfait à toutes les questions, soit par lui-même, soit en indiquant la personne qui pourra donner une réponse directe et officielle.

Comme professeur, il aura la direction scientifique des classes de physique, d'histoire naturelle et des mathématiques.

3° La direction organique et la surveillance des classes et tout ce qui regarde le mouvement de la maison appartiennent au directeur des classes. Le soin de la lingerie, la conservation des livres et la propreté des dortoirs seront aussi l'objet de sa sollicitude.

4° Le directeur spirituel est chargé de la direction des exercices religieux et en général de tout ce qui concerne la moralité des élèves.

5° Quoique ces diverses attributions soient personnelles, néanmoins les élèves doivent en tout temps et en toute occasion, une égale obéissance aux trois directeurs, parce que certaines circonstances peuvent exiger quelquefois une délégation passagère de leurs pouvoirs particuliers.

Cet Article Premier fut plus tard modifié ainsi qu'il suit :

1° L'établissement est administré par deux directeurs qui jouissent d'une égale autorité, avec néanmoins des attributions respectives.

2° Le directeur, reconnu par l'université comme chef de l'établissement, sera chargé, comme professeur, de la direction scientifique des classes de physique, d'histoire naturelle et des mathémathiques.

L'autre directeur sera chargé de l'économie générale et particulière, de la direction organique des classes, de tout ce qui regarde le mouvement de la maison, de la direction des exercices religieux et de tout ce qui concerne la moralité des élèves. Le soin de la lingerie, la conservation des livres, la propreté des dortoirs seront aussi l'objet de sa sollicitude.

Art. 2

Des Professeurs

1° Le nombre des professeurs n'étant point limité, les élèves doivent honorer comme tels, non-seulement ceux qui leur donnent des leçons spéciales, mais encore tous ceux qui en remplissent les fonctions dans la maison, quoiqu'ils n'aient avec eux que des rapports éloignés.

2° Chaque professeur a le droit de signaler toutes les fautes, de quelque genre qu'elles soient, qui se commettent ou dans la classe, ou même dans l'intérieur de la maison, hors de toute surveillance ; mais ils doivent se borner à en donner avis à celui des directeurs qui est chargé de la discipline et de faire exécuter les pénitences.

Art. 3
Des Surveillants

1° Chaque division sera confiée, après les classes, à un surveillant, qui sera chargé d'exécuter dans son département les ordres des directeurs; ils suppléent à leur vigilance et participent à leur autorité.

2° Les Surveillants jouissent du même droit que les professeurs sur les élèves qui, n'appartenant point à leur division, seraient surpris en contravention dans l'intérieur de la maison; mais ils ne doivent infliger aucune grave punition, sans l'assentiment des directeurs.

Art. 4
Des Domestiques

1° Les domestiques n'étant chargés que des soins du ménage ou d'autres emplois inférieurs, ne jouissent d'aucune autorité sur les élèves, quelle que soit l'opportunité de leurs remontrances ;

2° Les domestiques ne sont pas tenus d'obéir directement aux élèves : en conséquence ceux-ci éviteront de leur adresser des observations ou de leur donner des ordres, qui n'auraient peut-être d'autre résultat que de commettre leur dignité ; les surveillants seront auprès des domestiques les interprètes de tous les besoins et de toutes les plaintes;

3° Si le mépris pour les domestiques est une transgression de la loi de charité, d'autre part, la familiarité serait une imprudence et une occasion de dangereux abus : les élèves doivent donc éviter l'un et l'autre défaut.

CHAPITRE II
Ordre de la Journée

Nous ne pouvons nous dissimuler que la répétition des mêmes exercices, et l'uniformité des journées produisent quelquefois le dégoût et le découragement; cependant ce n'est qu'à ce prix qu'une communauté peut s'établir et persévérer : nous adopterons en conséquence le système de l'uniformité, en nous efforçant toutefois de varier les exercices qui doivent remplir les jours ordinaires, et de briser la monotonie des semaines, des mois et de l'année, par des jours plus ou moins remarquables, et soumis à d'autres règles.

Les élèves sont divisés, non par classes, mais par années ; ceux de la première année commencent leurs études, dites classiques; ceux de la sixième année les finissent; il y aura cependant une année préliminaire, pour les plus jeunes élèves qui savent à peine lire et écrire; les éléments du français, du latin et du calcul, seront enseignés dans la première année ; la quatrième année correspondra à ce qu'on appelle la troisième dans le système universitaire; les classes d'humanité et de rhétorique seront comprises dans la cinquième année ; la sixième année sera spécialement consacrée à la philosophie, à la physique et à la préparation au baccalauréat.

Article Premier

Des Jours de Classes

1° Depuis le 1ᵉʳ Octobre jusqu'au 1ᵉʳ Mai, à 5 heures, lever pour la division des grands et à 5 heures 1/2 pour celle des petits ; on s'habillera promptement, de manière à ce qu'on puisse se rendre au lavoir, après environ dix minutes. La prière se fera dans la salle d'étude.

A 7 heures, déjeuner et ensuite récréation ;

A 7 heures 1/2, classe ;

A 8 heures 1/2, étude ;

A 9 heures 1/2, classe ;

A 10 heures 1/2, récréation d'un quart d'heure, puis étude jusqu'à midi, pendant laquelle aura lieu (trois fois la semaine) la musique vocale, demi-heure, ou la musique instrumentale, qui pourra se continuer après le dîner ;

A midi, dîner suivi de la récréation ;

A 1 heure 1/2, étude ou dessin (trois fois la semaine) pendant une heure ;

A 3 heures, classe ;

A 4 heures, récréation et goûter ;

A 4 heures 1/2, étude ;

A 5 heures, classe ;

A 6 heures, étude, pendant laquelle sera ouvert le cabinet de lecture ;

A 7 heures 40 minutes, deux dizaines de chapelet, suivies de la lecture spirituelle ou d'une instruction ;

A 8 heures, souper, suivi de la prière dans les dortoirs, et du coucher.

2° Du 1ᵉʳ mai jusqu'à la fin de l'année scolaire, les récréations cesseront à 1 heure 1/4 et à 4 heures 1/4 ;

A 7 heures 10 minutes, chapelet et lecture ;

A 7 heures 1/2, récréation jusqu'à 8 heures ou 8 heures 1/2, selon la longueur des jours, puis souper et le reste comme à l'ordinaire.

3° Le samedi soir, la lecture spirituelle sera remplacée par le compte-rendu de la conduite des élèves, pendant la semaine, d'après les notes des surveillants, indiquées par les cinq voyelles de l'alphabet : *a, e, i, o, u* ; ces lettres signifient respectivement: *très bien, bien, assez bien, mal, très mal*. Deux témoignages honorifiques imprimés seront accordés à la première note, un seul à la seconde, et des pensums seront infligés aux deux dernières notes. Cet exercice sera présidé par le directeur spirituel.

Art. 2

Règlement des Jeudis

1° Depuis le lever jusqu'à 7 heures 1/2, tout comme à l'ordinaire ; la récréation se prolongera jusqu'à 8 heures. Ensuite il y aura classe d'histoire naturelle pour les uns et catéchisme élémentaire pour les autres, jusqu'à 9 heures ;

A 9 heures, les exercices de bonne lecture, de déclamation et de présentation, auront lieu jusqu'à 10 heures ;

A 10 heures, récréation jusqu'à 10 heures 1/2 ; ensuite, étude jusqu'à midi.

2° A midi, le dîner sera suivi immédiatement de la promenade, de laquelle on doit retourner avant la nuit ; après le goûter, c'est-à-dire environ à 5 heures 1/2, l'étude aura lieu jusqu'à 6 heures 40 minutes, après laquelle le chapelet, la lecture et le souper comme à l'ordinaire.

3° Depuis le 1ᵉʳ mai jusqu'à la fin de l'année scolaire, à

midi, le dîner sera suivi de la récréation jusqu'à 1 heure 1/2 ; après une heure et 40 minutes d'étude, le chapelet et la lecture, on se rendra dans les dortoirs, pour se vêtir proprement ; et après le goûter on partira pour la promenade, qui se prolongera jusqu'à 8 heures 1/2 ou 9 heures, selon la longueur des jours ; le reste comme à l'ordinaire ; le lever du lendemain sera renvoyé à 6 heures.

Art. 3

Des Jours de Fêtes Religieuses

1° Le lever, comme à l'ordinaire, jusqu'à 6 heures 1/2, heure du départ pour la messe ; au retour, déjeûner et récréation jusqu'à 9 heures ;

A 9 heures, exercices de bonne lecture, de déclamation et de présentation jusqu'à 10 heures ;

A 10 heures, classe d'histoire naturelle pour les uns et catéchisme élémentaire pour les autres, jusqu'à 11 heures ;

A 11 heures, récréation jusqu'à 11 heures 1/2 ; le Directeur des classes fera alors le compte-rendu des succès et de l'application dans les études, pendant la semaine précédente, en suivant le règlement des samedis ;

A 2 heures, instruction sur le grand catéchisme, précédée de trois dizaines de chapelet, jusqu'à 3 heures ; ensuite 1/2 heure d'étude, vêpres, goûter et récréation jusqu'à 5 heures 1/2 ;

A 5 heures 1/2, étude jusqu'à 7 heures 1/2 ;

A 7 heures 1/2, souper et le reste comme à l'ordinaire.

Les exercices du matin furent modifiés pendant tout le temps qu'on fut obligé d'assister à la messe à 9 heures à Notre-Dame-du-Mont.

2° Depuis le 1ᵉʳ mai jusqu'à la fin de l'année scolaire, les vêpres seront suivies de la récréation jusqu'à 4 heures 1/2 ; à 4 heures 1/2, l'étude se prolongera jusqu'à 6 heures, à la fin de laquelle aura lieu la récréation qui durera jusqu'au souper, à 8 heures 1/2 ou 9 heures, selon la longueur des jours.

Art. 4

Des Jours de Sortie

1° On pourra sortir, une fois le mois, à la demande des parents, lorsqu'on aura mérité cette faveur par sa bonne conduite, son application ou ses succès.

2° On ne sortira que les jeudis avant ou après la première étude du matin, selon les saisons et on rentrera le soir au moins à l'heure de la prière.

3° On ne découchera jamais sans en avoir auparavant obtenu l'autorisation du Directeur des classes.

4° Les élèves ne sortiront jamais seuls ; on ne les remettra qu'entre les mains de leurs parents, ou de toute autre personne de confiance.

5° Avant de sortir, les élèves seront tenus de se présenter au Directeur des classes, duquel ils recevront un billet de sortie qu'ils remettront au portier.

6° Ceux dont la famille n'habite point Marseille, pourront sortir, s'ils l'ont mérité, quelque jour que ce soit, lorsque leurs parents les demanderont.

7° Le second jeudi de chaque mois est ordinairement soumis au règlement ci-dessus, ainsi que les deux fêtes de Noël et de Pâques, le premier jour de l'an et le vendredi du Sacré-Cœur ; les seconds jeudis des mois dans lesquels se rencontrent les susdites fêtes, ne sont pas jours de sortie.

Art. 5

Des jours de grande promenade

1° En hiver, le lever comme à l'ordinaire, jusqu'au déjeûner après lequel on ira en promenade. A midi, on seerendra à la maison de campagne désignée ; après le dîner, la promenade aura lieu de nouveau jusqu'à 6 heures ; à 6 heures 1/2, les exercices religieux et le souper comme à l'ordinaire.

2° En été, après les exercices religieux, on partira pour la promenade et on déjeunera à la campagne ; à midi, le dîner sera suivi de deux heures de repos, après lequel la promenade se prolongera jusqu'à 7 heures 1/2 ; le reste comme à l'ordinaire. Le lever du lendemain sera renvoyé à 6 heures.

3° Les premiers jeudis de décembre, de février, de mai et de juillet, sont ordinairement soumis au règlement ci-dessus.

Art. 6

Des jours de Fêtes de l'Etablissement

1° Les jours de fêtes de l'Etablissement sont soumis au règlement des fêtes religieuses, depuis le lever jusqu'à 7 h. 1/2, et depuis midi jusqu'à 2 heures. Les études, les exercices et les catéchismes seront remplacés par la récréation, ou par des promenades en Ville. Le souper aura lieu à 8 heures et sera précédé du chapelet et de 1/2 heure de lecture ; le lendemain, le lever sera renvoyé à 6 heures.

2° L'Etablissement adopte trois fêtes : l'Epiphanie, symbole de la propagation des lumières, fête des sciences ; le Bon Pasteur, symbole de l'Administration paternelle, fête des Directeurs, professeurs et surveillants ; l'Assomption de la Sainte Vierge, symbole du triomphe prochain des élèves, fête de tous les élèves.

3° Les fêtes particulières des Directeurs, des Professeurs et des Surveillants sont interdites dans la maison pendant l'année scolaire.

CHAPITRE III

De l'Education

L'éducation est indispensable pour jouir des bienfaits de la Société et participer à ses privilèges : elle est à l'instruction ce que les parties fondamentales d'un édifice sont aux ornements qui l'embellissent ; sans elle l'instruction est souvent inutile et presque toujours dangereuse, tandis qu'elle supplée en mille circonstances au défaut d'instruction. Nous entendons par Education la connaissance et la pratique des devoirs que Dieu nous impose, et des convenances que nous avons à observer envers nous-mêmes et envers notre prochain. Nous partagerons en trois articles les règlements qu'exige ce point important.

ARTICLE PREMIER

De la Religion

1° Comme il n'y a pas de véritable éducation sans vertu, ni de véritable vertu sans Religion, les élèves seront tenus d'observer toutes les pratiques obligatoires de la Religion Catholique, comme la prière, la confession, etc. ; toute violation grave des commandements de Dieu et de l'Eglise sera digne de châtiment ou provoquera l'exclusion.

2° Parmi tous les vices qui dégradent l'humanité, l'hypocrisie étant un des plus honteux et des moins susceptibles d'amendement, nous proscrivons l'affectation dans la piété avec non moins de rigueur que la négligence : ce genre de dissimulation conduit tôt ou tard à l'hypocrisie et favorise le penchant à la dénonciation, qui est le fléau des communautés.

3° L'homme ayant à lutter continuellement contre ses passions, la prudence exige qu'il contracte dès l'enfance l'habitude de certaines pratiques, qui, n'étant point obligatoires par elles-mêmes, sont néanmoins des moyens très efficaces pour persévérer dans la vertu, et un puissant préservatif contre le vice; de ce nombre sont la prière du matin et du soir, la récitation de l'*Angelus*, trois fois par jour, une lecture spirituelle d'un quart d'heure dans la journée, deux dizaines de chapelet chaque jour et trois le dimanche, ce qui fait un Rosaire par semaine, l'assistance à la messe, aux fêtes principales de dévotion, enfin la confession mensuelle, qui suppose la communion plus ou moins fréquente, selon l'avis d'un Directeur sage et éclairé ; aussi avons-nous adopté ces pratiques, avec néanmoins cette réserve qui empêche de les rendre odieuses, et qui en fait conserver l'usage, pendant toute la vie, comme un souvenir délicieux de la première enfance.

Nous voulons que chaque élève soit muni d'un chapelet, qu'il tiendra suspendu à son lit, comme une armure défensive.

4° La dernière récréation du samedi soir est le temps désigné pour la confession : on présentera au Confesseur un billet qui portera la signature du pénitent, ainsi que le quantième du mois, pour certifier au Directeur spirituel qu'on a satisfait à ce devoir.

5° Afin d'éviter les distractions et de ne point s'habituer à l'indifférence, on n'assistera jamais à la Sainte-Messe sans être muni d'un livre de prières ou de tout autre livre de piété ; aux Vêpres, on sera tenu de psalmodier à haute voix, à moins que l'on ne soit réellement indisposé.

6° Deux fois la semaine, le jeudi et le dimanche, les élèves qui n'ont pas fait la première communion, ou qui l'ayant faite ne sont point avancés dans les études, assisteront au cathéchisme élémentaire ; après la récitation, on écoutera attentivement les explications et développements qui seront présentés, afin de pouvoir en rendre compte, à la prochaine séance.

7° Les exercices de la maison commenceront par la prière, *Veni sancte spiritus*, que l'on fera avant la première étude de la matinée et de l'après-midi, et seront terminés par le *Sub tuum præsidium*, que l'on récitera à la fin des dernières études, à midi et le soir.

Art. 2

De la Propreté

1° Quoique la propreté extérieure ne puisse être adoptée comme une règle infaillible et générale, pour en conclure la pureté intérieure, cependant tous les moralistes s'accordent à reconnaître qu'elle a des rapports très intimes avec les bonnes mœurs ; par conséquent des châtiments seront infligés aux élèves qui se rendront coupables de négligence pour la propreté de leur corps, pour le soin de leurs vêtements, de leurs livres et de leurs autres effets ou qui se permettront des propos ou des actes que repousse l'honnêteté.

2° Le matin, après le lever, les élèves seront conduits, par divisions, au lavoir où chacun trouvera, à sa place respective, l'essuie-main et l'éponge qui lui appartiennent.

3° Un jour de chaque mois, les élèves prendront, en hiver un bain de jambes et en été, un bain de tout le corps.

4° Le Directeur des classes passera en revue les élèves toutes les fois qu'ils sortiront de la maison pour la messe, la promenade ou toute autre fin.

Art. 3

De la Politesse

1° La politesse comprend des obligations rigoureuses que la morale chrétienne enseigne et des devoirs de convenance qu'exige la bonne société.

2° Nous déclarons en conséquence dignes de châtiment, les paroles injurieuses, les actes de vengeance, l'esprit de domination et d'égoïsme, qui sont également incompatibles avec l'harmonie qui doit régner dans une communauté.

3° Les élèves seront tenus d'observer entre eux, surtout avec les étrangers, tous les égards que réclame la politesse : la violation trop fréquente ou affectée des enseignements qu'ils recevront sur ce point, sera punie comme une faute morale.

4° On évitera d'assister, la tête couverte, aux différents exercices de la maison : pour obvier à cet inconvénient, on déposera la casquette ou le chapeau au lieu désigné.

CHAPITRE IV

De l'Instruction

L'instruction, quoique ordinairement secondaire dans les intérêts éternels de l'individu, n'est pas moins, selon les vues de la Providence, une condition essentielle pour le développement de la Société et une plus grande manifestation des vérités divines : elle devient d'une obligation rigoureuse même pour l'individu, lorsqu'il se destine à prendre dans le monde une position qui exige des connaissances spéciales ; d'ailleurs, l'instruction est toujours agréable et avantageuse, quelle que soit notre destinée : il est donc important que les élèves observent avec exactitude les dispositions auxquelles nous croyons devoir les soumettre pour faciliter leurs progrès dans les études.

Article Premier

Du Catéchisme

1° Les élèves recevront dans le catéchisme élémentaire les connaissances nécessaires et suffisantes pour pratiquer leurs devoirs de chrétien ; ils seront admis à des leçons supérieures, après leur première communion.

Établir les bases de la Religion et la divinité du Catholicisme, développer les mystères et les Sacrements, expliquer la morale et les obligations des États, tel est le plan d'instruction religieuse qui sera rempli à la fin de chaque troisième année.

2° Les élèves du grand catéchisme seront tenus d'insérer dans un cahier particulier le résumé des instructions, afin de pouvoir présenter leur travail, lorsqu'ils en seront requis.

3° Une fois par trimestre on leur donnera une ou deux questions religieuses à traiter pour sujet de composition.

Art. 2
Des classes de Sciences et de Langues

1° Les élèves doivent se reposer sur l'expérience et les lumières de leurs Professeurs, quant à la méthode d'enseigner ; par conséquent tout ce qui leur sera imposé doit être constamment et ponctuellement exécuté : c'est à cette condition que nous leur assurons un prompt succès.

2° Les Professeurs ont un droit rigoureux à l'obéissance et au respect des élèves ; rien de plus évident que ces deux obligations ; ils ont également le droit, pour éviter la confusion et la perte de temps, d'interdire les conversations particulières et d'exiger qu'on demande leur autorisation, pour faire des observations à haute voix ; on ne sortira jamais des classes à moins qu'une infirmité quelconque ne l'exige.

3° Il est défendu d'apporter en classe des livres de lecture et en général tous ceux qui ne seraient d'aucune utilité pour la classe particulière à laquelle on assiste.

4° Le mercredi de chaque semaine est ordinairement jour de composition ; chaque Professeur suit sur cette question les dispositions qui lui sont imposées par le Directeur des classes.

5° Le samedi, aura lieu dans les classes, plus ou moins souvent, selon l'objet des cours, ce qu'on appelle vulgairement la sabbatine ; cet exercice consistera dans la récapitulation des leçons de la semaine et la révision d'une partie notable des devoirs : les Directeurs y assisteront, quand il leur paraîtra convenable.

6° Les examens généraux n'auront lieu que deux fois durant l'année scolaire ; on ne les subira qu'après une préparation d'un mois, depuis le 15 février jusqu'au 15 mars ; et depuis le 15 juillet jusqu'au 15 août. Les examens seront publics et individuels.

Art. 3
Des Etudes

1° Chaque classe étant ordinairement précédée et suivie d'une étude, il est important que les élèves ne s'habituent point à intervertir l'ordre de leurs occupations, de telle sorte qu'ils préparent du latin pour une classe de grec et du grec pour une classe d'anglais : en outre ils doivent toujours consacrer la première partie de l'étude à faire le devoir imposé ou à rédiger les explications reçues dans la classe précédente, et l'autre partie de la même étude à préparer les leçons et les devoirs pour la classe suivante.

Il est aisé de comprendre qu'avec ce système la spécialité sera exigée des Professeurs et qu'on évitera la confusion qui est le résultat naturel des classes où l'on traite de toutes les branches d'instruction simultanément.

2° Le silence le plus rigoureux doit être observé dans les salles d'étude ; on évitera de causer le moindre désordre de quelque manière que ce soit ; et l'on ne pourra quitter sa place, soit pour sortir de la salle, soit pour conférer avec ses condisciples, qu'avec l'autorisation du surveillant. On ne sortira jamais pendant les études qui suivent les récréations.

3° Les élèves doivent s'efforcer par leur obéissance et leur respect envers les surveillants de rendre facile l'exercice d'un emploi qui est presque toujours onéreux et dont ils reconnaîtront eux-mêmes quelque jour toute l'importance.

4° Lorsqu'on quittera la salle d'étude, pour se rendre en classe et en général toutes les fois que l'on sera en marche dans l'intérieur de la maison, on se dirigera au lieu désigné, deux à deux et en silence.

Art. 4

Des Arts d'Agrément

1° Nous entendons par arts d'agrément, la musique, le dessin, etc. ; les maîtres jouiront sur les élèves des mêmes droits que les autres Professeurs.

2° On prendra des leçons de musique aux heures de récréation et même d'étude, depuis 11 heures jusqu'à 2 h. 1/2 ; le surveillant sera chargé d'envoyer à la salle de musique chaque élève quelques minutes avant l'heure qui lui aura été assignée.

3° On prendra des leçons de dessin depuis 1 heure 1/2 jusqu'à 2 heures 1/2 ; le silence est obligatoire dans la salle de dessin.

4° Le jeudi, le dimanche et autres jours remarquables ne sont pas soumis au règlement ci-dessus.

Art. 5
Exercices divers

1° Comme une partie considérable de la communauté assiste ordinairement aux exercices de Présentation, de bonne lecture et de déclamation, on conçoit que le silence est indispensable, afin que les leçons du maître ne soient pas infructueuses : on évitera de faire aucune manifestation, de quelque nature qu'elle soit ; le maître seul a le droit de rendre témoignage aux progrès comme de corriger les défauts.

2° Les leçons d'équitation, de danse, de gymnastique spéciale et d'escrime auront lieu les jeudis aux heures déterminées par les circonstances.

3° Il est inutile de faire observer que les élèves ne sont pas dispensés à l'égard de ces maîtres de l'obéissance et du respect.

4° Quant aux exercices de gymnastique ordinaires, on suivra les dispositions que les surveillants établiront selon le temps et les circonstances.

CHAPITRE V

Règlements Disciplinaires

Article Premier
De la Chapelle

1° Le premier qui entrera dans la Chapelle, présentera de l'eau bénite au second, le troisième au quatrième, et ainsi de suite ; ceux qui passeront devant l'autel, feront une révérence à la Croix, et on attendra, pour se mettre à genoux, le signal du surveillant ; en général on ne doit changer de position qu'après que le signal aura été donné par celui qui présidera à l'exercice.

2° Le silence le plus rigoureux doit être observé dans la chapelle : on évitera de se pencher trop en avant ou en arrière ; une contenance irrégulière et dissipée serait évidemment déplacée dans le lieu Saint.

3° Deux élèves choisis par leurs condisciples, seront chargés du soin de la Chapelle ; ils porteront le nom de Lévites :

l'élection se fera chaque trimestre, à la majorité des suffrages ; les anciens pourront être confirmés.

Art. 2

Du Réfectoire

1° En arrivant au réfectoire, les élèves prendront leur serviette dans le tiroir et se tiendront debout jusqu'après la prière ; ils ne déplieront leur serviette qu'après le signal qui en sera donné.

2° Chaque table sera composée de 6 ou 8 élèves ; le chef de table, assisté d'un sous-chef, nommé comme lui par le Directeur des classes, servira la soupe, déterminera les portions et préviendra les abus ainsi que les privations.

3° On gardera ordinairement le silence pendant les repas ; les élèves doivent s'attendre à être surveillés sur la propreté et la politesse, avec la plus grande exactitude.

4° A la fin du repas, les élèves nettoieront eux-mêmes leurs couverts et rinceront leurs verres ou gobelets ; on ne jettera point l'eau à terre, mais on la versera dans le plat qui sera à la disposition de chaque table ; on ne sortira point du réfectoire, sans avoir remis le couvert, la serviette et le verre dans le tiroir.

5° On fera ordinairement la lecture pendant tout le repas ; le lecteur ne commencera qu'après que les élèves auront déplié leurs serviettes ; le signal de la fin du repas étant donné, il terminera par un nombre de l'imitation de Jésus-Christ ; après la prière qui suivra immédiatement, on se rendra en silence au lieu désigné.

Art. 3

Des Récréations

1° Les élèves ne pourront jamais quitter le lieu de la récréation, sans l'autorisation du surveillant ; cette disposition regarde également les promenades.

2° Le surveillant a le droit d'interdire les jeux qui lui paraîtraient dangereux ou indécents.

3° Quoique nous ne prétendions pas interdire absolument les liaisons particulières, qui peuvent avoir d'excellents résultats pour l'avenir, cependant nous serions obligés, pour l'intérêt général de la Communauté, de les faire cesser, si par imprudence ou obstination, elles détruisaient l'union qui doit régner parmi tous les élèves.

4° La langue Provençale est généralement interdite dans les conversations (1).

5° 10 minutes avant la fin des grandes récréations, on donnera un signal, afin que chacun prenne ses précautions et ne s'expose point à essuyer un refus, pendant les études ou les classes. On conçoit que ce signal devient inutile pour les petites récréations qui ne sont établies qu'à cette fin. Au second signal après les 10 minutes, les élèves se placeront deux à deux, et au troisième, ils garderont le silence et se dirigeront au lieu désigné.

Art. 4

Du Dortoir

1° Les élèves doivent s'habiller et se déshabiller en silence et surtout avec la plus grande modestie : nous leur déclarons que l'indulgence sur ce dernier point nous paraîtrait criminelle, et que nous sommes disposés à déployer une sévérité inexorable contre ceux qui abuseraient de notre confiance.

2° Deux fois la semaine, on devra changer de bas et de chemise; on aura soin de mettre le linge sale dans le sac de nuit, avant de quitter le dortoir : il est expressément défendu de laisser hors des armoires, qui seront placées à côté de chaque lit, quelque objet que ce soit, excepté les souliers, le mercredi et le samedi, afin qu'on puisse les cirer.

3° Les lingères auront soin d'enlever deux fois la semaine le linge sale et de le replacer dans les armoires, après qu'il aura été lavé et repassé, sans avoir aucune communication avec les élèves.

Art. 5

Du Parloir

1° Les élèves n'iront au parloir ou dans les allées, qu'après avoir averti le surveillant; en arrivant, ils salueront toute la société et tâcheront de mettre en pratique les leçons de politesse qu'ils auront reçues; au signal des 10 minutes, ils pren-

---

(1) Les félibres n'avaient pas encore paru sur l'horizon littéraire.

dront congé de leurs parents et se retireront, après avoir de nouveau salué tous les assistants.

2° Les parloirs sont interdits pendant les études, les classes et les exercices religieux.

Art. 6

Du Cabinet de Lecture

1° Il existe dans la Maison un cabinet de lecture, composé de neuf ou dix écrits périodiques et de plusieurs autres livres instructifs et agréables ; il est ouvert depuis 5 heures 1/2 jusqu'à 7 heures 40 minutes, et à toutes les études des jeudis et des dimanches.

2° On s'abonne au cabinet de lecture, moyennant la somme de 6 francs, payable d'avance, pour toute l'année.

3° Le surveillant-inspecteur du cabinet de lecture est chargé de distribuer à chaque lecteur, selon son âge et ses études, les journaux et les livres et de les recueillir après la séance ; il prend note des dégâts et veille à ce qu'il ne se glisse aucun abus pendant la lecture.

4° Les livres de lecture qui appartiennent aux élèves, doivent être revêtus de l'approbation du Directeur spirituel.

Art. 7

De l'Infirmerie

1° Dès que les élèves éprouveront une indisposition qui empêche de se livrer à l'étude, ils doivent en avertir le surveillant, qui les fera conduire à l'infirmerie.

2° Pendant la maladie et la convalescence, ils sont tenus d'obéir ponctuellement aux injonctions du médecin, et ne doivent quitter l'infirmerie que d'après son avis.

3° Lorsque l'indisposition n'empêche point de se livrer à l'étude et que l'on désire consulter le médecin, on avertira le surveillant, qui y pourvoira.

Art. 8

Des Lettres

1° Quoique nous n'adoptions pas l'usage habituel de pénétrer dans le secret des correspondances, cependant nous nous réservons le droit de savoir au moins probablement, avec quelles personnes on les entretient, et même de retenir les lettres ou de les décacheter lorsque l'intérêt de nos élèves l'exigera. Cette dernière mesure ne se prendra qu'en présence de l'élève, qui en sera l'objet ; en conséquence les élèves sont tenus de présenter au Directeur spirituel les lettres qu'ils envoient et celles qu'ils reçoivent.

2° Il y aura dans un lieu apparent de la maison une boîte aux lettres ; un domestique sera chargé dans la soirée de les porter à la poste ou au lieu indiqué, après que le Directeur spirituel aura pris connaissance de leur adresse.

Art. 9
De la Questure

1° Il y aura dans la maison un cabinet, appelé questure, abondamment pourvu de tous les objets qui peuvent être nécessaires ou agréables aux jeunes étudiants : il sera dirigé par des élèves, nommés questeurs, sous la surveillance du Directeur-Administrateur à qui ils seront tenus de présenter à la fin de chaque semaine le compte des dépenses et des recettes.

2° Les questeurs seront au nombre de six ; ils seront chargés non seulement de la vente des objets, mais encore du soin de visiter de temps en temps les cours, les salles d'étude, les classes et en général tous les lieux où séjourne la communauté ; ils s'empareront de tout ce que les élèves auront égaré et ne les rendront qu'après avoir exigé une amende plus ou moins forte selon la valeur de l'objet ; le partage de leurs emplois et la fixation générale des amendes seront réglées entre eux et M. le Directeur-Administrateur.

3° Les 2/3 du bénéfice de la questure sont le droit des pauvres, le 1/3 restant sera employé à l'entretien ordinaire de la chapelle. Un des questeurs sera chargé de distribuer l'aumône aux pauvres ; elle sera déterminée par leur règlement.

4° L'élection des questeurs est soumise aux mêmes dispositions que celle des Lévites.

Art. 10
Des Récompenses

1° Il y aura des récompenses journalières, hebdomadaires, trimestrielles et solennelles.

2º Les récompenses journalières consistent en témoignages honorifiques ; les hebdomadaires en témoignages honorifiques et palmes d'argent ; les trimestrielles en gravures et en livres ; les solennelles sont le tableau d'honneur et les distributions des Prix à Pâques et à la fin de l'année scolaire.

3º Les récompenses journalières seront accordées par les surveillants et les Professeurs ; elles n'auront de valeur que dans leur classe ou leur division respective, et ne pourront dispenser des punitions que ceux qui auront mérité personnellement ces témoignages.

4º Les récompenses hebdomadaires seront accordées dans la salle d'étude, après les comptes-rendus dont on a parlé ci-dessus, d'après les notes des Professeurs et des surveillants, sur les progrès, l'application et la bonne conduite des élèves ; elles auront de valeur pour toutes les classes et toutes les divisions, mais seulement pour les élèves qui les auront méritées : les palmes d'argent seront délivrées à ceux qui auront obtenu la première place dans les compositions.

5º Les récompenses trimestrielles seront accordées à tous ceux qui auront mérité et conservé 20 témoignages honorifiques hebdomadaires, pourvu qu'on en présente au moins 2/3 d'un des Directeurs et 1/3 de l'autre. Elles seront délivrées par les parents ou toute autre personne qui jouit de leur confiance, en présence de toute la Communauté : ceux qui en auront mérité et conservé 20, aux mêmes conditions que ci-dessus, pendant le même trimestre, seront proclamés membres aspirants du tableau d'honneur, par les Directeurs.

6º Ceux qui auront mérité et conservé pour la seconde fois 20 témoignages, pendant le même trimestre, seront proclamés, dans quelque circonstance solennelle, par les Directeurs, membres titulaires du tableau d'honneur, sur lequel leur nom sera inscrit, et que l'on exposera ordinairement au parloir ; ils pourront être exempts des punitions générales, jouir du privilège de délivrer un élève par semaine et sortir une fois de plus dans le trimestre, au gré de leurs parents ; on leur accordera de temps en temps d'autres faveurs dont on laisse le choix à leur bon plaisir, ainsi qu'à la bienveillance judicieuse des Directeurs.

7º Les autres récompenses solennelles sont le prix de sagesse, le prix d'honneur, le prix d'excellence et les prix des différents cours ; le prix de sagesse ou de bonne conduite sera accordé par le vote réuni des directeurs, des surveillants et des élèves ; chaque directeur aura trois suffrages, chaque surveillant en aura deux et chaque élève un seul ; pour obtenir ce prix, qui sera proclamé le premier, il faut avoir au moins les deux tiers des votes. Le prix d'honneur sera obtenu par celui qui aura mérité et conservé, aux mêmes conditions que ci-dessus, le plus grand nombre de témoignages honorifiques, hedbomadaires (1) ; le prix d'excellence, par celui qui aura occupé les meilleures places dans toutes les compositions ; et les autres prix, par ceux qui auront également occupé les meilleures places dans chaque composition de l'année.

8° Le prix d'excellence sera déterminé chaque semestre ; la distribution solennelle des prix à Pâques consistera à proclamer, avec récompenses, les trois élèves qui pendant tout le semestre précédent auront occupé les meilleures places dans toutes les compositions.

9° Les distributions des Prix seront toujours précédées de quelques jours d'exercices et de séances académiques ; tout ce qui concerne ce dernier exercice, sera déterminé par un Règlement particulier.

Art. 11

Des Punitions

1° Toute violation du Règlement mérite une punition : il y aura des punitions correctives et des punitions extrêmes ; les premières sont journalières, hebdomadaires et mensuelles ; les secondes sont employées quand les circonstances l'exigent.

2° Les punitions journalières, qui sont du ressort des professeurs et des surveillants, consistent en privation de récréation et en condamnation à la salle de discipline, où les élèves étudieront les leçons qu'ils n'ont pas apprises et satisferont aux devoirs qu'ils auront omis ; on pourra retirer les témoignages honorifiques, journaliers et même hebdomadaires, selon la gravité de la faute : ceux qui sont convaincus de dissipation ou d'indiscipline, seront condamnés à réciter un certain nombre de vers, déterminé par le Directeur des classes.

3° Les punitions hebdomadaires ou mensuelles seront an-

---

(1) Pourvu que ce nombre ne soit pas au-dessous de 80.

noncées à l'exercice du compte-rendu, après la distribution des récompenses : elles consistent à retirer les témoignages honorifiques, hebdomadaires, à priver du parloir et des sorties, à suspendre les privilèges du tableau d'honneur et autres humiliations de ce genre Celui qui aurait mérité cette dernière punition trois fois, serait par là même effacé du tableau d'honneur.

4° Les punitions extrêmes seront déterminées par les directeurs et les parents des élèves qui les auront méritées ; il est inutile de signaler les fautes qui nous porteraient à prendre des mesures énergiques ; elles doivent se présenter naturellement à l'esprit des élèves.

Art. 12

Des Demi-Pensionnaires et des Externes

1° Les demi-pensionnaires doivent être rendus à l'établissement à 7 heures 1/4 ; ils y dineront et goûteront et seront soumis au règlement des pensionnaires, pendant toute la journée, jusqu'à la fin de la dernière classe ; ils jouiront des mêmes faveurs et seront soumis au même règlement que les pensionnaires, les jeudis, les jours de fête et autres.

2° Les externes seront reçus à 7 heures 1/2 et se retireront à 11 heures 1/2 ; ils rentreront à 2 heures et ne se rendront chez eux qu'à la fin de la dernière classe ; ils sont tenus d'observer toutes les dispositions qui concernent les classes et les salles d'étude ; les jeudis et les jours de fêtes religieuses, ils assisteront au cours d'histoire naturelle, au catéchisme et à l'exercice des vêpres et seront dispensés des promenades.

3° Il est défendu aux demi-pensionnaires et aux externes de se charger des lettres des pensionnaires ou de leur en remettre, sans l'autorisation de M. le Directeur spirituel.

4° Les externes ne seront pas tenus de s'adresser au confesseur des pensionnaires ; mais ils présenteront, chaque mois, un certificat de confession au Directeur spirituel. Et sera le susdit règlement lu à toute la Communauté en présence des directeurs, professeurs et surveillants, deux fois l'année.

Fait au Château Menpenti, le 14 Septembre, jour de l'Exaltation de la Ste-Croix, de l'année 1835.

Les Directeurs.

PRIÈRE DU MATIN ET DU SOIR

Acte d'Adoration

Très-Sainte et Très-Auguste Trinité, je vous adore et vous rends les hommages qui sont dus à votre Souveraine Majesté.

Acte de Foi

Mon Dieu, je crois fermement à tout ce que vous avez révélé à la Sainte Eglise Catholique, parce que vous êtes la vérité même.
Je crois en Dieu, etc., ou *Credo in Deum*, etc.

Acte d'Espérance

Mon Dieu, j'espère en vous, parce que vous êtes tout-puissant et fidèle dans vos promesses.

Daignez exaucer les prières de votre humble serviteur; accordez-moi votre grâce en ce monde, afin que je mérite la gloire des Elus.

Notre Père, qui êtes, etc., ou *Pater noster*, etc.

Acte de Charité

Mon Dieu, je vous aime de tout mon cœur et par-dessus toutes choses, parce que vous êtes infiniment bon et aimable; et j'aime mon prochain, comme moi-même, pour l'amour de Vous.

Acte de Reconnaissance

Mon Dieu, je vous remercie de toutes les grâces naturelles et surnaturelles, que j'ai reçues et que je reçois chaque jour de votre bonté. Faites que, par un saint usage de tous vos bienfaits, j'en mérite l'accroissement et que je sois toujours digne de votre paternelle sollicitude.

LE MATIN	LE SOIR
Acte de Contrition	**Examen de Conscience**
Mon Dieu, j'ai un extrême regret de vous avoir offensé, parce que vous êtes infiniment bon et aimable. Pardonnez-moi par les mérites	Esprit-Saint, éclairez-moi sur le nombre et la gravité de mes fautes; et faites que j'en conçoive un repentir salutaire *(Petite pause)*.

de Notre-Seigneur J.-C. Je fais un ferme propos, avec le secours de votre sainte grâce, de ne plus vous offenser et de satisfaire à votre justice par la pénitence.

Je confesse à Dieu, etc., ou *Confiteor Deo*, etc.

Acte d'Offrande

Mon Dieu, je vous offre toutes mes pensées, mes paroles, mes actions et mes peines de cette journée que j'ai l'intention de consacrer tout entière à votre gloire et à mon salut.

Acte de Contrition

Mon Dieu, j'ai un extrême regret, etc.

Je confesse à Dieu, etc., ou *Confiteor Deo*, etc.

Acte d'Offrande

Mon Dieu, je vous offre le repos que je vais prendre; que votre bénédiction demeure toujours sur moi, pendant que je réparerai mes forces pour vous mieux servir.

Invocation des Saints

Sainte-Vierge, Mère de Dieu, Esprit bienheureux qui avez reçu de Dieu la garde de mon âme; Saints Patrons qui veillez sur moi du haut des Cieux, obtenez-moi la grâce de vivre et de mourir dans l'innocence et dans l'attachement à la foi catholique.

Je vous salue, etc., ou *Ave Maria*, etc.

Jetez, Seigneur, un regard de miséricorde sur tous mes Parents, mes supérieurs, mes bienfaiteurs, mes amis et mes ennemis; et que les âmes des fidèles défunts reposent en paix. — Ainsi soit-il.

LE SAMEDI SOIR

Les Litanies de la Sainte-Vierge

On termine par deux dizaines de Chapelet; et le Dimanche par trois dizaines suivies du *Memorare* ou *Souvenez-vous*, etc.

N° 3

Les Cadeneaux, le 16 Novembre 1835.

« Mon cher et estimable Confrère,

« Je ne sais trop qui a pu vous dire qu'il m'aurait fait de la peine de recevoir à confesse des écoliers de votre nouvel établissement à Menpenti, dans le cas que vous m'en eussiez proposé quelques-uns ? Pour détruire dans votre esprit une pareille idée, je me suis permis de vous écrire pour vous déclarer que, si je vous suis nécessaire pour cet acte de charité, vous pouvez librement disposer de ma personne. Bien loin de m'en faire une peine de conscience, je croirai au contraire faire devant Dieu une œuvre digne de récompense ; si j'étais du diocèse de Marseille, j'obéirais aux ordres portés relativement à ce sujet par l'autorité ecclésiastique de cette ville ; mais n'en étant pas, je me contente, lorsque j'ai l'occasion d'en entendre parler, de penser bien sur le premier pasteur de ce diocèse, tout en étant disposé de rendre service à mon Confrère que j'aime et j'affectionne sincèrement.

« C'est dans ces sentiments, mon cher, que j'ai l'honneur d'être votre très humble et très dévoué Confrère,

« Cavalier. »

N° 4

Décembre 1835.

« Monsieur le Recteur,

« Trois Prêtres exerçaient encore des fonctions honorables, le 1ᵉʳ avril 1835, dans le Petit Séminaire de Marseille, et y jouissaient de la confiance de tous les élèves, de tous les parents et des supérieurs ecclésiastiques ; cette dernière assertion pourrait, au besoin, se prouver par des témoignages non suspects et des faits incontestables. Environ un mois après, ces mêmes Prêtres reçurent l'ordre de quitter sur-le-champ leurs fonctions, et de se retirer où bon leur semblerait. Deux d'entre eux jugèrent convenable de demander des explications à M⁀ d'Icosie, sur une mesure, qui les exposait à la diffamation : l'un ne reçut qu'une réponse évasive, et l'autre qui persistait à vouloir connaître le motif de son expulsion, fut maltraité par un valet en présence même du prélat. Cependant un grand nombre de pères de famille, dégoûtés de la mauvaise administration qui régissait le Petit Séminaire, les ayant engagés à fixer leur domicile à Marseille, ces Prêtres profitèrent de l'autorisation qu'ils en avaient reçue, l'un des Grands Vicaires d'Aix, et l'autre de l'Evêque de Fréjus, leurs supérieurs respectifs, pour adhérer aux vœux de ces familles honorables.

« Quant au troisième Prêtre, l'administration lui ayant fait connaître publiquement son intention de ne plus le charger d'aucun emploi, il a pu, sans encourir le reproche de la désobéissance, se joindre aux deux autres, pour une œuvre également méritoire devant Dieu et devant les hommes.

« Comme représentant de l'Association que nous avons formée, j'ai demandé vers la fin du mois de mai, et obtenu au commencement de juillet l'autorisation du Ministre de l'Instruction publique d'établir un Pensionnat ; j'aime à reconnaître la promptitude avec laquelle elle nous fut expédiée, sur la recommandation de M. le Maire de Marseille et de M. Reynard, député de la même ville ; nous conserverons longtemps, mes collaborateurs et moi, le souvenir de leur bienveillance, ainsi que du zèle que vous avez vous-même toujours déployé pour servir notre cause. Cependant le moment approchait où le Pensionnat devait s'ouvrir ; nous crûmes que des prêtres catholiques, quoique placés par le fait sous le patronage de l'université de France, devaient néanmoins implorer la protection de l'autorité ecclésiastique ou au moins solliciter sa vigilance pastorale sur les enfants confiés à leurs soins : Nous remplîmes ce devoir en adressant à l'Evêque de Marseille une lettre pleine de soumission, de respect et de sentiments affectueux. Grand fut notre étonnement, lorsque la fameuse réponse du 12 août nous apprit que par notre justification respectueuse et nos marques de déférence nous *avions insulté la dignité Episcopale*, et outragé les *cheveux blancs du vénérable vieillard*. Cette lettre rédigée par un Prêtre, aux gages de l'Evêché, se distingue par des déclarations violentes et des peintures qui ne peuvent inspirer que le dégoût aux âmes honnêtes ; on y porte contre nous des accusations capitales que nous repoussons de toute l'énergie d'une conscience irréprochable et dont il nous serait facile de démontrer l'absurdité, s'il nous était donné de comparaître devant des juges impartiaux.

« Cette lettre était de nature à nous affliger, et nullement à nous faire renoncer à une entreprise d'un haut intérêt, et que tant de personnages éminents favorisaient de leur protection et de leurs encouragements ; l'administration Episcopale dut donc en venir à une nouvelle attaque et elle fit insérer le 4 septembre, dans le numéro 826 de la *Gazette du Midi* une note diffamatoire où la perfidie éclate dès la première ligne. Nous aurions pu répondre à cette note par la révélation de tout ce qui se passait dans le Petit Séminaire, sous l'administration de l'Abbé Bicheron. Mais nous fûmes retenus par la crainte d'augmenter le scandale et de déplaire à nos amis et à nos protecteurs qui nous conseillaient le silence et la résignation. Nous nous contentâmes de faire annoncer, par les journaux, que l'ouverture du Pensionnat était fixée au 1er octobre et que les Directeurs étaient sous la surveillance immédiate de l'université de France.

« L'Evêché ne s'en tint pas à sa note, tant le péril lui paraissait pressant. Vers le milieu du mois de septembre, il convoqua au Palais épiscopal tous les Curés, Recteurs et Aumôniers de la ville ; c'est dans cette réunion, que chacun de nous trois a été nommément inculpé de prétendues fautes qu'il importait beaucoup aux accusateurs de dénoncer en l'absence des accusés. Après une semaine de silence, une circulaire imprimée et portant la signature de l'Evêque fut envoyée à tous les Prêtres approuvés de Marseille, et notamment au Recteur de notre paroisse. (Vous en trouverez ci-joint une copie, dont nous garantissons l'authenticité). Vous y remarquerez un tas de phrases déclamatoires, et des répétitions nombreuses, qui assurément ne prouvent pas une abondance de raisons : l'empiètement de l'autorité ecclésiastique sur l'enseignement universitaire y est flagrant ; enfin on y trouve expressément formulée la défense à tout prêtre approuvé d'entendre la confession de nos élèves, défense qui est une nouveauté dans l'Eglise catholique, et qui est tout à fait opposée à son esprit autant qu'à sa discipline.

« Quelques jours après parut dans le *Sémaphore* contre toutes ces mesures un article auquel nous protestons n'avoir coopéré ni directement ni indirectement, et dont nous avons toujours reconnu la grave imprudence. C'est alors que la *Feuille du Commerce* entra en lice, par un article inséré le 5 octobre dans le numéro 230 ; cet écrit rédigé avec négligence par une plume aussi perfide qu'obscène, souleva le dégoût de tous les honnêtes gens, et fut généralement regardé comme un outrage fait à la morale publique. Le lendemain 6 octobre, dans son numéro 853, la *Gazette du Midi* publia au nom de l'Evêché et sur son invitation (ainsi qu'elle le fait entendre à quiconque sait lire), une réponse au *Sémaphore*, plus mielleuse que celle de la *Feuille du Commerce*, mais non moins diffamatoire.

« Ce fut alors que nous nous décidâmes, après avoir consulté les pères de famille, nos amis, de rédiger une protestation qui fut insérée le 8 octobre dans le numéro 855 de la susdite Gazette (et encore fallut-il employer le ministère d'un huissier, pour obtenir d'elle cette insertion) ; on l'accompagna naturellement de réflexions injurieuses pour le Pensionnat et les directeurs, et de quelques raisonnements insidieux pour en imposer aux familles chrétiennes.

« Le lendemain 9 octobre, dans le numéro 856 du même journal, parut un nouvel article, rédigé avec la même acrimonie ; nous le signalons comme contenant des mensonges formels ; mensonges que nous pourrions constater par des témoignages et surtout par des écrits authentiques.

« Fatigués d'entendre toujours parler de la lettre du 12 août, et voulant enfin mettre un terme à toutes ces diatribes scandaleuses, nous donnâmes une réponse qui fut insérée dans le *Sémaphore*. Nous étions en effet décidés à porter notre affaire devant les tribunaux ; et déjà nous avions pour cet effet consulté des avocats d'un mérite et d'une probité incontestables, lorsque, ayant appris que la menace de dévoiler la mauvaise administration du Petit Séminaire avait produit quelque sensation à l'Evêché, nous crûmes devoir profiter de son silence *forcé*, pour travailler à l'œuvre que nous avions commencée, et qu'il importait autant à notre réputation qu'au bien public de mener à une bonne fin ; en cela nous nous sommes encore laissés conduire par les inspirations des pères de famille, dont les conseils ont toujours dû nous paraître sacrés.

« Restait la difficulté concernant la confession des élèves ; or voici comment elle a été d'abord résolue, nous pouvons le dire, à la honte de l'Evêché. Celui d'entre nous, qui est chargé spécialement de la direction des exercices religieux, a fait connaître, dès les premiers jours d'octobre, à l'Evêque de Marseille et à ses vicaires généraux, son adhésion aux mesures prises par l'administration épiscopale au sujet de la confession des élèves ; en conséquence il le conjurait instamment de lui désigner le jour, l'heure et le lieu, afin que les élèves pussent accomplir au plus tôt leurs devoirs de chrétiens ; il n'a pas été assez heureux pour obtenir sur-le-champ une réponse à ses demandes ; il a fallu les réitérer ; ce n'est que le 10 novembre, qu'il a pu connaître les intentions des vicaires généraux : M. Chaix, l'un d'eux, après des retards affectés, a osé lui écrire que l'*Œuvre n'étant pas assez attrayante,* il ne se chargerait pas de tout le Pensionnat. MM. Flayot et Tempier, les deux autres, lui ont déterminé des lieux situés à 1 h. 1\|2 de notre domicile, et pour le jour et l'heure, ceux qui pouvaient nous convenir le moins ; il s'est soumis néanmoins à ces dures conditions, et il a conduit 12 élèves à M. Tempier, qui ne s'est rendu au confessionnal que demi-heure après l'heure indiquée.

« Les élèves ayant demandé d'abord au confesseur, s'ils pouvaient espérer de recevoir l'absolution, dans le cas où ils seraient bien disposés, celui-ci leur répondit expressément qu'il ne le ferait jamais, tant qu'ils resteraient au Pensionnat. Sur ce, les élèves refusèrent de commencer une confession, qui aurait été de leur part un acte inutile. Cependant la participation aux Sacrements ne pouvait pas être retardée plus longtemps ; nous avions pris l'engagement de donner à nos élèves une éducation catholique ; il était temps de le remplir et de prouver aux parents que nos paroles n'avaient pas été mensongères ; en conséquence nous avons employé un de ces moyens extrêmes, qui rappellent les persécutions des premiers siècles ; nous avons conduit nos élèves dans le diocèse d'Aix, au grand contentement des pères de famille et à l'édification de toute la ville.

« Mais cette consolation ne nous a été donnée qu'une seule

fois ; à la suite d'intrigues dans le détail desquelles je n'entre pas, il paraît que MM. les Vicaires généraux capitulaires sont entrés tout à fait dans les vues de l'Evêché de Marseille ; on nous assure qu'ils viennent eux aussi d'interdire à tous les prêtres du diocèse la confession de nos élèves.

« En vérité, M. le Recteur, à quoi aboutiront toutes ces violences ? est-ce que ces mesures contre une maison fondée sous les auspices de l'université, ne sont pas injurieuses à celle-ci ?

« Les pères et les mères ne sont pas eux-mêmes à l'abri des vexations ; le confessionnal se change pour eux en bureau de police, où le confesseur interroge minutieusement le pénitent ou la pénitente sur les noms, prénoms et demeures, pour en venir aux enfants et à notre Pensionnat ; après des accusations plus ou moins violentes, plus ou moins ouvertes, selon le degré de zèle, de prudence et d'intelligence du confesseur, il refuse l'absolution aux parents qui persistent à laisser leurs enfants chez nous.

« Telle est, M. le Recteur, l'histoire en abrégé de notre affaire ; je m'abstiens d'exposer d'autres circonstances qui jetteraient beaucoup de jour au milieu de tant de ténèbres, mais qui peuvent être plutôt l'objet d'une conservation que la matière d'une lettre.

« Je termine mon rapport par une dernière considération que je soumets à votre sagesse et à vos lumières. L'Evêché ne s'oppose, dit-il, à notre établissement que, parce que nous sommes capables d'enseigner de mauvais principes et de donner de funestes exemples. Eh bien ! nous répondons à l'Evêché : « depuis bientôt trois mois nous sommes chargés de
« l'éducation de 50 élèves ; interrogez-les en particulier,
« consultez leurs parents ; c'est à l'œuvre qu'on reconnaît
« l'ouvrier. Nous dirons encore : interrogez tous les élèves
« au milieu desquels nous avons vécu au Petit Séminaire,
« consultez aussi leurs parents ; si un seul nous accuse, nous
« baisserons la tête de confusion et nous prenons l'engage-
« ment de nous reconnaître coupables. »

« D'ailleurs ce n'est pas d'aujourd'hui que l'Evêché de Marseille, s'oppose à l'établissement des maisons d'éducation, dirigées par des prêtres. Un de mes collaborateurs lui a rappelé dans sa lettre du 31 novembre une suite de faits, tous également incontestables, qui prouvent évidemment que son hostilité n'est pas inspirée par des motifs purs et honorables.

« Permettez-moi, M. le Recteur, de ne pas aller plus loin — la pensée de toutes les atrocités que nous avons endurées et que nous endurons encore, est trop affligeante, pour que je puisse y revenir de sang-froid ; pour former votre jugement et éclairer celui du ministre, je pense que l'exposition des faits principaux doit suffire. Nous nous abandonnons entièrement à votre justice, et nous espérons que, grâce à votre protection, nous pourrons continuer paisiblement notre entreprise, la consolider sous tous les rapports et surtout admettre nos élèves à la libre participation aux sacrements de l'Eglise.

« Agréez, etc. »

N. B. — Quel était le devoir du Recteur, après avoir lu cette lettre ? assurément il ne devait pas nous croire sur parole. Mais sans aucun doute, il était tenu de faire une enquête, d'entendre les griefs de l'Evêché, de nous les soumettre, d'écouter notre justification, d'exposer au Conseil Académique les accusations et les réponses, de lui demander son avis, et de faire au Ministre le rapport de toute l'affaire ; or un seul de ces devoirs a été rempli. Un inspecteur de l'Académie a eu des conférences intimes avec les messieurs de l'Evêché, mais nous n'y avons pas assisté, et nous en avons toujours ignoré les conclusions ; ainsi il y a eu d'abord un défaut de sympathie, qui s'est changé plus tard en antipathie.

N° 5

Pétition à Monsieur le Ministre de l'Instruction Publique

Janvier 1836.

« Monsieur le Ministre,

« Un Pensionnat dirigé par trois ecclésiastiques estimables, a été établi, il y a quelques mois, à un quart de lieue de Marseille, sous le titre de Pensionnat-Menpenti et avec l'autorisation de l'Université de France. Les lumières et les principes religieux de ces ecclésiastiques nous étant bien connus, nous avons cru ne pouvoir mieux faire que de leur confier l'éducation de nos enfants. Notre confiance a été justifiée ; ces dignes Prêtres connaissant l'importance de leurs engagements, remplissent tous les devoirs de leur état avec un zèle et une exactitude remarquables ; toutes les parties de l'éducation sont également soignées ; et la méthode d'enseignement qu'ils ont adoptée, leur prépare un succès d'autant plus assuré qu'elle attache les enfants aux études et écarte d'elles le dégoût qui souvent ailleurs les accompagne.

« L'éducation de nos enfants faisant l'objet de notre plus grande sollicitude, nous nous trouvions heureux d'avoir rencontré une institution où le meilleur mode d'enseignement était suivi, et qui nous donnait la garantie que nos enfants deviendraient des chrétiens estimables et des citoyens éclairés.

« Notre bonheur a été bientôt troublé par une mesure de l'autorité ecclésiastique, qui nous a paru aussi insolite que peu méritée. L'Evêché de Marseille, pour des raisons qu'il ne nous a pas fait connaître, et dont il serait peut-être difficile de justifier l'équité, a retiré à ces Prêtres le pouvoir de célébrer la Messe dans le diocèse, et a défendu aux Curés, Recteurs, Vicaires et Aumôniers de Marseille, et notamment au Recteur de l'Eglise succursale, dans la circonscription de laquelle le Pensionnat est situé, de confesser les pensionnaires de Menpenti ; il a réservé ce droit aux Grands-Vicaires seuls.

« Les Directeurs du Pensionnat Menpenti se sont soumis à cette décision épiscopale. Mais quel a été leur étonnement et le nôtre, lorsque les Grands-Vicaires ont déclaré à ceux de nos enfants qui se sont présentés pour être admis au Sacrement de la Pénitence qu'il ne leur serait donné l'absolution que dans le cas où ils quitteraient ce Pensionnat.

« Nos enfants et nous-mêmes étant aussi satisfaits de la bonne direction donnée aux études dans le Pensionnat dont on veut nous écarter, qu'édifiés de la conduite des trois ecclésiastiques qui sont à la tête de l'établissement, n'avons pas dû prendre la détermination à laquelle on voulait nous porter. En conséquence, pour ne pas laisser nos enfants privés des Sacrements, nous nous sommes vus obligés de les envoyer dans un diocèse voisin pour les recevoir ; dussions nous être longtemps soumis à une aussi dure nécessité !

« Nous sommes encore à nous demander, si dans nos institutions il est permis de punir des enfants innocents de ce que leurs parents les placent dans un établissement dirigé par les mêmes principes de catholicisme qu'ils professent eux-mêmes, et de punir ceux-ci dans leurs enfants de ce qu'ils accordent leur confiance à des ecclésiastiques estimables, qui d'ailleurs jouissent de l'autorisation de l'Université.

« Vous seul, Monsieur le Ministre, pouvez résoudre la question que nous nous sommes faite ; vous seul pouvez nous faire connaître, si notre conduite a quelque chose de répréhensible ; s'il ne nous est pas permis de préférer des institutions fidèles dans l'accomplissement de leurs devoirs à d'autres qui les remplissent avec moins d'exactitude.

« Si nous n'avons pas commis de délit en accordant notre confiance à ces Prêtres recommandables, quel droit pourrait avoir l'autorité ecclésiastique de nous infliger une punition ?

« Nous vous prions en conséquence, Monsieur le Ministre, de vouloir bien user de votre influence, d'interposer votre pouvoir, et au besoin de faire intervenir le nom du Pape pour faire cesser un état de choses aussi fâcheux.

« Nous avons l'honneur d'être avec respect, Monsieur le Ministre, vos très humbles serviteurs. »

(Suivent plus de cinquante signatures, que j'ai moi-même obtenues, en me rendant au domicile des parents. Je conserve le manuscrit de cette lettre qui fut rédigée par M. Loubon, banquier et adjoint au Maire.)

N° 6

A Monseigneur Bernet

Janvier 1836.

« MONSEIGNEUR,

« J'exerçais, il y a environ deux ans, les fonctions de Vicaire dans la paroisse de Saint-Remy : M. l'Abbé Bicheron, alors supérieur du Petit Séminaire de Marseille, m'ayant vivement pressé de venir partager ses travaux dans cette maison, je demandai à Monseigneur l'Archevêque d'Aix, mon supérieur immédiat, l'autorisation de m'établir à Marseille, ce qui ne me fut accordé qu'avec répugnance et pour un temps limité, ainsi qu'il conste par plusieurs écrits authentiques. Je fus reçu à Marseille avec beaucoup de joie par Monseigneur l'Evêque et ses Vicaires Généraux ; ce dernier fait pourrait, au besoin, être confirmé par des témoignages incontestables. Cependant je me mis à l'œuvre ; chargé des fonctions les plus honorables, j'ai rempli, pendant dix-huit mois, tous mes devoirs de Prêtre, de Professeur et de Directeur, avec une exactitude et un dévouement que le Supérieur n'a pu s'empêcher, en plusieurs rencontres, de reconnaître et de louer.

« Un autre prêtre, du Diocèse de Fréjus, avait reçu, à la même époque, la même invitation, et, comme moi, il y avait adhéré ; il a joui, pendant dix-huit mois, de l'estime générale, de la confiance de ses nouveaux supérieurs ecclésiastiques, et surtout de l'intimité de l'abbé Bicheron. Ce ne sont pas là de simples assertions ; je n'avance rien que je ne puisse prouver par des écrits, des témoignages et des faits indéniables.

« Au mois d'avril 1835, tandis que ce Prêtre recevait à Toulon, durant les fêtes de Pâques, une lettre de M. l'Abbé Bicheron, tout à la fois amicale et flatteuse, un Vicaire Général de Marseille me permettait d'entrer dans un couvent pour y enseigner la littérature aux religieuses elles-mêmes. Nous étions probablement, à cette époque, des prêtres selon le cœur de Dieu, au moins étions-nous jugés comme tels.

« Cependant, quelques jours après, au grand étonnement de toute la Communauté, on nous signifia l'ordre de quitter sur-le-champ le Petit Séminaire et de nous retirer chacun dans son propre Diocèse. Cette mesure nous ayant paru exorbitante et pensant avec raison que notre sortie subite d'une maison d'éducation au milieu de l'année scolaire allait nous livrer inévitablement à la diffamation, nous crûmes de notre devoir de demander des explications à l'autorité Ecclésiastique. Mon collègue ne reçut que des réponses évasives, qui ne pouvaient nullement le satisfaire, tandis qu'il savait que des bruits étranges colportés çà et là par certaines personnes couraient impunément dans le public. Pour moi, comme je persistais à connaître les raisons de mon expulsion, j'eus l'honneur d'être maltraité par un valet en présence de Mgr d'Icosie.

« Quelques jours après ma sortie du Petit Séminaire, j'appris qu'un avocat qui fréquente l'Evêché, ne rougissait pas d'attribuer cet événement à un acte de légèreté dont je me serais rendu coupable dans cette maison ; j'en témoignai mon étonnement à quelques personnes confidentes de mes peines et de mes douleurs ; cette calomnie étant parvenue aux oreilles des professeurs et élèves du Petit Séminaire, il fut décidé qu'on ferait paraître une protestation, pour faire tomber des bruits aussi diffamants. Elle fut rédigée par un professeur et signée d'environ 60 élèves des hautes classes. Ce professeur qui jouissait et jouit encore dans toute la ville de Marseille, d'une bonne réputation, qui prêchait tous les dimanches dans les paroisses les plus importantes, et qui avait été chargé par l'Evêque lui-même de me remplacer dans la chaire de rhétorique, ne manqua pas d'être victime de son dévouement pour moi ; il fut expulsé sur-le-champ du Petit Séminaire et on lui déclara qu'on ne lui confierait plus désormais aucun emploi dans le Diocèse, quoiqu'il soit sujet de l'Evêque de Marseille.

« Cependant plusieurs pères de famille, mécontents de l'Administration du Petit Séminaire et surtout de ces vexations dont ils ne pouvaient se rendre raison, nous engagèrent fortement à ne pas quitter Marseille et à nous charger de l'éducation de leurs enfants. Nous ne pouvions adhérer à cette proposition, sans avoir obtenu de nos supérieurs respectifs l'autorisation de renoncer au service des Paroisses et de nous établir à Marseille ; or, M. l'Abbé Vidal, qui appartient au Diocèse de Fréjus, l'avait obtenue depuis dix-huit mois ; Mgr Raillon me l'avait accordée seulement pour neuf mois ; mais M. Boulard, au mois de mai 1835, me la renouvela au nom de tous les vicaires généraux du Diocèse d'Aix, pour tout le temps que mes affaires l'exigeraient ; le prêtre, qui est du Diocèse de Marseille, ayant perdu tout espoir d'obtenir un emploi, fut contraint, par la nécessité de vivre, qui place toujours les hommes au-dessus des lois positives, de se réunir à nous pour établir le Pensionnat, dont vous recevez ci-joint le prospectus.

« Notre projet sourit à un grand nombre de pères de famille ; et tout ce que la ville de Marseille compte d'éminent dans l'Administration, la Magistrature et la Science, y applaudit vivement; plusieurs curés et autres prêtres se prononcèrent fortement en notre faveur: le recteur de l'Académie d'Aix envoya avec empressement notre demande au Ministre de l'Instruction Publique; et un mois après, sur le crédit de MM. Consolat, maire de Marseille et Reynard, député de la même ville, l'autorisation nous fut expédiée.

« Notre Pensionnat a commencé d'ouvrir ses cours le 1ᵉʳ octobre avec 50 élèves, tandis que le Petit Séminaire en a perdu un nombre considérable, pour des raisons qu'il serait peut-être fastidieux d'exposer dans une lettre, et que je me propose de faire connaître en détail à Votre Grandeur, sur la foi du serment, lorsque le temps sera venu de lui demander sur notre affaire une sentence canonique. Mais l'Administration Episcopale, se laissant persuader faussement qu'une maison d'éducation, dirigée par des prêtres, dans la ville de Marseille, qui appelait depuis longtemps de ses vœux la fondation d'un tel établissement, serait un coup de mort pour son Petit Séminaire, jura de nous détruire par tous les moyens qui étaient en son pouvoir : d'abord, rien n'a été épargné pour nous diffamer tous les trois, par des bruits sourds et des calomnies secrètes ; ensuite on a fait imprimer dans les journaux, une fois au nom de l'Evêque, et plusieurs autres fois, au nom des administrateurs du diocèse, des écrits, dans lesquels notre réputation de prêtres était déchirée impitoyablement, jusqu'au point de soulever l'indignation de tous les honnêtes gens, qui s'accordent encore aujourd'hui à regarder cette attaque comme un outrage à la morale publique ; en outre, une circulaire imprimée et signée de la main de l'Evêque, a été envoyée à tous les prêtres approuvés de la ville et notamment au recteur de notre paroisse, pour leur dénoncer notre maison comme un établissement anti-catholique et leur défendre à tous la confession de nos élèves, qui est réservée comme un privilège aux seuls vicaires généraux ; et ces derniers refusent de donner l'absolution à nos élèves, parce qu'ils persistent tous à demeurer chez nous ; les parents eux-mêmes ne sont pas à l'abri de l'orage ; un grand nombre de confesseurs les obligent, sous peine de refuser l'absolution, de nous retirer leurs enfants ; mais toutes ces mesures, dont l'arbitraire est si saillant, ne servent qu'à nous attacher davantage et les élèves et leurs parents : ces derniers viennent d'adresser une pétition au Ministre de l'Instruction Publique, pour le prier de faire cesser un état de choses si désolant. Cependant, pour ne pas laisser notre maison sans secours spirituels, j'ai moi-même conduit les élèves à trois lieues de Marseille, dans le diocèse d'Aix, et nous avons eu le bonheur de compter parmi eux un grand nombre de communiants ; mais cette ressource vient de nous être enlevée ; les Vicaires Généraux capitulaires, pour condescendre aux remontrances de l'autorité Ecclésiastique de Marseille, ont également retiré à leurs prêtres le pouvoir de confesser nos enfants. Toutes ces persécutions, qui auraient dû déjà nous anéantir, augmentent la réputation de notre maison ; le nombre de nos élèves s'accroît de jour en jour, et les parents sont tellement satisfaits, qu'ils sont décidés à nous laisser leurs enfants, quoi qu'il advienne.

« Tel est, Monseigneur, l'exposé succinct d'une affaire qui jette depuis six mois la désolation dans l'Eglise de Marseille ; avons-nous été criminels en établissant une nouvelle maison d'éducation dans l'opulente ville de Marseille ? Avons-nous pu croire qu'un pareil établissement serait regardé comme un acte schismatique, parce que nos bénéfices ne tomberaient pas dans la caisse diocésaine ? Pouvions-nous raisonnablement prévoir qu'un projet de cette nature soulèverait tant de querelles et produirait tant de scandales ? Je ne sais de quels yeux le Souverain juge a regardé notre entreprise : mais j'en prends Dieu à témoin, je ne m'y serais jamais engagé, si j'avais pensé que nous pussions être coupables, en fondant ce Pensionnat. Au reste, en admettant l'hypothèse que nous nous soyons trompés, et que nous ayons suivi une fausse voie, serait-il raisonnable, aujourd'hui que soixante pères de famille nous ont confié leurs enfants et que dix-huit Professeurs sont attachés à l'établissement, que trois Prêtres dont la vie a toujours été honorable et qui pour se justifier sollicitent un jugement canonique depuis six mois, sans pouvoir l'obtenir, renonçassent à un projet, qui n'est devenu et n'est encore une occasion de scandale, que par accident ? Vu notre position et nos succès, sommes-nous obligés en conscience de disparaître de la scène du monde, comme un grain de sable, pour satisfaire les caprices de quelques hommes que je connais de près et qui, malheureusement, entraînent le vénérable vieillard dans les démarches pernicieuses qu'il condamne lui-même ?

Cependant faut-il que le scandale se perpétue ; que nos

enfants soient privés des Sacrements, et que le public marseillais s'entretienne éternellement de nos dissensions ? Nous souhaitons ardemment que Dieu mette un terme à ce désordre ; il n'est pas de sacrifice si onéreux, qui ne nous parût agréable, si nous pouvions à ce prix acheter notre tranquillité, le salut de nos enfants et la paix de l'Eglise : Nous avons espéré, Monseigneur, que votre arrivée à Aix serait pour nous l'aurore d'un heureux avenir ; dès votre arrivée, j'irai me jeter à vos pieds et je vous supplierai avec larmes au nom de mes collaborateurs, de nos élèves, des pères de famille et de l'Eglise de Marseille, de vouloir bien interposer votre autorité et de nous délivrer tous de mesures qui, fussent-elles justes dans leurs motifs, sont évidemment trop rigoureuses dans l'exécution ; on y chercherait en vain cet esprit de Charité évangélique et de douceur paternelle qui doit animer les bons Pasteurs ; malheureusement, nous ne sommes pas seuls à faire ces observations et il serait dangereux, ce nous semble, que le spectacle d'un Pasteur qui rejette et persécute ses ouailles, au lieu de chercher à les ramener au bercail, pût se perpétuer au milieu d'un peuple éminemment catholique, que son ardente imagination a toujours rendu susceptible à l'égard des ministres des Autels.

Au nom de J.-C. notre maître et juge commun, sauvez, Monseigneur, trois Prêtres de la diffamation : je vous le déclare, sans témérité, toute la ville de Marseille vous en saura gré ; vous avez le pouvoir de nous accorder ce que je vous demande, et votre haute réputation de sagesse et de piété ne me permet pas de douter que vous n'en ayez la volonté ; je prendrai donc la liberté, à votre arrivée, de vous demander une conférence, dans laquelle je vous donnerai sur notre affaire tous les éclaircissements que vous exigerez ; et je me ferai un devoir d'écouter vos remontrances et de suivre vos conseils.

Agréez, etc., J., D. S.

N° 7

Beatissime Pater,

Cùm Galliæ regnum, multis abhinc annis, doctrinis nutriatus erroneis, et perindè quamlibet ætatem invadat corruptela, sæpius evenit ùt collegia, ad erudiendam juventutem erecta, sint, ut ità dicam, libidinum officinæ : tum ex parte magistrorum qui exempla pravitatis discipulis præbent, tum ex parte discipulorum qui sese ad crimen invicem cohortantur ; indè ingressus in hujus-ce generis domos habetur à permultis confessariis tamquam occasio proxima peccandi.

Ego infrà scriptus, sacerdos diæcesis aquensis et Massiliæ commorans, ad pedes vestræ sanctitatis provolutus, hanc quæstionem judicio illius pro quo Christus rogavit ut numquam fides ejus deficeret, confidenter submitto :

Quæro igitur utrùm confessarius. qui juvenem In quodam prædicti generis collegio commorantem, post tres, vel quatuor, aut etiam sex menses, absque ullâ malâ consuetudine inventum, absolutione sacramentali donaret, et ad sacram eucharistiam admitteret, sit ab omni culpâ immunis ?

Massiliæ 2 januarii 1836.

JONJON, Sacerdos.

Superscriptio responsionis hæc est :

> A Monsieur Périer, consul du pape, rue Grignan, à Marseille.

Sacra Pœnitentiaria, perpensis expositis, respondendum censuit confessarium non esse reprehendendum, si, circumstantiis omnibus in domino perpensis, ita sibi agendum putaverit, iis injunctis quæ de jure injungenda sunt.

Datum Romæ in S. Pœnitentiariâ die 3 februarii 1836.

Af. DE RETZ, S. P. Reg..

N° 8

Marseille, le 7 février 1836.

A Monsieur de Lamartine, membre de la Chambre des Députés.

MONSIEUR,

J'ai toujours été convaincu que lorsqu'il s'agissait d'une question de justice et d'utilité sociale, on pouvait avec assurance réclamer votre intervention. Le cas se présente aujourd'hui, et je prends la liberté de faire un appel aux beaux sentiments que vous avez tant de fois manifestés, Monsieur, pour tout ce qui se rattache à la cause du bien public et à la dignité du pays.

M. Jonjon, ecclésiastique distingué autant que vertueux, en faveur de qui je recours à votre bienveillance, vous développera lui-même complètement l'objet de ma lettre et le but de son voyage à Paris, ce que je ne puis vous exprimer que d'une manière succincte.

M. Jonjon et deux autres vénérables ecclésiastiques, professeurs des hautes classes au Petit Séminaire de Marseille qu'ils ont quitté depuis quelques mois seulement, par l'impossibilité de se plier à des exigences antipathiques avec leur devoir de professeurs, ont fondé, avec l'autorisation de M. le Ministre, un établissement utile, consacré à l'éducation de leurs jeunes concitoyens.

Le succès de cet établissement a été rapide ; car il s'est soudainement accru par la défection de nombreux élèves du Petit Séminaire, attachés à leurs anciens professeurs, et par beaucoup d'autres envoyés par d'honorables familles. L'Evêché, sous la protection duquel est placé le Petit Séminaire, s'est montré jaloux de ce succès irritant pour son amour-propre et nuisible à ses intérêts. Dès lors, il n'a rien épargné pour en entraver la marche progressive. Toute arme lui a été bonne, et les journaux de Marseille ont donné le spectacle scandaleux d'un antagonisme systématique excité visiblement par un motif pécuniaire.

C'est contre cette injustice criante, cet abus de pouvoir que M. Jonjon, en son nom et au nom de ses collègues vient réclamer aujourd'hui auprès du Ministère ; c'est aussi pourquoi, je viens à mon tour, Monsieur, réclamer votre appui. Comme député, et surtout comme homme de probité et de justice, vous ne manquerez pas de plaider une cause qui est si intimement liée à l'intérêt moral du pays.

Veuillez, Monsieur, me rappeler au souvenir de Madame de Lamartine ; agréer mes excuses de la liberté que je prends, et recevoir l'hommage de mon respect.

Dufeu.

N° 9

Château-Menpenti, le 29 février 1836

Cher Directeur,

Combien le temps est long quand on est éloigné d'une personne qui vous est chère ! Ce temps qui s'écoulait trop rapidement pour vos enfants de Menpenti, est maintenant d'une longueur extrême, car vous êtes éloigné d'eux. Voilà déjà une grande suite de jours que nous sommes privés de votre présence, que nous ne pouvons vous serrer dans nos bras. C'est surtout à l'adieu du soir, à ce moment où il nous était permis de vous prouver notre amour, que nous ressentons plus vivement votre absence. Alors nous prions l'Etre suprême, celui en qui reposent toutes nos espérances, de répandre sur vous ses dons, et de protéger notre père, et ce Dieu qui fut toujours propice à la reconnaissance ne rejettera point nos vœux. Nous l'espérons, que dis-je, nous en sommes persuadés, votre zèle ne s'exercera pas en vain. Non, vous n'aurez pas demandé inutilement pour vos enfants les Sacrements de l'Eglise qu'on leur refuse aussi injustement ; et quand vous reviendrez au milieu de nous, nous pourrons, sans obstacles, accomplir tous les devoirs de cette religion, que toujours vous nous avez appris à aimer.

Tous vos chers enfants soupirent après l'heureux moment où ils pourront vous dire combien ils vous aiment. Votre absence n'a fait qu'augmenter leur amour ; ceux avec qui vous avez partagé vos peines, ne sont plus rien pour nous ; Monsieur Jonjon est aujourd'hui le seul objet de leur amour, car un bien que l'on possède n'est rien, tandis que l'on désire celui que l'on a perdu. Et nous serions bien ingrats si nous n'aimions pas celui qui a tant fait de sacrifices pour nous, qui n'a pas craint les fatigues et les peines d'un long voyage pour obtenir ce que depuis longtemps nous désirons. Vous posséder, voilà ce qui manque encore au bonheur de vos enfants.

Veuillez bien agréer, cher directeur, les sentiments d'amour et de reconnaissance de vos chers enfants et en particulier de l'Académie de Menpenti.

Lavison ; Chapplain ; Signoret Ph. ; Cortès ; Galibert ; E. Ricard ; Espina ; Audibert ; Robert ; Reinoir ; Du Queylard.

N° 10

Maison du Roi

Ce mardi 22 février.

**BIBLIOTHÈQUE
DU
LOUVRE**

J'ai passé hier et aujourd'hui chez Monsieur Jonjon sans pouvoir le rencontrer. Je voulais lui proposer des billets pour voir quelques palais royaux et les manufactures. Je les mets sous ce pli désirant qu'il puisse en disposer. Sous peu de jours je lui en donnerai un pour voir le palais royal dimanche.

Je prie Monsieur Jonjon de recevoir l'assurance des sentiments distingués de son très humble serviteur.

BENET.

N° 11

ROMANCE

Sur l'air de *La Normandie*

Pendant mon séjour à Paris (1836)

Depuis qu'une terre étrangère
Offre à mes yeux un ciel nouveau,
Je languis, pensif, solitaire,
Je soupire après le tombeau.
Quand le soleil de ma patrie
Tarde d'éclairer mon séjour,
J'aime à revoir ma Massilie,
C'est le pays où j'ai reçu le jour.

J'ai vu les palais de Lutèce,
Et la splendeur de nos vieux rois ;
J'ai vu Versaille et sa richesse
Dans ses châteaux et dans ses bois.

En contemplant cette folie,
Je chantais du haut d'une tour :
Vive le ciel de Massilie,
C'est le pays où j'ai reçu le jour.

De la Saône, leur souveraine,
J'ai vu se pencher les côteaux ;
J'ai vu les rives de la Seine,
Et la majesté de ses eaux.
Mais cherchant la source de vie,
Mon cœur me disait chaque jour,
Tu boiras l'eau de Massilie,
C'est le pays où tu reçus le jour.

Lorsque de la flèche gothique
Je suivais l'élan de mes yeux,
Mon âme, comme un Saint Cantique,
Montait, s'élevait jusqu'aux Cieux.
Enfant de la nouvelle vie,
Dans la nef du sacré séjour,
J'aimais le Dieu de Massilie,
C'est le pays où j'ai reçu le jour.

J'ai vu sous un toit de chaumière
Une mère avec ses enfants ;
Et comme un aigle dans son aire,
Distribuant des aliments.
Alors, pour calmer mon envie,
Je me disais avec amour :
Ma famille est dans Massilie,
C'est le pays où je reçus le jour.

Salut, Provence, ma patrie,
Salut, pays des troubadours ;
Salut, ma famille chérie,
Pour qui je rêvais nuits et jours.
Salut, château, berceau de vie,
De la jeunesse le séjour,
Je vous retrouve à Massilie,
C'est le pays où j'ai reçu le jour.

De Menpenti croix tutélaire,
Garde-nous contre les autans;
Croix de bois, lit de Notre Père,
Lorsqu'il mourut pour ses enfants!
Du Levant jusqu'à l'Hespérie,
Symbole du divin amour,
Je t'adore dans Massilie,
Protège-moi jusqu'à mon dernier jour.

N° 12

Paris, le 1ᵉʳ avril 1836.

Monsieur,

Nous avons vu pendant deux fois, depuis votre départ de Paris, M. le Ministre de l'Instruction Publique, pour appeler son attention sur votre affaire. Nous lui avons fait connaître le vif intérêt que nous prenions à l'Etablissement Menpenti, et la nécessité, dans laquelle se trouvait le gouvernement, de protéger des hommes estimables qui se vouaient à la carrière pénible de l'enseignement, et qui éprouvaient d'injustes vexations, etc., etc.

M. le Ministre nous a répondu qu'il pensait que l'intervention de M. le Recteur de l'Académie d'Aix et celle de M. le Préfet des Bouches-du-Rhône ne produiraient pas tout l'effet que nous attendions, puisque ces deux fonctionnaires avaient déjà eu connaissance de cette affaire, et que la marche légale à suivre dans cette circonstance, c'était de soumettre la question au Conseil de l'Université. M. le Ministre de l'Instruction publique a ajouté que suivant la décision du Conseil de l'Université, l'affaire serait renvoyée à M. le Ministre de la Justice et des Cultes.

Nous attendons cette décision pour agir dans votre intérêt, ainsi que les circonstances le permettront. Nous nous flattons de l'espérance que les attaques et les vexations auxquelles votre établissement a été en butte disparaîtront peu à peu et rendront inutile l'intervention de l'autorité supérieure et même celle du gouvernement.

Nous avons l'honneur d'être, avec une parfaite considération, Monsieur, vos très humbles et très obéissants serviteurs,

Reynard, Poulle.

N° 13

Beatissime Pater,

Quamvis Domum Domini maxime deceat sanctitudo, et sacerdotes, ministri altaris, virtutibus evangelicis, præsertimque castitate ornati esse debeant, nihilominus interdum evenit, ut qui se Deo consecraverint, suæ dignitatis votique immemores, voluptatibus carnis aliquoties indulgeant : unde auctoritate episcopali merito perculsi, quidam in Galliis extant sacerdotes, qui misere vitam degunt, quolibet sacro munere destituti, et, ut ilà dicam, ad laïcalem statum reducti invicto judicio in quotidiano versantur discrimine sacrum characterem violandi, vel sese omnino mundi vitiis tradendo vel artem mechanicam tractando, ut vitam sustentent.

Ego infrà scriptus, sacerdos diæcesis aquensis et Massiliæ commorans, ad pedes vestræ sanctitatis provolutus, supremo sedis apostolicæ judicio, quod ut lumen indeficiens, indubitanter agnosco, duas quæstiones humiliter submitto.

Quæro igitur 1° utrum cuidam sacerdoti in prædicto statu constituto, cujus duobus abhinc annis nullà reprehensione digna fuit agendi ratio, et quem multi juvenes vicinarum domuum venerantur et diligunt ut patrem, consilium instituendi collegii tutà conscientià dare queam, ut, sicut decet honestum civem et virum sacerdotem, cum honore dies suos transigat.

2° Utrum Patres-familiàs, qui prædicto sacerdoti suos liberos confidenter tradere statuunt, sint alicui culpæ affines. (Periculum in Morà)

Massiliæ 17ª aprilis 1836.

Jonjon, *Sacerdos.*

Superscriptio responsionis hæc est :

A Monsieur Périer, consul du pape, rue Grignan, à Marseille.

Sacra Pœnitentiaria perlectis expositis dilecto in Chisto oratori respondet quod super præmissis rem conferat cum ordinario, Datum Romæ in Pœnitentiaria die 4 Maii 1836.

Af. De Retz. *S. P. Reg.*

N° 14

Marseille, le 18 juillet 1836.

Monsieur,

Je viens d'apprendre que des bruits étranges sur la moralité de notre Etablissement et sur la méthode d'instruction que nous pratiquons, circulent dans la ville avec toutes les apparences de la réalité ; cette épreuve n'est pas la moins douloureuse de toutes celles que nous avons subies. Cependant, comme les accusations qui pèsent sur nous sont de nature à faire impression et à produire dans l'esprit des Pères de famille, sinon une conviction, au moins de fâcheux préjugés, j'ai cru qu'il était de notre devoir d'en venir à des explications franches et entières avec ceux qui en désireraient ; en conséquence, si votre conscience est alarmée de ces bruits extraordinaires, j'ai l'honneur de vous inviter à vous rendre au Château-Menpenti, Dimanche 24 du courant, à 5 heures du soir ; je me propose de démontrer publiquement, par des témoignages authentiques et des faits incontestables, la futilité des imputations dont nous sommes l'objet.

Si des explications particulières vous plaisaient davantage, je suis prêt à vous les donner en tout temps et en tout lieu.

Je suis, avec une parfaite considération, Monsieur, votre très humble serviteur.

N. B. — Personne assurément ne sera surpris de la défection partielle qui a provoqué cette circulaire. On se demandera plutôt comment il s'est fait qu'elle n'ait pas été plus grande, lorsqu'on sait que toute cause doit produire son effet naturel.

N° 15

Archevêché d'Aix

30 juillet 1836.

Monsieur l'Abbé,

Avant de vous accorder la permission de célébrer la Sainte Messe, dans le diocèse d'Aix, j'ai dû demander des renseignements à M⁲ʳ l'Evêque de Marseille, dans le diocèse duquel vous résidez depuis plusieurs années. J'ai sous les yeux la lettre de ce prélat ; et il m'en coûte de vous le dire, mais d'après son contenu je ne crois pas pouvoir vous accorder ce que vous me demandez. Je vous en conjure, Monsieur, par l'intérêt que je vous porte, faites que cet état d'hostilité dans lequel vous vous trouvez malheureusement placé vis-à-vis de l'Evêque de Marseille ne dure pas plus longtemps. Quelques démarches de votre part auprès de ce vieillard vénérable vous rendraient peut-être son estime. Vous ne devez rien négliger pour obtenir cet heureux résultat. Pour moi, je serais heureux de pouvoir alors vous donner des preuves de la mienne et je vous assure bien que ce n'est qu'à regret que je me vois forcé d'en suspendre les effets.

Recevez, Monsieur l'Abbé, la sincère assurance de la peine et de l'intérêt que m'inspire votre position.

JOSEPH, *Arch. d'Aix.*

Archevêché
D'AIX

22 août 1836.

MONSIEUR L'ABBÉ,

Je me hâte de répondre à votre dernière lettre, qu'habitant Marseille depuis plusieurs années, vous êtes sous la juridiction de l'Evêque de cette ville. C'est à lui seul qu'il appartient de vous donner le certificat que vous réclamez. Vous rentreriez même dans le diocèse d'Aix, que vous devriez y porter le certificat de l'Evêque du diocèse que vous quitteriez.

Je regrette que vous ne puissiez pas remplir les conditions qu'on vous demande, et je vous vois avec une vive douleur dans la triste position où vous a jeté un acte de société. Etant aussi sensible que vous l'êtes, je crains pour votre santé. Vous pourriez être encore si utile à l'Eglise.

C'est avec ces sentiments, Monsieur, que j'ai l'honneur d'être votre humble serviteur.

JOSEPH, *Arch. d'Aix.*

N° 16

DISCOURS
Pour la Distribution des Prix

Le temps, cette puissance mystérieuse, qui détruit et qui couronne les entreprises des hommes, nous a enfin amenés à un de ces moments où l'on attend de notre part des paroles graves et solennelles ; nous acceptons cette loi que l'usage nous impose, avec empressement ; nous pouvons ajouter, avec une sorte de reconnaissance ; car il nous tardait de trouver une occasion mémorable, où nous pussions, en manifestant nos principes, vous révéler notre âme, épancher notre cœur dans le vôtre et adoucir ainsi les amertumes que fait toujours éprouver l'exécution des grandes œuvres. Après avoir consacré une année entière à la fondation d'un établissement, dont vous avez salué la naissance par des acclamations unanimes, et favorisé les progrès par votre constante sympathie, il nous sera permis de chercher, et nous serons heureux de trouver, au sein de cette illustre assemblée, ce repos et cette consolation qu'un jeune voyageur vient goûter avec assurance au foyer paternel, après l'avoir quitté pour la première fois. Il nous sera permis, à l'exemple du Créateur, de jeter un regard de satisfaction sur un édifice dont nous avons posé la première pierre, avec une sorte de tremblement, et dont aujourd'hui l'élévation toujours croissante, par la miséricorde divine, nous met au-dessus de toutes les craintes humaines ; s'il ne nous est pas donné de dire, comme la sagesse incréée, tout est parfait dans cette œuvre *(vidit quod esset bonum)*, c'est que nous ne pourrions, sans blasphème, nous, ouvriers éphémères, prétendre à la perfection des œuvres qu'exécute la droite du très-haut. Mais nous ne bornerons pas notre tâche à de secrètes contemplations, quelque légitimes qu'elles nous paraissent ; l'heure qui pèse en ce moment sur notre tête est sacrée, si jamais il en fut dans notre vie. Notre voix se fait entendre en présence de ceux qui ont porté avec nous *le poids du jour et de la chaleur*, et qui sont venus réclamer, comme un droit, leur portion de gloire et de triomphe, si toutefois nous pouvons donner ce nom aux succès que la Providence nous a accordés. Nous avons eu d'autres collaborateurs, nombreux et puissants, dont le zèle n'a jamais failli, et qui, en formant aujourd'hui cette réunion imposante et flatteuse pour nous, couronnent dignement de leur propre main leur salutaire coopération ; des enfants que nous aimons et que la tendresse filiale poussa jadis à suivre nos pas, se retrouvent en ce moment sous nos yeux. Nous l'avons déjà dit, tout réclame de notre part, dans ce moment solennel, une manifestation de nos principes, nous ne pouvons plus longtemps faire marcher tant d'auxiliaires sous de muets étendards ; eh bien ! nous ferons connaître notre symbole, nous révèlerons cette pensée qui a présidé à la formation de cette maison et qui la dirige dans ses progrès.

Nous avons cru que l'éducation de la jeunesse doit subir les mêmes développements que les vérités sociales dont elle est une application. Telle est notre pensée : Souffrez, Messieurs, que pour la justifier ou plutôt pour en donner une idée, sinon complète, au moins suffisante, j'entre dans quelques explications qui ne feront qu'effleurer un si grand sujet.

Dans ces derniers temps il s'est rencontré une pléiade d'écrivains d'une intelligence incontestée, mais d'une science problématique, dont la plupart ne se sont distingués, sous le nom de philosophes, que par l'audace de leurs sophismes, le sarcasme de leurs blasphèmes et le cynisme de leurs mensonges. Je ne comprends pas pourquoi ces hommes, qui occupaient le premier rang dans le monde lettré, ont osé par des attaques systématiques ébranler les vérités sociales et mettre en question les croyances les plus universellement répandues.

Cette frénésie déplorable dont furent atteints à cette époque les personnages les plus éminents, jeta la confusion et le désordre dans l'intelligence humaine ; on aurait dit les ténèbres du chaos enveloppant de nouveau de leurs sombres voiles tout ce qui respirait sous le soleil. On ne peut se dissimuler en effet que ces vérités fondamentales ont trouvé des agresseurs qui n'ont pas senti la rougeur monter à leur front, en écrivant leurs paradoxes, tandis que les champions de ces vérités se présentaient sérieusement sur l'arène, armés de toutes pièces, comme s'il se fut agi de poser, pour la première fois, les bases de l'ordre social ; tant l'esprit humain s'est trouvé momentanément rétrograde à cause de cette commotion intellectuelle. C'est ainsi que l'éducation de la jeunesse a été tour à tour attaquée, défendue, modifiée, réformée, et le XVIIIme siècle a vu se débattre dans son sein des questions que les peuples des premiers âges avaient déjà résolues.

Cependant le calme semble renaître dans les régions de la pensée ; les deux camps ennemis paraissent se rapprocher ; ce siècle qui s'était jeté contre la société, comme pour arrêter sa marche, vient d'être jugé digne de mort par la génération actuelle ; les croyances anciennes sont de nouveau replacées dans leur sanctuaire ; je pourrais donc me dispenser de traiter certaines questions préjudicielles, puisqu'elles se présentent à l'esprit de chacun de nous, dans toute leur évidence. Ainsi, nous croyons avec assurance que l'éducation de la jeunesse est d'une haute importance pour la sûreté des Etats et le bonheur des familles et des individus ; que la religion est la base de cette éducation ; que l'éducation est d'autant plus parfaite, que la religion renferme de plus nombreux éléments du christianisme et que, pour nous, chrétiens et catholiques, cette religion ne peut être que la religion romaine, seule et véritable expression de l'Evangile, seule et infaillible dépositaire des enseignements apostoliques et des traditions sacrées ; nous croyons qu'il ne faut jamais confondre l'instruction et l'éducation, parce que l'une n'est qu'un développement accidentel de l'intelligence, tandis que l'autre embrasse toutes les facultés de l'âme, devient la condition nécessaire de leur vie et s'occupe des intérêts présents comme des destinées immortelles de l'individu.

Mais ce qui peut-être n'est pas évident pour tous, c'est que l'éducation, quant à ses formes, puisse et doive subir des modifications, plus ou moins sensibles, selon que les événements ménagés par la Providence auront plus ou moins développé l'intelligence humaine. A Dieu ne plaise, que je vienne ici associer mes efforts à ceux des novateurs, pour dégrader le caractère de la vérité. Je ne puis admettre ce système de perfection indéfinie, qui ne s'attache pas seulement à réformer l'application des vérités sociales, mais encore à détruire les principes, pour établir sur leur ruine des croyances nouvelles ; puisque la Société poursuit toujours sa marche vers un même but, je ne saurais comprendre, pourquoi les principes qui lui ont donné jusqu'à ce jour une vie si énergique et si puissante, seraient devenus une coupe empoisonnée pour lui donner la mort ; je reconnais donc que la Vérité est immuable, comme la Divinité dont elle est l'expression. Mais brille-t-elle toujours du même éclat ? N'est-elle pas quelquefois comme cachée sous les préjugés, obscurcie par les passions, et presque méconnaissable à cause de l'ignorance et de la faiblesse de l'Esprit humain ? les Vérités religieuses n'ont-elles pas été développées, par des révélations successives, sans perdre leur divin caractère ? les Vérités Catholiques elles-mêmes, si rigoureusement exclusives, ne doivent-elles pas à l'enseignement progressif de l'Eglise, cette clarté et cette précision que l'on chercherait en vain dans les Symboles des cultes dissidents ? C'est ainsi que l'astre du jour ne répand à son aurore qu'une lumière pâle et languissante ; bientôt, s'élevant d'heure en heure jusqu'à la hauteur des Cieux, il verse des flots abondants de lumière, et ses rayons ardents échauffent la nature entière ; toujours le même dans sa substance, toujours invariable dans ses effets, il éprouve quelquefois des modifications plus ou moins importantes par rapport à l'influence qu'il exerce sur nous : les circonstances accidentelles qui les produisent, déterminent la variété des saisons, et, par une suite naturelle, le changement de notre régime, de nos travaux, de toutes nos habitudes physiques, et quelquefois même de nos goûts les plus intimes ; ce dernier trait que je viens de présenter, me conduit à démontrer que le développement des vérités sociales a dû s'appliquer et s'étendre à l'éducation morale des peuples.

La première révélation, composée d'un petit nombre de vérités fondamentales, se conserva, sans mélange et sans altération, chez un peuple dont l'histoire authentique est aussi prodigieuse que ses destinées furent sublimes ; son culte, néanmoins, était chargé de nombreuses et pénibles cérémonies, et son gouvernement fut presque toujours soumis à une légalité menaçante et inexorable ; c'est que la toute puissance et la justice étaient les attributs que Dieu faisait éclater le plus souvent, aux yeux de ce peuple, indocile dans les jours d'abondance et de prospérité, soumis et tremblant à l'aspect du glaive vengeur ; la voix des prophètes brillait, comme l'éclair, pour dissiper l'ignorance, et tonnait, comme la foudre, pour épouvanter les rois et les tribus coupables. Mais d'où vient que les peuples qui ont hérité de ces traditions, de ces croyances et de ces destinées se sont élancés dans une carrière nouvelle, après avoir brisé les entraves de l'ancienne loi ? pourquoi ces changements dans le culte et dans les rapports des hommes entre eux ? Pourquoi cette extension de liberté, principalement dans les actes extérieurs de la vie civile ? c'est que la miséricorde de Dieu a déployé toutes ses richesses sur le Mont Golgotha ; une plus grande manifestation des attributs divins, agrandissant le domaine de l'intelligence, a augmenté les devoirs de l'esprit et diminué, dans la même proportion, les obligations extérieures ; la charité, cette vertu jusqu'alors peu connue, a pénétré et perfectionné les préceptes de la loi de Moïse. C'est ainsi que l'éducation fut réformée et que le monde est devenu chrétien.

Mais parcourons les diverses phases que la Société a subies depuis que l'élément chrétien, combiné avec ce vieux levain des anciens peuples, fermente dans le monde civilisé ; Représentons-nous l'empire romain comme un jeune enfant au berceau et retenu dans sa marche par les lisières du christianisme ; et voyons quelle direction, depuis cette époque, ce grand maître sut imprimer aux âges suivants, c'est-à-dire, examinons si l'éducation, dont le christianisme a doté les peuples, a toujours été invariable dans sa forme et ses résultats comme elle doit l'être dans ses principes.

Qu'était-ce que le monde lorsque les disciples du Christ le parcouraient en tous sens pour le soumettre au joug de la foi ? qu'étaient-ils ces hommes qui venaient, comme des enfants, se reposer sur le sein des apôtres pour y sucer le lait de la doctrine ?.... une mère, épuisée par les travaux ou naturellement d'une complexion délicate, confie à une mercenaire le fruit de son amour conjugal ; et ce faible enfant, héritier quelquefois des infirmités de toute une génération, ne trouve souvent, dans les soins empressés et la tendresse de celle qui l'a adopté, que des moyens de prolonger les souffrances d'une vie qui est condamnée à périr. Il n'en fut pas ainsi du monde que le christianisme adopta pour son enfant ; le mal était grand, sans doute, mais les remèdes furent appliqués avec tant de sagesse et d'opportunité, que la vie commença à renaître dans un corps qui déjà exhalait une odeur cadavéreuse et que saisissait le froid glacial de la mort.

Voyez dans les campagnes ces buissons épais où de nombreux arbrisseaux, à la tige mouvante, croissent côte à côte, et dont les rameaux entrelacés, couverts de rejetons et de feuilles, forment une haie impénétrable aux regards ; parmi ces arbustes sauvages, quelquefois il croît une de ces plantes qui font l'admiration des savants ; mais elle est arrêtée dans ses développements ; c'est à peine si on peut la reconnaître à ses feuilles décolorées et à ses branches languissantes.

Telle était l'intelligence humaine, à l'époque de la restauration chrétienne ; d'abord, les passions tumultueuses ayant détruit l'harmonie dans les facultés de l'âme, avaient amassé des nuages autour des vérités morales et religieuses ; l'imagination des poètes, tout à la fois brillante et capricieuse, revêtit ces nuages de couleurs séduisantes ; enfin, l'orgueil, cette passion séculaire, prenant le nom de philosophie, substitua la raison individuelle à la tradition des peuples, remplaça les croyances et même la superstition par le doute, l'indifférence et quelquefois même le mépris. Alors, une foule de Rhéteurs et de Sophistes, parcourant les diverses parties du globe, s'y établirent, conquérants pacifiques, par la puissance de la parole, et enveloppèrent l'intelligence d'une sombre et désespérante obscurité.

Certes, le Dieu qui, par un seul acte de sa volonté, avait fait jaillir du Néant la lumière, pouvait non seulement dissiper en un instant ces ténèbres sacrilèges et remplacer la vérité sur son trône, mais encore la faire briller dans tout son éclat, en présence des mortels qui l'avaient outragée. Mais il préféra s'accomoder à notre faiblesse ; car l'intelligence, cet œil de l'âme qui éclaire les opérations intimes et qui dirige également les actes extérieurs, était semblable à ces infortunés qui, gémissant depuis leur tendre enfance dans un cachot ténébreux, ne peuvent supporter la lumière lorsqu'ils sont rendus à la liberté ; aussi, les apôtres de la vérité catholique chargés de l'éducation du monde à venir, ne laisseraient-ils échapper que par degrés les innombrables rayons de l'astre éclatant dont ils dirigeaient le cours ; les développements sublimes des mystères demeuraient cachés pour la foule des auditeurs, trop faibles pour les supporter, trop aveugles pour les apprécier.

D'ailleurs le genre humain, livré à tous les vices corrupteurs, par l'absence de foi, languissait dans le chemin de la vie, comme un troupeau sans paturage ; il fallait donc lui tendre la main, le soutenir, réveiller ses sens engourdis, et remplacer son cœur pétri de volupté et d'égoïsme par un cœur aimant, généreux et héroïque ; aussi trois siècles d'exercices sanglants, de dévouements prodigieux, et de sacrifices surnaturels furent-ils donnés en spectacle au ciel et à la terre ; l'apathie de l'humanité occasionnée par l'indifférence de l'esprit céda bientôt à cet ébranlement des sens qui, à son tour, réagit sur l'esprit ; et tandis que la vertu la plus pure, telle que les anciens ne l'avaient jamais comprise, devenait une pratique facile pour la volonté, l'intelligence commençait à contempler toute la vérité avec l'assurance du roi des airs, qui regarde le soleil, sans en être ébloui ; telles furent les premières leçons que donna le christianisme, pour l'éducation des peuples.

Mais la scène du monde va changer ; on dirait un ciel nouveau et une nouvelle terre, qui, comme par enchantement, frappent nos regards : le nord s'agite et s'ébranle ; il répand vers le midi ses innombrables populations, comme un volcan vomit de son cratère une lave ardente et des tourbillons de flamme ; de nouveaux habitants couvrent bientôt l'empire romain, qui voit périr ses institutions et ses mœurs. Cependant la société chrétienne survit à toutes les commotions extérieures ; ses représentants s'élancent dans la nouvelle carrière que les événements ont tracée ; ils s'identifient avec leurs néophytes, et l'éducation reposant toujours sur sa base immuable n'en suit pas moins, dans l'application de ses principes, toutes les variations du caractère des peuples et subit les changements qu'exigent les nouvelles mœurs ; le vieux monde s'enveloppe de ses formes anciennes comme d'un linceuil mortuaire ; il est remplacé par des hommes dont l'intelligence, quoique bornée, n'avait pas perdu de vue les croyances traditionnelles ; leurs erreurs s'appellent superstition ou fanatisme, parce que dans ces âmes ardentes que ne dessèche point la froide incrédulité, les sources de la vie sont abondantes ; l'amour des richesses, la soif des conquêtes, la passion de la gloire entraîneront encore ces cœurs indomptables à des actes de perfidie et de cruauté ; la connaissance imparfaite des obligations de la vie privée donnera lieu souvent à une licence effrénée et à un débordement de vices qui envahiront presque toutes les classes ; quelques écrivains ne considérant cette époque, si connue sous le nom de moyen-âge, que sous le rapport que je viens d'envisager, avaient puissamment contribué à déverser sur elle le mépris et l'ignominie : mais sur ce grand tableau, si d'un côté les ombres se prolongent et se multiplient, de l'autre on aperçoit des sites grandioses, de nobles et imposantes figures, et des actes sublimes, qui honorèrent l'humanité. Ce fut le résultat des efforts persévérants du sacerdoce chrétien ; examinons les moyens qu'il employa.

Les facultés intellectuelles de ces peuples enfants n'étaient point énervées, seulement elles manquaient de développements ; aussi la vérité leur fut-elle manifestée dans toute son étendue et dans tout son éclat, et la voix solennelle des conciles retentissant, comme le bruit des grandes eaux, de la ville éternelle jusque dans les provinces les plus reculées, le Pouvoir Pontifical brillait sur le Vatican comme le phare du monde ; et les foudres spirituelles, fréquemment lancées contre les coupables, contribuaient puissamment à affaiblir la force brutale, à réprimer les excès des farouches potentats qui opprimaient leurs vassaux et à graver dans le cœur des peuples l'amour et le respect du pouvoir spirituel, dont le triomphe était un emblème vivant de la supériorité de l'esprit sur la matière. Si l'amour des biens de la terre fut désordonné, n'oublions pas d'observer que des largesses énormes, que j'ose appeler monumentales, furent imposées aux coupables ; car un grand nombre de nos édifices religieux, semés avec tant de profusion dans le monde chrétien par le génie colossal de nos pères, portent encore écrit ce souvenir de l'expiation sur le caveau sépulcral du sanctuaire. Si la soif des conquêtes et l'amour de la domination ont couvert de sang plusieurs pages de cette mémorable histoire, contemplons, pour reposer nos regards, ces merveilleuses institutions où le renoncement aux grandeurs temporelles n'est plus, comme dans les siècles précédents, une vertu d'enthousiasme et d'inspiration, mais une position sociale, fixée et organisée par la grande société chrétienne ; ce sacrifice, généreux et volontaire pour la plupart des adeptes, devient quelquefois expiatoire, et les princes détrônés trouvent dans le cloître, qui leur tient lieu de cachot, des exemples nombreux d'abnégation, qui leur prêchent éloquemment la vanité des biens après lesquels ils ont couru si follement. La passion de la gloire fut sur le point de creuser, sous les nations nouvelles, cet abîme dans lequel venaient se perdre autrefois les villes, les provinces, les royaumes et les empires. Eh bien ! le christianisme descend sur l'arène des combats et y organise la valeur en ordres de chevalerie, comme déjà elle a organisé les vertus morales en ordres religieux. L'honneur du guerrier consiste à être fidèle à ses engagements de chevalier et ces engagements reposent sur le serment, nouveau triomphe du pouvoir spirituel sur la force brutale.

Cette forme d'éducation, quelque avantageuse qu'elle nous paraisse dans ses garanties et dans ses résultats, devait bientôt disparaître pour se conformer aux besoins du XVIme siècle. Déjà les preux chevaliers reposaient sur leurs couches de pierre et leurs vêtements de fer demeuraient suspendus dans les salles des vieux castels, comme des reliques sacrées ; le talent militaire jusqu'alors si général devint le privilège de quelques individus ; l'esprit de civilisation répandu par la charité chrétienne développa l'intelligence, et la renaissance dans les sciences et les arts fut proclamée dans toute l'Europe.

Dès lors pour diriger ce mouvement social et pour en accélérer les progrès, il fallait un enseignement plus fréquent et plus prochain, et une nouvelle application des vérités morales et religieuses. Aussi la Providence suscita-t-elle une association religieuse, telle qu'il n'en avait jamais paru, et qui, prenant son siècle corps à corps, comme un vigoureux athlète, le dompta dans ses caprices, le dirigea dans ses égarements, dissipa son ignorance et répandit sur ses plaies le baume salutaire des grâces divines. D'un côté, elle se confondait avec le peuple, pour mieux connaître ses besoins et les satisfaire ; de l'autre elle s'élevait jusque sur les marches du trône, afin que tous les membres de la société pussent aller de front dans les voies du progrès et de la perfection. Tel fut le triomphe des enfants de Loyola. L'éducation de la jeunesse devint alors une fonction spéciale, et comme le glorieux privilège de ces ordres religieux que l'histoire nous montre toujours comme les avant-gardes de la civilisation.

Mais d'autres événements se sont accomplis naguère sur la

face du globe. Les anciennes mœurs se sont évanouies, comme une vapeur légère qui se perd dans l'atmosphère ; et là où elles existent encore, de grandes luttes se sont engagées. Les institutions se sont écroulées avec fracas, et le bruit de leur chute a été porté par le souffle de la tempête jusqu'aux extrémités de la terre ; mais les carreaux de la foudre, en creusant dans le sol de profonds sillons, n'ont pas consumé ces germes vivifiants qui donnent la fécondité ; car une nouvelle société, pleine de vigueur, d'activité et de foi, s'élève hardiment sur les débris de l'ancienne, prenant la croix pour étendard, le christianisme pour symbole, et adoptant pour son but le développement progressif de l'intelligence. Il ne m'appartient pas d'assigner les causes des événements prodigieux dont nos contemporains sont les témoins. Il me suffit, après les avoir constatés, de faire observer que les nouveaux rapports qui ont été incontestablement établis dans la société, exigent impérieusement, comme dans toutes les grandes commotions sociales, des modifications plus ou moins importantes, dans la manière d'élever la jeunesse, afin de préparer au pays, dans ses jeunes enfants, un avenir consolant et glorieux ; car je ne pense pas que la Providence, qui gouverne le monde avec une sagesse infinie, ait permis un ébranlement si universel et si durable, pour ne faire de notre siècle qu'une époque transitoire ; j'espère que lorsque les douleurs de cet enfantement laborieux auront cessé, ce siècle paraîtra avec son allure particulière, ses mœurs nouvelles et ses idées personnelles, et emportera, pièce à pièce, le vieil échaffaudage de l'ancienne éducation, comme un jeune homme vigoureux déchire et met en lambeaux les vêtements des années précédentes dont une mère parcimonieuse prétend l'affubler.

Eh bien ! Contemplons cette marche solennelle de notre siècle ; jetons nos regards là où le mouvement est plus rapide, où le foyer est plus ardent ; et puisqu'une pensée catholique préside à cette fermentation, pourquoi ne voyons-nous pas, comme dans les progrès des siècles antérieurs, cet ordre religieux, autrefois si célèbre, reprendre la position brillante qu'il s'était faite ? Pourquoi les réformes les plus salutaires dans l'éducation et dans l'enseignement des sciences, de la philosophie et des belles-lettres se sont opérées et se perfectionnent sans qu'on aperçoive la moindre trace de son initiative ? Serait-ce parce que les associations religieuses, suscitées par la Providence, pour satisfaire aux besoins d'une époque ou d'une localité, n'ont plus de raison d'existence dès lors que les besoins ont disparu ?

Des hommes d'un beau génie l'ont écrit naguère et leur opinion a été accusée de paradoxe ; mais l'expérience les a vengés, puisque nous voyons encore aujourd'hui se traîner dans les rangs secondaires et dans les méthodes surannées, et suivre constamment l'ornière de la coutume, ceux qui furent jadis appelés, au fort de la tempête, *habiles et intrépides rameurs* du haut de la chaire de Pierre. Ils pourraient assurément, en prenant une forme nouvelle, correspondre parfaitement aux nouvelles exigences ; mais cette transformation qui équivaudrait à un suicide moral, n'est pas moins opposée aux sentiments naturels que ne l'est pour l'individu le suicide physique ; ils l'ont d'ailleurs déclaré par la bouche de leur chef : *Simus ut Sumus aut non Simus*.

Que la Providence nous soit en aide, car le temps est venu où nous pouvons, à l'exemple de l'homme-Dieu, jeter des regards de compassion sur les peuples qui s'agitent avec nous et autour de nous ; qui, cherchant le pain de vie, errent çà et là, comme un troupeau qui n'aurait pas de pasteur ; nous pouvons aussi, après 18 siècles, faire entendre ce lamentable gémissement : oh ! que la moisson est grande, mais combien est petit le nombre des ouvriers ! telle est, Messieurs, la considération qui nous a portés à échanger notre paisible retraite pour la dévorante publicité ; nous n'avons pas prétendu combler le vide immense, qui, dans l'éducation de la jeunesse épouvante les regards de l'observateur.

Si nos efforts et notre dévouement ne sont couronnés d'aucun succès durable, au moins nous serons heureux d'avoir, les premiers dans le pays qui nous a vus naître, donné l'exemple du courage à nos contemporains et d'avoir prouvé, *à notre corps défendant*, la possibilité d'une telle entreprise. Mais, pourquoi serions-nous réduits à prendre le ton pusillanime d'un suppliant, lorsque nous pouvons offrir, aux habitants de cette Ville, quelque résultat de nos travaux et de l'application de nos principes ? Voyez, voilà notre œuvre ; vous allez bientôt la couronner par entraînement ; vous la jugerez plus tard avec calme et impartialité ; mais de quelque nature que soit votre décision, nous nous souviendrons que nous ne sommes que les faibles instruments de la Providence ; nous rendrons à Dieu la gloire des succès et nous saurons humilier notre front, si telle est la volonté de notre souverain Seigneur. Mais finissons ces discours, qui ne font que retarder le moment du triomphe, pour les élèves de notre prédilection ; ô vous, que nous avons enfantés *dans les larmes et les gémissements*, hâtez-vous de venir recevoir de nos mains le prix de vos succès littéraires, lorsque retentira, comme symbole de victoire, ce nom que vous reçûtes de l'amour d'une mère, au jour de votre naissance ; et ensuite allez vous jeter entre les bras de ceux qui vous donnèrent le jour ; et sachez que les tendres embrassements d'un père et le baiser ardent d'une mère doivent être, pour un fils vertueux, sa plus belle récompense et son plus noble encouragement.

P. S. — Nous étions alors en 1836 et j'avais 31 ans. Je n'ai pas besoin de dire que les 52 ans qui se sont écoulés ont dissipé complètement mon illusion de cette époque à laquelle, hélas ! la nôtre ressemble si peu. Je n'étais du reste que le faible écho de la grande voix de ceux qui sous le nom de *Jeune France,* venaient d'envoyer au vieux roi exilé une députation dont le but était d'éloigner certains personnages de l'entourage du jeune prince. Mais ce n'est pas seulement l'éducation qui est dévoyée ; l'instruction elle-même, traînée à la remorque par les méthodes abrutissantes de l'Université, ne fait que louvoyer dans sa marche intellectuelle et n'arrive à un but peu satisfaisant qu'à force de labeurs et de sueurs.

J'ai cherché pendant quarante-six ans à m'ouvrir une autre route : mes efforts individuels, sur lesquels les parents eux-mêmes n'ont jeté que des regards distraits, n'ont eu que des succès partiels presque toujours méconnus.

(Voir mes *Quelques Mots sur la Circulaire de M. Jules Simon*).

ERRATA

De la Première Partie

Page 7,	ligne 11,	lisez :	*par-dessus*
» 11	» 19	»	*affection*
» 12	» 23	»	*ce n'était là*
» 13	» 4	»	*idiôme*
» 18	» 4	»	*dites là*
» 32	» 8	»	*par-dessus*
» 32	» 15	»	*viæ* a
» 34	» 16	»	*ce sont là*
» 36	» 21	»	*de déterminer*
» 36	» 47	»	*de faire — de reculer — de me remettre*
» 36	» 50	»	*il dit*
» 38	» 1	»	*reculer ;*
» 44	» 13	»	*se fît*
» 53	» 17	»	*qu'il nourrît*
» 55	» 12	»	*eût été*
» 36	» 12	»	*mêlé dans*
» 60	» 63	»	*eh bien !*
» 60	» 27	»	*eût réussi*
» 65	» 36	»	*ce qui m'eût été*
» 67	» 7	»	*à moi de la faire ;*
» 71	» 28	»	*lâché ;*
» 81	» 22	»	*quelque habit*
» 83	» 20	»	*15 mai*
» 88	» 18	»	*on eût trouvé*
» 89	» 35	»	*Coûta*
» 103	» 12	»	*complètement*
» 109	» 19	»	*quoique je n'y aie*
» 110	» 2	»	*et à en appeler*
» 112	» 29	»	*gracieuse*
» 112	» 34	»	*extrajudiciairement*
» 114	» 4	»	*de prendre*
» 116	» 10	»	*il fut*

Page	117,	ligne	16,	lisez :	*Moi qui sais*
»	119	»	27	»	*aussi purs*
»	123	»	20	»	*pêcheur*
»	142	»	14	»	*leur*
»	143	»	1	»	*fut*
»	145	»	14	»	*il ne suive*
»	150	»	8,	supprimez :	*qui*
»	163	»	21,	lisez :	*s'en éloignent,*
»	163	»	23	»	*être son rival.*
»	167	»	1	»	*abstînmes*
»	169	»	13	»	*dus*
»	186	»	28	»	*l'allusion*
»	193	»	7	»	*qu'il n'y eût pas*
»	195	»	28	»	*sang-froid*
»	199	»	11	»	*nulla*
»	200	»	9	»	*pronuntiat*
»	206	»	31	»	*Comme*
»	209	»	27	»	*appâts*
»	209	»	33	»	*arrière-pensée*
»	216	»	27	»	*mieux eût valu*
»	223	»	7	»	*même*
»	229	»	4	»	*péchés*
»	232	»	14	»	*chacun à leur tour*
»	233	»	4	»	*chute*

Page 202, après le quatrième vers, lisez :

Mais qui fécondera cette bonne semence
Que nous avons reçue au foyer paternel ?
La sève réchauffée est une autre naissance ;
Le Maître qui la donne, est un présent du ciel,

ERRATA

De la Deuxième Partie

Page	4,	ligne	19,	lisez :	*avec*
»	5	»	2	»	*sæva* &
»	6	»	17	»	*brèche ;*
»	6	»	21	»	*et moi,*

Page	7,	ligne	8,	lisez :	*Blanc dut*
»	7	»	11	»	*Blanc était*
»	8	»	28	»	*Blanc n'avait,*
»	11	»	19	»	*de*
»	12	»	30	»	*se rendit*
»	13	»	4	»	*prætor ;*
»	14	»	22	»	*lettre attend*
»	15	»	6	»	*Mazenod fut*
»	21	»	11	»	*la bouche ;*
»	21	»	12	»	*réprimande,*
»	22	»	24	»	*Saint-*
»	30	»	23	»	*relèguez*
»	34	»	20	»	*entendus*
»	35	»	6	»	*quelquefois*
»	35	»	29	»	*refusez,*
»	36	»	33	»	*persécutés,*
»	37	»	8	»	*établissement,*
»	37	»	8	»	*sincèrement,*
»	37	»	13	»	*accablante,*
»	37	»	14	»	*très-*
»	38	»	13	»	*Tempier ;*
»	38	»	27	»	*S^{nt}-Remy,*
»	39	»	17	»	*caractère ;*
»	41	»	38	»	*Septèmes*
»	43	»	1	»	*vint*
»	43	»	6	»	*directeurs,*
»	44	»	11	»	*Gal*
»	44	»	15	»	*nos*
»	44	»	25	»	*diocèse*
»	45	»	22	»	*l'entendre :*
»	46	»	20	»	*Boulard*
»	46	»	32	»	*attendre*
»	47	»	12	»	*Pennes ;*
»	48	»	27	»	*sa*
»	55	»	12	»	*les*
»	62	»	16	»	*importait ;*
»	66	»	33	»	*Evêché*
»	68	»	9	»	*Raillon,*
»	68	»	30	»	*publique ;*
»	69	»	15	»	*n°*
»	76	»	16	»	*formellement que,*
»	80	»	6	»	*empêcher*

Page 80,	ligne	10,	lisez :	*la parole même*
» 108	»	16	»	*Laurens,*
» 108	»	17	»	*disait-il,*
» 110	»	16	supprimez :	*spécialement*
» 110	»	31	lisez	*pût prendre*
» 112	»	28	»	*tout Etat,*
» 123	»	3	»	*scientifiques*
» 130	»	4	»	*meâ culpâ*
» 130	»	24	»	*neuve ;*
» 130	»	26	»	*Menpenti ;*
» 130	»	27	»	*nous-*
» 134	»	2	»	*qui,*
» 134	»	18	»	*les élèves,*
» 135	»	6	»	*classes ;*
» 136	»	29	»	*collège.*
» 138	»	7	»	*s'agrandit*
» 139	»	15	»	*enseignement,*
» 142	»	14	»	*doivent,*
» 147	»	23	»	*se rendra*
» 150	»	22	»	*élèves*
» 168	»	18	»	*Flayol*
» 169	»	38	»	*Marseille (sans virgule)*
» 171	»	38	»	*dussions-nous*
» 175	»	21	»	*prêtre*
» 184	»	32	»	*Christo*

TABLE

CHAPITRE PREMIER

Premier Trimestre de l'Année Classique 1835-36

Inscription du cadran solaire	3
Administration de la maison	6
Correspondance pour la Confession des élèves : Octobre.	11
Novembre	16
Confession hors du diocèse	38
Mes démarches auprès des Vicaires Généraux d'Aix	44
Incident Léautier	50

CHAPITRE II

Suite des discussions concernant la Confession des élèves

Janvier et février	52
Départ pour Paris et incidents divers pendant mon séjour à la capitale	58
Allure de l'Evêché à mon retour de Paris : Lettres des députés	70
Nouvelle correspondance pour la Confession	72
Suite de la correspondance	79

CHAPITRE III

Incidents Divers

Affaire Chené	99
L'élève X	103
Difficultés pour le Celebret	106
Embarras des finances	107
Distribution des prix	110
Vacances	114

APPENDICE

Nº 1. Menpenti.................................... 120
Nº 2. Convention, prospectus, règlement, prière....... 130
Nº 3. Lettre de M. Cavalier.......................... 164
Nº 4. Lettre au Recteur de l'Académie................ 164
Nº 5. Pétition à M. le Ministre de l'instruction publique. 170
Nº 6. Lettre à Monseigneur Bernet................... 172
Nº 7. Première supplique à la sacrée pénitencerie..... 177
Nº 8. Lettre à M. de Lamartine...................... 178
Nº 9. Lettre des élèves, pendant mon séjour à Paris... 180
Nº 10. Lettre de M. Benet, employé à la bibliothèque du Louvre................................. 181
Nº 11. Romance...................................... 181
Nº 12. Lettre des députés............................ 183
Nº 13. Deuxième supplique à la sacrée pénitencerie.... 184
Nº 14. Circulaire..................................... 185
Nº 15. Lettres de Monseigneur Bernet................. 185
Nº 16. Discours pour la distribution des prix.......... 187

HISTOIRE

DU

PENSIONNAT-MENPENTI

TROISIÈME PARTIE

> » Mes travaux ont été stéri
> « les ; j'ai consumé mes forces
> « en vain et sans fruit : de là
> « les jugements *défavorables*
> « de la part des adorateurs du
> « succès ; mais j'espère en la
> « justice de Dieu. » *(Traduction libre d'Isaïe, ch. 49, ver. 4).*

MARSEILLE

IMPRIMERIE GIRAUD ET DURBEC
24, Rue Pavillon, 24

1889

TROISIÈME PARTIE

ANNÉE CLASSIQUE 1836-37.
(Suite et fin des Discussions concernant la Confession)

> Appropinquaverunt persequentes me iniquitati : à lege autem tuâ longè facti sunt (Psal. 118, ver. 150).
>
> *Ceux qui me poursuivent ont déserté votre loi, par leur alliance avec l'iniquité.*

CHAPITRE Ier
OCTOBRE & NOVEMBRE

1°

Exposé de la Situation

L'année scolaire 1836-37 commence avec un nombre satisfaisant d'élèves, malgré la défection de quelques familles, qui nous avaient témoigné d'abord le plus de dévoûment. J'y fus très sensible ; mon cœur n'était pas encore saturé d'ingratitude, comme je l'ai été plus tard ; mais pas assez pourtant, pour ne pas en souffrir ; cette légèreté avec laquelle on change d'instituteurs, comme d'ouvriers mercenaires qu'on ne revoit plus quelquefois, après avoir soldé leurs factures, est incroyable ; cependant rien de plus vrai et de plus répandu à notre époque de positivisme que ce désordre.

Me voici donc au mois d'octobre de nouveau en présence de trois Vicaires Généraux, confesseurs de nos élèves ; trois mois environ avaient passé sur leurs consciences ; la retraite spirituelle des prêtres avait eu lieu ; ils n'avaient pas cessé tous les trois de monter au Saint-Autel et de remplir les autres fonctions du ministère ; mais le Saint-Esprit ne leur avait pas inspiré des sentiments plus modérés, plus équitables, plus chrétiens, ils n'avaient probablement mérité que la *grâce suffisante.*

On va en juger.

L'Evêché avait réservé la confession de nos élèves, c'est-à-dire tous leurs péchés à trois confesseurs, qui étaient d'office nos adversaires ; En vertu de quel principe cette réserve, inouïe dans les fastes de l'Eglise, avait-elle été imposée ? Il y avait eu jusqu'alors certains péchés énormes réservés soit aux Souverains Pontifes soit aux Evêques ; mais on n'avait pas encore vu toute une communauté laïque, intégralement réservée pour toutes sortes de péchés.

Je dis *communauté laïque :* il est en effet reçu dans l'Eglise qu'on donne aux religieuses un confesseur spécial et il n'est personne qui ne sente l'opportunité et la sagesse de cette mesure disciplinaire ; mais à l'égard de jeunes élèves, elle n'avait et ne pouvait avoir qu'un caractère d'excessive rigueur, plus capable de les détourner de la confession que propre à en adoucir l'amertume. Ainsi première violation manifeste des droits de la conscience. D'ailleurs à quelle autorité la discipline qui régit les religieuses doit-elle son origine ? Est-ce la décision d'un Evêque qui l'a introduite ? Je ne vois rien de semblable dans toute l'histoire de l'Eglise ; mais en remontant jusqu'à l'origine des cloîtres, je ne trouve pour base de toutes les conditions importantes de la vie monastique, que les décrets des Conciles et les Constitutions des Papes ; et les Evêques se sont toujours bornés à les faire exécuter dans leurs diocèses.

Ensuite pourquoi exiger que des élèves pensionnaires sortent non seulement de leur établissement, mais encore de leur paroisse, pour aller chercher aux extrémités de la ville leurs confesseurs, qui quelquefois les font attendre des heures entières ? Ainsi contrairement à l'Evangile, la brebis égarée courait après le pasteur, qui se cachait pour ne pas la ramener au bercail.

Enfin, nos élèves n'avaient pas la faculté de choisir entre les trois confesseurs ; lorsque leurs noms se trouvaient une fois sur la liste d'un de ces Messieurs, ils y étaient ineffaçables, comme un caractère sacramentel. Quoi de plus odieux et de plus ridicule en même temps !

2°

Correspondance avec M. Flayol

Je trouve dans mes vieux manuscrits la lettre suivante que j'ai dû adresser à M. Flayol vers la fin du mois d'octobre.

Monsieur le Grand Vicaire.

J'ai l'honneur de vous exposer qu'en hiver le trajet de Menpenti aux Petites Maries à 7 heures du matin, est fort pénible ; il me paraîtrait plus convenable pour vous et pour les élèves que la confession fût fixée à 10 heures. J'attends la manifestation par écrit de votre volonté pour agir en conséquence. Je vous préviens que demain jeudi, plusieurs de vos pénitents de l'année dernière s'adresseront à M. Chaix, et qu'une partie de ceux de M. Chaix vous sera désignée, pour qu'il y ait compensation. Je ne puis guère m'opposer à ce que les élèves choisissent leur confesseur, sur trois qu'on leur donne.

J'ai l'honneur d'être, Monsieur le Grand Vicaire, votre très-humble serviteur.

JONJON, *prêtre*.

M. Flayol me renvoya ma lettre avec les quelques lignes autographes suivantes :

« L'heure du secrétariat étant à dix heures très précises, il est
« de toute nécessité que je parte tant de chez les Petites Maries

« que du Calvaire à neuf heures et *demi* ; si les élèves à cause
« de la rigueur de la saison ne peuvent arriver que tard, je ne
« confesserai jamais à cause de mes occupations indispensa-
« bles que jusqu'à neuf heures et *demi*.

« Flayol, *Archid. Vic. Gén.* »

La forme de ce post-scriptum est évidemment injurieuse ; mais je n'y insiste pas ; examinons-en plutôt le fond. Il est de toute nécessité, dit l'honorable M. Flayol, que je sois au secrétariat à 10 heures très précises. Nous savons tous que les occupations qui exigent la présence de MM. les Vicaires Généraux au secrétariat ou tous les jours ou certains jours de la semaine et seulement pour quelques heures, ne sont pas tellement graves qu'elles leur imposent la nécessité absolue de ne jamais s'absenter ou d'arriver toujours à l'heure précise.

Je me trouvais un jour au secrétariat, attendant avec d'autres prêtres l'arrivée du Vicaire Général ; une heure et demie s'étaient écoulées depuis le moment précis où ce monsieur devait être à son poste ; enfin M. l'abbé Pontier parut ; j'eus la simplicité de lui faire observer que je l'attendais depuis plus d'une heure, ce qui m'occasionnait des frais de voiture ; il eut le mauvais goût de se fâcher tout rouge. Au mois de janvier 1878, j'ai encore attendu une heure M. l'abbé Daspres ; mais je me suis bien gardé de me plaindre.

Ainsi il n'était pas de toute nécessité que M. Flayol arrivât tous les jours au secrétariat à *dix heures très précises* ; et il pouvait *très bien* au moins une fois par mois se dispenser même de paraître au secrétariat, surtout pour remplir un devoir qu'il s'était imposé et qui était réellement de *toute nécessité*, c. à. d. la confession de nos élèves.

M. Flayol déclare sans sourciller *qu'il ne confessera jamais que jusqu'à 9 h. 1/2, à cause de ses occupations indispensables* ; la confession des élèves n'était donc pas pour lui une occupation indispensable ; mais si le confesseur peut se dispenser d'entendre ses pénitents, ceux-ci à plus forte raison peuvent se dispenser d'aller à confesse, à cause de leurs autres occupations non moins indispensables que celles du secrétariat ; où irait-on, si cette singulière doctrine était suivie ?

Ma demande n'était-elle pas raisonnable et exprimée en termes respectueux ? en automne et en hiver, à 7 heures, c'est à peine jour, il fallait déjeuner avant de partir et faire prendre aux enfants des précautions *très indispensables* ; Nous ne pouvions donc décemment quitter le pensionnat qu'à 8 heures ; or de Menpenti aux Petites Maries, c'est-à-dire, à la Gare ou au Calvaire, il nous fallait certainement au moins trois quarts d'heure. M. Flayol n'avait donc qu'une petite heure, pour entendre la confession de 30 élèves — je le demande au prêtre le plus indulgent. — Ce temps-là était-il suffisant pour une œuvre aussi importante que la confession ? et cependant M. Flayol était, comme l'on dit vulgairement *un bon prêtre*. N'est-il pas cependant hors de doute qu'il manquait gravement à son devoir ? Je ne puis m'empêcher de le redire, le chapitre des illusions est bien long, surtout pour certaines consciences.

Je n'ai pas conservé malheureusement, et je le regrette beaucoup, la copie de la lettre par laquelle je témoignais à M. Flayol mon indignation du *Post-Scriptum* ci-dessus mentionné ; il paraît que je le piquais au vif. On en jugera par la réponse suivante :

Évêché *Marseille, le 18 Novembre 1836.*
DE
MARSEILLE

La lettre que vous m'avez adressée, monsieur, atteste en vous le plus sot orgueil et la plus odieuse méchanceté. Elle montre quel indigne prêtre vous êtes ; elle suffirait pour vous couvrir de honte à vos propres yeux, si vous étiez capable de revenir à quelque sentiment honnête.

Je méprise vos outrages qui ne peuvent m'atteindre, mais je vous apprendrai que, si vous vous rendiez justice, vous seriez bien éloigné de vouloir donner des leçons à ceux de qui vous devez en recevoir.

Qui êtes-vous donc, jeune insensé, pour oser en remontrer à ceux qui, avant que vous fussiez né, connaissaient assez leur devoir, grâces à Dieu, pour les accomplir au péril de leur vie. Sachez, puisque vous me mettez dans le cas de vous le dire, qu'à l'âge où vous êtes, celui que vous outragez si gratuitement, avait déjà subi pour la foi un long exil, et que de retour dans sa patrie, il a bravé tous les jours pendant trois ans, le danger imminent d'être pris et fusillé pour demeurer fidèle aux principes de théologie que vous foulez aux pieds par votre révolte scandaleuse contre les Pasteurs de l'Eglise ; et c'est vous qui dans une lettre qui dépasse les bornes connues de l'impertinence, venez avec le ton le plus indigne le rappeler à la théologie, sans égard ni pour ses années, ni pour sa dignité, que dis-je ? en affectant même de mépriser en lui et le *vieillard*, comme vous dites, et le grand Vicaire, c'est-à-dire, ce que respecte, je ne dirai pas un prêtre, mais tout homme qui conserve encore quelque sentiment d'honneur et de foi. Croyez-vous que le titre d'homme public que vous vous arrogez d'une manière si ridicule, vous autorise à outrager qui que ce soit et vous établisse le pédagogue insolent du prêtre à l'autel, comme envers M. Gérard, et du grand Vicaire dans ses fonctions, comme envers moi ? Mais si vous avez oublié ce que c'est que le sacerdoce, dont malheureusement pour l'Eglise vous êtes revêtu aussi bien que Chatel, et ce que c'est qu'un supérieur ecclésiastique que vous vous plaisez tant à insulter, on pourrait vous l'apprendre autrement encore que par les réprimandes sévères que l'on vous doit.

Quand à moi je me contenterai pour le moment d'user charitablement du droit que j'ai acquis dans le cours de mon ministère et de vous dire : apprenez l'obéissance à l'autorité et le respect à ceux qui vous en ont donné l'exemple envers leurs devanciers ; je vous enseignerai ensuite le reste que vous ignorez également.

Mais troublé par la passion qui vous a fait descendre aux plus basses injures, jusqu'à vous porter à parodier en impie que vous êtes les divines paroles que le Sauveur sur la croix adressait à son père, jusqu'à vous faire employer le plus touchant témoignage de la miséricorde de Dieu pour exprimer dans vos injures une malice plus profonde; ainsi aveuglé, dis-je, par un sentiment que l'enfer vous inspire, êtes-vous capable de profiter d'un avis salutaire ? non et je suis trop convaincu qu'il ne reste plus qu'à vous plaindre doublement et à cause de la perversité de votre cœur et à cause de la folie de votre esprit, pour que je consente à recevoir encore les lettres telles que sait les faire un malheureux prêtre comme vous.

Cependant je prie Dieu qu'il vous convertisse.

FLAYOL, *Arch.*, *Vic. Gén.* (1).

A cette catilinaire furibonde, où l'on reconnait la plume de l'abbé Jeancard, je me contentai de répondre ce qui suit :

Monsieur le Grand Vicaire,

Votre colère a débordé dans une lettre de trois pages ; les injures les plus solennelles et les plus grandioses y sont accumulées avec une éloquente profusion; je suis un *méchant, un mauvais prêtre, un impie, un rebelle scandaleux*, voire même *un châtel*. Prenez garde, mon bon monsieur ; on dit communément que le style, c'est l'homme; or, vous êtes descendu bien bas, dans les pages que l'emportement vous a dictées ; il est fâcheux pour un vieillard, de ne pas savoir mépriser des attaques qu'il appelle outrageantes et en triompher par un silence noble et résigné, surtout lorsque vous avez pour vous la force et la puissance, et que votre adversaire est faible et désarmé.

Pour moi, dont la tête n'a pas encore blanchi et qui ne suis pas même Vicaire Général, je vais essayer de vous apprendre (ce sera une nouvelle audace de ma part) de quelle manière on peut répondre avec avantage aux injures d'un homme que l'on n'estime pas.

Monsieur le Vicaire Général,

J'ai reçu votre lettre du 18 courant, dans laquelle vous exaltez outre mesure ma pitoyable médiocrité; trop d'amour nuit quelquefois à la vérité de l'éloge et les compliments trop

---

(1) Je prie les lecteurs sérieux de cette lettre, d'en conserver le souvenir, lorsque je leur mettrai sous les yeux les témoignages indéniables d'estime que m'a donnés plus tard cette administration ecclésiastique dont M. Flayol était alors un des représentants.

flatteurs font souvent tourner la tête aux jeunes gens qui ne les méritent pas; ayez donc compassion de ma faiblesse et désormais dans votre correspondance calmez, si faire se peut, vos affections douces et paternelles, qui sont, tout aussi bien que la haine, de mauvaises conseillères et ne prenez pour guide que le jugement de la froide raison.

Vous avez été tellement préoccupé de ma personne et de l'envie de décrire mes brillantes qualités, que vous avez oublié de répondre à une question très grave que je vous avais faite, touchant la confession de nos élèves : je vous avais demandé s'il est permis à un curé de repousser de son confessionnal quelques-uns de ses paroissiens, précisément parce qu'un autre prêtre a commencé d'entendre leur confession ? Je vous demande encore aujourd'hui si ce curé a le droit de se créer pour sa pratique particulière, *une théologie*, sous le prétexte qu'*il a failli être fusillé, il y a trente ans, pour la foi catholique*. Vous trouverez assurément que ce curé est tant soit peu bizarre et je prévois quelle sera votre décision ; mais en fait de sacrement surtout, j'ai la conscience légitimement méticuleuse, et mon opinion ne sera solidement assise que lorsque vous aurez parlé : en attendant, j'aurai l'honneur et le plaisir de vous voir, jeudi prochain, à huit heures du matin, au couvent des Petites-Maries.

Agréez l'assurance du profond respect, etc.

3°

Incident Gérard

Dans la lettre-réquisitoire de M. Flayol, on m'accuse de *m'être établi le pédagogue insolent d'un prêtre à l'autel, appelé Gérard*. Voici l'exposé sincère de ce fait :

Le clergé marseillais alors, comme presque toujours, était façonné à la servitude et adorait à deux genoux son maitre, tant que les coups d'étrivières étaient donnés sur le dos d'autrui ; la plupart pourtant se respectaient et observaient une sorte de neutralité ; quelques-uns, comme le curé du Rouet, ne rougissaient pas de nous donner dans l'occasion le coup de pied de l'âne, selon le langage de l'avocat Rolland, sans égard pour le lieu saint ; j'avais tort de les imiter et de les suivre dans cette voie sacrilège ; mais ceux qui me provoquaient, n'ayant d'autre mobile qu'une basse adulation ou un zèle aveugle, quoique plus âgés que moi, n'étaient-ils pas plus coupables ? cela dit, voici brièvement le fait en question :

Un jour de fête, dans la semaine, j'eus la pieuse pensée de conduire nos élèves à la Messe, à Notre-Dame-du-Mont ; nous entrâmes dans l'Eglise, tandis qu'un prêtre sortait de la sacristie et se dirigeait vers la chapelle du Sacré-Cœur, pour y célébrer la Sainte-Messe ; j'engageai les élèves à prendre chacun une chaise et à me suivre vers la chapelle, où nous arrivâmes en même temps que le prêtre ; était-il bien facile à 70 ou 80 enfants de déposer leurs chaises sans faire du bruit ? le prêtre n'avait qu'à attendre quelques secondes avant de commencer la Messe, et l'on aurait entendu, selon le proverbe, voler une mouche... Mais il fallait faire du zèle : ce vieillard, prêtre d'ailleurs vertueux et ancien missionnaire, se tourna, et en ma présence, apostropha les enfants du ton le plus emphatique, comme si ce bruit inévitable devait nous être imputé comme un crime. Cependant le silence se fait, nous sommes tous à genoux et le prêtre commence *introïbo ad altare Dei*. J'étais là à la grille qui me séparait du sanctuaire et je répétais à voix basse les paroles du servant, en contenant ma légitime indignation. Mais lorsque le prêtre, récitant le *Confiteor*, se frappa la poitrine, je succombai, je l'avoue, à la tentation et je lui dis, de manière à n'être entendu que de lui seul : *Frappez fort, Monsieur; vous en avez bien besoin*. Telle est la leçon insolente que je donnai à un prêtre arrogant, qui avait oublié momentanément que celui qu'il allait immoler sur l'autel avait prié pour ses bourreaux.

Je dis *momentanément* ; car lorsque la réconciliation fut un fait accompli et que je me trouvai côte à côte avec ce prêtre, la deuxième fête de Pâques, dans la sacristie de Notre-Dame-du-Mont, il vint à moi spontanément et me serrant la main affectueusement, il me félicita : il avait donc reconnu sa faute et profitait de la première occasion qui se présentait, pour la réparer.

On comprendra que cet incident avait besoin d'explication.

4°

Lettres de M. Chaix

Ces deux lettres de M. Chaix sont des réponses à celles que je lui avais adressées; quoiqu'elles indiquent une divergence de sentiments, on n'y remarque pas cependant cette impolitesse et cette amertume qui déparent celles de M. Flayol; les miennes avaient donc été convenables pour la forme et ne l'avaient pas offensé ; il m'est en effet arrivé bien rarement de prendre l'initiative de l'insulte. Voici ces deux lettres :

Marseille, le 10 Décembre 1836.

Monsieur,

Le refus de M. Flayol ne tombe que sur les élèves qu'il n'a jamais *confessé*. Je dois en avoir dans ma portion qui *s'addressaient* à lui l'année dernière. Echangez-les contre les premiers. Mais ne m'en donnez en tout pas plus *que* trente. C'est même plus du tiers du pensionnat ; je ne peux pas en confesser un plus grand nombre. Ne me mettez pas dans le cas de faire un refus qui serait pénible.

J'ai l'honneur de vous saluer.

CHAIX, *a. r. g.*

PS. — Faites-moi le plaisir de faire une liste des élèves qui *s'addressent* à moi et de me la remettre à la première occasion. On fait ainsi dans tous les pensionnats, le confesseur a le nom de tous les élèves. Si les vôtres répugnent à décliner leurs noms, donnez-leur en un à leur fantaisie, il suffit qu'ils le retiennent.

Samedi, 17.

Monsieur,

Votre dernière lettre me donne à comprendre que vous êtes

dans l'intention de conduire à la Visitation des élèves que je n'ai pas encore confessés. J'ai vu dans les dimanches de novembre les trente qui forment mon lot. Je compte me borner à ceux-là, à moins que Monseigneur ne me commande d'en recevoir, de nouveaux. Car la solidarité dont vous parlez n'existe pas de l'aveu même de l'Evêque qui a été consulté sur ce point.

Ainsi je vous prie instamment de ne pas faire venir d'autres élèves que ceux que je suis disposé à confesser. Vous obligerez

Votre serviteur,

CHAIX, a. v. g.

Je vais me permettre quelques observations sur l'objet de ces lettres.

J'avais essayé de faire comprendre à M. Chaix ainsi qu'aux deux autres confesseurs, que la mesure déjà odieuse par laquelle on avait imposé trois confesseurs à nos élèves, le devenait encore plus, si ceux-ci n'avaient pas la faculté de choisir entre les trois ; que par conséquent le partage de notre pensionnat en trois listes exactement égales ne devait pas se faire, et que d'ailleurs les trois confesseurs étaient solidaires, comme les vicaires d'une même paroisse, qui sont tenus de recevoir chacun ceux qui se présentent, sans examiner si le nombre des pénitents ou pénitentes est supérieur à celui des pénitents ou pénitentes de leurs confrères ; et s'il peut se faire qu'un vicaire soit chargé plus que les autres au-dessus de ses forces, cela ne pouvait pas avoir lieu dans la question actuelle — n'arrive-t-il pas en effet souvent qu'un seul confesseur est chargé de tout un pensionnat de garçons ou de demoiselles ? Il n'y a que deux aumôniers au Lycée pour cinq ou six cents élèves ; il n'y en a également que deux au pensionnat des frères, qui en renferme au moins autant — mais comme me l'avait écrit M. Chaix, l'année précédente, *la matière n'était pas attrayante* ; d'ailleurs Monseigneur *avait été consulté sur ce point et avait donné sa décision*. Est-ce l'oncle ou le neveu, qui avait lié ainsi la conscience des confesseurs ? Il est probable que c'était celui-ci ; lorsqu'on ose dire : le *droit canon, c'est moi*, on peut bien aussi s'approprier la théologie ou en fabriquer une à son usage.

M. Chaix convient enfin que les élèves n'étaient pas obligés de décliner leurs noms, quoique cela se pratique, j'en conviens, dans tous les pensionnats ; mais comme les confessionnaux des trois confesseurs étaient en quelque sorte métamorphosés en bureaux de police, et qu'on tenait à savoir les noms des élèves, afin de pouvoir exercer une pression sur les parents, j'avais un motif légitime de ne pas les donner, au moins expressément ; car je n'ai jamais défendu aux élèves de se nommer, s'ils n'y voyaient aucun inconvénient ; mais je ne leur en faisais pas une obligation. Au reste cette correspondance était devenue un hors-d'œuvre, après la scène qui avait eu lieu aux Petites-Maries et que je vais exposer.

5°

Scène scandaleuse aux Petites-Maries

Dans la dernière semaine de novembre, je m'étais rendu comme je l'avais annoncé à M. Flayol, le jeudi matin à 8 heures, au couvent des Petites-Maries, avec une quinzaine d'élèves, dont la plupart ne faisaient point partie de l'ancienne liste ; j'usais de mon droit et je ne pensais pas que M. Flayol poussât la résistance jusqu'à provoquer un scandale public ; je déclare que si j'avais prévu ce triste résultat, je ne me serais pas exposé à la tentation. Quoi qu'il en soit, nous voilà M. Flayol et moi, décidés en face du tabernacle qui renfermait la Sainte-Eucharistie, l'un à méconnaître ses devoirs de directeur des consciences et de pasteur des âmes, et l'autre à faire triompher par une résistance pacifique le droit des élèves.

M. Flayol, comme il me l'avait écrit, refusa d'entendre la confession des nouveaux élèves que je lui avais désignés ; de mon côté, je les lui renvoyai tous l'un après l'autre, sans rien dire, espérant vaincre son obstination par ma patience, mais je me faisais malheureusement illusion ; lorsqu'on a souffert le martyre pour la défense de la foi, on a le droit de ne pas suivre le chemin battu. M. Flayol, voyant que les mêmes élèves qu'il avait repoussés, lui revenaient successivement, quitte brusquement le confessionnal et se dirige vers la sacristie. A cette vue, je n'y tiens plus ; je l'interpelle à haute voix et le somme de retourner au confessionnal, au nom de Dieu, de J.-C. et de l'Eglise. En entendant cette apostrophe à laquelle il ne s'attendait pas, le vieillard se trouble, hésite et ne sait s'il doit avancer ou reculer. Mais plus endurci que ne l'avait été M. Chaix dans un cas à peu près semblable, il se précipite dans la sacristie, pour y cacher sa honte et son dépit.

Alors il se passa une scène dont le souvenir me fait encore frissonner. Ce fut dramatique, sans doute, mais il aurait fallu, j'en fais le douloureux aveu, un autre théâtre à l'expansion de notre légitime colère.

« Levez-vous, enfants, m'écriai-je de manière à être
« entendu au-delà des sacrées Barrières, secouez la boue
« de vos souliers, afin qu'elle soit un témoignage ostensible
« de votre zèle et de la prévarication de ce prêtre. »

Au signal que je donnai moi-même, tous frottèrent énergiquement leurs souliers contre les carreaux de la chapelle et la boue que nous y avons laissée attesta, comme je l'avais dit, que nous avions rempli notre devoir et que M. Flayol avait violé ses obligations (1).

Cela fait, nous sortîmes de la chapelle et du couvent, je chargeai le professeur qui m'avait accompagné de reconduire les élèves au Pensionnat et je courus en toute hâte à l'Evêché. En y arrivant, je demandai à haute voix qu'on me présentât devant l'un des deux évêques qui habitaient le Palais. M. l'abbé Cailhol seul vint au devant de moi pour me calmer et savoir la cause de l'état d'exaltation dans lequel il me trouvait. Je lui annonçai que M. l'abbé Flayol

---

(1) Un vieillard, ancien élève et l'un des acteurs de ce drame rappelait naguère en présence de plusieurs personnes cet odieux souvenir en termes franchement sympathiques.

venait de combler la mesure de ses vexations et que je voulais enfin y mettre un terme en employant tous les moyens qui seraient en mon pouvoir. Il est bien entendu que les deux prélats ne furent pas visibles et que ma course à bride abattue fut complètement inutile. Je pris donc la première voiture que je rencontrai et j'arrivai tout à fait exténué et mourant à Menpenti, où l'on me prodigua toutes sortes de soins pour réparer mes forces. Mais à la lutte souterraine et clandestine allait succéder le débat au grand jour de la publicité. Je crus devoir cependant donner avis de ce qui se passait à M⁀ l'Archevêque d'Aix, par la lettre suivante :

Lettre à l'Archevêque d'Aix

Monseigneur,

Votre longanimité a enfin porté ses fruits ; vous avez refusé de vous porter comme médiateur entre l'Evêché et nous ; eh bien ! Voici que la rupture est sur le point d'éclater avec un fracas qui aura sans doute du retentissement ; je vous avais dénoncé l'Evêché de Marseille comme coupable d'avoir refusé l'absolution à nos élèves, précisément à cause de leur séjour dans notre maison ; depuis que la sacrée Pénitencerie a condamné cette mesure, on a essayé de nier le fait ; mais on ne pouvait pas détruire les lettres qui l'attestent et qui sont en mon pouvoir.

Aujourd'hui, la persécution prend une autre face. M. Flayol, Vicaire Général, ne veut pas entendre la confession des élèves qui ne s'adressaient pas à lui l'an dernier. Ainsi ces enfants ne peuvent pas même choisir entre les trois confesseurs qu'on leur a imposés ; à ce nouveau trait de méchanceté, j'ai pensé que la mesure était comble et je vais dévoiler tout ce que l'Evêché de Marseille renferme d'ignorance et d'iniquité. Quoi qu'il advienne, il a plus à perdre que moi, car je ne tiens à rien sur la terre, excepté à la paix de la conscience et à la foi catholique.

Agréez, etc.   JONJON, *Prêtre*.

CHAPITRE II

DÉCEMBRE ET JANVIER

1°

Première Lettre Publique

« Le 7 décembre 1837 on lisait dans le *Sémaphore* ce qui suit : Le préambule faisait allusion à la volte face de Mgr d'Icosie, qui venait de se rallier au gouvernement de juillet, qu'en 1830 il n'avait pas voulu reconnaître. La *Gazette du Midi*, si sévère envers Mgr Rey, Evêque de Dijon, laissa passer sans mot dire, cette apostasie politique de l'ambitieux Prélat ; personne n'ignore qu'elle ne fut pas la dernière.

« Nous avons déjà rendu plusieurs fois justice à l'esprit de sagesse et de modération qui préside depuis quelque temps aux décisions de l'Evêché de Marseille. On ne peut qu'applaudir en le voyant adopter une marche plus conforme aux principes de l'Évangile, et se rallier franchement aux institutions et à la dynastie de juillet. Nous ne sommes donc nullement disposés à ouvrir nos colonnes à tout article qui aurait le caractère d'une attaque ; mais notre impartialité nous force à permettre la défense, lorsqu'elle s'exprime en termes convenables. En publiant la lettre suivante, signée par son auteur, nous faisons des vœux pour que l'Evêché abandonne entièrement l'ancienne voie qu'il avait cru devoir suivre, en faisant cesser le plus tôt possible, le déplorable différend qui existe entre lui et les estimables ecclésiastiques qui sont à la tête de l'établissement de Menpenti. La grande majorité des habitants du diocèse verra avec joie disparaître les dernières traces d'un dissentiment toujours fâcheux entre des hommes revêtus d'un caractère sacré ; et les personnes sincèrement religieuses applaudiront à ce bon exemple de véritable charité chrétienne, plus louable encore lorsqu'il sera donné par ceux qui, placés plus haut, ont le pouvoir entre les mains. »

AFFAIRE MENPENTI

Lettre à Monseigneur l'Évêque de Marseille

Menpenti, le 29 novembre 1836.

Monseigneur,

Il est écrit dans un de nos livres divins : *Abandonnez même votre manteau à celui qui vous enlèvera votre tunique.* Quelque opinion que l'on embrasse sur le sens de ces paroles et sur leur application dans la pratique, on ne peut contester, sans renoncer à l'esprit de foi, que cette maxime est un véritable anathème contre ces discussions ardentes que la charité chrétienne ne dirige pas. Notre sacerdoce est le plus sublime par son institution ; mais ceux qui en sont revêtus, ne se tiennent pas toujours par leur conduite à la hauteur de leur dignité. Nous sommes hommes avant d'être prêtres, et nous ne cessons pas de partager les faiblesses de l'humanité, après que nos mains, qui doivent offrir la victime, ont reçu l'onction sacrée. Ces tristes réflexions me sont suggérées par le procès scandaleux qui règne, depuis bientôt deux ans, entre trois prêtres et les administrateurs de votre diocèse. De part et d'autre la conscience a dû se charger de fautes, parce que Dieu n'habite point dans un cœur passionné. L'agression s'est montrée virulente, furieuse, et a dépassé souvent les bornes que la justice lui imposait ; la défense, poussée sans relâche jusque sur le bord de l'abîme, s'est oubliée quelquefois dans cette extrémité, jusqu'à prendre l'emportement pour de l'énergie, et la colère pour de la force d'âme. Qu'en est-il résulté ? l'offense de Dieu est incontestable ; que chaque coupable fasse l'aveu de ses fautes, et en sollicite le pardon. Mais l'établissement qui a été le flambeau de ces dissensions, qu'est-il devenu ? il persévère constamment dans sa ligne droite et se montre plus florissant de jour en jour.

Cependant la ville catholique de Marseille s'est partagée en deux camps, et nous croyons savoir que c'est le moins nombreux qui nous est hostile. Le clergé des diocèses voisins se lève, comme un seul homme, pour applaudir à notre entreprise. Je sais moi-même ce que pensent quelques évêques que j'ai consultés. Y aurait-il donc témérité à dire : Dieu a parlé, la cause est finie ? cette approbation, presque universelle, que l'on ne peut révoquer en doute, ne serait-elle pas une réponse suffisante à toutes les questions que l'on peut nous adresser ? Les uns le croiront, les autres ne le penseront pas. Pour les derniers il existe un *Mémoire* que des raisons particulières, et peut-être uniquement le respect pour votre grandeur, m'ont empêché de livrer à l'impression, mais qui tôt ou tard sera mis en lumière. Je rappellerai aux premiers, pour les fortifier dans leur croyance, qu'un des moyens employés, l'an dernier, par l'autorité épiscopale, a été condamné comme illégitime par le tribunal de la *sacrée pénitencerie*, et que, par conséquent, il ne serait pas hors de vraisemblance que d'autres moyens qu'elle met encore en usage, partageassent la même réprobation ; en outre, je leur présenterai, en leur communiquant cette lettre (1), quelques raisonnements théologiques sur ce fameux refus d'absolution, dont on menace encore les pères de famille.

CAS DE CONSCIENCE

Résolu d'après les principes du bienheureux Alphonse de Ligorio

(*Homo apostolicus*, tome 2, chap. 6, n. 118.)

Lorsque le pénitent est capable de se former une conscience droite, c'est-à-dire lorsqu'il a tous les moyens de prononcer un jugement droit sur la question qui le concerne, les théologiens enseignent communément que le confesseur peut et doit absoudre ce pénitent, lors même que ce dernier croit devoir suivre une opinion contraire à la manière de penser du confesseur. Ils donnent pour raison que le confesseur n'est pas juge des opinions, mais seulement des dispositions du

---

(1) Cette lettre n'était pas destinée à la publicité.

pénitent. Ils ajoutent que lorsque le pénitent s'est confessé convenablement, et qu'il a des motifs suffisamment raisonnables pour suivre son opinion, le confesseur ne peut pas lui refuser l'absolution, sans se rendre coupable d'une grave injustice.

Ces principes une fois établis, il me reste à prouver : 1° que les pères de famille ne pèchent pas certainement en nous confiant leurs enfants et que le sentiment qui les absout est au moins aussi probable que celui qui les condamne ; ce qui doit suffire pour le rendre respectable.

2° Que les pères de famille sont capables de se former une conscience droite sur cette question.

3° Que les prêtres de Marseille pèchent grièvement en refusant l'absolution à ces pères ou mères de famille.

Et d'abord si les pères de famille péchaient certainement en nous confiant leurs enfants, ce serait sans doute parce que le séjour de notre maison doit être considéré comme une occasion prochaine de péché. Or, comme la présomption est de nulle valeur, après une année d'expérience, et que les faits seuls doivent alors être invoqués ou présentés comme témoignages imposants, j'ai l'honneur d'inviter nos adversaires à prouver par des faits, qu'il existe dans notre pensionnat plus que dans toute autre maison religieuse, des occasions de pécher ; pour moi, je leur présenterai le grand nombre de communions, que les grands vicaires eux-mêmes ont *certainement* accordées, comme une preuve incontestable que l'on peut chez nous, comme ailleurs, faire son salut. D'ailleurs, lors même qu'il n'y aurait là-dessus aucune certitude absolue, il suffit qu'il soit très probable qu'on puisse vivre chrétiennement dans notre maison, pour qu'il soit permis de décider que les pères de famille ne pèchent pas certainement, en nous confiant leurs enfants. Or, aura-t-on le courage de soutenir, que l'évêché de Marseille est infaillible, lorsqu'il prononce que le Pensionnat Menpenti est une école dangereuse ? Doit-on lui attribuer le privilège d'être juge dans sa propre cause ? Ignore-t-on que le clergé des diocèses voisins, et même plusieurs prêtres vénérables de Marseille, gémissent en secret de toutes ces mesures vexatoires ? Ce même évêché de Marseille, aurait-il été constamment innocent, depuis que Mgr l'évêque a fait sa première entrée pontificale ?

Certes, s'il fallait compter et même peser les motifs de probabilité, que présentent les deux sentiments opposés, il est plus que problématique que la certitude penchât du côté de l'évêché. Mais au moins, est-il certain que le sentiment qui absout de péché les pères de famille, est dans le domaine des opinions raisonnables, que l'on peut soutenir en sûreté de conscience. C'est ce que j'avais à prouver en premier lieu.

Secondement, il me paraît non moins évident que les pères de famille peuvent se former une conscience droite sur cette question, soit par eux-mêmes, soit par les lumières d'un prêtre prudent et éclairé. Est-ce en effet une entreprise au-dessus de leurs forces que de s'assurer des faits que je viens d'indiquer ? D'après cet aperçu et beaucoup d'autres considérations qu'ils peuvent faire, ne serait-il pas possible qu'ils vinssent à embrasser une des deux opinions probables que j'ai exposées, par exemple, celle qui nous est favorable ? Pour se décider dans une pareille question, faut-il autre chose que l'examen des faits et une oraison jaculatoire au pied de la croix ? Les pères de famille pourront encore, pour me servir des termes théologiques, raffermir leur conscience, sur la conscience d'un directeur pieux et éclairé. Mais, dira-t-on, ils n'en trouveront pas, dans Marseille, qui veuillent les diriger.... soit.... Est-ce à dire, que la science ecclésiastique et la piété chrétienne ne germent que sur le sol marseillais ? S'il leur faut des consciences pures, des cœurs exempts de préjugés et de passions, des prêtres d'une foi ardente, d'une vie austère, d'une science solide, ou bien *des vieillards cicatrisés par le martyre* ; j'ai des *noms* à donner pour dissiper tous les doutes, et soutenir les âmes vacillantes. Il est donc prouvé, en second lieu, que les pères de famille peuvent se former une conscience droite.

Troisièmement, je conclus avec assurance et persuasion intime, que les prêtres de Marseille pèchent grièvement en refusant l'absolution aux pères de famille qui nous confient leurs enfants, puisqu'ils s'établissent, contre le sentiment commun des théologiens, comme juges des opinions de leurs pénitents. L'ordre de l'évêque ne saurait les justifier ; car il est évident qu'un évêque ne peut, de sa propre autorité, changer les principes généralement reconnus de la théologie.

Ce serait maintenant le lieu, Monseigneur, de traiter une

autre question qui concerne spécialement votre grandeur, savoir : si l'on a eu le droit de réserver à trois prêtres la confession de nos élèves. On pourrait également vous exposer tous les abus qui se sont glissés dans cette mesure, si évidemment *extra-légale* ; mais à chaque jour suffit sa peine. J'attends au plus tôt la réponse de votre secrétaire. Si elle n'arrive pas dans quatre jours, je prends l'engagement solennel, et au besoin je le jure par Dieu et la vierge Marie, de livrer, sans plus tarder, à l'impression, et ma lettre présente et toutes celles qui la suivront. Ma répugnance à employer la voie des journaux est enfin détruite ! je dois ce changement de principes à un personnage vénérable qui a dirigé ma conscience dans mon dernier voyage. Dieu m'est témoin, que je désire ardemment la paix de l'Eglise de Marseille et que je me soumettrais pour la procurer à tous les sacrifices personnels qu'il plairait à Votre Grandeur de m'imposer. Agréez, etc.

JONJON, *prêtre*,
Directeur Spirituel de l'Etablissement.

Chose remarquable ! on m'avait fait jusqu'à ce jour la réputation d'un homme emporté, violent, en un mot d'un brise-raison. Dans cette première lettre que je prévoyais devoir être livrée à la publicité, j'affectais de m'exprimer aussi simplement que possible et surtout de raisonner, en descendant presque à la forme syllogistique. Eh bien ! ceux-là même qui m'avaient jugé et condamné sans m'avoir lu, et qui s'attendaient à un style d'énergumène, trouvèrent ma lettre faible, languissante et incolore, à part cependant mon serment *par Dieu et la Vierge Marie*, sur lequel je donnerai des explications, lorsque je commenterai les anathèmes du mandement.

Quoi qu'il en soit de la forme de cette première lettre, une conclusion se dégage évidemment de ce débat, c'est que les pères de famille pouvaient être en sûreté de conscience, en nous confiant leurs enfants et que les confesseurs qui leur refusaient l'absolution pour ce seul fait, se rendaient coupables d'une servile adulation, s'ils ne péchaient pas par ignorance ; d'autre part la Sacrée Péniten-

cerie avait décidé que le seul fait du séjour de nos élèves dans notre maison ne les rendait pas indignes d'absolution.
— Nous voilà donc, sous ce point de vue important, rendus au droit commun. Y a-t-il dans le mandement du Carême une seule phrase qui fasse allusion à mon argumentation et par laquelle on cherche à la détruire ? aucune — je défie qui que ce soit de me l'indiquer.

Cette première lettre ne fit pas grande sensation dans le public marseillais ; mais on chercha à la lire, lorsque parut la seconde, qui, j'en atteste tous mes contemporains, mit en éveil la population entière. Je cherchai à éviter les défauts qu'on venait de me reprocher, sans tomber cependant dans l'excès contraire, dont on m'avait fait un crime précédemment.

2°
Deuxième Lettre

Monseigneur,

J'ai ouvert, par ma lettre du 29 novembre, une carrière honorable à tous ceux qui, par conscience ou tout autre motif que je ne juge pas, se sont déclarés les adversaires des directeurs de Menpenti. Le combat que j'ai engagé n'est pas une de ces luttes ignobles où les champions des partis opposés font assaut de paroles grossières et se chargent réciproquement de diffamations personnelles. C'est un défi que j'ai pu porter et que les administrateurs peuvent accepter, sans offenser Dieu, en notre qualité commune de chrétiens et de prêtres. La raison seule, aidée des lumières de la foi, doit présider à cette discussion qui, je l'espère, amènera de grands éclaircissements. Cependant le silence s'est fait dans le camp ennemi ; à la vérité quelques rumeurs se sont fait entendre dans certaines réunions secrètes, mais c'est toute la réponse dont on m'a honoré. Le seul moyen de justification qui conviendrait à la dignité des administrateurs, serait, sans contredit, la publication d'un mandement. Eh bien ! qu'ils l'osent, s'ils le peuvent ; il n'est pas donné à une famille d'évêques de détruire la théologie catholique, comme un jeune homme brise et jette au vent les tronçons vermoulus des choses du bon vieux temps.

Il est donc de toute nécessité, si le silence continue, que le public marseillais reconnaisse comme incontestable la prévarication de l'administration épiscopale.

Bien loin que notre religion souffre quelque détriment de cette déplorable conclusion, elle ne paraîtra que plus brillante et plus pure, lorsqu'on l'aura dépouillée de certains vêtements d'iniquité qui dénaturent ses véritables traits. Aussi continuerai-je, Monseigneur, pour repousser une injuste agression, et pour propager les vrais principes de la théologie, de présenter à votre Grandeur, ainsi qu'aux familles chrétiennes de votre diocèse, les maximes du bienheureux Alphonse de Ligorio, et de les appliquer aux différentes questions qui nous concernent. J'avais promis d'examiner si l'Évêché de Marseille avait pu, de sa propre autorité, réserver à trois prêtres la confession de nos élèves. Je viens aujourd'hui dégager ma parole ; je commence :

Il existe dans la société chrétienne une hiérarchie, dont l'institution remonte jusqu'aux temps apostoliques. Un chef suprême exerçant sa puissance, et étendant sa sollicitude sur toutes les églises, un corps de pasteurs, portant le nom d'évêques, et députés par le chef suprême pour administrer chacun une portion de l'église universelle, qu'on est convenu d'appeler *diocèse*, et enfin des ministres subalternes, chargés des affaires journalières, et gouvernant, au nom de l'évêque, la *paroisse*, subdivision plus ou moins importante du diocèse ; tels sont les éléments qui constituent la hiérarchie que j'ai toujours reconnue et dont l'autorité me sera constamment sacrée, avec l'aide de Dieu, jusqu'aux derniers instants de ma vie. Mais ces trois pouvoirs fondamentaux ne diffèrent pas seulement par l'étendue du territoire ; et de même que le curé ne peut pas dans sa paroisse tout ce que peut l'évêque dans son diocèse ; ce dernier, comme l'enseignent les théologiens, ne jouit pas, sur la portion du troupeau qui lui a été confiée, de cette plénitude de puissance qu'exerce le souverain pontife sur toute l'église. Ainsi par exemple, un évêque ne peut pas faire qu'une proposition devienne un article de foi. Il ne lui est pas accordé ni par l'usage, ni par le droit, d'introduire, pour le mariage, de nouveaux empêchements dirimans. Son caractère épiscopal ne lui suffit point pour s'introduire légitimement dans un couvent de religieuses cloîtrées. Il ne peut diviser une paroisse en deux, sans avoir fait, au préalable, une information juridique de *commodo* et *incommodo*. En un mot, son autorité n'atteint pas tout ce qui, pouvant être jugé d'une haute importance, n'est point compris dans ses fonctions ordinaires. Les principes que je viens d'établir, et les décisions qui en découlent, se trouvent exposés dans les traités théologiques de Ligorio, de Pontas, etc. Il me reste maintenant à examiner si l'Evêché de Marseille a jugé convenable de s'y conformer, dans ses rapports avec le pensionnat Menpenti.

Au mois de septembre 1835, trois prêtres conçoivent une même idée, l'exécutent de concert, et jettent dans le monde un *prospectus* qui est entouré de quelque sympathie. L'évêché ne voit dans ce projet d'un pensionnat qu'une entreprise anti-catholique ; il la signale comme telle à son clergé ; et déclare officiellement que les vicaires généraux, c'est-à-dire trois prêtres, auront seuls la faculté d'entendre la confession des élèves.

Cette mesure peut être considérée comme appartenant à la catégorie des cas réservés, ou comme se rattachant à la discipline qui régit les religieuses. Or, sous ces deux points de vue, il est facile d'en démontrer l'illégalité, par le parallèle que je vais établir.

Si l'Evêché de Marseille a prétendu soumettre nos élèves à la législation pénale des cas réservés, je ne sais comment concilier le texte formel du Concile de Trente avec la pratique que je vais lui opposer.

Le Saint Concile déclare que, pour inspirer aux fidèles une plus grande horreur du péché, *il a paru nécessaire aux pères de l'église, que tout prêtre ne pût pas absoudre de certains crimes plus atroces et plus graves*, et que le privilège de cette absolution *fût réservé aux grands prêtres*, c'est-à-dire au souverain pontife et aux évêques. Ce privilège, ajoute-t-il, ne doit pas être *un instrument de destruction*, mais plutôt une source *d'édification* ; une nomenclature de ces péchés *plus atroces et plus graves*, a été faite avec cette prudente sévérité qui convient à une mère châtiant ses enfants.

Or, cette classe de fautes ne se rencontre que très rarement, pour ne pas dire jamais, dans les maisons d'éducation, quelque indisciplinées qu'on les suppose ; de telle sorte que les confesseurs des pensionnats n'ont pas besoin, très communément, de solliciter une juridiction plus étendue pour absoudre les élèves. Cependant l'Evêché de Marseille, s'élevant au-dessus de la pratique constante, universelle et légitime, aurait réservé à son jugement tous les péchés, même les plus légers, d'un nombre indéterminé de fidèles ; ne faisant aucun cas de l'intention formelle de l'Eglise, il aurait appliqué le système des cas réservés à ceux qui, par leur âge et leur position, sont complètement innocents de l'accusation portée contre nous. Le chemin du Ciel serait rétréci pour une catégorie de catholiques ; des enfants seraient placés dans un état que repousse l'esprit de J.-C. et de son Eglise ; et la cause finale de l'institution du Sacrement de pénitence, œuvre de miséricorde et de paix, aurait été ouvertement méconnue. Mais qu'importe à l'Evêché, pourvu qu'il parvienne à discréditer notre Pensionnat et à paralyser nos efforts. Tous les expédients lui paraissent légitimes, malgré cet avertissement du grand apôtre : *Prenez garde de faire le mal, afin qu'il arrive du bien.* D'après ces considérations, il me paraît évident que la mesure adoptée par l'Evêché n'étant nullement appuyée sur la pratique de l'Eglise et tendant à établir, dans la société chrétienne, une importante innovation, est illégale, dans toute l'acception de ce mot.

Mais, me dira-t-on peut-être, l'accusation coule à pleins bords de votre bouche, avec une témérité sans égale ; êtes-vous donc si étranger à la discipline de l'Eglise, pour ignorer qu'il existe depuis très longtemps une classe de fidèles qui ne peuvent s'adresser indistinctement, pour la confession, à tout prêtre approuvé ? Les religieuses ont-elles jamais eu le choix de leur confesseur ? L'Evêché de Marseille n'est donc point coupable d'innovation, puisque ce que vous condamnez, se pratique encore sous nos yeux dans tous les diocèses du monde catholique.

Je réponds à cette difficulté que la mesure dont j'attaque la légitimité, considérée sous ce dernier point de vue, porte avec elle un double caractère d'innovation : il est facile en effet de concevoir que les religieuses, qui tendent à une pratique plus parfaite des vertus chrétiennes, ont besoin, pour parvenir plus sûrement à leur but, d'un guide plus expérimenté, qui ait appris à vivre dans leur atmosphère, et pour lequel les voies spirituelles soient un terrain battu. Or, je ne sache pas que nos élèves doivent être assimilés aux religieuses pour le but et les obligations. Ils se destinent à la vie commune, et tout prêtre approuvé peut, sans témérité, marcher à leur tête et les guider dans le chemin de la vie. Serait-ce la grandeur du péril auquel ils sont censés être exposés qui aurait nécessité cet expédient rigoureux ? Mais avant d'en venir à une innovation si importante, il aurait fallu, ce me semble, bien constater le péril, et ensuite réfléchir sur l'utilité des moyens que l'on devait employer ; il paraît que ces règles de prudence n'ont pas été suivies, puisque je suis à même de prouver, sous peu de temps, que ce grand péril n'existe que dans l'imagination trop exaltée des administrateurs épiscopaux, et que la mesure adoptée n'est propre qu'à étendre l'incendie, au lieu de l'éteindre.

Mais lors même que nos élèves devraient être soumis à la discipline des religieuses, il ne faudrait pas qu'ils se trouvassent dans un pire état : or, c'est cependant la position que l'Evêché de Marseille leur a faite. Que se passe-t-il en effet, Monseigneur, dans votre ville épiscopale, en présence d'un peuple et d'un clergé qui certainement ne voudraient pas se trouver en dehors des institutions catholiques ? Des jeunes gens dont le nombre augmente progressivement, reçoivent de l'Evêché un confesseur, et ne peuvent en choisir un autre, quelle que soit leur répugnance pour cet homme, tandis que les religieuses ont la faculté de rejeter celui qu'on leur a accordé. Ces trois confesseurs ne changent jamais pour nos élèves, même au temps pascal, tandis que les religieuses doivent avoir plusieurs fois dans l'année, un confesseur extraordinaire. Enfin si quelqu'un de nos élèves ne peut prendre sur lui-même d'ouvrir son cœur à celui qui s'est imposé à sa conscience, force est pour ce jeune enfant de vivre dans la négligence des Sacrements, tandis qu'une religieuse a toujours le droit d'obtenir un autre confesseur lorsqu'elle se refuse obstinément à donner sa confiance au prêtre approuvé pour toute la communauté. Je n'invente pas toutes ces décisions, on les trouvera développées dans l'*homo apostolicus* de Ligorio.

Il est donc prouvé que cette discipline, très salutaire pour les religieuses, ne leur est jamais défavorable, tandis qu'elle porte, envers notre maison, un caractère d'excessive rigueur. Supposons enfin qu'il existe une parfaite analogie entre nos élèves et les religieuses ; les administrateurs épiscopaux doivent se souvenir qu'une loi qui restreint la liberté, ne s'étend jamais à tous les cas semblables. Faudrait-il, au risque d'ennuyer nos lecteurs, entrer dans tous les développements fastidieux que donnent tous les théologiens, sur cette question ? D'ailleurs, à quelle autorité la discipline qui régit les religieuses doit-elle son origine ? Est-ce la décision d'un évêque qui l'a introduite ? Je ne vois rien de semblable dans toute l'histoire de l'Eglise. Mais en remontant à l'origine des cloîtres, je ne trouve pour base de toutes les conditions de la vie monastique, que les décrets des conciles et les constitutions des papes ; et les évêques se sont toujours bornés à faire exécuter dans les diocèses les décisions apostoliques.

Je termine là, Monseigneur, l'examen de la seconde question ; puissent les raisonnements que je viens de me permettre parvenir jusqu'à votre oreille. Peut-être qu'une juste indignation vous porterait à ressaisir l'autorité dont quelques hommes se disputent les lambeaux ! ! ! Mais s'il en devait être autrement, continuez plutôt à vous envelopper de ténèbres ; au moins votre cœur paternel ne sera-t-il point contristé. Lorsque l'impuissance est flagrante, mieux vaut sans doute ignorer la grandeur du mal, que de repaître son esprit d'une connaissance qui désespère. Que le Seigneur, néanmoins, rétablisse la paix parmi nous. C'est mon vœu le plus sincère et le plus ardent.

Agréez, etc.

L. JONJON, *Prêtre*,
Directeur Spirituel de l'Etablissement.

Cette deuxième lettre produisit l'impression que j'attendais. Les prêtres eux-mêmes ne firent aucune difficulté de la lire publiquement dans les sacristies ; l'abbé Denans, ex-Proviseur du Lycée et prédicateur célèbre, dit à haute voix dans la sacristie des Recollets : « ils ne répondront jamais à cette lettre. » En effet, on n'y a jamais répondu ; M. l'abbé Jeancard, dans le mandement qui est son œuvre, épuisera le vocabulaire des plaintes, des reproches, des gémissements et des menaces ; mais on n'y trouvera pas un mot de réponse à mes raisonnements ; il est donc permis de tirer ces deux conclusions, que l'Evêché de Marseille avait commis un excès de pouvoir exorbitant, en réservant la confession de nos élèves aux trois vicaires généraux et en retirant au curé de notre paroisse la faculté de les entendre ; et que cette usurpation était criminelle, indépendamment des circonstances odieuses qui accompagnaient cette mesure ; ce qui sera l'objet spécial de la quatrième lettre.

3°

Troisième Lettre

Cette troisième lettre précéda de quelques jours les solennités de Noël, à cause desquelles je crus devoir suspendre la discussion ; mais la proximité du premier jour de l'an me suggéra des souhaits d'un nouveau genre, qui furent une sorte de revanche pour toutes les diatribes dont on nous avait saturés pendant plus d'un an dans la *Gazette du Midi* et surtout pour la fameuse lettre du 12 août qu'on nous avait si souvent jetée à la face :

Monseigneur,

Il se passe en ce moment, dans l'Eglise de Marseille, un de ces faits surprenants qui jettent le vulgaire dans une sorte de stupeur. On se demande avec raison comment il se fait que des écrivains dont le talent s'est exercé avec un beau zèle, à une époque qui n'est pas loin de nous, laissent maintenant, sans réponse, deux lettres qui leur prodiguent le blâme, sans toutefois sortir des bornes que la civilisation chrétienne nous impose. Les catholiques de leur côté ne peuvent se défendre d'une profonde émotion en voyant se prolonger indéfiniment un silence qui commence à devenir scandaleux.

Deux écrits dogmatiques, c'est-à-dire renfermant des enseignements religieux, ont paru à la face du soleil. Si les principes qui y sont exposés, sont contraires à la doctrine chrétienne, il est du devoir du premier pasteur de les signaler comme tels à son troupeau, surtout lorsque l'auteur de ces écrits sollicite vivement l'exécution de cette mesure ; dans ce premier cas, le silence de l'administration épiscopale, devant être considéré comme une approbation tacite, devient une prévarication monstrueuse. Mais si les décisions, contenues dans ces deux lettres sont conformes à la saine théologie, alors il ne reste à l'Evêché d'autre voie honnête pour se relever de sa chute que l'humble aveu des fautes commises et le retour sincère à de meilleurs sentiments ; c'est tout ensemble et mon droit et la plus éclatante justice qu'il puisse se faire de lui-même. Or, dans ce cas encore, la prévarication devient de notoriété publique, et tombe dans le domaine de l'histoire ; alternative désolante pour le cœur des vrais fidèles ; mais alternative impitoyable, qui pèse sur la conscience des administrateurs, comme la masse de fer d'un chevalier croisé sur la poitrine d'un sarrazin.

Pour compléter la première série des questions que j'ai annoncées je devrais aujourd'hui, Monseigneur, dévoiler tous les abus qui se sont glissés dans l'administration du sacrement de pénitence, et dont les trois confesseurs se sont rendus coupables. Mais j'ai tout lieu de croire que cette révélation troublera quelques consciences, parce que les faits en présence desquels je placerai les principes qui les condamnent, sont malheureusement incontestables.

Ceux qui me connaissent de près, savent que la cruauté ne fait point partie de mon caractère ; que je n'aime point les luttes insidieuses et les victoires remportées par surprise, et que je désirerais ardemment ou de ménager à mes adversaires une issue favorable, pour sauver de la honte leurs derniers jours, ou plutôt d'en venir à des explications qui devraient avoir pour résultat inévitable notre bonne vie, ou une destruction complète ; c'est dans ces vues que je me fais un devoir d'interrompre les hostilités à l'approche des grandes solennités religieuses qui sont encore, dans le monde chrétien, comme un vaste symbole de paix et de réconciliation. Puissent la célébration des saints mystères et le souvenir des humiliations de la crèche, inspirer aux dignitaires de l'Eglise de Marseille cet esprit de mansuétude qui serait leur salut et le nôtre ! Je ne leur demande que quelques changements, dans leur conduite, commandés par la religion elle-même. Pourquoi refuseraient-ils de les subir ? Si, contrairement à mes pensées, nos adversaires ne s'amendent point, et qu'ils persévèrent dans leurs déterminations, je ne puis pas, sans être déloyal, poursuivre à outrance des hommes que leurs saintes occupations empêcheront de repousser mes coups. D'ailleurs lorsque l'ange des heureux messages annonce *la paix à tous les hommes de bonne volonté*, il ne convient pas qu'un ministre de l'Eglise fasse entendre des cris de guerre. Ainsi, Monseigneur, trêve de Dieu parmi nous, jusqu'après la solennité de l'Epiphanie.

Je profiterai moi-même de cette suspension d'armes pour célébrer ces fêtes, comme il convient à un prêtre catholique, par le plus sublime exercice des fonctions sacerdotales. J'irai là où la violence ne m'a point encore repoussé de l'autel, et lorsque j'offrirai la sainte victime, je n'oublierai point que mon devoir est de prier pour mes ennemis ; je prononcerai hautement ces paroles mémorables : *pardonnez-nous nos offenses comme nous pardonnons à ceux qui nous ont offensés*, et, avec l'aide de Dieu, ma bouche sera le sincère organe des sentiments de mon cœur.

Je ne puis, Monseigneur, me résigner à quitter la plume sans remplir un de ces devoirs que le monde a inventés, mais dont la pratique n'est point repoussée par l'esprit de l'Eglise ; tout le clergé de votre ville épiscopale se rendra, le dernier jour de l'année, à votre palais. Comme l'heure n'est pas déterminée, les administrateurs auront soin de retarder, autant que possible, la réception, afin de pouvoir donner audience à tous les membres réunis. C'est en effet un spectacle imposant que de voir 60 prêtres de tout âge et de tout grade, tomber simultanément aux pieds d'un vénérable vieillard. J'ignore de quelle nature pourront être les saintes aspirations de votre clergé dans la réunion de cette année ; je n'y serai pas, Monseigneur, parce qu'une barrière infranchissable me sépare, depuis longtemps, peut-être à votre insu, de votre présence ; mais si je ne puis m'associer à votre fidèle clergé, dans les hommages extérieurs qu'il vous présentera, recevez du moins par écrit l'expression des vœux que je forme pour votre bonheur, tels que Dieu me les inspire, dans la solitude où les événements m'ont jeté.

Je laisse de côté et la *longue vie*, et la *santé parfaite*, banalités qui ne devraient jamais se rencontrer dans la bouche des prêtres. J'ouvre les épitres de Saint-Paul ; je cherche quel est le véritable trésor d'un évêque et je trouve que ce sont les vertus évangéliques dont le même apôtre fait une longue énumération. Votre conduite sacerdotale, Monseigneur, était une vivante image de ces vertus, je me plais à en faire l'aveu ; et depuis que vous avez été revêtu du caractère épiscopal, vous n'avez pas démenti les espérances de l'Eglise. Je ne puis donc souhaiter à votre Grandeur que la persévérance dans le bien, jusqu'au dernier soupir ; mais les personnages qui vous entourent d'un caractère naturellement exigeant, trouveront peut-être que mes vœux ne sont pas suffisamment explicites, je descendrai donc, pour les satisfaire, dans quelques détails, et je me permettrai de souhaiter que dans votre palais la pauvreté soit toujours appréciée à sa juste valeur, que les charges pesantes de l'épiscopat ne soient pas même aperçues par le zèle qui dévore les âmes et que l'on continue d'ambitionner la prélature, comme autrefois on courait après le martyre. Je souhaite que l'esprit de St-François de Sales préside toujours à toutes les décisions, et à toutes les mesures ; que l'habitude de la douceur évangélique soit tellement contractée, que jamais on ne se trouve dans le cas de renvoyer, hors du palais, par un déploiement de force brutale, tout prêtre qui viendrait honnêtement demander justice. Je connais un Evêché, dans le monde chrétien, qui se présentera bientôt au tribunal de la postérité, chargé de cette accusation ; car il est des actes, Monseigneur, qui donnent à certains noms une triste immortalité : ce sont des taches que Dieu effacera, comme toutes les traces humaines, au jour de la destruction universelle.

Je souhaite enfin qu'il plaise à *votre conseil* de mettre un terme à nos discussions, pour la tranquillité de votre dernière heure, pour l'honneur de votre épiscopat, et pour le salut des âmes.

Agréez, etc.

JONJON, *prêtre*.
Directeur Spirituel de l'Etablissement.

4°
Le « Messager »

Les membres du clergé n'étaient pas les seuls à se préoccuper de notre affaire ; mes lettres étaient lues avidement dans les cercles, les cabinets de lecture et même dans les cafés, où un des habitués, du haut d'une table, les lisait à haute voix. Je n'exagère rien ; c'est de l'histoire.

Le compte-rendu de la troisième lettre, fait par M. Fabricy, rédacteur du *Messager,* est la preuve évidente de l'intérêt qu'on prenait généralement à l'affaire Menpenti. Ce journal représentait alors le parti le plus avancé de ceux qu'on appelait *Libéraux* et qui seraient aujourd'hui les intransigeants de l'extrême gauche. Or, personne n'ignore que ces citoyens enveloppaient le clergé, quel qu'il fût, bas ou supérieur, dans leur haine contre la monarchie ; ils savaient qu'un joug de fer pesait sur le clergé inférieur et que l'administration diocésaine exerçait sur les prêtres un pouvoir sans contrôle : ils étaient témoins journellement de ce désordre ; mais cela ne les touchait que médiocrement ; ils en riaient. En faveur de qui M. Fabricy, qui était d'ailleurs un bon homme, un libéral inoffensif, bien meilleur que ses doctrines, a-t-il rédigé son gros entrefilet ? On l'ignore. Nos discussions l'égayaient et il en plaisante au reste assez niaisement : C'est du gros sel non pilé ; on en jugera :

— « M. l'abbé Jonjon est un terrible jouteur, le voilà qui se présente de nouveau dans le *Sémaphore*, mais pour cette fois sa polémique nous a paru d'une causticité peu charitable à la veille des saintes fêtes. Il provoque avec esprit des hommes qui se jettent à la corne de l'autel et qui regardent en hébété un prêtre qu'ils font interdire, en dépit de toute maxime chrétienne. Il faut un peu de générosité, même quand on a raison, et peut-être à cause de ce ; M. Jonjon a trop d'avantage sur ses antagonistes. Qu'il attende la venue de l'Esprit-Saint qui ne manquera pas d'avoir lieu le 14 mai prochain ; alors peut-être les petits Jupiters de l'Evêché sortiront de leur tente et pourront lutter avec lui, le convaincre d'hérésie et jeter aux brebis les orties qu'il a fait éclore à deux fois à la face du soleil. En attendant, que M. Jonjon veuille bien se consoler de n'être pas du nombre des *soixante prêtres de tout âge et de tout grade qui doivent tomber simultanément aux pieds de M. l'évêque dans ces circonstances* ; ce n'est qu'un échange de mortification. »

Le 29 décembre le même journal s'amuse à faire des prédictions pour l'année 1837, toutes plus ou moins ridicules.

Les unes annoncent des événements certains et ne sont des prophéties que de nom : par exemple, *il y aura des roses au printemps, des cigales en été et des raisins en automne.*

Les autres sont des plans absurdes ou présentés comme tels, qu'on attribue au Conseil Municipal pour le critiquer et le rendre ridicule : comme la délibération sur le projet de transformer l'*Huveaune en océan pour arroser les campagnes et les jardins,* ou bien l'assurance *qu'on va enfin mettre la main au canal, qui doit conduire les eaux de la Durance à Marseille ; ce qui,* dit Fabricy, *mettra la Ville pendant six mois dans l'étonnement.*

La 16me prophétie, qui nous concerne, est conçue en ces termes :

« En ce temps-là, un miracle des plus miraculeux jettera
« la cité dans un étonnement extraordinaire. L'Evêché et
« Menpenti s'embrasseront comme deux pauvres, et on se
« demandera, entre voisins, comment il est possible que la
« paix soit faite entre deux ennemis de cette force. Per-
« sonne n'y croira, et pourtant la chose sera certaine. »

Je pense que lorsque M. Fabricy faisait cette prédiction, il ne croyait pas plus à sa réalisation, qu'il considérait comme miraculeuse, qu'à celle de la prédiction précédente, quoiqu'elles se soient réalisées toutes les deux. Ainsi dans sa tête notre querelle essentiellement morale et religieuse n'était qu'un objet de plaisanterie.

Mais s'il put tirer vanité de la prophétie qui nous concernait, puisque l'événement l'a justifiée en quelque manière, il n'en fut pas de même pour la 17me, par laquelle il annonçait « qu'un prélat chargé d'années mourrait vers le milieu
« d'un des mois de l'année ; qu'un de ses héritiers aurait le
« déplaisir de n'être pas son successeur ; que la crosse épis-
« copale du défunt passerait dans les mains du pasteur des
« brebis de Maroc ; et qu'enfin grande serait la joie des
« brebis de Provence, qui redoutaient plus le pasteur que
« les loups. »

Monseigneur Fortuné de Mazenod, en effet, n'est pas mort dans le courant de l'année 1837 ; c'est Monseigneur Eugène, son neveu, qui lui a succédé même de son vivant ; Monseigneur Guillon est mort avec son seul titre d'évêque de Maroc *(in partibus)* ; et enfin les brebis de Provence, c'est-à-dire de Marseille, n'ont eu pour cela aucun sujet de se livrer à une grande joie.

Un poète provençal de cette époque, Pierre Bellot, ne s'élevait pas à de plus hautes considérations, lorsqu'il mettait dans la bouche d'un paysan de St-Marcel ou de St-Loup ces paroles :

« Qués què n'en foou pensa d'aquéli gen d'Egliso ?
« Menpenti è l'Evesqua n'en fan veiré dè griso. »

5°

Ma correspondance avec M. Gallet

Les Parents de nos élèves, on le conçoit, étaient les premiers à se préoccuper d'une lutte dans laquelle ils étaient en quelque sorte engagés eux-mêmes, comme je l'ai déjà indiqué ; la plupart nous faisaient de fréquentes visites pour nous consoler et nous aider de leurs bons avis.

M. Gallet, ancien employé supérieur des Postes, que de

douloureuses infirmités retenaient chez lui, m'écrivit une lettre que je donne *in extenso*, telle que je l'ai conservée, par respect pour cet homme de bien. On la lira à l'appendice n° 1.

D'abord elle prouvera, ce que j'ai si souvent avoué, que les pères de famille nous étaient dévoués et avaient en nous une grande confiance. Ensuite elle fera voir que de simples laïques, hommes du monde, mais honnêtes gens et sincèrement religieux, mettaient le doigt sur la plaie, en accusant l'Evêché d'être trop passionné dans ses châtiments ; on ne pouvait donc pas lui dire : *bene castigas, quia benè amas*.

Dans un de mes derniers voyages à Paris, je fus un jour accosté brusquement dans la rue par un monsieur portant un ruban rouge à la boutonnière, qui, me reconnaissant à mes traits que l'âge n'a guère changés, m'embrassa affectueusement ; c'était le fils Gallet, qui, étant élève, s'était distingué autant par son étourderie proverbiale que par ses excellentes qualités de cœur et d'esprit : il me montra son ruban rouge, comme s'il m'avait dit : « Voilà le résultat des principes d'honneur que j'ai puisés dans votre maison *maudite* ».

Tout récemment un employé du *Crédit Foncier*, neveu d'un de nos anciens élèves de *Menpenti*, qui avait été par conséquent condisciple de Gallet, me disait que, dans son enfance, il avait souvent entendu prononcer mon nom dans la maison de son grand-père B... de G.. ; et comme à Paris il avait des relations avec Gallet, qui était employé au ministère des finances, il m'assura qu'à son retour il ne manquerait pas de donner de mes nouvelles à mon ancien élève.

Il y a en ce monde des rencontres qui déchirent l'âme, parce qu'elles rappellent de tristes souvenirs ; mais il en est d'autres qui adoucissent les amertumes de la vie et nous réconcilient en quelque sorte avec l'humanité, en nous la montrant meilleure qu'on ne se l'imagine quelquefois.

Voici ma réponse à la lettre de M. Gallet :

20 décembre 1836.

Monsieur,

J'ai lu avec un plaisir extrême la lettre dont vous m'avez honoré ; par le temps qui court, lorsque je me vois en butte à tous les flots de l'opinion, votre assentiment ne peut que m'être agréable : je m'y repose comme sur un roc inébranlable, d'où l'on peut sans crainte mépriser les vagues écumantes.

Je partage votre opinion sur la décadence toujours croissante de la dignité épiscopale. Les Evêques des premiers siècles étaient les rois du monde et les pères du peuple, parce qu'ils étaient pauvres et parfaits imitateurs des apôtres. Les peuples leur accordèrent, en reconnaissance des bienfaits qu'ils en recevaient, de l'honneur et des richesses ; la tentation était séduisante ; peut-être l'Episcopat aurait-il mieux fait de conserver la houlette de bois et de ne pas s'armer d'une verge d'or, dure et inflexible comme tous les métaux.

Il faut pourtant convenir que les premiers Evêques qui quittèrent le bâton et la besace du voyageur, pour fixer leur domicile dans des palais pontificaux, firent un noble emploi de leur puissance temporelle : mais leurs successeurs n'ont pas tous imité ce bel exemple. C'est un malheur qu'il faut déplorer ; car ce n'est pas une des moindres causes du dépérissement de l'esprit du Christianisme. Ce serait pourtant bien facile pour nos Evêques d'aujourd'hui d'opérer dans le monde une régénération. Jetés par la tempête révolutionnaire en dehors de la politique, ils n'ont plus qu'à s'occuper des besoins spirituels du peuple chrétien et à faire régner parmi les prêtres qui sont leurs coopérateurs toutes les vertus évangéliques. Or, la première de toutes, c'est la charité.

Quant aux Evêques *in partibus*, je respecte la décision de l'Eglise qui a introduit cette classe de pontifes ; ils peuvent être en effet quelquefois d'un grand secours pour la Cour de Rome ; ils sont comme des officiers en disponibilité dont elle se sert pour des fonctions extraordinaires, qui demandent par convenance le caractère épiscopal. Ils peuvent aussi être d'une grande utilité dans nos provinces, lorsque comme coadjuteurs ou simples Evêques auxiliaires, ils répondent à l'appel d'un titulaire, que son grand âge ou ses infirmités empêchent de remplir ses fonctions. Or, est-ce bien le cas de Mgr Eugène de Mazenod ? Etait-il bien urgent qu'il se fit sacrer à Rome, sans en demander l'autorisation au gouvernement français ? Ce trop grand empressement à passer par-dessus les règles établies, pour arriver à l'Episcopat, n'est-il pas un peu suspect ?

Quoi qu'il en soit, il serait à désirer que l'Evêché de Marseille rentrât dans la bonne voie et qu'il se persuadât enfin qu'il n'y a pas de honte à avouer ses fautes, surtout lorsqu'elles sont publiques, et que c'est être sottement et criminellement orgueilleux que de croire se justifier en persévérant dans le mal.

Agréez, etc. — J.

6°

Lettre de Monseigneur d'Icosie

Il paraît qu'après les solennités de Noël, je demandai une audience à Mgr d'Icosie, par une lettre confidentielle à laquelle je trouve la réponse suivante du prélat, dans mes papiers :

Évêché
DE
MARSEILLE

Marseille, le 30 décembre 1836.

Retenu, Monsieur, depuis près de deux mois dans ma chambre par une inflammation de poitrine et un crachement de sang qui exigent quelques ménagements, il ne me seroit pas permis de vous accorder la conférence que vous désirez, lors même que vous me l'auriez demandée en des termes plus convenables que ceux employés par vous dans la lettre que vous m'avez adressée hier.

Je n'ai pas lu les lettres dont vous me parlez, pas même la première, qui est la seule parvenue à son adresse, parce que Mgr l'Evêque de Marseille qu'elle outrageoit, a voulu, dans l'état de souffrance où je suis, m'épargner le chagrin de connoître vos torts nouveaux. Si j'en juge par celle que j'ai sousles yeux et par ce qu'on m'en a dit de celles que vous avez écrites à MM. les Vicaires Généraux, je ne pourrois m'empêcher de gémir sur les écarts où vous jette la violence de votre injuste ressentiment.

J'aurois dû peut-être ne pas répondre à une lettre qui, à le bien prendre, n'est qu'une provocation que vous qualifieriez vous-même, si vous la relisiez à sens rassis, mais comment voir un prêtre s'égarer au point de laisser sortir de son âme les expressions réfléchies de la haine et de la vengeance, parler d'incendie qu'il est prêt à rallumer, menacer de faire repentir du système de modération qu'on a voulu opposer à tous les excès de la fureur et de la révolte, sans essayer de le rappeler à son devoir et de le détourner d'une voie qui le conduira infailliblement à sa perte !

Je voudrois au prix de mon sang vous épargner ce malheur ; c'est ce qui m'a décidé à ne pas m'arrêter aux inconvenances du style que vous avez adopté et à vous écrire en secret pour vous conjurer, pour l'amour de Jésus-Christ et pour le bien de votre âme, de rentrer en vous-même, de reconnoître les torts graves que vous avez à vous reprocher et de faire cesser le scandale que vous donnez à l'Eglise de Marseille depuis la malheureuse époque de votre révolte, en vous jetant dans les bras du premier Pasteur dont vous ne pourriez braver plus longtemps l'autorité, sans craindre qu'il ne finit par vous séparer de sa communion.

Je vous parle à cœur ouvert et pour ainsi dire entre quatre yeux ; si le sentiment du repentir pénètre dans votre âme et si vous avez vraiment le désir de sortir du mauvais pas où des conseillers perfides vous ont engagé, ne craignez pas de vous rapprocher de vos supérieurs Ecclésiastiques. Ils vous écouteront avec charité, pourvu que vous n'ayez pas l'injure à la bouche ; et ils vous faciliteront, n'en doutez point, le retour à des fonctions plus conformes à votre vocation sacerdotale et aux volontés connues du premier pasteur.

Je prie le Seigneur pour qu'il bénisse les paroles qu'il m'inspire de vous adresser et je vous salue aussi affectueusement que je l'aurois fait si vous ne m'aviez jamais offensé.

† Ch.-Jos.-Eug. Evêque d'Icosie.

P. S. — Je vous ai dit que MM. les Vicaires Généraux n'auront aucune répugnance à vous voir ; cependant comme vous pourriez être gêné avec M. Flayol ou avec M. Chaix, vous pouvez vous adresser à M. Tempier. Il vous sera facile de le trouver au Grand Séminaire tous les jours, de sept à neuf heures du matin. Je ne l'ai pas prévenu, pour ne pas faire savoir que je vous écrivais, étant assuré que Mgr l'Evêque de Marseille se serait opposé à ce que je le fisse. Vous pouvez, sans difficulté, dire à ces Messieurs ce que vous m'auriez dit à moi-même, si l'état de ma santé m'avait permis de vous recevoir. Ils feront connaître directement vos sentiments à Mgr l'Evêque de Marseille. Je suis trop souffrant pour m'occuper dix minutes d'une affaire; j'ai dû faire un effort dont je me ressens déjà, pour vous écrire si longuement.

Je regrette de n'avoir pas conservé une copie de ma lettre ; on aurait vu si elle mérite tout le blâme qu'y inflige Mgr Eugène de Mazenod. Dans la sienne, Monseigneur est très souffrant ; il fait des efforts héroïques pour me répondre, tableau émouvant qui, à distance, doit toucher les lecteurs et les indisposer contre moi. Mgr d'Icosie a oublié la manière brutale dont il me fit chasser de ses appartements au mois de mai 1835 ; il n'est pas du tout question dans sa lettre des diffamations dont j'avais été l'objet dans les réunions du clergé, dans les circulaires, dans la presse ; pas un mot non plus des grands excès de pouvoir dont les grands vicaires s'étaient rendus coupables et dont il était l'âme, quoique paraissant retiré dans sa tente ; j'avais péché quelquefois pour la forme, j'en conviens ; mais mes adversaires, comme on l'a vu, qui n'étaient pas innocents sous ce rapport, étaient évidemment beaucoup plus coupables que moi pour le fond de la question ; c'est ce que Monseigneur daigne appeler système de modération ; et nous qui repoussions les coups violents qu'on nous portait, nous étions des rebelles et des furieux.

La raison du plus fort est toujours la meilleure.

Depuis le meurtre d'Abel jusqu'à la fin des siècles, cette maxime a été et sera toujours la reine du monde. Aussi je ne me laissai nullement attendrir par le ton larmoyant et faussement pastoral de cette lettre ; ceux qui ont connu de près, comme moi, ce prélat, savent que la haine et la vengeance l'inspiraient beaucoup plus que moi, et qu'il n'avait tenu qu'à lui, de ne pas commencer le scandale et de le faire cesser, en rentrant dans l'ornière du droit, comme il va le faire bientôt.

D'ailleurs qu'on rapproche cette lettre du témoignage flatteur que me donne le père Rambert et qu'on a dû lire dans la Préface de cette *histoire*, on croira difficilement que le prêtre si cruellement maltraité, le 30 décembre 1836, soit le même que celui dont le vénérable Oblat fait l'éloge le 4 juin 1886, en ces termes : « J'ai trouvé dans les archives l'affirmation plusieurs fois répétée de vos vertus sacerdotales. »

Cette tentative de rapprochement ayant donc échoué, il fallut, à mon grand regret, reprendre la plume pour exposer en détails tous les sujets de plainte que nous avions contre les trois confesseurs ; on exigera bientôt, comme une des conditions de la paix, que je rétracte, comme des faussetés, tout ce que j'avance dans cette lettre ; or, cette rétractation, je ne l'ai pas faite, j'ai refusé formellement de la faire, comme on me la demandait et cependant la paix s'est faite. Que faut-il conclure ? Evidemment que j'ai dit la vérité et que ces messieurs étaient réellement coupables de tous les excès de zèle dont je les accusais.

Cette lettre parut vers le milieu du mois de janvier, la voici.

7°

Quatrième lettre

Monseigneur,

J'ai reçu, ces jours derniers, une lettre officieuse de Monseigneur votre neveu, l'évêque d'Icosie ; sa Grandeur me fait des propositions que je ne puis accepter et des menaces qu'une conscience honnête doit mépriser. J'ai posé à mon tour la condition du traité et huit jours entiers ont été donnés à l'administration épiscopale pour délibérer sur l'unique demande que je lui ai faite. Mais la semaine s'étant écoulée, sans que la réponse me soit parvenue, je reprends à l'intant même la discussion que j'ai entamée et je ne quitterai désormais la plume, que lorsque mon œuvre me paraîtra consommée.

En parcourant, Monseigneur, les vies des hommes illustres de Plutarque, mon attention s'est fixée sur un fait que je me permets de rappeler à votre souvenir. Thémistocle annonça un jour au peuple d'Athènes qu'il avait conçu un projet fort avantageux, pour la république, mais qu'avant de le communiquer à l'assemblée, il désirait en faire part à un citoyen recommandable. Aristide, ayant été désigné pour recevoir cette confidence, se hâta de rendre compte au peuple de sa mission, en ces termes : « Rien de plus utile que le projet de « Thémistocle, mais son exécution est une violation manifeste « de la justice. » Toute l'assemblée s'écria, d'une commune voix, qu'il fallait y renoncer. Or, il s'agissait d'incendier la flotte des grecs, avec lesquels les athéniens vivaient en paix, pour assurer au gouvernement de ces derniers la prééminence sur les autres cités helléniques.

En ce temps-là, Monseigneur, le sang de l'homme-Dieu n'avait point encore rougi la terre de Judée, et les orateurs évangéliques n'avaient point encore fait entendre à l'oreille du monde payen leurs paroles puissantes qui devaient *renouveler la face de la terre*. Quelques souvenirs imparfaits de la révélation primitive, soutenus d'une législation plus ou moins incomplète, dirigeaient alors la plupart des nations ; et les enfans de Cécrops, qui nous ont laissé ce bel exemple de probité politique, se faisaient remarquer, sur tous les peuples contemporains, par la légèreté du caractère, la mobilité des principes, le caprice des volontés et surtout la passion effrénée d'un accroissement de puissance. Cependant L'HONNÊTE fut préféré à L'UTILE, et ce fait mémorable peut soutenir le parallèle avec les nombreuses et éclatantes actions que l'esprit du christianisme fait éclore, depuis 18 siècles.

Vous avez porté, Monseigneur, sur notre Pensionnat, une décision des plus solennelles ; les membres du conseil, pour ne pas compromettre la sagesse de votre administration, n'ont dû vous entraîner à cet acte rigoureux, qu'après avoir acquis la certitude que les principes et la conduite des trois directeurs-fondateurs n'offraient aucune garantie pour l'éducation morale et religieuse. Vous pensez donc que notre établissement est une école dangereuse ; et, dans cette persuation, vous vous êtes fait un devoir de déployer toute la sévérité des lois canoniques, pour faire disparaître du sol marseillais une maison d'éducation, qui doit être, selon vous, un écueil pour la jeunesse chrétienne. Le temps n'est pas éloigné, Monseigneur, où je dois soumettre à une critique sévère les mauvaises impressions que des rapports infidèles et passionnés ont laissées dans votre esprit ; et j'espère, avec quelque confiance, que la publication très-prochaine du *Mémoire* que j'ai annoncé, fera crouler, sans effort, cet échafaudage d'accusations que l'on a élevé à si grands frais et avec tant de fracas, pour épouvanter les consciences timides. Mais je suppose (ce qu'à Dieu ne plaise) que l'horrible tableau qu'on vous a présenté, soit une fidèle représentation de notre maison, et que trois prêtres abusent indignement de leur caractère sacerdotal, pour en imposer aux pères de famille d'une cité populeuse ; même dans cette hypothèse, en vertu de quel droit, au nom de quelle puissance, l'administration épiscopale du diocèse de Marseille se croirait-elle permis d'employer contre nous tous les expédients, de quelque nature qu'ils soient, justes ou injustes ? Depuis quelle époque aurait-elle obtenu dispense légitime de cette loi naturelle, que les théologiens ont réduite en axiome, en empruntant les expressions du grand Apôtre : *il ne faut pas faire le mal, afin qu'il arrive du bien ?* Elle peut, sans scrupule, et elle doit même, tant que durera sa conviction actuelle, faire des vœux pour notre destruction, armer contre nous le zèle intérieur de ses prêtres, organiser même indirectement la sainte neuvaine du cloître, arrêter en un mot notre marche, par toutes les mesures que ne réprouve point la loi divine. Mais, c'est là que s'arrête son pouvoir et que doivent se borner ses attaques, à moins qu'elle ne veuille prendre place parmi les enfants de ténèbres qui tendent à leurs fins par la voie du crime, lorsque celle de la vertu leur est fermée.

Ici, Monseigneur, je ne puis poursuivre le développement de mes pensées, sans éprouver une sorte de frémissement ; car la forme hypothétique que je viens d'employer va bientôt faire place à des assertions positives et à des accusations formelles.

Il faut en effet que j'avance, sans crainte comme sans remords ; l'honneur et la conservation de la société que je représente, me font un devoir impérieux de cette légitime défense ; et l'institution que nous avons fondée pour le bien public et qui grandit, par nos efforts avec l'aide de la Providence, vaut bien sans doute la dignité de quelques hommes, destinés à ne laisser après eux que des cœurs froissés et des plaintes amères. Je découvrirai donc la nudité de mes pères, et leurs imprécations, si toutefois de funestes paroles s'échappent de leur bouche, ne tomberont point sur ma tête. Il n'y eut jamais de crime à repousser énergiquement un ennemi qui dirige son fer homicide contre notre sein.

Avant de présenter le tableau des transgressions, je dois, pour ne pas abandonner ma méthode, établir les principes théologiques qui doivent être la base de mes accusations. La doctrine de Ligorio, approuvée par le Saint-Siège et enseignée dans le grand Séminaire de Marseille, sera de nouveau mon guide et mon défenseur.

Il existe entre un curé et ses paroissiens des rapports intimes d'où découlent des obligations naturelles qu'aucune puissance humaine ne peut abolir. — Le chef d'une paroisse est tenu d'administrer les sacrements à ses ouailles ou par lui-même, ou par le ministère d'un vicaire qui mérite sa confiance. — il pêche plus ou moins grièvement contre la justice ou la charité, selon les circonstances, en refusant les sacrements, *toutes les fois que ses paroissiens les demandent avec discrétion et raisonnablement.* — Un curé ne peut pas refuser d'entendre la confession de plusieurs de ses paroissiens, sous l'unique prétexte que le nombre de ses pénitents est plus considérable que la clientèle de ses vicaires. — S'il apprend que ses vicaires manquent à leurs obligations, il doit réparer ce défaut, autant qu'il est en son pouvoir, parce qu'il fait avec ses collaborateurs une même personne morale et qu'il est avec eux solidaire envers les paroissiens, — le zèle pour le salut des âmes doit le porter *à ne point faire acception de personne*, à se rendre facile pour entendre les confessions et à ne point aggraver, par des difficultés arbitraires qu'inspire la passion du moment, un fardeau déjà fort onéreux par lui-même ; — il ne doit point abuser de la crédulité de ses pénitents pour leur imposer, comme *certaines*, des obligations douteuses ou purement imaginaires, et cela, sous peine de refus d'absolution. — Le caprice n'est pas une règle canonique pour *remettre* ou *retenir* les péchés. — Toute révélation de la confession, même indirecte, est un péché grave. — Les fidèles séculiers peuvent librement changer de confesseur, même avant d'avoir terminé leur confession, et leur curé respectif pèche contre la justice en refusant de les entendre, sous l'unique prétexte qu'ils ne s'étaient point adressés à lui, l'année précédente. — Un curé vertueux ne se contente pas de recevoir avec paternité le pécheur qui revient à Dieu ; mais à l'exemple de J.-C., modèle des pasteurs, il court après les brebis égarées et ne tient nul compte de ses travaux, de ses sueurs et de ses courses, pourvu qu'il ait réconcilié avec Dieu des âmes rachetées par un prix infini. — Un confesseur quelconque ne doit jamais profiter de l'ascendant que lui donne son ministère pour inspirer à ses pénitents des sentiments que condamne la loi divine. — Enfin il n'est jamais permis de prendre des mesures dont le résultat immédiat est de démoraliser la jeunesse ; quand même leur fin dernière serait regardée comme une sublime conception.

Tels sont, Monseigneur, les principes que recommandent les évêques catholiques dans leurs diocèses. Votre Grandeur a la douce consolation de les voir pratiqués, par son fidèle clergé, avec cette persévérance que donne la foi, avec ce zèle brûlant qu'inspire la chaleur du Midi. Comment se fait-il donc que trois prêtres, vicaires généraux, professant la même foi et soumis à l'influence du même climat, se soient froidement décidés à suivre une marche tout opposée et qu'ils en soient venus, par des œuvres sinistres, à couvrir d'un voile funèbre l'antique gloire de l'Église de Marseille ? Je laisse à d'autres plus habiles l'honneur de résoudre le problème et j'arrive en toute hâte à l'exposition des faits.

Les élèves du Pensionat s'étant présentés au curé de la paroisse, ce dernier leur annonça qu'on lui avait retiré les pouvoirs nécessaires pour les absoudre. L'évêché ne se pressa point de donner connaissance de cette mesure à ceux qui en étaient les victimes ; après avoir fermé à des catholiques la porte ordinaire du ciel, il aurait dû leur indiquer la voie extraordinaire qu'il venait de leur ouvrir, à moins que la confession ne lui ait paru la chose du monde la plus indifférente ; or, les élèves n'ont connu parfaitement leur destinée qu'après un mois et demi d'une correspondance obscure, oiseuse et même dégoûtante. — Les trois confesseurs, substitués à la place du curé et responsables de ses obligations, s'étant enfin décidés à se mettre à l'œuvre, m'apprirent officiellement que les élèves avaient été jugés indignes d'absolution, par décision épiscopale, tant qu'ils feraient partie de notre maison.

La cour de Rome réduisit au néant cette décision, deux mois après ; je tiens, dans mon portefeuille, la supplique et la réponse à la disposition des curieux et des incrédules. — Les élèves du Pensionnat, privés des secours spirituels dans le diocèse de Marseille, en sollicitèrent auprès de l'administration ecclésiastique d'un diocèse voisin ; leurs vœux furent exaucés, et alors notre ville fut témoin à plusieurs reprises d'un spectacle attendrissant. On voyait à des époques déterminées, trois énormes voitures chargées d'enfants qui, fuyant la persécution, se dirigeaient hors du territoire, vers une terre plus hospitalière, où les sacrements leur étaient accordés avec sagesse et effusion de cœur. Ce fait, qui rappelle les catacombes des premiers siècles, n'est cependant, s'il faut en croire l'évêché, que le résultat du *système de modération* qu'il suit envers nous. — Après le décret de la cour de Rome, les trois confesseurs marseillais laissèrent leur première décision prendre sa place dans la poussière des archives, comme un soldat septuagénaire cède à la rouille impure ses armes désormais inutiles ; ils admirent donc nos élèves à la réception des sacrements ; mais leur répugnance s'est manifestée en toute occasion. L'un a établi son confessionnal dans l'église la plus éloignée du Pensionnat ; c'est-à-dire à une heure de marche ; il a déterminé lui-même le jour et l'heure qui peuvent le plus nous contrarier ; et lorsque, après avoir été, la veille, dûment averti, il n'ignore pas que de jeunes enfants cheminent de fort loin pour venir implorer le secours de son ministère, il abandonne alors le lieu Saint et s'en va probablement tenir des conférences avec les économes des couvents, ou tirer des plans avec les architectes de second ordre. L'autre faisant usage de je ne sais quelle théologie, impose l'obligation rigoureuse aux élèves de décliner leurs noms et prénoms et menace de ne plus entendre la confession de ceux qui refusent d'adhérer à cette injonction arbitraire. Le même ne veut pas reconnaître la solidarité qui existe, de droit naturel, entre trois confesseurs, qui, jouissant d'un pouvoir égal, se sont soumis volontairement à la même obligation. Il prétend que les élèves ne peuvent pas même faire un choix, entre ces trois confesseurs, et ne veut reconnaître, pour son troupeau, que le tiers de notre maison : aussi le voit-on compter, examiner, chercher à reconnaître les physionomies, avec toute l'exactitude d'un commis à la Gabelle, de crainte que l'on n'augmente son fardeau pastoral. Néanmoins pour tranquilliser sa conscience, le saint homme a demandé dispense de la solidarité à l'évêque, qui la lui a accordée, comme si les puissances humaines pouvaient dispenser un roi de veiller à la prospérité de son royaume, ou un père de famille de travailler, selon son pouvoir, pour le bien-être de ses enfants.

Le troisième enfin, sous le prétexte *qu'il a failli être fusillé il y a trente ans pour la théologie* (ce sont ses expressions), s'attribue le privilège d'en inventer une nouvelle, pour son usage particulier. Il refuse obstinément de recevoir, au nombre de ses pénitents, ceux qui ne s'adressaient point à lui, l'année précédente, et les renvoie à ses collaborateurs, sans autre forme de procès. On a beau lui représenter que le nombre de ses clients n'est pas augmenté et qu'il y a eu seulement permutation, le vieillard n'en démord pas, et, quoi qu'il advienne, il se met en mesure d'affronter la tempête, avec une persévérance digne sans doute d'une meilleure cause. Si votre sollicitude Pastorale vous eut conduit, Monseigneur, vers la fin du mois de novembre, pour l'accomplissement de quelque devoir, sur le plateau du cours du Chapitre, vous eussiez aperçu sans doute à sept heures du matin, une troupe d'enfants, qui se dirigeaient vers le couvent des Petites-Maries ; ils étaient partis du Pensionnat situé au quartier du Rouet, à six heures et demie. Or, à cette heure et dans cette saison, les matinées ne sont pas délicieuses, et tout le monde sait qu'alors les chemins étaient horribles. N'importe, M. le Vicaire Général n'a pas d'autre moment à donner aux élèves de Menpenti, parce que, selon sa nouvelle doctrine, la loi de grâce, donnée par J.-C., n'est pas faite pour eux. D'ailleurs, il ne pense pas que la pratique de la confession soit absolument nécessaire ; car les mêmes élèves se sont rendus aux Petites-Maries, avec les circonstances que je viens de décrire, jusqu'à quatre fois, et pendant quatre fois, les sacrements ont été refusés, au mépris de tous les principes évangéliques. — Les trois confesseurs dont la science théologique n'est pas invulnérable, ont osé condamner l'administration du diocèse d'Aix, et ont déclaré solennellement que les confessions faites hors de Marseille étaient nulles et qu'elles devaient être réitérées. Mais, avant d'imposer à nos élèves cette dernière obligation, la prudence et la justice exigeaient qu'on relût avec une attention religieuse le traité de théologie qui développe cette question ; une funeste expérience ne leur a-t-elle point appris que rien n'est plus facile, pour certaines intelligences, que d'oublier les principes de morale ? Auraient-ils perdu de vue cette grande maxime des maîtres de la vie spirituelle : que la méfiance de soi-même et de ses propres jugements, est la sauvegarde de l'humilité chrétienne ? En vérité, je ne sais que penser d'une hardiesse si surprenante.

Il y a eu deux fois révélation indirecte du secret de la confession ; je ne puis moi-même publier les paroles indiscrètes qui se sont fait entendre, sans participer à la faute ; mais j'atteste le fait sur mon honneur. — On a différé l'absolution à plusieurs élèves, pour des motifs d'une évidente futilité : par exemple, parce qu'ils ne s'étaient pas présentés à confesse, le jour indiqué par le confesseur ; il ne fallait pas cependant une intelligence supérieure, pour comprendre que des pensionnaires ne jouissent pas de la faculté de sortir, quand bon leur semble.— Enfin, les trois confesseurs se sont efforcés, par des rapports imprudents, des insinuations perfides et des jugements téméraires, d'inspirer aux élèves du mépris pour leurs maîtres ; persuadés que ce sentiment se confond dans la tête d'un enfant avec l'esprit d'insubordination, ils ont espéré de détruire ainsi par la base notre institution, en fomentant dans le cœur de ceux auxquels nous tenons lieu de pères, un levain de mécontentement et d'indiscipline. Ces attaques ténébreuses n'ont pas été couronnées d'un glorieux succès, puisque à l'heure qu'il est, nous pouvons, avec assurance, recevoir à tout moment de la journée, nos amis et nos ennemis, pour être témoins de l'ordre qui règne dans notre maison. Les pères de famille qui ont assisté aux derniers examens publics, peuvent nous rendre le témoignage que les embarras de la confession n'ont porté aucun préjudice au succès des études, et nous espérons en donner bientôt de nouvelles preuves...

Cependant, quels hommes, grand Dieu, qui spéculent sur l'ingratitude des enfants; qui exploitent la crédulité des uns, et la faiblesse des autres; qui font entrer dans leurs combinaisons, le sentiment religieux, l'usage des sacrements, pour satisfaire des vues toutes mondaines! N'ai-je pas prouvé, Monseigneur, dans une lettre de quelque étendue, adressée aux Vicaires Généraux, vers la fin de novembre 1835, que l'oppression dont nous sommes victimes, n'était inspirée que par la passion du gain, ce ver rongeur, qui, malgré votre vigilance et vos vertus privées, mine insensiblement votre épiscopat? Hélas! où me vois-je réduit? Où me pousse le fouet de la persécution?... Pour la quatrième fois, Monseigneur, je vous en conjure; arrêtez l'incendie, lorsqu'il en est encore temps; l'unique demande que j'ai faite ne sera onéreuse qu'à nous-mêmes; pourquoi votre conseil se refuserait-il à nous infliger ce nouveau châtiment? Qu'on y prenne garde; il y a des entêtements qui tuent; ce sont ceux qui résistent à l'esprit public, qui s'opposent à la marche progressive d'un siècle, et qui prétendent arrêter le développement des vérités religieuses.

Agréez, etc.

JONJON, Prêtre,
Directeur Spirituel de l'Etablissement.

P. S. — On m'annonce que Mgr d'Icosie se propose de convoquer à l'Evêché un certain nombre de pères de famille, pour leur donner, dit-il, des éclaircissements. Rien de plus convenable que cette démarche; mais il me semble que ceux d'entre nous, qui seront chargés d'inculpations dans cette conférence, doivent aussi y être appelés; sinon, cette mesure sera encore taxée d'illégalité. Cette observation n'est pas hors de propos; car je viens d'apprendre que l'Evêché est décidé *désormais* d'employer contre nous des *moyens légaux*. Certes, il en est bien temps.

Cette lettre resta sans réponse, comme les précédentes; M. l'abbé Jeancard se recueillait et préparait sans doute le Mandement du Carême; la *Gazette du Midi* et même la *Feuille du Commerce*, gardaient le plus profond silence. Cependant, quel était le devoir de l'administration épiscopale? N'avait-elle pas une officialité, au moins pour la forme? Pourquoi ne pas me citer devant ce tribunal *pour rire ?* Je l'aurais respecté plus qu'il ne le méritait, en récusant canoniquement son ministère, parce que, d'après le Droit Canon et le bon sens, *nul ne peut être juge dans sa propre cause* : alors, le recours au Métropolitain se présentait tout naturellement.

Or, quelle était l'attitude de ce dernier, au milieu de tout ce scandale, dont le bruit devait nécessairement assourdir ses oreilles et affliger son âme de Pontife ? il était impassible et indifférent, comme un propriétaire qui, apprenant qu'un incendie dévore la maison de son voisin, s'installerait mollement sur un fauteuil au milieu de la rue, pour mieux jouir du spectacle ; et cependant, quoique depuis longtemps les prérogatives métropolitaines aient été restreintes, dans le cas actuel, son devoir, d'après les Canons existants, était de se transporter sur les lieux et de prendre tous les moyens qui étaient en son pouvoir, pour rétablir la paix dans l'Eglise de Marseille.

Eh bien ! Mgr Bernet, comme ces *chiens muets* dont parle l'Ecriture, laissait faire et se taisait, comme si la discussion actuelle éclatait à la Chine ou au Japon. Il réservait sa sollicitude pastorale pour me reprocher plus tard ce qu'il appelait mes *factums*, au lieu de les soumettre à la décision de son officialité métropolitaine, comme c'était son devoir, aussi bien que son droit.

8°

Lettre à Monseigneur d'Icosie

Il est probable que j'écrivis la lettre suivante à Mgr d'Icosie, vers la fin de janvier, après la quatrième lettre, imprimée dans le *Sémaphore* :

Monseigneur,

J'ai prouvé dans la première des lettres livrées à la publicité, que les prêtres qui refusent l'absolution aux parents de nos élèves, pèchent contre la justice. J'ai démontré avec non moins d'évidence dans la seconde, que l'Evêché est coupable d'un énorme abus de pouvoir en imposant trois confesseurs à nos élèves. La troisième renferme des conclusions que tout homme de bon sens a dû tirer du caractère de cette lutte; enfin dans la quatrième, j'ai révélé les fautes incontestables dans lesquelles sont tombés les trois confesseurs, en administrant à nos élèves le Sacrement de Pénitence. Il me reste pour achever le tableau à prouver que votre administration a péché par défaut de sincérité ; je m'acquitterai de cette tâche sous peu de jours. Vous n'ignorez pas que quelques lettres imprudentes de vos vicaires généraux vous ont tous compromis ; elles seront la base de mon accusation.

Le *Mémoire* qui suivra immédiatement, réveillera nécessairement les affaires du Petit Séminaire ; et le public saura que vous n'avez jamais été fort délicat, pas plus qu'aujourd'hui, sur le choix des maîtres à qui vous confiez la jeunesse. On aura alors quelque droit de demander quel est le vrai motif de votre grande colère contre Menpenti ; je m'empresserai de satisfaire le public en donnant la solution du problème, et j'entrerai dans quelques détails sur la passion du gain que je vous ai déjà reprochée ; car j'ai des renseignements positifs sur l'intérieur de l'Evêché et sur l'usage qu'on y fait des fonds diocésains ; certes vos ouailles catholiques ne seront pas grandement édifiées de toutes ces révélations.

Si tout cela n'est pas suffisant, sachez que d'autres flèches plus aiguës sont dans mon carquois : Nouvel Oreste, vous aurez à défaut de remords, une furie vengeresse qui vous suivra pas à pas. Vous n'ignorez pas que je sais le chemin des Capitales ; j'ai laissé à Paris des germes qu'il ne tient qu'à moi d'aller développer. Pour délivrer l'Eglise de Marseille de l'administration inique qui pèse sur elle, il n'est rien que je ne sois décidé d'entreprendre. Si je m'adresse spécialement à vous, c'est qu'étant à l'Evêché le plus puissant personnage, vous êtes à mes yeux le plus coupable.

Agréez, etc. *J., d. s.*

L'exagération de la dernière partie de cette lettre, dont je ne conteste pas la violence, prouve l'excès de vexations dont nous étions l'objet. Or *vim vi repellere omnia jura permittunt ;* l'opprimé a en quelque sorte le droit ou au moins est très excusable de ne pas observer les formes à l'égard de ceux qui violent tout à la fois le fond et la forme.

C'est ainsi qu'il faut entendre une phrase qu'on trouve dans une lettre à M. Chaix, dont je n'ai pas conservé la copie. Je me plaignais de ce que M. le Vicaire Général se refusait à confesser plus d'un tiers de nos élèves. Ma plainte n'était-elle pas légitime ? Je lui disais donc que j'étais prêt à les conduire à son confessionnal et même *à le poursuivre partout où il serait, fût-ce même au tombeau*. Ce dernier membre de phrase rapproché des antécédents est loin de présenter la signification odieuse qu'on a voulu y donner : d'ailleurs il est évidemment impraticable ; je n'aurais pas été assez sot pour obliger M. Chaix à entendre la confession de nos élèves, s'il avait été agonisant ou seulement cloué dans son lit par une dangereuse infirmité.

Cela est une réponse anticipée aux confidences que mes adversaires ont faites au clergé de quelques fragments de mes lettres particulières (1). Je les ai publiées ci-dessus presque toutes intégralement avec celles de ces Messieurs ; on a donc vu quel genre de *système de modération* on suivait à mon égard ; on a dû comprendre que, lorsque j'en étais venu à exprimer mon indignation en termes si exagérés, c'est que la mesure était comble et que ma patience était épuisée. Cette vertu peut n'avoir point de bornes, lorsque l'oppression ne pèse que sur l'individu ; mais je crus à tort ou à raison qu'elle devait avoir un terme, lorsque l'opprimé

---

(1) A Monsieur Chaix,

Tant pis pour les coupables et les ignorants volontaires, je suis extraordinairement fâché que vous reveniez à vos vieilles prétentions... je vous poursuivrai partout où vous serez... fût-ce même au tombeau, malheur aux criminels !

A M. Flayol,

Je vous conseille pour la sûreté de votre conscience, tout vieillard que vous êtes, d'aller passer quelques jours avec votre confrère, M. Tempier, pour vous remémorer votre théologie... Mon Dieu ! comment peut-il se faire que tant de bassesse se trouve dans un cœur qui vous reçoit tous les jours ? Pardonnez-lui, car probablement il n'a su ce qu'il faisait.

représentait une société ou une institution. *On voulait nous détruire et nous ne voulions pas mourir.*

La dignité du sacerdoce catholique est-elle respectée dans les lettres de ces Messieurs ? L'un en effet ne parle ordinairement qu'à la troisième personne sur un ton ridicule ; se prévalant de son prétendu martyre, il s'arroge le droit de violer impunément la théologie, les règles de la politesse et même celles de la grammaire française ; l'autre m'écrivit un jour une lettre fort indécente qui lui valut une réponse sévère ; j'ignore l'impression qu'il en reçut, mais j'ai quelque raison de croire qu'elle était capable de faire rougir jusqu'à ses cheveux blancs. Le troisième faisait beaucoup mieux, il n'écrivait jamais ; ce silence en effet ne compromettait pas son éloquence et à coup sûr, c'était un spécifique infaillible contre les fautes de style.

On savait communément à Marseille ce qu'il fallait penser de la mansuétude de Mgr d'Icosie, j'en ai fait moi-même la cruelle expérience.

Personne n'a donc le droit de me jeter la pierre.

9°

Cinquième Lettre

La cinquième lettre n'a pas été imprimée. Le *Sémaphore* ne voulut pas engager une polémique avec la *Gazette du Midi ;* et de plus l'Evêché étant formellement accusé d'avoir *menti*, j'exposais le journal, a-t-on cru peut-être, à un procès en diffamation. Après avoir relu cette lettre à quarante ans de distance, je la trouve en effet peu parlementaire, comme l'on dit, dans la forme. Mais en supprimant le préambule qui est trop long et un peu abstrait et en adoucissant certaines locutions, on aurait pu la livrer à la publicité, sans déroger. Au reste tout ce qu'il y a d'essentiel devait paraître dans le *Mémoire*, où j'ai eu soin d'élaguer tout ce qui pouvait être blamable.

Cependant voici cette lettre, telle que je l'ai amendée ; le raisonnement m'y paraît tout aussi logique que dans les autres lettres et certaines lacunes regrettables y sont remplies :

Monseigneur,

L'homme se sent épris quelquefois d'un amour désordonné pour sa propre nature ; dans l'excès de son enthousiasme, il exalte outre mesure ce qu'il appelle dignité humaine ; « Je m'élèverai, dit-il, au-dessus des astres et je serai semblable au Très-Haut ». Mais dans le silence de la retraite, nos sens désenchantés de la gloire fantastisque du monde, prennent l'humanité sur le fait, telle qu'elle est : le philosophe et le moraliste se plaisent même à faire de son abjection l'objet de leurs études. Vous comprendrez maintenant, Monseigneur, pourquoi, dans celle que j'ai entreprise sur votre administration épiscopale, je me suis attaché de préférence à la considérer avec le cortège de misères dont elle veut bien s'entourer, et dans cette étude je dois lui savoir gré de sa bénévole complaisance à se prêter à toutes mes recherches anatomiques ; car j'ai porté l'inexorable scalpel sur ses membres palpitants de vie, et la force de sa volonté a été si puissante, qu'elle a su comprimer, à l'instar d'un cadavre, tous les mouvements de sensibilité que mes opérations étaient de nature à faire naître. Eh bien ! je poursuivrai, puisqu'elle me le permet, mes explorations scientifiques ; pour cette fois, je vais frapper au siège de la vie, et si aucun soupir ne se fait entendre, si je n'éprouve sous ma main aucune résistance même involontaire, alors nous serons contraints d'avouer qu'elle a payé à la nature sa portion de la dette commune ; nous tracerons sur son front le signe du chrétien ; nous jetterons sur ses restes quelques gouttes d'eau lustrale, et nous prierons Dieu pour le repos de son âme.

Mais laissons de côté, Monseigneur, le style figuré ; déchirons le voile de l'allégorie, et disons clairement qu'une administration ecclésiastique peut ignorer ce qu'elle n'a jamais appris, sans être grandement coupable aux yeux des hommes, et que le tribunal de l'opinion publique l'absoudra facilement de sa négligence à observer les préceptes évangéliques. Le monde, en effet, connaît et pratique si peu la morale sublime du christianisme qu'il ne doit pas être fâché de trouver dans le sanctuaire des imitateurs de sa paresse spirituelle. Ainsi, l'administration ecclésiastique de Marseille, après avoir été convaincue d'ignorance et de prévarication dans ses devoirs sacerdotaux, peut encore vivre et soutenir les regards de la plupart de ses diocésains ; elle peut aussi, sans encourir le blâme de ridicule, gourmander à son aise le luxe, les dépenses mondaines et la prodigalité ; car tous ces brillants défauts n'ont jamais déparé les modestes habitants du secrétariat. Mais voici une accusation que le monde lui-même, si bizarre dans ses jugements, si indulgent pour la plupart des défaillances morales, ne laissera point inaperçue. Voici une faute qui trouve des anathèmes dans toute société et qui fut toujours flétrie par les législations divines et humaines..... Je jouis en ce moment de toute l'indépendance de ma volonté, je prévois toutes les conséquences de mes actes, et je n'en persiste pas moins, pour accomplir un devoir de justice, à déclarer hautement que l'administration ecclésiastique de Marseille a employé le *mensonge* comme moyen légitime de gouvernement concernant notre maison.

Pour le prouver, il me suffira de citer, avec quelques détails, deux faits qui me sont personnels et qui se trouvent intimement liés avec la cause que je défends.

La *Gazette du Midi* recevait dans ses colonnes, en 1835, des écrits contre l'établissement Menpenti et ses trois directeurs. Je me rends compte des procédés des rédacteurs de cette feuille ; il y avait alors sympathie entre leurs opinions politiques et celles de l'Evêché, et dans une telle occurence, la confiance réciproque est un devoir ; d'ailleurs, il est évident que ces écrits, tous empreints de passion haineuse, chargés d'actualités secrètes, et, par conséquent, étrangers à la rédaction habituelle du journal, étaient des articles *communiqués*. Quoi qu'il en soit, il est certain que ces attaques étaient dirigées contre nous au nom de l'Evêché ; on peut s'en convaincre en lisant le numéro 855 de la *Gazette*.

Entre autres inexactitudes que renferme l'article du numéro 856, je lis cette assertion : *N'est-il pas vrai que, des trois directeurs de Menpenti, deux étrangers au diocèse y ont été accueillis avec une bonté paternelle dans des circonstances critiques pour eux ?* Examinons, Monseigneur, avec calme et impartialité, si tout *est bien vrai* dans cette phrase.

Comme j'ai l'heureuse habitude de conserver précieusement les lettres de mes supérieurs ecclésiastiques, quel qu'en soit le contenu, je possède actuellement les moyens, quant à ce qui m'est personnel, de démontrer aussi rigoureusement qu'un théorème de géométrie, le machiavélisme de l'Evêché. Voici le fait :

Je suis arrivé à Marseille au commencement d'octobre 1833 ; c'était alors, sans contredit, que je devais me trouver *dans des circonstances critiques*. Or pendant le mois de septembre de la même année, je reçus les témoignages suivants de deux vicaires généraux de mon diocèse, consignés dans des lettres authentiques. Ces deux supérieurs ecclésiastiques étant encore aujourd'hui en exercice, il serait aisé de s'assurer si mon langage est conforme à la vérité.

« *Aix, le 30 août 1833.*

« Monsieur,

« Je suis chargé par Monseigneur de vous informer qu'il a
« été très touché de votre dernière lettre... Je puis vous dire
« que Monseigneur vous porte beaucoup d'intérêt. Je ne vous
« parle pas de mes sentiments particuliers pour vous, vous
« les connaissez.

« X., *vicaire-général.* »

« *Aix, le 4 septembre 1833.*

« Vous avez dû recevoir, Monsieur et très cher Jonjon, une
« lettre de M' X., qui vous invite de la part de Mon-
« seigneur l'archevêque, à venir le voir. Soyez assuré que
« M{{gr}} l'archevêque vous veut du bien, il vous estime fort et il
« vous est attaché. Je vous écris, mon cher Jonjon, unique-
« ment pour vous engager à ne pas refuser le poste qui
« vous est offert ; vous y serez avec agrément... Pensez que
« vous vous devez avant tout à votre diocèse ; que vous avez
« promis obéissance, et que Dieu vous bénira si vous y êtes
« fidèle... Adieu, je vous aime de tout mon cœur...

« X., *supérieur du Grand Séminaire* »

« *Aix, le 28 septembre 1833.*

« Monsieur,

« J'ai fait part à Monseigneur l'archevêque de la lettre que

« vous m'avez écrite le 22 de ce mois. Sa Grandeur m'a
« chargé de vous répondre que pour vous prouver l'intérêt
« qu'il vous porte, et le désir qu'il éprouve de vous voir
« jouir d'une bonne santé, il consent *à vous prêter pour neuf*
« *mois à son vénérable voisin*...

« Recevez une nouvelle assurance des sentiments d'intérêt
« et d'attachement de votre très humble serviteur.

« X., *vicaire général.* »

Ainsi à la même époque et simultanément, j'étais dans des *circonstances critiques*, et Mgr Raillon, archevêque d'Aix *me portait beaucoup d'intérêt, m'était très attaché*, me faisait rappeler ma promesse d'obéissance pour me retenir dans son diocèse, consentait à ne me céder que pour neuf mois, etc., etc. Il me semble que les moins clairvoyants de tous ceux qui violent, dans les sacristies, la loi du silence, seront frappés de la grossièreté de ce mensonge, qui revêt ici le caractère hideux de la calomnie. Passons à la seconde démonstration.

Vers la fin de novembre 1835, je reçus d'un vicaire général de Marseille une lettre de laquelle j'extrais les passages suivants :

« *Marseille, le 20 novembre 1835.*

« Monsieur,

« Je vous préviens qu'après avoir entendu la confession de
« vos élèves, je leur ordonnerai de dire à leurs parents que le
« confesseur auquel ils ont été adressés, trouve très conve-
« nable qu'on les retire du Pensionnat où ils sont actuelle-
« ment ; que ce confesseur leur réitèrera cet avis jusqu'à ce
« qu'il ait été mis à exécution, et que ceux qui ont fait la
« communion n'auront pas l'absolution tant qu'ils seront
« dans cet établissement... Je prie le seigneur pour qu'il
« vous fasse comprendre combien notre conduite est rai-
« sonnable (1)... Je viens de communiquer cette lettre à
« Monseigneur l'évêque, à Monseigneur son neveu, et à MM.
« les vicaires généraux. Ils en ont approuvé tout le contenu,
« et ont déclaré qu'elle renferme leurs véritables sentiments.

« X., *archidiacre, vicaire général.* »

---

(1) La prière du vicaire général n'a pas été exaucée ; la décision de la cour de Rome m'a empêché de comprendre que la conduite de l'Evêché fût raisonnable.

« *Marseille, le 18 avril 1836.*

« Monsieur,

« Dans une des premières lettres que je vous ai écrites, je
« disais que je confesserais la portion de vos élèves qui
« m'échoirait, mais que je ne leur donnerais pas l'absolution,
« tant qu'ils seraient dans votre établissement. Je *croyais* que
« c'était l'avis de Monseigneur l'évêque. *J'ai su depuis* que ce
« prélat veut qu'on donne l'absolution et qu'on fasse parti-
« ciper aux sacrements les élèves qui d'ailleurs seront bien
« disposés ; *j'ai changé aussitôt ma détermination* ; et dès la
« première *bande* que je confessai, je pris des mesures pour
« que ces jeunes gens pussent faire la sainte communion.

X., *archidiacre, vicaire général.*

Or, dans le numéro de la *Gazette* du 7 avril 1836, on avait
eu la sagesse de donner l'avis suivant : « On pourrait croire,
« d'après ce qu'a dit le *Sémaphore* dans son numéro du 2 avril,
« que Mgr l'Evêque aurait révoqué une partie des mesures
« prises à l'égard du pensionnat de Menpenti ; ce journal a
« été mal informé. Nous sommes priés de déclarer que ces
« mesures sont *maintenues intégralement.* » De deux choses
l'une, Monseigneur ; ou les membres de votre administration
me prennent pour un imbécile ou nous devons convenir que
leur mémoire est fort ingrate ; c'est le seul commentaire que
je me permette sur ces trois pièces où le mensonge est flagrant,
si jamais il en fut parmi les actes des enfants des hommes.

Telles sont, Monseigneur, les preuves de l'accusation que
j'ai porté contre votre administration ; preuves matérielles
dont l'authenticité est incontestable ; je les livre à la société
des fidèles comme un garant de notre innocence, et j'attends,
avec toute l'assurance d'une pleine conviction, le jugement
favorable du clergé et du peuple.

Vous me permettrez maintenant de revenir sur mes pas, de
me mêler aux conversations de la multitude, et de répondre à
quelques-unes de ses observations, touchant les lettres que
j'ai publiées. Je n'irai pas toutefois remuer la boue des trottoirs
pour y ramasser tout ce que des bouches impures y vomissent
en passant ; je n'entrerai en conférence qu'avec le peuple
grave, raisonnable, dont l'heureuse simplicité se trouve quelquefois alarmée par les discours de certains colporteurs de

nouvelles. Je vais répondre aux plus importantes de ces rumeurs.

C'est vraiment un scandale, disent les uns, qu'un prêtre emploie la voie d'un journal, pour attaquer d'autres prêtres. Mais est-ce nous qui avons pris l'initiative du scandale ? Est-ce nous qui avons révélé au public que le crime et le prêtre pouvaient cohabiter avec *la soutane* sous le même toit ? N'est-ce pas par la voie d'un journal que l'Evêché a disséminé contre la personne des trois Directeurs des bruits diffamants ? Cette voie de la publicité ne serait-elle devenue criminelle que depuis qu'après de mûres réflexions nous nous y sommes jetés à la suite de l'Evêché ? En vérité, en vérité, l'intelligence est un don de Dieu !...

Il n'est pas surprenant, disent les autres, qu'il y ait eu l'an dernier, dans cette maison, un grand nombre de Communions ; cette multiplicité provient du principe adopté dans le pensionnat, que l'on peut communier sans se confesser — ma réponse sera simple, claire et énergique. Pour en finir avec mes adversaires, je leur dirai, avec toute la franchise d'une conscience indignée : *Vous en avez menti, et de plus la difficulté que vous soulevez à ce sujet est une nouvelle preuve de votre ignorance profonde dans la science théologique.*

D'autres, pleins de bienveillance pour nous, m'accusent néanmoins, pour remplir leur devoir de correction fraternelle, d'avoir dépassé les bornes que la charité chrétienne impose à toute controverse — je suis reconnaissant envers nos frères de leurs bons avis ; mais je les prie de reconnaître que, dans le feu du combat, il n'est pas toujours facile de mesurer ses coups ; qu'il est toujours permis à des accusés de discréditer, par des moyens légitimes, la parole des accusateurs ; et que d'ailleurs, dans cette polémique, ce n'est pas un esprit de vengeance personnelle qui m'inspire ; ils ne doivent pas oublier que je combats pour une institution publique et pour les droits religieux d'une immense cité ; mon nom est effacé par la grandeur de ma cause ; c'est la puissance d'une idée luttant contre quelques hommes se cramponnant au pouvoir. Il faut donc que d'un côté ou de l'autre la destruction ait lieu et que sur des ruines soit gravé le chant de victoire.

Quelques autres enfin (ce sont les savants du parti) prétendent que tous mes raisonnements théologiques doivent se briser contre l'autorité de l'Evêque, dont les décisions sont la règle invariable des diocésains — cette doctrine, professée avec une sorte de naïve niaiserie par une certaine classe de croyants, sera, dans quelques années, comme un monument curieux de l'époque ; on saura jusqu'à quel point d'abaissement le despotisme épiscopal a pu courber des intelligences de chrétiens. Certes le peuple de Constantinople, publiant que la Vierge Marie était mère de Dieu, malgré les enseignements opposés de Nestorius, son patriarche, ne pensait pas que les traditions chétiennes fussent le patrimoine particulier des Evêques... mais j'oubliais que dans le Diocèse de Marseille les supérieurs ecclésiastiques regardent la conscience comme une propriété feudataire du Palais Episcopal ; je ne dois donc pas exiger que ces malheureux, dont l'âme est asservie, renoncent aux opinions erronées qui sont le fruit naturel de leur abaissement ; car les idées généreuses ne germent que dans les Cœurs où règne la véritable liberté des enfants de Dieu.

Encore quelques jours, Monseigneur, et votre voix pastorale retentira sous les voûtes sacrées de nos temples, appelant le pécheur à la pénitence, et ouvrant au repentir les trésors de la miséricorde divine. Confondu dans la nef avec la foule des fidèles, je recevrai avec reconnaissance vos paternelles exhortations. Si le zèle apostolique vous inspire quelques mouvements d'indignation contre la ligne de conduite que j'ai cru devoir tenir, je subirai, avec résignation, cette nouvelle épreuve. Mais lorsque j'aurai rempli mon devoir, le moment sera peut être venu que le pasteur accomplisse sa mission ; il n'est pas toujours bon d'être inexorable, quand on représente dans sa personne le Dieu qui mourut sur la croix !... Pourquoi jeter au feu l'arbre qui peut encore, avec des soins, se charger de fruits abondants ? Les décrets impitoyables qui commencent à disparaître de la scène politique, devraient-ils jamais émaner d'un tribunal élevé dans le sanctuaire ?... Je m'arrête, car j'ai hâte de prendre place, pour assister au dénoûment de ce drame ; quelle que soit la détermination de votre Conseil, le silence serait la pire de toutes ; j'attends donc avec assurance la manifestation de ses sentiments et de sa volonté ; je souhaite ardemment que la parole de l'homme ne vienne point se mêler avec celle de Dieu ; cette bizarre combinaison serait reçue avec sévérité par le bon sens catholique, qui est l'âme du peuple marseillais. Mais plutôt parlez vous-même, Monseigneur, *de l'abondance de votre Cœur* et alors nous vous dirons, comme le prophète, avec la simplicité d'un enfant : *Parlez, Seigneur, car votre serviteur vous écoute.*

Agréez, etc.

JONJON, *prêtre,*
Directeur Spirituel de l'Etablissement.

P.-S. — Sans être prophète, je prédisai ce qui est réellement arrivé, lorsque au pied de la chaire j'ai entendu la lecture du mandement dans l'église de Notre-Dame-du-Mont. Le 3 février je reçus une lettre de quelque étendue, mais très respectueuse, d'un élève du Grand-Séminaire, qui avait été récemment sous mes ordres, lorsque j'étais Directeur des classes au Petit-Séminaire. Ma réponse à cette lettre est restée dans mes manuscrits à cause de l'importance des évènements qui suivirent et ne me permirent pas de donner suite à cet incident privé. On trouve d'ailleurs la réfutation des raisonnements de l'auteur dans mes écrits publics

CHAPITRE III

FÉVRIER

1°

Publication du Mandement

Le 5 février 1837, j'étais sorti avec nos élèves de Menpenti à 8 heures 1|2 du matin, selon notre habitude, pour les conduire à la messe qui se célébrait alors à 9 heures précises à Notre-Dame-du-Mont, après le prône ; lorsque je fus arrivé sur la place, j'entrai seul dans l'Eglise pour voir si l'on avait terminé l'instruction et si je pouvais introduire les élèves dans l'Eglise, sans troubler l'auditoire.

Ce jour-là le prédicateur était encore en chaire, lorsque je parus ; et tous les regards des assistants, qui étaient à cette époque plus nombreux qu'ils ne le sont aujourd'hui à cet exercice, se portèrent subitement sur moi ; je compris tout de suite qu'il s'agissait de mon affaire dans le Mandement ; et, sans me déconcerter, je pris une chaise et j'allai me placer dans la nef latérale à côté de la chaire pour mieux entendre ; ce qui attira encore plus sur ma personne l'attention de l'auditoire et même celle du vicaire, l'abbé Pin, qui, tout en lisant le Mandement avec une émotion qu'il ne pouvait dissimuler et dont il m'a fait confidence plus tard, ne pouvait s'empêcher de me regarder tout étonné de mon recueillement.

Lorsque j'eus entendu le dernier mot et que les assistants se furent retirés, je sortis pour faire entrer les élèves et j'entendis avec eux la sainte messe, sans qu'ils se doutassent de ce qui venait de se passer ; après la messe, je les reconduisis à Menpenti où déjà la rumeur publique avait réuni un certain nombre de parents dont les uns étaient venus nous annoncer tristement ce qu'ils appelaient la *Mauvaise Nouvelle*, les autres pour s'informer de nos résolutions, tous pour nous témoigner leur sympathie et leur dévouement.

Mon premier soin fut de me procurer un exemplaire du Mandement, ce qui fut fait dans la journée même ; je priai alors mes associés de vouloir bien se charger pendant deux jours de mes occupations particulières, afin que je pusse mettre la dernière main au *Mémoire* dont j'avais préparé les matériaux dès l'année précédente et y ajouter tout ce que je croirais nécessaire, après la lecture du Mandement.

2°

Seconde lettre de M. Gallet et adresse des pères de famille

Cependant les pères de famille ne s'endormaient pas ; nous reçûmes de l'excellent M. Gallet une nouvelle lettre pleine de sens, de zèle et d'érudition ; elle est violente, j'en conviens ; mais on n'en sera pas surpris, le temps était à la tempête. (On la trouvera à l'Appendice n° 2).

On rédigea une protestation qu'on devait adresser à M. le Ministre de l'instruction publique ; je l'ai trouvée dans mes papiers revêtue seulement de onze signatures, parce que la conclusion arriva avant qu'on eût le temps de voir tous les pères de famille ; peut-être la feuille qui renfermait toutes les signatures s'est égarée, comme d'autres papiers importants. (Elle porte à l'Appendice le n° 3).

J'ai su plus tard que des lettres anonymes, pleines d'indignation, avaient été adressées à l'Evêché par des personnages assez influents : on remarquait dans une de ces lettres, que M. Ar....., commissaire de la Marine, écrivit à l'abbé Jeancard, son parent, cette judicieuse remarque : « Vous reprochez à M. l'abbé Jonjon de vous avoir donné « une leçon insolente de théologie — insolente tant que « vous voudrez : mais elle n'en est pas moins une leçon. » Ainsi le gros bon sens qu'on aurait dû prendre pour juge dès le commencement, venait spontanément à notre secours comme un puissant auxiliaire, avant que je pusse à mon tour prendre la plume et élever la voix.

3°

Mémoire en réponse au Mandement

Chose remarquable; ce mandement ne me fit aucune impression fâcheuse ; j'en éprouvai même une certaine satisfaction, parce que je n'y trouvai en général que des déclamations frivoles, qui devaient tomber devant le *Mémoire*, dans lequel je traitais en détail toutes les questions — je me bornai à y ajouter des explications justificatives de deux faits qu'on nous reprochait — ces explications occupent seulement une page, en forme de *post-scriptum*.

Ce *Mémoire* (voir à l'appendice n° 4), existait depuis mon voyage à Paris, mais seulement en simples notes qu'il fallait développer, ou en pages détachées que je devais coordonner, de manière à en faire une œuvre régulière, capable d'amortir le coup porté par le Mandement ; deux jours de recueillement m'étaient donc nécessaires pour achever ce travail important, qui devait tout à la fois ne pas tromper l'attente de nos partisans, et détruire l'espoir que l'Evêché avait fondé sur sa manifestation du haut de la chaire, en employant contre nous le plus terrible engin de guerre qu'il eût à sa disposition.

Ce Mémoire a subi de tristes péripéties ; après l'avoir livré aux flammes, comme je l'exposerai bientôt, je n'en avais conservé qu'un seul exemplaire, pendant quarante ans; il a disparu de mon cabinet d'études au mois de février 1876 et n'a reparu, avec les mêmes circonstances mystérieuses, que le 18 mars 1881.

J'ai exposé longuement dans l'*Histoire du Revenant* tout ce qui se rattache à la soustraction et à la restitution de cet écrit; je n'y reviendrai pas.

Mais, comme j'en croyais la perte irréparable, j'ai tâché, à l'âge de 73 ans, de rappeler autant que possible mes souvenirs et mes raisonnements d'autrefois. Je me suis remis à l'œuvre, en suivant pas à pas toute la partie du Mandement qui me concerne, et en faisant, aussi respectueusement qu'il était en mon pouvoir, une sorte d'autopsie de chaque paragraphe, pour y découvrir les côtés faibles, vulnérables et même délictueux.

Ce nouveau travail, bien inférieur, sous certains rapports, au premier, qui fut écrit avec plus d'entrain et de verve, sous l'inspiration des circonstances actuelles, me paraît supérieur pour la force des raisonnements et surtout pour la réfutation des nombreuses erreurs dont fourmille le document sacré et qui m'avaient échappé à la première lecture. Mais, avant d'exposer ce travail, je dois rappeler les principes qui servent de base à mes observations et constater les faits qui sont indiscutables; on daignera m'excuser de revenir sur certaines questions qui sont traitées dans le *Mémoire*, dont la longue absence ne m'autorisait pas à espérer que jamais il fût livré à la publicité.

4º

Exposition de principes

1º Avais-je le droit de me livrer à l'enseignement classique dans le diocèse de Marseille? Mgr l'Evêque avait-il celui de m'interdire cette profession, sous la menace des censures ecclésiastiques?

Lorsque J.-C. dit à ses apôtres, avant de monter au ciel: *allez, enseignez toutes les nations*, cette prescription renfermait évidemment le droit et le devoir de propager dans le monde la doctrine chrétienne ; que les apôtres, non comme disciples de J.-C., mais comme citoyens, aient eu le droit d'enseigner les sciences profanes, c'est incontestable ; mais qu'ils en aient eu le devoir, on peut le nier en sûreté de conscience, pour eux et pour leurs successeurs, jusqu'à la fin des siècles. Ainsi, les gouvernements qui cherchent à limiter la faculté d'enseigner pour les membres du clergé, la science de la Religion, commettent un abus de pouvoir autant que le clergé lui-même, lorsqu'il revendique comme un privilège exclusif toute sorte d'enseignements, et prétend pouvoir soumettre à son contrôle l'organisation des classes et des cours dans les diverses institutions laïques.

L'Évêque, par sa propre influence morale et par l'intermédiaire des confesseurs, peut dissuader une personne laïque d'embrasser la carrière de l'enseignement, s'il juge qu'elle soit nuisible à son salut et au-dessus de ses facultés intellectuelles ; mais je ne pense pas qu'une administration ecclésiastique se soit jamais rencontrée qui se soit mêlée directement et officiellement de cette sorte de question, et qu'elle l'ait soumise à sa juridiction, comme s'il s'agissait d'une fonction sacerdotale ; tout chrétien, même catholique, est libre d'embrasser la carrière profane, qui lui sourit le plus, sans crainte d'encourir les censures de l'Eglise, si son choix n'est pas réglé par la droite raison.

Peut-on faire le même raisonnement à l'égard d'un prêtre qui, ayant renoncé au ministère des Paroisses, embrasse la profession d'instituteur ? Il est incontestable qu'on le peut, si ce prêtre a pris cette détermination, avec l'agrément formel ou implicite de l'Évêque, à qui il a promis obéissance dans son ordination ; et qu'il peut établir son domicile, dans quelque diocèse que ce soit, où l'on devra lui accorder au moins la faculté de célébrer, s'il est muni d'une lettre testimoniale de la part de son propre Évêque. Telle est la discipline de l'Église, sinon observée, au moins qu'on doit observer, si l'on ne veut pas tomber dans l'arbitraire, que repoussent tout à la fois la raison et l'Evangile.

Or, telle était ma situation dans le diocèse de Marseille ; j'étais autorisé par ceux-là mêmes qui avaient alors encore le droit de me rappeler, à demeurer à Marseille *pendant tout le temps que mes affaires l'exigeraient* (c'est textuel). Mes supérieurs d'Aix n'ignoraient pas la nature de ces affaires, puisqu'elles étaient publiques, et pas un ordre n'est émané de leur part pour m'interdire l'enseignement classique ; ils se sont contentés d'observer la neutralité et m'ont laissé toute ma liberté d'action, tout en déplorant le triste conflit qui s'était élevé entre l'Évêché et nous.

L'Évêque de Marseille n'avait donc aucun droit, en vertu de son pouvoir spirituel, de m'interdire officiellement les fonctions d'instituteur ; avait-il, pour en venir à cette extrémité, de graves motifs tirés de ma conduite personnelle ? Voyons.

Lorsque je suis venu à Marseille, au mois d'octobre 1833, Mgr Raillon avait consenti *à me prêter seulement pour neuf mois*, c'est-à-dire pour une année scolaire, à son vénérable *voisin*, locution qui n'indique pas que je lui étais à charge et qui suppose, au contraire, qu'il tenait à mes services.

Au mois d'octobre 1834, de professeur de troisième je devins professeur de rhétorique. Etait-ce un signe de mécontentement ? Au mois de mai 1835, je fus forcé de sortir du Petit Séminaire à la suite d'un dissentiment dont j'ai exposé plus haut les détails ; on me retira les pouvoirs de prêcher et de confesser ; mais je conservai encore la faculté de célébrer. On me la retira quelques jours après, parce qu'on m'attribua faussement les deux lettres qui avaient été imprimées dans le *Sémaphore*. Cette humiliation qu'on me fit subir était-elle la conséquence d'une faute grave ? le contraire est démontré par tous les efforts que l'on a faits pour me retirer de Menpenti, dès que l'on eut connaissance de l'association que j'avais formée avec deux autres prêtres. M. l'abbé Boffe, curé de St-Louis, vint de la part de l'abbé

Jeancard me faire des propositions honorables, pour m'engager à renoncer à l'association ; M. l'abbé Guyon dans les conférences que j'ai eues avec lui, me fit de la part de l'Evêché de belles promesses, pourvu que je quittasse Menpenti. Après avoir été honoré d'un mandement et menacé d'être excommunié, je fus condamné à quinze jours de retraite au Grand-Séminaire, et mes associés qui avaient gardé un profond silence et qui n'avaient jamais eu aucune discussion avec les vicaires généraux ni de vive voix ni par écrit, le furent à trente jours ; après la retraite, M. l'abbé Tempier vint lui-même à ma chambre me donner le *celebret* et j'ai dit la sainte messe au Grand-Séminaire la veille de mon départ ; mes associés sortirent du Grand-Séminaire comme ils y étaient entrés, sans aucune sorte de pouvoir.

Le 29 septembre 1838, Mgr Eugène de Mazenod, devenu évêque de Marseille, tout en me refusant l'autorisation de célébrer la messe dans l'établissement de Menpenti, pour des motifs qu'il me manifestait et qui ne m'étaient pas personnels, m'écrivait ceci : « Je suis vraiment fâché *pour vous*
« et pour vos élèves d'être ainsi empêché de faire ce que
« vous demandez et ce qui sans la difficulté dont il s'agit,
« serait tout à fait conforme à mes propres sentiments. »

M. l'abbé X..., en effet, dans sa lettre du 28 janvier 1837, m'avait écrit du Grand-Séminaire où naturellement il se faisait l'écho de l'opinion des directeurs : « Vous savez
« que ce n'est point vous *personnellement qui causez la*
« *réprobation épiscopale.* »

Enfin le 12 septembre 1842, le même prélat certifiait que *j'avais passé plusieurs années à Marseille avec une juste réputation de mœurs irréprochables.* Il m'est permis évidemment de conclure de ces faits et de ces témoignages que lorsque j'ai mis le pied à Menpenti, je n'avais rien fait qui pût me rendre réellement indigne de la confiance et des parents et même de l'évêque, que tout mon crime aux yeux de celui-ci était la fondation d'un pensionnat (crime dont j'ai démontré la futilité), mon association avec deux prêtres (détermination dont je vais exposer la légitimité), et enfin mes écrits publics et secrets, auxquels je fus entraîné par les circonstances et qui ne furent que les conséquences naturelles de l'opposition exorbitante qu'on nous faisait ; par conséquent si j'avais eu d'autres associés et que j'eusse baisé la main qui me frappait, au lieu de la repousser, le fait même du pensionnat Menpenti eût été irréprochable et Mgr l'Evêque aurait dû me laisser dans la tranquille possession de ma liberté, comme il l'a fait d'ailleurs après la conclusion de la paix (1). Voilà pour ce qui me concerne ; examinons maintenant la situation des deux autres prêtres.

2° Que M. l'abbé Vidal ait eu quelque chose à démêler avec son évêque de Fréjus, peu m'importe, ce n'est pas là mon affaire ; c'était le devoir de l'Evêché de Marseille de prendre des renseignements exacts sur la conduite morale de ce prêtre, avant de l'introduire dans le Petit Séminaire comme professeur de physique et de lui donner les pouvoirs d'exercer toutes les fonctions ecclésiatiques : je me souviens qu'on envoya un prêtre à Toulon, pour le solliciter et poser avec lui les conditions — il est donc certain qu'à ce moment là M. l'abbé Vidal ne paraissait pas un homme dangereux aux yeux de Mgr de Mazenod — depuis son entrée au Petit Séminaire en octobre 1833, jusqu'au mois de mai 1835, il a constamment joui de la confiance du supérieur, avec lequel il avait des relations intimes ; à mon départ, il signa avec quelques autres professeurs l'écrit par lequel on déclarait que j'avais emporté les regrets de toute la communauté ; peut-être aussi prit-il part à celui au bas duquel se trouvent les signatures des principaux élèves ; ces deux démarches, j'en conviens, étaient extraordinaires ; mais ma sortie du Petit Séminaire, avec les circonstances que j'ai exposées plus haut, n'était-elle pas au moins aussi extraordinaire ? et lorsqu'un supérieur d'une maison se met au-dessus de toutes les conve-

---

(1) Ma correspondance avec le père Rambert qu'on a dû lire au début de cette histoire, est la démonstration irréfutable de ce que j'avance.

nances, pour des motifs qu'on ne peut avouer, est-il étonnant que les subalternes et les inférieurs le rappellent à l'ordre, sans manquer aux égards qui sont dus à l'autorité épiscopale ?

Quoi qu'il en soit, ce n'était pas là une faute qui dût rendre M. l'abbé Vidal, indigne de l'estime des honnêtes gens ; en le congédiant du petit Séminaire, on ne lui enleva pas subitement par le seul fait la considération dont il jouissait ; et l'on ne comprendra pas pourquoi à l'occasion de ce fait, on s'empressa de remettre sur le tapis son affaire avec l'évêque de Fréjus et de sortir de la poussière *un interdit* auquel personne ne pensait, lorsque nous étions tous réunis au petit Séminaire — il est plus que probable que Mgr de Mazenod n'avait pas demandé à l'évêque de Fréjus la révocation de cet interdit, lorsqu'il reçut M. Vidal ; et s'il en demanda la confirmation, après 18 mois, Mgr Michel dut trouver extraordinaire qu'on n'eût pas pris des renseignements sur le compte de ce prêtre, avant de le recevoir — tel est le cas que les évêques eux-mêmes font de l'interdit *ex abrupto,* ou *ex informatâ conscientiâ*, sans autre forme de procès. Constatons cependant qu'un prêtre *interdit* avait été reçu comme professeur au Petit Séminaire, sans aucune sorte de difficulté ; les élèves de cette maison religieuse ne devaient nullement souffrir de sa présence ; mais c'est autre chose lorsque ce prêtre est à Menpenti. Comprenne cette différence qui pourra.

Passons à M. l'abbé Blanc.

M. l'abbé Blanc, prédicateur distingué et jouissant de la confiance d'un très grand nombre de familles opulentes, avait quitté, au grand étonnement de beaucoup de gens, le Ministère des Paroisses et avait été placé au Petit Séminaire en qualité de professeur de seconde, avec les pouvoirs d'exercer toutes les fonctions sacerdotales. S'il faut en croire l'Evêché, la conduite de cet ecclésiastique était depuis longtemps peu édifiante ; il avait eu même des relations peu délicates avec telle et telle personne ; pour le mettre à l'abri de toute séduction et dans une sorte d'impossibilité morale de séduire lui-même les autres, on eut la sage précaution de le retirer des paroisses et de le confiner en quelque sorte dans le Petit Séminaire, où, devant par sa position servir de modèle aux jeunes gens, il *édifierait* forcément au lieu de *détruire*. Tel fut l'ingénieux calcul que fit la charité pastorale ou plutôt, pour me servir de l'expression de M. Chaix, la faiblesse de Mgr d'Icosie, pour sauver l'honneur de ce prêtre, dont le prélat dirigeait la conscience avec un tendre zèle qui était notoire. Ainsi, sans m'en douter, lorsque j'ai quitté momentanément le diocèse d'Aix et que j'ai accepté les offres de M. l'abbé Bicheron, j'allais entrer dans une maison de *correction*, une sorte de pénitencier où l'on plaçait les prêtres interdits et les ecclésiastiques suspects. On n'a pas oublié que M. l'abbé Bicheron m'avait chargé de surveiller un professeur de cette époque, pour savoir s'il assistait à la messe, tandis que lui-même ne la célébrait que les dimanches, pour dormir la grasse matinée (tout ceci entre parenthèse).

M. l'abbé Blanc, tel que je viens de le dépeindre, d'après l'Evêché, ne laissa pas d'exercer toutes les fonctions sacerdotales depuis le mois d'octobre jusqu'au mois de mai ; bien plus que cela, lorque M. Bicheron conçut le projet de m'expulser ignominieusement, il avait jeté les yeux sur M. Blanc, pour me remplacer en qualité de professeur de rhétorique ; il en avait fait son confident, *il lui avait révélé*, selon son expression, *son âme tout entière*. Mais M. l'abbé Blanc était un loup dévorant, un prêtre scandaleux, n'importe. N'était-il pas au Petit Séminaire, qui produisait sur lui l'effet des *désinfectants ?* M. l'abbé Blanc prit part aux démarches dont je viens de parler et fut congédié avec M. l'abbé Vidal. Le voilà redevenu tout à fait noir, par un acte qui peut être taxé d'imprudence ou de vivacité, mais qu'on ne classera jamais parmi les actes d'immoralité.

Que pouvaient-ils donc faire ces deux prêtres qui se trouvaient ainsi hors du Petit Séminaire, comme moi, sans emploi, sans espoir de calmer le courroux de l'Administration épiscopale ni de rentrer en fonction dans les paroisses ? N'était-il pas plus décent et plus digne de l'esprit sacerdotal, de se livrer à l'enseignement, que de déposer l'habit ecclésiastique et de se lancer dans une carrière profane, comme naguère l'avait fait un prêtre de Marseille, qui, après avoir étudié la médecine, l'exerçait publiquement auprès de ses anciennes pénitentes ? Car enfin personne ne soutiendra que, pour ne pas coopérer à un scandale, qu'ils n'avaient pas provoqué, ils devaient se croiser les bras et se condamner à mourir de faim ou bien se réfugier dans un cloitre pour y laisser passer la tempête, avec une résignation héroïque. Ils pouvaient assurément prendre cette dernière détermination ; mais qui osera leur en imposer l'obligation ? est-ce que l'héroïsme, je ne dis pas court les rues, mais les palais épiscopaux de notre temps ? Mgr d'Icosie, pour ne citer qu'un seul fait, était-il héroïque, lorsqu'il appelait la force armée pour chasser de ses appartements un prêtre qui venait lui demander justice, et le faisait expulser par la main d'un valet ? qu'on se rappelle tous les détails que j'ai donnés ci-dessus et l'on sera convaincu que l'héroïsme était pour l'administration épiscopale une plante exotique.

Il est donc incontestable que, si l'indignité de ces deux prêtres, vraie ou supposée, ne s'opposait pas à ce qu'ils fussent chargés de l'éducation et de l'instruction de jeunes élèves, lorsqu'ils étaient domiciliés à l'extrémité du Boulevard du Nord, en transportant leurs pénates au quartier du Rouet, cette subite locomotion ne les a pas métamorphosés en prêtres tellement corrompus, qu'ils aient provoqué justement de la part de l'Evêché les mesures les plus violentes qu'on ait jamais imaginées.

En présence de toutes ces considérations, que deviennent ces longues et interminables diatribes contre ce qu'on appelait *notre rebellion ?* Il est facile d'en prononcer le mot ou de l'écrire sur un ton déclamatoire ou avec des amplifications ampoulées ; mais je ne pense pas qu'il soit également aisé de nous l'appliquer, selon la droite raison. — la rebellion ou révolte n'a lieu que lorsqu'un inférieur résiste à un ordre ou à une autorité légitime ; or nous étions victimes d'un pouvoir usurpé et de la violence — c'est ce que je vais démontrer.

3° Avons-nous eu le droit de chercher à nous justifier et à nous défendre, par la voie de la Presse, et devions-nous considérer le Mandement comme un de ces documents devant lesquels tout catholique doit s'incliner ?

Je prie mes lecteurs de se représenter par la pensée tout ce qui s'est passé depuis le mois de Mai 1835 jusqu'au mois de Février inclusivement de 1837. — On se convaincra aisément que l'Evêché n'a reculé devant aucun moyen, pour arriver à son but qui a toujours été dès le début de détruire notre Maison, en jetant de la déconsidération sur la personne des Directeurs.— Indépendamment de son influence sur le clergé, qu'il a exercée par des réunions secrètes et des circulaires publiques, dans lesquelles la diffamation débordait, on a vu que la *Gazette du Midi* et le *Journal du Commerce* ont inséré plusieurs fois dans leurs colonnes des articles injurieux, qui étaient certainement communiqués par l'Evêché. — Or, si ce moyen a paru légitime à nos adversaires, pourquoi serait-il criminel pour nous ? Lorsque l'autorité emploie des procédés humains et profanes, est-on tenu de la respecter ? Lorsque les Evêques dans le moyen âge endossaient la cuirasse, tiraient l'épée et se jetaient dans la mêlée des combattants, devait-on recevoir pieusement leurs coups, sans les leur rendre, parce qu'ils avaient un caractère sacré ? Philippe de Beauvais, lisons-nous dans l'histoire de France, ayant été fait prisonnier dans une bataille où il s'était distingué par le carnage, le Pape demanda sa liberté en l'appelant son fils : le vainqueur envoya au Souverain Pontife les habits ensanglantés du Prélat, et lui fit dire, comme autrefois les enfants de Jacob à leur père : — « Reconnaissez-vous les vêtements de votre fils ? » Le Souverain Pontife n'insista pas.

Lorsque Jules II employait tout à la fois contre Louis XII les foudres de l'Eglise et tous les engins de guerre alors connus, sa puissance spirituelle ne perdait-elle pas en considération et en respect, et la lutte soutenue par le Roi de France contre le Souverain Pontife a-t-elle empêché nos ancêtres de bénir la mémoire de ce Prince, en le nommant *Père du Peuple*, surnom que la Postérité a consacré ? Ces observations préliminaires justifieront pleinement, je le pense, le jugement que je vais me permettre de porter sur toutes les déclamations qui furent lues dans toutes les chaires, et auxquelles je ne crus pas devoir répondre directement, parce que le *Mémoire* qui était sous presse et qui allait paraître, me parut en être une réfutation plus que suffisante : on en jugera par les résultats que nous a obtenus la simple menace de sa publication.

4° Mgr l'Evêque avait-il le droit de diffamer publiquement du haut de la chaire trois prêtres qu'il n'avait pas jugés canoniquement, de manière à leur porter un grave tort dans leur honneur et leurs intérêts ?

Quoique la discipline de l'Eglise concernant les censures n'existe plus en France que de nom, elle a toujours néanmoins force de loi, parce que dans cette question le droit canonique se confond avec le droit naturel. Il n'est pas plus permis à un juge ecclésiastique de déclarer publiquement qu'un prêtre est excommunié, ou suspendu ou interdit, avant de l'avoir condamné juridiquement, qu'il ne l'est à un juge laïque de déclarer qu'un accusé est un voleur ou un assassin, s'il n'a pas été reconnu coupable après un débat contradictoire. J'ai démontré ailleurs longuement cette thèse, dans mon affaire avec Mgr Forcade ; je n'y insiste donc pas.

Or, Mgr de Mazenod nous avait jugés et punis sans nous entendre, malgré nos protestations ; j'étais, moi personnellement, exempt de toute censure ; mes deux associés avaient été, disait-on, suspendus de leurs fonctions par des sentences *ex informata conscientia*, qui doivent toujours être occultes et ne sont portées que pour des péchés occultes — par conséquent nous signaler tous les trois indistinctement et publiquement comme des prêtres dangereux, corrompus et indignes de la confiance des pères de familles, c'était évidemment nous diffamer, en violant tout à la fois le droit canon et le droit civil.

On violait le droit canon, puisqu'on nous condamnait sans monitions préalables, sans citation devant l'officialité et sans aucune sorte de procédure.

On violait le droit civil, qui s'exprime ainsi à l'article de la diffamation : « Toute allégation ou imputation d'un fait qui porte atteinte à l'honneur ou à la considération de la personne ou du corps auquel le fait est imputé, est une diffamation... La diffamation commise soit par des discours proférés dans des lieux ou réunions publics, soit par des écrits distribués dans des lieux ou réunions publics, sera punie d'après les distinctions suivantes : la diffamation envers les particuliers sera punie d'un emprisonnement de cinq jours à un an et d'une amende de 25 fr à 2.000 fr...

« Tout fait quelconque de l'homme qui cause à autrui un dommage, oblige celui par la faute duquel il est arrivé à le réparer.

« On est responsable non seulement du dommage que l'on cause par son propre fait, mais encore de celui qui est causé par le fait des personnes dont on doit répondre.

Nous avions donc le droit de demander raison à Mgr l'Evêque devant les tribunaux d'un écrit public qui était réellement une diffamation et nous causait du dommage.

Dans l'article 6 des *Articles organiques* on lit ce qui suit :

« Il y aura recours au Conseil d'Etat, dans tous les cas d'abord de la part des supérieurs et autres personnes ecclésiastiques :

« Les cas d'abus sont : l'usurpation ou l'excès de pouvoir... toute entreprise et tout procédé, qui dans l'exercice du culte peut compromettre l'honneur des citoyens, troubler arbitrairement leur conscience, dégénérer contre eux en oppression ou en injure ou en scandale public...

« Le recours compètera à toute personne intéressée ; à défaut de plainte particulière, il sera exercé d'office par les Préfets. »

Nous pouvions donc encore en vertu des articles organiques dont les évêques eux-mêmes reconnaissent l'autorité, dans tout ce qui leur est favorable, recourir officiellement au Conseil d'Etat, puisque le procédé de l'évêque compromettait notre honneur, troublait arbitrairement les consciences et dégénérait en oppression, en injure et en scandale public. — Personne ne le niera ; cependant nous n'avons usé d'aucune de ces deux facultés. Nous nous sommes bornés à référer notre affaire au jugement du bon sens public, c'est-à-dire, à descendre dans l'arène d'où notre adversaire nous lançait ses traits. En quoi donc étions-nous criminels et méritions-nous d'être retranchés du sein de l'Eglise ? Je ne sais si je me fais illusion, mais il me semble qu'un lecteur impartial devra être frappé de toutes ces considérations générales qui présentent l'état de la question telle qu'elle était devant la Raison et devant Dieu. Examinons maintenant de sang-froid les divers passages du Mandement, qui concernent soit les trois directeurs du Pensionnat, soit moi personnellement, comme étant l'auteur des écrits publiés dans le *Sémaphore*.

ANALYSE CRITIQUE DU MANDEMENT [1]

MANDEMENT

Charles-Fortuné DE MAZENOD, etc.

N. T. C. F.

En venant vous annoncer la pénitence solennelle du Carême, etc.

O Pécheurs, qui nous êtes toujours si chers, nous vous en conjurons par les entrailles de la miséricorde de notre Dieu... ne soyez pas insensibles aux instantes prières d'un Pasteur et d'un Père... qui vous sollicite à la pénitence pour votre bonheur... votre retour sincère à Dieu, c'est là surtout la consolation dont il a besoin et qu'il ambitionne sur la terre.

M. Jeancard avait besoin d'une transition pour ne pas passer trop brusquement d'une exhortation à la pénitence au réquisitoire violent qui était le but unique du Mandement, et qui en occupe en effet les trois quarts. *Il ne veut que le salut des âmes ; c'est là surtout la consolation dont il a besoin*, rien de plus légitime sans doute que de trouver dans la conversion des pécheurs des charmes qui endorment les douleurs de la vie — or il y a des douleurs générales et communes, dont personne n'est exempt, et des douleurs particulières qui proviennent d'incidents plus ou moins fâcheux — on voit tout de suite que l'écrivain a pu glisser rapidement du général dont il ne parle pas au particulier qu'il a principalement en vue.

---

[1] On trouvera ce document en entier dans un livre de ma bibliothèque intitulé *Année Chrétienne* ; l'auteur affirme que plusieurs personnes sont venues à son bureau, pour lui demander de publier exceptionnellement le Mandement du Carême ; je puis affirmer à mon tour que *ces quelques personnes* se résument dans la personne de M. l'abbé Jeancard, auteur du Mandement.

Ah ! s'il en juge par sa tendresse et son dévouement pour ses enfants spirituels, ainsi que par la profonde affliction qui dans ce moment même vient s'ajouter d'une manière si pénible au poids de ses nombreuses années, ce père qui vous parle doit croire qu'il a quelque droit à recevoir de vous toutes les consolations qui peuvent adoucir ses chagrins et soutenir son ministère.

Phrase entortillée qui prolonge la transition ; le Prélat ne voulait d'abord que le salut des âmes ; on dirait qu'il le perd un peu de vue, puisque en échange de sa tendresse et de son dévouement, il réclame comme un droit de la part de ses ouailles toutes les consolations dont elles peuvent disposer — d'abord les consolations ne devaient arriver que par surcroit ; elles sont devenues l'objet principal.

La profonde affliction qui s'ajoute au poids des nombreuses années présente, il est vrai, tableau fort touchant. Mais il ne tenait qu'à l'administration épiscopale de ne pas violer nos droits, de ne pas prendre l'initiative de la lutte et par conséquent d'épargner au vénérable prélat la *profonde affliction* dont il se plaint. Personne n'aurait pu, sans doute, diminuer le poids de ses nombreuses années ; mais très certainement nous n'aurions rien fait pour aggraver les chagrins qui étaient les suites naturelles de son âge et de ses fonctions.

Hélas ! Vous ne le savez que trop, notre ministère pastoral est mis aujourd'hui à une rude épreuve.

Personne n'a le droit de se plaindre d'avoir à subir une épreuve qu'on a cherchée, qu'on s'est créée et que l'on maintient avec un entêtement déplorable.

Un homme égaré est venu, qui, au mépris de ce qu'il nous doit et comme prêtre et comme chrétien, a pris avec le démon sans doute le coupable engagement de nous poursuivre à outrance de ses calomnies et de ses outrages dans notre personne et dans la personne de ceux que notre confiance a investis de notre propre autorité ; il l'a juré à la face de tout un peuple et les gens de bien en ont frémi d'horreur ; il l'a juré formellement par le nom adorable de Dieu et celui de la Vierge Marie ; il s'efforcera d'user contre nous de tous les moyens de scandale, jusque-là qu'il nous menace en propres termes d'allumer un incendie. Ainsi, à moins que Dieu ne détourne ses pensées, il ne s'arrêtera pas dans la voie funeste où il est entré, et l'Eglise continuera à être affligée du spectacle d'un homme qui lui fut consacré, et qui, sans respect pour le caractère dont il est revêtu, se fera une horrible gloire de réjouir l'enfer par une guerre ouverte contre l'autorité divine du premier pasteur.

Bossuet a dit d'un personnage fameux : *Un homme s'est rencontré qui*, etc. ; je ne suis pas venu à Marseille de mon propre mouvement ; je n'étais pas à charge à mon diocèse, puisqu'on ne me *prêtait que pour neuf mois ;* c'est à force de sollicitations de la part de M. Bicheron, comme pourrait l'attester M. Baux, le seul témoin survivant, que j'ai renoncé aux avantages qu'on m'offrait à Aix, que je suis venu à Marseille, *où l'on se félicitait d'avoir fait une bonne acquisition.* Je n'étais donc pas alors un homme égaré.

Le suis-je devenu, lorsque les professeurs, les élèves et les domestiques mêmes du Petit Séminaire protestaient unanimement contre mon expulsion violente de la maison ?

On peut me reprocher, je le sais, des vivacités regrettables en paroles et en écrits ; mais ceux qui me blâment, déjà coupables des mêmes fautes, m'ont précédé dans la lutte, en violant par des actes la charité et la justice.

J'ai opposé, il est vrai, une vigoureuse résistance ; mais cela suppose une attaque violente ; à moins d'être un insensé, on ne s'arme pas de pied en cap pour faire la guerre aux moulins à vent.

Comme prêtre, je ne devais pas à l'Evêque de Marseille une obéissance que je ne lui avais pas promise ; comme chrétien et prêtre, je lui ai toujours témoigné le respect qu'il méritait : j'ai toujours distingué le vénérable Prélat de son neveu et des autres administrateurs, qui ne pouvaient pas à mes yeux représenter par leurs violences inexcusables l'autorité épiscopale dont ils se couvraient comme d'un manteau hypocrite, pour arriver à leurs fins avec plus de sûreté.

J'ai pris l'engagement de me justifier et de me défendre en faisant appel au sens commun, et j'ai repoussé la violence par la violence, ce qui est toujours permis ; je n'ai jamais calomnié personne, quoique j'aie été personnellement calomnié dans la *Gazette du Midi ;* je n'ai jamais outragé la personne de l'Evêque et je viens d'expliquer en quel sens il faut entendre ma conduite à l'égard des administrateurs qui réellement *me poursuivaient* à *outrance* ; on me calomnie donc deux fois dans ces quelques lignes.

Quant au serment, j'avoue que ç'a été un *lapsus calami* regrettable, quoiqu'il soit toujours permis de promettre avec serment ce qu'on peut exécuter licitement et justement. Il est possible que les oreilles pieuses des Bicheron et des Jeancard, dont je connaissais de fort près la délicatesse, en aient été offensées; et que le saint Evêque, qui ignorait toutes les vexations dont nous étions l'objet, en ait frémi : mais il est faux que les gens de bien de Marseille aient éprouvé ce sentiment d'horreur ; ce qui le prouve, c'est l'universelle sympathie que j'ai inspirée dans toutes les classes et, j'ose même le dire, dans le clergé.

Le scandale doit être imputé à celui qui persécute et qui opprime, et non à ceux qui crient : vengeance et au secours !

Je terminais ainsi ma quatrième lettre : « Pour la quatrième « fois, Monseigneur, je vous en conjure, arrêtez l'incendie, « lorsqu'il en est encore temps... » M. Jeancard écrit : il nous « menace en propres termes d'allumer l'incendie » est-ce bien exact ; d'abord on n'allume pas un incendie qui brûle déjà, puisqu'on prie l'évêque de l'arrêter : et s'il dépend du prélat de l'arrêter, il est probable que c'est l'Evêché qui l'a allumé — il est certain que ma résistance ne contribuera pas à l'éteindre ; mais on pouvait annihiler cette résistance en cessant l'attaque. — Ainsi m'accuser d'avoir *menacé en propres termes*, n'est-ce pas encore un mensonge calomnieux ?

Je ne suis pas entré, mais j'ai été poussé *dans une voie funeste*. « Hélas ! disais-je dans cette même lettre, où me vois-« je réduit ? où me pousse le fouet de la persécution ? »

L'horrible gloire de réjouir l'enfer par une guerre ouverte contre l'autorité divine du premier pasteur. Ce membre de phrase renferme presque autant de mensonges que de mots ; on peut s'en convaincre en relisant tout ce qui précède — il fallait racheter la pauvreté du fond par le coloris de la forme ; M. Jeancard n'a pas négligé d'user de toutes les richesses de son talent dans ce solennel écrit.

Cette guerre impie, à laquelle semble se refuser une feuille publique qui a dû au moins être étonnée de prêter ses pages à un prêtre que son état appellerait à combattre d'autres ennemis sous un autre étendard ; ces attaques dignes d'anathème et que l'on veut pousser jusqu'aux dernières limites du scandale, est-ce là ce que nous devions attendre de celui, qui, le jour qu'il reçut l'imposition des mains, promit solennellement au pied de l'autel respect et obéissance à son Évêque ? Il est vrai qu'il n'est point de notre Diocèse, et c'est pour nous une consolation ; mais son séjour parmi nos ouailles nous donne sur lui les droits de Pasteur et le soumet d'une manière spéciale, à cause de son caractère, à l'action de notre autorité. D'ailleurs, puisqu'il est étranger, comment ose-t-il venir s'imposer à une Église pour susciter à son chef et à ceux qui sont associés à son administration tout ce qui lui est possible d'inventer contre eux ?

La *Gazette du Midi* refusait d'insérer nos réponses à ses diatribes, à moins qu'elle n'y fût forcée par le ministère d'un huissier ; il a donc fallu avoir recours au *Sémaphore*, journal indépendant de cette époque, mais qui était loin d'être impie.

Il n'a pas voulu insérer la cinquième lettre, parce que j'y engageais avec la *Gazette du Midi* une polémique assez grave, à laquelle il lui répugnait de prendre part, et que j'y accusais l'Évêché *d'avoir menti*. D'ailleurs on m'avait promis de l'imprimer avec les quatre premières à la suite du *Mémoire*, auquel la rédaction *ne fut pas étonnée de prêter ses presses* et les prêta avec tant d'empressement, que dans deux jours 80 pages in-8° furent imprimées.

Ce n'est pas ma faute si les Évêques, en me persécutant, m'ont forcé de ne pas *combattre d'autres ennemis* et de diriger ce qu'ils ont appelé quelquefois *mon talent* contre eux-mêmes, non pas en les *attaquant*, comme ils le prétendent faussement, mais en repoussant leurs *attaques*.

J'ai déjà dit que j'avais promis obéissance à l'Archevêque d'Aix et non à l'Évêque de Marseille, que j'ai toujours cependant respecté.

C'est une *consolation* pour l'Évêque que je ne sois pas de son diocèse. Mais M. l'abbé Blanc, *le loup dévorant*, et les deux prêtres que je trouvai à Paris dans l'antichambre de Mgr d'Icosie étaient du diocèse. Dans quelques jours j'allais être réintégré dans mes fonctions, quoique n'étant pas du diocèse, et M. l'abbé Blanc, quoique étant du diocèse, ne le sera pas ; ainsi la consolation se changera en douleur.

L'Evêque de Marseille avait réellement des droits sur moi, à raison de mon domicile et des fautes que j'aurais pu commettre : j'étais soumis sous ces deux rapports à la juridiction et aux statuts du diocèse. Bien loin de le contester, je saisis à la volée l'aveu qu'en fait M. Jeancard et qui est précieux à enregistrer. Mais on n'avait aucun droit à mon obéissance pour le ministère des paroisses. « Si un ecclésiastique sorti « de son diocèse est fixé dans un autre, sans aucune récla-« mation de son propre évêque ; si, *sans se livrer aux* « *fonctions du saint Ministère*, il vit dans des occupations « honorables et d'une manière décente, il n'a pas besoin « d'une permission expresse pour exercer une fonction (la « sainte messe) qui dérive nécessairement du caractère sacer-« dotal, etc. » (Encyclopédie théol. de Migre, tome X, *interdit*).

Je pouvais donc me livrer à l'enseignement classique, en dehors du ministère des paroisses, sans manquer au respect et à l'obéissance — prétendre le contraire, c'est faire preuve d'ignorance. Oui, j'étais étranger, mais je ne m'imposais pas à l'église de Marseille, à laquelle je ne demandais que l'exercice de mon droit inhérent au caractère sacerdotal et la faculté de respirer l'air commun — je ne suscitais aucune querelle contre les administrateurs, encore moins contre son chef ; c'étaient eux qui me suscitaient toute sorte d'embarras dont je cherchais à me tirer par tous les moyens légitimes qui étaient en mon pouvoir : en m'accusant *d'inventer contre eux tout ce qui est possible*, on me calomniait de nouveau.

Il veut, dit-il, défendre sa cause ; mais quelle cause, grand Dieu, que celle qui ne peut être défendue que par de tels moyens ! où en est-il donc venu pour ne plus craindre de recourir ainsi à ce qui le condamne d'avance, à ce qui implique une sorte de désaveu de son sacerdoce, parce que c'est le mépris le plus éclatant des devoirs, des convenances, de la dignité même de son saint état ? Pourquoi, avant de s'enfoncer dans l'abîme, n'a-t-il pas été arrêté par ces paroles qu'il a lui-même prononcées contre lui, lorsque, dès le début de sa première lettre imprimée, après avoir d'abord cité un passage de l'Ecriture, il s'est écrié : « on ne peut contester, sans « *renoncer à l'Esprit de foi, que cette maxime est un vérita-* « *ble anathème contre ces discussions ardentes que la charité* « *ne dirige pas* ».

Quelle cause, grand Dieu, dirai-je à mon tour, que celle qui ne peut être défendue qu'en *faisant le mal*, c'est-à-dire en violant toutes les lois divines et humaines, en transformant le confessionnal en bureau de police, en tombant dans tous les excès de pouvoir que j'ai signalés, en livrant au mépris public le sacerdoce chrétien, etc., etc. ?

Je n'ai pas hésité à avouer mes fautes dans lesquelles j'ai été entrainé *par le fouet de la persécution*. Mes adversaires seuls ne voulaient pas reconnaître les leurs, d'autant plus criminelles qu'elles avaient provoqué les miennes. — Or, il est écrit : *Væ homini per quem scandalum venit*. — Après tout ce que j'ai exposé ci-dessus, qui osera soutenir que la charité chrétienne dirigeait l'Évêché dans la lutte qu'il avait soulevée ? L'aggression, ai-je dit, s'est montrée virulente, « furieuse et a dépassé souvent les bornes que la justice lui « imposait. La défense, poussée sans relâche jusque sur le « bord de l'abîme, s'est oubliée quelquefois dans cette extré- « mité, etc. » Ainsi M. Jeancard oublie ou feint d'oublier que les paroles que j'ai prononcées s'adressaient aux deux belligérants, puisque je disais : « de part et d'autre la conscience « a dû se charger de fautes, parce que Dieu n'habite point « dans un cœur passionné. » Lorsqu'on cite un membre d'une phrase, qui peut être défavorable à un adversaire, la loyauté exige, si l'on ne veut pas citer tous les antécédents et les conséquents, qu'on donne au moins cette phrase tout entière, surtout lorsqu'on s'adresse à des lecteurs ou à des auditeurs qui ne sont pas en mesure de recourir aux sources pour s'assurer de l'exactitude de la citation. — C'est ainsi que M. Jeancard entendait *les devoirs, les convenances et la dignité du saint état*.

Certes, n. t. c. f., nous ne voudrions pas aggraver ses torts devant vous : attaqués avec un incroyable acharnement, nous avons gardé le silence de la douleur et de la charité ; selon le précepte du Sauveur, nous avons prié dans le secret de la face de Dieu, pour celui qui nous calomnie, nous ne le maudirons pas maintenant ; mais, puisque de nouveaux et plus grands scandales nous sont promis, il n'était plus temps de nous taire, et nous vous devions à vous-mêmes d'élever la voix pour qu'on cessât de se prévaloir de ce qu'aucune parole ne venait frapper de réprobation une audace sans exemple.

« Attaqués » (mensonge) — « Nous avons gardé le silence » (mensonge, prouvé par les réunions de curés, les circulaires et tous les articles de la *Gazette* et de la *Feuille du Commerce*.) — « pour celui qui nous calomnie » (mensonge) — « Nous ne le maudirons pas » (que faut-il dire pour maudire quelqu'un) ? — « Scandale promis » (mensonge) — « il n'était plus temps de nous taire, etc. » (long mensonge).

Si les chagrins qui désolent notre vieillesse partaient des rangs ennemis de l'Eglise, nous trouverions que nous sommes heureux, selon l'Evangile, de ce que les hommes du monde pour qui J.-C. n'a pas prié, nous haïssent, nous repoussent, nous injurient et rejettent notre nom comme mauvais, à cause du fils de l'homme. Mais si un homme que l'ineffaçable caractère qu'il a reçu place spécialement sous notre responsabilité, veut nous séparer de nos ouailles, alors la résignation doit avoir un terme, et il faut enfin que nous criions d'autant plus fort que la voix qui se fait entendre contre nous a retenti autrefois jusque dans le sanctuaire.

M. Jeancard continue dans tout ce paragraphe à faire aller, comme l'on dit, l'eau à son moulin — en quoi et comment ai-je voulu séparer l'Evêque de ses ouailles ? On l'affirme avec toute la solennité pontificale ; mais on n'en présente aucune sorte de preuves ; tous ceux qui avaient lu mes lettres, dans lesquelles je mettais un soin scrupuleux à distinguer l'Evêque de Marseille de son administration, n'auront pas lu ou entendu sans étonnement cette formidable accusation, qui me transforme en schismatique.

Ma voix qui se faisait entendre et qui avait retenti autrefois jusque dans le sanctuaire, s'élève aujourd'hui contre des abus de pouvoir ostensibles, indiscutables et non contre le dogme, la morale et l'autorité épiscopale. On sera fort embarrassé bientôt pour trouver dans mes écrits une seule phrase répréhensible sous l'un de ces trois rapports — il est donc archifaux que j'ai voulu séparer l'Evêque de ses ouailles — M. Jeancard en formulant cette accusation a étrangement abusé de la crédulité des personnes pieuses.

Nous rappellerons donc à celui qui nous y contraint, que par des lettres qui sont en ses mains, nous lui avons manifesté dans le temps les motifs de notre improbation, en l'invitant à renoncer à ces voies. Qu'il relève ce que nous lui avons écrit le 12 août 1835, bien avant la mesure d'un ordre purement spirituel que notre sollicitude pastorale nous a obligé de prendre à l'égard de son œuvre ; jamais raisons plus fortes n'ont commandé la conscience d'un évêque! ne pouvant sans prévarication, sans avoir à répondre au souverain juge de la perte des âmes, abandonner, en ce qui touche au salut, les intérêts de nos ouailles, nous aurions dû peut-être adopter un moyen plus énergique et tout à fait décisif, tel que nous l'avions d'abord conçu ; mais si par modération nous nous arrêtâmes à un parti moins sévère et que nous crûmes alors suffisant, est-ce à dire qu'il nous eût été permis de nous abstenir de tout ce qui mettait à couvert notre responsabilité devant Dieu ?

Les lettres que nous avons reçues et surtout celle du 12 août étaient moins une improbation de notre œuvre en elle-même qu'une révélation impure des turpitudes qu'on attribuait spécialement à M. l'abbé Blanc ; quel procédé délicat de déchirer en face du sanctuaire le voile qui couvrait le déshonneur d'un prêtre ! Quelle cause, grand Dieu, dirai-je encore, que celle qui ne peut être défendue que par de tels moyens ! Or, lorsque on nous a adressé cette fameuse lettre du 12 août, il y avait à peine quatre mois que M. l'abbé Blanc, malgré son inconduite bien connue, s'il faut en croire l'Evêché, jouissait au petit Séminaire de l'estime et de la confiance de M. Bicheron, qui *lui révélait son âme tout entière* et l'avait choisi pour me remplacer comme professeur de rhétorique — *les raisons fortes* dont parle l'abbé Jeancard existaient déjà, puisqu'on avait en quelque sorte jeté avec une fourche M. l'abbé Blanc dans l'enceinte des murs du petit Séminaire, parce qu'on ne savait plus qu'en faire dans les paroisses ; que faisait alors la conscience de l'Evêque ? dormait-elle ? Dira-t-on que le danger était moindre au petit Séminaire qu'à Menpenti, parce qu'ici il était Directeur de la Maison et là simple professeur ? Ceux qui tiennent ce langage ignorent ce qui se passe dans les petits Séminaires, dont les professeurs sont pensionnaires, comme ils l'étaient alors ; les élèves, surtout ceux des hautes classes ont les yeux constamment sur eux et contrôlent toutes leurs démarches ; ces professeurs doivent donc se surveiller autant que les directeurs de la Maison ; mais comme ils n'en ont pas la responsabilité, qui est une sorte de frein, ils se gênent moins et peuvent se permettre plus de licences.

Ainsi M. l'abbé Blanc, quels que fussent son penchant et ses habitudes, devait forcément les maîtriser à Menpenti, où son titre et ses fonctions de Directeur lui en faisaient une obligation impérieuse, dans ses propres intérêts ; lorsque je me suis associé à ce prêtre, j'étais autorisé à faire ce raisonnement, parce qu'il était basé sur la nature des choses ; d'ailleurs je n'ai su tout ce qu'on reprochait à l'abbé Blanc que lorsque notre convention a été signée et que l'association, devenue un fait accompli, ne pouvait pas légalement se dissoudre. Aussi cette difficulté majeure a été prise en considération le 15 du mois de février 1837 au moment de la réconciliation ; mais au commencement du même mois de la même année notre œuvre était maudite et ne devait jamais cesser de l'être. Il paraît que *l'abîme dans lequel je m'étais enfoncé n'était pas bien profond*, puisque j'en suis sorti en si peu de temps ; et que les principes de morale qui dirigeaient la conscience des administrateurs de l'Evêché n'étaient pas très solides, puisqu'ils ont fait le 15 février ce qu'ils ne pouvaient pas faire sans prévarication le 1er du même mois ; 15 jours ont suffi pour changer la face des choses ; à partir du 1er mars il n'a été question *ni de répondre au souverain juge de la perte des âmes, ni d'abandonner les intérêts des ouailles*, etc. Et cependant MM. l'abbé Blanc et l'abbé Vidal n'ont pas quitté la Maison et ont conservé toutes leurs fonctions.

Quel est ce moyen plus énergique et tout à fait décisif qu'on aurait dû adopter ? Ce ne peut être qu'une excommunication majeure dont on aurait frappé les trois directeurs ou un interdit lancé contre notre communauté. En vérité, c'eût été un moyen énergique, même violent au suprême degré et assurément fort curieux en plein XIXe siècle ; mais eût-il été *décisif*, comme on l'entendait à l'Evêché, c'est-à-dire dans le sens de notre destruction totale ? Je ne le pense pas. Les pères de famille, qui nous témoignaient alors tant de sympathie et qui, immédiatement après le Mandement, se firent un devoir de protester publiquement et de faire une adresse au ministre, se seraient donné encore plus de mouvement ; l'indignation publique, déjà surexcitée par le scandale inouï de notre situation tout à fait exceptionnelle, aurait fait explosion. Le ministre de l'instruction publique aurait enfin pris l'éveil, et le *moyen décisif* aurait pu se retourner contre une administration dont le despotisme odieux était un fait notoire. Il faut, dit-on souvent, que le *désordre amène l'ordre* ; eh bien ! je ne doute pas de l'excellent résultat qu'aurait produit ce fameux moyen, que la fureur aurait inspiré.

Mais est-ce que nous aurions dû prendre au sérieux une excommunication fulminée ou un interdit lancé sans aucune monition préalable ? Mgr d'Icosie disait quelquefois : *Le droit canon, c'est moi*. Ce langage oriental peut être tenu à des ilotes ou à des parias ; mais il m'eût été facile de démontrer que cette prétention blasphématoire ne reposait que sur l'orgueil, premier péché de l'homme.

J'aurais demandé publiquement ce que j'avais réclamé en vain dans mes lettres privées, un tribunal et des juges ; et comme on se serait bien gardé de faire droit à ma demande, notre institution serait sortie victorieuse de cette agression anticanonique.

M. l'abbé Jeancard, fidèle disciple de Mgr d'Icosie, soutient qu'il n'était pas permis à l'Evêque *de s'abstenir de tout ce qui mettait à couvert sa responsabilité devant Dieu*, c'est-à-dire de s'abstenir du moyen énergique et décisif. Pourquoi donc ne l'a-t-on pas pris ? pourquoi se dispenser d'une obligation aussi rigoureuse que celle de mettre à couvert sa responsabilité ? On a donc commis un péché d'omission en s'abstenant.

Ne sommes-nous pas le père de la famille spirituelle de notre Diocèse ?

Qui en doute ?

L'éducation religieuse et morale des catholiques n'a-t-elle pas des rapports intimes avec les devoirs de notre charge ?

Personne ne le conteste.

Encore, s'il se fût agi d'une œuvre laïque, notre silence n'eût pas été une sorte de garantie ; mais nous sommes auprès des fidèles comme caution pour ceux qui portent un habit qui doit inspirer une confiance d'autant plus entière et sur lequel nous devons veiller avec d'autant plus de soin qu'il appartient à une vocation plus sainte et plus sublime.

Les institutions secondaires ne sont pas plus ecclésiastiques que laïques, et même sous certain rapport elles sont plutôt laïques qu'ecclésiastiques. La plupart des branches d'instruction qui font partie de l'enseignement sont appelées profanes, par opposition aux sciences sacrées, qui seules sont du domaine spécial du clergé. Comme je l'ai déjà dit, le clergé a le droit d'enseigner toutes les sciences, mais il est ridicule de prétendre que ce droit lui soit exclusif. Les évêques ne sont cautions que de l'éducation morale et religieuse ; en ne nous autorisant pas à célébrer, ils mettaient parfaitement à l'abri leur responsabilité ; par conséquent l'Evêque de Marseille pouvait garder le silence, sans être pour nous une garantie ; je soutiens même qu'il le devait, puisqu'il nous avait jugés, condamnés et punis, sans procédures, sans monitions, en se mettant au-dessus de toutes les lois. On voit bien des évêques qui dans des écrits publics signalent en général l'immoralité des établissements universitaires ou des écoles primaires laïques ; mais il est inouï que dans un Mandement un prélat français se soit permis de montrer du doigt aux fidèles une institution particulière, en la désignant aussi expressément que possible : il faudrait que le scandale donné par les instituteurs fût notoire, public et aussi clair que le jour, pour autoriser une mesure aussi exorbitante ; encore même, on ne devrait se la permettre qu'après de très mûres réflexions et avoir employé tous les moyens possibles de conciliation. « *Sciant*, lisons-nous dans le chapitre *de Accusatione, cuncti accusatores eam se rem deferre debere in publicam notionem, quæ munita sit idoneis testibus vel instructa apertissimis documentis, indiciis ad probationem indubitatis et luce clarioribus expedita.* »

Je rappelle que parmi les cas d'abus, qui autorisent à se pourvoir devant le Conseil d'Etat, se trouve toute entreprise ou tout procédé qui, dans l'exercice du culte, peut compromettre l'honneur des citoyens et dégénérer contre eux en oppression ou en injure ou en scandale.

Ainsi ne vous en déplaise, M. Jeancard, il ne vous eût pas été permis de pratiquer votre moyen décisif, pour mettre à couvert votre responsabilité.

Nous devions donc agir avec fermeté dans les limites de notre puissance épiscopale.

Je viens de prouver qu'on ne le devait pas — mais si on le devait, je répète qu'on a péché par omission en ne le faisant pas.

Cependant, avant d'en venir à aucun acte d'autorité quelconque, nous crûmes devoir découvrir aux chanoines de notre Cathédrale, aux curés et recteurs de notre ville épiscopale, ainsi qu'aux autres membres les plus distingués de notre clergé, ce qui excitait au plus haut degré notre douleur et nos alarmes.

Avant d'en venir à cette importante mesure, il fallait nous juger juridiquement ; et l'équité naturelle exigeait qu'au moins l'un de nous eût été invité à la réunion susdite, pût entendre les accusations et y répondre. Cette sorte de Synode clandestin n'a été qu'une profonde iniquité, dont on ne trouve d'exemple dans aucune administration civile régulière, pas même dans aucun conseil de guerre.

Ils trouvèrent unanimement qu'elles n'étaient que trop fondées, reconnaissant en même temps tout ce qu'il y avait d'impérieux pour nous dans le devoir que notre sollicitude nous imposait.

Tous nos prêtres furent dès lors avertis, et leur conscience éclairée leur traça aussitôt dans le tribunal de la Pénitence, une règle invariable de conduite, que nous n'eûmes pas même besoin de leur indiquer, et qui était la conséquence nécessaire des principes d'une saine morale.

Mensonge ou illusion coupable : il est notoire que le clergé de Marseille n'est généralement qu'un troupeau docile, qui se laisse mener sans résistance partout où la volonté impérieuse de l'Evêque le pousse ; je sais que plusieurs prêtres n'ont lu le Mandement qu'avec une extrême répugnance, entre autres, le vicaire de Notre-Dame-du-Mont, M. l'abbé Pin et le vénérable aumônier du Lycée qui pleurait à chaudes larmes, en faisant cette lecture.

Il est faux qu'on *n'eût pas besoin de leur indiquer la règle invariable de conduite*, c'est-à-dire le refus des sacrements à nos élèves — et aux parents. — Par rapport aux premiers cette règle *invariable* a varié, puisque les Vicaires Généraux eux-mêmes ont admis plusieurs de nos élèves aux sacrements, et qu'après la réconciliation, sans que notre maison ait été essentiellement modifiée, cette règle a été totalement supprimée à l'égard et des élèves et des parents.

La décision de la sacrée pénitencerie, qui a condamné cette règle par rapport aux élèves, n'a pas jugé qu'elle fût *une conséquence nécessaire des principes d'une saine morale.* M. l'abbé Jeancard abusait encore de la crédulité de ses lecteurs, en ne faisant aucune mention de cette décision.

Mais voici que l'on s'irrite maintenant contre la sainte fermeté de tous les confesseurs du Diocèse de Marseille à l'égard de ceux de leurs pénitents qui sont sourds à la voix de leur Evêque.

A ce sujet, l'auteur des écrits dont nous nous plaignons, a osé, dans une de ses lettres publiées contre notre administration, censurer ouvertement tous nos prêtres ; il condamne leur pratique et les accuse de prévariquer par faiblesse ou par ignorance des principes, tandis que, s'érigeant en docteur, il vient nous donner à tous une insolente leçon de théologie, par la voie d'un journal.

Pas le moins du monde, M. l'abbé Jeancard ; nous constatons seulement avec une modération dont tous les pères de famille nous ont su gré, la faiblesse des membres du clergé marseillais qui ont pris au sérieux votre diffamation — nous vous avons donné, dites-vous, une leçon insolente de théologie — *insolente, tant que vous voudrez*, vous a écrit M. A..., votre cousin ; *mais ce n'en est pas moins une leçon,* « à laquelle, dois-je ajouter, vous ne répondez pas par vos vaines déclamations. »

Il nous oppose la conscience des pères de famille. Mais quand le premier Pasteur a dit avec l'autorité qui lui appartient : c'est mal, *quand tout le clergé l'a dit avec lui, quand des faits admis après examen comme certains et décisifs, par les prêtres les plus marquants d'un Diocèse, s'élèvent comme des témoignages irrécusables à l'appui de cette décision, où est le catholique dont la conscience pourrait se déterminer en sûreté dans un sens opposé ? où est l'homme de bonne foi qui, dans une question de faits, dans une question toute locale, se prévaudrait, contre notre avis et celui de notre Clergé, de noms étrangers qu'on ne cite pas, et qui, s'ils pouvaient être cités avec vérité, ne seraient tout au plus que les noms de téméraires d'un rang obscur, trop empressés de prêter appui à ce qui leur est inconnu.*

Quand le premier Pasteur a dit : *c'est mal*, et qu'on a toutes sortes de motifs pour croire que c'est la passion qui lui inspire cette décision, on peut ne pas la suivre, parce qu'il n'est ni infaillible, ni impeccable — les chrétiens de Constantinople ont-ils obéi à Nestorius, et ceux d'Ypres devraient-ils suivre les enseignements de Jansénius ? L'Evêque de Marseille, ou plutôt son administration, avait décidé que nos élèves étaient indignes d'absolution, par le seul fait de leur séjour dans notre maison ; n'a-t-elle pas changé d'avis, après avoir été condamnée par la sacrée pénitencerie ? C'est *un mal*, dit-elle au 1ᵉʳ février, pour les pères de famille de nous confier leurs enfants, parce que mes deux associés ne méritent pas leur confiance — le 15 février mes deux associés font toujours partie de la Maison, qu'ils dirigent avec moi ; rien n'est changé dans l'administration ; et les pères de famille peuvent nous confier leurs enfants en sûreté de conscience — ainsi le décide encore le premier Pasteur. N'est-ce pas là un signe évident d'une administration capricieuse et passionnée, qui façonne la conscience selon les occurences ? Quant à l'assentiment du clergé, j'ai dit le cas qu'il faut en faire.

Les faits, c'est à-dire les accusations, ne peuvent jamais être certaines et décisives, d'après le droit canon et le droit civil, tant que l'accusé n'a pas été entendu ; *un absent ne doit jamais être condamné*, lorsqu'il n'a pas été cité ; ainsi le veulent le droit écrit et le droit des gens.

J'avais dit dans une de mes lettres que des hommes graves et pieux et même que quelques prélats désapprouvaient les mesures prises contre nous par l'Evêché de Marseille. Or, ces mesures, quoique locales, n'étaient-elles pas visibles, palpables et indéniables et par conséquent ne pouvaient-elles pas être jugées par des étrangers ? Que mes associés fussent coupables ou innocents, telle n'était pas la question ; mais qu'on les eût condamnés publiquement sans les avoir entendus, voilà ce qui était l'objet de la réprobation universelle, surtout lorsque ces mêmes hommes avaient été admis comme professeurs par la même administration au Petit Séminaire, malgré leur prétendue mauvaise réputation.

Ces téméraires d'un rang obscur étaient Mgr Bernet, nommé archevêque d'Aix, avant son arrivée à Aix, Mgr Guigou, évêque d'Angoulême, M. l'abbé Denans, ancien proviseur du Lycée et MM. Lefètre, Clerc et Guyon, prédicateurs du Carême, qui déclarèrent à l'Evêché qu'ils renonçaient à leurs prédications, si notre affaire ne s'arrangeait pas. Si l'on avait pu citer, non seulement *avec vérité* (ce qui est une cheville), mais avec sécurité, tous les membres du clergé marseillais qui plaignaient notre sort, on aurait vu si ceux qui condamnaient l'Evêché n'étaient que des téméraires d'un rang obscur qui prêtaient leur appui à ce qui leur était inconnu.

Au reste, depuis 1835, la question est toujours telle que nous l'avions jugée ; les récits étonnants qui sont parvenus jusqu'à nous, des faits inouïs que n'ont pas empêchés la sainteté de nos temples et le respect dû aux divins mystères, enfin, des lettres, on ne peut plus injurieuses, à nous directement adressées ou à nos Vicaires Généraux, indépendamment de celles qui sont imprimées, des lettres si répréhensibles qu'elles mériteraient à son auteur, avec les censures de l'Eglise l'animadversion des Lois et l'indignation des gens de bien : tout a confirmé, aggravé même les motifs déjà si tristement graves de notre décision de 1835.

La sainteté du temple et le respect dû aux divins mystères n'ont pas empêché ceux qui y représentaient Jésus-Christ de m'outrager publiquement. Suis-je plus coupable qu'eux, en répondant à leurs insultes, moi qui ne suis qu'un simple assistant ? Si un prêtre s'avisait de donner un soufflet dans l'église à une personne quelconque, celle-ci serait-elle bien criminelle en infligeant au prêtre la peine du talion ?

Quant aux lettres injurieuses, je les ai expliquées ci-dessus, elles ont été provoquées par des lettres également injurieuses et par des faits iniques, plus criminels devant Dieu et devant les hommes que les paroles ou même les écrits ; on a commis la perfidie de n'en citer que des phrases détachées, qui, sans les antécédents et les conséquents, peuvent paraître inexcusables.

Les censures de l'Eglise fulminées selon le droit canon, inventé par Mgr Eugène de Mazenod ! ! Ah ! celles-là, je les aurais méconnues.

Et la lettre du 12 août ! et les articles de la *Gazette* et de la *Feuille du Commerce* ! et le Mandement lui-même, ne méritaient-ils pas l'animadversion des lois et l'indignation des honnêtes gens ?

Eh bien ! quoique tout ait confirmé et aggravé même le motif si tristement grave de la décision de 1835, vous allez voir que ce motif immédiatement après le Mandement, va s'évaporer en quelque sorte dans les airs, sur la simple menace d'un *Mémoire*.

Cependant, sans rien prouver contre ces motifs, qui sont le fond même de la question, on nous conteste le droit de nous réserver la confession de certains pénitents. Il ne nous convient pas d'entrer en discussion avec celui qu'il nous appartient de juger ; mais en est-il moins vrai que le pouvoir de remettre et de retenir les péchés, c'est à nous qu'il a été donné d'en départir l'exercice à nos prêtres, selon la mesure et dans les limites que, pour le bien des âmes, nous jugerons devoir fixer.

Ces motifs n'étaient pas autre chose que l'inconduite qu'on attribuait à mes associés, inconduite non actuelle, mais bien antérieure ; or, comment prouver que ces motifs étaient fondés, sans un jugement régulier ?

D'ailleurs, je le redis, ces mêmes motifs existaient au Boulevard du Nord et ils n'ont pas empêché l'Evêque de donner à ces deux prêtres sa confiance pour l'éducation des enfants.

Je n'ai pas contesté le droit de réserver certains péchés énormes, selon la discipline de l'Eglise catholique ; mais il n'est pas reçu dans cette église de réserver toute la confession de certains fidèles, autres que les religieuses. Il ne vous convient pas, M. Jeancard, d'entrer en discussion sur ce point, parce que vous seriez battu ; il vous appartient, je ne le nie pas, de me juger ; mais non de *m'emporter et de me manger, sans autre forme de procès*, comme un certain loup fit à un certain agneau.

Vous avez le pouvoir de remettre et de retenir les péchés, d'en départir l'exercice à vos prêtres, selon la mesure et dans les limites, non fixées par vous, d'une manière arbitraire et tout à fait insolite selon un droit canon que vous avez fabriqué à votre usage, mais déterminées par les lois de l'Eglise, pour l'*édification* et non *pour la destruction*.

Nous ne pouvons pas tout sans doute dans le gouvernement de l'Eglise ; mais la juridiction dont la source est en nous, quelqu'un pourrait-il l'exercer, si nous ne la lui avions confiée ? que l'on dise si ce pouvoir que nous nous serions réservé, un seul de nos prêtres oserait en user devant Dieu ? Certes, nul ne l'oserait, à moins que ce fût cet autre infortuné qu'un si triste lien attache à l'auteur des lettres, et qui bravant Dieu et l'Eglise, s'est assis sacrilègement depuis son interdit, nous en avons la certitude, au tribunal de la pénitence, se fondant sur des principes schismatiques auprès de quelques âmes simples, et ajoutant l'irrégularité à toutes les autres censures qui déjà pesaient sur lui.

Vous convenez que vous *ne pouvez pas tout* ; je prends acte de cet aveu ; or, que feriez-vous de plus, si vous aviez à votre disposition cette omnipotence ? Citez-moi un seul évêque dans toute l'histoire de l'Eglise qui ait ainsi d'un trait de plume, sans jugement, réservé tous les péchés de toute une communauté laïque et enlevé au curé de la paroisse le droit et le devoir canonique qu'il a d'entendre la confession de tous ses paroissiens ? La question n'est pas de savoir si un seul prêtre oserait user d'une faculté que vous vous êtes réservée ; il s'agit de décider si vous ne commettez pas un énorme abus de pouvoir en vous réservant cette faculté.

Quant au fait sacrilège, reproché à l'un de mes associés, celui-ci l'a formellement nié ; une personne qui n'avait pas cessé d'avoir confiance en lui, le pria un jour de vouloir bien lui donner quelques conseils ; l'entretien eut lieu en effet dans un confessionnal, avec l'autorisation du curé de la paroisse ; mais il n'y eut ni confession de péchés de la part de la pénitente, ni absolution de la part du prêtre ; par conséquent M. Jeancard en affirmant du haut de la chaire, avec toute la certitude qui s'attache à la parole d'un évêque, que ce prêtre est un sacrilège, qu'il est schismatique et irrégulier, se rend coupable au suprême degré du crime de diffamation et peut encourir l'animadversion des lois, dont il me menaçait naguère.

Mais où n'arrive-t-on pas quand on a une fois rompu avec ses devoirs, quand on en est venu à prendre plaisir à outrager ses pères !

Je finissais ainsi ma première lettre : « Dieu m'est témoin
« que je désire ardemment la paix de l'Eglise de Marseille et
« que je me soumettrais pour la procurer à tous les sacrifices
« personnels qu'il plairait à Votre Grandeur de m'imposer ».

La seconde se terminait ainsi : « Que le Seigneur rétablisse
« la paix parmi nous. C'est mon vœu le plus sincère et le plus
« ardent ».

La troisième : « Je souhaite qu'il plaise à votre Conseil de
« mettre un terme à nos discussions, pour la tranquillité de
« votre dernière heure, pour l'honneur de votre Episcopat, et
« pour le salut des âmes. »

On lit dans la quatrième : « Pour la quatrième fois, Mon-
« seigneur, je vous en conjure, arrêtez l'incendie, lorsqu'il en
« est encore temps ; l'unique demande que j'ai faite ne sera
« onéreuse qu'à nous-mêmes. Pourquoi votre Conseil se refu-
« serait-il à nous infliger ce nouveau châtiment ? »

Or j'avais demandé que l'on pouvait continuer à nous enlever le pouvoir de célébrer, mais à la condition qu'on accorderait aux parents et aux élèves la liberté de la confession.

Enfin la cinquième se terminait ainsi : « Parlez vous-même,
« Monseigneur, *de l'abondance de votre cœur* et alors nous
« vous dirons, comme le Prophète avec la simplicité d'un
« enfant : *Parlez, Seigneur, car votre serviteur vous écoute.* »

Est-ce là, je le demande à tout homme de bon sens, le langage d'un prêtre qui *prend plaisir à outrager ses pères ?*

*Voyez celui qui dogmatise avec tant d'audace en opposition
à nos décisions. Comme sa plume s'attache à produire le
sarcasme, la calomnie, l'amère dérision ! que d'injures
n'entasse-t-il pas contre nous et notre administration dans
tout ce qu'il écrit, en nous parlant à nous-même qui,
fussions-nous le dernier des hommes, aurions encore droit
d'être respecté à cause de notre âge, de notre caractère, et de
notre autorité ! quelles indignités il ne craint pas de nous
adresser dans ses prétendus souhaits de bonne année ! avec
quelle profonde malice il insinue le trait empoisonné qui
vient nous blesser au cœur à travers ceux qui nous entourent !*

Ce paragraphe est un des petits morceaux d'éloquence dont
M. Jeancard a enrichi le Mandement — élégance du style,
énergie, véhémence, rien ne manque pour le mettre à la hauteur de la pensée et du sentiment : mais l'écrivain y est
doublement coupable, d'abord en mettant son talent au service d'une administration dont il était le premier à se moquer,
et ensuite en plaçant un langage plein d'amertume, de fiel et
de colère dans la bouche d'un Prélat dont la douceur, la
bonhomie et la charité étaient proverbiales ; il allait en effet
bientôt me prouver qu'il ne pensait pas en réalité tout ce qu'on
lui faisait écrire. N'aurais-je donc pas eu autant de droit que

M. Jeancard de lui dire, en empruntant sa plume : « Voyez comme votre secrétaire s'attache à produire le sarcasme et la calomnie ! Que d'injures n'entasse-t-il pas contre nous et notre établissement, dans tout ce qu'il écrit ! Fussions-nous les derniers des hommes nous aurions encore le droit d'être respectés dans notre honneur et nos intérêts ! »

Quant à mes souhaits de bonne année, ils ne sont pas *prétendus* ; ils sont sincères ; ils ne pêchent seulement que par un excès de franchise, qui, je l'avoue, frise un peu la malice et dévie de la charité chrétienne. Mais qu'on n'oublie pas quelle était alors ma situation vis-à-vis de l'Evêché : j'étais un homme faible, qui, saisi à l'improviste par un homme vigoureux, auquel il n'avait donné aucun sujet de plainte, était terrassé, foulé aux pieds, écrasé et n'avait d'autre ressource pour exhaler son indignation et demander aide et protection aux passants, que sa langue et sa bouche qu'on n'avait pas encore baillonnée. Qui oserait faire un crime à cet homme de dire à ses oppresseurs vous êtes des voleurs, des brigands, des assassins ? Le trait — empoisonné — partirait-il de sa bouche plaintive ou de la main de ceux qui le garrottent ? Encore une fois, M. Jeancard, laissez le cœur de l'Evêque que nous n'avons jamais voulu blesser ; ceux qui empoisonnent en réalité sa vieillesse, ce sont ces administrateurs ignorants ou passionnés qui sous son manteau rendent son administration odieuse. J'en appelle au témoignage de tous les contemporains de ce long et despotique Episcopat, qui a exercé une si funeste influence sur le clergé de Marseille, en y semant avec profusion des germes d'arbitraire d'une part et de servilisme de l'autre, dont les développements s'étaleront plus tard, sans vergogne.

Il reconnaît, dit-il, ce qu'il appelle nos vertus privées : mais c'est pour nous accuser d'une flagrante impuissance qui ne peut empêcher qu'on se dispute les lambeaux de notre autorité ; c'est pour outrager en même temps notre Episcopat, qu'il représente sous les plus odieuses couleurs, et c'est un prêtre qui se permet cela en présence de tout un diocèse ! Cependant tout le monde sait que, malgré nos années, la Providence a daigné nous conserver entières la présence et la sérénité de notre esprit ; et il n'est permis à personne de croire, comme on ose le faire entendre, que nous ne sentons pas tout ce que nous devons de sollicitude à nos ouailles, d'amour effectif à nos pauvres, et, puisqu'on nous force à le dire (Vos, me coëgistis) *de secours abondants aux édifices et établissements religieux qui se multiplient sous notre main.*

La *flagrante impuissance* est un fait malheureusement historique : j'ai déjà cité des faits dont je garantis l'authenticité. Puisque la Providence avait daigné conserver entières la présence et la sérénité de Mgr Fortuné de Mazenod et que personne ne doutait de sa bonne santé, pourquoi s'est-on tant empressé de lui donner un évêque auxiliaire, dont il n'avait pas besoin, dans la personne de son neveu, et un peu plus tard un évêque successeur, quoiqu'il fût encore vivant et vigoureux ? Tous les familiers de l'Evêché savaient que le vieil évêque gémissait de l'état d'isolement auquel on le condamnait et que lorsqu'on lui apprenait qu'il devait, par exemple, officier ou faire une ordination, en l'absence de son neveu, il ne pouvait s'empêcher d'en témoigner naïvement son allégresse. Nous avons donc toujours cru à la sollicitude et à l'amour sincère du saint prélat pour ses ouailles.

Quant aux secours abondants aux édifices et aux établissements religieux, Mgr de Mazenod ne les tirait pas de sa caisse personnelle ; il y avait alors, comme il y a encore aujourd'hui, dans le diocèse de Marseille des sources très abondantes de revenus, qui suffisaient à toutes les exigences et dont l'emploi a toujours soulevé des suspicions légitimes pendant et surtout après la mort de Mgr Eugène de Mazenod. M. Jeancard recevra plus tard une adresse des curés de la ville, pendant la vacance du siège ; or, cette adresse a été longuement commentée dans une brochure, où un défenseur improvisé s'efforce de justifier l'emploi secret de tous les revenus diocésains. Il n'en reste pas moins établi que les oblats, dont Mgr de Mazenod était le fondateur, ont été favorisés plus que tout autre de cette rosée de finances, à tel point que Mgr Cruice osa dire un jour avec une brutalité inexcusable au supérieur des oblats : *Vous êtes des voleurs.* Je tiens ce propos d'une religieuse de l'*Espérance* qui l'a entendu. Vantez-vous après cela, M. Jeancard, de vos *secours abondants* desquels, nous l'avons déjà dit, Mgr Fortuné ne tirait pas un centime, et qu'il n'administrait pas.

Oui, ils nous calomnient ceux qui voudraient nous faire

7

considérer comme étranger à la réprobation dont ils sont frappés ; c'est nous-même qui les condamnons. Nous avons là leurs écrits scandaleux, tout notre clergé, il y a à peine quelques jours, nous a entendu exprimer de notre bouche avec toute l'énergie d'un supérieur vivement offensé, l'indignation que ces écrits soulèvent dans toute âme honnête ; et quoique le pardon soit d'avance prononcé dans notre cœur, en tant que l'injure nous est personnelle, nous ne pouvons souffrir plus longtemps les attaques dont notre administration serait l'objet.

Je plaindrais sincèrement Mgr Fortuné de Mazenod, s'il pensait réellement ce qu'on lui fait dire ; mais il n'y eut aucun de mes contemporains, parfaitement au courant de ce qui se passait dans l'intérieur de l'Evêché, qui crût le Saint Prélat capable de s'exprimer dans un langage où respirent évidemment la haine et la vengeance ; en me reprochant, en effet, de le calomnier. Il me calomnie lui-même et avoue implicitement qu'il ignore ce qui se fait en son nom dans le diocèse.

La constitution de l'Eglise est immuable, parce qu'elle est divine.

Qui en doute ?

Son adorable fondateur n'a donné aucune place dans son œuvre au rôle d'opposition qui s'est introduit dans la politique.

Voilà pourquoi Mgr de Mazenod a été le seul Evêque de France, qui ait refusé de prier publiquement pour le gouvernement de juillet ; qu'il a été un des premiers actionnaires de la *Gazette du Midi*, et qu'il a fait d'abord à ce gouvernement une opposition très-ostensible.

Se permettre ce rôle d'opposition contre le gouvernement spirituel, c'est se placer en dehors de la pensée de Jésus-Christ, en dehors du troupeau dans lequel le St-Esprit a établi les Evêques pour gouverner l'Eglise de Dieu, qu'il a acquise par son sang. C'est n'être pas chrétien. Ainsi loin de nous cette tactique hypocrite qui n'a pas épargné à plus d'un rebelle les anathèmes de l'Eglise (distinction entre la cour de Rome et la personne du Pape) et qui consistait à déverser le blâme que l'on se vante cette fois d'avoir prodigué et à paraître nous séparer de notre administration, dont tous les actes importants sont néanmoins décidés par nous et rentrent sous notre propre responsabilité. Les outrages adressés à ceux qui agissent en notre nom retombent sur nous : qui s'en prend à eux s'en prend à nous, qui ne les écoute pas, ne nous écoute pas, qui les méprise, nous méprise, qui nous méprise, méprise J.-C. qui nous a envoyé, de qui nous tenons le droit et qui nous impose le devoir de vous instruire et de vous gouverner.

Il est faux, je l'ai prouvé amplement ci-dessus, que nous fissions de l'opposition au gouvernement spirituel, que nous ne reconnaissions pas aux Evêques le droit de gouverner l'église. Nous n'avons rien de commun *avec les jansénistes et les schismatiques de 1790, qui attribuaient les actes de l'autorité pontificale à la cour de Rome, dont ils disaient beaucoup de mal et qu'ils distinguaient de la personne du Pape pour qui ils affectaient une grande vénération.* (Note du Mandement).

Repousser les attaques et la violence, répondre à des écrits publics par une justification publique, défendre son honneur outragé, ses droits violés et ses intérêts compromis contre une administration qui couvre ses excès et les abus du manteau de l'autorité épiscopale, ce n'est pas faire de l'opposition au gouvernement spirituel, ce n'est pas se placer en dehors de la pensée de J.-C. ; c'est au contraire y rappeler ceux qui s'en écartent manifestement, — le Saint Esprit, nous le savons, a établi les Evêques pour diriger l'église (*regere ecclesiam*) et non pas pour la gouverner en despotes ni pour la traiter en pays conquis. Nous n'avons donc jamais cessé d'être chrétiens. Le *blâme* que nous avons déversé, à la suite de la violation de nos droits, n'attaquait pas l'autorité de l'Evêque ; il s'adressait à des actes publics, dont chacun pouvait se rendre compte et qui tombaient dans le domaine du sens commun tribunal dont tout membre de l'espèce humaine est justiciable. — Mais enfin puisqu'on avoue que l'Evêque avait conservé sa présence et sa sérénité d'esprit, on ne peut nier qu'il n'ait été responsable de ces actes ; je l'accorde avec regret, parce que la faiblesse, qui laisse faire, quoique moins coupable, n'est pas innocente devant Dieu. La fin déplorable du grand prêtre Héli en est une preuve lamentable.

Mais, indépendamment de ce qui nous regarde nous-même,

ceux que nous nous sommes associés ne sont-ils pas les supérieurs ecclésiastiques du Diocèse ? l'autorité qui réside en eux n'est-elle pas l'autorité du Premier Pasteur, émanée de J.-C. lui-même ; et les fidèles, ainsi que le clergé, ne sont-ils pas tenus en conscience au respect et à l'obéissance envers les dépositaires de cette autorité sainte ?

Nous avons toujours respecté les vicaires généraux, tant qu'il nous ont respecté ; mais ils nous ont eux-mêmes dispensés de ce respect, lorsqu'ils ont fait de la confession un instrument de leur rancune et une arme de persécution. Si j'ai dépassé certaines limites dans la défense, n'est-il pas incontestable qu'ils avaient pris eux-mêmes l'initiative de les dépasser dans l'attaque ? Qu'on se transporte par la pensée au début de la lutte. — Les représentants ou dépositaires de l'autorité n'ont eu pour notre déférence et notre soumission qu'un profond dédain et n'y ont répondu que par des circulaires diffamantes. — M. Jeancard passe sous silence tout cela et bien d'autres choses.

Dès lors, quels scandales devant les hommes, quels péchés devant Dieu, que les outrages et les calomnies qu'un prêtre, dans des écrits publics, n'a pas craint de diriger contre les hommes vénérables qui nous représentent auprès de vous, comme d'autres nous-même, qui ne forment avec nous, d'après les principes de l'Eglise, qu'une même personne morale ! Certes, ils n'ont pas besoin d'être défendus ceux que nous avons ainsi identifiés avec nous-même : notre clergé les connaît et les honore, ces deux vertueux vieillards, qu'un audacieux étranger, né d'hier, vient mépriser, et qui, de retour l'un et l'autre de l'exil souffert pour Dieu, ont fait encore, au péril continuel de leur vie pendant plusieurs années de persécution, leurs preuves glorieuses pour le salut des âmes. Nos élèves du sanctuaire et ceux de nos prêtres qui sont jeunes encore dans le saint ministère, peuvent dire aussi tout ce qu'ils doivent d'utiles leçons et de pieux exemples à celui que nous avons spécialement chargé de l'éducation cléricale. Nous ne relèverons pas tout ce qui concerne un prélat qui nous est uni par les liens du sang : nous dirons seulement que s'il eût été moins généreux envers Dieu et envers nous, comme envers nos ouailles, il ne recevrait pas aujourd'hui sa part d'injures à côté d'un Evêque de 85 ans dont il soutient la vieillesse : au lieu d'un titre in-partibus, *accepté à notre prière et pour nous suppléer au besoin dans le service de notre diocèse, il occuperait lui-même un des sièges importants qui lui ont été offerts à diverses époques.*

C'est toujours la même pensée, les mêmes griefs, les mêmes torts, que M. l'abbé Jeancard, avec sa faconde et sa phraséologie inépuisable, expose de diverses manières, en variant les expressions et les tournures, et en couvrant du coloris de son style imagé, la nudité des sophismes ; c'est toujours le même tableau qu'il tourne et retourne et présente sous tous ses points de vue ; quoi de plus digne de pitié en effet qu'un évêque vénérable, âgé de 85 ans, assis sur son trône, soit méprisé par trois prêtres, qui ne rougissent pas de le couvrir de boue, ainsi que tous ceux qui l'entourent ! quel touchant portrait ne fait-il pas de ces deux vieillards, qui ont confessé la foi de Jésus-Christ dans l'exil pendant la tourmente révolutionnaire et qui, quoique entourés de l'estime universelle, n'ont pas été à l'abri de nos insultes et de nos outrages ! M. Jeancard s'adresse à des lecteurs ou à des auditeurs pieux, qui ne connaissent pas le fond de l'affaire et qui par conséquent recevront toutes les impressions qu'il lui plaira de donner, au nom du premier pasteur du diocèse, que tout le monde vénère et qu'on croit avec raison incapable d'abuser de son autorité. Quel immense avantage pour un habile discoureur qui se met toujours à côté de la question ou qui place le débat sur un terrain tout à fait étranger à la cause !

Au lieu de ce tableau de pure fantaisie, si l'on représentait d'une part ces trois prêtres, parfaitement tranquilles chez eux et ne demandant qu'à jouir de l'air et de la lumière, comme les autres citoyens ; et d'autre part l'évêque, transformant sa houlette de pasteur en verge de fer, tombant sur ces prêtres, ameutant contre eux tous les dépositaires de son autorité, les livrant à la risée et au mépris public, se mettant au-dessus des lois pour les détruire plus efficacement et provoquant ainsi de leur part une résistance que toutes les lois divines et humaines autorisent. Si, dis-je, en face de la chaire sacrée, il avait été permis d'élever une autre chaire de laquelle on pût présenter cet autre tableau ; si, par exemple, on avait dit au lecteur du mandement : « Il ne s'agit pas de savoir, Monsieur, « si l'Evêque est âgé de 85 ans, si ses vicaires généraux ont

« failli autrefois être fusillés, selon les expressions de l'un
« d'eux ; si un troisième est spécialement chargé de l'éduca-
« tion cléricale ; si les élèves du sanctuaire et les jeunes prê-
« tres leur doivent d'utiles leçons et de pieux exemples ; si un
« prélat uni à l'évêque par les liens du sang, a poussé la
« générosité envers Dieu, envers l'évêque et ses ouailles jus-
« qu'à préférer le titre d'évêque *in partibus* à un siège impor-
« tant. Tout cela est fort bien dit et ingénieusement groupé
« pour déplacer la question, donner le change, jeter, comme
« l'on dit, de la poudre aux yeux et faire voir les étoiles en
« plein midi. On vous a donné, dites-vous, une leçon insolente
« de théologie : prouvez que cette leçon est fautive ; que cet
« étranger, né d'hier, vrai imberbe, qui a l'audace de dire :
« *Super senes intellexi*, n'est qu'un ignorant lui-même et qu'il
« mérite par ses propos, ses écrits et sa conduite les châti-
« ments les plus sévères : cette démonstration qu'exige la
« conscience publique, parce qu'elle n'est pas tenue de vous
« croire sur parole et qu'elle ne veut pas condamner un inno-
« cent, ne peut pas se faire en chaire, vous le savez ; nommez
« donc une commission de prêtres instruits, pieux et désinté-
« ressés, qui fasse comparaître ce prêtre devant elle et l'oblige
« à rendre compte de tout ce qu'il a avancé. C'est le seul
« moyen de découvrir, pour ainsi dire, le défaut de la cuirasse,
« de couper court à toutes les récriminations et de ramener la
« paix dans le diocèse de Marseille. »

Assurément M. Jeancard n'aurait pas accepté cette proposition ; n'a-t-il pas dit ci-dessus qu'il *ne lui convenait pas
d'entrer en discussion avec moi* ? Cependant discuter, c'est
faire appel au droit et à la raison et dans cette conférence, je
n'aurais pas manqué d'être écrasé sous le poids de tant de
science théologique unie à tant de vertus sacerdotales. Cette
proposition n'est pas un rêve de mon imagination ; elle a été
faite plusieurs fois avant le Mandement et jamais elle n'a été
acceptée. Je laisse à mes lecteurs le soin de tirer la
conclusion.

Je reviens maintenant sur certains passages de ce long
paragraphe, qui méritent d'être remarqués.

La plupart des curés de la ville et de la banlieue étaient
aussi alors des vieillards vertueux qui *avaient souffert l'exil
pour Dieu et qui au péril de leur vie avaient fait leurs*

preuves glorieuses pour le salut des âmes. En compte-t-on plusieurs qui n'aient pas eu à subir des humiliations ou des tracasseries, des destitutions ou même des interdits ? Les élèves du sanctuaire n'ont-ils pas vu un de leurs supérieurs congédié brutalement, suspendu de ses fonctions sacerdotales et obligé d'aller demander du service à un autre évêque ? Un autre directeur de la maison, prêtre aussi distingué par son savoir étendu que par sa simplicité, n'a-t-il pas été relégué dans un modeste village, pour y expier sa trop grande facilité à critiquer les excentricités de l'administration ? On pouvait dire d'eux cependant aussi bien que des autres qu'ils avaient donné d'*utiles leçons et de pieux exemples*. Or, par qui remplaçait-on souvent ces vétérans du sacerdoce ? C'étaient des prêtres nés d'hier, quelquefois étrangers, qui s'élevaient brusquement aux premières dignités et en descendaient de même, lorsque la faveur ne les y soutenait plus.

Je ne sais ce que les jeunes élèves du sanctuaire devaient de pieux exemples à celui qu'on avait chargé de l'éducation cléricale et de la construction des édifices diocésains. Mais s'ils n'avaient reçu d'autres leçons de savoir que de ce personnage, le clergé de Marseille n'aurait pas été assurément à la hauteur de son siècle.

Quant au Prélat *uni par les liens du sang*, il est possible qu'il ait été *généreux* envers les ouailles ; mais les ouailles ne le croyaient pas, puisqu'elles n'étaient pas reconnaissantes ; on ne conçoit pas comment il a pu être généreux envers un oncle à qui il devait sa brillante position ; c'eût été le monde renversé.

Mais être généreux envers Dieu ! pour le coup, cela se conçoit encore moins et frise le blasphème : je ne dirai pas que les gens de bien en ont frémi d'horreur et que *l'enfer s'en est réjoui*. Il ne faut pas prodiguer le sublime et d'ailleurs, je serais plagiaire : mais pour qualifier en quelque sorte cette locution excentrique, dirai-je que c'est pousser l'orgueil jusqu'au délire ? Ce qui pourrait au besoin confirmer ce jugement, c'est le testament de ce prélat *généreux* envers tous et tellement convaincu de sa générosité, qu'il y écrit de sa propre main a peu près ce qui suit : « Je ne comprends pas comment il a pu se faire que j'aie eu des ennemis ». Et ce Prélat qui s'étonne d'avoir eu des ennemis, avait placé dans ses armoiries d'évêque le divin crucifié qui a prié pour ses ennemis ! En vérité, l'empereur Auguste n'est pas le seul qui ait eu le droit de dire en mourant : « Applaudissez, j'ai bien joué mon rôle. »

On lui avait offert des sièges importants, oui cela s'est dit assez souvent ; mais derrière le titre *in partibus*, il y avait l'Evêché de Marseille, siège sur lequel il ne tarda pas de monter, du vivant de son oncle, qu'il relégua à St-Denis. Or, l'Evêché de Marseille est, si je ne me trompe, un des sièges les plus importants de France et des plus lucratifs, siège qu'il n'a pas refusé et après lequel il soupirait depuis longtemps : mais assez sur ce chapitre : j'y reviendrai dans un moment plus propice, lorsque je parlerai des évolutions politiques du *généreux* Prélat.

Mais quoi ! il est revêtu, ainsi que nous, du plus sublime caractère qui, aux yeux de la foi, puisse être conféré à des hommes, d'un caractère respectable aux anges du ciel et redoutable aux démons eux-mêmes ; la plénitude du sacerdoce est en lui comme en nous: et il se trouve un simple prêtre, qui n'est ce qu'il est dans la hiérarchie que par l'Episcopat et qui a l'impiété de blasphémer les successeurs des apôtres ! qu'y aura-t-il donc d'assez sacré pour arrêter ce téméraire ? Ne sait-il pas que le jour où l'onction sainte a coulé sur le front du Pontife, les trois Evêques, ses consécrateurs, en lui imposant un joug glorieux, ont prononcé sur lui, par ordre de l'Eglise et avec l'autorité du Saint-Esprit, ces paroles terribles et solennelles, qui doivent à jamais imprimer le respect dans toute âme chrétienne : que celui qui le maudit, soit lui-même maudit, et que celui qui le bénit, soit comblé de bénédictions.

Lorsque Mgr d'Icosie appelait la force armée pour me faire sortir de ses appartements et que sur son ordre, un valet impudent me prit par le bras, il oubliait toutes ces belles choses sur le caractère respectable aux anges du ciel et redoutable aux démons eux-mêmes ! est-ce à dire que j'avais en face dans ce moment des êtres pires que des démons ? Eh bien ! non ; Mgr d'Icosie oubliait et s'oubliait — *l'esprit est prompt et la chair est faible* — un peu d'indulgence, s'il vous plaît, M. Jeancard, pour les fautes de ceux qui excusent et pardonnent les vôtres.

Ce simple prêtre, Monseigneur, est ce qu'il est par l'Église dont l'Episcopat n'est que l'instrument, comme votre Grandeur n'est évêque que par elle : nous avons tous les deux la même source, et Dieu me garde de *blasphémer les successeurs des apôtres !* C'est une nouvelle calomnie qu'on vous met dans la bouche, comme toutes les autres dont on a chargé le Mandement, et surtout celle qui termine le paragraphe. M. Jeancard, qui se fait l'interprète de vos sentiments, ne trouvera pas un seul mot dans tous mes écrits, qui exprime de près ou de loin, directement ou indirectement, le crime qu'il m'impute. Non, je n'ai jamais maudit aucun évêque, pas même votre neveu, à qui j'ai reproché ses violences ; or, se plaindre et gémir, ne signifient *maudire*, dans aucune langue. Mais toutes ces périodes retentissantes produisaient un effet magique et transformaient le prêtre opprimé en persécuteur : ce rôle de déclamateur dramatique convenait-il à un prélat octogénaire dont la bonté était le caractère dominant ?

Qu'il apprenne donc, celui qui nous force de représenter en quelque sorte nos titres, qu'il apprenne que si Satan l'inspire avec assez de malice pour nous causer la plus amère douleur, notre devoir de premier pasteur ne nous permet pas de supporter qu'à l'avenir il attaque de nouveau les oints du Seigneur et notre autorité, dans notre personne ou dans celle de nos Vicaires Généraux ; nous lui répondrons, s'il le faut, par des anathèmes, la grandeur du mal pouvant exiger que nous le séparions de la communion des saints et le livrions, comme dit St-Paul à Satan, afin que nous le sauvions au jour de N. S. J.-C.

Je n'ai pas besoin d'apprendre ce que je sais depuis longtemps et que je n'ai jamais oublié. Si Satan inspire ma résistance et ma justification, il ne doit pas être étranger à toutes les prévarications que j'ai exposées ci-dessus. Je répète pour la centième fois que je n'attaque point les oints du Seigneur et que je ne fais que repousser leurs attaques ; je respecterai toujours leur autorité, quand ils respecteront eux-mêmes les lois de la justice naturelle et celles de l'Eglise. A la nouvelle menace d'excommunication, qui cette fois n'est pas sous-entendue, je réponds par le passage suivant du Concile de Trente ; ici c'est l'Esprit-Saint qui parle par l'organe des Pères de cette respectable assemblée : « Quamvis excommunicationis

« gladius sit nervus ecclesiasticæ disciplinæ, et ad continendos
« in officio populos valdè salutaris, sobriè tamen magnâque
« circumspectione exercendus est ; cùm experientia doceat,
« si temerè ant levibus ex rebus incutiatur, magis contemni
« quàm formidari, et perniciem potius parere quàm salutem. »
(Sessi. 25. Cap. 3).

Saint Augustin, après Innocent I, avait depuis longtemps enseigné la même modération, en ces termes : « Ubi per graves
« dissensionum scissuras non hujus ant illius hominis est peri-
« culum, sed populorum strages jacent, detrahendum est
« aliquid severitati, ut majoribus malis sanandis charitas sin-
« cera subveniat. » (Canon 24, *ipsâ*, causâ 23, quæst. 4).

Ailleurs il dit encore : « Illud planè non temerè dixerim
« quòd si quisquam fidelium fuerit anathematizatus injustè,
« potius ei oberit qui facit, quàm qui hanc patitur injuriam... »
(Canon 87, *illud*, causâ 11, quæst. 3).

Le Pape Gélase s'exprime ainsi : Si injusta est sententia,
« tantò eam curare non debet, quantò apud Deum et eccle-
« siam ejus neminem potest iniqua gravare sententia : ita ergo
« eâ se non absolvi desideret, quâ se nullatenus perspicit
« obligatum. » (Canon 46, *cui est*, causâ 11, quæst. 3).

Pour de plus amples renseignements sur cette question, je renvoie au travail que j'ai fait pour mon affaire de 1877. Il me suffit de rappeler que toute censure, d'après l'enseignement unanime des théologiens et des canonistes et la décision formelle d'Innocent III, est de nul effet, lorsqu'elle est portée sans procédure et sans monition canoniques ; par conséquent un anathème lancé dans de telles conditions ne nous aurait pas atteints et, selon les expressions du Pape Gélase, nous *n'en aurions pas eu souci ;* c'est dans ce sens que j'ai écrit : *une conscience honnête doit mépriser ces menaces,* c'est-à-dire, ne pas s'en préoccuper, parce qu'elles n'ont aucune base canonique. Je me serais bien gardé de me servir de cette expression, si les menaces avaient été précédées d'une procédure juridique, telle que l'exige le droit, avant d'en venir à une mesure aussi redoutable que celle qui retranche un fidèle de la communion de l'Eglise.

Il est vrai que cet avis salutaire, donné par notre frère dans l'Episcopat en réponse à une lettre close qui ne méritait pas le langage de mansuétude par lequel la charité ouvrait la voie au repentir, fut récompensé par de grossières injures adressées en particulier et par l'expression même de mépris, *insérée dans une lettre publique. Nous en avons gémi; mais parce que l'impie feint de ne pas craindre la malédiction de Dieu, Dieu ne le maudit pas moins: dût-on rire de nos avertissements, nous accomplirons notre ministère. Faut-il que nous soyons craintif et timide, lorsque l'apôtre déclare que pour frapper les coupables, la puissance de Jésus est avec nous,* cum virtute D. N. J.-C ?

J'ai fait mention ci-dessus de ma lettre à Mgr d'Icosie et de sa réponse ; j'ai expliqué également le ton d'une nouvelle lettre qu'on dit renfermer de *grossières injures*. Hélas ! je ne me doutais pas de la malédiction qui pesait déjà sur moi, à entendre M. Jeancard. Je ne riais pas ; j'en appelle au témoignage de ceux qui me voyaient de près dans cette conjoncture solennelle ; mais ils diront aussi que je ne tremblais pas — je ne pouvais plus vivre dans cette indécision ; je poussais les choses à l'extrême, afin d'arriver à une solution ou ruineuse ou pacifique ; persuadé, comme St-Augustin, que les *graves déchirures de nos dissensions* forceraient nos adversaires à *détendre leur arc et à s'inspirer d'une charité sincère pour guérir de plus grands maux,* ou bien résigné à subir le coup mortel et à jeter à tous les vents une institution que nous ne pouvions plus continuer honorablement. Ainsi j'étais décidé à réussir ou à être vaincu *in utrumque paratus*. On ne saurait croire comme une telle disposition de l'âme, malgré la faiblesse de ma santé et l'anéantissement de mes forces physiques, me soutenait au milieu de cette terrible épreuve. L'excentricité de mon exaltation s'explique par l'énormité de la persécution.

Daigne néanmoins le Seigneur toucher de sa grâce celui que nous voudrions retirer de son égarement et qui est pour nous un si grand sujet d'affliction ! Nous le conjurons, par l'amour du divin Sauveur, de considérer dans quelle voie il s'est engagé. N'avait-il aucune réparation à offrir et pouvait-il conserver, comme il l'a annoncé, la résolution de reprendre le cours de ses scandales, avant que dernièrement il montât à l'autel dans un Diocèse voisin? fallait-il qu'il le fît malgré la défense du premier pasteur de ce Diocèse, qui est son propre pasteur? et pourquoi prend-il le titre de Directeur Spirituel de l'Etablissement, *lui qui n'a point de mission pour cela ? il sait bien cependant que c'est un acte de schisme, que de s'immiscer dans la direction spirituelle et dans l'enseignement des âmes, sans en avoir reçu le pouvoir de ceux que J.-C. a envoyés, comme le Père Céleste l'a lui-même envoyé. Est-ce que ce qu'il entend par la marche progressive d'un siècle auquel il ne veut pas que l'on s'oppose et le développement des vérités religieuses qu'il ne veut pas que l'on cherche à arrêter, le conduiraient jusqu'au schisme et à l'hérésie ? Nous aimons à croire le contraire.*

Cette prière était sincère dans la bouche de Mgr l'Evêque de Marseille ; il le prouvera dans un prochain entretien ; mais elle ne l'était pas dans la bouche des administrateurs du Diocèse. S'ils avaient bien voulu me retirer de ce qu'ils appellent mon égarement, ils n'avaient qu'à me rendre justice dès le début, à m'accueillir charitablement, lorsque je leur tendais la main, à ne pas prendre l'initiative d'une lutte publique par la voie de la presse, à ne pas me laisser calomnier par des anonymes, à répondre à mes lettres respectueuses, par exemple, à celle par laquelle j'offrais mes services, pendant le terrible choléra de 1835, etc., etc. Qu'on se rappelle tout ce que j'ai raconté de cette triste histoire, et l'on sera bien convaincu, je le pense, du peu de sincérité de cette touchante péroraison, qui n'a été imaginée que pour tromper les âmes simples et crédules.

On me reproche d'être monté à l'autel, quoique j'eusse des réparations à offrir.

Est-ce que mes adversaires n'avaient aucune réparation à me faire, aucun tort à se reprocher, aucune accusation à rétracter ? ont-ils cependant jamais cessé de remplir leurs fonctions sacerdotales ou pontificales ? est-ce que devant Dieu il y a deux poids et deux mesures ? ils se faisaient illusion, sans doute et croyaient bien faire — je le leur accorde ; le chapitre des illusions est immense et le cœur humain est un abime — *(abyssus multa)*. Mais de grâce, ne me jetez pas la pierre ; aucun de vous n'en a le droit. Je vous connais tous de fort près ; j'ai entendu vos propos, je connais la couleur de vos pensées et, j'ose même dire, que tel et tel, vous valez moins que moi. Jamais, par exemple, j'aurais tourné en ridicule l'enthousiasme des paysans pour les prédicateurs, si j'avais été missionnaire ; jamais je n'aurais poussé la duplicité jusqu'à caresser ceux à qui j'aurais voulu nuire. Jamais je n'aurais ameuté les jeunes prêtres contre les vétérans du sacerdoce qu'on se proposait de révoquer, etc., etc. C'étaient là pour mes adversaires des fautes vénielles, des faiblesses de la nature, qui ne les empêchaient pas de monter au Saint-Autel. Je ne demande pas que la foudre du ciel tombe sur eux ; mais encore une fois qu'ils soient miséricordieux à mon égard comme je le suis envers eux. Si je me faisais illusion, comme eux et si je croyais bien faire, en me défendant à outrance contre une persécution à outrance, en quoi suis-je plus coupable ?

J'ai expliqué plus haut la question des *Celebret* pour le diocèse d'Aix ; je n'y reviens pas : il est faux que j'y ai célébré malgré la défense de l'archevêque, par la raison toute simple que cette défense ne m'a jamais été intimée ; comme je l'ai déjà exposé, Mgr Bernet me refusa de proroger par écrit la faculté générale de célébrer que j'avais reçue des grands vicaires capitulaires et il me laissa dans le droit commun, en vertu duquel un curé, sans avoir besoin de consulter l'évêque peut laisser dire la messe dans sa paroisse à un prêtre qu'il connaît, qui n'est pas interdit, et en qui il a confiance ; d'ailleurs une simple défense de pure complaisance en faveur de l'administration de Marseille n'était pas une censure ; et violer une défense, même une censure, n'est pas un acte schismatique, lorsqu'on est sur la pente des sophismes, poussé par la méchanceté on glisse jusqu'à la niaiserie ; ainsi lorsque je vais passer un mois dans le diocèse d'Alby ou dans celui de Montauban, où je suis connu, jamais les curés des paroisses dans lesquelles je passe mes vacances, me demandent le *Celebret*. La mesure imposée par le Concile de Trente ne regarde que les prêtres *étrangers, vagabonds et inconnus*. A Marseille même on n'avait porté aucune sorte de censure contre moi ; seulement on me refusait le *Celebret*, sans lequel les curés ne m'admettaient pas aux Saints-Autels. Cela est attesté par la lettre de l'évêque du 15 mai 1835 rédigée et écrite par M. Jeancard, et mentionnée dans la première partie de cette histoire.

On appelle Mgr Bernet, mon propre pasteur ; pourquoi donc n'exerçait-il pas sa juridiction en me rappelant dans son diocèse ? il avait un double droit d'intervenir et comme métropolitain et comme mon pasteur d'origine ; cependant il a laissé la lutte s'engager, se continuer et se terminer, sans qu'il ait pensé à se poser en médiateur ; d'où lui venait cette réserve exagérée ? c'est que dans son âme et conscience notre culpabilité n'était pas aussi évidente que le publiait Mgr de Mazenod et qu'il n'avait pas assez de fermeté pour faire entendre raison à ce prélat, comme j'ai eu l'honneur de le lui reprocher. Quoi qu'il en soit, mon propre pasteur pour la juridiction, comme je l'ai prouvé longuement dans le travail auquel j'ai fait plusieurs fois allusion, était alors l'évêque de mon domicile actuel.

Autre sujet de querelle — *je prenais le titre de Directeur spirituel de l'établissement;* en cette qualité j'étais chargé spécialement de présider à la prière du matin et du soir, à la lecture spirituelle de chaque jour, à la récitation du catéchisme, que j'accompagnais de quelques explications, et à la psalmodie des vêpres, qui se terminait par une courte instruction sur un sujet quelconque. Est-ce qu'un père et une mère de famille se font un scrupule, que dis-je, ne se font pas plutôt un devoir de remplir presque toutes ces fonctions au foyer domestique, lorsque des motifs graves les empêchent d'assister aux offices de la paroisse ? Les instituteurs laïques, qui connaissent suffisamment les principes de la religion et de la morale, croient-ils avoir besoin d'une mission spéciale, pour les enseigner et les expliquer à leurs élèves, qu'ils préparent ainsi à recevoir avec plus de fruit les instructions du curé ou des vicaires ? Est-il défendu aux catéchistes laïques, qu'on a établis dans certains diocèses, d'ajouter de vive voix quelques développements au texte ou à la lettre du catéchisme ? Les censeurs des Lycées, qui veillent non seulement à la bonne direction des classes, mais encore à la discipline générale et au maintien des bonnes mœurs, sont-ils schismatiques en remplissant cette fonction toute spirituelle, et empiètent-ils sur les attributions de l'aumônier ? En vérité on croit rêver, lorsqu'on lit dans un écrit, qui a la prétention d'être sérieux, une pareille récrimination.

Après le schisme, il convient de ne pas s'arrêter en route, me voilà enfin hérétique ou sur le point de l'être, de par M. Jeancard, ex-missionnaire de Provence, ex-oblat de Marie, chanoine titulaire, professeur d'histoire ecclésiastique à son heure, et enfin écrivain des mandements et secrétaire particulier de Mgr d'Icosie.

Il aime à croire pourtant que je n'irai pas jusque-là ; je le remercie de l'intérêt qu'il me porte et de la tendre sollicitude qu'il a pour le salut de mon âme; aussi dois-je m'empresser de lui donner mes explications orthodoxes pour calmer ses frayeurs.

A Dieu ne plaise que par ces expressions un peu hardies, j'aie voulu atteindre l'immobilité du dogme ; comme avec la grâce de Dieu, je ne cesserai jamais d'être catholique, je croirai toujours que la foi est invariable, quoique la manière de l'enseigner suive la marche de la civilisation. C'est dans ce sens que Chateaubriand a écrit dans la préface de ses Etudes Historiques ce qui suit : « J'adopte pour vérité religieuse la « vérité chrétienne, non pas comme Bossuet en faisant du « christianisme un cercle inflexible, mais un cercle qui s'étend « à mesure que les lumières et la liberté se développent. » Ce cercle en s'élargissant ne change pas ; ainsi toutes les vérités qui sont aujourd'hui des articles de foi n'étaient pas explicitement renfermées dans le symbole des apôtres ; plusieurs n'y étaient seulement qu'en germe et ne se sont développées qu'à la suite du choc des idées, des discussions et par conséquent des hérésies, qui ont en quelque sorte forcé l'Eglise à donner à son enseignement des réformes nettes et précises, quoique certaines parties soient encore enveloppées d'obscurité ; par exemple, la matière de certains sacrements, le pouvoir de l'Eglise ou du Pape sur le temporel des rois ou des peuples, et en général toutes les immunités dont l'Eglise a joui pendant plusieurs siècles et à la plupart desquelles elle a dû renoncer, à cause de la transformation politique ou sociale, amenée par le progrès de la civilisation, qui n'est pas toujours ni anti-chrétienne, ni impie. Ainsi lorsque les évêques modernes parlent et agissent comme s'ils vivaient dans le moyen-âge ou sous le règne de Louis XIV, ils se font illusion ; et au lieu de se faire, comme l'apôtre, tout à tous et de s'assimiler ce qu'il y a de bon dans les idées modernes, ils s'exposent à être écrasés par leur marche progressive, en prétendant les rejeter en bloc. Telle est d'abord l'explication que je donne des phrases qui *ont offensé les oreilles pieuses* de M. Jeancard, que je ne croyais pas si susceptible : au reste je les soumets au jugement du St-Siège, notre juge commun.

De plus il est incontestable que la discipline, soit qu'elle regarde le culte divin, soit qu'elle renferme les préceptes ecclésiastiques, soit enfin qu'elle exprime les rapports des membres du clergé avec les fidèles, a dû nécessairement changer, selon les circonstances de temps, de lieu, de personnes et selon les exigences nouvelles créées par des besoins nouveaux.

Ainsi l'obligation générale de se confesser et de communier a été modifiée dès le XIII"ᵉ siècle par le concile de Latran ; les conséquences trop rigoureuses des excommunications majeures ont été supprimées par les conciles de Constance et de Trente ; Benoit XIV a formellement désapprouvé le grand nombre de ces excommunications, dans son traité de *Synodo diœcesanâ*, ch. 2, n° 1 :

« Illud affirmamus, dit-il, quod nemo negabit, nimirùm
« frequentius quàm rectæ disciplinæ ratio exposcat, censuras
« latæ sententiæ irrogari; enim verò Navarrus (Manualis cap.
« 27, n° 49) notat antè annum 1298, quo promulgatus est Sextus
« decretalium, vix numeratas fuisse triginta sex excommuni-
« cationes latæ sententiæ, quæ etiam ad viginti sex poterant
« commodè redigi, eò quòd plures unum eumdemque ferè
« casum respicerent.

« Per solum autem sextum decretalium (Pergit Navarrus)
« inductæ fuerant triginta duæ et per solas Clementinas quin-
« quaginta, posteà per *Bullam Cœnæ*, per *Extravagantes*
« impressas et non impressas, per constitutiones synodales et
« provinciales, per visitationes, et reservationes sæcularium et
« religiosorum, penè innumeræ. Additque valdè utilem, imò
« et necessariam fore aliquam eorum limitationem, saltem
« quoad forum conscientiæ.

« A Navarro in hunc modum edocti ac concilii tridentini
« decretum sess. 23, cap. 3 de reform. præ oculis habentes,
« cùm nos sacræ congregationis concilii munere fungebamur
« secretarii, semper Episcopis nos amicè consulentibus aucto-
« res fuimus ut parcè et magnâ cum circumspectione censuras
« infligerent, præsertim latæ sententiæ... hanc eamdem fuisse
« mentem comperimus præsulis Altovici, nostri in eodem
« munere prædecessoris. »

Aussi de nos jours, sa Sainteté Pie IX, de glorieuse mémoire, adhérant au vœu de Benoît XIV, a sagement réduit le nombre de ces excommunications, dont les salutaires effets diminuent, proportionnellement à l'affaiblissement de la foi.

Je passe sous silence les adoucissements nombreux introduits ou officiellement par le Pape ou les Evêques ou indirectement par les théologiens dans les lois de l'abstinence et du jeûne. Ainsi le christianisme n'est pas toujours stationnaire et subit en beaucoup de choses l'influence des générations avec lesquelles il vit.

Je conclus donc avec Benoît XIV que *censura latæ sententiæ..... tanquàm extremum remedium est tantum adhibenda, cùm malum gravissimum est, neque aliter præcidi aliisque pœnis cohiberi potest* ; à plus forte raison doit-on user de circonspection, lorsqu'il s'agit d'une censure *ab homine*.

Or, qu'on n'oublie pas qu'il s'agit ici d'une censure vraiment canonique, et non de celle que se proposait de lancer Mgr de Mazenod, sans aucune sorte de procédure.

Enfin si l'on tient à trouver répréhensible cette dernière période de ma quatrième lettre, je consens à la rétracter, pourvu qu'on prenne en considération celle qui précède immédiatement.

(Je constate en passant que ce dernier vœu a été accompli au-delà de mes espérances, comme on va le voir dans la suite du récit : il sera permis de dire bientôt du schismatique et de l'hérétique *hic factus est in caput anguli*).

Cependant, il a fallu que nous élevassions la voix, et qu'en dénonçant aux fidèles tout ce qu'il y a d'énorme dans le scandale qui leur est donné, nous rappelassions à son devoir celui de qui vient le scandale. L'apôtre St-Paul ne conjure-t-il pas tous les Pasteurs devant Dieu et J.-C., qui jugera les vivants et les morts, par son avènement et par son règne, d'annoncer la parole, de presser à temps et à contre-temps, de reprendre, de supplier, de menacer, en toute patience et en toute doctrine... les faux Docteurs qui détournent de la vérité et veulent faire adopter des fables ? le même apôtre ne dit-il pas à chaque Evêque : Parlez, exhortez, reprenez, avec une pleine autorité : faites que personne ne vous méprise.

Pour éviter le scandale, qui en effet est énorme, il n'a pas fallu qu'on élevât la voix, on devait ne pas prendre l'initiative de l'attaque et ne pas rendre inévitable la résistance. **Aux** mêmes récriminations, sous diverses formes, je dois constamment opposer les mêmes réponses.

En s'appuyant sur l'autorité de l'apôtre Saint Paul pour me donner le coup de grâce, il aurait fallu citer intégralement les chapitres en question et surtout ne pas élaguer les expressions et les membres de phrase qui peuvent m'être favorables ; je dois donc, pour donner encore à M. Jeancard une leçon d'équité, dussé-je de nouveau passer pour insolent, mettre le texte sous les yeux de mes lecteurs ; le voici, selon la traduction explicative du père de Carrières :

« C'est une vérité certaine que si quelqu'un souhaite l'Epis-
« copat, il désire une fonction sainte, qui demande de saintes
« dispositions ; il faut donc que l'Evêque soit irrépréhensible,
« sobre, prudent, grave, modeste, chaste, aimant à exercer
« l'hospitalité, capable d'instruire ; qu'il ne soit ni sujet au
« vin, ni violent et prompt à frapper, mais équitable et modéré,
« éloigné des contestations, désintéressé ; qu'il ne soit point
« un néophyte, c'est-à-dire, un homme nouvellement converti,
« de peur que s'élevant d'orgueil en se voyant dans les pre-
« mières dignités de l'Eglise, il ne tombe dans la même con-
« damnation que le diable..... Ne reprenez pas les vieillards
« avec rudesse, mais avertissez-les comme vos pères et les
« jeunes gens, comme vos frères..... Ne recevez point d'accu-
« sation contre un prêtre, que sur la déposition de deux ou
« trois témoins. Reprenez devant tout le monde les pécheurs
« publics et scandaleux... suivez en tout la justice, la piété,
« la foi, la charité, la patience, la douceur.....

« Le serviteur du Seigneur doit être modéré envers tout le
« monde, patient envers les méchants ; il doit reprendre avec
« douceur ceux qui résistent à la vérité afin qu'ils reviennent
« de leur égarement. Je vous conjure devant Dieu et devant
« le Seigneur J.-C. qui jugera les vivants et les morts dans
« son avènement glorieux et dans le jour de l'établissement
« de son règne, d'annoncer la parole de Dieu avec force et har-
« diesse. Prenez les hommes à temps et à contre-temps (c'est-
« à-dire *assiduè* et *instanter*, comme l'explique Ménochius) ;
« reprenez, suppliez, menacez, sans vous lasser jamais de les
« tolérer et de les instruire. Car il viendra un temps où les
« hommes.. auront recours à une foule de docteurs, propres
« à satisfaire leurs désirs, et fermant l'oreille à la vérité ; ils

« l'ouvriront à des fables ; mais pour vous, veillez continuel-
« lement, souffrez constamment tous les travaux que vous
« serez obligé d'entreprendre, faites la charge d'un bon évan-
« géliste, remplissez tous les devoirs de votre ministère, soyez
« sobre.

« Rendez-vous vous-même un modèle de bonnes-œuvres en
« toutes choses, dans la pureté de votre doctrine, dans l'inté-
« grité de votre vie et dans la gravité de vos mœurs. Que vos
« paroles soient saines et irrépréhensibles, afin que nos adver-
« saires rougissent de la haine qu'ils nous portent, n'ayant
« aucun mal à dire de nous..... Prêchez ces vérités ; exhortez
« et reprenez avec une pleine autorité. Conduisez-vous de telle
« sorte que personne ne vous méprise. »

Après avoir remarqué que cette traduction est beaucoup plus conforme au texte dans certains passages que celle de M. Jeancard, qui s'est laissé entraîner par des préoccupations d'hostilité, on ne concevra pas pourquoi l'on a fait intervenir pour nous écraser, l'autorité de St-Paul, qui trace si vigoureusement dans ces épîtres à ses deux disciples bien aimés, les plus importants devoirs de l'Episcopat. On sera surtout frappé de la différence que présentent ces deux phrases: *Faites que personne ne vous méprise, — et conduisez-vous de telle sorte que personne ne vous méprise.*

Ce pénible devoir d'un juge qui reprend avec une pleine autorité, nous l'avons rempli aujourd'hui avec les sentiments d'un père qui sollicite au repentir. Puissent nos paroles profiter à celui qui les a provoquées! Puissent-elles produire pour sa conversion un effet aussi salutaire qu'a été profonde pour nous la douleur qui nous les a arrachées! hélas! pourquoi faut-il que nos avis donnés entre lui et nous aient été méprisés à tel point, que nous soyons maintenant condamnés à user devant l'Eglise du droit que nous avons, de censurer un prêtre spécialement soumis en cette qualité, à notre surveillance Episcopale? néanmoins notre sévérité, quelque nécessaire qu'elle soit, est toujours miséricordieuse: nous voulons sauver ceux que nous corrigeons. Ainsi, nous l'aimons encore malgré ses torts, celui qui nous donne un si cruel chagrin, et nous avons encore la main levée pour le bénir.

Maintenant, puisque nous venons de vous raconter nos

douleurs..., puisque nous n'avons pas voulu que vous ignorassiez jusqu'à quel point nous sentons la tribulation qui nous est survenue, qui est excessive pour nous et nous accable au-dessus de nos forces, nous avons encore plus l'assurance que personne ne vous séduira par de vaines paroles, *persuadés que vous êtes que* la colère de Dieu *tombe sur les enfants de la rebellion* avec lesquels vous ne voudrez avoir rien de commun. Mais *l'énormité de ce que l'on s'est permis vous avertit assez de ce qu'il en est de* la pierre de scandale : *et il ne nous reste plus qu'à vous dire que vous avez à prier avec nous... pour que le Seigneur abrège les jours mauvais... que nous n'ayons tous qu'un* seul cœur et qu'une seule âme *et que* le Dieu de paix soit avec vous tous ! *Amen*

Ceux qui auront lu avec attention et sans préjugé le Mandement tout entier, ne voudront pas croire, Monseigneur, que le langage qu'on vous fait tenir, exprime *les sentiments d'un Père qui sollicite au repentir;* ils n'y verront pas même l'accomplissement du pénible devoir d'un juge qui condamne avec une pleine autorité, puisque la violation de la justice éternelle et du droit ecclésiastique est manifeste dans les jugements arbitraires que vous prononcez, et que la charité du chrétien et la paternité du pasteur sont également méconnues dans les amertumes des reproches et dans la violence des menaces. Comment voulez-vous que de telles *paroles* puissent profiter *à celui qui ne les a pas provoquées ?* Votre douleur a été profonde, je le sais, puisqu'on a arraché à votre bonté une malédiction qui ne peut pas être *salutaire* et qui ne doit produire que le trouble des consciences et un accroissement fâcheux de scandale ; comment a-t-on pu vous faire dire que j'ai méprisé vos avis secrets entre Votre Grandeur et moi? Vous savez fort bien que cet entretien charitable et paternel, tel que l'a voulu et prescrit notre divin maître, n'a jamais eu lieu, quoique je l'aie sollicité plusieurs fois. Vous savez qu'aucune citation juridique n'a été faite, qu'il n'y a eu ni procédure, ni comparution des accusés devant les juges, ni monitions canoniques qui aient précédé la sentence qu'on vous fait prononcer. Comment donc ose-t-on vous faire dire que vous êtes condamné à user devant l'Eglise du droit que vous avez de me censurer? *Vous êtes condamné !* quel aveu? *à user !* on aurait dû vous faire dire: *à abuser... du droit de me cen-*

surer ! mais tantôt j'étais seulement menacé de la censure : la voilà qui tombe sur ma tête, lorsque vous prétendez n'avoir pour moi que les sentiments d'un père, que vous prononcez le mot de miséricorde et que vous déclarez hautement que vous *m'aimez encore* et que *vous avez encore la main levée pour me bénir! Encore!* vous m'avez donc aimé, Monseigneur ; je n'en doute pas, puisque vous l'affirmez ; mais alors, où étiez-vous, lorsque j'étais chassé ignominieusement du Petit Séminaire au milieu de l'année classique, moi, professeur de rhétorique, ex-directeur des classes et de l'académie ?

Qu'était devenu votre amour pour moi, lorsque le *prélat qui vous est uni par les liens du sang* refusait de m'écouter, après avoir entendu mon accusation ? Que faisiez-vous de votre amour, lorsque vous avez assisté en y acquiesçant à ce déni de justice, et que presque sous vos yeux un valet m'a saisi par le bras, pour me forcer à quitter l'appartement : *quò tibi nostri pulsus amor ?* Je ne poursuis pas la suite des défaillances de votre amour, dont je suis victime depuis bientôt deux ans ; vous avez en effet *raconté les douleurs* que votre administration me fait subir en votre nom, en *racontant* celles qu'elle vous a créées ; afin que l'impression de l'ignominie dont tous les lecteurs du Mandement m'ont abreuvé malgré eux pendant une heure, ne se perde pas et se grave dans les esprits et dans les cœurs, les dernières paroles qu'on met dans votre bouche pastorale, vous représentent comme *accablé sous le poids d'une tribulation qui est au-dessus de vos forces* ; et pour que votre appel à la compassion des fidèles soit plus efficace, on emprunte le langage même de l'apôtre, afin que la *pierre de scandale* soit plus facilement broyée et que l'enfant de rebellion soit plus victorieusement terrassé. C'est ainsi, Monseigneur, qu'en ayant *encore* la main levée pour me bénir, vous me maudissez de l'autre, en renouvelant l'outrage et la calomnie ; et cependant, c'est bien vrai, vous m'aimez encore ; vous allez dans quelques jours me donner un touchant témoignage de cette affection. Mais alors vous jouirez de la plénitude de votre autorité.

Il a fallu enfin laisser les *vaines paroles*, pour me servir à mon tour du langage de l'apôtre, et revenir à la conversion des pécheurs, grave et importante question, qui devait être l'objet spécial du Mandement, lorsque par une sorte d'écart poétique, le spirituel écrivain a déchargé sur moi tout le poids de sa sainte colère. Puisqu'on rentre dans l'ornière, je n'ai plus qu'à suivre les pas de mon pasteur, à unir mes faibles prières aux siennes, afin que nous fassions tous au ciel une sainte violence, que le Seigneur abrège les jours mauvais, que tous les pécheurs se convertissent, que tous reviennent soumis et fidèles au bercail du pasteur, que nous n'ayons tous, comme les premiers chrétiens, qu'*un seul cœur* et *qu'une seule âme* et que le Dieu de paix soit avec nous tous !

C'était, j'en ai la profonde conviction, le vœu sincère de l'évêque, c'était aussi le mien, celui de tous nos élèves et de leurs parents ; c'était encore le vœu de toute l'Eglise de Marseille, des prêtres et des fidèles. Dieu ne tardera pas de l'exaucer.

CHAPITRE IV

Adresses des Chanoines et des Curés

Pour continuer le récit historique de cette triste affaire, je dois faire connaître *l'adresse* du chapitre de la Cathédrale et l'acte d'adhésion de Messieurs les curés de la ville ; ces deux documents, que l'on doit à la même plume qui a écrit le Mandement, renouvellent, on doit s'y attendre, les mêmes accusations et les mêmes injures que je viens de relever si longuement. Je vais donc les transcrire, telles que je les trouve dans l'*Année chrétienne*, presque sans commentaires. Je soulignerai seulement les passages contre lesquels j'aurais eu à protester, si ce devoir n'avait pas été accompli dans l'analyse.

1°

Adresse des Membres du Chapitre de la Cathédrale de Marseille à Monseigneur l'Evêque

« Le Chapitre de la Cathédrale de Marseille a délibéré dans une assemblée du 2 février 1837, de présenter une adresse à Monseigneur l'Evêque pour protester de *ses sentiments* au sujet des écrits publics par un prêtre *étranger* contre l'administration épiscopale ; dans la même séance capitulaire, une commission de trois membres a été nommée pour rédiger cette pièce.

« Dans l'assemblée du lendemain 3 février, l'adresse a été adoptée à *l'unanimité* ; et le chapitre s'est rendu aussitôt en corps et en costume de chœur chez Monseigneur l'Evêque pour la lui présenter. Elle est conçue en ces termes :

« Monseigneur,

« Depuis longtemps les chanoines de votre cathédrale *éprou-*
« *vaient le besoin de manifester leurs sentiments* sur la posi-
« tion hostile que trois prêtres *avaient prise* avec éclat dans
« votre diocèse ; et lorsque dernièrement l'un de ces hommes
« *obstinés dans leur égarement* a osé vous adresser *dans un*
« *journal* des lettres *qui ont causé un grand scandale*, les
« membres de votre chapitre *se seraient fait un devoir* d'élever
« la voix contre ce téméraire, s'ils n'avaient cru qu'ils ne de-
« vaient parler qu'après que vous auriez fait entendre vous-
« même des paroles de *réprobation* devenues nécessaires. Ces
« paroles, vous venez de les prononcer dans votre Mandement
« et dès lors nous avons pris *nous-mêmes*, en séance capitu-
« laire, une délibération pour protester hautement contre des
« écrits qui ont *affligé* toutes les âmes chrétiennes.

« Comment un prêtre a-t-il pu *outrager* ainsi votre tête véné-
« rable et *s'élever avec tant d'audace* contre votre administra-
« tion dont *tous les actes ont toujours été des témoignages de*
« *votre amour paternel pour vos ouailles ?* C'est beaucoup
« plus qu'il n'en faut pour exciter *l'indignation des gens de*
« *bien*. Nous en sommes *profondément émus*.

« Votre chapitre, qui *s'honore* d'avoir à sa tête un prélat qui
« vous est uni par les liens du sang et de l'autorité, *s'est senti*
« *également blessé*, par les injures qui vous ont atteint, dans sa
« personne et que n'ont pu lui épargner ni son caractère sacré
« ni le zèle et le dévouement qui depuis quatorze ans lui
« donnent tant de part à *tout le bien* qui se fait dans votre
« diocèse. »

« Nous *n'avons pu être indifférents* non plus à tout ce que
« l'on s'est permis contre vos vicaires généraux qui sont mem-
« bres de notre corps et en qui nous nous plaisons à rendre
« hommage à votre autorité autant qu'à leurs vertus.

« Mais si nous *ressentons toutes vos douleurs*, si nous désirons
« de vous entourer de toutes les consolations que vous méritez,
« nous avons hâte aussi de déclarer que nous *adhérons de*
« *toutes nos pensées* aux mesures que votre sollicitude pasto-
« rale vous a fait prendre dans *l'intérêt de vos ouailles*.

« Ce que vous avez réprouvé, Monseigneur, *nous le réprou-*
« *vons,* reconnaissant qu'*une œuvre qui n'a pas été fondée sous*
« *les auspices de l'obéissance,* et dont vous avez bien voulu
« nous signaler les dangers, *doit être considérée par tous les*
« *catholiques* comme une pierre de scandale d'où *ils sont*
« *obligés de se tenir éloignés.*

« Appelés par nos devoirs à donner l'exemple aux autres
« membres du clergé et à conserver intact, après votre Gran-
« deur, le dépôt des saines doctrines et des traditions de
« respect et d'obéissance de l'Eglise de Marseille envers ses
« premiers pasteurs, nous avons pris la parole avec confiance,
« et nous *ne craignons pas de nous porter pour garants de vos*
« *prêtres fidèles qui partagent tous, nous en sommes assurés,*
« les sentiments que nous avons l'honneur de vous exprimer
« d'*un avis unanime.*

« Nous sommes avec le plus profond respect, Monseigneur,
« de votre Grandeur, les très humbles et très obéissants ser-
« viteurs. »

>   TEMPIER, chanoine archidiacre. — GAUTIER, Chanoine
>   archiprêtre. — SARDOU, Chanoine théologal. —
>   BRUNET, Chanoine promoteur. — CAILHOL, Chanoine
>   grand-Chantre. — MIE, Chanoine grand-pénitencier.
>   GUIEN, Chanoine. — DE LANDER, Chanoine. — JEAN-
>   CARD, Chanoine.

Marseille, le 3 février 1837.

Si l'on ne savait pas officiellement que M. Jeancard est l'auteur de cette adresse, on le devinerait aisément à sa longueur et au ton passionné du style, qui indique que quelqu'un parle *pro domo suâ :* d'ailleurs, presque aucun des chanoines ci-dessus mentionnés, que je connaissais tous de fort près, n'eût été capable d'exprimer de tels sentiments dans un si beau langage ; j'ose même dire qu'aucun n'eût voulu le faire, excepté M. Tempier, pour des motifs faciles à concevoir.

MM. Gautier et Sardou, membres honorables de l'ancien clergé, n'étaient pas courtisans de la nouvelle administration, qui les mettait à l'écart.

M. Brunet, ancien professeur de Rhétorique du Lycée,

savait beaucoup mieux les règles de la Prosodie latine que les rubriques de son bréviaire ; le gouvernement l'avait imposé à l'Evêché, prêtre irréprochable d'ailleurs, quoique professeur du Lycée.

M. Cailhol était un favori de l'administration, mais il n'aimait pas trop M. Flayol et il y avait entre M. Jeancard et lui une rivalité bien prononcée.

Le Père Mie, membre de la Congrégation des Oblats, était un instrument passif entre les mains de son supérieur, qu'il ne ménageait pas souvent dans ses naïves critiques ; je l'ai entendu.

M. Guien, ancien disciple et auxiliaire de M. Allemand, dans l'*Œuvre de la Jeunesse,* avait été nommé professeur de philosophie au Lycée, dans les dernières années de la Restauration. Pour ce motif, le gouvernement de Juillet le destitua et Mgr de Mazenod le fit chanoine. Quoique fils spirituel de M. Allemand, qui était un modèle inimitable d'une ineffable simplicité, M. le chanoine était le type de l'affectation dans sa démarche, dans son langage même familier et surtout dans ses sermons ; il n'en était pas moins un très-digne et vertueux prêtre, et il ne nous aurait pas fait la moindre égratignure.

M. de Lander, ancien militaire et ami de Mgr de Richery, archevêque d'Aix, fut promu aux ordres et reçut le Diaconat, lorsque je fus ordonné prêtre ; il était père de famille et n'était pas riche : à la mort de son protecteur, Mgr de Mazenod l'accueillit et en fit un chanoine, pour lui donner des rentes. Comprenait-il le latin de son bréviaire ? au reste c'était un excellent homme, incapable de nous vouloir ni de nous faire le moindre mal.

Telle était la composition du chapitre, avec M. l'abbé Jeancard. — Je passe à l'acte d'adhésion.

2°

Adhésion des Curés et Recteurs

« Nous, Curés et Recteurs des paroisses de la ville de Mar-
« seille, *ayant eu connaissance* de l'adresse du vénérable cha-
« pitre de la Cathédrale de Marseille à Mgr l'Evêque, en date du
« 3 du courant, au sujet des écrits publiés dans un journal
« contre l'administration épiscopale, nous nous faisons un
« devoir d'*adhérer en tout point* à cette adresse, qui exprime
« des sentiments *qui sont les nôtres sous tous les rapports.*.
« Nous saisissons *avec plaisir* cette occasion de témoigner
« notre respect et notre attachement à notre saint Evêque, au
« digne prélat son coopérateur et à MM. les Vicaires généraux.
« Nous pensons que la part qui nous a été donnée à la charge
« des âmes, nous impose l'obligation de *protester hautement*
« *contre ce que nous regardons comme une œuvre de scan-*
« *dale.* »

    Court, Chanoine, Curé de St-Martin. — Maurel, R.
    de St-Vincent-de-Paul. — Falen, Chanoine, Curé
    de St-Ferréol. — Bérenger, R. de St-Lazare. —
    Audibert, Chanoine, Curé de St-Cannat. — Dherbes,
    R. du Mont-Carmel. — Bonnafoux, Chanoine, R.
    de St-Laurent. — Louche, R. de N. D. du Mont. —
    Maurel, R. de St-Théodore. — Billon, R. de St-
    Victor. — Blanc, R. de la Trinité. — Abbat, R. de
    St-Joseph. — Delestrade, R. de St-Charles. —
    Gallicien, R. de la Magdeleine.

Marseille, le 4 février 1837.

Quoique cet acte d'adhésion soit assez pâle et paraisse spontané, il est certain que c'est M. Jeancard qui l'a rédigé et présenté à la signature des curés, qui n'ont pas hésité d'y souscrire, parce qu'il fallait obéir au maitre. Sans pouvoir l'affirmer de tous, je certifie qu'au moins les trois quarts ne l'ont signé qu'à regret et ne pensaient pas ce qu'il renferme.

Sept, en effet, étaient plus ou moins victimes des tracasseries de l'administration. Trois, avec lesquels j'avais auparavant des relations, se sont empressés de les renouveler, après la réconciliation. Ainsi, cet acte d'adhésion fut un triste exemple qui sera suivi plus tard, personne ne l'ignore, au décès de M⁹ʳ Eugène de Mazenod.

Ce fut Mᵍʳ Jeancard, alors évêque auxiliaire et Vicaire Général capitulaire, qui reçut en pleine poitrine le trait qu'il avait lancé contre nous. (Voir la brochure intitulée : *Les frères quêteurs*). Les vicissitudes humaines seraient souvent fort curieuses, si elles n'étaient en même temps affligeantes. Si le prélat avait pu faire entendre sa voix du fond de son cercueil, qu'on avait eu l'incurie d'abandonner aux *sacrées souris*, il aurait entonné à bon droit ce verset du psalmiste : *Si inimicus meus maledixisset mihi, sustinuissem utique*. Reposez en paix, lui aurait-on dit, c'est votre ennemi lui-même qui fait la ronde autour de vous.

CHAPITRE V

SUITES DU MANDEMENT

1°
Affiche

Cependant le *Sémaphore* avait annoncé mon œuvre en faisant placarder sur les murs de l'Evêché, des principales églises et des places une affiche en grosses lettres, ainsi conçue :

MÉMOIRE

et autres écrits justificatifs, concernant l'affaire Menpenti, par M. l'abbé Polydore Jonjon. Une forte brochure in-8°, prix 1,50, se trouve au bureau du Sémaphore, *rue Cannebière, 19* (1).

L'apparition de cette affiche produisit la plus grande émotion ; une bataille sérieuse était engagée dans des

---

(1) « Il y a certaines choses qui sont communément réputées *injures*, parce qu'elles déplaisent à ceux à qui elles s'adressent, et lesquelles, cependant, sont autorisées par la raison théologique, à deux conditions prévues par le droit : 1° il faut qu'elles soient vraies ; et 2° qu'on ne les dise que dans sa propre cause et pour se justifier soi-même. Dans ce cas, de pareilles injures ne sont que de la détraction ou de la médisance qui devient alors licite par le droit de défense personnelle, qui ne peut jamais être refusée à qui que ce soit.

« Par un sentiment de confraternité chrétienne, je peux éprouver le regret d'avoir dit quelque chose de semblable ; mais il y a des indignations saintes qui sont permises, et les miennes bien mitigées sont de ce nombre. D'ailleurs, l'offense ou l'agression appelle toujours la défense, et la défense est tellement dans le droit naturel qu'aucune promesse antécédente et qu'aucun engagement antérieurement contracté ne peut jamais détruire ce droit, et qu'il ne peut tout au plus qu'en modifier l'exercice.

conditions vraiment extraordinaires pour mes contemporains ; on comprenait que l'issue n'était pas éloignée et que la crise était trop violente pour qu'elle pût se prolonger ; mais qui des deux belligérants cèderait le terrain, en s'avouant vaincu, ou triompherait de la lutte en terrassant son adversaire ? Selon le proverbe qui ne se vérifie que trop souvent, nous étions le pot de terre qui devait se briser contre le pot de fer. Autant que ma mémoire est fidèle, je puis affirmer que j'étais calme, parce que, je le redis, je prévoyais avec assurance une fin quelconque de la fausse position dans laquelle j'étais placé ; aussi les pères de famille qui vinrent me voir le mardi, furent étonnés de mon allure paisible et de mon air presque souriant : je déposai mon manuscrit dans la soirée au bureau du *Sémaphore*, avec prière de travailler à l'impression toute la nuit ; on m'envoya les premières épreuves

---

« J'ai donc pu et je peux encore user de ce droit pour une raison toute spéciale dans la circonstance actuelle. La circulaire étant publique, officiellement classée au nombre des actes administratifs et cotée dans les archives diocésaines, sous le n° 38, elle est par le fait une provocation réelle qui a acquis la plus haute publicité possible, et qui, par conséquent, me donne droit à une défense exceptionnellement publique...

« En bonne justice, il ne faut pas que tout soit d'un côté et rien de l'autre, surtout lorsque entre elles les forces sont si inégales ; d'après ce principe, ne serais-je pas en droit d'exiger que Mgr Paulinier détruisît sa circulaire, de manière à ce qu'il ne restât pas trace de cet acte ? En agissant ainsi, il ne ferait que ce qu'il me doit et ce qu'il se doit à lui-même; mais, comme il n'en fera rien, je le prie de croire que je ne me sens moi-même nullement disposé à en faire davantage... même je compte faire de mon *schema* une édition complète qui arrivera partout où la circulaire est arrivée ; c'est elle qui m'aura servi de prospectus. » (l'abbé Thiébaud, doyen du chapitre de Besançon, *schema juris canonici*, pages 37 et 83).

Le raisonnement de l'honorable chanoine s'applique évidemment au Mandement de Mgr l'Evêque de Marseille ; il importe de remarquer que ce document, signalé à la préfecture des Bouches-du-Rhône, a été déposé à Paris, à la Bibliothèque Nationale. Il est donc *livré à la plus haute publicité possible*, selon le langage de l'abbé Thiébaud ; *j'avais donc droit à une défense exceptionnellement publique*.

mercredi matin et je pus corriger les dernières avant la nuit, de telle sorte que la journée du jeudi fut consacrée tout entière à imprimer les 500 exemplaires que nous avions demandés. Il est probable qu'une seconde édition eût été nécessaire, puisqu'un grand nombre de personnes avaient déjà déposé au bureau du *Sémaphore* le prix de la brochure ; le succès de la diffusion était donc assuré, ainsi que le remboursement de nos frais ; c'était quelque chose sans doute ; mais je visais à un gain plus considérable, que je n'osais pas espérer. Cependant la Providence le préparait.

2°

Émotion des Prédicateurs du Carême

Parmi les prédicateurs du Carême, on distinguait MM. Dufêtre, vicaire général de Tours, plus tard Evêque de Nevers ; Clerc, chanoine honoraire d'Agen et Guyon, ancien missionnaire de France ; ils ne tardèrent pas à savoir ce qui se passait, et comprirent facilement que le fruit de leurs prédications serait compromis, si cet état d'hostilité persévérait ; on m'assura que tous les trois demandèrent à Mgr d'Icosie une audience spéciale pour délibérer sur les moyens les plus convenables à prendre, afin de faire cesser le scandale et de leur permettre de remplir leurs stations avec cette paix qui seule pouvait les rendre fructueuses. Je ne puis cependant pas l'affirmer de tous les trois ; mais ce qui est historique, c'est que M. Guyon fit son affaire spéciale de la réconciliation, à quelque prix que ce fût.

Dans la journée du jeudi, il se rendit trois fois à l'Evêché, rapportant toujours la même condition qu'on mettait à ma réconciliation personnelle, qui consistait à renoncer à mes associés et à l'établissement ; et chaque fois dans l'entretien que j'avais l'honneur d'avoir avec lui à son domicile, je lui répondais invariablement : « Je ne puis pas accepter cette condition, parce que je suis lié avec ces Messieurs par une convention et que d'ailleurs ce serait forfaire à l'honneur ; les honnêtes gens me condamneraient et m'accuseraient de trahison. »

« C'est fâcheux, me dit une fois Mr Guyon ; car Mgr
« d'Icosie *a un faible pour vous.* » — « Pour le coup,
« m'écriai-je, je ne m'attendais pas à cette révélation ; que
« serait-ce donc s'il m'en voulait ? »

Enfin l'infatigable missionnaire, ne voulant pas que le *soleil du vendredi se couchât sur la colère,* fit de grand matin une quatrième visite et triompha d'une résistance qui ne durait que trop ; la preuve en est dans la bonne petite lettre suivante qu'il m'écrivit à son retour de l'Evêché, à 8 heures.

« Vous pouvez, monsieur, vous présenter à l'Evêché quand
« vous voudrez ; j'ai prévenu Monseigneur que vous auriez
« aujourd'hui une entrevue avec Sa Grandeur. Je désire, Mon-
« sieur, que les inspirations de l'Esprit-Saint soient toutes écou-
« tées et suivies dans cette circonstance décisive, dans l'intérêt
« de la gloire de Dieu, de l'édification publique et pour le repos
« et la paix de votre conscience.
« Je prie pour le succès de cette affaire et de toute mon âme.
« Votre très humble serviteur, »

GUYON.

Après avoir lu cette lettre et l'avoir communiquée à mes associés, il fut décidé que je me rendrais à l'Evêché à 10 heures ; nous convînmes tous les trois que dans les arrangements à prendre il ne s'agirait que de demander la liberté de conscience pour les élèves et leurs parents, afin de me conformer au langage que j'avais toujours tenu ; quant à la réintégration dans nos fonctions sacerdotales, je ne devais pas en faire un sujet de discussion, laissant la solution de cette difficulté à la sagesse et à la justice de l'Evêque.

Mgr d'Icosie avait dit à M. Guyon qu'il avait un *faible* pour moi ; il ne m'a jamais donné une preuve bien sensible de cette tendresse — mais ce qui est certain, c'est qu'il en avait *un* pour M. l'abbé Blanc. — Celui-ci, en effet, pendant que je prenais un peu de nourriture pour soutenir mes forces défaillantes, alla en toute hâte à l'Evêché et demanda une audience particulière à Mgr d'Icosie. Que s'est-il passé dans cette conférence fort courte ? Je l'ai toujours ignoré. Mais l'abbé Blanc à son retour, lorsque j'allais partir, me dit tout rayonnant de joie : « On vous attend, dépêchez-vous. »

3°
Ma Réception à l'Évêché et résultat de la Conférence

Nous avions à cette époque un cocher de place, nommé Roubaud, qui était devenu notre conducteur ordinaire, pour quelque course que ce fût ; il se rendit immédiatement à notre invitation : je profite de cette occasion pour rappeler le souvenir de cet homme dont le zèle et le dévouement surtout pour moi étaient poussés jusqu'aux dernières limites ; lorsque je lui annonçai que nous allions à l'Evêché pour terminer l'affaire, il tressaillit de joie, bondit sur son siège et fit claquer son fouet, avec un air de triomphe qui nous amusa. Cependant son modeste équipage allait en effet participer à ma gloire, contre toute espérance. Selon ses habitudes conformes à mon désir, il faisait en quelque sorte voler sa petite jument, qui, quoique maigre, était douée d'une très-grande vivacité ; nous dévorions l'espace sur la grande route de Toulon, au grand étonnement des passants, qui s'empressaient de nous ouvrir le chemin à droite et à gauche ; mais mon habile cocher dirigeait sa *Finette*, comme il l'appelait, avec tant de dextérité, que j'étais sans crainte sur les suites de cette course vertigineuse.

Nous arrivâmes à la porte de l'Evêché, à 10 heures précises ; j'allais descendre de la voiture, lorsque la grande porte cochère s'ouvre, et le concierge fait signe à mon conducteur d'avancer et d'entrer dans la cour, qui précède l'entrée principale de l'Evêché : j'étais loin de m'attendre à cet honneur, lorsque cinq jours à peine me séparaient du fameux Mandement : en vérité, il n'y avait pas à s'y méprendre ; le concierge, comme il l'affirma, avait réellement reçu l'ordre de ne pas laisser stationner ma voiture dans la rue ; j'entrais donc à pleines voiles dans le port après la tempête, pourquoi le dissimuler ? Ma petite vanité en fut flattée ; ce qui contribua, il faut aussi l'avouer, à me rendre plus facile dans la conférence que nous eûmes et à m'étourdir sur les conséquences de mes promesses.

Avait-on eu à l'Evêché une arrière-pensée en m'accordant un honneur que ne reçoivent que les personnages officiels ? On peut le croire, sans jugement téméraire.

Je fus introduit dans un appartement où m'attendaient Mgr l'Evêque de Marseille, M. Tempier et M. Jeancard ; après quelques pourparlers très pacifiques, que j'ai complètement oubliés, il fut décidé que la liberté de conscience serait accordée aux parents et aux élèves, et que je ne serais point obligé de renoncer à la société de mes collègues ; c'étaient là les points principaux : je me sentis si heureux et si fier de les avoir obtenus, que je fis malheureusement bon marché de tout le reste, avec une légèreté qui faillit plus tard tout remettre en question ; ainsi j'acceptai 15 jours de retraite spirituelle au Grand-Séminaire pour moi et 30 jours pour mes collègues, qui m'avaient donné plein pouvoir pour ce qui les concernait ; il est vrai que cette différence dans cette sorte de pénalité, après tout ce qui s'était passé depuis deux ans environ, était une condamnation manifeste des mauvais procédés qu'on avait eus à mon égard, lors de ma sortie du Petit-Séminaire ; M. l'abbé Jeancard, à son tour, fit preuve en cela d'une grande étourderie ; car en condamnant mes deux collègues à 30 jours de retaite, on ne se justifiait pas d'avoir eu le dessein de les conserver au Petit-Séminaire malgré leur indignité, qui était certainement antérieure, à la fondation de l'établissement Menpenti ; cependant aux yeux des gens superficiels, ces 30 jours de retraite expliquaient en quelque manière les mesures rigoureuses qu'on avait prises, et qui avaient ainsi en quelque sorte une raison d'être.

La seconde condition fut d'apporter à l'Evêché tous les exemplaires du *Mémoire* ; prévoyant qu'on pourrait faire pendant plusieurs années un usage plus ou moins *décent* du fruit de mon travail, je déclarai que je consentais à la destruction du Mémoire, mais je demandai qu'il eût l'honneur d'être brûlé en présence d'un Commissaire de l'Evêché ; ce qui fut accordé

Enfin la troisième condition fut de rédiger une amende honorable, qui serait lue dans toutes les chaires — les égards qu'on avait pour moi dans cette conférence et le vif intérêt que me témoignait le vénérable évêque, me firent croire trop légèrement qu'on ne serait pas très exigeant sur la forme de cette amende honorable — comme j'avais toujours reconnu mes torts, provoqués par ceux de mes adversaires, il ne m'en coûterait pas beaucoup d'en faire de nouveau un aveu public ; mais l'Evêché n'entendait pas que mention fût faite des siens, qui avaient été la cause des miens ; voilà ce que j'aurais dû prévoir avant d'exécuter la seconde condition ; car une fois le Mémoire brûlé, je ne pouvais le faire réimprimer, sans de nouveaux frais considérables ; j'étais pour ainsi dire à la discrétion de mes adversaires. Comme je l'ai déjà dit, l'encens qu'on avait brûlé sous mes yeux avait produit un nuage qui m'était monté au cerveau et avait obscurci mon intelligence ; je ne voyais que ce que les cent bouches de la Renommée allaient appeler ma victoire et j'étais totalement aveugle sur les conséquences du traité insidieux qu'on m'imposait.

Quoi qu'il en soit, la convention ayant été acceptée de part et d'autre verbalement, je me dressai et, après avoir salué avec respect Monseigneur l'Evêque, qui me serra la main affectueusement, je sortis, accompagné de M. l'abbé Jeancard, qui daigna prendre place dans ma modeste voiture, et nous nous dirigeâmes vers la Cannebière, où se trouvait alors l'imprimerie du *Sémaphore*. Nous y trouvâmes les feuilles des 500 exemplaires, suspendues à des ficelles dans toute la longueur des appartements, pour les faire sécher : je donnai ordre d'en faire un ballot, et de les déposer dans une large brouette, afin qu'on pût le transporter aisément jusqu'au cours Gouffé, pour y être brûlé dans le four de notre boulanger.

Pendant que les ouvriers de l'imprimerie se livraient à ces opérations, M. l'abbé Jeancard eut naturellement la curiosité de lire quelques pages de mon écrit. « Ce sont, « lui dis-je, des amplifications de rhétorique. » — « Vous « vous trompez, me répondit-il, c'est plus grave et plus « sérieux que vous ne le pensez : me permettez-vous d'en « prendre un exemplaire ? » — « Très volontiers, lui dis-je, « mais à la condition que j'en prendrai un moi-même. » C'est ainsi que deux exemplaires furent sauvés de la destruction à laquelle nous allions procéder.

Tout étant prêt, et les exemplaires étant bien ficelés et enveloppés de papier, on les descendit et on les déposa sur la brouette, qu'un seul homme fit rouler devant nous ; nous la suivions, dans une attitude sérieuse et d'un pas lent, comme deux gendarmes, qui font marcher devant eux, les mains liées, un malfaiteur, et le conduisent au cachot. En traversant la rue Saint-Ferréol, je fus accosté par plusieurs pères de famille qui venaient me serrer la main ; entre autres par feu M. Robert, courtier, avec la famille duquel j'ai encore les relations les plus intimes. Lorsque nous fûmes arrivés chez M. Garnier, notre boulanger du cours Gouffé, je le priai de chauffer son four immédiatement, et de jeter sur les branches enflammées le ballot de papier que nous avions apporté ; mais quelque empressement qu'il y mit, l'opération marchait lentement, à cause de l'humidité dont cette grande quantité de papier était imprégnée ; M. Jeancard impatient de voir la fin de cet holocauste, s'armait de temps en temps de la longue pelle qui sert aux boulangers pour introduire la pâte dans le four et en retirer le pain ; il soulevait à l'aide de cet instrument les tas de papiers calcinés, afin d'y donner de l'air et de hâter la combustion. Enfin, après environ une heure d'effort et de patience, tout fut réduit en cendres et je ne pus m'empêcher de lui dire sur un ton mélancolique : « Quelle déconfiture ! » — « Dites plutôt, répliqua-t-il : quelle confiture ! » Cette répartie qui pouvait être prise de sa part, comme une épigramme, était pourtant sérieuse et aurait été en effet l'expression symbolique d'une grande vérité, si mes deux associés avaient eu soin d'administrer la maison avec une sage économie, pendant que je soutenais la lutte contre l'Evêché. Si en effet l'état de nos finances eût été satisfaisant, au moment où le sacrifice de mon *Mémoire* allait contribuer à la réconciliation, il est évident que notre maison devait naturellement devenir de plus en plus florissante. Mais M. Jeancard ignorait ce que je savais malheureusement de notre situation intérieure ; il était donc persuadé que nous allions maintenant marcher à grands pas dans le chemin de la prospérité ; aussi sa réponse, toute plaisante qu'elle était, aurait pu être par la force des choses une vraie prédiction.

Il était à peu près une heure, lorsque nous étions sur le point de nous séparer ; je l'engageai courtoisement à me suivre jusqu'à Menpenti, qui n'était éloigné que de quelques minutes, pour s'asseoir fraternellement à notre table ; il ne crut pas devoir accepter mon invitation, mais il m'assura que plus tard cela pourrait bien avoir lieu sans inconvénient.

4°

Incident
pour la rédaction de l'amende honorable

Cette première condition étant remplie, il fallut songer à la seconde, c'est-à-dire, à la rédaction de l'amende honorable : lorsque je pris la plume pour ce travail, j'en sentis alors toute la difficulté et je compris que j'avais commis une grave imprudence en ne pas donnant le premier pas à cette démarche, de laquelle allait dépendre la ratification du traité ; comment après une lutte aussi acharnée et impitoyable de part et d'autre, pouvoir trouver des pensées dans mon intelligence et des sentiments dans mon cœur, entièrement opposés aux dispositions dans lesquelles je me trouvais, il y avait à peine vingt-quatre heures ? Une transition aussi brusque était au-dessus de mes forces ; il m'était impossible d'achever les phrases que j'avais commencées ; tout en voulant me soumettre et réparer mes torts, je répugnais à ne pas insinuer que je n'étais pas le seul coupable ; mais je prévoyais qu'en rappelant même implicitement les torts des Vicaires généraux, on considèrerait ma rédaction comme une reprise d'hostilité ; en vérité la plume me tombait des mains ; je résolus donc de me distraire, en reprenant mes occupations ordinaires et de renvoyer au lundi ce laborieux accouchement. Mais les deux jours de ce repos relatif ne rendirent pas ma tâche plus facile ; il fallait pourtant en finir et prendre une décision, sauf à la modifier, si on ne l'approuvait pas ; les bons procédés qu'on avait eus ou qu'on avait paru avoir pour moi, et l'adhésion à peu près complète que j'avais donnée aux conditions imposées, me faisaient espérer qu'on ne prendrait pas en mauvaise part une rédaction, même insuffisante ; hélas ! je ne tardai pas à reconnaître mon erreur.

J'ai trouvé dans mes vieux papiers ce premier travail chargé de corrections presque indéchiffrables ; je le donne tel que je l'ai rétabli.

« Monseigneur,

« Depuis bientôt deux ans, trois prêtres se sont trouvés
« engagés dans une lutte fâcheuse contre l'autorité épiscopale ;
« la position qu'ils s'étaient faite a donné lieu à un genre de
« débats qui ont affligé l'Eglise de Marseille et provoqué une
« scission désolante dans le troupeau des fidèles confié aux
« soins de Votre Grandeur.

« Chargé par mes collaborateurs de la mission générale de
« repousser les attaques, je me reconnais seul responsable de
« tous les actes particuliers qui peuvent mériter quelque

« blâme. L'œuvre à laquelle je me suis dévoué et dont le succès
« fait toute ma sollicitude, m'a conduit dans une voie dont je
« comprenais moi-même les périls, sans qu'il me fût donné d'en
« sortir ; j'aime cette œuvre, qui est en partie le fruit de mes
« sueurs et de mes veilles, avec toute l'ardeur d'une tendresse
« maternelle ; et cet amour, aveugle comme tous les senti-
« ments passionnés, m'a entraîné à des écarts de zèle, que la
« prudence humaine elle-même a condamnés, et que la charité
« chrétienne ne saurait justifier.

« Un homme de Dieu s'est présenté pour venir à mon aide ;
« et tandis que des circonstances impérieuses allaient me
« jeter dans une carrière de longues tribulations, il m'a ouvert
« la voie qui devait me conduire sûrement au lieu du repos.
« J'ai reconnu que j'avais contristé Votre Grandeur, et que par
« entraînement plutôt que par haine, j'avais offensé le vertueux
« prélat et les prêtres estimables qui sont les dépositaires de
« son autorité.

« Fidèle à mes principes, et suivant toujours la ligne de
« conduite que je me suis tracée, je ne recule pas devant
« l'humble aveu de mes fautes ; je rendrai même justice à ceux
« qui me furent opposés, et je me fais aujourd'hui un devoir
« de publier ce qui s'est passé sous mes yeux dans le dénoue-
« ment de ce drame.

« Votre Grandeur a déployé une bonté affectueuse et vrai-
« ment paternelle ; Mgr d'Icosie m'a donné un beau témoi-
« gnage de désintéressement et de loyauté ; je ne puis assez
« admirer la facilité avec laquelle Messieurs les Vicaires
« généraux m'ont rendu leurs bonnes grâces, après les outrages
« que j'avais faits à leur dignité. J'ai été vivement attendri de
« leur indulgence ; et je me propose par une soumission par-
« faite à l'autorité légitime, et par ma respectueuse considé-
« ration pour leur mérite personnel, de ne point rendre
« infructueuse leur générosité ; je prie Dieu de bénir cette
« résolution ; je la dépose entre les mains de Votre Grandeur,
« afin que je la retrouve dans les jours de crise et d'exaltation ;
« c'est dans ces sentiments, Monseigneur, que je conjure ins-
« tamment Votre Grandeur d'agréer l'hommage, etc. »

Cette lettre avait, je l'avoue, un certain cachet d'originalité qui était susceptible d'amendement ; mais la substance n'en était pas répréhensible, puisque je ne faisais nullement mention des torts de mes adversaires, que je faisais l'humble aveu des miens, et que je poussais jusqu'à l'exagération le mérite de ceux qui eux-mêmes ne m'avaient pas ménagé. Je n'avais ni vu ni entendu Mgr d'Icosie et MM. Chaix et Flayol ; on ne l'ignorait pas et cependant *j'avais été attendri de leur indulgence,* etc.

Quoi qu'il en soit, l'Evêché n'en fut pas satisfait, je m'y attendais ; mais ce qui dut me surprendre et fit enfin tomber le bandeau qui me couvrait les yeux, c'est la lettre suivante, où M. l'abbé Jeancard, toujours sous le manteau et la signature de l'Evêque, essaya de prendre sa revanche, en trempant sa plume dans le fiel le plus amer. Mgr d'Icosie faisait semblant d'observer la neutralité et se cachait ; mais il n'en était pas moins l'âme de toutes les manœuvres, avec la coopération très-active de son secrétaire. Lisons attentivement cette lettre, que je devrai analyser, pour en faire ressortir tout le venin :

Évêché *Marseille, le 17 février 1837.*
DE
MARSEILLE

« Je suis fâché, Monsieur, d'avoir à vous dire que je ne puis
« regarder la lettre que vous venez de m'adresser comme une
« réparation suffisante telle que je m'attendais à la recevoir.
« Les articles des conditions que j'ai cru devoir vous imposer
« avaient été fixés par écrit dans le Conseil même où ils avaient
« été décidés. On vous les a lus, mais il paraît que vous ne les
« avez pas eus assez présents en m'écrivant. Je vous en envoie
« la copie pour que vous rédigiez dans ce sens et sans rien
« omettre d'essentiel, votre acte de réparation.

« Il est bon de vous faire remarquer que vos collègues ne
« peuvent se contenter de parler par votre organe ; si la nature
« d'une partie de leurs torts doit être passée sous silence, ils
« ont cependant à satisfaire comme vous à l'autorité, à la vérité
« et aux personnes outragées.

« Il ne faut pas vous dissimuler que dans le pardon que je
« vous accorde, j'étends la miséricorde aussi loin qu'il m'est

« possible et que j'ai eu le soin de raisonner longtemps avec
« ma conscience pour qu'elle me permît une condescendance
« que beaucoup de gens trouveront excessive. J'ai voulu vous
« sauver, vous et vos collègues, du dernier malheur.

« Mais je ne saurais vous dispenser des témoignages de
« repentir et de soumission que vous devez à l'Eglise. Il est
« nécessaire que vous répariez, devant les hommes comme
« devant Dieu, le mal qui a été fait, et pour cela il est dans
« l'ordre qu'après avoir pris part à ce qui était plus qu'une
« révolte, vous parliez le langage de prêtres pénitents qui, non
« seulement veulent rendre à leur évêque ce qu'ils lui doivent,
« mais encore donner aux fidèles un sujet d'édification qui
« manifeste qu'ils ont consulté moins leurs intérêts temporels
« que les sentiments que la grâce leur inspire en revenant à
« leur devoir. Quelques paroles d'excuse n'en diraient point
« assez.

« Je vous salue en priant le Seigneur de vous animer de
« l'esprit qui rend méritoire devant lui l'accomplissement de
« nos devoirs.

« CHARLES-FORTUNÉ, *Évêque de Marseille.* »

« Je suis fâché, Monsieur, etc. » Voilà un début dont la sécheresse et la raideur offrent un contraste frappant avec les préliminaires que nous avions posés et surtout avec le caractère bien connu du vieil Evêque, à qui l'on a dû arracher la signature ; ce qui va se passer bientôt entre sa Grandeur et moi le démontrera suffisamment.

« Les articles des conditions, etc. » Il est possible qu'on eût écrit bien des choses et même qu'on me les ait lues, quoique je ne m'en souvienne pas ; mais ce qui est certain, c'est qu'on ne me donna aucune copie de ces conditions, c'est-à-dire, de la formule qui devait être suivie dans l'amende honorable ; puisque je n'ai pas voulu y adhérer dans la seconde conférence, il est probable que je l'aurais encore moins acceptée dans la première ; et comme on tenait tant à cette formule, dont *il ne fallait rien omettre d'essentiel*, il était bien facile de m'en donner une copie ; ou plutôt ce qu'il y avait à faire au préalable, c'était de discuter cette formule et de m'en demander l'approbation,

Or, rien de tout cela n'avait été fait ; d'où je conclus que la lecture de ces conditions, si elle a eu lieu, n'a été faite que vaguement et qu'on n'y a pas trop insisté, puisqu'elle n'a laissé aucune trace dans ma mémoire, tandis que je me souviens parfaitement de toutes les autres circonstances.

« Il est bon de vous faire remarquer, etc. » Je fais remarquer, à mon tour, cette manière perfide de passer sous silence des torts d'une *certaine nature*, c'est-à-dire, des impuretés, dont on rappelle cependant le souvenir ; mes collègues n'ayant jamais coopéré à mes écrits publics et privés, n'avaient donc pas à satisfaire comme moi à une autorité qu'ils avaient respectée, à la vérité qu'ils n'avaient pas blessée, aux personnes qu'ils n'avaient pas outragées.

« Il ne faut pas vous dissimuler, etc. » Je suis certain, autant qu'on peut l'être en ce monde, que ce langage sévère et restrictif ne m'a pas été tenu dans la conférence, lorsqu'on était encore sous la menace du *Mémoire :* après avoir déclaré formellement dans le Mandement et ailleurs que notre institution était une œuvre anti-catholique et immorale, il fallait bien, en effet, *raisonner longtemps avec la conscience*, pour trouver bon et acceptable ce qu'on avait présenté comme essentiellement mauvais. *Beaucoup de gens* jugeront *excessive*, non pas la condescendance, mais l'élasticité d'une conscience qui se plie et se façonne si aisément selon les occurrences. Si l'on a longtemps raisonné, c'est pour éviter la critique de l'opinion publique, qui trouva, en effet, que la morale de l'Evêché était singulièrement mobile : on nous rappelle que nous étions menacés de l'excommunication : quel à propos, lorsqu'il s'agit sérieusement de la réconciliation !

« Mais je ne saurais vous dispenser, etc. » Ce long alinéa, peu correct, obscur et chargé d'une période interminable avec une cascade de *qui* et de *que*, qui fait peu d'honneur à l'écrivain académicien, n'est qu'une pâle réminiscence de certaines pages du Mandement. M. l'abbé Jeancard qui semble nous accuser d'avoir consulté dans notre soumission plutôt *nos intérêts temporels que les sentiments inspirés par la grâce*, a probablement devant les yeux *sa confiture*.

Les deux lignes qui terminent la lettre, sans aucune de ces formules que la politesse exige, sont dignes du début. En résumé, c'est la colère mal dissimulée qui a inspiré cette lettre ; on s'aperçoit que le *Mémoire* a été lu et qu'on feint de ne plus en avoir peur.

Si Mgr Charles-Fortuné avait pu nous écrire lui-même, très-certainement il l'aurait fait dans un autre style.

Voyons maintenant cette copie qu'on a l'extrême obligeance de m'envoyer, afin que je la suive de point en point et que rien ne manque à notre humiliation (1).

1° Les Directeurs de Menpenti s'obligeront à désavouer publiquement toutes les inculpations qu'ils se sont permises contre Mgr l'Evêque de Marseille, Mgr d'Icosie, MM. les Vicaires Généraux et l'Administration Episcopale. Ils reconnaîtront que dans leur égarement, ils ont manqué à la fois et à la vérité et à l'autorité et aux personnes. M. Jonjon rétractera particulièrement les quatre lettres qu'il a publiées récemment dans le *Sémaphore*. Ces Messieurs de Menpenti exprimeront tout le regret qu'ils éprouvent et demanderont pardon de leur faute ainsi que de l'état d'hostilité dans lequel ils s'étaient établis. Ils protesteront de leur sincère désir de réparer tous ces torts par une soumission et un respect dont ils se proposent de ne jamais se départir dans la suite.

Je déclare qu'il est faux que cette première partie m'ait été lue, telle qu'elle est ici écrite et encore plus faux que j'y aie adhéré, comme on le prétend.

2° Les Directeurs de Menpenti annonceront dans leur acte public de réparation qu'ils vont achever ce qu'ils auront commencé par cet acte, qu'ainsi ils feront une retraite spirituelle dans le grand séminaire de Marseille, voulant par là rentrer en grâce avec Dieu et donner à Mgr l'Evêque les garanties qu'il désire.

Ce 2° avec tous ses commentaires et ses développe-

---

(1) C'est Mgr d'Icosie qui l a rédigée et écrite.

ments a été fabriqué après coup ; si je m'étais engagé à donner des garanties, c'eût été avouer moi-même que je n'étais pas digne de foi.

3° Ils feront cette retraite qui durera pour M. Jonjon quinze jours et pour MM. Blanc et Vidal un mois. Il ne sera point nécessaire qu'ils la fassent tous trois en même temps. M. Jonjon pourrait commencer et après lui MM. Vidal et Blanc la feraient ensemble ou successivement.

Cela en effet fut formellement exigé : j'ai déjà dit que j'y adhérai.

4° Lorsque ces conditions auront été remplies, Monseigneur l'Evêque autorisera M. le Curé du Rouet à entendre les confessions des élèves de Menpenti.

Dès que nos élèves rentraient dans le droit commun, M. le Curé du Rouet, qui était leur propre curé, n'avait pas besoin d'une autorisation spéciale. Ils pouvaient également s'adresser à tout autre prêtre pour la confession.

5° Monseigneur désire pouvoir dans la suite permettre à M. Jonjon de monter à l'autel dans son diocèse (1) ; mais il ne s'engage à rien à cet égard. Son dessein est pourtant si la conduite de M. Jonjon témoigne de la sincérité de son retour de l'autoriser peu de temps après la retraite de monter à l'autel. (Depuis Monseigneur lui a fait espérer qu'il lui accorderait cette autorisation aussitôt après la retraite).

Je ne me souviens pas d'avoir entendu la lecture de ce cinquième alinéa ; il n'avait jamais été question du *celebret* ni pour moi ni pour mes collègues, soit avant soit pendant la conférence. La phrase qui se trouve entre parenthèse, indique bien que la rédaction de cette copie a été postérieure à la conférence et qu'au lieu d'être une copie, cette pièce était en réalité l'*original*. N'est-ce pas au moins ridicule de mettre dans un exposé des conditions à remplir une parenthèse qui rétracte tout ce qui précède ? Est-ce à la fin de la conférence que Monseigneur m'a fait espérer

---

(1) Amphibologie. Il fallait dire : dans le diocèse de Marseille.

une faveur qu'il n'était pas dans sa pensée de m'accorder ? Je n'ai pas le moindre souvenir de cette promesse.

6° Sous le rapport de la célébration des Saints-Mystères, Monseigneur a le regret d'être empêché d'accorder une semblable grâce à MM. Vidal et Blanc à cause de certains faits qui ont eu de la publicité et qui exigent dès lors une pénitence prolongée. Cependant Monseigneur sans prendre aucune espèce d'engagement forme le vœu que ces deux derniers Messieurs parcourent, au su des fidèles, cette voie d'une pénitence édifiante pour qu'il lui soit permis de les réintégrer par degrés dans les fonctions sacerdotales.

Ce sixième alinéa est encore une méchanceté imaginée par M. Jeancard, pour humilier mes collègues et envenimer la discussion. Puisque ces messieurs ne demandaient rien, pourquoi leur déclarer qu'on ne pouvait rien leur accorder que dans un avenir très lointain ? Ces *certains faits* qu'on rappelle si souvent, pour perpétuer la blessure en y tournant sans cesse le fer, *avaient eu de la publicité*, d'après l'Evêché, lorsque ces messieurs avaient au Petit Séminaire des emplois honorables, et y exerçaient toutes leurs fonctions sacerdotales : on n'avait pas exigé d'eux qu'ils *parcourussent la voie d'une pénitence édifiante*, avant de leur ouvrir les portes de cette maison. Si depuis ces faits *ont été sus des fidèles*, c'est l'Evêché qui a eu la charité de les divulguer pour l'édification publique. Mais les fidèles ne devaient pas être dupes de ce triste manège ; ils avaient toujours le droit de dire à l'Evêché : « Vous connaissiez ou vous deviez connaître la conduite de ces deux prêtres, lorsque vous les avez admis comme professeurs de hautes classes au Petit Séminaire. Or, s'ils étaient alors tels que vous nous les dépeignez maintenant, nous en appelons au jugement de Dieu d'une légèreté si inexcusable. »

7° En posant les conditions ci-dessus et en concédant la grâce sollicitée, Monseigneur l'Evêque consulte surtout sa miséricorde envers ceux qui l'ont si cruellement affligé, pressé qu'il est du besoin d'accorder le pardon au repentir et sa bénédiction à ceux qui n'auraient jamais dû méconnaître ce qu'il y a de paternel dans leurs supérieurs.

Nous avons demandé la jouissance des droits des élèves et des parents ; nous n'avons sollicité aucune grâce pour nous. M. l'abbé Jeancard oublie ou feint d'oublier que le *Mémoire* est brûlé et qu'en me soumettant à ce sacrifice j'avais donné un grand exemple d'obéissance auquel on devait avoir égard, surtout lorsque je n'exigeais ni de la part de l'Evêché ni des journaux qui lui étaient dévoués aucune sorte de rétractation des calomnies dont j'avais été même l'objet au Ministère des Cultes, comme je l'ai dit plus haut.

Après la lecture de cette pièce, j'étais réellement indigné et moins que jamais disposé à écrire une amende honorable dans les termes qu'on me suggérait. Cependant il était urgent de prendre une résolution ; recommencer la lutte, en faisant réimprimer le *mémoire*, c'était ce que me conseillaient bien des personnes, même pieuses, qui n'auraient pas vu de mauvais œil le despotisme épiscopal écrasé sous le poids du scandale, et qui espéraient qu'enfin le Conseil d'Etat forcerait l'Evêché à nous laisser tranquilles ; cette perspective, à vrai dire, souriait à mon caractère ardent et à mes idées de jeune homme ; d'autre part mes collègues dont l'avenir était engagé beaucoup plus que le mien et la réputation était en jeu, étaient bien aises d'en finir ; de plus il s'agissait des intérêts les plus sacrés, de la liberté de conscience et de la libre réception des sacrements pour les parents et pour les élèves ; et enfin nous avions l'espoir probable d'obtenir plus tard de nouvelles concessions et de pouvoir exercer toutes nos fonctions sacerdotales. Voilà, me disaient mes collègues, de grands avantages pour lesquels on ne saurait trop faire des sacrifices, même celui de l'amour-propre. C'étaient là en effet de puissantes considérations, auxquelles je ne pouvais pas être insensible : mais ce qui me tourmentait le plus, c'était la crainte, qui n'était pas dénuée de fondement, de me voir séparé à jamais d'élèves que j'aimais passionnément et dont j'étais l'idole, à tort ou à raison ; c'est un fait que pourraient encore constater ceux qui ont survécu :

« Allons, dis-je à l'abbé Blanc (ceci est historique), vous
« qui avez le talent de beaucoup parler sans rien dire,
« prenez la plume et rédigez-moi quelque chose qui satis-
« fasse l'Evêché sans me déshonorer. »

Ma franchise à laquelle d'ailleurs je l'avais accoutumé, le fit sourire ; il me promit de s'en occuper ; mais il fut d'avis que je devais auparavant retourner à l'Evêché, demander une audience spéciale, délibérer sur les bases principales de cet écrit et surtout sur la rétractation qu'on exigeait, ce qui m'affectait le plus.

Je partis donc encore pour l'Evêché, où cette fois je n'étais pas attendu et je courais le risque de ne trouver personne ; mais je fus assez heureux de rencontrer les mêmes personnages qui m'avaient entendu la première fois — l'excellent accueil que me fit Mgr Fortuné de Mazenod me rassura et me convainquit du peu de participation qu'il avait eue à la lettre que j'avais reçue — que s'est-il passé au début de cette nouvelle conférence ? Je n'en ai pas conservé un souvenir exact ; je crois que M. Tempier me reprocha de traiter avec mon Evêque d'égal à égal — pour savoir jusqu'à quel point cette accusation était fondée, il faudrait avoir sous les yeux le projet d'adresse qu'on incrimine ; d'ailleurs je sais à quoi m'en tenir sur ce reproche — les supérieurs ecclésiastiques confondent les questions administratives ou hiérarchiques avec celles qui concernent la charité, la justice et tout ce qui se rattache à la morale ; on leur doit dans les premières les égards qui sont dus à leurs dignités et à leur suprématie ; mais lorsqu'il transgressent à l'égard de leurs inférieurs la loi naturelle, l'évangile et la loi ecclésiastique, ceux-ci peuvent leur demander raison de leurs outrages : la violation du droit, comme je l'ai dit souvent, rapproche les rangs. Qu'ai-je répondu à M. Tempier ? je ne m'en souviens plus.

Mais ce qui est encore gravé dans ma mémoire, c'est la discussion violente qui s'engagea entre M. Jeancard et moi et qui se termina par la touchante intervention de Monseigneur l'Evêque de Marseille. Il s'agissait de la rétractation des quatre lettres imprimées dans le *Sémaphore* ; M. Jeancard voulait que je fisse le désaveu de tout ce que j'y avais écrit de contraire à la discipline de l'Eglise, à l'autorité des Evêques, à l'obéissance et à la vérité — je répondais que j'avais manqué d'égard à mes supérieurs, parce que j'avais été provoqué ; je consentais à reconnaître mes torts sur ce point : mais j'affirmais que je n'avais rien écrit de réellement contraire aux principes catholiques et surtout à la vérité et que jamais je ne signerais un désaveu tel que l'exigeait M. Jeancard — mais celui-ci n'en démordait pas ; il persistait avec une ténacité invariable à soutenir sa formule, par laquelle il semblait me dire : « Vous avez menti, il faut rétracter vos mensonges » enfin je perdis patience ; exaspéré d'une audace que la haine seule pouvait inspirer, je me levai brusquement pour me retirer, en m'écriant : « puisque vous voulez continuer la guerre, nous la continuerons. »

A peine eus-je prononcé ces mots, que le vieil Evêque, à côté duquel je me trouvais, me retint par la soutane et me dit avec une bonté que je n'oublierai jamais : « Non, restez assis, ne partez pas, *nous ne voulons plus nous brouiller.* » — « Ni moi, non plus, Monseigneur, je ne veux
« pas me brouiller, surtout avec vous ; mais daignez
« imposer silence à *cet homme qui est mon ennemi person-*
« *nel, et qui s'efforce de mettre des bâtons dans les roues.* »

Cet homme ne répondit pas à mon apostrophe, qui fut suivie de quelques secondes de silence. Il dut éprouver une sorte de confusion de se voir en quelque sorte débordé par la douceur évangélique de celui à qui jusqu'à ce jour on avait fait jouer un si triste rôle, si étranger à son caractère : la situation était critique ; quoique je fusse attendri de la démarche du vénérable vieillard, je ne pouvais cependant revenir sur mon refus ; mais pour en finir, je pris la plume et je soumis à son approbation la phrase suivante qui fut adoptée : « Je rétracte les quatre lettres, en ce qu'elles pourraient contenir d'opposé, etc. » Ainsi M. Jeancard, représentant du groupe haineux, dont les excès avaient été la cause véritable du scandale, dut céder à l'équitable bienveillance de l'Evêque. Plût à Dieu que j'eusse pu traiter toutes nos affaires avec Sa Gandeur ! *La justice et la paix,* selon le langage du prophète, se seraient unies par un mutuel embrassement. (*Justitia et pax osculatæ fuissent.*)

Je me levai une seconde fois en promettant à Monseigneur de lui envoyer une seconde rédaction et en le priant de daigner me la renvoyer avec les modifications qu'on jugerait convenable d'y introduire pour la forme.

5°
Projet d'amende honorable modifié par l'Évêché

Mes collègues m'attendaient avec une vive impatience ; quoique forts émus du récit de ce qui s'était passé, ils furent néanmoins satisfaits de la conclusion : comme je l'ai déjà dit, ils avaient hâte d'en finir. M. l'abbé Blanc qui avait déjà commencé son petit travail, s'empressa de le terminer ; nous l'envoyâmes à l'Evêché immédiatement, avec prière d'y mettre sans retard les amendements, comme il plairait à Mgr l'Evêque, c'est-à-dire à M. l'abbé Jeancard ; on nous le rapporta avec des ratures et des changements, tel qu'on le trouve ici. J'eus la force de signer cette pièce, la seule qui ne soit pas de ma composition, quoiqu'elle ait été publiée sous mon nom ; mais j'avoue que je n'aurais pas eu celle de la transcrire, encore moins de la faire sortir de mon cerveau, bien qu'en réalité il y ait des restrictions, qui condamnent implicitement l'Evêché.

Menpenti, le 18 Février 1835.

Monseigneur,

A la place des mots soulignés ci-contre, mettre : 'ai le malheur de vivre, insi que mes collègues, ans un pénible éloignement à l'égard de Votre irandeur

Depuis bientôt deux ans *de grandes tribulations agitaient cette terre sur laquelle vos vertus avaient appelé tant de bénédictions ;* mais à peine un homme de Dieu vous a-t-il parlé de miséricorde qu'il a trouvé votre cœur ouvert pour lui répondre et me rappeler à vous. Cette charité du Pasteur m'a vivement retracé celle de Dieu et j'ai pu me souvenir de ce que je devais à l'un et à l'autre.

Votre grandeur arrêterait elle-même ma plume, si je vous voulais exprimer tout ce que m'inspire de respect et de regret une indulgence qui ne m'était pas assez connue ; mais elle ne pourra m'empêcher de remplir un devoir sacré, en lui témoignant publiquement ma reconnaissance pour le bien qu'elle m'a fait, puisque c'est par des écrits publics que j'ai abreuvé son cœur de douleur et d'amertume. Vous avez bien voulu ne voir qu'un effet de l'illusion et de l'emportement dans les torts qui ont outragé la dignité auguste dont vous êtes revêtu et les vertus de votre vénérable personne ; il est donc juste que je les déplore aujourd'hui et que je rende hommage à ce que j'ai malheureusement méconnu.

Loin d'adhérer à tout ce que l'on a dit en cette affaire ou dans d'autres circonstances sur l'esprit de votre administration, et les qualités particulières de Mgr l'évêque d'Icosie et de MM. les vicaires généraux, je repousse de toutes les forces de mon âme ce que l'on pourrait inférer de mes paroles et de mes écrits. Je fais acte de justice, en disant que l'Evêché de Marseille mérite, dans chacun de ses membres, d'être proposé à tous les prêtres du Diocèse, comme un modèle de désintéressement, de bonté et de modestie chrétienne et qu'on ne peut nullement lui imputer de se laisser entraîner dans les déterminations par des motifs de cupidité.

Notes marginales :

A la place des mots soulignés ci-contre : Est-il allé de notre part vous demander quelle voie nous avions à suivre, qu'il a trouvé votre cœur ouvert à la miséricorde.

(Ce changement a paru nécessaire vu que Monseigneur a assez prouvé qu'il n'avait pas besoin d'être exhorté à la miséricorde).

A la place du paragraphe ci-contre, mettre : Je repousse de toutes les forces de mon âme ce que l'on pourrait inférer de mes paroles et de mes écrits qui serait peu respectueux envers votre administration dont j'honore l'esprit de zèle pour le bien de l'Eglise. Je fais en même temps acte de justice en disant que si dans l'ardeur d'une opposition dont je voudrais effacer toutes les traces, ma plume a commis bien des écarts, il n'est pas moins vrai qu'en me rapprochant aujourd'hui de mes supérieurs ecclésiastiques, j'ai éprouvé que leur bonté personnelle me rendait facile devant eux le désaveu d'assertions injustes. Aussi, j'aime à faire cette réparation à MM. les vicaires généraux et à Mgr l'évêque d'Icosie en qui j'ai trouvé ... (ajouter ici ce que la vérité et votre cœur vous inspireront, en observant cependant une juste réserve et sans reproduire les expressions ci-contre qui pourraient être mal interprétées.)

De peur qu'il ne reste quelque fâcheuse impression (*) *de la lutte qui a eu lieu naguère* et pour qu'on ne puisse douter de ma sincérité, je rétracte en particulier les quatre lettres insérées dans le *Sémaphore* en ce qu'elles pourraient contenir d'opposé à la discipline de l'Eglise, au pouvoir des évêques, à l'obéissance cléricale (*), et je suis disposé à recevoir avec respect les décisions que Votre Grandeur donnerait sur les cas théologiques qui concernent ces questions.

Le Pardon a été si prompt qu'il m'est aujourd'hui devenu inutile de vous demander grâce ; mais je dois au moins exprimer le regret que j'éprouve de l'état d'hostilité dans lequel je me suis trouvé *placé*. Je proteste de ma soumission parfaite aux conditions que vous m'avez imposées pour le salut de mon âme et le bien de notre Pensionnat.

Nos jeunes élèves et leurs familles *rendus, par cette heureuse réconciliation, à la libre participation des Sacrements*, m'ont déjà donné la plus douce récompense des démarches que j'ai faites pour me jeter dans vos bras paternels — rappelé par votre miséricorde à la connaissance de mes devoirs, je renouvelle à vos pieds la promesse de ne jamais me départir du respect et de l'obéissance que je dois à l'autorité épiscopale.

Votre bénédiction confirmera dans mon cœur ces sentiments que je vais méditer dans la retraite, afin qu'ils portent leurs fruits devant Dieu et devant les hommes.

Agréez, etc.

Nous soussignés, Prêtres, Directeurs de l'Etablissement Menpenti, reconnaissons que nous avons à notre tour à offrir à

(*) A la place des mots soulignés ci-contre, mettre : De ce qui s'est passé.

(*) Ajouter : à la vérité.

Supprimer le mot *placé*.

A la place des mots soulignés ci-contre, mettre : heureux de l'indulgence dont nous sommes l'objet de votre part.

Monseigneur l'Evêque de Marseille et aux autres personnes vénérables qui composent son Conseil, une réparation publique de tous les torts dont nous nous sommes rendus coupables envers eux ; nous adhérons pleinement et sincèrement à tous les sentiments de repentir, de respect et de soumission que M. l'abbé Jonjon, notre collaborateur, vient d'exprimer, et nous conjurons Monseigneur l'Evêque, notre Pasteur, de bénir la ferme résolution que nous prenons de ne plus contrister son cœur paternel, (*)

(*) **A ajouter** : ainsi que les salutaires exercices auxquels nous allons nous livrer dans le silence et le recueillement d'une pieuse retraite.

LETTRE ADRESSÉE A MONSEIGNEUR L'ÉVÊQUE DE MARSEILLE

Par M. l'Abbé JONJON

Monseigneur,

Depuis bientôt deux ans j'ai le malheur de vivre, ainsi que mes collaborateurs, dans un pénible éloignement à l'égard de votre Grandeur. Mais à peine un homme de Dieu est-il allé, de notre part, vous demander quelle voie nous avions à suivre, qu'il a trouvé votre cœur ouvert à la miséricorde. Cette charité du Pasteur m'a vivement retracé celle de Dieu, et j'ai pu me souvenir de ce que je devais à l'un et à l'autre.

Votre Grandeur arrêterait elle-même ma plume si je voulais exprimer tout ce que m'inspire de respect et de regret une indulgence qui ne m'était pas assez connue ; mais elle ne pourra m'empêcher de remplir un devoir sacré en lui témoignant publiquement ma reconnaissance pour le bien qu'elle m'a fait, puisque c'est par des écrits publics que j'ai abreuvé son cœur de douleur et d'amertume. Vous avez bien voulu ne voir qu'un effet de l'illusion et de l'emportement dans les torts qui ont outragé la dignité auguste dont vous êtes revêtu et les vertus de votre vénérable personne. Il est donc juste que je les déplore aujourd'hui et que je rende hommage à ce que j'ai malheureusement méconnu.

Je repousse de toutes les forces de mon âme ce que l'on pourrait inférer de mes paroles et de mes écrits, qui serait peu respectueux envers votre administration, dont j'honore l'esprit de zèle pour le bien de l'Eglise. Je fais en même temps acte de justice, en disant que, si dans l'ardeur d'une opposition dont je voudrais effacer toutes les traces, ma plume a commis bien des écarts, il n'est pas moins vrai qu'en me rapprochant aujourd'hui de mes supérieurs ecclésiastiques, j'ai éprouvé que leur bonté paternelle me rendait facile devant eux le désaveu d'assertions injustes. Aussi j'aime à faire cette réparation à MM. les Vicaires Généraux et en particulier à Mgr l'Evêque d'Icosie, en qui j'ai trouvé des qualités personnelles capables de lui mériter l'affection de tous ceux qui le connaissent de près.

De peur qu'il ne reste quelque fâcheuse impression de ce qui s'est passé, et pour qu'on ne puisse douter de ma sincérité, je rétracte en particulier les quatre lettres insérées dans le *Sémaphore*, en ce qu'elles pourraient contenir d'opposé à la discipline de l'Eglise, au pouvoir des Evêques, à l'obéissance cléricale et à la vérité ; et je suis disposé à recevoir avec respect les décisions que votre Grandeur donnerait sur les cas théologiques qui concernent ces questions.

Le pardon a été si prompt qu'il m'est aujourd'hui devenu inutile de vous demander grâce ; mais je dois au moins exprimer le regret que j'éprouve de l'état d'hostilité dans lequel je me suis trouvé ; je proteste de ma soumission parfaite aux conditions que vous m'avez imposées pour le salut de mon âme et le bien de notre Pensionnat. Nos jeunes élèves et leurs familles, heureux de l'indulgence dont nous sommes l'objet de votre part, m'ont déjà donné la plus douce récompense des démarches que j'ai faites pour me jeter dans vos bras paternels.

Rappelé par votre miséricorde à la connaissance de mes devoirs, je renouvelle à vos pieds la promesse de ne jamais me départir du respect et de l'obéissance que je dois à l'autorité épiscopale. Votre bénédiction confirmera dans mon cœur ces sentiments que je vais méditer dans la retraite, afin qu'ils portent leurs fruits devant Dieu et devant les hommes.

Agréez, etc. *Signé :* Jonjon, *Prêtre,*

Nous soussignés, Prêtres, Directeurs de l'établissement Menpenti, reconnaissons que nous avons à notre tour à offrir à Monseigneur l'Evêque de Marseille, et aux autres personnes vénérables qui composent son conseil, une réparation publique de tous les torts dont nous nous sommes rendus coupables envers eux ; nous adhérons pleinement et sincèrement à tous les sentiments de repentir, de respect et de soumission que M. l'abbé Jonjon, notre collaborateur, vient d'exprimer, et nous conjurons Monseigneur l'Evêque, notre pasteur, de bénir les salutaires exercices, auxquels nous allons nous livrer dans le silence et le recueillement d'une pieuse retraite, ainsi que la ferme résolution que nous prenons de ne plus contrister son cœur paternel.

Signés : Blanc, *Prêtre.*
Vidal, *Prêtre.*

Menpenti, le 18 février 1837.

Vu pour être lu en chaire au prône de toutes les Eglises de la Ville et du Diocèse de Marseille, le dimanche 26 du courant.

Marseille, le 21 février 1837.

Flayol, *Archid. Vic. Gén.*

6°
Analyse de l'Amende Honorable

« Depuis bientôt deux ans j'ai le malheur de vivre, ainsi « que mes collaborateurs, dans un pénible éloignement à « l'égard de votre grandeur. »

Il aurait fallu ajouter : « Ce malheur, je l'ai subi malgré moi et il n'a tenu qu'à votre administration de le faire cesser plus tôt. »

« Mais à peine un homme de Dieu est-il allé de notre part « vous demander quelle voie nous avions à suivre, qu'il a « trouvé votre cœur ouvert à la miséricorde. »

M. l'abbé Guyon m'a fait appeler de son propre mouvement et je l'ai autorisé à se rendre à l'Evêché pour sonder les dispositions des administrateurs ; mais il est faux que je l'aie supplié de faire cette démarche, comme semble l'insinuer M. Jeancard — le cœur de l'Evêque, c'est incontestable, était ouvert à la miséricorde, mais il fallait ajouter : *et à la justice.*

« Cette charité du pasteur m'a vivement retracé celle de « Dieu, et j'ai pu me souvenir de ce que je devais à l'un et à « l'autre. »

Mgr de Mazenod a été vraiment charitable dans les deux conférences, mais je n'avais pas besoin de ses bons procédés, pour me souvenir de ce que je n'avais pas oublié, puisque je n'avais rien à me reprocher de personnel à son égard ; s'il est vrai que sa charité me retraçait celle de Dieu, je ne pouvais pas en dire autant de son neveu et des autres membres de l'administration.

« Votre Grandeur arrêterait elle-même ma plume, si je « voulais exprimer tout ce que m'inspire de respect et de « regret une indulgence qui ne m'était pas assez connue. »

Il fallait dire seulement : « tout ce que m'inspire de respect la bonté que vous m'avez témoignée. » Je connaissais depuis longtemps les excellentes qualités de pasteur et surtout l'indulgence de Mgr l'Evêque ; et je devais *regretter* surtout, comme je l'ai déjà dit, de n'avoir pas pu me jeter dans ses bras, dès le commencement de l'affaire.

« Mais elle ne pourra m'empêcher de remplir un devoir « sacré en lui témoignant publiquement ma reconnaissance, « pour le bien qu'elle m'a fait. »

Je n'ai rien à retrancher à ce membre de phrase.

« Puisque c'est par des écrits publics que j'ai abreuvé son « cœur de douleur et d'amertume. »

Cette déclaration ne se lie pas à ce qui précède ; d'ailleurs, elle est exagérée en ce sens qu'elle suppose que j'étais seul coupable et que je faisais de l'opposition spontanée, tandis qu'en réalité je résistais aux vexations, qui ont aussi pour une bonne part contribué à abreuver le cœur du vénérable prélat de douleur et d'amertume.

« Vous avez bien voulu ne voir qu'un effet de l'illusion et
« de l'emportement dans les torts qui ont outragé la dignité
« auguste dont vous êtes revêtu et les vertus de votre véné-
« rable personne. »

Il aurait fallu s'arrêter à ces mots : *dans mes torts*. Tout le reste appliqué au vénérable Evêque est faux : je n'ai jamais outragé ni sa dignité ni encore moins ses vertus.

« Il est donc juste que je les déplore aujourd'hui et que je
« rende hommage à ce que j'ai malheureusement méconnu. »

Cette conséquence est aussi fausse que les prémisses ; je ne puis pas déplorer les torts que je n'ai pas eus et je n'ai jamais cessé de rendre hommage à ce que j'ai toujours connu.

« Je repousse de toutes les forces de mon âme ce que l'on
« pourrait inférer de mes paroles et de mes écrits, qui serait
« peu respectueux envers votre administration, dont j'honore
« l'esprit de zèle pour le bien de l'Eglise. »

Ce que l'on pouvait inférer de mes paroles et de mes écrits, c'est que l'administration ecclésiastique était l'objet de critiques légitimes et qu'en particulier Mgr l'Evêque d'Icosie n'était ni aimé des prêtres ni respecté de la population. Or, repousser de toutes ses forces une telle conséquence, qui était un fait historique, était tout à la fois une exagération et une fausseté ; ce qui n'a échappé à personne.

« Je fais en même temps acte de justice en disant que si
« dans l'ardeur d'une opposition dont je voudrais effacer toutes
« les traces, ma plume a commis bien des écarts, il n'est pas
« moins vrai qu'en me rapprochant aujourd'hui de mes
« supérieurs ecclésiastiques, j'ai éprouvé que leur bonté *per-*
« *sonnelle* me rendait facile devant eux le désaveu d'assertions
« injustes. »

Cette longue période renferme des faussetés que j'aurais dû supprimer, des inexactitudes qu'il fallait éclaircir. Ces mots : *dans l'ardeur d'une opposition dont je voudrais effacer toutes les traces,* devaient être remplacés par ceux-ci : *dans l'ardeur d'une résistance dont je voudrais effacer toutes les circonstances.* Cette dernière assertion était vraie, mais elle n'aurait pas été admise ; il fallait souscrire à la première, qui était fausse, mais qui, je le répète, n'a trompé personne.

Je ne me suis rapproché ou approché que de Mgr l'Evêque, de M. Tempier et de M. Jeancard ; or je n'ai éprouvé d'autre bonté *personnelle*, comme l'avait écrit ce dernier, ou *paternelle*, comme c'est imprimé, que celle du vénérable vieillard ; l'attitude de M. Tempier a été à peu près insignifiante et M. Jeancard n'a pas cessé d'être exigeant, rancunier et même haineux.

Ce pluriel *supérieurs ecclésiastiques* était donc plus que superflu. Je n'ai fait dans les deux conférences aucun désaveu ; j'ai refusé obstinément de faire le seul qu'on m'a demandé formellement. Mais M. Jeancard a inséré adroitement cette locution : *désaveu d'assertions injustes,* pour prendre d'avance une revanche des *conditionnels* qui suivent et qui déterminent la vraie valeur de ce *désaveu.* D'ailleurs mes assertions pouvaient être injustes, c'est-à-dire, déplacées, indécentes et, selon le langage des théologiens, *peccamineuses*, sans être fausses.

« Aussi j'aime à faire cette réparation à MM. les Vicaires
« généraux et en particulier à Mgr l'Evêque d'Icosie, en qui
« j'ai trouvé des qualités personnelles capables de lui mériter
« l'affection de tous ceux qui le connaissent de près. »

Je répète que je n'avais eu dans cette affaire de la réconciliation aucune sorte de rapports avec les autres Vicaires généraux, encore moins avec Mgr d'Icosie, qui se tenait caché et que M. Jeancard représentait. Je n'ai donc pu trouver des qualités, qui aient été le motif déterminant d'une réparation ; est-ce que Mgr d'Icosie ne m'en devait aucune pour m'avoir chassé ignominieusement du Petit Séminaire, sans motif légitime, pour m'avoir attribué, sans preuves, les deux premières lettres imprimées dans le

Sémaphore, pour avoir refusé de m'entendre, après avoir entendu mon accusation et pour m'avoir fait sortir violemment, par la main d'un valet, de ses appartements ? en passant généreusement l'éponge sur tous ces faits odieux et sur bien d'autres, étais-je obligé de m'extasier en prenant un ton lyrique sur des qualités plus ou moins douteuses ? j'avoue cependant que Mgr d'Icosie avait du cœur pour ceux qui l'approchaient et qui n'étaient pas *difficiles ;* mais ce qui est historique, c'est qu'il était sans pitié envers ceux qui lui résistaient. M. l'abbé R... mon ami d'enfance et ex-oblat, m'a dit un jour, après la réconciliation, qu'étant à causer sur notre affaire avec Mgr d'Icosie, celui-ci ne put s'empêcher de grincer des dents, comme pour lui témoigner combien il regrettait d'avoir été en quelque sorte forcé de nous pardonner.

Enfin il faut avouer que l'alinéa tout entier biffé et remplacé par un autre du crû de M. Jeancard, était par trop ironique et rappelle par l'association des idées certains vers d'une des satires de Boileau :

« Toutefois s'il le faut, je veux bien m'en dédire,
« Et pour calmer enfin tous ces flots d'ennemis,
« Réparer en mes vers les maux qu'ils ont commis.
« Puisque vous le voulez, je vais changer de style.
« Je le déclare donc, Quinault est un Virgile,
« Pradon, comme un soleil en nos ans a paru. »

« De peur qu'il ne reste quelque fâcheuse impression de ce
« qui s'est passé, et pour qu'on ne puisse douter de ma sincé-
« rité, je rétracte en particulier les quatre lettres insérées dans
« le *Sémaphore,* en ce qu'elles *pourraient* contenir d'opposé
« à la discipline de l'Eglise, au pouvoir des Evêques, à l'obéis-
« sance cléricale et à la vérité. »

On a remplacé *lutte* par *ce qui s'est passé* ; le mot *lutte* en effet nous aurait trop grandis, en nous représentant aux prises, nous, misérable nain, avec un redoutable géant.

Il est certain que si j'avais eu le malheur d'écrire quelque chose contre la discipline de l'Eglise, le pouvoir légitime des Evêques, l'obéissance cléricale et la vérité, j'étais obligé en conscience d'en faire une rétractation publique et formelle. Mais comme M. Jeancard et tous les membres du Conseil ont été impuissants, soit à me démontrer ma culpabilité sur tous ces points, soit à obtenir de moi une confession expresse de fautes que je n'avais pas commises, on se contenta du conditionnel *pourraient* au lieu de ces mots *en ce qu'elles contiennent*. L'abbé L. M. un de mes chauds amis, me dit la première fois que je le vis, après tous ces débats : « Comment l'Evêché n'a-t-il pas compris qu'en adoptant cette formule conditionnelle, il acceptait sa condamnation ? » C'est le jugement en effet qu'en ont porté toutes les personnes intelligentes et désintéressées. Mais cela n'a pas empêché bien des gens superficiels de croire et de dire que *je m'étais rétracté*.

« Je suis disposé à recevoir avec respect les décisions que
« sa Grandeur donnerait sur les cas théologiques qui concer-
« nent ces questions. »

Cela signifie que pour l'amour de la paix et en pratique, j'étais disposé à recevoir avec respect les décisions de sa Grandeur ; entendre ces paroles dans un sens plus étendu, c'est attribuer aux Evêques un pouvoir qu'ils n'ont pas ; celui de donner de leur propre autorité des décisions sur les cas théologiques controversés ; ce qui serait empiéter sur le droit des congrégations romaines.

« Le pardon a été si prompt, qu'il m'est aujourd'hui devenu
« inutile de vous demander grâce. »

Il aurait fallu dire : « La conclusion a été d'abord si prompte, grâce à mon adhésion aux conditions générales qu'on m'avait imposées, que je n'ai pas eu en quelque sorte le temps de vous demander grâce ; mais je ne puis pas en dire autant, lorsqu'il s'est agi de rédiger l'amende honorable ; malgré le sacrifice héroïque que j'avais fait du *Mémoire*, on a mis à *Mon Pardon* des conditions que je ne pouvais accepter ; il n'était pas par conséquent *inutile* de vous prier de *m'en faire grâce*. »

« Mais je dois au moins exprimer le regret que j'éprouve
« de l'état d'hostilité dans lequel je me suis trouvé. »

Oui, sans doute, je ne pouvais faire autrement que de gémir sur l'état d'hostilité dans lequel je me trouvais. Mais m'y étais-je placé de moi-même ou bien y avais-je été placé par la persécution volontaire de mes supérieurs ? Qu'on se rappelle tout ce que j'ai exposé ci-dessus, et l'on aura la réponse exacte et vraie à cette double question.

Aussi a-t-on biffé le mot *placé*, qui indiquait cette réponse au moins implicitement.

« Je proteste de ma soumission parfaite aux conditions que
« vous m'avez imposées pour le salut de mon âme et le bien
« de notre pensionnat ».

Je n'ai rien à dire sur cette protestation, qui fut très sincère de ma part, puisque je m'empressai de remplir celle de ces conditions, qui me coûtait le plus.

« Nos jeunes élèves et leurs familles, heureux de l'indul-
« gence dont nous sommes l'objet de votre part, m'ont déjà
« donné la plus douce récompense des démarches que j'ai
« faites pour me jeter dans vos bras paternels ».

Cette phrase substituée malicieusement à la nôtre, ne présente aucun sens raisonnable ; on conçoit en effet que, les élèves et les familles étant rendus à la libre participation des sacrements, ce nouvel état de choses était pour moi une douce récompense ; mais comment comprendre que la satisfaction qu'ils éprouvaient de l'indulgence qu'il avait pour nous, pût être considérée par moi comme une récompense délicieuse de toutes mes démarches ? On remarquera que M. Jeancard ne laisse passer aucune occasion d'insister sur notre culpabilité et de la montrer au doigt. C'est à quoi tendent ces mots souvent répétés, à peu près synonymes : *Grâce, miséricorde, pardon, indulgence*, etc. Ainsi je le redis : nous sommes toujours noirs, et eux, toujours blancs ; est-ce pourtant ce qui est arrivé ?

En admettant ces mots : *libre participation des sacrements*, il aurait fallu conclure que la participation n'avait pas été libre jusqu'alors ; ainsi c'était s'avouer implicitement coupable d'une grave transgression ; il fallait donc encore biffer cette phrase mal sonnante, et elle l'a été.

« Rappelé par votre miséricorde à la connaissance de mes
« devoirs, je renouvelle à vos pieds la promesse de ne jamais
« me départir du respect et de l'obéissance que je dois à
« l'autorité Episcopale ».

Encore une fois : *miséricorde !* Mes devoirs de respect
et d'obéissance que je dois à l'autorité Episcopale
(légitime), je les connaissais et je crois avoir démontré
ci-dessus que je ne les violais pas ; ce premier membre de
phrase est donc au moins exagéré ; quant à la promesse,
il ne m'en coûtait guère de la faire, ou plutôt de la renouveler, puisque j'avais la conscience de ne l'avoir jamais
violée.

« Votre bénédiction confirmera dans mon cœur ces senti-
« ments que je vais méditer dans la retraite afin qu'ils portent
« leurs fruits devant Dieu et devant les hommes. »

Il fallait absolument qu'on sût dans tout le diocèse que je
m'étais soumis à faire une retraite spirituelle, afin que rien
ne manquât à mon humiliation. Voilà ce qu'on appelle
bonté, paternité, miséricorde, indulgence — et tout cela
sans avoir égard à ma réputation, à ma dignité, à mes antécédents honorables, aux outrages que j'avais reçus et à mes
intérêts temporels, qui devaient être gravement compromis
par toutes ces mesures : mais il faut passer par cette porte
ou sauter par la fenêtre ; ou en d'autres expressions plus
brutales : *la bourse ou la vie.*

« Nous soussignés, prêtres, directeurs de l'Etablissement
« Menpenti, reconnaissons que nous avons à notre tour à
« offrir, etc. »

Je rappelle que cette reconnaissance était un mensonge
généreux, puisque mes collègues ne s'étaient rendus coupables d'aucun tort public, quoiqu'ils eussent été publiquement
outragés et diffamés ; ils faisaient très bien d'adhérer à
tous mes sentiments de respect et de soumission ; mais
comment pouvaient-ils se repentir de torts qu'ils n'avaient
pas eus et prendre la résolution de ne *plus* contrister le
cœur paternel de l'Evêque, puisqu'ils ne l'avaient jamais
fait ?

M. Jeancard n'eût pas été satisfait, s'il n'eût complété ce que j'appelle son œuvre, plutôt que la nôtre, en obligeant mes collègues à imprimer sur eux en quelque sorte, de leurs propres mains, le fer rouge de leur ignominie. La retraite expiatoire à laquelle je fais seulement moi-même allusion, est ici expressément indiquée, de manière à ne pouvoir s'y méprendre.

Tel est le document qui fut lu dans toutes les chaires du Diocèse, et dont un exemplaire, porté avec empressement à la préfecture, par l'imprimeur de l'Evêché, se trouve maintenant encore à Paris, à la Bibliothèque Nationale ; de plus il fait partie, ainsi que le mandement, des archives de toutes les paroisses, tandis que mon *Mémoire*, brûlé presque tout entier dans le four du Cours Gouffé, a passé inaperçu ; des deux exemplaires qui furent sauvés des flammes, l'un est entre les mains de celui qui me l'a soustrait (1) et l'autre, qu'est-il devenu à la mort de Mgr Eugène de Mazenod ? je l'ignore. Ainsi notre déshonneur, gravé en quelque sorte sur le marbre et sur l'airain, passera peut-être à la postérité ; et notre justification n'aura pas laissé plus de traces que la chute d'une pierre qui tombe dans les flots, n'en laisse après quelques secondes (2) mais pour une âme qui croit à l'éternité et à la justice divine, qu'est-ce que le temps, c'est-à-dire cette suite de siècles qui composent l'histoire du genre humain ? je pourrais, comme tant d'autres, le comparer à un point dans l'immensité de l'étendue, ou à un grain de sable dans les vastes plaines des déserts ou à une goutte d'eau qui se perd dans l'Océan ; j'aime mieux dire simplement avec le prophète : *Toutes choses ne sont que néant devant Dieu ;* ou bien avec l'apôtre bien-aimé : « Soyons sans crainte ; car nos œuvres surnageront « après le naufrage du monde et *nous suivront.* » *(Opera enim illorum sequentur illos).*

---

(1) Il m'a été rendu.
(2) La publication de l'*Histoire du Pensionnat-Menpenti* suppléera cette insuffisance momentanée.

J'ai eu et j'aurai peut-être encore de très graves torts envers mes supérieurs ecclésiastiques ; mais s'il est vrai, comme je crois l'avoir démontré, et je le démontrerai encore dans la suite de cette histoire, qu'ils ont toujours pris l'initiative des hostilités ; s'ils m'ont jeté eux-mêmes souvent hors de la voie par des vexations que rien ne justifie ; si enfin se considérant eux-mêmes comme appartenant à une caste privilégiée, ils m'ont traité sans pitié comme un être maudit, ne tenant aucun compte ni des bonnes qualités qu'eux-mêmes avaient reconnues, ni du bien incontestable que j'avais fait avec l'aide de Dieu ; oh ! ces supérieurs, qui sont tous devant Dieu au moment où je trace ces lignes, auront, je le pense, reconnu leurs fautes à la lumière de l'Eternité : mais puisque *le temps m'est encore donné,* puissé-je réparer les miennes *en faisant le bien* (1).

---

(1) Voir ma correspondance avec le père Rambert, qui est une pièce essentiellement justificative, au début de cette histoire.

CHAPITRE VI

Incidents divers après la Réconciliation

1°

3ᵐᵉ Lettre de M. Gallet — « Année Chrétienne » Conclusion du « Sémaphore »

Je poursuis le récit des faits.

L'excellent M. Gallet nous avait adressé dès le 18 une lettre destinée à être publiée dans le *Sémaphore* ; mais elle ne fut pas admise, d'abord à cause du style un peu excentrique, et ensuite parce qu'elle rappelait les vexations de l'Evêché après la conclusion des débats. (On la trouvera à l'appendice n° 5).

L'*Année Chrétienne*, journal hebdomadaire, qui s'était chargé de publier le Mandement, ne manqua pas d'ouvrir ses colonnes à notre Amende honorable qui avait été lue au prône dans toutes les églises du Diocèse, le 2ᵐᵉ dimanche de Carême, 26 février. Elle était précédée de ces réflexions :
« C'est pour nous un devoir autant qu'un plaisir de faire
« connaître à nos lecteurs la lettre que MM. les Directeurs
« du Pensionnat de Menpenti viennent d'adresser à notre
« vénérable Evêque. »

Le *Sémaphore* l'inséra aussi, en l'accompagnant de cette conclusion qui fut remarquée :

« Une lutte déplorable et vraiment affligeante pour les
« hommes sincèrement religieux, s'était élevée entre l'Evê-
« ché et trois ecclésiastiques de cette ville. Sans approuver
« l'insubordination, toujours condamnable, des inférieurs
« envers leurs supérieurs, nous avons dû prêter l'appui de
« nos colonnes au parti le plus faible, forcé de se défendre

« contre des mesures rigoureuses, dont le moindre incon-
« vénient était d'appartenir à une autre époque. Nous appre-
« nons aujourd'hui avec un véritable sentiment de plaisir,
« que des débats qui n'auraient jamais dû commencer,
« sont terminés à la satisfaction des deux parties. Nous ne
« pouvons qu'applaudir à ce retour aux vrais principes de
« la charité chrétienne de la part de l'Evêché, et à l'exem-
« ple de soumission donné par les professeurs de
« Menpenti. Cette affaire qui avait jeté quelque inquiétude
« dans l'esprit des personnes pieuses, depuis qu'elle avait
« envahi les pages d'un Mandement, aura eu cependant son
« bon côté. Les Directeurs de Menpenti profondément
« affligés de tout ce qui s'est passé, se rappelleront que,
« même en ayant raison, un inférieur ecclésiastique ne
« peut pas, sans inconvénient, désobéir à son Evêque ; et
« l'Evêché de son côté aura appris que nous ne sommes
« plus au XV° siècle ; qu'il existe aujourd'hui une nouvelle
« puissance, plus forte que les foudres épiscopales, qui
« s'appelle la Presse ; que cette puissance nulle, comme
« tous les pouvoirs, lorsqu'elle n'écoute que la passion,
« est cependant la première de toutes, quand elle soutient
« avec modération le faible qu'on voudrait opprimer. »

Cette conclusion remarquable sous bien des rapports, comme je l'ai déjà fait observer, constate des faits et renferme des leçons, pour les deux parties belligérantes : D'abord *ce qui s'est passé*, selon les modestes expressions de M. Jeancard, a été une *lutte déplorable et vraiment affligeante entre un parti puissant et un parti faible, forcé de se défendre contre des mesures rigoureuses*, etc., auxquelles donc nous résistions, de telle sorte que notre défense a été provoquée par elles et nous serions restés tranquilles chez nous, si l'on n'était venu nous y attaquer. Si un Evêque, un Pape même me mettait le couteau sur la gorge, et que je fusse assez fort pour le désarmer et l'empêcher de me nuire, serais-je un insubordonné ou un rebelle ? or telle était à peu près notre situation, puisque nous étions forcés de nous défendre contre des mesures rigoureuses, qui tendaient à nous enlever la vie morale, à détruire totalement nos intérêts et à briser notre avenir. Il était donc au moins superflu de nous exhorter à l'obéissance ; et si l'auteur de cette conclusion, *en désapprouvant l'insubordination toujours condamnable des inférieurs envers leurs supérieurs*, s'adressait à nous, en donnant cette leçon, il me permettra de lui faire observer qu'il n'a pas des idées bien exactes de la nature et des devoirs d'une vraie obéissance, sur laquelle n'a aucun droit un pouvoir illégitime, arbitraire et despotique. *Le moindre inconvénient des mesures rigoureuses* était *d'appartenir à une autre époque*. Elles en avaient donc de plus graves, que le *Sémaphore* ne rappelle pas, parce qu'ils doivent être présents à la pensée de tous ceux qui ont lu mes écrits.

Les débats n'auraient jamais dû commencer : Or, je ne cesse de le répéter, nous n'avons pas pris l'initiative de ces débats ; on nous a attaqués et nous avons repoussé fort tard l'agression, en nous servant des mêmes armes que nos adversaires employaient, c'est-à-dire, *la presse*.

Ces débats sont terminés à la satisfaction des deux parties. Le *Sémaphore* se trompe. Nous avons accepté des conditions très onéreuses et humiliantes, faute de mieux ; et l'Evêché a eu le regret de ne pas pouvoir nous en imposer de plus lourdes ; et s'il cessa de nous faire la guerre ouvertement, il n'en continua pas moins à essayer de nous détruire, par une hostilité occulte, comme je le montrerai bientôt.

Nous ne pouvons qu'applaudir, etc., donc l'Evêché avait méconnu les vrais principes de la Charité Chrétienne, puisqu'*il y retournait ;* nous n'étions donc pas les seuls à avoir des torts comme semblent l'indiquer le Mandement et l'Amende Honorable qui nous fut imposée.

Les Directeurs de Menpenti se rappelleront que même en ayant raison, un inférieur ecclésiastique ne peut pas, sans inconvénient, désobéir à son Evêque. Si nous avions raison, l'Evêché avait tort ; il cessait d'être pour nous une autorité légitime et, je le redis, nous n'avions pas le devoir de lui obéir ; mais comme a dit Lafontaine, *la raison du plus fort est toujours la meilleure ;* et comme l'on dit aujourd'hui : *la force prime le droit :* tel est l'inconvénient de la résistance de l'inférieur envers un supérieur ; en résumé, c'est la lutte *du pot de terre contre le pot de fer.* Voilà le fait tel qu'il existe depuis le Concordat, au commencement du siècle ; mais est-ce le droit ?

L'Evêché de son côté aura appris, etc. Cette leçon a produit en effet quelque fruit ; on a remarqué que depuis cette affaire il y a eu une sorte de détente dans l'administration épiscopale de Marseille ; mais ces quatre ou cinq lignes de gros bon sens ont été en général pour l'Episcopat français et en particulier pour les successeurs de Mgr de Mazenod, *la voix qui crie dans le désert.* Que dis-je ? même la presse indépendante en général et le *Sémaphore* en particulier ferment aujourd'hui les colonnes de leurs journaux aux plaintes légitimes des prêtres contre leurs évêques ; les uns leur disent simplement : « Vous n'avez qu'un parti à prendre, c'est d'obéir aveuglément. » Les autres font mieux que cela : « Faites comme nous, disent-ils, il faut vous passer des Evêques. » Après un tel langage que devient cette presse, *qui est la première de toutes les puissances et qui est plus forte que toutes les foudres épiscopales ?*

Le *Sémaphore* n'avait plus pour directeur et propriétaire M. Feissat, qui venait de mourir au milieu de nos débats. Son gendre et successeur, moins ardent et plus positif, avait modifié la rédaction du journal et lui avait fait prendre cette couleur politique, vulgairement appelée *centre gauche ;* en adoptant ce système de bascule, on ménage comme l'on dit *la chèvre* et *le choux ;* mais on n'observe pas toujours l'équité et l'on tombe dans des contradictions, comme je viens de le constater.

On pouvait donc appliquer au rédacteur du compte-rendu ces paroles qu'Ovide s'adresse : *Video meliora proboque, deteriora sequor.* Le rôle de médiateur à deux faces n'est pas toujours habile ; il réussit le plus souvent à mécontenter les deux adversaires ; et en politique contemporaine, j'ose dire que ce *centre gauche* n'a pas été étranger à nos malheurs.

2°

Retraite Spirituelle au Grand Séminaire

Il nous restait une troisième condition à remplir, celle de la retraite au Grand Séminaire ; comme je devais commencer, je m'empressai de m'y rendre, après qu'on eût accepté la dernière rédaction de l'amende honorable. J'organisai les classes dont j'étais chargé, de manière à ce que mon absence pendant quinze jours ne fût pas nuisible à mes élèves, et je partis, je crois, le dimanche au soir, 19 février. On mit à ma disposition une chambre avec une cheminée, comme je l'avais demandé. M. Tempier, qui était alors supérieur, m'accueillit aussi gracieusement qu'il le put ; il avait daigné prévenir les élèves de mon arrivée, en faisant mon éloge, comme me l'a affirmé un des assistants, depuis longtemps prêtre, aujourd'hui chanoine et vieillard. Mais ce que la charité ne lui permettait pas de faire, c'est de leur recommander de ne pas me confondre avec mes associés, qui devaient bientôt me remplacer au Grand Séminaire.

Dès le lundi matin, je me mis à l'œuvre, sous la direction du père Mie, ex-missionnaire de Provence, alors chanoine titulaire ; il était mon voisin de chambre ; mais comme il n'avait qu'une simple cellule de séminariste, sans cheminée, tout chanoine qu'il était, il avait accepté bien volontiers mon invitation de venir chez moi se chauffer ; ce qui me procura la satisfaction de passer mes journées dans une sainte gaîté ; car le père Mie était en effet un très-saint prêtre ; mais sa vertu n'avait rien de repoussant ; il la rendait aimable par la simplicité de ses manières, par son air enjoué, par la naïveté de son langage et par un certain esprit naturel qui faisait rechercher sa conversation, surtout des jeunes gens ; son éloquence, tout-à-fait originale, lui avait acquis une grande réputation, partout où il prêchait, même dans les villes. Il avait été, avant d'être missionnaire, vicaire à Salon, avec M. Plumier, mon compatriote ; M. Grangier, curé de St-Chamas, l'invita à venir prêcher, lorsque je fis ma première communion ; plus tard, j'avais été vicaire moi-même à Salon. Ces circonstances furent des traits-d'union naturels, qui m'attachèrent à ce saint homme et l'intéressèrent en ma faveur, indépendamment de ma position, qui sollicitait tout son zèle. Il m'apportait quelquefois certains livres, fort répandus, mais qu'il affectait de considérer comme nouveaux pour lui, en se faisant passer pour ignorant : « Voyez celà, me disait-il en patois ; « comme c'est beau ; quelle chose ! *(qué cavo !)* il ne « faudrait jamais mourir. »

Un jour le vent soufflait avec une extrême violence ; on sonnait l'office à la Major, pour les chanoines ; je lui dis : « Père Mie, entendez-vous la cloche qui vous appelle ? » — « oui, oui, je vais partir, dit-il : » il se leva en effet, en traînant une jambe, infirmité qu'il devait à une légère attaque récente, et alla jusqu'à la porte qu'il ouvrit ; mais il la referma aussitôt en me disant, avec une franchise qui me fit sourire et que je n'ai jamais oubliée : « oh ! je n'y vais pas ; pour ce que je gagne !... (en effet il ne touchait pas comme religieux à son traitement de chanoine, qui tombait ainsi dans la caisse de l'Evêché). Tel est l'homme avec qui je traitai pendant sept jours environ l'affaire de mon salut et dans le sein duquel je trouvai le calme et la paix, dont j'avais un si grand besoin.

Parmi les professeurs ou directeurs du Grand Séminaire, je trouvai un de mes anciens condisciples du Petit Séminaire, le Père Paris ; pendant un an, nous avions occupé la même chambre ; les ecclésiastiques jouissaient de ce privilège et ne couchaient pas dans le dortoir commun — c'était, comme l'on dit vulgairement, une belle âme, d'un caractère paisible et fort timide ; il eût été un excellent élève, si un scrupule outré n'eût en quelque sorte paralysé son intelligence ; ainsi il lui arrivait très souvent de ne pas faire son devoir, lorsque dans les auteurs latins que nous expliquions, il était question *d'amour*, par exemple, dans les Eglogues de Virgile. Sans être beau, il avait quelque chose de séduisant dans ses traits réguliers, dans sa figure douce et pâle, dans sa voix féminine et sa démarche paisible.

Nous fûmes enchantés tous les deux de nous revoir ; nous passions presque toutes les récréations ensemble ; c'est assez dire que nos entretiens ne roulaient que sur des sujets qui ne pouvaient pas me faire perdre le fruit de la retraite.

Je trouvai encore quatre ou cinq anciens élèves du Petit Séminaire, qui avaient été sous mes ordres, lorsque j'étais directeur des classes et de l'académie ; parmi ces élèves, M. l'abbé X..., l'auteur de la lettre dont j'ai parlé ci-dessus, se distinguait par son assiduité à me voir et à m'entretenir.

Mes quinze jours d'expiation s'écoulèrent donc sans ennui et avec tous les agréments dont ma situation était susceptible. Le dernier jour, de grand matin, M. Tempier vint frapper à la porte de ma chambre et m'apporta un *celebret ad annum currentem* daté du six mars, en me prévenant que je pouvais ce jour-là célébrer la Ste Messe au Grand Séminaire ; on désigna pour me la servir un diacre, M. l'abbé Brive, qui fut bientôt vicaire à Notre-Dame-du-Mont, et qui plus tard venait entendre ma messe, à l'asile dirigé par les Dames de la Compassion, lorsqu'il tomba dans une infirmité qui l'empêchait de célébrer ; il est mort depuis plusieurs années. Cette date du six mars indique un lundi ; je ne suis donc sorti du Grand Séminaire que le mardi matin.

3°

Incident Autran

Il est bon que je raconte un incident qui eut lieu pendant mon séjour au Grand Séminaire et qui est une preuve, entre mille autres, des vicissitudes des choses humaines. Parmi nos professeurs de latin, nous avions M. Joseph Autran, qui déjà avait quelque réputation comme poète et qui est parvenu depuis à une grande célébrité ; il ne professait que le latin, parce que le Grec ne lui était pas familier, quoiqu'il ait fait depuis une tragédie intitulée la *Fille d'Eschyle,* qui lui a ouvert les portes de l'Académie française. Nous lui donnions 800 fr. par an pour trois heures de classe par semaine, ce qui n'était pas à dédaigner pour lui, parce qu'il était à cette époque bien loin d'être millionnaire ; infirmité dont il a été atteint environ trente ans après ; il ne faut donc jamais désespérer de la fortune. Quoi qu'il en soit, il était alors très satisfait du poste qu'il occupait chez nous, lorsque la tempête éclata ; comme selon les probabilités humaines, notre navire devait sombrer, que d'ailleurs, bien des personnes du monde ne connaissaient que la surface de notre affaire, et que selon les apparences, nous devions être coupables, puisque l'Evêque nous condamnait ; la pieuse mère de M. Joseph Autran n'était pas sans inquiétude sur la coopération que prêtait son fils à une œuvre prétendue maudite : elle n'avait pourtant fait aucune opposition ostensible jusqu'au Mandement ; mais le lendemain de cette lecture publique, elle se rendit de grand matin dans la chambre de son fils qui était encore couché, et se mettant à genoux au pied du lit, elle le conjura par tout ce qu'il y a de plus sacré de se démettre de ses fonctions et de renoncer à son gain illégitime.

On conçoit que M. Joseph Autran dut se rendre à une prière qui était pour lui un ordre sacré ; il nous envoya donc brusquement sa démission, sans se préoccuper de l'embarras dans lequel il allait nous jeter ; mais les jours s'écoulèrent et la réconciliation se fit. J'étais au Grand Séminaire, lorsqu'un jour après dîner, je reçus la visite de M. Autran, accompagné de M. Dosithée Teissère, son beau-frère et mon ancien condisciple ; ils venaient me prier d'oublier la démarche un peu trop irrégulière de la démission et de vouloir bien consentir à passer l'éponge là-dessus. Je leur répondis qu'en vertu de notre règlement, M. l'abbé Blanc ayant le titre de Directeur des Classes et étant par conséquent chargé spécialement du choix des professeurs, c'était à lui qu'il fallait s'adresser. J'avais assurément assez de pouvoir pour trancher la question en leur faveur ; mais j'avoue que le souvenir de ce qui s'était passé naguère m'influença et que j'abandonnai la décision de cette affaire au jugement de M. Blanc, qui, très poliment, selon ses habitudes diplomatiques, mais sans sourciller, déclara qu'il ne pouvait plus admettre M. Autran au nombre de nos professeurs ; nous étions alors en 1837, et en 1877, le Conseil Municipal de Marseille a décidé que la rue où M. Joseph Autran avait établi son domicile en épousant une très riche veuve, et a rendu le dernier soupir, porterait le nom de *Joseph Autran ! ! !*

L'illustre poète ne m'avait pas gardé rancune d'un refus dont au reste je n'étais pas réellement responsable, puisqu'il m'a confié plus tard l'éducation du fils de son épouse ; le choléra a interrompu nos relations.

4°

Messe à la Palud ; Rentrée à Menpenti

Je reviens à mon récit ; le mardi matin, une voiture à deux chevaux m'attendait à la porte du Grand Séminaire ; je fus agréablement surpris en descendant d'y trouver deux de mes plus chers élèves, Robert et Reinoir, qui avaient été députés par leurs condisciples pour m'accompagner jusqu'à l'Eglise de la Palud où je devais célébrer la messe, en présence de toute notre communauté, de tous les parents des élèves et d'une foule d'autres personnes que la curiosité ou l'intérêt qu'on me portait, avait attirées ; ce ne fut pas sans émotion qu'étant arrivé à la sacristie où tout le clergé était réuni, je présentai mon *celebret* à M. l'abbé

Blanc, curé de la paroisse ; il m'embrassa affectueusement et tous les vicaires en firent autant. C'étaient l'abbé St-Rôme, mon ancien collègue au Petit Séminaire ; M. Pontier, qui a remplacé plus tard M. Blanc et M. Calmès, successeur de M. Pontier.

Je me transportai par la pensée au Grand Séminaire d'Aix, lorsqu'en 1829, le 20 décembre, je célébrais ma première messe ; ma mère y assistait, comme elle était présente à la cérémonie du 7 mars ; elle avait partagé, la pauvre femme, mes peines et mes angoisses : il était bien juste qu'elle jouît de mon triomphe ; en 1829, on me mettait en possession d'un trésor auquel auparavant je n'avais nul droit et que je ne connaissais pas ; en 1837, j'étais rendu à la libre possession de ce trésor qu'on m'avait ravi et dont j'avais apprécié toutes les richesses pendant plus de sept ans ; ma satisfaction devait donc être d'autant plus vive, qu'il est beaucoup plus douloureux de subir la perte d'un bien que de ne l'avoir jamais possédé.

Après la messe, je reçus les félicitations de tous les assistants ; je fis monter ma mère dans ma voiture, avec les deux élèves que j'ai déjà nommés et nous nous dirigeâmes au pas vers Menpenti, afin que nous pussions y entrer tous ensemble, professeurs, directeurs, élèves et domestiques. Je n'ai pas besoin de dire que M. l'abbé Blanc, qui s'entendait à merveille à ces sortes de fêtes, avait préparé pour tous un excellent dîner que nous prîmes en commun ; on porta des toasts chaleureux à ma santé, à celle de mes collègues et à la prospérité de l'établissement. Le reste de la journée fut consacré pour les élèves à une grande promenade et par moi à des réceptions nombreuses ; enfin le soleil se coucha sur une journée qui fut encore une des plus belles de ma vie ; mais ce jour, hélas ! ne *devait pas avoir* de lendemain à Menpenti.

5°

L'Abbé Camatte — Première Communion — Messe du Bon Pasteur — Confirmation et Communion à l'Évêché.

Mes collègues allèrent successivement au Grand Séminaire pour y passer, chacun, leur mois, M. Blanc d'abord, puis M. Vidal : ce qui me donna un surcroît d'occupation surtout pendant l'absence de M. Blanc.

Je pus cependant suffire, malgré la faiblesse habituelle de ma santé, dont les forces étaient doublées par la tranquillité d'esprit et de cœur dont je jouissais. Comme nous étions au temps du Carême et qu'il s'agissait de préparer des élèves à la Première Communion, je m'entendis avec le nouveau curé du Rouet, l'excellent abbé Camatte, pour les Instructions Religieuses et la Confession ; le dimanche à 9 heures, je célébrais la messe au Rouet, uniquement pour le Pensionnat, afin de ne pas déranger l'ordre des messes de la Paroisse ; et le soir nous psalmodiions les Vêpres, qui étaient toujours suivies d'une instruction plus ou moins longue. La plupart de nos élèves qui avaient fait la Première Communion, furent admis aux Pâques, et vers la fin du mois d'avril, nous eûmes une Première Communion, à laquelle prirent part une dizaine d'élèves, parmi ceux qui l'avaient déjà faite.

Lorsque M. Blanc eut terminé la retraite, nous célébrâmes avec une grande pompe à la chapelle du sacré cœur de Notre-Dame-du-Mont la fête du Bon Pasteur, seconde solennité générale de la maison. — Pendant la messe basse que je fis durer une heure environ, vingt musiciens exécutaient différents morceaux sous la direction d'un chef d'orchestre ; les fidèles qui assistaient à ce concert religieux se demandaient naturellement si ce pensionnat à l'occasion duquel on célébrait cette fête harmonieuse, était réellement cette maison de perdition signalée, il y avait deux mois, du haut de la chaire de vérité.

Après la messe, nous donnâmes à Menpenti un déjeuner

aussi copieux que délicat, à tous les musiciens qui avaient concouru par leur talent artistique à rehausser cette solennité ; ils furent tous enchantés de notre accueil et conçurent une très haute idée de notre situation financière, grâce aux larges idées de M. l'abbé Blanc, en fait de dépenses culinaires.

Quelques semaines après, j'eus l'honneur d'écrire à Mgr d'Icosie, pour lui demander la faveur de mener nos élèves de la première communion et quelques autres à l'Evêché, afin qu'ils reçussent de ses mains le Sacrement de la Confirmation ; sur sa réponse affirmative, je conduisis au jour fixé dans un grand omnibus 28 élèves, qui communièrent tous à la messe, célébrée par l'Evêque. Avant d'administrer le Sacrement, Sa Grandeur crut devoir leur adresser quelques paroles, pour leur inspirer les sentiments propres à cette cérémonie ; mais son domestique, le fameux dont j'ai parlé plus haut, au lieu d'écouter l'instruction, s'empressait d'emporter à la sacristie tout ce qui avait servi à l'autel, ce qui naturellement devait distraire les élèves qui étaient au premier rang ; le Prélat, s'en étant aperçu, ordonna au domestique avec sa vivacité naturelle de s'asseoir et de ne pas déranger plus longtemps l'instruction, ce qui me fit sourire, et je me dis entre les dents : « *Que les temps sont changés !* »

Après la confirmation, je pris congé de sa Grandeur en la remerciant et je ne manquai pas de faire au domestique susdit une abondante étrenne, qui le dédommagea du *savon* qu'il avait reçu. Lorsque M. Camatte alla à l'Evêché quelques jours après, Monseigneur lui fit compliment de la bonne tenue et du recueillement de nos élèves, comme s'il en avait eu seul tout le mérite ; mais l'excellent curé, ainsi qu'il me l'a rapporté lui-même, eut le bon esprit de faire observer à sa Grandeur qu'il avait en ma personne un collaborateur dont il fallait tenir compte.

Ainsi finit la première épreuve que le Pensionnat-Menpenti eut à subir. Mais la lutte va continuer en changeant de physionomie et en s'établissant sur d'autres terrains.

ADDITION A LA PAGE 111

De ce que le christianisme, comme la vérité, est inflexible, cela n'empêche nul progrès, nul perfectionnement... Ainsi, Chateaubriand se trompe en attribuant à Bossuet cette opinion d'après laquelle le christianisme étoufferait tout développement de la science, en détruisant l'activité de la liberté humaine.

Le christianisme, quelque immuable qu'il soit dans ses dogmes, n'a jusqu'à présent empêché aucun progrès véritable. Tout perfectionnement ne peut être que la conséquence d'une vérité antérieurement connue. (Sibour, Considération sur l'Histoire Ecclésiastique, page 207).

APPENDICE
N° 1

Marseille, le 17 décembre 1836.

A Monsieur l'Abbé Jonjon, Directeur Spirituel du Pensionnat Menpenti.

Monsieur,

Ayant entendu parler très avantageusement d'une lettre de vous, publiée dans le *Sémaphore,* je me suis mis en quête de ce numéro, pour me procurer le plaisir de la lire: c'est seulement depuis quelques jours que j'ai eu cette satisfaction. Quoique tardivement, je ne puis résister plus longtemps au désir que j'éprouve de vous en faire mon compliment. Il serait sans doute plus agréable d'avoir à vous féliciter sur le terme d'une lutte suscitée et prolongée si injustement à votre égard par la passion d'un grand dignitaire de l'Eglise qui devrait prêcher par sa conduite l'exemple de la concorde religieuse et de la charité chrétienne, et auquel on peut appliquer à bien juste raison ce vers du chantre de Mantoue :

Tantœ ne animis cœlestibus irœ !

Voilà près de dix-neuf siècles que ce vers est devenu un adage, fréquemment applicable aux dissensions religieuses, si éloignées des préceptes et de l'exemple de notre Divin Législateur.

La prolongation de cette lutte est sans doute à déplorer et c'est ici le cas d'appliquer à l'auteur de ce scandale ces paroles divines, rapportées dans St Marc et St Mathieu :

« Vœ autem homini illi, per quem *scandalum accidit :*
« bonum erat ei si natus non fuisset homo ille ».

St Paul, dans son épitre à St Timothée son disciple, dit : « si quis episcopatum desiderat, bonum opus desiderat ».

Les Evêchés n'étaient alors considérés que comme une charge très pesante : il n'y avait ni honneurs, ni richesses attachées à cette place ; ainsi l'ambition et l'intérêt ne les faisaient point rechercher : plusieurs, par un esprit d'humilité, se cachaient, lorsqu'on venait les chercher pour être évêques.

A l'égard des qualités que St Paul désire dans un Evêque, cet Apôtre s'exprime ainsi :

« Oportet Episcopum irreprehensibilem esse, sobrium,
« castum, ornatum, prudentem, pudicum, hospitalem, Docto-
« rem, non vinolentum, non percussorem, sed modestum ; non
« litigiosum, non cupidum ».

On trouve dans l'histoire ecclésiastique plusieurs exemples de prélats qui furent élus entre les laïques, tels que St Nicolas et St Ambroise : mais ces élections n'étaient approuvées que quand la vertu et l'humilité de ceux que l'on choisissait pour pasteurs, étaient si universellement reconnues, qu'on n'avait pas lieu de craindre qu'ils s'énorgueillissent de leur dignité, et bientôt on n'en choisit plus qu'entre les clercs.

Le titre d'évêque, qui en grec signifie surveillant, est un terme emprunté des païens ; car les Grecs appelaient ainsi ceux qu'ils envoyaient dans les provinces, pour voir si tout y était dans l'ordre.

Les latins appelaient aussi *episcopus*, du grec *episkopos*, ceux qui étaient inspecteurs et visiteurs du pain et des vivres : Cicéron avait eu cette charge, *episcopus orœ campaniœ*.

Les premiers chrétiens empruntèrent donc du gouvernement civil le terme d'évêque, pour désigner leurs gouverneurs spirituels et appelèrent Diocèse, du grec *dioikesis*, administration, la province gouvernée par un évêque, de même qu'on appelait alors de ce nom le gouvernement civil de chaque province.

Ce n'est pas sans doute à cause de leurs seigneuries, qu'on a donné aux évêques la qualité de *Monseigneur;* elle vient du terme *senior*, plus âgé, plus ancien, qui dans la primitive église était le titre commun à tous les évêques et à tous les prêtres : on les appelait ainsi *seniores*, parce qu'on choisissait ordinairement les plus anciens des fidèles pour gouverner les autres: prêtre, en grec *presbuteros*, signifie également vieillard, ancien.

On qualifiait aussi les Evêques de très-vénérables, et présentement on leur donne le titre de révérendissime, qui a la même signification et qui est préférable à celui de *sa grandeur*, titre fastueux, si contraire aux principes évangéliques et à l'humilité chrétienne.

Les sandales ou pantoufles que portent le Pape et les autres Prélats quand ils officient, et qui, à ce qu'on croit, sont semblables à la chaussure que portait St Barthélemy, sont le symbole de l'humilité, si bien exprimée dans le titre de *serviteur des serviteurs de Dieu*.

L'évêque *in partibus infidelium*, ou comme on dit souvent par abréviation, évêque *in partibus*, est celui qui est promu dans un Evêché situé dans les pays des infidèles. Cet usage a commencé du temps des croisades, vers le XIIme siècle, où il parut nécessaire de donner aux villes soumises aux latins des évêques de leur communion, qui continuèrent leurs titres, même après qu'ils en furent chassés par les infidèles.

Ces évêques *in partibus* ont causé beaucoup de troubles dans l'Etat, dans les derniers siècles ; ce qui a donné lieu à plusieurs règlements pour réformer les abus. Dans l'assemblée du clergé de 1655, il fut résolu que les évêques *in partibus* ne seraient point appelés aux assemblées particulières des évêques, et que l'on ferait à Rome les instances nécessaires, afin que le Pape ne leur donnât point de commission à exécuter dans le royaume.

— 175 —

L'histoire nous apprend que le zèle ardent de l'Empereur Constantin-le-Grand, qui régnait au commencement du IVme siècle, pour le Culte Divin, le portait par une suite naturelle à honorer les personnes consacrées au St-Ministère. Il appelait les évêques ses frères, il les faisait manger avec lui, au lieu de concevoir du mépris pour l'air simple et souvent pauvre que plusieurs conservaient encore ; c'était précisément ce qui les lui rendait plus respectables.

Rien n'est plus sage ni plus respectueux pour l'Episcopat que l'usage que fit ce Prince des mémoires qui avaient été présentés par des évêques contre quelques-uns de leurs confrères. C'était à l'ouverture du Concile de Nicée que certains prélats, fauteurs secrets de l'impiété d'Arius, voyant que leur doctrine allait être anathémathisée dans cette sainte assemblée, cherchèrent à y porter le trouble, et à faire diversion par des délations et des querelles personnelles, dont ils voulaient que l'Empereur se rendît le juge.

Constantin reçut leurs mémoires, en fit une liasse et les brûla sans les avoir lus ; après quoi étant entré au Concile, il invita les pères assemblés à la concorde : il déclara que c'était à Dieu et non à un homme mortel à les juger ; et il ajouta que l'on ne devait point faire éclater dans le public les fautes des ecclésiastiques, s'ils en commettaient quelqu'une, de peur que leur exemple ne semblât autoriser le simple peuple à pécher ; que pour lui, s'il était témoin de quelque scandale donné par un évêque, il le couvrirait de son manteau, pour en dérober, s'il était possible, la connaissance à tout le monde.

Telles sont les réflexions que l'on devrait soumettre à l'auteur du scandale religieux qui vient d'éclater.

Au surplus votre lettre aura du retentissement, tant les sympathies pour l'innocence persécutée sont vives, fortes et devenues presque générales.

Je ne discuterai point les cas de conscience du bienheureux Alphonse de Ligorio, encore moins ceux de Pontas (1).

Non licet inter vos tantas componere lites.

Il ne nous appartient pas, à nous profanes, de mettre la main à l'encensoir.

---

(1) Pénitencier de l'église de Paris, mort en 1728. Auteur du dictionnaire des cas de Conscience, 3 vol. in-4°.

Agréez, je vous prie, l'assurance des sentiments distingués et respectueux avec lesquels j'ai l'honneur d'être, Monsieur, votre très humble et très dévoué serviteur,

F. GALLET,
Sous-inspecteur des Postes en retraite.

P.-S. — Je vous prie, à votre premier loisir, de m'accuser réception de la présente.

N° 2

Marseille, le 10 février 1837.

A Monsieur l'Abbé Jonjon, Directeur Spirituel, au Pensionnat Menpenti.

Monsieur et Ami,

Permettez-moi ce titre, car plus j'examine votre cause, celle de l'innocence et de la droiture d'esprit et de cœur, et plus je m'identifie avec elle. Vos adversaires viennent de faire preuve d'une profonde hypocrisie et d'une grande duplicité, en suscitant contre vous ce fameux mandement dans lequel, à l'occasion d'un règlement religieux pour le carême, sont lancés contre vous les censures et les foudres de l'Eglise. Je l'ai lu et médité ; on ne peut rien imaginer de plus captieux, de plus sophistique, de plus artificieux et de plus hypocrite. On s'enveloppe du manteau de la religion, de la charité, de l'humilité, pour plonger et retourner le poignard dans le cœur de l'honnête homme, d'un vertueux ecclésiastique. On prêche l'union, la concorde, et on met scandaleusement à l'index des hommes du Seigneur, des ministres de l'autel ; on parle de religion, et on ne craint pas d'ameuter la populace, toujours ignorante, toujours aveugle, contre des personnes dévouées au culte et au sanctuaire, et sur le front desquelles l'huile sainte a coulé. On parle de respect pour le sacerdoce, et l'on ne craint pas de l'avilir et de le vilipender, en appelant sur ceux qui sont revêtus de ce caractère sacré, l'animadversion publique, ou pour mieux dire, en faisant un appel aux passions de la multitude, d'une tourbe toujours prête à se porter aux grands excès. *O tempora, ô mores ! ! !* Fallait-il s'attendre à un tel résultat ! Pouvait-on redouter d'une espèce de synode épiscopal un anathème aussi injuste, aussi profondément immoral ! Ne dirait-on pas qu'un esprit satanique y a présidé ! La passion, la perversité du cœur humain peut-elle pousser à ce point l'oubli de toutes les convenances religieuses et sociales ! C'est bien le cas d'appliquer ici ce vers de Virgile, en le parodiant ainsi : « *Fastûs sacra fames ! quid non mortalia pectora cogis !*

Ne vous laissez point accabler, ne vous laissez point atterrer, reprenez courage, il vous reste une ressource, c'est l'*appel comme d'abus*. Sollicitez-le de toutes vos forces, de tous vos moyens. Ne vous endormez pas dans une fausse sécurité, faites en sorte qu'il résulte de cet appel un synode archiépiscopal et métropolitain ; ce moyen n'est pas nouveau, il commença d'être en usage sous Philippe de Valois, en 1328. Dans cette circonstance, il y a abus de pouvoir, c'est le seul moyen de faire redresser vos griefs. La raison et le christianisme nous enseignent que chaque particulier doit jouir du droit de suivre le *dictamen* de sa conscience. Vous êtes fondés en droit, votre cause est celle de la justice, je dirai plus, de la religion outragée dans votre personne. Ne reculez donc pas pour solliciter ce moyen ; les vœux de tous les honnêtes gens, des hommes de bien, des amis sincères et vrais de la religion vous accompagneront à ce tribunal auguste et sacré ; ils se réjouiront bientôt du triomphe de leurs amis, puisque leur cause est fondée sur les principes de la justice et de la morale.

Par un ami très dévoué à la cause de l'innocence opprimée,

G.

N° 3

A Monsieur le Ministre de l'Instruction Publique.

Monsieur le Ministre,

Une éducation solide, fondée sur les principes de la morale, et en rapport avec les besoins des temps, fait l'objet de l'attention sérieuse des pères de famille ; aussi Marseille avait-elle vu avec un véritable enthousiasme s'élever dans son sein un établissement nouveau connu sous le nom de Menpenti, prenant pour base la religion, et embrassant les améliorations que l'Université a introduites dans les études; il répondait aux vues des hommes graves et instruits.

Les progrès sûrs et rapides des élèves de ce pensionnat, leur conduite, leur attachement à leurs maîtres ont attesté bientôt et la régularité de la maison et le dévouement qui anime les directeurs ; à peine dix-huit mois se sont écoulés depuis la fondation de cet établissement ; et un succès prodigieux obtenu en si peu de temps témoigne hautement de tous les avantages qu'il présente, et des vives sympathies qu'il a excitées parmi nous.

Il nous est donc difficile de comprendre quels motifs engagent l'évêché de Marseille à lui faire subir une sorte de persécution que notre respect pour le pasteur du diocèse voudrait au moins pouvoir justifier, quelles qu'aient été les idées défavorables dont on se soit prévenu d'abord, et qui poussaient à empêcher une réussite que rien n'a pu arrêter ; il semblerait au moins aujourd'hui qu'elles devraient se dissiper devant l'expérience des faits. Or ils parlent tous hautement en faveur de cette maison. Nous sommes sans doute à cet égard des juges sûrs et impartiaux. Il s'agit de nos enfants, et nous ne pourrions rien ignorer, ni rien pardonner, si leurs intérêts étaient compromis. Mais si jusqu'à ce jour nous avions regardé comme une garantie suffisante pour nous l'approbation que l'Université avait accordée au pensionnat Menpenti, nous pouvons y ajouter l'épreuve que nous avons faite, et les heureux résultats que nous en avons retirés.

D'après ces considérations nous avons tout lieu d'espérer que vous voudrez bien interposer votre influence pour faire cesser des obstacles qui contrarient nos affections religieuses, et qui entraîneraient inévitablement la ruine d'une maison à laquelle chacun de nous porte un vif intérêt. Il nous est dur d'avoir à nous plaindre de ce que, par les fâcheuses dispositions des administrateurs du diocèse, nos enfants et nous-mêmes ne jouissons que très difficilement, ou presque point, des secours de la religion ; de ce que les pratiques du culte deviennent tous les jours plus rares pour eux. Aucun prêtre du diocèse ne peut diriger leur conscience. Trois vicaires généraux sont chargés de ce soin ; mais ils ne s'en acquittent qu'avec répugnance. Ils obligent les élèves à des courses longues et pénibles que, presque toujours, leur absence rend inutiles. Cinq fois de suite, durant un hiver rigoureux, un grand vicaire étant bien averti, de jeunes enfants ont fait une lieue pour remplir leur devoir, et leur fatigue a été en pure perte.

Les directeurs de cette maison, tous les trois prêtres catholiques, sont privés de leurs fonctions sacerdotales dans le diocèse de Marseille, depuis qu'ils ont formé leur établissement ; et quoiqu'ils soient dispensés préalablement des devoirs du ministère par leurs supérieurs respectifs, on ne peut pas même leur reprocher d'avoir refusé à l'église les services qu'elle a le droit de leur demander ; ils supplient en vain l'évêque de leur accorder un aumônier qui, en donnant à leurs élèves les soins religieux, serait en même temps le représentant de l'autorité épiscopale.

Une guerre tantôt publique, tantôt secrète, mais non moins dangereuse, leur a été déclarée ; plusieurs fois ils ont essayé des actes de soumission ; leurs prières sont presque toujours restées sans réponse. Quand après bien des peines supportées avec la plus parfaite résignation, ils ont voulu se laver enfin des soupçons injurieux que les mesures de l'Evêché faisaient naître contre eux, quand ils ont cru devoir employer, pour se faire entendre, la voix de la publicité, alors un mandement les a menacés de toutes les foudres de l'église, une longue suite d'anathèmes contre cet établissement appelé *anti-catholique, parce qu'il a été formé au mépris des droits que les évêques tiennent de J.-C.*, est venue affliger les âmes paisibles, étrangères à cette colère envers des hommes qui tiennent de vous leur brevet d'instituteurs.

Cet état de choses ne saurait durer plus longtemps ; c'est pour y mettre un terme que les parents des élèves de Menpenti, habitants de Marseille, vous adressent cet écrit, avec la persuasion que vous soutiendrez de toute votre protection un pensionnat que les gens de bien savent apprécier.

Nous venons de rendre un témoignage consciencieux à ce que nous voyons ; aussi nous le regardons comme fondé sur la justice ; et, connaissant ce que vous savez faire pour le bien, nous ne doutons pas que votre bienveillance ne s'attache à une œuvre que viennent de vous recommander avec tant de zèle ceux qui ont l'honneur d'être, Monsieur le Ministre, vos très humbles et très obéissants serviteurs.

(Suivent onze signatures).

N° 4

MÉMOIRE

Adressé à Monseigneur de Mazenod, Evêque de Marseille

CONCERNANT

L'AFFAIRE-MENPENTI

8 février 1837.

MONSEIGNEUR,

Depuis le mois de mai 1835, de fâcheux événements n'ont cessé d'affliger l'Eglise de Marseille ; le Petit Séminaire, au milieu d'une paix profonde, fut subitement frappé d'un de ces coups qui annoncent une fin prochaine ; dirigé à cette époque par des prêtres qui vivaient dans une fraternité jusqu'alors inconnue, il se vit tout à coup enlever cinq professeurs qui jouissaient de la confiance de tous les élèves ; trois de ces professeurs, pour des raisons que j'exposerai bientôt, ne crurent pas que des caprices d'un jour dussent leur faire abandonner une carrière qu'ils avaient embrassée pour toute leur vie, sous les auspices de votre Grandeur ; ils prirent donc un parti, auquel la Providence semblait les convier ; mais à cause de cette détermination, dont je me propose de prouver théologiquement la légitimité, ils ont encouru la disgrâce la plus complète et la plus humiliante : privés de toutes leurs fonctions sacerdotales et réduits à la condition des laïques, ils ont besoin, pour ne pas oublier que Dieu les fit ministres de ses autels, de rappeler à leur souvenir que la puissance de l'homme ne peut rien sur le caractère spirituel d'un prêtre.

Cette dégradation purement extérieure n'a point arrêté les pères de famille ; à tel point, que la maison d'éducation que ces prêtres ont fondée, et qui compte à peine dix-huit mois d'existence, est une des plus florissantes du Midi. Cependant, l'administration épiscopale n'a pas cessé de prendre des mesures extraordinaires pour détruire, jusques dans ses bases, cet établissement naissant ; on a épuisé, contre chacun de nous, tous les genres de diffamations, l'entrée au pensionnat est devenue comme *un cas réservé* pour les enfants et une cause de refus d'absolution pour les parents : nous avons respecté toutes ces mesures ; et notre adhésion a été franche et persévérante, tant qu'elle n'a pas été incompatible avec des engagements sacrés. Pour étouffer le scandale, nous avons d'abord opposé à des écrits violents des paroles mesurées, et à des accusations publiques une justification confidentielle ; nous avions cru que le temps adoucirait tant d'amertume et de rigueur, que notre silence serait enfin compris, et que la modération évangélique succéderait à ce déchaînement d'hostilités, qui restera dans le souvenir des âmes chrétiennes comme une expression monumentale des haines qui peuvent s'engendrer dans le sanctuaire. Nous nous sommes trompés ; que Dieu nous pardonne une illusion qui a failli détruire notre œuvre, en encourageant le zèle de la malveillance et en refroidissant la bonne volonté des pusillanimes. La loi exceptionnelle pèse encore sur nous et nous ne voyons pas de terme à nos tribulations, grâce à la nullité actuelle des tribunaux ecclésiastiques et à l'insuffisance de la législation civile.

Chargé par mes collaborateurs de la responsabilité religieuse et morale de l'Etablissement Meupenti, je ne puis donc différer plus longtemps de donner à ceux qui sont avec nous victimes de la même oppression, les éclaircissements qu'ils ont droit d'attendre. Oui, Monseigneur, il est temps que ma voix s'élève, grave comme les inspirations d'une conscience irréprochable, respectueuse comme les supplications d'un fils à son père, forte et énergique comme le cri du faible opprimé. Plût à Dieu qu'on m'eût fait comparaître devant votre Grandeur et en présence de tout le clergé ; cette voie toute pacifique aurait été également propre à dévoiler ou notre culpabilité ou notre innocence. Des conférences particulières, dirigées par l'esprit de charité, auraient amené, sans contredit, une réconciliation parfaite. Mais ces explications salutaires se faisant longtemps attendre et nos élèves nous demandant chaque jour l'abondance de ces secours spirituels que J.-C. leur a mérités, je me suis enfin décidé à présenter à la sagesse de votre Grandeur, au jugement équitable de votre clergé et à la conscience des fidèles, les réponses théologiques qui doivent justifier notre position devant Dieu et devant les hommes.

PREMIÈRE QUESTION. — En fondant un pensionnat dans Marseille, avons-nous été rebelles à l'autorité ecclésiastique ?

Réponse. — Pour répondre tout à la fois clairement et victorieusement à cette question, il suffit de rappeler quelle est la discipline de l'Eglise relativement à l'obéissance cléricale et de confronter, avec cette discipline, notre conduite. Il est reconnu que tout prêtre est obligé rigoureusement de se soumettre aux ordres de son propre évêque, et qu'il ne peut disposer à son gré de sa personne et de son temps, sans y avoir été autorisé par ce même évêque ; un prêtre serait donc coupable de désobéissance s'il renonçait de son propre mouvement au service des paroisses contre la volonté de ce supérieur légitime. J'entends par supérieur légitime, tout prélat ecclésiastique au diosèse duquel on appartient par la naissance ou par un engagement volontaire, qu'on appelle incorporation ; mais l'Eglise n'a jamais ordonné qu'un prêtre fût tenu d'obéir indistinctement aux ordres de tous les évêques ; il n'y a que l'évêque de Rome qui ait le droit de conduire tout ensemble et les évêques et les prêtres et les fidèles de toute la chrétienté. D'après ces principes de la discipline catholique, il est facile de juger la conduite de l'abbé Vidal et la mienne. M. l'abbé Vidal avait obtenu, au mois de septembre 1833, de Monseigneur l'évêque de Fréjus, l'autorisation de s'établir à Marseille pour un temps illimité ; dix-huit mois après il se propose de se joindre à deux autres prêtres pour fonder une maison d'éducation ; ce projet devient une notoriété publique avant d'être mis à exécution. Monseigneur l'évêque de Fréjus en a connaissance et par la voix de la renommée et par des lettres officielles de l'évêché de Marseille ; et cependant il ne retire point à M. l'abbé Vidal l'autorisation de s'établir à Marseille ; ce dernier a donc pu sans désobéissance et encore moins sans rebellion, engager sa parole et clore son projet.

Pour ce qui me concerne, ma justification va paraître, sinon plus complète, au moins plus évidente : M. Boulard, vicaire général du diocèse d'Aix, m'écrivit au mois de septembre 1883 : *Monseigneur consent à vous prêter pour neuf mois à son vénérable voisin.* Au mois de mai 1835, après ma sortie du Petit Séminaire et le scandale de ma réception à l'Evêché de Marseille, le même M. Boulard, vicaire général capitulaire, m'adressa la lettre suivante :

22 Juin 1835.

« Les vicaires généraux capitulaires ont reçu la lettre que
« vous leur avez écrite le 9 juin, présent mois, pour en obtenir
« le renouvellement de l'autorisation qui vous avait été accordée
« de demeurer à Marseille. Je suis chargé par mes collègues
« de vous répondre qu'ils accèdent à vos vœux et que vous
« pourrez rester à Marseille tout le temps que vos affaires
« l'exigeront. »

Je ne suis donc pas désobéissant envers l'autorité ecclésiastique, qui seule a un droit spécial sur mes actes, ni rebelle à aucun de ses ordres, puisqu'elle m'autorise expressément à fixer mon domicile à Marseille, dans le temps même que, par la voix publique, elle ne pouvait ignorer mes projets ultérieurs.

Quant à M. l'abbé Blanc, la question ne paraît délicate et épineuse, qu'à ceux qui n'ont aucune connaisssance de l'arrêt porté contre lui, lors de sa sortie du Petit Séminaire : or, cet arrêt était ainsi conçu et j'en atteste l'authenticité : « *M. l'abbé Blanc ne sera jamais plus chargé, dans le diocèse, d'aucune fonction ecclésiastique.* » Tout le monde sait qu'à Marseille, ces sortes de décrets sont irrévocables, et qu'un prêtre, qui a eu le malheur de tomber en disgrâce, est entraîné quelquefois, par la nécessité de vivre, à des résolutions extrêmes, jusqu'au point d'oublier qu'il est prêtre pour l'éternité. Mais M. l'abbé Blanc n'a pas cru devoir augmenter le nombre déjà trop fréquent de ces scandaleuses défections ; quoiqu'il n'ait jamais pu comprendre ce grand déploiement de sévérité contre lui, il a respecté toutes les décisions de l'autorité ecclésiastique ; mais pour obéir à deux lois impérieuses, c'est-à-dire, pour délivrer le caractère sacerdotal de tout péril de profanation, et trouver des moyens de subsistance honorables, il **a dû** se joindre à deux autres prêtres, pour une entreprise qui, d'après les idées reçues, ne pouvait mériter que des éloges, et contre laquelle il n'était pas raisonnable de prévoir que l'autorité ecclésiastique dût s'élever avec tant de violence. M. l'abbé Blanc n'a donc pas été rebelle à son évêque, puisque sa position actuelle n'est que le résultat des ordres qu'il a subis.

2ᵐᵉ QUESTION. — Monseigneur l'évêque a-t-il le droit, dans son diocèse, d'empêcher à un prêtre, qui ne serait pas son sujet, de fonder une maison d'éducation ?

Réponse. — Je conviens, Monseigneur, que cette question est de nature à soulever de grandes difficultés, et que, pour y répondre convenablement, je devrais entrer dans des développements plus étendus que ne peuvent le comporter les bornes de cet écrit. Cependant, il ne me paraît pas impossible de prouver en peu de mots que notre maison n'est pas un établissement anticatholique, ou au moins qu'il est très incertain qu'on puisse lui donner cette qualification ; ce qui est suffisant pour contester à l'Évêché de Marseille le droit de nous anathématiser.

Les directeurs d'une maison d'éducation quelconque doivent se proposer d'éclairer l'intelligence de leurs élèves, et de la développer en leur communiquant la connaissance plus ou moins approfondie des beaux-arts et des sciences ; ils sont tenus également de leur apprendre beaucoup moins par des leçons que par des exemples, que l'homme a des devoirs rigoureux à remplir ; que l'accomplissement de ces devoirs n'a d'autre garantie qu'une vertu sincère et persévérante, et qu'enfin la religion est la seule base de toute vertu. Or, ces obligations des instituteurs se résument dans ces deux mots si connus : instruction et éducation. Cela posé, Monseigneur, voici les raisonnements que je crois pouvoir me permettre sur cette importante question, et que je soumets néanmoins au jugement impartial du métropolitain, notre juge commun.

Les évêques n'ont d'autre pouvoir spirituel que celui que J.-C., ou son Église, leur a confié ; or, ni J.-C., ni l'Église, n'ont jamais accordé aux évêques le pouvoir exclusif de fonder, ni le pouvoir direct de détruire ce qu'on est convenu d'appeler un pensionnat, sous quelque point de vue qu'on le considère. Une maison d'instruction a-t-elle jamais été du ressort immédiat de l'autorité spirituelle ? L'influence salutaire que l'Église a exercée pendant si longtemps sur les lettres et les sciences profanes, est-elle le résultat d'une mission divine, ou plutôt ne vient-elle pas de la puissance morale du catholicisme, de l'établissement des ordres religieux, et de mille autres causes secondaires ? Ces causes ont suffi pendant quelques siècles pour établir des faits, mais elles n'ont jamais supposé dans les évêques le droit divin et inaliénable de diriger en maîtres souverains les écoles disséminées sur tous les points de la chrétienté.

Considéré comme maison d'éducation, un pensionnat catholique ne peut, sans aucun doute, se soustraire à la surveillance de l'évêque ; je conviens encore que l'église a reçu de J.-C. le pouvoir de fonder des maisons d'éducation, en se conformant toutefois aux règlements de discipline extérieure que les gouvernemens établissent pour le bien public ; mais ce pouvoir, quelque légitime qu'il soit, ne donne point aux évêques le droit fondamental de décharger les pères de famille du soin d'élever leurs enfants ; ce n'est qu'indirectement qu'on les voit quelquefois s'ingérer dans ces sortes d'affaires. L'autorité spirituelle n'a jamais eu qu'un droit de surveillance sur l'éducation que l'on reçoit au foyer paternel, et je ne sache pas qu'il se soit jamais rencontré un exemple d'une plus haute prétention. Or, le père ne se fait-il pas représenter quelquefois dans toutes ses prérogatives et obligations par un parent, un ami, ou toute autre personne de son choix ? Au défaut du père et de la mère, l'Église a-t-elle jamais réclamé comme son droit l'éducation particulière des enfants ? Pour remplir légitimement ce devoir, faut-il une juridiction spéciale comme pour l'administration des sacrements ? Je crois, Monseigneur, que l'autorité paternelle est de droit divin, et que le chef de la famille peut confier ses prérogatives et charger de ses obligations tous ceux qu'il juge dignes de sa confiance ; je crois que le pouvoir que J.-C. a confié à son Église n'est point exclusif, en ce sens, qu'il ait été donné à elle seule d'enseigner la vérité ou d'exhorter à la pratique des vertus, et qu'il soit illicite à tout autre de répéter ses leçons et ses exhortations ; je crois enfin que mon opinion est conforme à la vraie foi, et que par conséquent un évêque n'a pas le pouvoir radical de détruire ou même d'empêcher une maison d'éducation ; sa volonté arbitraire ne fait jamais qu'un établissement soit anti-catholique et qu'un maître de pension devienne schismatique, comme elle suffit rigoureusement pour accorder ou pour retirer à un prêtre ses pouvoirs spirituels.

Aussi, n'est-ce point sans étonnement que je viens de relire la circulaire du 28 septembre 1835, dans laquelle, faisant abstraction de notre conduite personnelle, Votre Grandeur se déchaîne spécialement contre notre projet, *parce que*, dit-elle, *nous nous sommes placés, par le fait, en dehors de la juridiction spirituelle, et dans un état d'hostilité permanente contre l'autorité; que notre maison est une œuvre de révolte; et que, fondée au mépris des droits que les évêques tiennent de J.-C., elle est un établissement anticatholique.* Si la forme impérieuse de toutes ces assertions suffisait pour constituer en droit une prétention imaginaire, je ne sais comment l'Université de France, qui ne réclame jamais le consentement de l'Evêché, comme condition essentielle de l'existence d'un collège, pourrait justifier la catholicité de ses principes. Combien de maîtres de pension, qui dans la meilleure foi du monde, n'ont jamais rempli cette formalité, se trouveraient ainsi innocemment en dehors du giron de l'Eglise ! Mais comme la phraséologie d'une cour épiscopale n'a pas le droit de se formuler en décrets de l'Eglise, je n'en persiste pas moins dans mon opinion que je ne crois nullement opposée à la foi catholique, apostolique et romaine.

3ᵐᵉ QUESTION. — Ne devions-nous pas au moins par reconnaissance et par égard pour le vénérable évêque, renoncer à un projet qui était de nature à empoisonner ses derniers jours ?

RÉPONSE. — On nous a accusés, Monseigneur, dans les colonnes d'un journal, d'avoir péché contre les convenances, la délicatesse et surtout la reconnaissance. Je négligerais de répondre à cette accusation comme à des diatribes sans fondement, si on n'avait pas employé, pour la répandre dans le public, toute la puissance de la presse ; mais la dignité sacerdotale n'étant pas indépendante de la probité, je dois repousser tout ce qui pourrait obscurcir notre réputation, si notre conduite individuelle m'en fournit les moyens ; vous me permettrez donc, Monseigneur, d'entrer dans quelques détails absolument nécessaires pour notre complète justification.

M. l'abbé Blanc est-il ingrat envers l'Evêché de Marseille, c'est-à-dire, l'Evêché de Marseille a-t-il comblé de bienfaits M. l'abbé Blanc ? Ce dernier se souvient d'avoir été placé vicaire à la Major aussitôt après son arrivée d'Angoulême et d'avoir été ensuite transféré d'une paroisse à une autre pendant tout le temps qu'il a exercé le St-Ministère. St-Ferréol, St-Théodore, St-Charles et puis encore St-Théodore, Notre-Dame-du-Mont et la Trinité l'ont vu successivement remplir les fonctions de vicaire dans leur arrondissement. Il se souvient encore que fatigué de certaines vexations que lui faisaient subir les préjugés d'un seul vicaire général et sous le poids d'une accusasion à laquelle la crédulité de ce seul homme donnait de l'importance, il avait demandé et obtenu la grâce de se livrer aux obscurs et pénibles travaux de professeur dans le Petit Séminaire ; il se souvient encore d'avoir été pendant quelque temps un de ces prêtres qui sont reçus à l'Evêché avec approbation et privilège, c'est-à-dire, avec effusion de cœur, serrements de mains, invitations amicales et autres témoignages semblables d'amitié et de confiance. Sont-ce là des bienfaits inappréciables, surtout lorsqu'ils sont immédiatement suivis ou même accompagnés d'accusations absurdes et de dures tracasseries ? M. l'abbé Blanc ne se souvenant pas d'avoir reçu d'autres bienfaits de l'Evêché de Marseille, ne se croit pas obligé de pousser la reconnaissance jusqu'au sacrifice de sa dignité d'homme et de prêtre. Je me trompe : M. l'abbé Blanc se souvient d'un bienfait dont il est redevable à Monseigneur d'Icosie ; ce bienfait est de la nature de ceux que l'on dépose au pied de la croix ; c'est la violation d'une promesse solennelle et sacrée, il en conservera longtemps la mémoire. (1)

Mais M. l'abbé Vidal, dira-t-on, est évidemment un ingrat, puisqu'il a été reçu à Marseille avec une bonté toute paternelle, dans des *circonstances critiques pour lui*.

Je ne sais, Monseigneur, si les hommes que vous honorez de votre confiance sont du nombre de ceux qui se laissent aller à tout vent de doctrine, et qui reçoivent comme un enseignement religieux toute sorte de rapport ; en vérité, je le croirais, lorsque je vois tous les affidés de l'Evêché se communiquer de l'un à l'autre et répandre dans le public des circonstances qui ne sont rien moins que conformes à la

---

(1) Je pensais alors ce que j'écrivais, et bien des personnes notables de Marseille pensaient de même : « Pourquoi, disais-je à M. Chaix, ne « seriez-vous pas injustes envers M. Blanc, puisque je sais pertinemment « que vous l'êtes tous envers moi. »

vérité ; vous allez en juger, Monseigneur. L'abbé Vidal vivait à Toulon, retiré dans le sein de sa famille, pour des motifs honorables que je vous exposerai bientôt : bien loin d'être dans des conjonctures critiques, il jouissait de la plus grande considération, et Monseigneur l'évêque de Fréjus le sollicita, à diverses reprises, d'accepter un poste dans le service des paroisses. Ce fut pendant ce temps-là que M. l'abbé Carbonnel, professeur au Petit Séminaire, fut député auprès de lui par M. l'abbé Bicheron, alors supérieur de cette maison ; ce dernier le fit prier instamment de la part du Conseil Episcopal, de venir partager les travaux d'un ancien ami, en consacrant ses loisirs et ses connaissances à la prospérité d'un établissement qui semblait marcher vers un meilleur avenir. M. l'abbé Vidal agréa cette proposition, moyennant toutefois certaines conditions qui furent acceptées par l'Evêché de Marseille, et dont quelques-unes n'ont pas été remplies. Il a professé la physique pendant 18 mois, avec beaucoup de succès ; il a toujours déployé pour l'intérêt de la maison un zèle et un dévouement dont Monseigneur d'Icosie a reçu des preuves confidentielles au mois d'avril 1835 ; au milieu de l'année scolaire, M. l'abbé Vidal reçoit l'ordre de quitter au plus tôt le Petit Séminaire et de sortir du diocèse, sans avoir été honoré d'un avertissement préalable, ni pu obtenir les éclaircissements qu'il souhaitait. Je le demande à tout homme raisonnable, de quel côté se rencontre le défaut de délicatesse et surtout l'ingratitude ?

Puisque M. l'abbé Blanc et M. l'abbé Vidal sont hors de cause et que cependant l'accusation d'ingratitude pèse sur nous, dois-je en porter moi seul tout le poids et en subir tout l'odieux ? nous allons voir. Voici encore des faits, des témoignages et même des écrits. Au mois d'août 1833, j'exerçais à Saint-Remi les fonctions de vicaire ; quelques sujets de mécontentement m'ayant inspiré du dégoût pour le service des paroisses, je communiquai à un professeur du Petit Séminaire de Marseille le dessein que j'avais de me livrer à la carrière de l'enseignement. Aussitôt M. l'abbé Bicheron me fit prier de vouloir bien accepter une place de professeur dans son établissement ; cette offre ne m'ayant pas déplu, nous posâmes réciproquement nos conditions ; lorsque la convention fut sur le point d'être conclue, je manifestai mes intentions à Monseigneur Raillon, archevêque d'Aix. M. Boulard, vicaire général, me répondit en son nom, que je devais renoncer à quitter le diocèse et que Monseigneur voulait avoir une conférence avec moi, pour me donner *des preuves sensibles de son estime et de son affection.* M. Bony, supérieur du Grand Séminaire, m'écrivit en même temps, pour me dissuader d'aller à Marseille et m'engager à entrer dans les vues de l'archevêque, qui me destinait la chaire de rhétorique dans son Petit Séminaire. M. l'abbé Bicheron ayant appris que mon départ éprouvait tant d'opposition, m'adresssa une lettre que je regrette de n'avoir point conservée, dans laquelle (je l'atteste sur l'honneur) il me faisait les plus vives instances et m'engageait à ne point adhérer aux intentions de l'archevêque, parce que, disait-il, *les évêques n'ont pas le droit d'ordonner à leurs prêtres d'être professeurs dans un Séminaire.* Entraîné par toutes ces exhortations alors si puissantes dans la bouche d'un prêtre qui se disait mon ami, je demandai pour la deuxième fois à l'archevêque, l'autorisation de me retirer à Marseille ; ce fut alors que ce dernier ne voulant pas me contrister et pour me donner en cela *une preuve* (ce sont ses expressions) *de l'intérêt qu'il me portait, consentit à me prêter pour 9 mois à son vénérable voisin.* Je demande au rédacteur de certain article si j'étais à cette époque dans des *circonstances critiques* et si je dois être reconnaissant envers l'Evêché comme d'un bienfait signalé de ma réception à Marseille. J'avoue que je n'ai jamais pu comprendre pourquoi MM. Bicheron et Tempier se réjouissaient de mon arrivée et se félicitaient, disaient-ils, *d'avoir fait une bonne acquisition;* cette joie me paraît aujourd'hui encore plus inconcevable, lorsque je pense que dix-huit mois de travaux continuels, de sacrifices et de dévouement, pour la prospérité du Petit Séminaire, m'ont valu toutes les vexations que tout le monde sait et dont le détail ne pourrait qu'être affligeant pour Votre Grandeur. D'après cet exposé qu'il me serait facile de développer davantage, il est aisé de conclure que je ne suis point un ingrat, et que certaines personnes peuvent mériter de ma part cette qualification.

Mais n'est-ce pas un spectacle au moins indécent que de voir trois jeunes prêtres concevoir un projet, l'entreprendre et en poursuivre l'exécution avec persévérance, malgré l'opposition d'un évêque, que son âge autant que son caractère devait leur rendre vénérable. Ce serait ici le lieu, Monseigneur, de démontrer les avantages que notre pensionnat est de nature à produire pour le bien public. Mais il est si aisé de se convaincre de l'immense utilité de notre établissement, soit par la lecture réfléchie de notre prospectus, soit par une surveillance consciencieuse de la manière dont nous remplissons nos promesses, que je me borne à renvoyer les incrédules au jugement de tout ce que Marseille compte d'hommes éclairés et éminents, et d'écrivains distingués. Or, devions-nous abandonner un projet si évidemment avantageux à la ville de Marseille, pour ne point soulever une opposition qu'il serait difficile de justifier ? Étions-nous obligés de reconnaître aveuglément cette opposition comme un arrêt du Ciel, ou comme un canon d'un concile, ou même comme un mystère de l'évangile ? Je ne crois pas que le devoir des convenances nous obligeât de sacrifier un si bel avenir aux répugnances de quelques hommes et même d'un évêque. Je dis *répugnances*, car nous ne pouvions pas, nous ne devions pas même prévoir que l'opposition de l'Evêché prendrait un caractère plus grave, et qu'il se porterait aux mesures dont nous subissons encore la rigueur. La violation publique et solennelle des lois naturelles et des préceptes évangéliques étant incompatibles avec les principes habituels de l'épiscopat catholique, nous ne devions pas nous attendre à tout ce déploiement de violence ; et par conséquent nous avons le droit de nous croire innocents du scandale qui afflige encore l'Église de Marseille. Si les derniers jours du vénérable évêque de Marseille sont empoisonnés par tant d'agitations et d'angoisses, qu'il s'en prenne aux conseillers imprudents qui lui inspirent tant de préjugés et qui l'ont jeté si souvent dans des partis extrêmes, qu'il ne peut s'empêcher quelquefois de condamner lui-même, lorsqu'il est rendu à l'indépendance de ses jugements et à la sérénité de son âme.

Nous avons toujours eu, pour la dignité et la personne de l'évêque, tous les égards qui lui sont dus, et je défie qui que ce soit de nous trouver sur ce point répréhensibles, surtout depuis l'origine de cette fatale querelle.

4ᵐᵉ QUESTION. — Sommes-nous personnellement indignes de la confiance de l'évêque, et les antécédents de notre conduite sont-ils de nature à présenter aux pères de famille un préjugé défavorable ?

Il est pénible et quelquefois dangereux, Monseigneur, d'avoir à parler de soi ou de ceux qui font, avec soi, une même personne morale ; il se trouve pourtant des affaires qui imposent cette dure nécessité : nous devons alors accepter ce devoir onéreux avec résignation, et le remplir avec dignité et mesure. C'est dans ces sentiments que je vais exposer quelques particularités de notre conduite antérieure, qui, je l'espère, éclaireront beaucoup mieux la question que la fameuse lettre du 12 août.

M. l'abbé Vidal a exercé les fonctions d'aumônier de l'hôpital civil de Toulon, pendant très longtemps ; il renonça à ce poste de son propre mouvement, pour se soustraire aux vexations trop fréquentes d'un administrateur dont il ne partageait pas les opinions; Monseigneur l'évêque de Fréjus était alors si peu convaincu que M. l'abbé Vidal fût un mauvais prêtre, qu'il l'obligea, en quelque sorte, à quitter la maison paternelle pour se livrer de nouveau, sous le plus bref délai, au ministère des paroisses ; or, c'est cependant à cette époque que remontent les diffamateurs pour noircir sa réputation; il avait rempli auparavant les fonctions de vicaire à la Roque et à Cuers, et après avoir quitté l'hôpital, il fut nommé recteur à Artignos. Sa conduite dans ces différentes paroisses a dû toujours être édifiante et vraiment sacerdotale, puisque les populations de tous ces quartiers conservent précieusement son souvenir, et lui donnent encore après un laps de temps considérable, des preuves non suspectes de leur estime et de leur affection. M. l'abbé Vidal ayant toujours eu un penchant décidé pour l'enseignement, renonça aux paroisses avec l'agrément de son évêque, pour diriger une école, et ce projet n'ayant pas réussi à son gré, il se retira chez lui dans sa ville natale, où il continuait à jouir de la plus haute considération. Ce fut alors que l'Evêché de Marseille députa auprès de lui un professeur du Petit Séminaire pour l'engager à quitter le diocèse de Toulon : l'abbé Vidal n'avait probablement pas à cette époque une mauvaise réputation, puisque son entrée au Petit Séminaire, comme professeur de physique, fut pour ainsi dire marchandée et achetée à haut prix. De plus, il serait épouvantable de penser que l'Evêché de Marseille, en recevant des prêtres étrangers, ne se fît point un devoir de prendre des informations sur leur conduite sacerdotale. Cette légèreté, si je parvenais à la constater, ferait naître des réflexions accablantes sur la moralité de cette administration, et alors quelle serait l'importance de ses accusations, l'autorité de ses jugements et la puissance de sa parole ?

Je ne parle pas des bruits que l'on répand contre l'abbé Vidal touchant la conduite qu'il aurait tenue depuis son arrivée à Marseille ; il est vraiment scandaleux que la bouche de quelques fidèles et surtout de certains prêtres, se soit ouverte si souvent pour faire entendre des imputations dont l'absurdité est si patente. Au nom de la charité chrétienne, de la dignité sacerdotale et de la morale publique, je somme ses accusateurs de se dépouiller enfin de ces ténèbres dont ils se sont enveloppés ; qu'ils expliquent les faits, qu'ils donnent des noms, qu'ils précisent les époques et qu'ils présentent au moins des témoignages, s'ils ne veulent point jouer eux-mêmes le rôle de dénonciateur : sinon je les déclare infâmes à la face du ciel et de la terre. Faut-il rappeler ce qui est écrit dans tous les traités de théologie, sur les devoirs de la charité chrétienne ? Je traiterai bientôt cette grave question, car il est important de faire connaître que l'esprit de Dieu ne dirige pas toujours ceux qui nous sont opposés.

Monsieur l'abbé Blanc est aussi sous le poids de graves accusations ; or, voyons par l'exposition de plusieurs faits incontestables jusqu'à quel point elles peuvent être fondées.

M. l'abbé Blanc a vécu, pendant plusieurs années, avec Monseigneur l'évêque de Marseille et Monseigneur d'Icosie, dans une intimité dont ne jouissent que ceux qu'on appelle bons prêtres. Durant cet espace de temps qui fut considérable, on lui donna mille preuves de l'estime et de la considération dont il jouissait auprès de ses supérieurs.

On pensait même à l'élever à un poste éminent dans la ville de Marseille ; ce fut Monseigneur d'Icosie qui le lui apprit avec une sorte de triomphe ; c'était à la même époque que Monseigneur l'évêque de Marseille lui disait avec effusion de cœur : *vous êtes un des jeunes prêtres qui font ma consolation et ma gloire.* Si j'invoquais le témoignage de tous les prêtres, curés ou vicaires, sous lesquels ou avec lesquels il a exercé le saint ministère, il n'en est aucun qui n'élevât la voix en sa faveur, pourvu qu'on pût le faire impunément. Plusieurs d'entre eux, surtout ceux qui l'ont connu de près, n'ont pu s'empêcher de protester par leur indignation contre ce débordement d'injures dont on l'a comme inondé. J'en ai vu de ceux-là, j'en ai entendu, et j'en connais certainement beaucoup d'autres qui gémissent devant Dieu de tant de scandales. Mais M. l'abbé Blanc a-t-il toujours conservé l'estime de l'Evêché, et sa conduite postérieure à cette première époque peut-elle être présentée aux pères de famille comme une garantie de la bonne éducation que nos élèves doivent recevoir sous sa direction ? Je répondrai à cette nouvelle question par une nouvelle exposition de faits qui répandra encore plus de lumière. M. l'abbé Blanc n'a pas cessé un seul instant de jouir dans Marseille de l'estime et de la confiance universelles ; ses talents oratoires le faisaient rechercher de tous les curés de la ville et de la banlieue ; Monseigneur l'évêque de Marseille lui donnait toujours dans les réunions de prêtres ces témoignages par lesquels il sait distinguer ceux qu'il estime.

Monseigneur d'Icosie avait conservé pour lui la même affection, et lui communiquait confidentiellement tous les préjugés d'un autre grand-vicaire ; sa confiance en ce jeune prêtre était si grande, que même des personnages distingués dans le clergé ont poussé à cet égard leur susceptibilité jusqu'à la jalousie. M. l'abbé Blanc, prévoyant que s'il continuait à desservir les paroisses qui sont devenues à Marseille comme un foyer de diffamation, il tomberait peut-être dans quelque embarras, grâce aux investigations haineuses de certains hommes, demanda, de son propre mouvement, qu'on lui permît de se retirer au Petit Séminaire, pour y remplir les fonctions de simple professeur. Cette résolution fut applaudie vivement à l'Evêché, et Monseigneur d'Icosie se chargea de l'annoncer lui-même au Supérieur du Petit Séminaire comme une grande nouvelle ; car on cherchait alors, sans pouvoir le trouver, un prêtre qui voulût se charger de la classe de seconde, et dont la réputation littéraire pût donner un nouvel éclat à cette maison d'éducation. Or, je le demande à tout homme raisonnable, M. l'abbé Blanc devait-il être considéré à cette époque comme un mauvais prêtre ? Est-il jamais venu dans l'esprit d'un évêque religieux de placer dans un Petit Séminaire, où les élèves sont si susceptibles envers leurs maîtres et si faciles à former des jugements, un prêtre d'une réputation douteuse ? Depuis quand ces institutions religieuses sont-elles devenues pour les professeurs des maisons de correction ?... Certes, M. l'abbé Bicheron ne croyait pas que M. l'abbé Blanc eût été jeté dans le Petit Séminaire par pénitence, ainsi qu'on se plaît à le répandre, lorsqu'il l'établit le confident de tous ses projets, et qu'il lui dit un jour : *je vous ai révélé mon âme tout entière*. L'Evêché ne le croyait pas au mois d'avril 1835, lorsqu'il décida que ce professeur me remplacerait dans la chaire de rhétorique, après ma sortie du Petit Séminaire. De plus, il est de notoriété publique que M. l'abbé Blanc a provoqué, pour ainsi dire, son exclusion de cette maison en refusant d'adhérer à une proposition qui lui paraissait odieuse, et surtout en se permettant dans un écrit public de venger la réputation d'un de ses amis, sans blesser toutefois l'autorité qui avait donné occasion à des rapports injurieux. Ces crimes, que l'on appelle dans un traité de morale délicatesse de sentiment, générosité, dévouement héroïque, ont été le signal de cette persécution dont M. l'abbé Blanc est encore la victime. Ainsi, à cinq heures du matin on peut être excellent prêtre, d'une moralité irréprochable, digne d'être présenté pour modèle aux jeunes élèves d'un Séminaire. et à 8 heures du matin de la même journée, je ne sais quel affreux nuage vient tomber sur cette belle figure, et des voix s'élèvent pour nous dire que le premier tableau n'est que fantastique, tandis que le second est la réalité.

Me voici enfin arrivé à ma propre justification ; qu'il me soit permis au préalable, à l'exemple du grand apôtre, de déplorer la triste nécessité où je me trouve de parler moi-même en ma faveur. Dieu qui sonde *les cœurs et les reins* me le pardonnera, et les hommes, je l'espère, feront tomber sur la tête de mes accusateurs tout ce que cet acte de défense personnelle peut renfermer d'odieux.

M. l'abbé Bicheron pressé vivement de répondre aux mille questions qu'on lui adressait sur ma sortie du Petit Séminaire, et comprenant que s'il ne colorait de quelque prétexte plausible une mesure qui paraissait si extraordinaire, il se perdrait bientôt dans l'opinion publique, n'eut rien de mieux à faire pour se tirer d'embarras, que d'employer la diffamation et de la répandre avec largesse et profusion. On a dit que j'avais des opinions républicaines, que j'étais un zélé partisan de toutes les doctrines de l'abbé de Lamennais, que j'avais un penchant bien prononcé pour l'insubordination et qu'en plusieurs occurrences j'avais donné des preuves d'aliénation mentale. Telle est la nature des accusations qui pèsent sur ma tête, car je ne sache pas que des imputations d'un autre genre aient été répandues contre moi ; je me trompe, on a essayé dès le commencement de rendre suspecte la pureté de mes mœurs par de certains récits ; mais j'en atteste l'opinion publique, d'abord ils n'ont trouvé aucune créance et ensuite ils ont soulevé l'indignation des honnêtes gens, après la protestation des professeurs et des élèves du Petit Séminaire.

Mais reprenons les accusations sérieuses ou regardées comme telles ; je pourrais m'empêcher de les aborder chacune en particulier ; afin de prouver généralement que je n'ai jamais mérité de perdre la confiance de l'évêque, je n'aurais qu'à charger Monseigneur d'Icosie et tous les vicaires généraux de mon apologie ; ils vous diraient tous qu'ils regrettent amèrement de me voir engagé dans ce qu'ils appellent une fausse voie : que je n'ai qu'à quitter Menpenti pour avoir le droit d'être réintégré dans toutes mes fonctions sacerdotales, et même d'obtenir une place importante dans les paroisses de la ville ou dans toute autre localité du diocèse. Un personnage du diocèse d'Aix, (1) dont la signature est de quelque poids, m'écrivit au mois de juillet 1835 que Monseigneur d'Icosie se proposait de m'adresser une lettre toute paternelle, pour opérer entre moi et l'administration épiscopale une parfaite réconciliation : dans la dernière lettre que j'ai reçue du même évêque, les menaces sont entremêlées de promesses flatteuses pour me dégoûter de l'établissement.

Plusieurs prêtres et autres personnes dont je dois taire le nom dans cet écrit, m'ont fait, de la part de l'Evêché, des propositions d'accommodement, pourvu que je m'engageasse à renoncer à Menpenti ; enfin, M. l'abbé Chaix, dans une conférence que j'eus avec lui au mois d'octobre, me tint expressément le même lengage et m'assura que tout mon crime, aux yeux de l'Evêché, c'était ma présence à Menpenti ; mais est-ce à dire que mes opinions républicaines prendraient une couleur monarchique dès l'instant que je ne foulerais plus la terre de Menpenti ? L'atmosphère du Rouet excerce-t-elle sur mes opinions religieuses, sur mon caractère,

---

(1) Voir la lettre de l'abbé Sibour, 1re partie, page 116.

sur la trempe de mon esprit, et sur mes organes, une mauvaise influence que doive détruire inévitablement l'atmosphère de la ville ? Depuis quand la moralité bonne ou mauvaise d'un individu est-elle le résultat infaillible d'une locomotion ? Telle est, Monseigneur, la première réponse que je donne aux accusations qui me concernent : je crois que vous la trouverez raisonnable ; pour moi j'ai quelque droit de la croire sans réplique ; mais poursuivons.

Je suis républicain !... Je prie mes accusateurs, si l'amour de la vérité les inspire, de m'aider à reconnaître dans mes discours ou dans mes actes, ce qui les porte à m'attribuer cette qualification. Voici l'exposé succinct de mes opinions. Je crois que toutes les formes de gouvernement sont sujettes au changement, qu'elles ont leurs défauts et leurs avantages, comme tout ce qui est terrestre, et qu'il faut bien se garder de les confondre avec les vérités catholiques. Je crois que la forme républicaine ne sera de longtemps compatible avec le caractère du peuple français, mais qu'elle peut aisément, dans des circonstances données, contribuer pour sa part au développement du catholicisme. Je crois enfin que, quelque opinion politique que l'on embrasse, il n'y a ni rebellion ni apostasie à s'apitoyer sur le malheur. Y a-t-il en tout cela quelque opinion contraire à la foi et aux saines doctrines ? Mes accusateurs m'obligeraient infiniment de me faire connaître en quelle conjoncture j'ai suivi de coupables errements ou propagé des maximes pernicieuses : en réparant par une rétractation volontaire le mal que j'aurais commis par ignorance ou par imprudence, je trouverais une occasion éclatante de déployer toute l'étendue et de manifester toute l'intégrité de ma foi religieuse.

Je suis partisan de l'abbé de Lamennais.. je déclare avoir embrassé et enseigné les doctrines philosophiques et théologiques de l'abbé de Lamennais qui n'ont pas été condamnées par le souverain Pontife ; j'y tiens encore aujourd'hui avec la même conviction : mais ai-je suivi l'illustre écrivain dans la voie détournée où il s'est perdu ?

Ceux qui m'accusent, m'ont-ils entendu proférer quelque parole qui puisse servir de base à leur jugement ? S'ils ne savent pas certainement que je suis partisan des opinions condamnées, s'ils ont même quelque raison d'en douter, pourquoi s'exposent-ils de gaieté de cœur à se rendre coupables d'une grave calomnie ?

Je suis partisan de l'abbé de Lamennais.....

Je l'avoue, j'ai aimé et j'aime encore cet homme dont les écrits si puissants sur mon intelligence et mon cœur de jeune homme, ont contribué si efficacement à développer mes facultés intellectuelles et à fortifier dans mon âme le penchant à la vertu. Vous tous qui incriminez cet amour, sachez bien qu'avant d'en éteindre le feu, il faut que vous arrachiez le catholicisme du fond de mes entrailles, et que vous détruisiez en moi tout ce que je puis éprouver d'inclination à la générosité, au dévouement, et à la sainte amitié. Oui j'aime encore cet homme ; mais je l'aime comme un fils qui a perdu son père, et qui pleurant sur la tombe qui en renferme les dépouilles mortelles, demande au ciel sa résurrection. Je l'ai aimé, je l'aime encore, et malheur à moi si je cessais de l'aimer ; j'en appelle à tous ceux qui portent un cœur d'homme, ne serais-je pas coupable d'ingratitude ?

Je suis insubordonné... Je ne me souviens pas d'avoir jamais désobéi aux ordres de l'autorité ecclésiastique ou de toute autre autorité légitime.

Que mes accusateurs citent des faits à l'appui de leur assertion, et je prouverai mon innocence ou je confesserai ma culpabilité, sinon le silence est la seule vengeance que je doive tirer de cette qualification injurieuse.

Je suis un fou !!! Nous lisons dans le St-Evangile : il n'est pas bon que le disciple soit mieux traité que le maître. Il ne faut rien moins que l'exemple de J.-C. et sa grâce toute puissante pour supporter avec résignation un outrage dont les hommes qui se respectent doivent sentir tout le poids. M. l'abbé Bicheron a trouvé deux cas de folie dans deux infirmités passagères que les hommes de l'art ont attribuées à des affections nerveuses ; c'est selon lui dans ma famille un mal héréditaire. En vérité je croirais réellement avoir perdu le sens, si je m'arrêtais plus longtemps sur une accusation de ce genre. Que le Dieu des miséricordes lui pardonne !

On a dit encore pour tout résumer dans un seul mot, que je suis un mauvais prêtre... Oui je le suis devant Dieu et je sens toute mon indignité : mais les hommes ont-ils le droit de me jeter à la face cette épouvantable accusation !

J'ai exercé le St-Ministère à Salon, aux Cadeneaux et à St-Remy ; je n'ai pas la prétention de n'y avoir point commis de faute ; mais je crois pouvoir sans témérité défier qui que ce soit des habitants de ces trois paroisses, de trouver dans ma conduite une seule violation de mes devoirs d'honnête homme et de prêtre. D'ailleurs les circonstances de ma réception à Marseille ne prouvent pas qu'à cette époque je fusse regardé comme un mauvais prêtre.

Me suis-je perverti depuis mon arrivée à Marseille ?

S'il faut en croire les professeurs et les élèves du Petit Séminaire qui m'ont connu de près, pendant 18 mois, il paraîtrait que toutes les mesures de rigueur qu'on a employées contre moi, n'ont pas été inspirées par l'esprit de discernement et de justice.

Quelques jours avant que la tempête éclatât avec tant de violence, l'Evêché était bien loin d'être persuadé que je fusse un mauvais prêtre, puisque M. l'abbé Flayol, vicaire général, me permit de pénétrer dans un couvent de religieuses, pour donner aux maîtresses elles-mêmes des leçons de littérature. Depuis ma sortie du Séminaire, le même Evêché m'a donné plusieurs témoignages de son estime et de sa considération ; je ne suis donc pas, pour emprunter le langage des hommes, un mauvais prêtre, et j'aurai droit bientôt d'appeler de toutes les vexations que j'éprouve à l'autorité qui peut y mettre un terme.

5ᵐᵉ QUESTION. — L'Evêché de Marseille est-il bien sincère lorsqu'il me fait actuellement des promesses flatteuses, et qu'il assure que tout mon crime est ma présence à Menpenti?

Réponse. — Pour répondre à cette question, je m'abstiendrai de tout raisonnement : l'exposition simple et véridique de toutes les circonstances qui accompagnèrent ma sortie du Petit Séminaire, sera toute mon éloquence.

Au mois d'avril 1835, témoin de certains abus d'économie qui se glissaient dans l'administration du Petit Séminaire, au profit de je ne sais quelle caisse centrale, je pris la résolution de faire part de mes inquiétudes au supérieur suprême de la maison ; c'était une question fort délicate à traiter pour beaucoup de raisons ; la plupart des élèves, parmi ceux qui commençaient à comprendre et à sentir, manifestaient tout haut leur mécontentement ; un grand nombre de parents ne pouvant faire connaître leurs sujets de plainte au maître (toujours invisible), qui réunissait tous les pouvoirs, ne dissimulaient pas leur indignation en présence des professeurs qu'ils rencontraient ; il fallait donc me faire l'écho de tous ces murmures et les porter comme un tonnerre à l'oreille de cet homme qui s'endormait sur le bord de l'abîme. D'autre part, je ne devais pas oublier que mon nom était enveloppé de nuages dans son cerveau et que la mission dont je me chargeais auprès de lui, pourrait bien faire éclater la tempête. Aussi tous les professeurs à qui je communiquai mon projet me firent-ils entrevoir le danger personnel que mon dévouement m'allait faire subir. Mais ma destinée devait s'accomplir ; L'entrevue eut lieu, on me remercia de mes avis charitables, on reconnut, à cette marque, la persévérance d'une vieille amitié ; un serrement de main termina la conférence. Et cependant, 8 jours après, un prêtre montait en voiture pour la ville d'Aix, afin d'obtenir des vicaires généraux mon rappel dans le diocèse métropolitain.

On se souvint à la même époque, que M. l'abbé Vidal avait fait preuve d'un même dévouement dans un entretien avec Mgr d'Icosie, au mois d'octobre 1834 et l'on fut bien aise des mauvais rapports qui survinrent, afin de colorer d'un prétexte plausible le projet de vengeance qu'on nourrissait depuis six mois. Il fut donc résolu que les professeurs de physique et de rhétorique abandonneraient, au milieu de l'année scolaire, les élèves qu'ils avaient formés. Tel est le système politique du grand administrateur. Le temps Pascal est pour lui l'époque des changements dans le personnel des professeurs, parce que, dit-il, si quelque parent ou quelqu'élève se trouve froissé de telle ou telle mesure, on a le temps avant les vacances d'affaiblir cette douleur et de jeter un voile d'oubli sur les personnages qui sont l'objet d'un trop vif regret. C'est ainsi qu'il avait réussi l'année précédente à se substituer à un prêtre honnête homme, dans la haute direction du Séminaire, après avoir rendu le pouvoir de ce dernier illusoire et son administration impossible, par une opposition systématique ; mais pour la seconde fois, l'expédient ne réussit point au gré de ses désirs ; notre sortie ne put s'effectuer qu'après un mois d'une lutte intestine où sa dignité de supérieur fut souvent compromise par ses attaques puériles et ses propos inconvenants. Il fallut enfin céder et nous nous retirâmes avec des idées encore bien vagues sur le projet d'un pensionnat qui, depuis quelques jours, commençait à nous sourire. Je reçus la veille de mon départ une lettre de l'abbé Bicheron, que la colère avait dictée ; elle était ainsi conçue :

« *6 Mai 1835.*

« Monsieur,

« Voici les ordres que Monseigneur l'Evêque me charge de « vous transmettre : *vous voudrez bien intimer à M. Jonjon* « *de sortir incessamment de votre maison, où ses fonctions* « *cessent à l'instant même ; en faisant exécuter ce que je* « *vous mande, veuillez aussi, Monsieur, faire savoir à M.* « *Jonjon, que les pouvoirs de confesser lui sont retirés et que* « *sa présence étant désormais inutile dans le diocèse de* « *Marseille, je l'invite à retourner dans le diocèse auquel il* « *appartient.*

« Vous n'aurez donc plus, Monsieur, à vous occuper de « votre classe ; vous serez remplacé dès demain. Il est très « probable que vous ayez bien des affaires avec les élèves de « la maison ; cependant je suis forcé de leur interdire tout rap-« port avec vous ; vous m'obligerez de ne pas me réduire à « employer des moyens pénibles pour obtenir cet effet ; je ne « crois pas qu'il vous convienne à vous, pas plus qu'à nous, « de prendre un long temps pour faire vos malles ; d'ailleurs, « l'ordre de Monseigneur est péremptoire et ne souffre pas de « retard.

« J'ai l'honneur de vous saluer.

« Bicheron ».

Le lendemain je me disposais à me rendre à l'Evêché, lorsque j'appris que mes élèves de rhétorique avaient adressé à mon insu une lettre à Monseigneur d'Icosie ; je crus devoir, par délicatesse, renvoyer ma visite au jour suivant ; mais je tenais à cette visite, car j'ai toujours pensé que l'innocence, à défaut de justice, doit s'appuyer sur d'énergiques protestations. Plût à Dieu, néanmoins, que des obstacles insurmontables eussent empêché la réalisation de cette idée ; un scandale de moins aurait affligé l'église de Marseille, et je ne serais point réduit à confesser, dans toute la sincérité de mon âme, que dans cette entrevue, par les ordres et la voix tonnante de Monseigneur d'Icosie, un valet me poussa violemment en dehors des appartements de sa Grandeur. Quelques jours après, les journaux livrèrent malgré moi cet évènement à la publicité ; une lettre parut dans une feuille très accréditée, pour contredire le fait, et un prêtre, peu soucieux de sa renommée, se rencontra pour y apposer sa signature. C'est alors que, pour faire diversion, on essaya de répandre sur la pureté de ma conduite sacerdotale, certains bruits injurieux ; comme c'était la première fois de ma vie que je subissais ce genre d'épreuve, j'en ressentis une amère douleur. M. l'Abbé Blanc qui n'avait pas cru devoir interrompre ses relations avec moi, quoique je fusse devenu malheureux, pénétré lui-même de ma propre anxiété, se détermina, de concert avec un autre professeur, à défendre ma réputation par un écrit public. Cet acte de dévouement fut suivi d'un autre non moins généreux de la part de soixante élèves du Petit Séminaire, qui voulurent spontanément ne pas demeurer étrangers à la reconnaissance que cet établissement me devait ; mais infortuné jeune homme ! pourquoi porter ainsi de classe en classe, à la lumière du soleil, un écrit couvert de signatures ? C'était un de mes élèves .... L'amitié est donc aveugle comme l'amour, et puissante comme la mort..... L'écrit fut bientôt en sûreté, et quelques instants après ce jeune enfant comparut devant le supérieur, et fut jeté dans un cachot, où il séjourna pendant trois jours, réduit aux plus humiliantes privations et à un état dégoûtant ; une quinzaine d'élèves furent mis pour ainsi dire à la question et aucune parole ne se fit entendre qui pût donner le moindre soupçon de séduction.

Ce n'est pas tout encore ; quelques jours après, un prêtre, (1) commensal très-influent de l'Evêché, convoqua dans les appartements de M. l'abbé Bicheron quatre professeurs du Petit-Séminaire, les seuls qui fussent revêtus du sacerdoce ; il leur présenta à signer une protestation contre les deux écrits qui avaient paru dans les journaux ; mais, soit que l'orateur ne fût point doué d'une éloquence persuasive, soit que les professeurs opposassent une profonde conviction à la chaleur de son discours, il arriva que le papier se trouva à la fin de ce drame noirci d'une seule signature ; et l'orateur entraîné, je ne sais par quelle colère symbolique, jeta le tout ensemble dans une cour intérieure de l'établissement, au milieu des immondes

---

(1) L'abbé Jeancard.

pourceaux (historique). La vengeance n'était pas complète : après m'avoir isolé de la société de mes pairs, on me fit un crime des articles qui avaient été publiés, et auxquels je n'avais coopéré ni directement ni indirectement, pour me séquestrer aussi, autant qu'il était en leur pouvoir, de la société de Dieu ; et la faculté de célébrer le saint sacrifice de la messe me fut retirée par la lettre suivante, qui donnera sans contredit la juste mesure du genre de justice que l'on exerce à l'Evêché de Marseille.

15 mai 1835.

« Vous appartenez, Monsieur, au diocèse d'Aix ; *des raisons* « *qu'il n'est pas nécessaire de vous dire*, me font désirer, pour « le bien, que vous y rentriez. *Ces raisons sont suffisantes* pour « que je vous retire l'autorisation de célébrer, dont tout prêtre « doit être nanti pour dire la messe dans un diocèse où il est « étranger. *La mesure que j'ai prise à votre égard n'est pas* « *autre chose*.

« Si vous étiez mon diocésain, *j'aurais approfondi davan-* « *tage*, cette fois comme les autres, la question qui vous « concerne ; mais vous n'êtes que par accident justiciable de « mon autorité, etc., etc. J'ai l'honneur de vous saluer.

« CHARLES-FORTUNÉ, *Évêque de Marseille.*

J'établis, en passant, que l'interdit ne pèse pas sur moi, et que, si je ne puis célébrer, c'est parce qu'on arrête mes pas par des obstacles purement matériels. Quant à cette légèreté de jugement dont le secrétaire de l'évêque s'est rendu coupable, j'y reviendrai bientôt, car elle est de nature à provoquer de sérieuses réflexions. Pour achever le tableau de ces premiers événements, je dirai que l'Evêché ne pardonna point à M. l'abbé Blanc son apologie, quelque mesurée qu'elle fût ; son expulsion du Petit Séminaire suivit de près la publication de cet écrit, et à tout jamais le nom de cet ecclésiastique fut rayé du livre de vie. Il est donc prouvé que, dans les premiers jours de notre querelle, où il ne s'agissait nullement de Menpenti, j'étais le principal objet de la colère épiscopale, et de plus que ce débordement de colère était injuste, puisque l'on se plaît aujourd'hui à publier jusque sur les toits que ma présence à Menpenti est le seul crime que l'on ait à me reprocher..... Prêtres catholiques, pesez dans la balance du sanctuaire, d'un côté nos indicibles angoisses et de l'autre les décisions implacables d'une administration qui se ment à elle-même, et ensuite jugez-nous.....

6ᵐᵉ QUESTION. — Les directeurs de Menpenti ont-ils abusé de la confiance de l'évêque, et ont-ils fait valoir leur influence sur les élèves pour faire croître leur établissement sur les ruines du Petit Séminaire, tandis qu'ils y exerçaient encore les fonctions de professeurs ?

Cette accusation, Monseigneur, est une de celles qui ne reposent que sur de frivoles soupçons ; c'est néanmoins un devoir pour moi de la détruire ; si elle avait quelque fondement, je n'hésiterais point à en faire l'aveu ; je n'aurais point osé entreprendre notre justification, car je tiens qu'avant tout un prêtre doit être honnête homme.

Je le déclare donc de nouveau dans mon âme et conscience, les prêtres directeurs de Menpenti n'ont pas pris l'initiative, dans cette triste querelle ; ils remplissaient avec exactitude et dévouement leurs devoirs de prêtre et de professeur ; ils portaient le plus vif intérêt à la prospérité du Petit Séminaire, lorsque l'ordre leur fut intimé, sans avertissement et sans explication, de quitter sur-le-champ cette maison. Pourquoi donc conçurent-ils si promptement le projet d'une maison d'éducation ? C'est qu'il était dur pour des prêtres qui avaient, jusqu'à ce jour, vécu honorablement, de se voir ainsi jetés dans le monde et exposés aux mille traits de la publicité ; s'ils avaient pris le parti de disparaître de la scène, et de laisser le champ libre à ceux qui les opprimaient, leur retraite subite et imprévue n'eût pas moins été un événement public, et la diffamation se présentait à eux comme un abîme inévitable. Or, tandis que l'administration épiscopale n'observait à l'égard de ces prêtres aucune forme de justice, il n'était pas inconvenant que ces prêtres se jetassent dans un parti qui pût sauver tout à la fois leur vie physique et morale. Mais un grand nombre d'élèves nous ont suivis à Menpenti et d'autres encore souhaitaient ardemment de nous y suivre.....

Que conclure de ce fait ? C'est qu'avant de quitter la maison nous les avons séduits !... Vous qui prononcez ce jugement avec tant d'assurance, daignez consulter les élèves qui faisaient alors partie de l'établissement, surtout ceux qui ne sont point élèves de Menpenti ; s'ils nous accusent de cet abus de confiance et de ce défaut de probité, je m'engage, en mon nom et en celui de mes collaborateurs, à renoncer à notre établissement dès l'instant que l'accusation sera, je ne dis pas prouvée, mais seulement constatée ; deux ou trois élèves seulement connurent, quelques jours avant mon départ, je ne dis pas notre projet, mais notre velléité d'entreprise : c'étaient les plus mécontents à l'égard desquels la séduction était par conséquent devenue inutile. D'ailleurs, ils gardèrent le secret avec un respect religieux, et la communauté entière ne connut parfaitement notre affaire que lorsque ma sortie eût été consommée. Nous les avons séduits.... Oui, sans doute, mais encore une fois, interrogez les élèves, leurs parents, les professeurs, les domestiques même, sur la nature de cette séduction ; vous apprendrez que l'entraînement que nous avons excité, n'a rien qui puisse imprimer de flétrissure sur notre nom, et que cette défection, dont la cour épiscopale fut justement alarmée, avait été provoquée par des causes graves tout à fait indépendantes de notre volonté. Hélas ! Grand Dieu ! fallait-il à cette époque être doué d'une pénétration supérieure, pour comprendre toute l'étendue du mal ? M. Tempier n'avait-il pas été éclairé par une mère de famille ? M. Flayol n'avait-il pas reçu confidentiellement des documents de grande importance ? N'avais-je pas fait, moi-même, de graves révélations à Monseigneur d'Icosie ? N'est-il pas vrai que chaque membre du Conseil avait, si j'ose le dire, plongé sa main dans la profondeur de cette plaie secrète qui menaçait d'envahir tout le corps ? Mais .. ils avaient des yeux et ils ne voyaient pas, des oreilles, et ils n'entendaient pas, de l'intelligence, et ils ne comprenaient pas ; ils admiraient cette belle tête, couverte d'un métal précieux qui renvoyait avec éclat la lumière éblouissante du jour ; ils se prosternaient devant ce corps de statue, dont les formes gigantesques étaient l'emblème de la puissance et ils s'obstinaient à ne point voir les pieds d'argile qui soutenaient le colosse... Eh bien ! trois prêtres obscurs ont touché du pied à sa base, et la terre s'est couverte de débris ; on a essayé de façonner avec des ruines une nouvelle figure, mais encore quelques années et je le prédis à votre Grandeur, les passantsse refuseront à reconnaître le monument glorieux dans un vain simulacre qui ne portera bientôt plus que les marques humiliantes de la dégradation. (1)

---

(1) Ce que je prédis s'est vérifié un peu plus tard.

7ᵐᵉ QUESTION. — L'Evêché de Marseille a-t-il pu légitimement employer la diffamation pour détruire l'établissement Menpenti ?

C'est un fait notoire, Monseigneur, que les trois directeurs de Menpenti ont été individuellement chargés de diverses accusations plus ou moins graves et qu'ils l'ont été par l'Evêché ou officiellement, dans la réunion des curés, dans la circulaire aux prêtres et dans les journaux, ou officieusement dans les conversations, dans des missions secrètes, au confessionnal, etc. Or, je soutiens, d'après les principes de la théologie catholique, que ces mesures et ces moyens sont tout autant de prévarications. Pour procéder avec méthode, je pose d'abord la question suivante :

La détraction est-elle quelquefois un moyen honnête de parvenir à ses fins ?

Il est certain qu'il n'est jamais permis, pour quelque fin que ce soit, d'employer ce genre de diffamation que l'on appelle calomnie, qui consiste soit à imputer faussement les crimes, soit à attribuer à son prochain, avec assurance, des fautes douteuses. Il est ordinairement défendu de découvrir et de publier les fautes réelles, ce qui se nomme médisance; cependant ce dernier genre devient quelquefois un moyen légitime ; il est permis, par exemple, pour le bien de la société, de diffamer un individu qui ferait profession de corrompre la jeunesse. Mais, si on prévoit que le mal ou le scandale qui résultera de la diffamation, sera plus considérable que n'est actuellement le désordre qu'on veut empêcher, la prudence, la charité et même la justice exigent impérieusement que l'on se taise et que l'on emploie d'autres moyens moins violents : de plus, si l'individu coupable ou supposé tel, peut être ramené à de bons sentiments par d'autres voies que celle de la diffamation, on doit éviter d'en venir à cette mesure, qui doit toujours être considérée comme un parti extrême et un pis-aller, lorsque les autres ressources manquent.

Cela posé, je soutiens d'abord que l'Evêché de Marseille s'est rendu coupable de calomnie, en nous imputant faussement des crimes, ou au moins en nous attribuant des faits dont il ne pouvait avoir la certitude. Quant à ce qui me concerne, j'ai l'intime persuasion que j'ai été calomnié ; ma cinquième lettre à votre Grandeur en est une démonstration complète.... Mes collaborateurs demandent depuis longtemps qu'on les confronte avec leurs accusateurs et que leur cause soit plaidée devant un tribunal ecclésiastique impartial ; cette demande pressante et continuelle, dont je puis garantir la sincérité, ne prouve pas que leur conscience soit horriblement chargée; mais cette obstination de la part de l'Evêché à vouloir toujours qu'on le croie sur parole, que désigne-t-elle ? Si les accusateurs portent un front d'honnête homme, si les imputations sont indubitables, si les preuves sont palpables, si les témoignages sont dignes de foi, pourquoi différer si longtemps d'en finir avec des accusés, qu'il serait si facile de convaincre et que l'on pourrait écraser sous le poids d'un jugement solennel ? Je conviens que lorsqu'on ne se propose que la diffamation, il vaut beaucoup mieux, comme le Jupiter des anciens, assembler des nuages que de combattre comme l'Ajax à la clarté des cieux. On parvient à son but sans coup férir, et de tous les rapports, *il reste toujours quelque chose.*

Mais supposons que nous soyons coupables de tout ce qu'on nous impute, et que chacun de nous ait payé sa quote part à la fragilité humaine, je soutiens que les supérieurs ecclésiastiques de Marseille ont donné le spectacle d'une horrible indécence, en s'abaissant jusqu'à diffamer ceux qu'ils auraient dû couvrir de leur manteau. Ils ont, même dans cette hypothèse, violé tout ensemble les lois de charité et de justice, parce que : 1° il était facile de prévoir que le scandale qui résulterait de la diffamation serait plus nuisible à la religion et au salut des âmes, que ne l'était et que ne l'est actuellement en effet le pensionnat Menpenti ; 2° parce que la diffamation n'était pas la seule ressource de l'Evêché, pour nous ramener dans la voie du salut, si nous nous en étions écartés : il y avait des moyens de persuasion à employer, des propositions d'accommodement, et des actes de soumission et de respect à accepter, et même des prêtres consciencieux à nous imposer, etc. ; 3° parce que, lors même que nous aurions eu jusqu'à ce jour des opinions dangereuses, ou des mœurs suspectes, il n'était pas probable que nous dussions nous permettre de donner de mauvais exemples, ou d'enseigner de pernicieuses doctrines, en présence d'une ville immense, où la foi catholique est si ardente, et surtout dans l'état de suspicion où l'on nous avait placés ; notre pensionnat devait donc être au moins aussi recommandable que tant d'autres maisons d'éducation qui n'offrent pas de plus grande garantie, et contre lesquelles néanmoins l'autorité ecclésiastique ne s'est jamais permis aucune personnalité. Cependant, Monseigneur, que d'écrits licencieux, que de discours dégoûtants ne se sont-ils pas permis contre nous, ceux qui s'appellent partisans de l'Evêché ? Dans cette catégorie de chrétiens, chaque citoyen s'est fait soldat et a déchargé tous les traits de son carquois ; et même, s'il faut en croire un bruit assez fondé, un ou deux prêtres auraient imposé à leurs dévotes l'obligation majeure d'exercer contre nous toute la volubilité de leur langue. Hélas ! mon Dieu !... Ne maudissons pas le clergé de Marseille : le plus bel arbre n'a-t-il pas quelquefois sa branche morte ?

8ᵐᵉ et 9ᵐᵉ QUESTION. — L'Evêché de Marseille a-t-il pu légitimement refuser l'absolution aux pères de famille qui nous confient leurs enfants, et réserver à trois prêtres la confession des enfants eux-mêmes ?

J'ai traité cette question, Monseigneur, avec quelque étendue dans les deux premières lettres que j'ai eu l'honneur de vous adresser pendant le mois de décembre 1836 ; on les trouvera dans tout leur contenu à la fin de ce mémoire. Je n'ai pas prétendu faire peser, sur tout le clergé, une accusation qui n'est sans contredit que le fait de quelques individus, et même avec ces membres languissants d'un corps d'ailleurs puissant et robuste, je n'ai pas eu l'intention d'engager une lutte sérieuse.

Je devais la vérité aux fidèles qui me consultaient et je l'ai dite. J'ai pris pour base de mes jugements une théologie que l'on peut suivre aveuglément en sûreté de conscience, d'après la décision du Saint-Siège Apostolique, et que l'Evêché de Marseille met entre les mains des jeunes ecclésiastiques qui se disposent au sacré ministère. On dira peut-être qu'un prêtre ne pêche jamais en obéissant à son évêque. Pauvre raison, pitoyable réponse qui suppose dans les évêques un privilège qu'ils n'ont jamais eu, et que l'on conteste même au souverain Pontife : je veux dire l'infaillibilité (1). D'ailleurs les principes de la théologie de Ligorio ne sont-ils pas enseignés dans le Grand Séminaire ? Serait-il raisonnable de n'admettre un système de théologie que lorsqu'il nous est favorable, et de le rejeter quand il nous contrarie ? Les prin-

---

(1) J'ai écrit cela avant le Concile.

cipes de morale sont-ils donc des choses mobiles que l'on peut modifier à son gré, selon les circonstances ? En un mot, pourquoi l'Evêché, dans la circonstance actuelle, renierait-il ses doctrines théologiques, précisément parce qu'elles ne servent de rien au but qu'il se propose ? Il faut en convenir, c'est le siècle des apostasies !.....

10me QUESTION. — Les élèves de Menpenti ont-ils pu théologiquement être jugés indignes d'absolution, uniquement à cause de leur présence à Menpenti ?

Il n'est pas permis de donner à cette question une réponse affirmative, après la décision de la sacrée pénitencerie ; il serait en effet téméraire de penser que la décision des graves théologiens de l'Evêché ait été *raisonnable :* mais transportons-nous par l'imagination au mois d'octobre 1835, à l'origine du pensionnat Menpenti, et supposons, pour complaire à MM. de l'Evêché, que cet établissement ne devant offrir aucune garantie pour la morale, dût être considéré comme une école dangereuse pour la jeunesse chrétienne. Dans cette hypothèse, que devrait faire le confesseur des élèves de Menpenti, pour donner à ses contemporains des preuves évidentes de sa science théologique ? Le séminariste le moins subtil pourrait satisfaire à cette réponse ; car les principes que je vais exposer se rencontrent dans tous les auteurs qui ont écrit sur la théologie morale.

Il y a, Monseigneur, deux sortes d'occasions de pécher, l'occasion éloignée et l'occasion prochaine. Cette dernière se subdivise en occasion volontaire et en occasion nécessaire. Ainsi supposons un instant que le pensionnat Menpenti soit une école immorale, le séjour dans l'établissement est une occasion de pécher nécessaire ; car je ne sache pas qu'il soit loisible à la plupart des enfants de se choisir à eux-mêmes un pensionnat pour recevoir l'instruction et l'éducation convenables. Or, dans ce cas et autres semblables, les théologiens enseignent qu'après une épreuve suffisante, le confesseur ne peut pas sans injustice priver cet élève du bienfait de l'absolution, si, par sa vigilance et le secours de la grâce, il a rendu éloignée, c'est-à-dire, peu dangereuse, une occasion qui était de sa nature prochaine et fréquente.

Mais s'il était reconnu que le séjour dans le pensionnat Menpenti ne fût pas une occasion prochaine, et qu'on ne trouvât dans l'établissement d'autre facilité pour pécher que celle qui se rencontre dans tout autre pensionnat, ou dans une réunion quelconque, que penser de l'obstination de ces confesseurs qui pendant cinq mois ont refusé d'absoudre nos élèves ? Niera-t-on le fait de la bonne moralité de notre maison ?

Voici ce que je sais sur cette grave question avec une entière certitude, et que je puis assurer sur la foi du serment : un prêtre à qui TOUS les membres de l'administration épiscopale ont avoué de vive voix qu'il méritait personnellement toute leur confiance, un prêtre auquel Monseigneur d'Icosie, après une heure et demie d'explication, au mois de février 1836, ne put s'empêcher de dire : *ah ! si je vous avais connu !* Ce prêtre, dis-je, préside au lever et au coucher des enfants, et prend son repos dans le dortoir commun. Depuis le mois d'octobre 1835, jusqu'au mois de février 1836, environ trente élèves sur soixante, ont été admis à la sainte communion, par des prêtres du diocèse d'Aix. Après cette époque, les vicaires-généraux du diocèse de Marseille ont accordé à notre pensionnat, dans le courant de l'été, à peu près cinquante communions ! sont-ce là des preuves d'immoralité ? Parlez donc hautement, vous tous qui faites profession de nous décrier, car le temps est venu où votre silence serait une criminelle lâcheté. Vous n'avez rien à craindre de la justice humaine, je vous donne d'avance ma parole que vous n'aurez d'autre procès à vider qu'une discussion par écrit devant le tribunal de la publicité ; mais aussi que l'on sache bien que j'ai des réponses péremptoires à donner à tous nos agresseurs et que je me plais dans le silence du cabinet, à rire de compassion des misérables querelles qu'on nous suscite, et qui sont un vrai monument d'hypocrisie et d'impuissance.

Mais, depuis le mois d'octobre 1836, y a-t-il eu dans l'établissement un grand nombre de communions ? Si je suis contraint de donner ici une réponse négative, la moralité de notre maison n'en souffrira aucun détriment ; les lettres que j'ai publiées dans le *Sémaphore*, ont indiqué la raison de cette privation ; et si la faculté de rendre témoignage à la vérité était accordée aux êtres insensibles, ces longs chemins que nous avons parcourus inutilement, ces rues nombreuses que nous avons traversées, cette boue dont nous avons laissé empreint si souvent le sacré parvis des Petites-Maries et que la dernière fois, nous avons déposée volontairement, *afin qu'elle fût un témoignage devant Dieu et devant les hommes*, tous ces témoins de nos courses et de nos efforts, publieraient tout ensemble et le zèle de nos élèves et la coupable incurie des vicaires-généraux. Veut-on savoir indubitablement s'il y a dans notre maison des principes religieux, et s'il me serait bien difficile d'introduire l'usage fréquent des sacrements? Eh bien ! que l'on donne à nos élèves des confesseurs prudents, éclairés, bienveillants et qui surtout jouissent de leur confiance ; qu'ils soient délivrés du joug de ces hommes qui, par leur position et leurs noires humeurs, ne font qu'aigrir la susceptibilité du jeune âge ; qu'ils ne soient plus réduits à entendre de perfides instigations au lieu des encouragements paternels de la charité ; qu'ils ne soient pas exposés plus longtemps à concevoir de l'indifférence pour le sacrement, par le mépris que leur inspire pour elle-même la personne qui l'administre ; qu'on leur ouvre les trésors de grâce et qu'on leur distribue les secours spirituels que J.-C. leur a mérités, et je m'engage, avec l'aide de Dieu, d'établir dans notre maison des habitudes chrétiennes, capables de satisfaire les plus exigeants. Ce que la Providence me permet de faire actuellement, avec si peu de ressources, doit être un sûr garant de ma parole. Combien de fois des acclamations volontaires à la gloire de la croix, de la religion, de la Vierge Marie et même du vénérable représentant de l'autorité épiscopale, n'ont-elles pas retenti, à ma seule invitation, dans les cours de l'établissement, dans les campagnes et sur la voie publique ? Et ce formidable symbole, qui porte sur son front de bois la gloire pesante de dix-huit siècles, le voyez-vous, comme une bouche aux cent voix, évangéliser les passants et porter dans le lointain la sublime expression de notre foi catholique ! Eh bien ! ce sont des élèves qui, après en avoir chargé spontanément leurs épaules, l'ont élevé sur le faîte du vieux château, comme le drapeau de l'établissement. Les religieuses de l'Hôtel-Dieu n'ont-elles pas été témoins, durant l'hiver dont nous touchons le terme, de la charité que les mêmes élèves ont déployée, en visitant les malades ? Faut-il donc, pour faire tomber des yeux de quelques aveugles des écailles volontaires, que nous soyons ainsi contraints de faire l'énumération de tous les actes de vertu et de toutes les bonnes pratiques qui sont notre consolation, dans ces jours de douleur et d'amertume ?

Ce serait peut-être ici le lieu d'établir un parallèle entre notre pensionnat et telle autre maison d'éducation qu'il me plairait de désigner ; mais il n'est pas généreux de poursuivre l'ennemi au-delà de la tombe ; d'ailleurs, la vérité est connue : de grands éclaircissements ont été donnés : que l'Evêché de Marseille se souvienne des deux lettres que j'ai adressées aux vicaires généraux, au mois de décembre 1835 ; si jamais je me décide à les publier, on saura par une exposition de faits non moins incontestables que ceux que j'ai avancés jusqu'ici, que cette grande délicatesse sur le choix des maîtres que l'Evêché affecte, n'est qu'un leurre pour séduire les âmes faibles, et que le grand mobile de tout ce déploiement de puissance canonique n'est autre chose que la cupidité.

11me QUESTION. — Les directeurs de Menpenti ont-ils pu consciencieusement être privés avec tant de facilité de la faculté de célébrer le St-Sacrifice ?

La vie de l'homme, Monseigneur, sous quelque point de vue qu'on la considère, ne poursuit pas sur cette terre une existence illimitée ; encore est-elle chargée d'éléments destructeurs qui abrègent son cours, qui obscurcissent sa gloire et qui tourmentent ses plus beaux jours. Cependant la valeur de cette vie, dans la commune estimation des hommes, monte à un prix fort élevé. Les gouvernements temporels qui ne s'arrêtent ordinairement qu'à l'enveloppe des choses et qui ne considèrent que les résultats matériels des actes de l'homme, protègent la vie physique de toute leur puissance, et exercent contre ceux qui plongent leur main dans le sang de leurs frères, une vengence proportionnelle. Les gouvernements spirituels attachent une plus haute importance à la vie morale, parce que les biens qu'elle renferme sont d'un ordre supérieur. Mais les uns et les autres n'appesantissent le bras de leur juste colère, que lorsque le crime est avéré, après un examen des plus sérieux. Comment se fait-il donc que l'Evêché de Marseille se croie permis d'enlever à un prêtre sa vie morale sur les moindres indices, sans avoir demandé des explications préalables à l'accusé, et surtout avec cette précipitation de jugement qui, étant un outrage contre la morale, effraie les âmes les moins timorées, et glace la foi la plus ardente.

Certes il n'est que trop évident qu'à Marseille, un jeune étourdi de huit ans, qui ne peut prévoir les conséquences de ses paroles, une bigote échevelée de 20 ans qui court les confessionnaux avec toute l'effronterie que donne l'habitude des sacrilèges, une servante de tout âge..... qui sais-je encore ? une simple voix humaine pourvu qu'elle soit accusatrice, trouve créance auprès de nos graves administrateurs. Ah ! combien l'humanité doit se présenter à leur imagination dans un état d'effrayante dégradation ! Combien le sacerdoce leur doit paraître vil ! La sainteté du christianisme, la pureté virginale du prêtre s'est tout entière concentrée dans un seul homme ! mon Dieu ! que les jours de cet homme sont précieux ! pour l'honneur de l'Eglise catholique et pour notre salut personnel, qu'il vive de longs jours et qu'après sa dernière heure, il laisse à notre fragile vertu, dans ses mémorables exemples, une base à jamais inébranlable. Hélas ! Monseigneur, où m'entraînait le sentiment de l'amour filial ; j'oubliais que le zèle épiscopal de l'Evêché de Marseille n'est pas toujours apostolique, et que je m'étais proposé de faire une démonstration de cette déplorable vérité, en opposant la tradition de l'Eglise catholique à la pratique individuelle de cette trop fameuse administration : me voici donc encore cloué à la rude tâche d'accusateur.

Je vais prouver par les témoignages des Saints-Pères et les décrets des conciles que l'épiscopat marseillais s'est jeté dans une fausse voie.

Trois prêtres, Monseigneur, sont privés depuis bientôt deux ans de la faculté de célébrer le Saint-Sacrifice dans votre diocèse : pourquoi subissent-ils cette peine rigoureuse ? le savent-ils eux-mêmes, si non par les remords de leur conscience, au moins par la formule de la sentence qui les a condamnés ? Il faut en faire le déplorable aveu ; il n'y a eu, à notre égard, ni discussion, ni admonition, ni jugement. Ce fait incontestable pourra-t-il soutenir le parallèle avec la discipline de l'Eglise ? Nous allons voir.

St-Paul défend à Timothée *de recevoir d'accusation contre un prêtre autrement que sur la déposition de deux ou trois témoins.* (1. Th. C. 5, V 19). Les évêques, quoique juges naturels de leurs prêtres, ne doivent donc pas dans leur jugement user d'une domination impérieuse, et ne prendre pour règle de conduite que l'impression de leur propre volonté.

Le concile d'Antioche (canon 12) déclare qu'un prêtre déposé par son évêque peut porter ses plaintes au synode ou à tout autre tribunal supérieur ; ce qui suppose que les sentences de l'évêque ne sont point sans appel.

Le concile de Sardique (canon 17) permet également aux prêtres destitués par leur évêque, de s'adresser au synode de la province, pour faire examiner le jugement rendu contre eux.

Les évêques d'Afrique (canons 10 et 11) ne permettent pas à un seul évêque de déposer un prêtre ou un diacre ; ils veulent qu'il soit assisté de deux autres évêques pour juger un diacre, et de cinq pour juger un prêtre. Le premier et le troisième concile de Carthage ne lui permettent pas même d'instruire tout seul le procès en première instance.

Saint-Augustin, l'oracle de son époque et l'une des plus éclatantes lumières de l'Eglise universelle, refuse de déposer un de ces prêtres accusé d'un crime horrible, parce qu'il n'y avait contre lui aucune preuve juridique. Voici ses paroles : épitre 136, *Dico Bonifacium presbyterum in nullo crimine apud me fuisse detectum ; quomodo ergo juberem de numero presbyterorum nomen ejus auferri, vehementer terrente evangelio, ubi dominus ait : In quo judicio judicaveritis, judicabimini ? Quis ego sum ut audeam Dei prævenire sententiam in delendo vel supprimendo ejus nomine ?*

Le concile de Chalcédoine reçoit et discute les requêtes du diacre Théodore et du prêtre Athanase, déposés sans raison par Dioscore, patriarche d'Alexandrie. Les prêtres n'étaient donc point abandonnés à la seule volonté des évêques : *presbyterio me privavit,* disait le prêtre Athanase, *nulla adversum me facta accusatione.*

St-Grégoire le grand (épit. 13) rétablit dans sa cure un prêtre à qui l'évêque de Syracuse, par imprudence, avait donné un successeur.

Le troisième concile d'Orléans (canon 20) permet à tous les clercs d'avoir recours au concile de la Province, contre les vexations injustes des évêques.

Le premier concile de Séville, renouvelant les anciens canons de Carthage, veut que les diacres et les prêtres ne soient déposés que par une assemblée d'évêques, parce que, dit-il, quoique l'évêque les ordonne seul, il ne peut seul les déposer. Voici le texte : *Ut juxta priscorum patrum synodalem sententiam, nullus nostrûm sine concilii examine, dejiciendum quemlibet presbyterum vel diaconum audeat ; nam multi sunt qui indiscussos potestate tyrannica, non authoritate canonica damnant, et sicut nonnullos gratiœ favore sublimant, ita quosdam odio invidiâque permoti humiliant. Episcopus autem sacerdotibus et ministris solus honorem dare potest, solus auferre non potest.*

Le Concile de Trente, dans le Chapitre 4 de la session 13ᵉ, reconnaît formellement que, selon les sacrés Canons, il faut un certain nombre d'évêques pour déposer un ecclésiastique élevé aux ordres sacrés ; mais il fait observer que lorsque le bien des Eglises particulières exige que les évêques ne s'absentent nullement de leurs diocèses pour aller dans un autre juger les causes des prêtres, on doit alors compléter le nombre vacant des juges compétents par des abbés *crossés* et *mitrés* ou des ecclésiastiques recommandables sous tous les rapports. Il résulte encore de cette décision solennelle que les évêques ne sont pas infaillibles, et que leur jugement contre les prêtres qui leur sont soumis, doit être dicté avec la plus grande réserve.

Depuis le concile de Trente jusqu'à la Révolution de 93, l'histoire de l'Eglise ne nous rapporte aucun exemple d'un évêque qui ait joui dans son diocèse d'un pouvoir illimité ; les appels de la sentence d'un évêque au jugement du métropolitain, sont encore reçus aujourd'hui comme une garantie contre les inférieurs, non seulement en Italie et dans les royaumes soumis à l'influence ultramontaine, mais encore en France, où cette pratique, longtemps oubliée, vient de reparaître avec éclat dans l'affaire du curé des Aygalades, avec l'autorisation expresse du souverain Pontife et du conseil d'Etat.

Il est probable, Monseigneur, d'après cette série de textes et de témoignages, et surtout d'après les réponses que j'ai données aux questions que je me suis faites, que si votre administration eût suivi les règles de l'église et les formes de la justice, nous jouirions encore de la faculté de célébrer le saint sacrifice. D'ailleurs, cette faculté n'étant pas seulement pour le prêtre un droit, mais encore une obligation, celui qui met obstacle volontairement et sans raison à l'accomplissement de ce devoir, est responsable devant Dieu de cette violation, qui n'est alors pour le prêtre qu'une transgression matérielle. VOS VIDERITIS.

12me QUESTION. — Dans l'état présent des choses, les directeurs de Menpenti peuvent-ils consciencieusement persévérer dans leur entreprise, et les pères de famille ne pèchent-ils pas en exposant leurs enfants et eux-mêmes à la privation des sacrements de l'Eglise ?

En lisant l'exposé de cette dernière question, nos ardents ennemis vont sans doute s'épanouir de joie, et nos amis effrayés peut-être de son apparence grandiose, m'accuseront de témérité. C'est bien, diront les uns, c'est là que nous attendions cet importun discoureur ; il se plaît à voguer sur les mers orageuses, eh bien ! nous allons le voir se briser contre l'écueil. Pourquoi, diront les autres, soulever ainsi une question si fondamentale et si épineuse, mettre à nu les bases de l'édifice, au risque de les ébranler ou d'en montrer au public le peu de solidité ? Après avoir entendu l'expression de ces sentiments contradictoires, je me lèverai à mon tour et je dirai à ces derniers : rassurez-vous ; lorsque vous me voyez jouer avec le péril et prendre mes ébats avec la mort, c'est que je sens toute la puissance de notre cause ; que par la grâce de Dieu, je suis riche en moyens de défense, et que mes ennemis, par un aveuglement qui m'est inconcevable, contribuent de leur côté, pour ainsi dire, à ravitailler ma forteresse. Je dirai aux premiers : écoutez les enseignements que je vais vous donner et instruisez-vous ; car il est temps que la science pénètre jusqu'à votre intelligence : je vais employer la forme simple et austère ; c'est celle qui convient le mieux aux premiers rudiments des connaissances humaines.

Principes théologiques, extraits des œuvres du bienheureux Alphonse de Ligorio pour calmer l'effervescence de nos détracteurs et tranquilliser la conscience de nos amis.

On entend par scandale, une parole ou un acte qui porte le prochain à offenser Dieu. On distingue le scandale *des faibles* et le scandale *pharisaïque* ; le premier est une conséquence naturelle de la fragilité humaine, et le second est le fruit de la malice et de la perversité ; les théologiens demandent si, pour éviter de scandaliser, on doit faire le sacrifice des biens temporels ; on répond que le sacrifice n'est pas obligatoire, lorsque le prochain étant dûment averti, et les motifs de l'acte suffisamment expliqués, le scandale, s'il y a lieu, ne peut être que pharisaïque ; c'est la doctrine de St-Thomas d'Aquin. Les théologiens enseignent aussi que lorsque, pour de bonnes raisons, on fait un acte qui produit deux effets, dont l'un bon et l'autre mauvais, si le premier suit immédiatement et directement de l'acte, tandis que l'autre résulte de circonstances indirectes, telle que la malice d'autrui, on peut en sûreté de conscience persévérer dans cet acte; outre l'avantage particulier qui peut en résulter, le bien public exige que les méchants n'aient pas le pouvoir de lier les mains aux hommes de bien : ce qui arriverait infailliblement si on ne pouvait pas user de son droit toutes les fois que la perversité humaine viendrait se placer en travers. Je vais maintenant appliquer ces principes à la position actuelle des directeurs et des pères de famille, et je soumets cette opération au jugement des logiciens les plus éclairés.

Si les directeurs de Menpenti avaient pu prévoir qu'ils seraient un jour engagés dans une guerre d'extermination, ils n'auraient point aventuré leur réputation et leur fortune dans une lutte qui devait naturellement mettre à nu leur médiocrité et absorber toutes leurs ressources pécuniaires ; quand même on leur eût présenté, à cette première époque, le brillant tableau de Menpenti au mois de février 1837 ; ils auraient rejeté cet avenir imposant, comme une dangereuse illusion, et sans aucun doute les considérations les plus puissantes ne leur auraient jamais inspiré ce courage invincible dont ils sont comme revêtus, aujourd'hui qu'ils se trouvent sur le champ de bataille ; mais pour arriver à ce degré de puissance qui permet à de simples particuliers de demander compte à un pouvoir de sa coupable administration, nous avons fait, il faut en convenir, de très grands sacrifices, que nous avons échangés pour la prospérité actuelle de notre maison ; cet état florissant est assurément un bien temporel considérable, et nous ne pouvons y renoncer sans nous réduire à la mendicité ; d'ailleurs, nous avons suffisamment justifié et expliqué notre conduite, et le mal qui résulte de notre position pourrait aisément disparaître, si les principes évangéliques avaient quelque influence sur nos administrateurs ; car Dieu nous est témoin que nous n'avons pas provoqué le scandale et que nous avons souvent gémi, en sa présence, du fâcheux empressement avec lequel nos débats sont exploités par les mauvaises passions. Si les cœurs s'aigrissent davantage ; si le champ du seigneur est de nouveau désolé ; si le voile du sanctuaire se déchire et qu'au lieu de l'arche sainte il ne montre, aux regards des fidèles qu'une vaine idole, il me sera permis de dire à l'Evêché de Marseille : je me suis présenté et vous m'avez rejeté ; j'ai fait des protestations d'obéissance, de respect et de dévouement à l'autorité épiscopale, et vous les avez écoutées d'un air moqueur et insultant ; je me suis offert en victime de propitiation pour toutes les fautes passées, j'ai promis solennellement d'accepter même une pénitence publique, et vous avez trouvé que cette offre n'était pas suffisante. Qu'avez-vous donc demandé pour condition de notre réhabilitation sacerdotale ? Ah ! vous avez exigé des sacrifices que les forces humaines ne comportent pas, vous nous avez ordonné de déserter au plus tôt notre établissement et de briser instamment le pacte que nous avons fait avec tant de familles honorables ; mais avez-vous le droit de nous imposer le suicide comme la seule voie de pacification ? Certes, la mort ne nous épouvante pas ; quand il plaira à la Providence de dicter contre nous l'arrêt irrévocable, nous verrons tomber de sang-froid chaque pierre de l'édifice ; nous étendrons avec résignation nos membres glacés sur la poussière des ruines, et nous baiserons avec reconnaissance la main de Dieu qui déchargera notre responsabilité d'un fardeau si pesant. Mais on ne nous verra jamais abandonner, de nous-mêmes, le poste où la Providence nous a placés ; ni porter une main sacrilège sur cet arbre qui reçoit chaque jour la rosée de nos sueurs et de nos larmes. Non, jamais le fruit de nos entrailles ne périra de nos mains ! vous ne pouvez pas l'exiger, et quelque énorme que soit le scandale, nous pourrons toujours vous dire avec assurance : TU VIDERIS.

Mais les pères de famille peuvent-ils, sans renoncer à leurs doctrines religieuses, s'exposer à la privation des sacrements de pénitence et d'eucharistie ? Je pense, Monseigneur, que les pères de famille qui tiennent à nous confier leurs enfants, peuvent aller fort aisément, en déboursant quelques centimes pour frais de voitures, se jeter aux pieds d'un prêtre des diocèses voisins, afin d'en recevoir le pardon des péchés, et de pouvoir se nourrir du pain des élus ; mais si ce voyage est impossible, ou d'une grande incommodité, je ne vois pas comment un prêtre catholique aurait la conscience assez dure pour leur en faire une grave obligation. Les pères de famille usent de leurs droits en établissant pour tuteurs de leurs enfants ceux qui jouissent de leur confiance. Quelque respectable que soit la décision de l'évêque sur les directeurs de Menpenti, ils comprennent que, pour être juges dans ce fait, il suffit d'avoir des yeux et de se rendre compte de ce qui frappe les regards ; qu'il n'est pas nécessaire de voir par les yeux de l'Evêché ; et que surtout l'Evêché de Marseille n'est pas un juge infaillible sur ces sortes de questions, puisqu'on l'a vu successivement frapper de censure des chanoines vénérables, un supérieur du Grand Séminaire, des curés martyrs de la foi, et un grand nombre de vicaires très-estimés.

Il est donc permis aux pères de famille, tout en respectant les avis charitables du pasteur, d'avoir sur cette question un sentiment opposé et de le poursuivre dans toutes ses conséquences. D'ailleurs, il est évident que lorsqu'ils persévèrent à nous laisser la direction de leurs enfants, malgré tous les bourdonnements dont leurs oreilles sont fatiguées, ils doivent y être poussés par quelque grave raison, qui, d'après la théologie, les justifie devant Dieu de la privation involontaire des sacrements. Mais cette privation est presque chimérique : il n'existe pas de père ou de mère de famille qui, le voulant bien, se trouve dans l'impossibilité de fréquenter les sacrements. Quoiqu'il en soit, que l'on sache bien que les préceptes ecclésiastiques de la confession et de la communion annuelles ne sont que des préceptes positifs, qui n'obligent pas, lorsqu'il se rencontre des obstacles légitimes à leur observation.

Et les enfants qui vivent avec nous sous le même toit, et qui, malgré leur innocence, portent néanmoins tout le poids de la malédiction, qu'en ferons-nous, Monseigneur ? Voulez-vous qu'ils adoptent la religion du Coran et ses stupides maximes ? Que votre administration continue à faire peser sur leurs jeunes têtes un joug étrangement religieux, ils s'achemineront ainsi avec plus de facilité vers les habitudes musulmanes.

Voulez-vous en faire des protestants ? que votre administration pousse toujours la complaisance jusqu'à transformer, en bureau de police, le tribunal de grâce et de miséricorde ; qu'elle rende difficile et même odieux, autant qu'elle pourra, l'usage du sacrement. C'est la marche naturelle pour faire dégoûter du catholicisme et de ses pratiques ! Mais la Providence, *qui veut que tous les hommes connaissent la vérité et qu'ils soient tous sauvés*, ne permettra pas que *l'arbre mauvais porte de mauvais fruits ;* elle doit à sa miséricorde et à sa justice de couvrir ses enfants de son égide. N'importe qu'ils reçoivent de funestes influences de la part de ces vieillards qui font de leurs cheveux blancs et du pouvoir sacramentel un instrument de vengeance ; nous avons pour garant la parole de Dieu ; les secours de la grâce seront proportionnés à la grandeur du péril. Ces enfants, que nous aimons avec toute la tendresse d'une mère, apprendront de bonne heure à ne pas confondre deux choses essentiellement distinctes : la vérité de la religion et le mérite personnel du ministre ; c'est une épreuve de moins qu'ils auront à subir, lorsqu'ils seront lancés dans la carrière du monde. D'ailleurs, le temps est venu où nous devons toute la vérité aux pères de famille ; à Dieu ne plaise que la duplicité se rencontre jamais parmi nos moyens de défense. Nous l'avons déjà dit et nous nous faisons un devoir de le répéter aujourd'hui, nous voulons vivre d'une bonne vie ou mourir d'une bonne mort. Ecoutez donc, familles chrétiennes et sachez une fois pour toutes la véritable position de vos enfants.

Les élèves de Menpenti se confessent une fois chaque mois ; mais cette confession est ordinairement fort pénible, par la faute et la très grande faute des vicaires-généraux.

Les élèves de Menpenti communieront désormais très rarement, parce qu'ils ne sont pas tenus de faire le sacrifice de leurs études pour le bon plaisir de MM. les vicaires-généraux.

Les élèves de Menpenti ne feront leurs pâques qu'après le temps pascal, par la faute et la très grande faute des vicaires-généraux.

Les élèves de Menpenti ne seront admis à la première communion qu'après des investigations inquisitoriales et peut-être encore seront-ils renvoyés à l'année prochaine, pour des raisons *qu'il n'est pas nécessaire de dire.*

Les élèves de Menpenti recevront en échange des instructions abondantes sur le dogme catholique et sur la véritable morale chrétienne ; nous sommes disposés, lorsque l'Evêché le désirera, à les exhorter efficacement à la fréquentation des sacrements et nous avons quelque assurance que notre parole ne tombera point sur ces jeunes cœurs, comme la semence sur une terre stérile.

Telle est la position des enfants qui nous sont confiés ; nous conjurons les pères de famille de peser avec attention les faits que nous venons de signaler et de prendre une résolution définitive ; nous nous engageons à élever leurs enfants dans la foi catholique, apostolique et romaine, et à diminuer, autant qu'il sera en notre pouvoir, les effets de la persécution qui pèse sur nous ; mais si la conscience de quelques-uns venait à être tourmentée de quelque doute raisonnable, si la défaillance s'emparait de leur âme et que des pensées sinistres sur notre avenir épouvantassent leur intelligence, nous leur dirions, comme autrefois Léonidas aux défenseurs des Thermopyles : « Que tous ceux qui désespèrent du succès de nos armes se « hâtent d'abandonner le terrible passage que nous nous « sommes chargé de défendre ! » Ce n'est point pour agrandir nos domaines, ni pour remettre en relief un blason décrépit, que nous nous sommes revêtus d'audace et que nous avons l'allure quelque peu fière ; nous marchons à la conquête d'une institution dont tous les gens de bien reconnaissent l'immense utilité : aussi avons-nous foi à la puissance de nos idées, à la pureté de nos intentions, et à la Providence qui nous a faits ce que nous sommes. Si nous devons périr, au moins *nous serons heureux d'avoir les premiers, dans le pays qui nous a vus naître, donné l'exemple du courage à nos contemporains et d'avoir prouvé, à notre corps défendant, la possibilité d'une telle entreprise* (1). Nous aurons dévoilé toute la faiblesse d'un pouvoir qui n'était pas conforme aux institutions catholiques, et nos regards expirants contempleront avec bonheur l'aurore du meilleur avenir que nous aurons enfanté.

J'ai dit, Monseigneur ; telles sont les réponses dont je me permets de présenter le texte à votre Grandeur, et que je me propose de développer de vive voix, lorsqu'il plaira à l'autorité légitime de me faire comparaître devant son tribunal. Vous

---

(1) Discours prononcé à la Distribution des Prix.

auriez pu me délivrer de la rude tâche que j'accomplis en ce moment, et m'épargner le douloureux supplice que je viens de subir. Certes, jamais ma voix ne se fût élevée pour accuser ceux que je devrais respecter comme les représentants de Dieu, s'ils ne s'étaient eux-mêmes arraché leurs entrailles de père pour me faire victime d'une atroce vengeance ; pourquoi prodiguer tant de paroles de mansuétude, lorsque tous les actes ne sont empreints que d'une désolante rigueur ? Vous nous considérez, dites-vous, comme des brebis égarées ; daignez donc jeter, comme le bon pasteur, un regard de compassion sur notre légèreté et nos imprudences ; nous reviendrons à vous, aussitôt que vous nous tendrez votre main paternelle : de quoi nous servirait-il de nous écrier comme l'enfant prodigue, nous nous lèverons et nous irons à notre père, si ce père en nous voyant arriver, ne nous recevait pas dans ses bras et ne se hâtait point de nous presser contre son sein ?

Au nom de Dieu, notre père commun, au nom de J.-C., qui du haut de la Croix fit descendre sur ses bourreaux des paroles de miséricorde et de pardon ; au nom du St-Esprit, le Dieu de paix, d'union et de charité, pardonnez-nous enfin, Monseigneur, si nous sommes coupables ; écoutez-nous et jugez-nous, si nous sommes innocents. Mais plutôt continuez à sévir contre nous, et à épuiser, s'il le faut, toutes les rigueurs des peines canoniques ; chargez-nous d'humiliations et d'opprobres, et si ce n'est assez, faites-nous demander, par l'arrêt d'une justice humaine, le sang qui coule dans nos veines ; mais ayez pitié de ces pauvres enfants qui ont faim et soif de la justice, et qui pourtant ne sont pas rassasiés, qui demandent à l'Eglise, leur mère, l'abondance des secours spirituels auxquels ils ont droit par le baptême, et qu'ils ne trouvent ni dans votre ville épiscopale, ni dans les paroisses soumises à votre juridiction. Faudra-t-il, Monseigneur, que la mémoire de ces enfants rappelle votre épiscopat comme un souvenir de terreur ?... Dieu puissant qui commandez aux vents et aux tempêtes, dites une seule parole, et vous rétablirez parmi nous la tranquillité et la concorde, et il n'y aura dans le pasteur et les ouailles qu'un cœur et qu'une âme ; nous soupirons après ce jour de réunion avec une ardeur dont vous seul pouvez connaître l'étendue ; qu'il vous plaise enfin de nous exaucer ; à vous seul appartient la puissance d'opérer cette merveille ; à vous seul en sera l'honneur et la gloire, et vous, Monseigneur, qui ne serez point l'instrument aveugle de la volonté de Dieu, mais qui prêterez au contraire à ses desseins une coopération libre et volontaire, agréez d'avance l'expression de la plus vive reconnaissance et l'hommage sincère du profond respect, avec lequel j'ai l'honneur d'être, Monseigneur, de votre Grandeur, le très-humble et obéissant serviteur.

Le directeur spirituel de l'établissement,
JONJON, *prêtre.*

P. S. — L'Evêché vient enfin de rompre le silence ; il y a dans le mandement de nombreuses inexactitudes que le bon sens du public aura facilement aperçues. *Lorsque l'évêque dit : c'est mal, les fidèles doivent rejeter l'évidence du contraire, parce que l'évêque est infaillible.* C'est ce me semble la substance de tout cet écrit ; comme le rôle d'accusé ne convient guère à nos adversaires, ils ont passé rapidement à celui d'accusateur ; s'il faut en croire leurs assertions, j'aurais célébré dans mon diocèse malgré la défense de l'archevêque d'Aix, et un de mes frères dans l'égarement se serait assis sacrilègement au tribunal de la pénitence, pour absoudre les fidèles. Si je disais avec toute la naïveté d'un enfant, que l'Evêché en a menti, on me reprocherait encore de lui donner *une arrogante leçon* de probité, il me suffira de dire et de prouver qu'il a été très-mal informé. Voici l'explication de ces faits :

Mgr l'Archevêque me dit expressément au mois de juillet 1836, que je pouvais célébrer dans son diocèse, *attendu que je n'étais pas interdit.* Quelque temps après je lui demandai un *celebret*, c'est-à-dire une autorisation par écrit, afin qu'elle pût me servir de témoignage, lorsque je voyagerais dans les diocèses étrangers. Il me répondit que je devais m'adresser pour obtenir *ce certificat* à l'évêque de Marseille, parce que ce dernier étant chargé actuellement de la surveillance de mes actes, pouvait seul rendre témoignage de ma conduite. Il est évident que je ne lui demandais pas l'autorisation de célébrer, puisque j'en étais déjà pourvu, et que d'ailleurs je savais que tout prêtre qui n'est pas interdit, peut célébrer en tout lieu ; en outre est-il raisonnable de penser que l'Archevêque m'eût renvoyé à l'évêque de Marseille, pour obtenir l'autorisation de célébrer dans le diocèse d'Aix ? Si depuis quelques jours la défense dont on se targue tant, a été formulée, ce que j'ignore encore, suis-je coupable d'avoir usé d'un droit que me donnait et ma position et la parole expresse de l'Archevêque ? Ceux qui raisonnent ne le penseront pas.

Quant à l'autre fait, l'accusation est encore plus absurde. Voici ce qui peut y avoir donné lieu : nos élèves après s'être confessés dans le diocèse d'Aix, ne devaient quelquefois communier que trois ou quatre jours après avoir reçu l'absolution ; dans l'intervalle leur conscience pouvait se charger de quelques fautes ; je leur avais conseillé, si cela ne leur répugnait pas, de me consulter pour savoir si les fautes dans lesquelles ils étaient tombés, étaient de nature à les repousser de la communion ; les enfants ne se refusèrent point à adopter cette méthode, et pendant mon absence, M. l'abbé Blanc, chargé de la direction spirituelle de la maison, reçut plusieurs fois ainsi que je viens de l'expliquer les confidences de ces enfants. Est-ce là s'asseoir sacrilégement au tribunal de la pénitence ? Les gens qui raisonnent ne le penseront pas. Je ne ferai pas d'autres commentaires sur cet écrit, dont la valeur, comme document, ne paraît pas d'une haute importance (1).

N° 5

Marseille, ce 18 février 1837.

A Messieurs les Directeurs et Administrateurs de l'Etablissement Menpenti.

Messieurs,

La paix est faite ! la paix est signée ! *cedunt arma togœ !* Tel est le cri de joie, telle est la nouvelle du jour qui se propage et se répand avec la rapidité de l'éclair d'une extrémité de la ville à l'autre. On s'aborde, on se donne la main, on s'embrasse, on se félicite ; c'est une effusion de joie qui gagne toutes les classes, c'est une fête de famille. La paix est accor-

---

(1) Je me trompais ; le long commentaire que j'ai dû en faire, le prouve clairement.

dée à Menpenti ; bonne nouvelle ! surtout pour les chefs de famille, tremblant au mot d'anathème pour eux et leurs enfants. C'est le cas d'appliquer à la circonstance actuelle ces vers d'Horace :

> « Iam satis terris nivis, atque diræ
> « Grandinis misit Pater, et rubente
> « Dexterâ sacras jaculatus arces,
>   « *Terruit urbem* (ode II). »

Mais laissons là ce poëte anacréontique, dont la lyre d'or contribua tant à l'illustration du siècle d'Auguste, pour passer à un sujet moins frivole, moins profane, et plus digne de nos méditations religieuses.

La Providence, dans ses décrets immuables, vient de susciter parmi nous un ange de paix, de douceur, de mansuétude ; il a vu avec douleur des ouailles dispersées par une tempête ; plein de zèle et d'ardeur évangélique, il a voulu les ramener au bercail, ainsi qu'il est dit dans l'Evangile selon Saint Jean, chap. 10 : « Et alias oves habeo, quœ non sunt ex hoc ovili : « et illas oportet me adducere, et vocem meam audient ; et « fiet unum ovile, et unus Pastor. »

Nous ne crierons point ici, *Noël, Noël, Noël,* comme faisaient nos pères, au temps des factions qui désolaient la France, sous le règne de Charles VI, quand une faction triomphait de l'autre, et *vice-versâ* ; mais nous crierons *Hosanna*, salut et gloire à l'homme de Dieu, qui vient d'interposer son ministère auguste et sacré pour mettre un terme à la lutte scandaleuse qui déchirait le sein de l'Eglise, et affligeait profondément les ministres du Seigneur, qui gémissaient en silence, prosternés entre le vestibule et l'autel.

Des jours sereins vont succéder aux jours nébuleux, l'astre du jour va reparaître dans tout son éclat, l'orage est dissipé pour toujours ; grâces en soient rendues à ce saint homme, à cet éloquent et zélé défenseur des vrais principes religieux et évangéliques.

La retraite à laquelle vous allez, Messieurs, consacrer quelques jours, n'est point à mes yeux une pénitence : c'est une satisfaction. C'est une soumission entière et aveugle à l'autorité ecclésiastique, conseillée par ce saint médiateur. C'est une pieuse résignation dont vous a donné l'exemple cet illustre archevêque de Cambrai, le vertueux Fénelon, qui, forcé par les persécutions du fougueux et implacable évêque de Meaux, ce foudre d'éloquence sacrée qui entraînait tout, et auquel rien ne résistait ; qui, dis-je, forcé de rétracter et de condamner son propre ouvrage, les *Maximes des Saints*, le fit du haut de la chaire avec une sainte et profonde humilité, et une onction telle qu'elle lui gagna tous les cœurs. Quel contraste entre la conduite de ces deux prélats ! D'un côté, on admire la débonnaireté, la grandeur d'âme ; de l'autre, on ne voit que des manières dures et hautaines, qui aliénèrent les esprits contre M. de Bossuet, et firent tomber en discrédit ce père de l'Eglise à la cour et à la ville. (1)

Encore quelques jours, et la religion se revêtira de sa robe triomphale, de ses habits de fête, et *Menpenti* reparaîtra dans tout son éclat, à la grande satisfaction des amis de la prospérité de cet établissement ; c'est alors que nous pourrons tous chanter en cœur et d'une voix unanime ce verset pascal :

« Hœc dies quam fecit dominus, exultemus et lœtemur in eâ. »

En attendant cet heureux jour qui n'est pas éloigné, daignez agréer, Messieurs, mes compliments de félicitation bien sincère sur le résultat heureux et inespéré de cette affaire religieuse à laquelle se rattachent tant et de si grands intérêts.

J'ai l'honneur d'être, avec les sentiments les plus distingués, Messieurs, votre très humble et très dévoué serviteur.

GALLET.

P.-S. — Je vous prie d'avoir la bonté, à votre premier loisir, de m'accuser réception de la présente.

---

(1) **Nous** ne répondons pas des appréciations un peu sévères de notre honorable ami.

ERRATA

Page	12,	ligne	30,	lisez :	donnez-leur-en
»	14	»	34	»	patience ;
»	20	»	1	»	que,
»	36	»	11	»	benè
»	40	»	3	»	Grand-Séminaire
»	43	»	5	»	persuasion,
»	55	»	29	»	occurrence,
»	61	»	8	»	prédisais
»	69	»	21	»	moment-là
»	79	»	17	»	même
»	80	»	21	»	exact ?
»	83	»	14	»	agression
»	99	»	12	»	jansénistes
»	99	»	32	»	commun,
»	100	»	8	»	ils
»	106	»	27	»	monitions
»	111	»	24	»	formes
»	112	»	14	»	de
»	115	»	6	»	bonnes œuvres
»	115	»	33	»	qualité à notre
»	117	»	13	»	accusateur ?
»	130	»	36	»	antérieur à
»	144	»	14	»	mensonges.
»	145	»	6	»	osculatu
»	145	»	14	»	fort
»	154	»	2	»	accusateur
»	154	»	33	»	en effet nous
»	156	»	24	»	que l'évêque avait
»	158	»	22	»	secondes.
»	164	»	5	»	Grand-Séminaire ;
»	169	»	29	»	par les élèves
»	175	»	14	»	anathématisée.

Page 175,	ligne	35,	lisez :	*componere*
» 176	»	18	»	*lancées*
» 187	»	8	»	*accusation*
» 188	»	32	»	*St-Remy*
» 201	»	30	»	*Petit Séminaire*
» 209	»	18	»	*Vicaires généraux*
» 213	»	17	»	*un de ses*
» 218	»	28	»	*quoi qu'il en soit,*
» 225	»	16	»	*en chœur*

TABLE

Troisième Partie

Année Classique 1836-37. — Suite et fin des Discussions concernant la Confession.

CHAPITRE PREMIER
Octobre et Novembre

Exposé de la situation	3
Correspondance avec M. Flayol	5
Incident Gérard	10
Lettres de M. Chaix	12
Scène scandaleuse aux Petites-Maries	14

CHAPITRE II
Décembre et Janvier

Première lettre publique	17
Deuxième lettre	23
Troisième lettre	29
Le Messager	33
Correspondance avec M. Gallet	35
Lettre de Mgr d'Icosie	38
Quatrième lettre publique	41
Lettre à Mgr d'Icosie	50
Cinquième lettre, non publiée	53

CHAPITRE III
Février

Publication du Mandement	62
Deuxième lettre de M. Gallet et adresse des pères de famille	63

Mémoire en réponse au Mandement.................... 64
Exposition de principes....................... 65
Analyse critique du Mandement.................... 77

CHAPITRE IV

Adresses des Chanoines et des Curés

Adresse des chanoines........................ 119
Adhésion des curés et recteurs................... 123

CHAPITRE V

Suites du Mandement

Affiche.................................. 125
Emotion des prédicateurs du Carême 127
Ma réception à l'Evêché et résultat de la conférence..... 129
Incidents pour la rédaction de l'amende honorable...... 133
Projet d'amende honorable modifié par l'Evêché 145
Analyse de l'amende honorable................... 150

CHAPITRE VI

Incidents divers après la réconciliation

Troisième lettre de M. Gallet. — Année chrétienne. —
   Conclusion du *Sémaphore*..................... 160
Retraite spirituelle au Grand-Séminaire.............. 164
Incident Autran............................. 166
Messe à La Palud. — Rentrée à Menpenti............ 168
L'abbé Camatte. — Première Communion. — Messe du
   Bon-Pasteur. — Confirmation à l'Evêché 170

APPENDICE

N° 1. Première lettre de M. Gallet. 172
N° 2 Deuxième lettre de M. Gallet 176
N° 3. Adresse des pères de famille au Ministre de
        l'Instruction Publique. 177
N° 4. Mémoire.......................... 180
N° 5. Troisième lettre de M. Gallet.... 223

HISTOIRE
DU
PENSIONNAT-MENPENTI

QUATRIÈME PARTIE

Fin de l'Année Classique 1836-37 — Années Classiques
1837-38 et 1838-39 — Mon Départ en 1840

> Sur mon triste passé, je cherche à revenir ;
> Des maux qui ne sont plus doux est le souvenir ;
> On aime à dire ses naufrages,
> A se voir par la vague et les soleils mûri ;
> Et puis l'expérience est toujours un abri
> Pour soutenir d'autres orages.
>
> (Polydore BOUNIN,
> *mon ancien condisciple*).

MARSEILLE
IMPRIMERIE GIRAUD ET DURBEC
24, Rue Pavillon, 24

1889

QUATRIÈME PARTIE

Histoire du Pensionnat Menpenti

Fin de l'année classique 1836-37. — Années classiques 1837-38 et 1838-39. — Mon départ en 1840.

CHAPITRE PREMIER
Suite et Fin de l'Année Classique 1836-37

1°
Administration de la Maison

Après la célébration de la fête du Bon Pasteur et la cérémonie de la Confirmation, chaque Directeur reprit l'exercice de ses fonctions, comme nous en étions convenus, sans être troublé par des préoccupations étrangères ; M. l'abbé Vidal, administrateur, continuait à ne pas administrer et faisait sa classe de physique et de botanique, à moins qu'il ne fût retenu en ville, par des visites beaucoup trop longues. M. l'abbé Blanc, directeur des classes, m'en laissait à peu près tout le soin, et ajoutait à ses deux heures de classe l'administration réelle de la Maison, que cependant je ne lui abandonnais pas aveuglément, comme je l'avais fait jusqu'à ce jour : j'exposerai bientôt les motifs de ma sollicitude, hélas! beaucoup trop tardive et de la résolution que je pris, de lui demander sa démission de subrogé administrateur. Sous le prétexte d'aller voir sa mère, qui ne quittait pas sa chambre depuis plusieurs années, il s'absentait régulièrement tous les jours ; et comme j'avais quelque raison de ne plus fermer les yeux sur ces sorties fréquentes, je me permettais quelquefois de lui demander des explications et même de lui adresser des remontrances, qui n'étaient pas toujours bien accueillies ; ce qui fut un acheminement à la rupture, dont je parlerai bientôt.

Pour moi, comme si l'établissement Menpenti m'eût exclusivement appartenu et que j'en eusse assumé moi seul toute la responsabilité, je repris mes six heures de classe par jour, la surveillance générale de la Maison, la direction spirituelle et les instructions religieuses.

Sous ce dernier point, pour rendre hommage à la vérité, je déclare que je n'eus qu'à me féliciter de la franche et loyale coopération de l'abbé Camatte. J'avais demandé pour mes élèves la liberté de jouir du droit commun et par conséquent de s'adresser au curé de notre Paroisse, qui avait le devoir d'entendre leur confession et de les absoudre selon le jugement de sa conscience. Ce prêtre ne passait pas pour un homme conciliant ; son caractère excentrique et entier et ses formes un peu rudes ne me paraissaient pas d'une grande aptitude pour la direction de jeunes élèves ; aussi ce ne fut pas sans quelque souci que je me résignai à user d'un droit que j'avais demandé avec tant de persistance ; eh bien ! mes craintes ne se réalisèrent pas. L'abbé Camatte n'était pas courtisan ; il remplit son devoir avec une entière impartialité, ce que probablement je n'aurais pas obtenu de tout autre ; et de mon côté, je lui laissai sa complète indépendance, sans jamais lui faire la moindre observation, sur sa manière d'exercer son ministère ; aussi avons-nous fait constamment bon ménage, jusqu'à mon départ de Menpenti ; nous avons eu même plus tard des relations assez intimes, puisqu'il a daigné me confier son neveu en 1850, lorsque j'ai fondé une nouvelle Maison au cours Julien.

2°
Etat de nos finances

On n'a pas oublié dans quels embarras financiers nous nous trouvions vers la fin de l'année classique précédente et par quels procédés *aussi ingénieux qu'efficaces* le sieur Laurens, notre teneur de livres et l'ami intime ou confident de l'abbé Blanc, avait essayé de nous en tirer. Notre détresse était l'effet naturel et inévitable de diverses causes que nous avions posées ; le capital primitif de notre société comprenait environ 5.000 francs que nous avions mis en caisse ; avec cette modique somme il avait fallu payer un mobilier colossal que nous avions acheté ou fait construire pour loger dignement cent élèves, quatre professeurs internes, huit domestiques et les trois directeurs ; avec les recettes des élèves, nous aurions pu éteindre dès la première année une bonne partie de nos dettes ; mais nous faisions, les élèves et nous, une si bonne chère, et nous payions si largement tous nos professeurs, qu'elles suffisaient à peine pour les dépenses ordinaires ; pour mieux dire ou pour parler plus véridiquement, j'ignore comment nous avons pu faire tant de dettes avec des recettes si copieuses ; il est vrai que notre ordinaire *pour nous trois* coûtait énormément ; par exemple, nous dépensions seulement en poissons de 60 à 80 francs par mois, et autant en fruits, pour le dessert ; qu'on juge du reste ; or l'abbé Vidal était un homme très frugal, moi-même je vivais de très peu ; je me mettais souvent à table pour la forme ; par conséquent à quoi bon tous ces frais ? eh bien ! j'avais un bandeau sur les yeux ; j'étais tellement préoccupé de mes classes et de ma lutte avec l'Evêché, que tout le reste passait sur ma tête, sans fixer mon attention ; il faut aussi noter que l'abbé Blanc avait toute sorte de prévenances pour moi et qu'il cherchait à deviner mes goûts ; ma mère ne m'eût pas traité avec plus de sollicitude.

Tout cela posé, après dix-huit mois écoulés avec un tel régime et un surcroît de dépenses occasionné soit par les frais d'imprimerie, soit par les 24 p. 0|0 des 3.000 francs de billets, qu'il fallait payer tous les trois mois, sans avoir encaissé la somme, l'état de nos finances était encore moins prospère que celui de l'année précédente. Voici comment j'en acquis la certitude et je me décidai enfin à arrêter, si faire se pouvait, notre Maison qui penchait évidemment vers sa ruine.

Lorsque M. Blanc partit pour le Grand Séminaire, j'essayai de le remplacer pour l'administration, attendu que M. Vidal en était encore plus incapable que moi ; en parcourant les registres des recettes et des dépenses, j'eus la curiosité bien naturelle de connaître le chiffre exact de nos dettes. Comme je n'avais aucune relation directe avec les fournisseurs et que plusieurs mêmes m'étaient inconnus, je priai Laurens de vouloir bien leur demander à tous leurs factures ; il fit la sourde oreille pendant plusieurs jours ; enfin il finit par s'exécuter ; mais il y avait d'autres dettes, beaucoup plus considérables, qui ne dépendaient pas des factures et que M. Laurens seul connaissait ; or pour avoir cette somme totale qu'il lui répugnait de me faire connaître, il fallut en quelque sorte lui faire violence ; je lui dis un jour : « Vous ne sortirez pas du comptoir, que vous ne m'ayez satisfait. » En additionnant les diverses sommes, sa plume tremblait ; il n'osait pas arriver à la conclusion définitive, afin, disait-il, de ne pas m'effrayer ; je croyais en effet que c'était là l'unique motif de son hésitation ; aussi je l'encourageais de mon mieux et je faisais bonne contenance, afin qu'il ne me dissimulât rien et que je connusse la vérité tout entière.

Enfin l'addition fut faite et je sus officiellement que notre passif s'élevait à une somme d'environ 40.000 francs ; c'était beaucoup, sans doute, énorme même pour chacun de nous trois en particulier ; mais en persévérant dans la concorde, en resserrant les liens qui nous unissaient, en supprimant avec sévérité tous les frais inutiles et en nous mettant au travail tous les trois sérieusement, ce qui nous eût valu une économie sur les professeurs, j'eus l'espoir légitime de payer cette dette dans deux ans. Laurens admira mon sang-froid, revint de sa frayeur et se crut sauvé, pensant bien que je n'étais pas homme à revenir sur le passé et à faire une enquête sur les causes véritables de ce déficit ; il ne se trompait pas. J'étais bien décidé à faire embrasser mes idées d'économie à mes collègues pour l'avenir ; mais je n'avais pas le moins du monde la pensée de leur faire un crime des dépenses folles qui avaient été faites.

Quelque temps après la retraite nous nous réunîmes un jour pour tenir conseil sur notre situation financière, que j'exposai en détail, ce qui n'était pas nouveau pour M. Blanc, et surprit M. Vidal. La première conséquence à tirer était sans contredit un changement de système ; et comme mes collègues ne possédaient rien, que j'étais seul propriétaire et que par conséquent dans le cas d'une débâcle, toutes les dettes tomberaient civilement sur ma tête, je leur dis en plaisantant (mais en leur faisant toutefois comprendre que ma résolution était bien arrêtée), que puisqu'ils avaient si bien réussi à nous endetter, je voulais à mon tour essayer si je pouvais en faire autant ; je m'engageai au reste à leur présenter mes comptes une fois par mois et à ne rien faire de grave sans les consulter. Cette première décision, on le conçoit, ne souffrit pas la moindre difficulté.

Ensuite, je leur fis observer qu'au début de la Société, nous avions mis chacun une somme d'argent en caisse, mais que nous avions oublié d'en faire mention dans notre convention ; je leur proposai donc pour réparer cette grave omission de nous reconnaître mutuellement responsables des sommes que chacun avait déposées ; ainsi MM. Vidal et Blanc se reconnurent solidairement débiteurs par un billet à ordre envers moi de la somme de 3000 fr. ; M. Blanc et moi, nous fîmes de même à l'égard de M. Vidal pour la somme de 1000 fr. et M. Vidal et moi encore nous nous engageâmes pour la même somme envers M. Blanc.

Tout cela étant réglé, je les priai encore de constater sur nos registres (non comme un reproche que j'eusse intention de leur faire, mais afin qu'en cas de décès, leurs héritiers sussent à quoi s'en tenir) que j'avais jusqu'à ce jour travaillé au moins trois fois plus que chacun d'eux et que j'avais pris dans la caisse trois fois moins que tous les deux ensemble ; ce qui fut très facile à vérifier et par conséquent impossible de nier. Comme j'avais acquis sur eux une incontestable autorité par tous les précédents qui avaient eu lieu et que d'ailleurs toutes mes propositions, basées sur le droit, étaient faites avec ma bonhomie ordinaire, il n'y eut entre nous aucune sorte de contestation. Comme tous les registres sont restés entre les mains de l'abbé Vidal, à ma sortie de Menpenti, je n'ai assurément aujourd'hui d'autre preuve à donner de mes assertions que ma parole : aussi je n'impose à qui que ce soit l'obligation de me croire.

Mais il s'agissait de trouver de l'argent immédiatement pour payer au moins nos dettes les plus urgentes et finir notre année classique honorablement. M. Blanc proposa l'expédient que nous avions essayé l'année précédente et qui avait seulement réussi à nous charger d'un intérêt au 24 p. 0/0 de trois mille francs, je lui fis observer que, si ce moyen-là avait le même succès qu'auparavant, il ne pouvait que nous être désastreux. Il me répondit qu'on se garderait bien de s'adresser au même agent, qui n'était, selon ses expressions, qu'un coquin, un fripon, etc. ; rassuré par ces paroles, j'engageai M. Vidal à faire, pour la seconde fois, trois billets de 1000 francs avec nos trois signatures. Nous les remîmes à M. Blanc, qui les confia, selon l'usage, à M. Laurens, lequel, contre notre volonté formelle, les donna encore à négocier au même individu, qu'on appelait Flory.

Comme l'année précédente, huit jours, quinze jours, trois semaines s'écoulent et nous ne voyons ni billets, ni argent. Etre dupe, une première fois, lorsqu'on n'a aucune raison de soupçonner ceux qui dupent, c'est ce qui peut arriver à tout le monde ; mais l'être une seconde fois de la part des mêmes personnes, qui emploient les mêmes procédés, ce n'est plus supportable ; et passer de nouveau l'éponge là-dessus, c'est se conduire en vrai imbécile ou en mériter le renom. Or, je ne tenais pas à me faire cette réputation.

J'eus donc, vers la fin du mois de juillet, des explications à ce sujet avec M. l'abbé Blanc, à l'égard duquel je ne me permis aucune expression, qui pût le blesser ; mais je me plaignis amèrement, comme je le devais, de la conduite de M. Laurens, son ami, qui, malgré ses protestations et l'expérience cruelle qu'il avait faite, s'était encore adressé au même agent. M. l'abbé Blanc n'eut pas la prudence d'approuver mes observations et mes reproches, ni de partager ma sollicitude, qui était évidemment dans l'intérêt de la Société dont il faisait partie. Mais, tout en déchargeant sa colère contre le sieur Flory, qui n'était en réalité, comme il le savait lui-même, que le compère de Laurens, il s'efforça de justifier celui-ci, par tous les moyens qui furent en son pouvoir et trouva mauvais que je le soupçonnasse d'avoir pris part à une telle fraude.

Mon jugement pouvait être faux assurément ; mais à coup sûr, il n'était pas téméraire, et M. Blanc le savait mieux que personne ; il devait donc au moins ne pas me blâmer, s'il ne voulait pas toutefois condamner formellement son ami ; mais le dépit l'emporta chez lui sur la raison et, au lieu de me calmer, il eut la maladresse de m'offenser : aussi je n'en fus que plus indigné, et je n'hésitai pas à lui dire ce qu'il méritait et que je me suis pourtant reproché depuis : « Puisque vous soutenez M. Laurens, vous ne valez pas mieux que lui. »

C'en était fait : la glace était brisée ; j'étais convaincu de la culpabilité de M. Blanc, qui ne me pardonnerait jamais de le lui avoir reproché en face. Nous fûmes parfaitement d'accord pour tirer l'un et l'autre cette double conclusion. De plus je lui déclarai sur le ton le plus énergique que j'interdisais l'entrée de la Maison à M. Laurens à partir du 1er octobre prochain et que je prendrais des moyens énergiques pour lui faire rendre compte des 6.000 fr. qui nous avaient été soustraits. Cependant comme il nous importait à tous les deux de ne rien laisser transpirer de ce fâcheux incident, avant les vacances, nous nous engageâmes sur l'honneur à en garder le secret jusqu'au moment où il serait indispensable de le divulguer.

En effet, nous tînmes parole. M. l'abbé Vidal, quoique intéressé, comme moi, dans cette affaire, n'en était pas très-préoccupé ; c'était pour lui comme un problème imaginaire d'arithmétique de difficile solution, mais à peu près inoffensif.

Cependant la distribution des prix approchait ; nous avions à faire bonne contenance, pour ne rien laisser transpirer de nos tiraillements intérieurs ; c'était là un problème d'un autre genre, dont le choléra se chargea de nous donner la solution, sans nous imposer l'obligation d'aligner ni chiffres ni phrases, en nous donnant carte blanche, selon le proverbe, pour laver sérieusement notre *linge sale en famille*. Mais, avant d'exposer cette odieuse opération, qui concentrera toute ma sollicitude, il me paraît convenable de raconter un incident auquel donna lieu l'épidémie.

3°

Choléra. — Incident V...

Dès les premiers jours du mois d'août et pendant tout le mois de septembre 1837, Marseille, comme je viens de le dire, fut encore atteinte du choléra ; aussi les vacances furent-elles devancées et la distribution des prix se fit sans solennité ; l'épidémie ne fut pas aussi violente qu'en 1835 ; mais elle fit néanmoins beaucoup de victimes.

J'avais eu soin de faire venir ma mère à Menpenti, qui était encore alors à peu près en rase campagne ; nous y vivions dans une parfaite sécurité, lorsque Mme veuve V..., dont j'avais les trois fils pour élèves, m'envoya un de ses ouvriers pour m'annoncer que son fils cadet venait de mourir du choléra.

Je ne balançai pas, je me rendis aussitôt chez elle, et je la conjurai de ne pas rester dans une maison qui était ainsi sous l'influence de l'épidémie ; elle hésitait à abandonner le fils qui était mort ; mais pour sauver les deux autres et sa demoiselle, elle finit par céder à mes pressantes sollicitations et j'emmenai avec moi toute la famille, qui était composée de la mère, de deux garçons, d'une demoiselle et de deux servantes. Nous étions en vacances, les lits et les chambres ne nous manquaient pas ; il me fut donc très-facile de les installer tous sans le moindre inconvénient.

Pendant la nuit, il fit un orage épouvantable ; la pluie tombait par torrents ; les éclairs se succédaient avec une rapidité effrayante et le roulement du tonnerre ne discontinuait pas.

Le lendemain, après avoir donné aux domestiques les ordres nécessaires pour qu'en mon absence ma petite colonie ne manquât de rien, je partis en voiture pour la maison du défunt, afin de présider à la cérémonie des funérailles. A peine fus-je entré dans la maison, que le contre-maître et les principaux ouvriers m'abordèrent avec un air consterné et me montrèrent tous les dégâts que la foudre avait faits pendant la nuit : trois ou quatre appartements avaient été percés de part en part : la chambre du défunt même n'avait pas été épargnée ; on y voyait encore les traces du passage de l'électricité. Il n'y eut qu'une seule voix parmi tous les assistants : « Vous avez, me dit-on, sauvé cette famille, en lui faisant quitter la maison. »

Les funérailles faites, je retournai à Menpenti où je rendis compte de tout ce qui s'était passé. Mme V... et ses enfants furent attendris jusqu'aux larmes, en apprenant que grâce à ma générosité ils avaient échappé à une mort imminente : ils sont tous restés à Menpenti jusqu'à ce que le danger fût passé : je ne voulus pas entendre parler d'aucune sorte d'indemnité et l'on me promit une *reconnaissance éternelle*. Quelques mois s'écoulèrent ; pendant l'année scolaire 1837-38, Mme V... retira de la maison ses deux fils, prétextant la faiblesse de complexion de son aîné, qui exigeait du repos et des soins particuliers. J'ai revu plus tard les deux fils, qui ont paru avoir conservé un bon souvenir de mes procédés ; quant à la mère elle n'a pas quitté Marseille, elle y est morte, mais sa reconnaissance s'était envolée sur les ailes du... mistral.

4°
Rupture entre l'Abbé Blanc et ses deux associés

Les Elèves étaient partis ; les vacances avaient commencé pour eux. Mais nos discussions sur l'état de nos finances, interrompues par les préoccupations que nous donnèrent la distribution des prix et le congé précipité des élèves, reprirent leur cours forcé de vive voix et par écrit, dès que nous fûmes seuls et que la violence de l'épidémie parut se calmer. Je n'ai pas conservé malheureusement le brouillon des lettres que j'ai adressées à l'abbé Blanc ; mais par le moyen de celles que j'en ai reçues, je puis à peu près me faire une idée du langage que je lui tenais.

La première, qui est la plus longue, est sans date ; on y remarquera aisément plusieurs phrases obscures, entortillées, qui vérifient ce que je lui avais dit naguère en plaisantant, qu'il parlait beaucoup sans rien dire ; il est sous le coup de la conclusion fatale que j'avais tirée de sa confiance en Laurens, malgré le second mauvais tour que de son propre aveu venait de nous jouer son ami. Voici cette lettre tout entière :

Monsieur,

Je sais que l'administration de Menpenti avait de très justes motifs de concevoir une grande sollicitude sur l'emploi des fonds qui avaient été confiés à M. Laurens. Le zèle avec lequel elle a veillé aux intérêts de la maison ne peut être que fort honorable et parfaitement conforme au caractère de la personne qui en est spécialement chargée. Je me suis vivement reproché de n'avoir pas suivi ma première pensée, qui, sans doute était une inspiration, en me chargeant moi-même de toute la responsabilité d'une affaire dont je ne pouvais attendre des résultats aussi fâcheux que ceux de l'année dernière. La certitude que je m'étais faite de l'acquittement complet d'une dette aussi urgente est à mes yeux une excuse que vous n'admettrez qu'autant que vous voudrez bien vous rappeler une malheureuse négligence qui m'est habituelle dans ces sortes d'affaires. Et je vous dirai avec un peu de honte pour moi, que nous avons été fort longtemps sans convention par ma faute, comme nous avons aussi laissé mille points importants en souffrance pour des détails que je ne sais jamais arrêter. Il faut aussi que je convienne avec vous d'une chose, c'est que si, d'un côté, l'amitié bien sincère et bien vive que j'ai vouée à Laurens me pressait de le tirer d'embarras auprès de vous, de l'autre, j'étais loin d'imaginer que les sacrifices que je vous proposerais ne blesseraient pas l'attachement que je vous supposais pour moi. Il m'a fallu bien des heures de réflexions amères pour vous comprendre, quoique rien n'ait été plus clair que tout ce que vous m'avez dit ; mais ceci était si loin de vos habitudes envers moi, et si étranger à l'idée que j'avais conçue de nos rapports mutuels, que je suis encore à me demander comment votre cœur a pu s'ouvrir pour en laisser sortir d'aussi cruelles expressions. Elles sont tombées sur une âme qui sait sentir vivement tout le bien qu'on lui fait et vous avez frappé à mort l'ami le plus dévoué que vous eussiez jamais eu. Il n'en est pas peut-être que vous ayez obligé avec plus de zèle, mais il n'en est pas aussi à qui votre existence et votre bonheur, pris même dans ses plus minces détails, fussent plus chers. Dès que j'ai compris que je devais être doublement affligé, et par le malheur qui arrive à Laurens et par la perte d'un attachement que je nourrissais comme une de mes espérances sur terre, j'ai pris avec vous des engagements sacrés et je vous ai promis que samedi vous auriez satisfaction. Tout est fait en ce moment pour la portion très considérable que nous avons pu obtenir aujourd'hui. Je vous jure encore que lundi vous toucherez le reste. La Providence a permis que ce qui devait être fait depuis plusieurs jours se terminât aujourd'hui. Il faut encore que vous appreniez en quelles mains ont passé les billets ; vos désirs seront accomplis. J'y tiens pour tous ceux qui sont intéressés à ce que vous ayez cette connaissance. Lundi encore vous le saurez parce que j'ai reçu aujourd'hui des renseignements positifs qui vous mettront vous-même dans le cas de tout apprécier. Il fallait peut-être cette circonstance, toute pénible qu'elle soit, pour que vous puissiez bien me connaître et juger si je suis capable de mentir. Je la regarde malgré la douleur qu'elle m'a causée, comme heureuse si elle resserre les liens d'une amitié bien sincère. Vous avez cru que je n'ignorais rien de ce qui s'était passé et vous n'avez pas su dans quelles alarmes j'ai été quand j'ai vu que Laurens, à qui il reste de justifier sa conduite auprès de vous, avait eu le malheur de se jeter dans cet abîme. Me ferez-vous le complice d'une faute que je cherchais à lui faire réparer. Prenez-y garde, au nom de Dieu, des faits extérieurs quand on ne les connaît pas tous, peuvent rendre fort injuste. Non, non, j'en prends le ciel à témoin, malgré le peu de foi que vous aviez en mes serments, je n'ai été mêlé à cette affaire que pour y porter remède et je me suis efforcé de vous faire comprendre que je ne croyais pas à l'improbité de Laurens parce que j'ai vu ses souffrances, ses tourments, j'ai entendu ses disputes avec cet homme, et quoique seul témoin j'ai imaginé que celui que je respecte moi-même, aurait assez de respect pour ma parole et me croirait si je disais un seul mot. Si je suis un niais parce que j'aime ce jeune homme, je pousse ainsi toujours la niaiserie à ce point. Je l'ai vu dévoué dans mes chagrins, dans mes peines, et je ne l'oublierai jamais. Dites-moi, vous, que de fautes ne pardonneriez-vous pas à ceux qui ont partagé les douleurs de votre vie ? Vous m'avez fait bien du mal, M. Jonjon, et ces jours m'ont été bien durs, et pourquoi ? que vous avais-je donc fait ? n'importe, je sais oublier ce qui me vient d'une main amie. Mais vous m'avez fait du mal, parce que vous m'avez dépouillé de toutes mes illusions et que vous m'avez obligé à écouter une colère que je n'eusse point éprouvée pour tout autre. Que sais-je de tout ce qui s'est passé dans mon âme, à une si grande surprise ? qu'a dit ma bouche ? tout ce que vous avez fait sortir vous-même d'un cœur que vous avez froissé, torturé et qui repoussait avec horreur des accusations aussi atroces. Et je vous ai dit après tout que vous vous repentiriez de tout ce mal. Vous ne voulez pas le croire et moi je vous le dis encore plus fort, parce qu'il est impossible qu'une âme bien faite ne se repente pas d'avoir frappé celui qui ne s'occupait que de bien faire.

Je viens de vous parler à cœur ouvert. Tout est fini, je ne vous presserai pas de me satisfaire de vos explications. Je ne connais plus qu'une chose à régler entre nous. En ce qui vient de se passer ou tout autre point, y a-t-il quelque chose qui doive arrêter notre confiance mutuelle ? Je ne connais alors qu'une seule ressource, c'est de nous oublier l'un et l'autre et de dissoudre une Société qui ne peut avoir une existence forte que par l'union de ses membres. Quelque désavantageux que puisse être l'éloignement de l'un de nous, rien ne serait plus nuisible que de nous trouver ensemble avec méfiance. Aucun sacrifice ne me coûterait plus que celui de renoncer à un établissement que nous avons fondé dans l'adversité, mais je connais de quelle utilité vous êtes ici, je vous ai toujours dit ma pensée à cet égard, mes services n'y seront jamais du même prix et je vous abandonnerai dès l'instant que les convenances et les intérêts de l'établissement pourront être sauvés. Mon regret sera toujours d'avoir à vivre loin de celui dont je me disais avec tant de plaisir l'ami et le collègue ; mais les sentiments de mon cœur lui seront toujours consacrés.

    Aujourd'hui vous recevrez 1300 francs
    et Lundi...... .... 400 »

« Je sais que l'administration de Menpenti avait de
« très justes motifs de concevoir une grande sollicitude
« sur l'emploi des fonds qui avaient été confiés à M. Lau-
« rens... le zèle avec lequel elle a veillé aux intérêts de la
« maison, ne peut être que fort honorable... » Voilà, si je ne me trompe, une justification complète de ma conduite, en remplaçant les mots *une grande sollicitude* par *soupçons*

légitimes. Or, lorsque nous avons appris que *ces fonds confiés à M. Laurens*, avaient été mis à la disposition d'un homme que M. Laurens lui-même traitait de coquin et de fripon, pouvions-nous confier de nouveau les intérêts de la maison à M. Laurens ?

« ... et parfaitement conforme au caractère de la « personne qui en est spécialement chargée. » Si ce membre de phrase s'adresse à moi, pourquoi M. Blanc me parle-t-il à la troisième personne ?

« Je me suis vivement reproché de n'avoir pas suivi « mes premières pensées. » M. Blanc a eu tort en effet de ne pas suivre son inspiration et ne pas se charger de la responsabilité de cette affaire, puisque c'est à lui que nous l'avions confiée ; il a eu tort d'en charger M. Laurens, dont il connaissait mieux que personne la légèreté de caractère et la détresse en fait de finances ; enfin son plus grand et dernier tort a été de permettre à M. Laurens de recourir encore au courtage du sieur Flory.

S'il n'avait pas commis ces trois fautes, il *pouvait* attendre des résultats meilleurs que ceux de l'année précédente ; mais comment, en suivant les mêmes errements, peut-il affirmer qu'il *ne pouvait pas en attendre d'aussi fâcheux ?*

« La certitude que je m'étais faite de l'acquittement « d'une dette, etc. » M. Blanc confond *l'acquittement d'une dette* avec la restitution d'un dépôt : nous avions confié trois billets de mille francs chacun ; on devait ou nous rendre les billets, ou nous donner les 3000 francs, moins l'intérêt payé d'avance pour trois mois ; or comment M. Blanc pouvait-il avoir la certitude de cette restitution, après ce qui s'était passé l'année précédente ?

Sa confiance n'est qu'une illusion, qui ne peut être justifiée par la négligence, lorsqu'il s'agit des intérêts d'autrui ; mais quelle est cette sorte d'affaires dont M. Blanc lui-même avoue *être négligent ?* Ce n'est ni plus ni moins que l'administration financière de notre Maison. Bagatelle ! Pourquoi alors s'en chargeait-il et s'exposait-il à nous ruiner ? Cette prétendue négligence ne méritait-elle pas un autre nom ?

« Et je vous dirai avec un peu de honte, etc. » M. Blanc, en confessant ce qu'il appelle la négligence antérieure, semble dire : « ce qui est arrivé maintenant n'est qu'une négligence, comme je m'en suis rendu coupable maintes fois. » Mais il me semble qu'il y a une très grande différence entre le dernier cas et les autres ; dans ceux-ci l'incurie, quoique pouvant avoir de fâcheux résultats, pouvait ne pas le compromettre, tandis que dans celui-là, son honneur était en jeu.

« Il faut aussi que je convienne avec vous d'une chose, etc. » Il paraît, d'après ces paroles, que M. Blanc s'était engagé à payer pour M. Laurens, et que ce grand sacrifice, qu'il voulait faire pour son ami, avait été pris par moi en mauvaise part, comme un indice de sa culpabilité ; je pensais en effet que M. Blanc, pour des motifs que je ne voulais pas savoir, devait de la reconnaissance à M. Laurens et voulait, par conséquent, se dévouer pour lui en le tirant d'embarras. Ce n'est pas ce que je blâmais ; mais je ne comprenais pas pourquoi l'indélicatesse de M. Laurens étant un fait indéniable, M. Blanc persistait non seulement à avoir confiance en lui, mais encore à prétendre nous imposer cette confiance. Puisque, comme il l'a dit plus haut, nous avions de très graves motifs de concevoir une très grande sollicitude, notre répulsion à l'égard de M. Laurens devait lui paraître naturelle et légitime au lieu d'en faire un sujet de récriminations. Il est certain que, si M. Blanc avait profité de ces 6000 francs, autant et même plus que M. Laurens, ce dernier ne pouvait pas être un fripon à ses yeux ; cela se conçoit. Or, avais-je quelques données raisonnables sur cette complicité ? en voici quelques-unes :

M. Laurens Père me dit, dans la visite que j'ai eu l'honneur de lui faire, pour justifier ma conduite à l'égard de son fils, ces paroles que je n'ai jamais oubliées :

« Je ne puis vous dire, M. l'abbé, si l'amitié de mon fils, pour M. Blanc, a été plus nuisible à celui-ci, que celle de M. Blanc ne l'a été pour mon fils ; je regarde donc cette amitié comme dangereuse ». Or, c'était un père qui me tenait ce langage.

Un jour je fis venir, à Menpenti, le sieur Flory, pour avoir, de sa propre bouche, des explications sur la fraude qu'il avait commise. Je ne me souviens pas des raisons qu'il allégua pour se disculper ; mais lorsque je lui rapportai les propos que tenaient M. Blanc et Laurens sur son compte et qu'ils le traitaient de coquin et de fripon, il haussa les épaules et me dit, en riant, que la veille il avait bu à telle heure avec eux de la limonade gazeuse dans l'arrière salon d'un Café des Allées.

Cependant, comme je le menaçai sérieusement des tribunaux, s'il ne m'apportait un billet à ordre de 3000 fr. souscrit par lui et sa femme, il s'exécuta après quelque hésitation ; d'où je pouvais conclure qu'ils avaient, tous les trois, profité des 6000 francs.

J'ajoute, à tous ces détails, que M. l'abbé Blanc n'était pas économe et qu'il aimait la dépense. Quoique dans le ministère des paroisses il eût gagné beaucoup d'argent, à cause de ses continuelles prédications et des relations qu'il avait avec les familles les plus opulentes de Marseille, cependant il n'avait pas le sou, lorsqu'il entra à Menpenti ; il fut obligé, en effet, d'emprunter 1500 francs à M. Bieule, son ami, négociant en blés, qui nous donna son fils comme Pensionnaire. Or, lorsqu'on a de nombreux besoins, qu'il est urgent de satisfaire, on fait quelquefois flèche de tout bois.

Il me donna plus tard, après la séparation définitive, une preuve flagrante d'indélicatesse, que j'exposerai bientôt dans toute sa honteuse nudité ; je la passe maintenant sous silence, pour ne pas anticiper.

« De l'autre, j'étais loin d'imaginer, etc. » Membre de phrase incompréhensible, en conservant la négation, mais en la supprimant, il signifie sans doute que les sacrifices de M. Blanc pour Laurens étaient de nature à *blesser mon attachement pour lui,* c'est-à-dire, à me faire perdre ma confiance en lui. Ce ne sont pas, je le répète, les sacrifices en eux-mêmes qui ont produit cet effet, mais la manière dont ils ont été proposés. Si M. Blanc m'avait dit : « je condamne comme vous M. Laurens ; cependant, comme c'est moi qui l'ai introduit dans la Maison et que j'ai, avec lui, des relations que je ne puis pas briser subitement, je m'engage à réparer ses torts ; mais son rôle est fini dans la Maison. » Je lui aurais répondu : « votre langage loyal est la seule satisfaction que je vous demande, soyons unis et nous réparerons les torts en commun. » Mais malheureusement M. Blanc s'est mis au lieu et place de Laurens, s'est identifié avec lui, a plaidé en sa faveur, etc., ce qui a changé tout à fait la question.

L'attachement que j'avais pour lui n'était pas une simple supposition ; pouvais-je le porter plus loin que je ne l'avais fait ?...

« Il m'a fallu bien des heures, etc. » Que les réflexions avaient été amères, je le conçois ; rien de plus amer que le remords. Mais qu'il ait fallu *bien des heures pour comprendre ce qui était très clair,* c'est parler pour ne rien dire.

« Mais ceci était si loin de vos habitudes, etc. » Lorsque j'ai fini par découvrir que celui pour l'honneur duquel j'avais failli compromettre le mien, me trompait et me volait clandestinement, fallait-il conserver à son égard mes habitudes de confiance et d'amitié ? M. l'abbé Blanc comptait étrangement sur ma bonhomie ou plutôt sur ma niaiserie, lorsqu'il paraissait être surpris du langage que je lui avais tenu ; le cœur n'avait rien à voir dans cette affaire ; on n'a pas le droit d'employer le noble langage des sentiments, lorsqu'on a violé, soi-même, les droits sacrés de l'amitié par des actes froidement médités et honteusement exécutés.

« Elles sont tombées sur un âme, etc. » Phrases banales, dont les événements ont démontré l'hypocrisie.

« Il n'en est pas peut-être, etc. » Quel aveu ! merci : M. Blanc reconnaît mon zèle à l'obliger ; et c'est pour me témoigner sa reconnaissance qu'il en était avec moi aux petits soins extérieurement ; tout cela se faisait à mes frais ; c'est avec le fruit de mes sueurs et de mes veilles qu'il avait des attentions pour moi, mais clandestinement il ne s'oubliait pas lui-même, et il profitait pour satisfaire ses besoins personnels d'une grande partie de ce fruit.

« Dès que j'ai compris que je devais être, etc. » Ainsi la faute de M. Laurens n'est qu'un malheur qu'il faut déplorer, comme la perte de mon attachement, ni plus ni moins. M. Laurens et moi, nous sommes au même rang. Ce parallèle n'est-il pas injurieux ?

« J'ai pris avec vous des engagements sacrés, etc. » M. l'abbé Blanc n'était pas riche, mais il avait une magnifique argenterie et de très beaux ornements, résultats de différents cadeaux qu'il avait reçus : il se décida à vendre une partie de ce précieux mobilier pour me satisfaire, ou plutôt pour remplir ses engagements envers notre Société dont il faisait partie : par conséquent un tiers de ce qu'il déboursait rentrait dans ses poches, tout se réduisit en effet à faire entrer dans notre caisse la somme de 2.000 francs, qui n'était que le tiers de cette somme que nous avions le droit de revendiquer ; la perte de M. l'abbé Blanc n'était donc pas énorme, considérée comme sacrifice et n'était qu'une réparation très incomplète, s'il avait été complice, comme toutes les circonstances le prouvent.

« Il faut encore que vous appreniez, etc. » J'ai attendu et j'attends encore *l'accomplissement de ce désir* ; M. Blanc ne m'a jamais donné les *renseignements positifs* qu'il me promet avec tant d'assurance.

« Il fallait peut-être cette circonstance, etc. » Bavardage et rien de plus. M. Blanc, en ne pas me donnant ces renseignements positifs qu'il prétendait avoir sous la main, m'a prouvé *qu'il était capable de mentir*.

« Je la regarde, malgré la douleur, etc. » Il est certain

que s'il avait pu me prouver son innocence d'une manière positive, j'étais homme, il le savait, à lui demander pardon et les liens de notre amitié en auraient été plus resserrés ; mais ces preuves, encore une fois, n'ont pas été données et je les attends encore.

« Vous avez cru que je n'ignorais rien, etc. » Je le crois encore jusqu'à preuve évidente du contraire. M. Laurens doit se justifier, non pas d'un malheur, mais de sa faute qui l'a fait tomber dans l'abime.

« Me ferez-vous le complice, etc. » J'ai déjà dit pourquoi et comment j'ai cru M. Blanc complice ; je ne l'ai pas publié sur les toits, ni avant ni après notre séparation ; mais j'avais le droit de lui dévoiler mes pensées secrètes et mes craintes légitimes dans une conférence intime.

« Je n'ai été mêlé à cette affaire, etc. » Il y avait entre M. Laurens et M. Blanc des relations si intimes, que je me refuse à ajouter foi à la parole de M. Blanc ; M. Laurens n'a rien fait sans le consulter et M. Blanc n'a fait que porter remède à un mal commun, par son incomplète réparation.

« Je me suis efforcé de vous faire comprendre, etc. » Mais si la conduite de M. Laurens n'est pas une improbité, où trouvera-t-on dans le monde des gens malhonnêtes ?

« J'ai vu ses souffrances, etc. » Et c'est pour alléger ses souffrances, pour calmer ses tourments et pour éteindre le feu de la discussion que tous les trois se rafraîchissaient avec de la limonade gazeuse. Y a-t-il un mensonge plus éhonté que celui-là ?

« Quoique seul témoin, etc. » Après tout ce que j'ai exposé, M. Blanc avait-il le droit de me dire que je devais le croire sur parole ?

« Si je suis un niais, etc. » M. l'abbé Blanc n'était pas un niais, un bonhomme, un simple, etc., mais lorsqu'il aimait Laurens, il avait des motifs que j'ignorais et que j'ai pu pourtant pressentir, par les paroles qui sont sorties de la bouche du père de M. Laurens et que j'ai citées plus haut.

« Je l'ai vu dévoué, etc. » Je ne faisais pas un crime à M. Blanc de rendre dévoûment pour dévoûment ; mais il ne pouvait pas m'imposer à moi-même ses propres obligations ; et j'aurais été à mon tour un véritable niais, si je m'étais dévoué pour celui qui me volait.

« Que de fautes ne pardonnez-vous pas, etc. » C'est très vrai ; j'ai pardonné bien des fautes à ceux qui ont partagé mes peines ; mais je n'aurais jamais cherché à justifier leurs crimes, s'il en avaient commis. La conduite de M. Laurens était-elle une simple faute ? n'était-elle pas un abus énorme de confiance ? je pouvais lui pardonner, en ma qualité de chrétien et de prêtre, c'est ce que j'ai fait ; mais lui redonner ma confiance, le charger de nouveau de mes intérêts, le faire asseoir à notre table presque habituellement, comme nous le faisions par égard pour M. Blanc, c'est ce que je ne devais plus faire ; et sur ces points-là j'ai été inexorable.

Un matin, je venais de dire la messe au Couvent des Carmélites du cours Gouffé ; au coin d'une traverse je le vis s'approcher de moi, un sac de pièces de 5 francs à la main, c'était une portion de la somme promise par M. Blanc ; il se mit à mes genoux, en plein jour, dans la rue, qui était déserte, il est vrai, mais elle aurait pu ne pas l'être ; il me suppliait de lui accorder la faveur de nous fréquenter comme auparavant. Eh bien ! je fus sans pitié, je l'avoue, je lui refusai ce qu'il me demandait, parce que j'avais été trompé deux fois par des procédés sans délicatesse.

« Vous m'avez fait bien du mal, etc. » Quelques jours auparavant ou quelques jours après cette lettre (je ne m'en souviens pas), nous étions assis, M. Blanc et moi, sur un banc, à la porte principale du château ; il me serra le bras avec une sorte de frénésie, en me disant : « Ah ! si vous saviez le mal que vous me faites ? » — Dites plutôt, lui répondis-je froidement, *le mal que je me suis fait.*

« Que vous avais-je donc fait ? » Quelle audace ! « Je sais oublier ce qui me vient d'une main amie. » C'est dramatique, « mais vous m'avez fait du mal, etc. » le mal que j'ai fait n'est pas beaucoup à craindre ; c'est l'âme seulement de M. Blanc qui en a été atteinte ; sa colère est toute sentimentale, ou plutôt platonique. Aussi tout en me reprochant ma cruauté, il m'appelle son ami et ne désespère pas de ne faire encore avec moi qu'un cœur et qu'une âme. Ce qui l'afflige ce ne sont pas mes paroles, c'est la crainte de ne plus pouvoir être mon ami ; il croyait à la durée éternelle de mon amitié ; son illusion s'est dissipée ; voilà ce qui le tourmente le plus, peut-on pousser plus loin l'adulation ?

« Que sais-je de tout ce qui s'est passé, etc. » Quel tableau déchirant ! M. l'abbé Blanc connaissait mon faible, ma trop grande facilité à céder aux sollicitations, aux prières, à me laisser impressionner par les larmes et les gémissements ; mais M. Blanc ne fut pas habile ; tout en se lamentant comme un acteur tragique, il m'offensait puisque tout le mal qui avait été fait, il me l'attribuait — lui, Blanc, était pur comme un ange ! ses sacrifices et son dévoûment pour un ami malheureux, étaient de l'héroïsme ; et j'étais un barbare et presque un ingrat de ne pas sentir tout ce qu'il y avait de beauté morale dans cette conduite — cependant comme je suis *une âme bien faite,* je dois nécessairement me *repentir d'avoir été injuste.* La suite de mon récit prouvera que je dois nécessairement ne pas *me repentir.*

« Je viens de vous parler à cœur ouvert. » Je l'aurais désiré. « Tout est fini. » Pas encore malheureusement. « Je ne vous presserai pas de me satisfaire de vos explications. » Après tous les commentaires que j'ai faits de cette lettre, on conçoit que je ne pouvais pas revenir sur mes pas.

« Je ne connais qu'une chose à régler entre nous, etc. » M. Blanc me pose cette question : attendu que notre Société ne peut avoir une existence forte que par l'union de ses membres, pouvons-nous espérer, après *tout ce qui s'est passé* et EN TOUT AUTRE POINT, *d'avoir une confiance mutuelle ?*

Je dus répondre à M. Blanc que je ne considérais pas la

chose comme impossible, au moins extérieurement ; la crainte bien fondée d'arrêter et de compromettre la prospérité de notre maison et de faire rire l'Evêché, par notre bruyante et scandaleuse séparation, pouvait être assez puissante pour faire taire nos rancunes mutuelles. Ce qui semble indiquer cette réponse, c'est la détente qui se voit dans le langage des deux dernières lettres de M. Blanc ; mais ce qui était moralement possible, ne put se réaliser, parce que M. Blanc ne voulut pas accepter les deux conditions que je mis à notre réconciliation. Voici ce qui se passa :

M. Guigou, marchand drapier, frère de Mgr d'Angoulême et parent de M. l'abbé Blanc, nous avait donné ses deux petits fils, comme pensionnaires. Il avait donc un double droit de se poser comme médiateur et assurément il fut très bien inspiré. Il venait me voir pour causer de cette affaire et tâcher de me calmer. Comme il ne la connaissait que vaguement, je dus la lui exposer en détail et lui dévoiler tout ce qui s'était passé depuis l'année dernière ; j'ajoutais que je ne mettais aucun obstacle à la rentrée de M. Blanc, et que même je la désirais, comme très nécessaire au succès de notre œuvre ; mais que je mettais deux conditions à la conclusion amiable de nos débats. La première était l'expulsion définitive de M. Laurens et la seconde, la plus délicate, à laquelle M. l'abbé Blanc avait fait allusion par ces mots *en tout autre point,* consistait en ce que M. Blanc ne devait plus fréquenter une certaine maison que je lui nommai et à l'occasion de laquelle des bruits injurieux à sa réputation circulaient en ville et même dans le pensionnat, parmi nos élèves. « Si M. Blanc accepte ces deux conditions, dis-je à M. Guigou, amenez-le-moi et je l'embrasserai en votre présence. »

Le vénérable vieillard fut attendri de mes paroles, il en comprit toute la justesse, les approuva formellement et se fit fort d'amener M. Blanc à accepter mes conditions : hélas ! il se faisait illusion. Il revint quelques jours après, pour m'annoncer avec des larmes indignées qu'il n'avait pas réussi ; mais il m'engagea à persister dans mes idées et me promit que malgré la séparation, qui était imminente, je pouvais compter sur la rentrée de ses deux petits fils, comme pensionnaires et sur la coopération d'un de ses parents, nommé A..., comme professeur interne.

La démarche de M. Guigou et sa décision en disent plus que toutes mes paroles, il me semble qu'elles sont pour moi la justification la plus complète. Il est vrai qu'il est mort depuis longtemps : sa belle-fille est aussi morte depuis quelques années ; mais le fils quoique très âgé, vit encore, ainsi que ses deux fils qui furent nos élèves (1) ; ils pourraient donc au moins certifier qu'ils ont fait partie du Pensionnat, même après le départ de l'abbé Blanc.

Il est fâcheux que je n'aie conservé ni brouillon ni souvenir de mes lettres à M. Blanc ; ce qu'il m'écrit le 23 et le 25 septembre ne serait pas aujourd'hui une sorte d'énigme pour moi ; comme je viens de le faire observer, il y a moins d'irritation ; le désir de reprendre ses fonctions à Menpenti perce à travers toutes les questions qu'il m'adresse dans la première des deux lettres, et ce désir est devenu une résolution bien arrêtée dans celle du 25 (2). Ainsi il paraît certain que la démarche de M. Guigou n'a dû avoir lieu que du 25 au 30.

Quoi qu'il en soit, l'année classique 1837-38 va commencer, sous l'unique direction nominale de deux associés, c'est-à-dire, en réalité et par le fait, sous mon unique direction, attendu que M. Vidal continuait à s'effacer comme administrateur et qu'il avait adhéré complètement, dans l'entretien que j'ai eu avec lui à Toulon, à toutes les mesures que j'avais prises concernant Laurens.

---

(1) Leur père vient de mourir, âgé de plus de 90 ans, avant l'impression totale de cette histoire.
(2) Cependant je remarque qu'il n'y a plus dans ces deux lettres cet épanchement du cœur vrai ou fictif dont il est si prodigue dans la première ; la froideur y est même flagrante. On trouvera ces deux lettres à l'appendice nos 1 et 2.

5°
Dissolution de la Société

Lorsqu'il fut bien décidé que M. l'abbé Blanc devait quitter Menpenti, il fallut nous adresser à des hommes de lois, pour dissoudre notre Société à l'amiable, sans procès ; M. Rolland, avocat, qui nous avait confié ses deux fils, fût naturellement notre conseil pour cette affaire et rédigea lui-même la convention dont on trouvera le texte à l'appendice n° 3. On y verra que nous poussâmes la générosité, à l'égard de M. Blanc, jusqu'aux dernières limites ; il renonça, à la vérité, à tous ses droits sur le mobilier de la Maison et sur l'exploitation du Pensionnat : mais nous le déclarâmes quitte de toutes les dettes que nous avions contractées et dont il était responsable en très grande partie ; quoique cela ne soit pas écrit dans l'acte de dissolution, je me souviens que nous lui avons donné une somme d'argent, dont le chiffre m'a échappé, comme indemnité ; enfin nous ne lui avons pas imposé pour condition de ne pas ouvrir une maison d'éducation dans la ville de Marseille ; il s'est, en effet, avant la fin de l'année, installé, en quelque sorte, à nos portes comme maître de pension, ce qui aurait pu nous porter un grave préjudice, s'il avait été un autre personnage. On remarquera dans la convention ce passage en vertu duquel les parties renoncent *à tous plus grands droits et prétentions les uns à l'égard des autres et se tiennent quittes et libérés.* Par conséquent les billets dont j'ai parlé ci-dessus, constatant la mise de fonds de chaque associé et nos engagements réciproques étaient par là même annulés pour ce qui concernait M. Blanc ; ce n'était pas formellement exprimé, je le sais ; mais pour des hommes de conscience et d'honneur, il l'était suffisamment. Si nous avions eu l'expérience des affaires, nous aurions dû détruire ces trois billets, et les renouveler au besoin entre M. Vidal et moi ; mais je n'y pensai même pas, ne croyant pas que M. Blanc, à ses infamies passées, ajouterait celle de prendre au sérieux l'engagement que j'avais pris à son égard, sans tenir compte de celui beaucoup plus grand qu'il avait pris envers moi.

A quel mois de l'année 1837, M. Blanc s'est établi à la Plaine, à la maison occupée aujourd'hui par les Dames de l'Espérance ? je ne m'en souviens plus. Comme il n'était pas bachelier, il en choisit un parmi les professeurs que je renvoyais de temps en temps pour de graves motifs ; et l'Université, qui déjà s'était mise en train de nous vexer, approuva cette nouvelle institution, sans faire la moindre enquête.

A quel mois de l'année encore de 1837 ou de 1838, M. Blanc a-t-il pris son vol de la Plaine, en compagnie de la demoiselle dont j'ai parlé ci-dessus, et est allé s'abattre ou à Genève ou en Belgique ? même oubli de cette circonstance fatale.

Lorsque la nouvelle de cette faute honteuse me fut parvenue par toutes les bouches de la Renommée et qu'il n'y eut plus à en douter, je me recueillis devant Dieu, et, sans être prophète, sondant les secrets de l'avenir, qui s'illuminait à mes yeux avec une étrange clarté, je me dis en moi-même avec une tristesse désolante : C'en est fait de Menpenti. Un ver rongeur s'est attaché à la racine de l'arbre, et, à un moment donné, la sève ne montera plus, les feuilles se sècheront avant le temps, les branches seront dépouillées de toute verdure, et l'arbre tout entier frappé de mort sera déraciné, coupé et mis au feu : *Fuit ilium et ingens gloria teucrorum !*

Qu'est devenu l'auteur de ce désastre ? Après s'être vautré pendant quelques mois dans la fange après laquelle il soupirait depuis plusieurs années, et avoir consumé avec la malheureuse son dernier sou, ils rompirent leurs liens ; de quelle manière, je l'ignore. Cette demoiselle devenue enceinte et poursuivie par la misère, revint à Marseille chez une de ses tantes, parce qu'elle était orpheline et que son vieux grand-père ne voulut pas la recevoir ; c'est là qu'elle fit ses couches, à la suite desquelles l'enfant mourut, et elle-même succomba après avoir fait, dit-on, une mort très-chrétienne et demandé publiquement pardon aux assistants du scandale qu'elle avait donné.

J'ai connu dans mon enfance le père et la mère de cette demoiselle ; ils avaient à la rue de la Providence un petit restaurant qui avait prospéré, grâce à leur travail assidu et à leur sage administration ; aussi avaient-ils mis sur l'enseigne : *A la Providence.*

La première fois que je suis venu à Marseille en 1812 avec mon père, n'ayant pour tout équipage qu'un âne qui portait nos bagages et nous servait de monture, nous avons logé à ce restaurant, parce que le mari ou la femme était originaire de Saint-Chamas ; ils moururent tous les deux à un âge peu avancé, laissant cette fille unique sous la tutelle de son grand-père, avec une dot d'environ 100,000 francs, qui la fit rechercher de plusieurs jeunes gens d'une condition honorable ; mais elle les refusait avec une persévérance qui étonnait ceux qui ignoraient le penchant de son cœur. Ce qu'il y avait de surprenant, c'est que M. l'abbé Blanc fut chargé quelquefois de sonder les intentions de la demoiselle et de lui faire des propositions de la part des prétendants. Comme ils devaient rire dans leurs entretiens familiers !

Ainsi finit l'actrice du drame ; quant à l'acteur, après avoir quitté ou abandonné son amante, il se dirigea sur la capitale où il mena pendant quelque temps la conduite d'un garçon licencieux, avec quelques-uns de nos anciens professeurs, qui devinrent ainsi les confidents de son libertinage ; il se plaisait, m'a-t-on dit, à me tourner au ridicule et à faire de quelques-uns de mes défauts, l'objet de ses indécentes plaisanteries — il eût été à désirer qu'il n'eût pas d'autres fautes à se reprocher — enfin poussé à bout par le remords ou par la misère et comptant toujours sur le *faible* réel que Mgr Eugène de Mazenod avait pour son ancien pénitent, il vint, dit-on, un jour se jeter à ses pieds, lui fit sa confession, en reçut l'absolution sacramentelle *sans qu'on exigeât aucune satisfaction antérieure, ni aucune réparation* pour le tort qu'il nous avait fait ; c'est ainsi qu'on entend et pratique la conversion dans certaines administrations épiscopales ; la restitution ne compte pas parmi les devoirs de la justice.

Quelques personnes prétendent avoir assisté à la messe *du pénitent* et entendu même sa parole dans un modeste couvent ; sur la recommandation de son puissant père spirituel, il a été pendant quelques années curé d'une paroisse rurale à Orléans ; enfin on l'a vu, dit-on, il y a plus de trente ans, traverser notre ville, à la suite d'une famille opulente, comme précepteur des enfants, se rendant en Italie. Depuis lors, j'ai perdu tout à fait la trace, même douteuse, de ses pas. Quoi qu'il en soit de sa destinée ou de sa position actuelle, je lui pardonne et *qu'il repose en paix*.

Mais je ne terminerai pas ce dégoûtant récit, sans signaler un fait qui est comme le dernier coup de pinceau donné au tableau pour l'achever.

On se souvient des trois billets pour lesquels nous avions pris des engagements mutuels et nous nous étions déclarés débiteurs de certaines sommes les uns envers les autres. J'ai déjà dit que, quoiqu'ils n'eussent pas été détruits ils devaient être considérés comme annulés par notre dernière convention. M. l'abbé Blanc n'en jugea pas ainsi. Lorsqu'il fut parti avec la personne en question, je reçus un jour la visite d'un professeur que j'avais congédié, et à qui M. l'abbé Blanc avait cédé sa petite clientèle. Ce jeune homme semblait être venu sérieusement pour encaisser la somme que M. Vidal et moi avions déclaré un an auparavant devoir à M. Blanc ; il prétendait avoir reçu ce billet, comme arrangement de compte et se disait par conséquent lésé par notre refus à le payer. Mes explications, quelque lucides qu'elles fussent, ne l'ayant pas satisfait, il remit ce billet à M. Maurel, avocat, mon ancien condisciple de rhétorique, en le chargeant de me poursuivre. Celui-ci m'écrivit en effet, pour me prier de passer à son cabinet, pour une affaire qui me concernait, selon la formule. Mais lorsque je lui eus exposé toute cette affaire en détail et montré surtout les deux billets souscrits par M. Blanc, en ma faveur et en faveur de M. Vidal, obligation qui dépassait de beaucoup celle que nous avions contractée à son égard, il ne put s'empêcher de dire : « C'est de la niaiserie ourdie par deux fripons : j'attends l'individu. Je ne me chargerai jamais d'une telle affaire. » Voilà, si je ne me trompe, l'improbité prise en flagrant délit. Mais encore une fois, *qu'il repose en paix.*

A l'Abbé BLANC

Tandis que j'écartais de ta tête coupable
Les traits empoisonnés du triste déshonneur,
Par un aveuglement étrange, inexplicable,
Tu creusais sous mes pas l'abîme du malheur.

Encor si je n'avais qu'à blâmer ta faiblesse !
Mais de la probité, désertant le chemin,
Pour étancher la soif de ton impure ivresse,
Sur mon bien n'as-tu pas osé mettre la main ?

On dit que le remords, l'opprobre et la misère
De ton cœur ont enfin brisé la dureté,
On t'a vu repentant à notre sanctuaire
Te nourrir de nouveau du Dieu de pureté !

C'est fort beau ; mais le mal que tu m'as fait, me ronge,
Et tu n'as nul souci d'en calmer la douleur ;
Aussi ton souvenir, comme un sinistre songe,
Me tourmente, m'abat et me serre le cœur.

La main sur l'Evangile, eh bien ! je te pardonne ;
Quels que soient mes griefs, tu n'es pas hors la loi.
C'est Jésus-Christ mourant sur la croix qui l'ordonne ;
C'est dur ; mais tout devient facile avec la foi.

Si tu vis quelque part sous la voûte azurée,
Expiant les écarts de ta légèreté,
Daigne agréer mon vœu dans ton âme épurée :
Sois heureux pour le temps et pour l'éternité ! (1)

---

(1) Pourquoi, me dira-t-on peut-être, mettre en lumière et ne pas laisser dans la poussière de l'oubli qui les enveloppait, tant de détails odieux ? Je réponds comme je l'ai déjà fait, que l'histoire n'est pas un panégyrique, que le départ notoire de M. Blanc ne fut pas un fait de médiocre importance, qu'il fut diversement jugé par le public et le clergé de cette époque et qu'on poussa la légèreté jusqu'à me soupçonner de l'avoir provoqué dans des vues intéressées, pour satisfaire mon esprit de domination ou même pour gagner les bonnes grâces de l'Evêché ; il a donc pu rester de ce fait, comme de bien d'autres, des impressions fâcheuses que j'ai le droit de détruire, d'ailleurs ma correspondance avec le père Rambert ne prouve-t-elle pas évidemment que je n'ai pas pris l'initiative de faire du pensionnat Menpenti un incident historique ?

CHAPITRE II

Vexations de l'Académie d'Aix

1°

Préliminaires

L'Université, telle que Napoléon Ier l'a établie et qu'elle fonctionne même encore aujourd'hui, après cinq révolutions, ne ressemble guère à celle qui fut fondée au XIIIme siècle et qui fut supprimée en 1790. L'Université contemporaine, comme tout ce qui a passé par la main de fer de Napoléon, est une institution despotique, dont la domination persévérante, sous tous les régimes qui se sont succédé jusqu'à aujourd'hui et malgré les aspirations toujours croissantes des populations vers la liberté, est un problème à mon avis, difficile à résoudre.

Sous le gouvernement de Louis-Philippe elle était plus puissante que jamais ; ce fut l'époque la plus florissante du monopole universitaire ; il fallait être licencié ès-lettres ou ès-sciences, pour avoir le droit d'enseigner officiellement la rhétorique et la philosophie et par conséquent de présenter des élèves aux baccalauréats : un simple maître de pension n'avait la faculté d'enseigner le grec et le latin, qu'autant qu'il payait pour chaque élève ce qu'on appelait la rétribution universitaire. De là l'obligation de donner aux contrôleurs le nombre exact des élèves qui recevaient l'instruction secondaire.

Plusieurs fois dans le courant de l'année, des inspecteurs se présentaient brusquement, pour examiner l'état des dortoirs, des salles d'étude et des cours ; ils entraient même dans les classes non seulement pour interroger les élèves qui n'étaient pas préparés à subir des examens, mais encore pour explorer les bureaux, les cahiers et les livres ; un inspecteur qui, malgré sa rusticité, n'en était pas moins un gros dévot, n'oubliait jamais de faire des questions sur le catéchisme ; je voudrais savoir si dans les Lycées, où l'on recevait alors comme aujourd'hui des juifs et des protestants, il se permettait cette pieuse licence à l'égard de ces derniers, concernant leurs croyances.

Selon l'usage des maîtres de pension, nous avions fait imprimer un prospectus, avec l'autorisation de M. le Recteur et nous avions donné à M. Vidal le titre d'administrateur de la Maison, comme au plus âgé de nous trois ; mais comme j'étais bachelier aussi bien que lui, j'aurais pu prendre ce titre pour moi-même, simultanément avec mon collègue ; aucun règlement universitaire, en effet, ne s'opposait à ce qu'une maison d'éducation fut administrée et dirigée par deux ou trois personnes réunissant toutes les conditions requises. D'ailleurs on était alors très disposé à nous favoriser au détriment des maisons diocésaines. On aurait plutôt applani les voies que de soulever des obstacles imaginaires ou d'une réalité douteuse. Evidemment l'Université n'aurait donc pas fait la moindre difficulté de sanctionner cette association de noms.

Nous appartenions, au moins indirectement, à l'Université ; aussi notre première pensée, ainsi que celle des parents, fut d'abord d'invoquer la protection du ministre de l'instruction publique ; mon voyage à Paris n'eut pas d'autre but ; assurément, tant que dura la lutte avec l'Evêché, l'Université ne fit pas cause commune avec lui ; plusieurs de ses membres nous témoignaient même beaucoup de sympathie ; on était en quelque sorte bien aise de cette scission qui devait naturellement, comme je viens de l'insinuer, discréditer les établissements ecclésiastiques et relever par conséquent aux yeux du public les écoles du gouvernement. Le petit Séminaire de Marseille, avec ses 180 élèves et son personnel respectable de professeurs-prêtres qui se consacraient à l'enseignement, ce qui était inusité jusqu'alors, avait porté ombrage aux professeurs du Lycée. Ainsi, à tout prendre, notre lutte ne leur déplaisait pas. Cependant on doit se souvenir que nous n'avons jamais reçu des personnages officiels de l'Université aucun témoignage de faveur réelle ; ils ont constamment laissé faire, malgré nos doléances, et n'ont jamais fait aucune démarche pour faire entendre raison à l'Evêché.

Mais ce fut autre chose, lorsqu'après cette guerre formidable, à laquelle l'Université n'avait pris aucune part, ni pour, ni contre, elle nous vit dans un état extérieur qui était un signe de prospérité ; cent élèves dont 98 internes, dès la troisième année, malgré toutes les vexations que nous avions subies, était en effet un succès prodigieux ; et si on ne l'arrêtait pas, le Lycée pouvait s'en ressentir. De là cette antipathie qui d'abord sourde et peu sensible, finit par éclater et n'a pas cessé de se manifester en toute occasion, tant que dura notre établissement. Mais laissons de côté les coups d'épingle, dont j'ai parlé ci-dessus et arrivons au grand coup de massue, qui nous aurait immédiatement assommés, si l'on n'avait pas eu à faire avec un caractère qui, quoique naturellement timide, se raidissait contre les difficultés et y puisait même sa force et son courage.

2°

Nouveau Prospectus à notre Maison

Notre lutte avec l'Evêché avait donné un certain renom, qu'il s'agissait, non seulement de conserver, mais d'étendre même, si c'était possible. L'ancien prospectus nous parut donc insuffisant et nous résolûmes d'en publier un autre plus accentué (1).

Nous eûmes aussi la pensée de placer à côté du nom de M. Vidal, celui de M. Blanc et le mien, comme directeurs, avant ou après l'approbation de M. le recteur de l'Académie. Or que ces deux noms fussent placés avant ou après, quel grand crime y avait-il d'indiquer au recteur de l'Université, que notre Maison, outre le chef titulaire, avait encore des directeurs ou des professeurs auxiliaires, qui, étant bacheliers, pouvaient avoir légitimement, s'ils le voulaient, le titre de maîtres de pension ? Mais, me dira-t-on, le recteur était censé approuver les trois directeurs, en plaçant sa signature après leurs noms ; passons cette susceptibilité, quelque mesquine qu'elle soit ; mais si non seulement les noms des deux directeurs, mais encore tous ceux des professeurs avaient été placés au bas du prospectus,

---

(1) Ce nouveau prospectus est à l'appendice n° 4. Comment M. Desmichel a-t-il pu le trouver répréhensible, au point d'en faire un *casus belli* ?

Le médaillon représente le Château-Menpenti, construit sur un roc, battu par les vagues écumantes. Au haut de la forteresse fictive s'élève une croix, figure de celle que les élèves eux-mêmes avaient portée sur leurs épaules jusque sur les toits. Le jour de la fête de St-André, en 1835, j'adressai d'en haut, en embrassant la croix, une allocution à toute la communauté, qui se trouvait réunie dans la cour, en face du château ; je la terminai par ces mots : *Vive la Croix*, qui furent répétés par tous les assistants.

Cette cérémonie se renouvelait chaque année, à pareil jour, mais en 1839, je n'eus pas le courage de faire cette ascension ; la croix était descendue et pesait sur nos épaules. Ces paroles de St-Paul qu'on remarque dans le triangle me furent suggérées par le père Paris, pendant ma retraite du grand Séminaire. Elles prouvent que ma confiance en la providence n'avait pas failli dans les épreuves que je venais de subir.

Omnia cooperantur in Bonum !

après la signature du recteur, en quoi sa responsabilité eut-elle été atteinte ? Exiger que tous ces noms fussent supprimés, c'était simplement de sa part une taquinerie puérile et une véritable vexation ; en annonçant par exemple, que dans notre Maison on enseignait le dessin, la musique, l'escrime, les langues vivantes, etc., était-ce violer les règlements universitaires de nommer soit dans l'intérieur du prospectus, soit après, ceux à qui nous confiions ces diverses branches d'instruction ? Si nous avions inséré dans un journal quelconque un éloge de notre Maison, de notre système d'éducation et de notre plan d'études, en donnant le nom des trois directeurs et ceux de tous nos collaborateurs, aurions-nous été répréhensibles en quelque chose ? Mais, évidemment, M. le recteur et quelques membres du Conseil Universitaire mirent dans cette affaire trop d'animosité, pour que je ne crusse pas qu'ils étaient poussés secrètement par l'Evêché ; je ne pouvais l'affirmer certainement ; mais tout me portait à en être persuadé ; la sévérité inouïe que déploya M. Desmichel, le recteur, contre M. Vidal, à propos d'un manquement tout à fait involontaire de sa part et la violence avec laquelle M. Desfougères, qui fut plus tard recteur, s'emporta contre moi, quoique je fusse absent, l'attention que l'on eut de revenir dans l'interrogatoire qu'on fit subir à M. Vidal sur ma lutte avec l'Evêché, tout cela et bien d'autres choses me confirmèrent dans la pensée que l'Evêché n'était pas étranger à cette levée de boucliers d'un autre genre. N'avais-je pas la certitude qu'on travaillait sourdement contre nous dans le confessional ? Pourquoi se serait-on abstenu de nous mettre en désaccord avec l'Université, en profitant des circonstances qui se présentaient ?

De plus, M. Desmichel avait une petite rancune contre nous. Il vint un jour lui-même visiter notre Maison ; un de nos élèves, qu'il interrogea sur une conjugaison grecque, lui prouva naïvement qu'on peut être un excellent professeur d'histoire, un recteur, un ministre même, et n'être qu'un médiocre helléniste ; il eut l'air de ne pas s'en fâcher ;

« J'avais un peu oublié mon grec, me dit-il. Ce n'est là
« qu'une distraction, lui répondis-je ; il faut excuser l'étour-
« derie du jeune homme. Vous êtes d'ailleurs un brillant
« professeur d'histoire. » Il parut nous quitter très satisfait ;
mais j'ai toujours cru que cette méprise lui était restée
comme un poids sur le cœur ; il n'y aurait en effet rien
d'extraordinaire qu'elle eût contribué à envenimer ce
Monsieur — dont la grandeur d'âme n'était pas incontestable :
On va bientôt en juger.

M. Desmichel refusa donc d'approuver le prospectus
avec les trois signatures — cela se passait en effet avant nos
démêlés avec l'abbé Blanc — je lui écrivis alors une lettre
pour justifier le dessein que nous avions conçu et je lui fis
valoir les raisons que je viens d'exposer ci-dessus. Pourquoi n'ai-je pas conservé une copie de cette lettre, comme
je l'ai fait de tant d'autres choses moins importantes ? Je
pourrais aujourd'hui apprécier de sang-froid la valeur des
imputations dont je fus chargé par l'honorable Recteur ;
mais il me semble, en connaissant mes habitudes et mon
caractère, que sans provocation insultante, je n'ai pas dû
dans cette lettre tenir un langage aussi peu respectueux
que celui qu'on m'attribue ; d'ailleurs puisque j'étais coupable
à ses yeux et qu'il se proposait de me faire infliger un
châtiment par le Conseil Académique, la justice exigeait
que je fusse cité comme le fut M. Vidal, afin que chacun
pût se justifier de la faute particulière et personnelle qu'on
lui imputait. Le gros bon sens indiquait cette marche à
suivre ; mais l'Administration Universitaire n'y regarde pas
de si près ; elle était alors tout aussi peu équitable que
l'administration ecclésiastique, elle avait l'habitude des
jugements sommaires et pratiquait aussi les sentences
ex informata conscientia. J'en fis l'épreuve dans cette
circonstance, voici en effet ce qui se passa :

M. Desmichel adressa par la Poste à M. l'abbé Vidal une
lettre par laquelle on lui ordonnait de venir à Aix un tel
jour, pour comparaître devant le Conseil Académique et y
rendre compte d'une affaire qui le concernait.

M. l'abbé Vidal n'ayant pas reçu cette lettre, ne put pas obéir à l'injonction de M. le Recteur. Huit jours après, nouvelle lettre, toujours par la Poste ; mais cette fois avec menace d'interdire la Maison, si M. Vidal ne comparaissait pas. M. Desmichel n'y allait pas de main morte : n'aurait-il pas dû pour que sa menace fût régulière employer par exemple le ministère d'un huissier ou intimer son ordre par une *lettre chargée ?*

M. l'abbé Vidal, armé de la seconde lettre, se rend en toute hâte à la Poste, voit le directeur et lui expose ce qui se passe. On fait immédiatement des recherches et on trouve la première lettre ensevelie sous un tas de papiers, avec lesquels, dans quelques jours, elle serait tombée dans le panier des oubliettes, sans notre réclamation. Or, ce qui était arrivé à la première lettre pouvait arriver à la seconde et nous aurions été fatalement interdits grâce à la négligence d'un employé et à la brutalité d'un Recteur de l'Université, représentant de l'intelligence française à l'Académie d'Aix. M. l'Abbé Vidal ne quitta pas la Poste, bien entendu, sans se faire donner sa première lettre, avec un certificat du directeur, attestant qu'elle avait été égarée et qu'elle n'avait été remise à M. l'abbé Vidal qu'un tel jour.

Muni de toutes ces pièces, il partit pour Aix, où l'attendait le Conseil Académique au grand complet ; Mgr Bernet, archevêque d'Aix, en faisait partie ; il s'agissait d'humilier et de censurer deux prêtres civilement et académiquement. La présence du prélat n'était-elle pas au moins superflue, s'il n'avait pas la pensée de les défendre ? Je propose cette question sans la résoudre (1).

---

(1) L'incident des deux lettres et de la censure *ferendæ contentiæ* devait couvrir de confusion M. le Recteur. Mais on passa l'éponge dessus. C'était une bagatelle.

3°

Interrogatoire subi par l'abbé Vidal

Voici l'interrogatoire textuel, subi par l'abbé Vidal, tel que je l'ai copié moi-même dans le registre des délibérations, que M. le secrétaire de l'Académie a bien voulu mettre à ma disposition (1) :

M. le Président ordonne que M. l'abbé Vidal soit introduit à son tour (il y avait eu une autre affaire) et il lui adresse les questions suivantes :

D. — Avez-vous eu connaissance des corrections faites par M. le Recteur à votre projet de prospectus et reconnaissez-vous avoir fait imprimer et publier le prospectus sans tenir compte de ces corrections ?

R. — Oui.

D. — Avez-vous pris connaissance de la réponse signée Jonjon, adressée à M. le Recteur au sujet de ces corrections ?

R. — J'ai contresigné la bande, sans avoir pris connaissance du contenu de la lettre.

D. — Reconnaissez-vous les corrections indiquées, notamment celles relatives au cabinet de lecture et aux signatures *Vidal, Blanc* et *Jonjon* ?

R. — Oui.

D. — Pourquoi après votre lettre du 19 juillet, avez-vous refusé d'accepter les corrections et avez-vous publié le prospectus, nonobstant les observations faites par M. le Recteur ?

---

(1) J'aurais voulu également avoir au moins une copie de ma fameuse lettre que M. Desmichel a tant incriminée et qui a été la première cause ou le prétexte de sa colère.

M. le secrétaire a eu encore l'obligeance de m'introduire dans une espèce de grenier où se trouvaient entassés pêle et mêle, comme des grains de blé, tous les papiers officiels qui avaient joué un rôle quelconque depuis le commencement du siècle.

Malgré tout le désir légitime que j'avais de me retrouver en possession de l'original de cette lettre néfaste, j'avoue que je n'eus pas le courage de remuer ce fumier, attendu que dans une telle confusion, une puissance surnaturelle seule pouvait jeter un peu de lumière.

A qui et à quoi faut-il attribuer le chaos des vieilles archives de l'Académie d'Aix ? Je n'entreprends pas de résoudre ce problème.

R. — Le Pensionnat étant régi par une Société de trois personnes, il était convenu que l'avis de deux d'entre elles devrait entraîner le consentement de la troisième. J'ai été ainsi forcé d'adhérer à la publication du prospectus.

D. — Reconnaissez-vous que les abbés Blanc et Jonjon n'ont pas qualité pour diriger un Pensionnat et que vous n'auriez pas dû leur permettre d'usurper un titre qui n'appartient qu'à vous seul ?

R. — Je me suis toujours regardé comme seul responsable envers l'Université ; mais je n'ai point cru pour cela qu'il me fût interdit de m'adjoindre des collaborateurs, sous le nom de Directeurs, titre qui n'est point prévu par les règlements universitaires.

D. — Quelles fonctions remplit M. l'abbé Jonjon dans votre établissement ?

R. — Il joint à une partie de la gestion, comme sous-directeur, la charge de divers cours particuliers comme professeur.

D. — Les lettres écrites dans le *Sémaphore* contre Mgr l'Evêque de Marseille, n'étaient-elles pas rédigées et signées par M. Jonjon ?

R. — Oui.

D. — La porte de votre établissement n'a-t-elle pas été refusée par M. Jonjon à M. le contrôleur des Contributions Directes, agissant dans les fonctions qui lui sont attribuées par la loi ?

R. — M. l'abbé Jonjon, dans mon absence, a invité M. le contrôleur à attendre mon retour, ajoutant qu'au reste il lui ouvrirait les salles, s'il insistait.

D. — M. l'inspecteur Dupuy-Montbrun n'a-t-il pas constaté un nombre de lits supérieur au nombre des élèves dont vous auriez fait la déclaration ?

R. — Je l'ignore.

D. — Reconnaissez-vous que les ouvrages périodiques mis entre les mains de vos élèves, sont, ainsi qu'il résulte de la liste remise par M. Jonjon : *le Magasin Pittoresque, le Journal des Enfants, le Musée des Familles, la France littéraire, l'Université Catholique, la Presse, le Voleur, la Revue de l'Enseignement et l'Interprète ?*

R. — Oui.

D. — Pourquoi mettez-vous entre les mains de vos élèves des journaux politiques, et autres feuilles périodiques, telles que le *Voleur,* etc.

R. — Pour les tenir au courant des nouvelles littéraires et scientifiques ; la remise de ces écrits ne leur est faite qu'après qu'ils ont passé sous nos yeux.

Le Conseil Académique,

Ouï M. l'inspecteur chargé du Ministère public en ses conclusions,

En ce qui concerne M. l'abbé Vidal, considérant :

1° Qu'il résulte de l'information que M. Vidal s'est mis en contravention à l'article 104 du décret du 17 mars 1808, et que les circonstances dont cette violation de la loi a été accompagnée, peuvent rendre applicable l'une des dispositions de l'article 66 du décret du 15 novembre 1811.

2° Qu'il est contraire à la bonne direction, aux progrès et à la gravité des études de mettre entre les mains des enfants des journaux politiques et quelques-uns des journaux littéraires compris dans la liste qui a été mise sous les yeux du Conseil.

3° Enfin que M. l'abbé Jonjon a, sans autorisation et sans qualité et malgré les avertissements de M. le Recteur, publié, en son nom et revêtu de sa signature, un prospectus imprimé contrairement aux lois et dans lequel il s'attribue un titre auquel il n'a aucun droit ; que de plus, M. l'abbé Jonjon a, depuis quelque temps, attiré sur lui l'attention sérieuse de l'autorité universitaire par une suite de faits graves auxquels vient se joindre encore sa lettre du 31 juillet 1837 adressée à M. le Recteur.

Est d'avis :

1° Que les exemplaires restants du prospectus dont s'agit, soient envoyés à l'Académie pour être supprimés et qu'il y a lieu de provoquer, contre M. l'abbé Vidal de la part de M. le Ministre de l'instruction publique, grand maître de l'Université, l'application de l'article 66 du décret du 15 novembre 1811, en ce qui concerne la peine de la censure.

2° Que tout journal politique doit être exclu de la bibliothèque ou soit du salon de lecture du Pensionnat Menpenti ; et que, parmi les autres ouvrages périodiques dont la liste est sous les yeux du Conseil, la prudence et le goût commanderaient tout au moins un choix sévère qu'il conviendrait de soumettre, tous les ans, aux autorités universitaires compétentes.

3° Enfin qu'il y a lieu d'inviter M. le Recteur à user contre M. l'abbé Jonjon des pouvoirs qui lui sont conférés par l'article 17 de l'arrêté du 29 juillet 1809 et par l'article 13 de l'arrêté du 9 août 1817 et à signaler immédiatement la conduite de cet employé à M. le Ministre de l'instruction publique.

Aix, le novembre 1837.

4°

Commentaire

Il y a, dans cet interrogatoire et dans le jugement qui le suit, plusieurs iniquités que je vais exposer brièvement :

1° Nous étions deux accusés, jugés et condamnés d'avance comme coupables ; cependant, un seul est cité à comparaître, quoiqu'on n'ignore pas que la plus grande responsabilité pèse sur celui qui n'est pas cité.

2° Quelles sont ces corrections dont nous n'avions tenu aucun compte ? D'après la demande, il semblerait qu'il y en a eu un grand nombre ; pourquoi ne pas les exposer dans l'interrogatoire ? on se contente d'en citer deux ; en les faisant précéder de l'adverbe *Notamment*, ce qui rend notre culpabilité plus grande, aux yeux des membres du Conseil qui n'étaient pas bien au courant de cette affaire, par exemple, Mgr l'Archevêque. Or, nos trois signatures, quoiqu'elles fussent une nouveauté, n'auraient violé les règlements ou les usages universitaires, que dans le cas où elles auraient été placées avant la signature du Recteur. Or, cette signature ayant été supprimée, le prospectus pouvait-être considéré comme un *Mémoire* ou une *Réclame* que nous aurions fait imprimer, en dehors de l'ancien prospectus officiel, revêtu de la signature du Recteur. Notre démarche, quoique un peu hardie, pouvait donc se justifier. Aussi, M. le Recteur, avant de faire tout ce tapage, aurait-il dû consulter le Ministre et le Conseil de l'Université qui, évidemment, lui auraient conseillé de ne pas s'arrêter à une irrégularité, qui était fort excusable, puisqu'elle n'avait pas été expressément écrite dans les règlements. Quant à la seconde correction, excepté pour le journal politique qu'on exclut tout à fait, elle ne nous est imposée que sous une forme conditionnelle : c'est donc, moins une défense formelle, qu'une recommandation qu'on nous fait. Valait-il bien la peine d'assembler le Conseil Académique pour si peu de chose ?

Assurément nous aurions mieux fait de passer à M. Desmichel la fantaisie de nous vexer et de subir sa capricieuse décision ; mais ses torts me paraissaient si évidents et j'étais tellement persuadé que ma lettre le ferait changer d'avis, au lieu de l'exaspérer, que je n'hésitai pas à passer outre ; mes collaborateurs, MM. Blanc et Vidal, partagèrent ma conviction. Le long silence, en effet, de M. le Recteur, après avoir reçu ma lettre, nous parut une sorte d'adhésion ou au moins de tolérance. D'ailleurs, le prospectus ne fut distribué aux parents seulement, qu'après la distribution des prix et vers la fin du mois d'août : quel crime abominable !

> Rien que la mort n'était capable
> D'expier ce forfait.

3° Je n'étais pas présent à cette conférence ; il est certain que le texte de l'interrogatoire a été rédigé après la séance et que par conséquent les réponses de l'abbé Vidal, telles qu'on les rappelle, ne sont pas exactement textuelles ; je sus, en effet, par un membre du Conseil, que mon collègue se troubla et se défendit très mal ; ainsi, pour se justifier personnellement, il a l'air de faire retomber la faute sur ses associés, au lieu de prouver que notre conduite ne méritait ni réprimande ni censure. Quant à ma lettre, pourquoi n'a-t-il pas dit que, puisque j'en étais l'auteur, on aurait dû m'en faire rendre compte à moi-même, au lieu d'avouer qu'il en ignorait le contenu ?

4° La cinquième réponse de l'abbé Vidal, si tel a été son langage, est parfaite sous tous les rapports. Je ne comprends pas pourquoi, parmi tous les membres du conseil, un seul n'a pas pris la parole pour en reconnaître la justesse. Il serait bien difficile, en effet, de trouver dans l'arsenal des décrets, des arrêtés et des ordonnances, publiés jusqu'à ce jour, une seule ligne qui indique qu'un maître de pension ne peut s'adjoindre des collaborateurs sous le nom de directeurs.

5° Dix mois environ s'étaient écoulés depuis que j'avais été réhabilité et que j'avais repris mes fonctions sacerdotales ; M. le Recteur et le Conseil académique n'avaient fait aucune démarche ni directe ni indirecte pour arrêter la lutte et m'empêcher d'écrire ; et c'est lorsque tout est terminé, *à mon avantage et en mon honneur,* que des trois associés je suis le seul autorisé à célébrer le Saint Sacrifice, qu'on ne me condamne qu'à 15 jours de retraite, tandis que mes associés doivent en faire 30 ; c'est après toutes ces circonstances, dis-je, toutes très honorables pour moi, que M. Desmichel, un fonctionnaire civil, se réveille comme d'un profond sommeil, se souvient que j'ai écrit des lettres dans le *Sémaphore* et m'annonce qu'il va signaler ma conduite au ministre ! En vérité, quoique la chose soit sérieuse, il m'est bien permis de rire. C'était tout à fait de la *moutarde après dîner.* J'ajoute, non sans raison, que lorsqu'on se laisse aller à des récriminations aussi puériles, on est à bon droit soupçonné d'être mal inspiré ou par une rancune personnelle ou par une provocation étrangère, c'est-à-dire, dans les deux hypothèses, par une soif de vengeance qui n'est pas encore éteinte ; on sait à quoi je fais allusion. Enfin, puisque les lettres portaient ma signature, pourquoi demander si elles étaient signées par moi ? question puérile et niaise s'il en fut jamais.

6° La réponse à la huitième question prouve que j'avais été calomnié, même par le contrôleur ; il y avait donc évidemment une sorte de conspiration ourdie sous de hautes influences ; tous les employés venaient me jeter la pierre. Après le Recteur, les Inspecteurs, le Conseil académique et le Contrôleur, viendront MM. les professeurs du Lycée : ils n'y manqueront pas.

7° On n'était pas obligé de faire la déclaration des élèves, toutes les fois qu'on en recevait quelques-uns de nouveaux dans le courant de l'année ; il suffisait, ce me semble, de les déclarer une fois. Il paraît que M. Dupuy-Montbrun avait compté les lits clandestinement, puisque M. Vidal, qui devait l'accompagner dans sa visite, ignorait qu'il eut fait ce dénombrement. Est-ce agir loyalement ? Il y avait d'ailleurs dans les dortoirs mon propre lit, ceux des professeurs et des domestiques. Ont-ils été pris pour ceux des élèves ? Mystère !

8° Quoique nous fussions alors sous la férule de l'Université, cependant jamais les inspecteurs ne s'étaient avisés de nous demander quelle sorte de livres de lecture nous mettions entre les mains des élèves ; on se fiait là-dessus à notre prudence et en effet aucun règlement universitaire n'imposait aux instituteurs libres l'obligation de soumettre les livres de lecture à l'examen de ces Messieurs qui n'avaient pas alors le renom d'être des modèles d'orthodoxie.

Le journal politique que j'avais adopté, était la *Presse*, fondé par M. Emile de Girardin, sous les auspices du gouvernement. Il n'était remis aux élèves qu'après avoir passé sous nos yeux et subi par conséquent les coupures exigées. J'avais imité en celà les jésuites ; quel grand crime d'ailleurs y a-t-il que les jeunes gens, qui sont tenus d'apprendre ce qui s'est passé il y a deux ou trois mille ans, sachent les principaux événements politiques contemporains ? Parmi les journaux littéraires périodiques, un seul pouvait attirer l'attention et semblait réclamer des explications : le *Voleur*. Or qu'était-ce que ce journal et pourquoi avait-il adopté ce titre ? C'était un recueil de morceaux de littérature contemporaine, choisis, pris, pillés, *volés*, si l'on veut, dans les autres revues. M. Desmichel et consorts faisaient donc preuve d'ignorance manifeste et montraient le bout de l'oreille, en s'effarouchant d'un titre qui n'avait d'immoral que les six lettres dont il se compose.

O messieurs de l'université, ne déclamez plus contre l'obscurantisme et l'inquisition ! ! !

9° « Oui M. l'inspecteur chargé du ministère public dans ses conclusions » Mais les prévenus ou leurs avocats ont-ils été entendus ? Je ne pense pas que l'on considère les faibles et incomplètes réponses de l'abbé Vidal, comme une réponse à partie double.

10° L'article 104 du décret du 17 mars 1808 est ainsi conçu :

Il ne sera rien imprimé et publié pour annoncer les études, la discipline, les conditions des pensions ni sur les exercices des élèves dans les écoles, sans que les divers prospectus et programmes aient été soumis aux Recteurs et au Conseil des Académies, et sans en avoir obtenu l'approbation.

L'article 66 du décret du 15 novembre 1811 est ainsi conçu :

Tout membre de l'Université qui manquera à la subordination établie par les statuts et règlements et au respect dû aux supérieurs, sera réprimandé, censuré ou suspendu de ses fonctions selon la gravité du cas. A compter du 1ᵉʳ novembre 1812, les chefs d'institution et les maîtres de pension ne pourront avoir de pensionnaires à demeure dans leurs maisons au-dessus de l'âge de 9 ans qu'autant que le nombre des pensionnaires que peut recevoir le lycée ou le collège établi dans la même ville ou dans la résidence du Lycée se trouverait au complet.

11° On trouve en outre dans le décret de 1808 ce qui suit :

Article Premier. — L'enseignement publié dans tout l'empire est confié exclusivement à l'Université.

Art. 2. — Aucune école, aucun établissement quelconque d'instruction ne peut être formé hors de l'Université impériale et sans l'autorisation de son chef.

Art. 78. — Le Conseil jugera les plaintes des supérieurs et les *réclamations des inférieurs*.

Art. 80. — Le Conseil admettra ou rejettera les ouvrages qui auront été ou devront être mis entre les mains des élèves ou placés dans les bibliothèques des lycées et des collèges (il n'est pas question des institutions libres).

Art. 94. — Lorsqu'une réclamation sera faite ou une plainte portée contre un membre de l'Université de la nature de celles qui doivent être jugées par le Conseil de l'Université, elle sera soumise par le recteur à l'examen du Conseil académique qui, sur les conclusions de l'inspecteur chargé du ministère public, jugera si elle est recevable et s'il y a lieu d'instruire. (Cet article ne regarde pas les instituteurs libres).

Art. 97. — S'il est jugé qu'il y a lieu de suivre, le Conseil arrêtera que le mémoire sera communiqué à celui que la réclamation concerne, pour y répondre dans huitaine. (Cette mesure a-t-elle été prise contre nous) ?

Art. 100. — Lorsqu'il y aura lieu de prononcer la réforme ou la radiation, le prévenu sera *nécessairement entendu en personne ou appelé pour l'être*.

Art. 109. — Dans le cas de plainte portée contre un élève, le recteur déléguera l'inspecteur d'Académie, et à son défaut, un membre du Conseil, pour se transporter sur le lieu, faire les informations nécessaires, *entendre l'élève dans ses réponses* et dresser de tout procès-verbal.

Art. 105. — Sur la proposition des recteurs, l'avis des inspecteurs et d'après une information faite par les Conseils académiques, le Grand-Maître, après avoir consulté le Conseil de l'Université, pourra faire fermer les institutions et pensions où il aura été reconnu des abus graves et *des principes contraires à ceux que professe l'Université*.

12° Telle est la législation draconienne que les Français de l'Empire, dont la plupart avaient participé à la révolution de 1789, reçurent des mains de Napoléon Ier ; la

Restauration n'y a rien changé et la Royauté bourgeoise de Louis-Philippe l'a rendue encore plus amère, surtout pour ce qui concerne l'instruction secondaire ; cependant telle qu'elle est, l'application qu'on nous en a faite est arbitraire et despotique. M. Vidal n'avait commis aucun acte formel d'insubordination ; il pouvait croire en effet que le silence de M. le recteur, après avoir reçu ma lettre, était au moins un indice de tolérance, comme déjà je l'ai fait observer, et M. le recteur faisait de l'arbitraire, en ne pas approuvant le prospectus. Si j'avais manqué de respect à M. le recteur, on devait m'appeler, m'entendre, recevoir mes explications ou mes excuses ; et comme ma lettre n'était pas publique, cette affaire aurait pu se terminer dans une conférence privée, si la passion ne s'en était pas mêlée.

13° On lit dans les considérants : « des journaux politiques », pourquoi ce pluriel, lorsqu'il n'y en a qu'un ?

On lit encore : « quelques-uns des journaux littéraires », où sont ces quelques-uns, contraires à la bonne direction, au progrès et à la gravité des études ? ce pluriel est encore une exagération, qui n'est pas ici le mensonge d'un honnête homme, puisqu'il s'agit d'augmenter le châtiment, en aggravant la faute.

Si l'on m'avait cité personnellement, comme j'avais le droit de l'être et que par conséquent on avait le devoir de le faire, il m'eût été facile de prouver que *j'avais qualité* pour placer mon nom au bas d'un prospectus comme directeur auxiliaire de l'administrateur, puisque aucun règlement universitaire ne le défendait formellement ; j'aurais d'ailleurs ajouté que j'en appelais du sentiment de M. le recteur au jugement du Conseil supérieur de l'Université ; j'aurais demandé en quoi notre prospectus était contraire aux lois et enfin j'aurais interpellé M⁺ʳ l'Archevêque d'Aix sur sa tolérance à laisser l'Académie s'immiscer dans les affaires ecclésiastiques et fait ressortir la haute inconvenance d'un tribunal laïque qui s'attribuait sans qualité et sans autorisation le droit d'appeler à lui une affaire jugée et sur laquelle l'autorité compétente elle-même ne pensait pas à revenir, etc.

Enfin tous ces décrets qui n'avaient une valeur que par la volonté personnelle du Souverain, avaient-ils tous encore force de loi et n'étaient-ils pas tombés la plupart en désuétude, comme celui du 1ᵉʳ novembre 1812 ? (1).

14° « Est d'avis. » A la bonne heure ! les messieurs du Conseil Académique ne prononcent pas de jugement formel ; ils se contentent d'émettre leur avis et de faire une invitation.

Or, avons-nous réellement envoyé tous les exemplaires restants de nos prospectus ? je ne m'en souviens pas ; il est très probable que pour la forme et pour empêcher d'aboyer ces chiens hargneux nous leur en avons jeté quelques-uns entre les dents ; mais je sais fort bien que nous n'avons pas cessé d'en distribuer, en effaçant, je crois, les deux noms proscrits, dont un en réalité n'appartenait plus à notre Maison.

A-t-on réellement provoqué de la part du ministre, contre M. Vidal, l'application du décret du 15 novembre 1811, c'est-à-dire, la censure ? je l'ignore complètement, mais ce que je sais c'est que M. Vidal n'a jamais été censuré.

Avons-nous exclu du salon de lecture le journal politique ? Il est probable que nous l'avons fait ; mais nous n'avons

---

(1) Mes contemporains n'ont pas oublié que peu de temps avant l'incident Desmichel, Lacordaire, Montalembert et de Coux s'étaient installés instituteurs primaires en secouant tous les règlements de l'Université. Le procès fut plaidé devant la cour des pairs, dont la plupart avaient la conscience criblée de serments politiques, comme le leur reprocha, dans sa brillante plaidoirie, leur jeune collègue.

Les trois héroïques violateurs furent condamnés, je le sais, par cette Assemblée de parjurés ; mais ils n'en firent pas moins à la néfaste institution de l'Université une brèche, par laquelle a pu passer plus tard la loi de 1850.

Assurément je n'avais pas la sotte prétention de me hisser à la hauteur de ces illustres victimes ; cependant eussé-je peu respecté quelques-uns de ces décrets tyranniques, qu'on s'étonne de voir pris au sérieux par la génération qui se glorifiait d'avoir fait 89, je ne pense pas avoir blessé ma conscience. Je n'avais à craindre en les violant que les rigueurs de la légalité qu'il faut quelquefois savoir affronter, comme l'avaient fait les trois instituteurs improvisés, en pratiquant la maxime peut-être un peu trop absolue de leur chef : *la liberté se prend et ne se donne pas* ; ce qui signifie en d'autres termes qu'une loi évidemment injuste n'oblige pas et qu'on peut la violer licitement, lorsque sans troubler l'ordre public, on se soustrait aux poursuites du pouvoir exécutif, ou qu'on se résigne à subir les suites de sa désobéissance extérieure.

teuu aucun compte de la recommandation conditionnelle concernant les autres journaux et jamais aucun inspecteur, dans les visites ultérieures qui nous ont été faites, ne s'est avisé de nous interroger là-dessus.

Quant à l'invitation faite par le Conseil académique à M. le Recteur d'user contre moi des pouvoirs qui lui étaient conférés par les arrêtés de 1809 et de 1817 (dont j'ignore le contenu) je puis certifier que M. le Recteur n'a pas jugé convenable d'en user : un reste de pudeur l'a retenu.

Quelques semaines après cette honteuse équipée, je suis allé moi-même voir M. Desmichel et je lui ai demandé raison des iniquités qui avaient été commises à son instigation — la conférence fut chaude et ardente ; c'est à peu près tout ce dont je me souviens. Ma réponse à une de ses insultes a seule survécu à l'oubli. Comme je me plaignais des tracasseries de M. Dupuy-Montbrun, dont la piété peu éclairée et l'esprit étroit étaient pour les instituteurs de cette époque un sujet fréquent de mécontentement, il osa me dire : « Ce monsieur est plus prêtre que vous ». « Ceux qui sont, lui répliquai-je, plus papistes que le Pape et plus royalistes que le roi, sont des extravagants ». J'aurais dû ajouter : « Il paraît, Monsieur, que vous n'avez pas encore digéré la fameuse conjugaison grecque ; vous ne l'avez pas même avalée ; elle vous suffoque ; les gutturales et les dentales ont peine à passer par le canal étroit de votre gorge ; voilà le crime qui a effacé à vos yeux mon caractère sacerdotal. »

5°

Dénoûment comique

Finissons ce triste incident, qui de tragique va devenir comique, comme beaucoup de choses de ce monde. Nous étions alors en 1837, les années s'écoulant, j'étais en 1849 à Bras, près St-Maximin, précepteur des fils de M. le marquis de Jessé, gendre de M. de Surian ; un propriétaire de Brignoles, M. de la Salle, ancien noble, très riche en fortune, mais fort dépourvu de formes élégantes et de paroles mielleuses, venait souvent visiter M. de Surian, son ami ; c'était un royaliste ou carliste enragé ; le nom seul de philippiste, de bonapartiste et surtout de libéral le mettait en fureur ; il épuisait contre ceux qui ne partageaient pas son opinion politique tout le vocabulaire des gros mots, C. B., coquin, voleur, etc., mais il n'en était pas moins d'ailleurs un excellent homme, d'une probité inviolable et d'une franchise qui faisaient rechercher sa société même de ceux qu'il ne ménageait pas dans ses violentes sorties ; il y avait, j'ose le dire, même dans ses excentricités et ses formes champêtres, qu'il poussait quelquefois jusqu'à l'oubli total de sa toilette, un je ne sais quoi qui le rendait aimable. Or, un jour d'été il m'invita à aller passer la journée chez lui, avec mes élèves, à sa maison de campagne, située entre Brignoles et le Val : « De bon matin, me dit-il, nous grimperons sur la colline ombragée et verdoyante qui domine la vallée, au haut de laquelle se trouve une chapelle desservie par un ermite : nous y entendrons la messe que vous célèbrerez et, à l'ombre des arbres qui enveloppent le lieu saint, nous déjeunerons gaîment des provisions que mon valet apportera sur un âne ; quant à ces belles dames et demoiselles, Surian les conduira dans sa voiture le soir, vers 4 heures, à ma villa, où un excellent dîner sera préparé pour tout le monde. » Comment refuser une invitation aussi gracieuse et aussi attrayante ?

Nous applaudîmes tous à ce projet qui nous promettait une délicieuse distraction, malgré la fatigue qui devait en être l'accessoire obligé. Tout se passa comme il l'avait annoncé. La montée jusqu'à l'ermitage était raide, et, même à 5 heures du matin au mois de juillet ce n'est pas sans suer qu'on fait des ascensions, quelques médiocres qu'elles soient. Mais j'avais alors plus de trente ans de moins et je tenais tête facilement à mon monsieur, qui malgré son grand âge, grimpait comme un chevreuil avec des souliers ferrés. Aprés la messe, nous fûmes régalés d'un bon et copieux déjeuner, auquel rien ne manqua, pas même le Bordeaux et le Champagne de la localité, qui valaient beaucoup mieux que ceux qu'on baptise de ces noms chez nos liquoristes. Mes trois élèves étaient ravis de se voir en face d'un vieillard qui, par l'enjouement de son caractère, se rapprochait d'eux et leur donnait l'exemple de l'appétit, de la joie et de la plaisanterie. Après le déjeuner, qui dura plus d'une heure, nous fîmes des excursions à travers les bois, d'où notre vue plongeait sur toute la vallée ; enfin nous nous couchâmes sur l'herbe à l'ombre des arbres touffus qui nous dominaient et nous prîmes côte à côte un peu de repos dans ce dortoir champêtre.

A trois heures nous descendîmes rapidement malgré la chaleur, que tempérait une légère brise et nous nous trouvâmes bientôt en face de la maison de campagne, devant laquelle nous distinguâmes facilement M. de Surian et ses dames, qui causaient avec un monsieur dont je ne pouvais distinguer de loin les traits. « C'est un de mes voisins, me dit notre hôte, que j'ai invité à dîner. » Cependant nous ne tardâmes pas d'arriver. Jugez de ma surprise lorsque après dix ou douze ans je me trouvai en face de M. Desmichel et de la surprise de M. Desmichel, lorsqu'il se trouva en face de moi ! Nous fîmes pourtant bonne contenance l'un et l'autre ; comme c'était son droit et son devoir, il rompit le premier la glace, s'avança de moi et me tendit la main, en prononçant quelques paroles obligeantes. J'acceptai en souriant ses démonstrations, et je le payai de cette monnaie, qui, quoique fausse, a toujours cours dans la haute société ; nous nous mettons à table et nous faisons honneur au succulent et pompeux dîner de notre amphitryon, qui mangeait avec un appétit édifiant, sans cesser d'égayer les convives de ses plaisanteries naïves et surtout de ses critiques acérées de ceux qu'il appelait les *bleus*, parmi lesquels il désignait ostensiblement M. Desmichel.

Celui-ci avait renoncé, il y avait quelques années, aux fonctions de Recteur, et était venu prendre possession d'une grande fortune que son frère lui avait laissée au Val. Comme voisin, il était habitué au langage excentrique de notre hôte et ne s'en formalisait pas trop, lorsqu'ils étaient seuls ; mais la morgue universitaire de l'ex-Recteur devait souffrir d'entendre, en présence de toute la famille de Surian de laquelle je faisais partie, que tous les *Bleus* n'étaient que des J. F., des C. et des B., et de ne pas se dissimuler que tous ces propos, quoique tenus en plaisantant, s'adressaient en grande partie à lui-même ; or, ce qu'il y avait de curieux, c'est que l'*ignorant* avait une faconde ravissante, et que le *savant*, chargé de palmes scientifiques et littéraires, ne répondait que par des phrases insignifiantes et des sourires forcés.

Après le dîner, il fallut jouer à la Boule et le hasard voulut que j'eusse M. Desmichel parmi mes adversaires. Fut-il vainqueur ou vaincu ? je ne m'en souviens plus. Quoi qu'il en soit, nous nous quittâmes bons amis, enchantés tous les deux d'avoir renouvelé connaissance, mais en donnant chacun à notre sens intime un vaste champ aux réflexions sur les vicissitudes des choses de ce monde.

Au moment où je trace ces lignes, en 1878, M. Desmichel n'est plus de ce monde, ainsi que notre amphitryon ; et de tous les convives, quelques-uns seulement ont survécu, parmi lesquels deux de mes élèves et moi-même.

Aujourd'hui en 1878, nous avons la liberté de l'enseignement, sinon absolue, au moins suffisante, pour respirer plus à l'aise ; par conséquent ce qui fut jugé en 1837, comme un acte de rebellion ou d'insubordination, est actuellement conforme à la loi : on peut publier des prospectus sans l'approbation préalable du Recteur, mettre entre les mains des élèves tous les livres qui ne sont pas formellement interdits et s'adjoindre pour collaborateurs tout individu qui n'est pas judiciairement repoussé de l'enseignement ; la rétribution universitaire est supprimée, tout maître de pension secondaire est chef d'institution et a la faculté de présenter des bacheliers ; enfin toutes les affaires litigieuses se traitent *contradictoirement*.

> Le temps qui change tout, change aussi nos humeurs,
> Je pourrais ajouter : et nos lois et nos mœurs.

6°

Burnouf et ma Grammaire grecque

Ce fut, je crois, après l'odieuse et ridicule querelle suscitée contre nous par l'Académie d'Aix, qu'un grand dignitaire de l'Université, le célèbre Burnouf, nous intenta un procès pour soutenir, disait-il, les droits de son libraire-éditeur, le non moins fameux Delalain. Ces deux personnages, qui jouissaient alors d'un grand crédit, chacun dans sa classe, me demandaient la bagatelle de 10.000 fr. de dommages-intérêts, comme coupable de contrefaçon, pour avoir fait imprimer une petite grammaire grecque, ayant pour titre : *Abrégé de la grammaire grecque de Burnouf*.

Croyant en effet naïvement que les éléments d'une langue ne sont la propriété particulière de personne, je n'avais pas hésité à transcrire dans mon opuscule les déclinaisons et les conjugaisons, telles qu'elles étaient dans Burnouf, en les dégageant toutefois de ce fatras d'exceptions et d'observations qui font de cette grammaire lourde et indigeste autant que fautive un épouvantail pour les élèves. Aussi j'aurais pu me dispenser de me couvrir en quelque sorte du manteau de Burnouf, or, ce que j'avais fait par pure modestie, fut à ses yeux une usurpation criminelle, qui était de nature à porter un grave dommage à son éditeur. J'étais donc, sans m'en douter, *un foudre de guerre*. Ce nouvel orage ne se passa pas sur nos têtes sans quelque ondée d'ennui et de sollicitude. 10.000 fr., peste ! on les aurait trouvés difficilement dans notre caisse.

M. Rolland, dont j'ai déjà parlé dans la première partie

de cette histoire, était un de nos avocats les plus en vogue de ce temps-là ; il avait surtout le talent, à la simple lecture d'un dossier, tout en fumant sa pipe, de s'assimiler les questions les plus difficiles et de les plaider avec un entrain qui étonnait même ses clients.

Mais cette fois il comprit qu'il fallait se pourvoir ailleurs que dans son intelligence prime-sautière ; il se rendit donc à la bibliothèque de la ville, demanda toutes les grammaires grecques qui avaient paru depuis la Renaissance et y prit de nombreuses notes, pour prouver que Burnouf lui-même n'était qu'un plagiaire et qu'il m'accusait précisément d'un délit dont il était coupable le premier.

Cette plaidoirie aussi savante qu'humouristique, produisit un effet prodigieux devant des juges aussi peu hellénistes que l'avocat et qui furent ébahis d'entendre pour la première fois des noms de grammairiens plus ou moins obscurs qu'on venait d'exhumer de la poussière, après des siècles.

Le résultat fut que Burnouf et son compère furent déboutés de la plainte et que je fus reconnu comme véritable auteur de mon livre. Mais on leur accorda néanmoins une fiche de consolation : je fus condamné à cent francs d'amende pour avoir inséré le nom de Burnouf, que je dus supprimer en le couvrant d'un papier blanc.

Voici maintenant quelques détails sur la cause de ce procès bizarre :

L'Université, telle qu'elle existe encore depuis le commencement du siècle, est un immense atelier, dans lequel on frabrique incessamment des livres classiques, prétendus élémentaires, sur tout ce qui fait partie des études obligatoires. Chaque professeur plus ou moins normalien, se croit obligé de modifier les livres approuvés, de les enrichir de notes et explications et par conséquent d'agrandir le format déjà volumineux de ces ouvrages dont l'auteur primitif disparait, pour faire place au nouvel éditeur. Pour s'en convaincre, on n'a qu'à lire les nombreux prospectus qui inondent toutes les librairies des départements.

On conçoit aisément que ces amplifications, en apparences inoffensives, dont l'auteur ne vise qu'au renom d'érudit, ne sont pas toujours à la portée de l'intelligence de l'élève et nuisent au progrès des études, au lieu de les faciliter. La clarté, en effet, et la brièveté, c'est reconnu comme axiomes, sont les qualités essentielles des préceptes. Aussi ai-je toujours eu une haine d'abomination pour ces sortes de livres et me suis-je imposé la tâche d'en faire des résumés, que les élèves étudiaient sans effort tout en les copiant ; j'ai même eu la fantaisie d'en livrer quelques-uns à l'impression, entre autres, la grammaire grecque dont il est ici question ; les derniers exemplaires m'ont été enlevés naguère par un professeur peu délicat ; je regrette fort peu cette perte, parce que j'en avais fait en 1853 une nouvelle édition dans laquelle j'ai rajeuni mon premier essai et j'y ai introduit, sans renoncer au plan primitif, toutes les améliorations que l'expérience m'a suggérées. Mais je me suis bien gardé cette fois de faire mention de feu Burnouf, dont la grammaire d'ailleurs vient de subir des critiques justement méritées.

Que n'aurais-je pas à dire ou plutôt que n'ai-je pas écrit sur ces énormes dictionnaires, qui, sous le prétexte d'aplanir les voies et d'élucider les textes, dispensent les élèves de la réflexion, favorisent leur paresse et leur donnent quelquefois des traductions qui s'écartent du vrai sens de l'auteur. Mais l'*Enseignement publié dans tout l'Empire est confié exclusivement à l'Université*, tel est le texte de l'article premier du décret de 1808, qui peut signifier que nul en France n'a le droit de penser, de réfléchir et de raisonner sainement, s'il n'est pas membre, à un titre quelconque, de l'Université.

CHAPITRE III

Année Classique 1837-1838

1°
Tableau de notre Maison

L'année classique 1837-1838 commence sous les plus heureux auspices ; rien de plus brillant en apparence : nous avons cent élèves dont un seulement externe et un autre demi-pensionnaire ; quatre-vingt-dix-huit pensionnaires, après deux années environ de persécution, d'injures et de calomnies de la part de l'autorité la plus respectable et la plus respectée à Marseille, c'était un succès vraiment inespéré ; jamais aucune institution libre, avant nous, n'avait eu un si grand nombre d'élèves internes, et après nous je n'en ai pas encore vu une seule qui ait atteint ce degré de prospérité.

L'administration, sous tous les rapports, était concentrée presque tout entière sur ma tête, malgré ma faible santé ; mais au début aidé d'un assez bon personnel de professeurs et de domestiques, je pouvais suffire à tout : la confiance sans bornes que j'avais acquise me donnait une influence prodigieuse sur tous les élèves et les employés ; de telle sorte que ma présence seule dans la Maison la faisait marcher sans efforts sur ses quatres roues. Le premier semestre surtout fut encore une des époques les plus consolantes de ma carrière de l'enseignement, malgré les vexations de l'Académie et d'autres incidents. On pourrait consulter sur l'exactitude de mon récit ceux qui m'ont vu à l'œuvre : personne ne me démentira.

Cependant, en examinant de près notre situation, il était facile de prévoir qu'après être arrivé au sommet, nous ne monterions plus et que nous allions être obligés de descendre plus ou moins rapidement pour des causes qui n'étaient pas toutes latentes, et dont j'ai donné plus haut un simple aperçu.

2º

Causes de notre Ruine

D'abord l'état de nos finances était déplorable : la mauvaise gestion, pour ne rien dire de plus, de M. Blanc avec la coopération de son ami Laurens nous avait jetés dans de tels embarras, qu'il nous aurait fallu, pour nous en tirer, être exempts de toute autre cause de ruine. Notre passif était d'environ 40.000 fr. ; pour nous donner une sorte de vie factice et retarder notre chute, nous reconnûmes la dette de la plupart de nos fournisseurs par des billets à ordre, qu'ils eurent la faculté de négocier ; mais comme à l'échéance nous ne pouvions pas les payer, il fallait les renouveler à gros intérêts ; ce qui arrivait à peu près tous les trois mois : ainsi toutes nos recettes étaient consacrées aux dépenses ordinaires de notre Maison et aux intérêts de la dette ; en vérité elle n'augmentait pas, grâce à mon travail, à mes économies et à la coopération honnête et active d'un employé, nommé Martin, qui me secondait avec un zèle, dont j'ai toujours été reconnaissant jusqu'à sa mort et après lui, j'en ai tenu compte à sa famille.

Mais M. l'abbé Blanc, qui nous avait grandement nui, lorsqu'il était notre associé, nous fit peut-être encore plus de mal, lorsqu'il fut séparé de nous : peu de gens savaient le véritable motif de notre scission ; s'il avait quitté Marseille, on l'aurait attribué probablement aux exigences de l'Evêché ; mais en le voyant établi à la plaine Saint-Michel, prêt à nous faire de la concurrence, il fallut bien trouver une autre raison pour s'expliquer une séparation à laquelle personne ne s'attendait ; il était sans doute de l'honneur de M. Blanc qu'on ignorât tout ce qui s'était passé entre nous et nous devions par charité garder sur ce point un profond silence ; mais d'un autre côté, la délicatesse et la justice imposaient à M. Blanc l'obligation rigoureuse de se taire sur nos embarras financiers, dont il était la principale cause : or, cette obligation fut violée par lui, avec une rare impudence : « Que vouliez-vous que je fisse, disait-il à ceux qui l'interrogeaient sur son départ, dans une maison qui est endettée et qui finira par succomber ? je me suis empressé de retirer mon épingle du jeu. » Or, être endetté et ne pas pouvoir payer, c'est un crime inexpiable et une tache ineffaçable dans une ville commerçante, qui pèse toutes choses au poids de l'or et aux yeux de laquelle *quiconque est riche, est tout* : « Eh ! se dit-on, ils sont endettés, ils tomberont, ils vont tomber, ils sont tombés. » C'était un préjugé et une véritable erreur ; car malgré nos dettes actuelles, nous ne serions pas tombés, si le nombre de nos élèves eût été seulement stationnaire et n'eût pas diminué à chaque trimestre, comme cela arriva malheureusement dans le courant de cette année et surtout pendant l'année suivante.

Mais le discrédit ne tomba pas sur nous seulement à cause de la publicité de notre gêne ; l'inconduite notoire de M. Blanc fut, j'ose le dire, le dissolvant le plus actif de notre prospérité ; personne n'ignorait les graves accusations qu'on avait répandues sur son compte ; mais beaucoup de gens n'y croyaient pas : l'Evêché y avait mis tant de passion, qu'on ne pouvait se décider à ajouter foi aux imputations dont on avait cherché à souiller la réputation d'un prêtre qui comptait parmi ses parents et ses amis tant de personnes honorables. Mais lorsque ce malheureux, cédant à un entraînement coupable, eut enfin levé le masque, en quittant le sol de la France en compagnie de la demoiselle qui l'aimait et qu'il aimait depuis longtemps, le voile fut déchiré ; plusieurs pères de famille, qui me connaissaient de près, me témoignèrent beaucoup de sympathie et m'honorèrent toujours de leur confiance ; mais la plupart qui ne me connaissaient que de réputation et n'avaient avec moi que des relations récentes, se dirent naturellement : « M. Blanc est vraiment un prêtre dissolu ; mais ceux qui « se sont associés avec lui, ne valent pas mieux que lui : « *Dis-moi qui tu hantes, et je dirai qui tu es* ; nous voyons « bien maintenant que l'Evêché avait raison de prendre « contre cette Maison des mesures rigoureuses. » Tels sont les raisonnements qu'on devait faire, qu'on fit en effet, et que j'aurais fait moi-même si j'avais été à la place de ces pères de famille. Aussi, je n'hésite pas à redire ce que j'ai déjà dit : Ce scandale public fut pour nous un ver rongeur qui, s'attaquant au fondement de la Maison, devait tôt ou tard la faire crouler, non seulement à cause du discrédit dont il fut la cause, mais aussi, il faut bien le dire, pour le mauvais exemple donné aux élèves des hautes classes ; ainsi j'eus à leur reprocher dans le courant de cette année, qui aurait pu être si glorieuse pour nous, des actes d'insubordination, à peu près inconnus ou fort rares pendant les deux premières années ; ce qui contribua aussi à ce dérèglement, ce fut l'arrivée de nouveaux élèves, qui introduisirent dans la Maison certaines allures qu'ils avaient apportées des autres collèges et à cause desquelles je fus obligé souvent d'adopter des mesures sévères pour maintenir la discipline.

La troisième cause de notre ruine fut l'hostilité persévérante de l'Evêché qui, quoique cachée et précisément à cause de cela, n'en était que plus nuisible, ainsi tel et tel confesseur continuaient de travailler les consciences des pères et surtout des mères de famille.

Un élève qui m'était très dévoué et qui me faisait confidence de ses plus secrètes pensées, me fut enlevé à Pâques, parce que sa mère voulait l'envoyer à Fribourg, chez les jésuites ; or, les parents n'avaient qu'une fortune médiocre et n'étaient que de simples marchands ; le père qui n'approuvait pas ce changement, vint me faire part en pleurant de la volonté de sa femme, à laquelle il fallait céder pour avoir la paix dans le ménage. Ce jeune homme prit à Fribourg des airs de grand seigneur, qui ont empoisonné son existence et l'ont conduit de bonne heure au tombeau. Il en a toujours voulu à sa mère d'avoir ainsi compromis son avenir, en le jetant dans un milieu étranger à sa condition et à sa fortune. Il n'a jamais pu passer bachelier ; d'autre part, il ne pouvait pas se plier aux occupations mercantiles, pour lesquelles il n'avait pas été élevé ; il a donc traîné une existence orageuse, se consumant à des rêves qu'il ne pouvait réaliser, mais ne cessant jamais d'avoir en moi une confiance qui m'étonnait, puisque le père et la mère avaient cessé d'avoir des relations avec moi. Cependant, on finit par comprendre qu'on avait commis une grande faute et on l'a réparée autant qu'il a été possible de le faire en me comblant de toutes sortes d'égards et en resserrant les liens d'amitié par des procédés qui sont encore une des plus douces consolations de ma vie, au moment où je trace ces lignes.

L'Evêché nous était donc toujours hostile ; c'est incontestable : il m'avait autorisé à célébrer le Saint-Sacrifice de la messe ; l'année suivante, un de mes élèves, étant tombé dangereusement malade, voulut absolument me faire sa confession et recevoir, de ma main, les derniers Sacrements ; Mgr de Mazenod m'accorda, pour cela, tous les pouvoirs nécessaires (1). On n'avait d'autre reproche à faire à mes associés que d'être mes complices ; et puisqu'on m'avait pardonné ce qu'on appelait ma révolte, pourquoi ne pas la leur pardonner à eux-mêmes, beaucoup moins coupables que moi sous ce rapport ? mais on avait dit et écrit, tant de fois, que Menpenti était une maison de perdition, qu'il fallait le soutenir encore, sinon expressément, comme on l'avait fait pendant deux ans, mais au moins par des actes qui ne pouvaient signifier autre chose. Ainsi, sur trois prêtres, un seul pouvait exercer ses fonctions sacerdotales ;

---

(1) On en trouvera la preuve dans l'Appendice n° 5.

donc, devait-on conclure, les deux autres sont de mauvais prêtres, indignes de la confiance des familles. On eut encore plus de raison de tirer cette conclusion, lorsque M. Blanc prouva lui-même qu'il était, en réalité, un prêtre impur et autorisa les pères de famille à concevoir la même opinion de M. Vidal.

J'ai déjà dit que nous avions une chapelle, c'est-à-dire une salle destinée aux exercices religieux ; nous étions obligés, le dimanche, d'aller au Rouet, et pendant la semaine je disais la messe au Couvent des Carmélites, situé au cours Gouffé ; plus tard, lorsque les Carmélites quittèrent le quartier, l'excellent M. Gallician me permit de célébrer dans la chapelle du Saint-Sacrement, dont il était aumônier ; à cause de mes occupations, ce va-et-vient me contrariait. Je me permis donc de demander, à Mgr l'Evêque, l'autorisation de bénir notre chapelle, afin de pouvoir y célébrer la sainte messe, ce qui devait être, pour moi et mes élèves, une très grande consolation.

La réponse de Monseigneur, rédigée par M. Jeancard, qui était alors plus que jamais l'âme de l'Evêché, depuis que Mgr d'Icosie était devenu définitivement Evêque de Marseille, cette réponse, dis-je, quoique très flatteuse pour moi personnellement, prouve évidemment la vérité de ce que je viens de dire : on voulait bien ne plus nous faire de l'opposition ostensiblement ; mais on ne consentait pas à nous accorder la moindre faveur, qui pût faire croire que l'Evêché nous avait pardonné.

Cependant Monseigneur déclare que *si j'avais été seul directeur à Menpenti, l'autorisation que je demandais ne souffrirait aucune difficulté.* Je n'étais donc pas un bien mauvais prêtre, lorsqu'on me chassait ignominieusement du Petit Séminaire ; je pouvais encore conclure que si je n'avais pas eu pour associés les deux prêtres qu'on avait laissés parfaitement tranquilles au Séminaire après mon expulsion, l'Evêché n'aurait pas dû signaler aux fidèles notre entreprise comme une révolte. Ainsi l'abbé Jeancard, malgré ses finesses, se prenait dans ses propres filets ; et sans l'ombre d'un doute, il montrait fort peu d'habileté, en revenant toujours sur un interdit, qui, s'il était réel, prouvait, comme cent fois je l'ai insinué, la légèreté avec laquelle on traitait à l'Evêché les choses les plus sérieuses. (1)

La quatrième cause de nos difficultés et de nos embarras fut l'opposition que s'était proposé de nous faire l'Académie d'Aix, soit de son propre chef, soit comme auxiliaire de l'Evêché ; cette opposition éclata, comme je viens de l'exposer, au commencement de l'année classique. Après l'affaire du prospectus, qui fut en réalité plus bruyante que nuisible, nous eûmes à subir bien des actes d'hostilité, beaucoup plus nuisibles que bruyants.

Ainsi on nous reprochait constamment, entre autres griefs, de ne pas donner la liste exacte de nos élèves. On avait en effet quelques raisons de nous soupçonner ; ce règlement par lequel nous devions une rétribution pour chaque élève de latin et de grec, était si évidemment injuste, que personne ne se faisait un scrupule de le violer. On le savait, mais généralement on fermait les yeux, à moins que la violation ne fût manifeste. Mais pour ce qui nous concernait, c'était autre affaire ; les inspecteurs avaient ordre de se livrer à une enquête sévère et aux investigations les plus minutieuses ; on ne se contentait pas de compter les lits ; un jour un inspecteur sans se faire annoncer et sans attendre d'être introduit, entra brusquement dans la salle où tous les élèves étaient réunis pour un examen public, vint s'asseoir à mon côté et s'empara de la liste qui se trouvait sur la table. C'était pourtant un homme fort doux, habituellement poli ; mais si l'habit ne fait pas le moine, la profession fait souvent le caractère et impose les procédés ; il résulta de cette inquisition violente et de ce coup de main que, comme nous avions été surpris en flagrant délit d'infidélité, nous fûmes à partir de ce moment taxés d'office, sauf à payer la rétribution pour des élèves que nous n'avions pas.

---

(1) Voir l'appendice n° 5.

Ce n'est pas tout : nous n'étions que simples maîtres de pension ; en vertu de la loi nous n'avions pas la faculté de présenter des élèves pour le baccalauréat ; mais nous usions d'une ruse, pratiquée généralement, pour éluder cette disposition de la loi, qui était au moins aussi inique que la première ; le père de l'élève certifiait que son fils avait été instruit chez lui sous ses yeux, ce qui a toujours été permis. L'Université savait qu'on usait de cet expédient en général et ne pouvait même pas en douter en particulier ; mais il était à peu près inouï qu'on poursuivit les maîtres de pension qui employaient ce moyen et qu'on refusât leurs élèves qui se présentaient aux épreuves munis d'un certificat du père de famille.

Dans ce temps-là les Facultés des lettres et des sciences n'existaient pas encore ; c'étaient les professeurs des lycées qui faisaient subir eux-mêmes les examens. Les instituteurs libres pouvaient-ils toujours compter sur le désintéressement et l'indépendance de tels juges ?... Mais c'était la loi, il fallait la subir. Or, lorsqu'un de nos élèves comparaissait devant ces messieurs, je ne sais comment ils devinaient d'où sortait cette provenance ; mais furtivement, et en plaçant la main sur la bouche de manière à ne pas être entendus des élèves, ils se faisaient passer ce mot sinistre : Menpenti ! Menpenti ! c'est-à-dire, attention ! attention ! Je tiens ce fait de la bouche même d'un professeur de l'Université.

Enfin la dernière et cinquième cause qui, unie à toutes les autres et les complétant, acheva de nous détruire et nous porta pour ainsi dire le coup de grâce, surtout pendant l'année classique 1838-39, ce fut l'acharnement que mirent nos propriétaires à nous vexer, à nous humilier et à jeter sur nous la déconsidération ; voici quelques détails à ce sujet :

J'ai déjà dit que nous avions fait un bail très onéreux, grâce à la présomption de M. Blanc, qui se faisait passer pour un homme très entendu dans les affaires : nous croyions ne traiter qu'avec un seul homme, appelé Chanteduc ; or, cet homme n'était qu'un agent, un prête-nom d'une compagnie qui avait acheté tous les terrains environnants et commençait à faire bâtir des maisons, lorsque nous arrivâmes pour fonder notre établissement.

Au commencement de la quatrième année, la Société fut dissoute et chaque membre eut une portion des terrains achetés ; les murs qui faisaient de notre établissement un enclos, furent démolis en plusieurs endroits ; on nous enleva une grande partie de notre cour et les principales allées furent coupées, pour y tracer des rues ou des boulevards. Nous eûmes beau protester contre ce que nous appelions des empiètements et des usurpations ; on ne nous écoutait pas. Nous avions loué une maison de campagne, pour un pensionnat ; ce qui supposait que nous devions être fermés ; c'était donc nous porter un grave préjudice que de nous exposer à la vue de tous les passants et de donner à nos élèves la facilité de tromper notre surveillance, surtout le soir ; nous prétendions aussi que nous avions toujours eu la jouissance des allées et nous ne comprenions pas pourquoi ces messieurs nous en enlevaient les trois quarts. On nous répondait : « Lisez la convention ; il « est écrit : *Vous aurez la jouissance des allées qui existe-* « *ront*. Nous nous sommes donc réservé la faculté de vous « en enlever, lorsque nous le jugerons convenable. » Et M. Blanc, qui était si fin ou qui croyait l'être, n'avait pas vu que ces deux mots *qui existeront* renfermaient un piège. Quoi qu'il en soit, c'était pour nous une question de vie ou de mort. Notre établissement ainsi restreint et tout ouvert n'était plus qu'une maison placée sur une grande route ; nous nous décidâmes donc à plaider ; un membre du tribunal fut envoyé sur les lieux, pour les examiner et faire son rapport. Or, nos adversaires étaient des hommes riches, très influents et appartenant presque tous à la maison de M. Wilfiran Puget, Président de la Chambre de Commerce. Nous fûmes déboutés de nos plaintes, condamnés aux dépens et nos adversaires n'en furent que plus taquins à notre égard. Puis-je croire que l'Evêché ait été complètement étranger à ces vexations iniques ? Si je me trompe, je ne pense pas que mon erreur soit grossière. Ces propriétaires étaient, en effet, des hommes polis, de mœurs douces et dans une position très aisée. Quel intérêt pouvaient-ils donc avoir à nous pousser dans l'abîme, au lieu de nous tendre la main pour nous empêcher d'y tomber ? Ce n'est pas moi qui ne verrai pas dans cette levée de boucliers la main du haineux Jeancard. Mais cette hypothèse, bien qu'elle ne soit pas hasardée, ne justifie pas ces gens de comptoir et de *bourse,* qui portèrent leurs prétentions iniques jusqu'à la cruauté.

J'ai dû me livrer à toutes ces considérations générales, que je me propose de développer plus tard, si Dieu prolonge mon existence, afin de donner une idée des souffrances morales que j'ai dû endurer et me justifier en quelque sorte des duretés de langage que j'ai employées dans mes lettres aux magistrats de cette époque.

3º

Incidents L....d et A....d

J'ai dit ci-dessus que j'étais heureusement secondé par des collaborateurs aussi intelligents que capables. Cependant dès le premier trimestre, je fus forcé de congédier un professeur de grec, appelé L....., qui, en expliquant Homère, le traduisait d'une manière indécente et dont la conduite de plus ne me paraissait pas régulière ; c'est celui qui, en quittant notre maison, offrit son concours à M. l'abbé Blanc et fut son représentant aux yeux de l'Université, parce qu'il était bachelier ; c'est le même qui vint chez moi plus tard pour encaisser le billet de notre ancien collègue.

Lorsqu'il ne s'agissait pas de Menpenti, l'Académie d'Aix avait des yeux de taupes.

Au départ de ce professeur, je faillis perdre un élève appartenant à une famille de Montpellier. Comme ce professeur, quoique de mœurs fort légères, était assez instruit et qu'il plaisait aux élèves par ses manières affables, je me doutais bien que la mesure que je pris ferait sensation ; mais il y a des choses qu'on ne peut pas dire publiquement. Je surveillais donc attentivement les élèves que je soupçonnais d'être mécontents, surtout les étrangers et les nouveaux. En vertu du règlement de la Maison, j'avais le droit de décacheter toutes les lettres des élèves ; je ne l'avais jamais exercé ; mais dans cette circonstance, j'ai cru devoir le faire. Le jeune homme en question, en effet, écrivait à sa mère que la Maison marchait mal, parce que je congédiais *les meilleurs professeurs*, etc. Je fis venir ce jeune élève dans mon cabinet et j'entrai au sujet du professeur dans tous les détails auxquels je ne pouvais donner de la publicité. Cela fait, je lui rendis sa lettre en lui disant qu'après mes explications, je l'autorisais à écrire à ses parents ce qu'il voudrait. Il fut très touché de mon procédé, me demanda pardon, je l'embrassai de bon cœur et tout fut fini. Je me chargeai moi-même de la classe de ce professeur, qui fut bientôt oublié.

Autre incident :

Un de nos professeurs internes, nommé A..., était parent d'une famille qui nous honorait de sa confiance. Il était suffisamment instruit et de bonnes mœurs ; mais il avait le commandement beaucoup trop impérieux et poussait quelquefois un peu loin la sévérité ; aussi on ne l'aimait pas ; mais on le supportait, pour ne pas me chagriner.

Un jour (c'était, je crois, un dimanche au soir), j'avais reçu la visite de M. l'abbé Carentène qui avait été au Petit Séminaire mon professeur de quatrième et ensuite supérieur de cette Maison, depuis que l'Evêché ayant dissous la Congrégation du Sacré-Cœur, administrait pour son compte le Petit Séminaire — mais il était alors en disgrâce.

Pendant que nous causions, j'entendis un bruit de voix

et de cris sous mon cabinet, où se trouvait la grande salle d'étude. Je compris que quelque désordre avait lieu, mais, comme mon visiteur n'en fut pas troublé, je fis semblant de n'avoir rien entendu, d'autant plus que ce bruit fut suivi du silence le plus profond. Quelques minutes après, M. A... monta chez moi et demanda à me parler. Je le priai de m'attendre dans la cour. Lorsque M. Carentène eut pris congé de moi, le professeur me raconta qu'à la suite d'une altercation qu'il avait eue avec un élève, il l'avait traîné par les cheveux avec tant de violence, qu'une poignée lui en était restée à la main. « Je sens, me dit-il, qu'après une « telle scène, je ne puis plus rester. » C'est vrai, lui dis-je, mais croyez que je regrette beaucoup que vous vous soyez fait justice ; sans cela je n'aurais pas hésité à punir sévèrement l'élève qui vous a manqué. Après lui avoir serré la main affectueusement, je m'empressai d'aller le remplacer à la salle d'étude, où je trouvai les élèves tous occupés à travailler comme si rien n'était arrivé.

Bientôt après, M. B..., maître de pension, dont j'ai parlé plus haut, ne m'ayant pas trouvé à mon cabinet, descendit à la salle d'étude. En me touchant la main, étonné du silence profond qui régnait dans la salle : « Quel recueil-« lement édifiant, me dit-il ! on prendrait ces élèves pour « des novices d'un couvent. » Je ne pus m'empêcher de sourire malgré mes préoccupations : « Si tu étais venu, lui « répondis-je, un quart d'heure avant, tu aurais trouvé ces « jeunes gens en pleine insurrection », et je lui racontai ce qui venait de se passer.

Nous convînmes tous les deux, en hommes de métier, que l'acte de violence du professeur donnait une ombre de raison à cette émeute d'écoliers et qu'il fallait appliquer le bénéfice des circonstances atténuantes, après avoir cependant fait subir une pénitence publique, pour la forme. Or, les élèves, charmés de s'être débarrassés de ce professeur, l'auraient acceptée double, si je la leur avais imposée.

4°
L'Elève Gustave Ricard

Les beaux-arts, quoiqu'ils ne soient en réalité qu'un accessoire, n'en sont pas moins considérés dans la haute société, comme un complément indispensable d'une éducation soignée ; aussi y ai-je toujours donné tous mes soins, et de nombreux élèves, pendant ma longue carrière de l'enseignement, les ont cultivés avec plus ou moins de succès, mais toujours avec une assiduité qui faisait de notre Maison une école spéciale : c'est principalement de la musique et du dessin que je veux parler.

Ce n'est qu'un délassement, j'en conviens, mais si l'arc ne peut pas toujours être tendu, y a-t-il un amusement plus honnête et plus digne de notre nature que l'exercice des beaux-arts ? Aussi je ne crois pas être téméraire en leur appliquant ce que l'orateur Romain a si bien dit des belles-lettres ou de la poésie : « Ces études nourrissent la « jeunesse, charment nos vieux ans, embellissent le bon- « heur, servent d'asile et de consolation à l'adversité, « récréent sous le toit domestique, n'embarrassent pas au « dehors, veillent avec nous, nous accompagnent en « voyage et nous suivent à la campagne. »

Mais laissons ces réflexions générales, qui me mèneraient trop loin et abordons les personnalités.

Quoique la musique ait toujours marché de pair dans les maisons que j'ai dirigées avec le dessin, je n'ai à mentionner aucun nom qui ait laissé dans cette partie une trace bien sensible de son talent. Mais il n'en a pas été ainsi pour le dessin. Les nombreux tableaux qui dans ces derniers temps faisaient le plus bel ornement de mes salons et de mes appartements et que mes élèves m'ont laissés, en finissant leurs classes, sont des souvenirs aussi touchants que précieux de leurs succès et de ma sollicitude pédagogique. Je ne succomberai pas à la tentation de faire la nomenclature de tous ceux qui se sont distingués dans cette étude, elle serait trop longue ; mais je ne puis m'empêcher de consacrer quelques lignes à la mémoire de Gustave Ricard, qui fut incontestablement célèbre entre tous.

Lorsque, vers le 15 octobre 1835, M. Ricard, le père, riche négociant de ce temps-là, vint confier à mes soins ses deux fils aînés, Emile et Gustave, je fus, pour ainsi dire, fasciné par ces figures prévenantes où respiraient la candeur et la franchise ; aussi les relations les plus intimes s'établirent-elles immédiatement entre nous trois.

> Dès ce jour s'est formé dans nos âmes le germe
> De ces épanchements de cordialité,
> Qui ne devaient trouver ici-bas d'autre terme
> Que le lugubre seuil de notre éternité.

Gustave n'est plus ! Mais Emile me reste ; j'espère bien qu'il me survivra ; c'est de toute justice.

Je reviens au passé. Emile était sérieux, très appliqué, ne jouant presque jamais et faisant des progrès rapides dans ses études, grâce à ma méthode d'enseignement, dont je faisais alors les premiers essais.

Gustave au contraire avait le caractère léger, n'aimait pas les études qui exigeaient trop d'application, telles que celles du grec et des mathématiques ; il était l'âme des récréations par ses traits d'esprit, ses plaisanteries de bon ton et son entrain méridional, mais sans rudesse ni excentricités déplacées.

Emile ne travaillait presque jamais dans les salles d'étude ; un coin de mon bureau lui tenait lieu de pupitre ; c'était un vrai bonheur pour lui de faire ses devoirs sous mes yeux ; il n'a jamais aimé la foule ; c'est encore son défaut ou sa qualité distinctive.

Gustave trouvait aussi le moyen de me tenir compagnie, mais sur un autre théâtre. Après le diner des élèves, il venait quelquefois assister au mien, qu'il assaisonnait de mille plaisanteries, et contribuait, par cette distraction fort innocente, à me faire prolonger un repas que j'aurais terminé, sans lui, dans un quart d'heure ; pour le récompenser du bien qu'il m'avait fait, je partageais mon dessert avec lui, et il s'en allait content comme un roi (du temps passé, bien entendu).

Comme il avait peu d'aptitude pour le grec, nous convînmes, sa mère et moi, de l'en débarrasser, afin qu'il eût plus de temps pour se livrer à l'étude du latin et à celle du français ; ainsi il renonça, sans se faire du mauvais sang, au baccalauréat, qui est devenu aujourd'hui malheureusement le but fatal de toutes les études classiques.

Pourquoi aimait-il plus le latin que le grec, dont on demandait si peu à cette époque, et au mécanisme duquel il était si facile de s'initier à l'aide de ma petite grammaire grecque ? Je ne saurais le dire, car il fut presque le seul de ses condisciples à prendre cette direction. Sa mère, qui était une femme de caractère, et qui avait donné à ses enfants, au foyer, les germes d'une éducation sérieuse, aurait voulu le forcer à suivre la même route que son frère ; mais le père, d'autre part, comme celui de Montaigne, était l'ennemi de tout ce qui ressemblait, de près ou de loin, à la contrainte ; ainsi, quoique alors je fusse en quelque sorte à la lune de miel de mon enseignement du grec, je me laissai vaincre par les sollicitations de mon aimable convive, mais à la condition formelle qu'il ferait de grands progrès dans le latin et surtout dans le français ; il tint parole. Ce fut alors que pendant quelques mois seulement, je lui donnai pour professeur de latin M. Autran, le poëte ; ce fut là le début bien simple des relations qui unirent, plus tard, le professeur et l'élève, devenus tous les deux célèbres à des titres différents.

Mais son étude de prédilection a toujours été le dessin ; nul ne lui disputait le premier rang, pas même Brès, qui alors n'annonçait en aucune manière ce qu'il est aujourd'hui ; aussi lorsque j'ai appris que celui-ci était devenu une illustration, dans cette partie, je me suis souvent demandé si le fameux Brès était bien le fils du pâtissier de la rue de Rome. Il appartient, d'ailleurs, à la catégorie des élèves que je n'ai jamais plus revus. Est-ce sa faute ou la mienne ?

Mais je reviens à Ricard, et je vais dire avec la naïveté du vieillard tout ce que le temps n'a pas effacé dans mes souvenirs, concernant cette nature artistique, qui a commencé à se dévoiler lorsqu'il était sous ma direction ; deux incidents principaux résument tout le rôle que j'ai joué et la part indirecte que la Providence m'a permis de prendre à l'épanouissement d'un si beau talent.

La dernière année qu'il a passée à Menpenti, son goût pour le dessin était devenu une passion avec laquelle il fallait compter. Un jour, pendant que ses camarades se préparaient au dortoir pour aller à la promenade, Gustave épie le moment où les regards du surveillant se portent ailleurs et vient droit à mon cabinet d'étude, comme un malfaiteur qui fuit la lumière ; il entre sans faire le moindre bruit, et me trouvant, selon mes habitudes, occupé à lire ou à écrire, il me tire les cheveux par derrière avec cette familiarité qui lui était habituelle ; et lorsque, tournant la tête, je reconnais mon Gustave : Eh bien ! lui dis-je, et la promenade ? — Oh ! Vous allez m'en dispenser. — Pourquoi ? — Parce que j'ai quelque chose dans la tête, il faut que cela sorte.

Les élèves étaient déjà en rang ; on le cherchait partout ; enfin le problème est résolu ; toutes les divisions ont défilé, le silence règne dans la cour et notre dialogue continue en ces termes : — Parle-moi clairement, lui dis-je, que veux-tu faire ? — Je veux accoucher de ce que j'ai dans la tête ; si vous craignez que je n'abuse de la liberté que vous me donnez, enfermez-moi dans la salle de dessin ; je l'exige même, afin que personne ne me dérange; il faut absolument que je sois seul. — Allons, descendons à l'atelier, puisqu'il le faut.

Pour la première fois, je me fis geôlier, et je mis au cachot Gustave Ricard ; je confesse que ce ne fut pas sans une profonde émotion que je remplis ce ministère ; comme je n'avais que la soirée des jeudis pour faire quelques visites en ville, je le laissai, en recommandant aux domestiques d'aller voir, de temps en temps, s'il n'avait besoin de rien.

Le soir, en arrivant, je le trouvai à table avec ses camarades ; nous échangeâmes un coup d'œil, et je me retirai dans mes appartements.

Le lendemain, lorsque le Professeur, M. Romégas, ouvrit la salle de dessin et y introduisit les élèves, on fut étonné de voir, sur un côté du mur, une grande peinture représentant un volcan. On me fit appeler pour me demander si j'avais connaissance d'abord de ce petit chef-d'œuvre, qui ravissait d'admiration le Professeur et les élèves, et ensuite du coupable qui s'était permis, à mon insu, cette criminelle excentricité. — Je cherchai Gustave dans cette petite foule qui m'entourait. Il était à sa place ordinaire, feignant d'ignorer ce qui se passait. — Qui donc a fait cela, s'écrie le classique Romégas ? — Il ne faut pas me le demander ; un seul élève est capable de cette énormité ; et cet élève, le voilà dans son coin. — Et tous alors se jetèrent sur lui, Professeur et élèves, pour lui serrer la main et le féliciter.

Pendant environ deux mois, à peu près les mêmes incidents et les mêmes scènes se renouvelèrent, jusqu'à ce qu'il eût barbouillé complètement les quatre côtés de la salle ; la dernière de ces peintures lui valut un succès fou ; elle représentait une chasse aux papillons ; c'était une vraie caricature, où le bon abbé Vidal, grand amateur de ces sortes d'excursions à travers champs, accompagné de dix à douze gamins, était peint d'après nature, avec son instrument à filet et ses trois paires de lunettes sur le nez ; il fut le premier à en rire et nous nous gardâmes bien de passer l'éponge sur tout cela.

Ceci est à l'adresse d'un feuilletoniste du *Sémaphore*, qui a écrit qu'*un jour* (comme si un jour eût été suffisant pour faire un si long travail) ayant été enfermé dans une classe et ayant les poches pleines de fusins, Gustave chargea les murs de caricatures, qui furent sans doute, dit-il, effacées le lendemain.

Je lui ai répondu que non seulement nous n'avons rien effacé, mais que, *lorsque frappé par le malheur je fus obligé de quitter Menpenti, j'aurais volontiers emporté ces quatre cloisons dans mes malles, si je l'avais pu, pour les soustraire au marteau et au badigeonnage de l'industrie.*

Gustave, ayant renoncé au baccalauréat, fut destiné au commerce par son père, qui se hâta de le placer dans sa maison de change, dès qu'il le crut suffisamment instruit pour faire le discernement des papiers-valeurs et des espèces métalliques de toute provenance. Mais cela ne faisait pas l'affaire de notre artiste ; il y avait à peine quelques mois qu'il était installé au *Cul-de-Bœuf*, qu'il vint me trouver, presque les larmes aux yeux et me conjura d'employer mon crédit auprès de son père, afin qu'il lui permît de compléter ses études de dessin, en le laissant suivre les leçons de M. Aubert, qui était alors directeur de l'école des Beaux-Arts.

M. Ricard, père, qui possédait à fond la science du commerce, mais qui ne voyait rien au-delà de cet horizon, avait déjà sacrifié son Emile, parce que, me disait-il, cet enfant-là est *profond*. Mais Gustave, qui n'avait que très peu d'aptitude pour les sciences, et dont le caractère était léger, ne pouvait être à ses yeux qu'un pilier de comptoir. Aussi je m'attendais à une forte lutte ; et comme il était rond dans toutes les affaires, comme la monnaie qu'il maniait tous les jours, j'allai droit au cœur, qui chez lui était excellent, et c'est par là que je triomphai.

Cependant il faillit m'échapper, lorsque je le croyais tout à fait vaincu. — Mais on ne gagne rien à ce métier-là, s'écria-t-il. — Qu'en savez-vous, lui répondis-je presque indigné. — Vous croyez donc qu'il est fort ? — Certainement je le crois, et il le deviendra encore plus, si vous ne contrariez pas sa vocation. En même temps, lui prenant les deux mains que je serrai dans les miennes : Eh bien ! lui dis-je, vous dites *oui*, n'est-ce pas ? — Eh bien ! oui, puisque vous le voulez. Nous nous embrassâmes et Gustave put reprendre ses études chéries.

Nous avons rappelé souvent cet incident que nous n'avons jamais oublié ni l'un ni l'autre ; et cependant, me dira-t-on peut-être, parmi tant de portraits dont il a semé l'Europe entière, le vôtre ne figure pas. C'est vrai, mais ce n'est pas la faute du portraitiste, dont le cœur ne le cédait en rien à son intelligence. Deux fois il s'est rendu chez moi avec sa boîte et ses pinceaux ; c'était à l'époque, où complètement ruiné, j'avais vendu pour vivre ma liberté et mon indépendance ; c'était ma captivité de Babylone ; et rien ne me faisait prévoir que je redeviendrais homme libre. Je me crus donc indigne de poser devant un artiste, qui déjà avait quelque célébrité ; je repoussai deux fois doucement ses pinceaux, et ce fut fini.

De 1840 à 1850, nous avons échangé quelques lettres ; il me rendait compte de ses journées aussi exactement que s'il eût été encore sur les bancs. Je me souviens de cette phrase : « Je vois quelquefois mes anciens condisciples ; il y en a que je ne vous nomme pas ; ils ont des mœurs si vulgaires ! »

Nous nous sommes revus, depuis que ma position est devenue tolérable ; à Paris je suis allé plusieurs fois à son laboratoire, où, selon ses expressions, *il offrit le biscuit et le vin de l'atelier à celui qui lui avait autrefois distribué le pain de la science ;* il n'est jamais venu à Marseille, sans accepter avec son frère une invitation à dîner. A son dernier voyage je le fis beaucoup causer sur les peintres contemporains et surtout sur le *stupide démolisseur* de la colonne, selon ses expressions. Nous nous embrassâmes sur le seuil de ma porte. Je ne devais plus le revoir ! ! !

Sa sœur, religieuse hospitalière de Saint Vincent de Paul, m'avait demandé pour son bon Gustave une épitaphe en vers latins, que je me suis empressé de composer et de lui envoyer. Mais les *grands amis* de Paris se sont chargés d'en fabriquer une, passablement banale, à l'insu du frère et de la sœur, aussi lestement qu'ils ont fait sans eux l'*inventaire* de l'atelier.

M. Brès, rédacteur du *Sémaphore*, récemment élu membre de l'Académie de Marseille, a fait une étude assez étendue sur le talent artistique et les œuvres de Ricard ; Emile m'en a donné un exemplaire, que j'ai fait relier avec soin ; il m'a aussi donné après la mort de son frère, une médaille en bronze que Gustave avait obtenue au début de sa carrière, dans un concours qui eut lieu à Paris ; je la conserve comme une relique.

On trouvera à l'appendice n° 6, les passages de l'œuvre de M. Brès, où l'on me fait jouer un rôle, et la lettre que je lui adressai.

5°

Examens Publics

Il n'est pas en France d'institution privée ou publique, primaire ou secondaire, où l'on ne fasse subir au moins deux fois l'an, aux élèves, des examens sur les diverses matières qui ont été l'objet des études pendant le semestre.

Mais ces épreuves se font en quelque sorte à huis clos, et les parents n'y assistent pas, parce qu'ils ne sont pas invités.

Voici quelle a toujours été ma manière d'envisager cette question ; je la transcris d'une de mes circulaires aux parents, qui porte la date du 1er octobre 1860 :

« Les examens publics permettent aux parents de juger du
« degré d'intelligence et d'instruction des enfants ; de plus ils
« contribuent à exciter l'émulation, ce puissant levier des
« études, à diminuer et à faire même disparaître la timidité,
« et sont ainsi, sous ce dernier rapport, un moyen de succès
« très efficace, quoique éloigné, pour d'autres examens, qui
« préoccupent aujourd'hui si grandement les jeunes gens et les
« pères de famille.

« Mais je ne dois pas dissimuler que, si les parents ne
« s'empressent pas d'assister à ces exercices et d'en relever
« l'importance aux yeux des enfants, je ne puis répondre des
« résultats.

« On exige des instituteurs un bulletin trimestriel qui
« constate exactement l'état des études ; pourquoi ne viendrait-
« on pas s'assurer par soi-même du développement intellectuel
« ou des travaux infructueux des enfants, et recevoir de leur
« bouche même, pour ainsi dire, un bulletin vivant, évidemment
« plus véridique que ceux dont on se contente trop facile
« ment ? etc. »

En 1873, dans mes *quelques mots sur la circulaire de
M. Jules Simon*, je m'exprime ainsi :

« Les examens publics, en présence des parents, trois fois
« par an, et non trimestriels, parce qu'il faut un mois de
« préparation pour chaque examen, sont une des spécialités
« de mon enseignement, depuis plus de trente ans. La présence
« des parents n'est pas seulement facultative ; elle est
« rigoureusement nécessaire pour donner à cet exercice le fond
« et la forme de quelque chose de sérieux ; ils ont le droit
« d'interroger eux-mêmes leurs enfants sur les questions d'un
« programme, qui passe de main en main, ou de les faire
« interroger par toute personne de leur choix ; les examens
« roulent sur toutes les branches d'instruction, sans oublier
« les leçons ; un prix est décerné, séance tenante, à ceux qui
« ont satisfait tout à la fois les parents et le Directeur ; ceux
« qui se trouvent dans le cas contraire, sont obligés de revoir
« les matières sur lesquelles la réponse a été incomplète ou
« nulle. »

Ces déclarations aussi expressives que loyales expliquent
le langage que j'avais tenu en 1838, dans la circulaire
suivante :

Avril 1838

CIRCULAIRE

« Les directeurs du Pensionnat Menpenti, qui reçurent
sans s'émouvoir des mains de la Providence ce nom sinistre,
pour l'imposer à leur œuvre naissante, parcourent leur

troisième année d'épreuve avec le même calme, et abordent sans crainte les difficultés les plus vitales, afin d'asseoir définitivement leur institution sur des bases solides.

« Il est écrit dans un livre divin que *ceux-là sont heureux, qui croient sans avoir vu*. Celà doit s'entendre assurément d'un certain ordre de faits, auxquels il serait dangereux d'ajourner la croyance et dont notre intelligence peut acquérir facilement la certitude par la voie du témoignage.

« Mais quand il s'agit de faits particuliers, isolés, qui n'intéressent que des individus, nous pensons que c'est prudence pour les uns de voir avant de croire et un devoir de justice pour les autres de faire voir avant d'obliger à croire, surtout lorsqu'on a la faculté d'examiner par soi-même ces faits, ou d'en rendre compte dans les plus minces détails.

« Nous nous sommes permis ces réflexions préliminaires, avant d'annoncer les exercices scolaires, qui vont avoir lieu dans notre Maison, parce que c'est une belle occasion pour les pères de famille de s'assurer si les Directeurs tiennent leurs engagements ; ils n'ont pas la prétention de posséder l'inappréciable talent de bannir à tout jamais la paresse et de communiquer à leurs élèves la science infuse ; ils n'ont pas reçu du ciel le pouvoir de faire des miracles, et en fondant Menpenti, ils ne se sont pas présentés comme des hommes privilégiés, en dehors des conditions ordinaires de l'humanité.

« Cependant lorsqu'on verra de ses propres yeux ce personnel de collaborateurs, imposant tout à la fois par le nombre et la juste célébrité que plusieurs d'entre eux se sont acquise, et qu'il sera permis au visiteur curieux ou intéressé d'entrer dans tous les détails de l'organisation des classes, il est hors de doute, à moins que nous n'entendions plus rien à la logique, que les plus exigeants auront quelque raison d'être satisfaits.

« Lundi donc, 2 avril (1838) et les jours suivants, jusqu'au Mercredi Saint inclusivement, excepté le jeudi et le dimanche, c'est-à-dire pendant huit jours, les examens auront lieu, en présence des Directeurs, des professeurs et des parents des élèves, qui voudront se donner la satisfaction de juger eux-mêmes leurs enfants. Les élèves se présenteront par ordre de classes et subiront autant d'examens particuliers qu'ils suivent de cours dans la Maison. Voici l'ordre qui a été adopté :

1° Grammaire Française ;
2° Langue Latine ;
3° Langue Grecque ;
4° Langues Vivantes ;
5° Géographie ;
6° Histoire ;
7° Mathématiques ;
8° Physique ;
9° Littérature et Eloquence ;
10° Philosophie. »

6°

Le Professeur Loy...

J'ai quelquefois accepté, sans me plaindre, la décision d'un juge de paix, quelque mystérieuse qu'elle me parût. C'était un jugement sans appel et comme un oracle indiscutable.

Mais je ne puis laisser passer, sans commentaires, le jugement que rendit le tribunal de première instance contre les directeurs du pensionnat Menpenti en faveur du sieur Edouard Loy... ex-professeur de mathématiques de cette Maison.

Le résultat matériel du jugement qui nous condamne, n'était pas bien important ; il s'agissait, en effet, seulement de 200 fr. d'indemnité dont on nous fit une obligation, en faveur de notre ancien collaborateur ; mais les conséquences de ce jugement sont si graves qu'elles intéressent tout à la fois les directeurs des maisons secondaires d'éducation et les pères de famille qui les honorent de leur confiance. Il sera facile de s'en rendre compte lorsque j'aurai exposé, aussi brièvement que possible, le fait qui a donné lieu au procès et présenté les réflexions que le simple bon sens suggère, après la lecture des considérants qui précèdent le jugement.

Au mois de juillet 1836, un jeune homme à peine adolescent nous fut présenté par une dame de sa connaissance, qui lui avait donné l'hospitalité, parce qu'il était originaire, comme elle, du Morbihan. Nous ne crûmes pas pouvoir l'admettre, comme professeur, parce qu'il n'avait aucun antécédent, sous ce rapport, qui pût le recommander à notre confiance.

Mais au mois de novembre, ayant obtenu de l'autorité municipale le droit de se faire inscrire comme professeur communal et ayant été de plus nommé membre de l'Athénée, nous nous décidâmes de céder aux nouvelles instances de cette dame, *qui nous devait de la reconnaissance.*

A-t-il rempli exactement ses devoirs et nous a-t-il satisfaits pendant l'année scolaire 1836-37 ? Je l'ignore. D'autres occupations, on le sait, m'empêchaient alors de surveiller les classes ; c'était l'affaire de M. Blanc. L'année scolaire 1837-38 commença, à ce qu'il paraît, avec le même professeur, et il enseignait encore les mathématiques élémentaires au mois de mars 1838. Mais dès les premiers jours d'avril, lorsque j'étais chargé de la direction des classes, tous les élèves furent soumis, je viens de le dire, à un examen public et je pus me convaincre que M. Loy... sinon par défaut de science, mais certainement par incapacité, comme professeur, et par manque d'influence sur les élèves, n'était pas à la hauteur de ses modestes fonctions. Que fallait-il faire ? le conserver encore trois mois, deux mois, un mois même, au risque de perdre notre argent et de faire perdre le temps à nos élèves ? Je ne le pouvais pas. Fallait-il le payer sans le faire travailler, c'eût été une niaiserie. Je fis ce qui se pratiquait alors dans tous les pensionnats. Je le prévins de se chercher un emploi ailleurs et je me mis moi-même en devoir de le remplacer après environ huit jours de délai. Je croyais être d'autant plus dans mon droit, que les professeurs eux-mêmes, à cette époque, ne faisaient aucune difficulté de nous quitter, en nous accordant quelques jours pour respirer, lorsque des occupations plus graves ou plus lucratives les appelaient dans d'autres maisons. Il n'y a pas bien longtemps que quelques professeurs en ont agi ainsi à mon égard, sans que j'aie eu la pensée de les poursuivre.

Il est aisé de conclure de ce que je viens d'exposer, que les examens publics n'étaient pas seulement des exercices importants pour les élèves et les parents, mais que les professeurs surtout devaient les prendre au sérieux, parce qu'ils étaient pour eux des épreuves, à la lumière desquelles je pouvais juger de leur zèle ou de leur négligence. Aussi les examens étaient-ils quelquefois suivis de la retraite de quelques-uns de ces collaborateurs infidèles.

Quoi qu'il en soit, M. Loy... fit citer les Directeurs de Menpenti devant le tribunal de 1re instance, qui les condamna à lui payer 200 francs, prix intégral de ses honoraires de deux mois. Voici les considérants qui servent de base à ce singulier jugement :

« Attendu qu'en matière de louage d'industrie ou d'un talent quelconque pour un temps déterminé, un congé subit, imprévu, alors qu'il n'est pas fondé sur aucune circonstance majeure, sur aucun fait d'inconduite et de danger pour la maison ou l'établissement, peut donner lieu à des dommages-intérêts. »

Je fais d'abord observer que ces expressions *louage d'un talent quelconque pour un temps déterminé* ne se trouvent pas dans le Code : « il y a, lit-on dans le Code civil, trois espèces principales de louage d'ouvrage et d'industrie : 1° le louage des domestiques et des ouvriers ; 2° celui des voituriers ; 3° celui des entrepreneurs. — On n'a jamais eu l'idée de coter comme une marchandise un talent quelconque, ni d'assimiler les travaux corporels, qui peuvent se mesurer comme la toile et le drap, à des opérations plus élevées, ni, par conséquent, de soumettre aux mêmes dispositions légales des choses si disparates — il était réservé aux magistrats de notre Cité de donner cette nouvelle interprétation de la loi, afin qu'eux aussi, à leur tour, pussent nous gratifier d'un coup de pied (qui ne sera pas le dernier).

Remarquons ensuite que ces mots *pour un temps déterminé* ne se trouvent dans le Code qu'à l'article du *louage des choses ;* on conçoit, en effet, que les choses, meubles ou immeubles, étant susceptibles de l'examen le plus pointilleux, rendent toujours à peu près le service qu'on en attend ; aussi, les loue-t-on souvent sans contrat écrit pour un temps déterminé, mais personne n'ignore qu'on ne peut pas répondre avec autant d'assurance d'un service de l'homme, qui ne tombe pas toujours sous les sens et qui est souvent plutôt moral que matériel. Aussi, ordinairement, les ouvriers proprement dits, les domestiques et ceux qu'on appelle, vulgairement, *hommes de peines,* ne sont pas loués pour un temps déterminé ; les maîtres les gardent à leur service, tant qu'il leur plaît et comme il leur plaît ; de même ces serviteurs changent de maîtres quand bon leur semble : on se donne réciproquement huit jours, lorsqu'ils sont payés par mois. Il n'y a aucune obligation de garder plus longtemps, à son service, quelqu'un qui ne mérite plus la confiance. Si cette pratique est raisonnable, à l'égard d'un simple serviteur, à plus forte raison doit-elle l'être, lorsqu'il s'agit d'un Professeur, dont la présence prolongée dans une maison d'éducation, peut entraîner de graves inconvénients. Rigoureusement, M. Loy... ne pouvait exiger que les honoraires d'un mois, puisqu'il était payé à mois.

Enfin, nous ne voyons pas sur quoi se fondaient nos magistrats pour soutenir qu'un *congé subit*, etc., *puisse donner lieu à des dommages-intérêts,* lorsqu'il n'y a pas d'engagement pour un temps déterminé, et qu'il eût été facile, en ordonnant une enquête, de prouver qu'il y avait danger pour l'établissement de conserver plus longtemps M. Loy... ; d'ailleurs, il est faux que son congé ait été subit, puisqu'il en a été prévenu au moins huit jours avant le retrait de son emploi.

« Attendu (lisons-nous encore) que l'usage, d'accord avec la raison et l'équité, *veut* (sic), lorsqu'il s'agit du renvoi d'un serviteur, qu'un délai ou une indemnité lui soit accordée. Si un commis de négociant, engagé à l'année et subitement renvoyé, a obtenu des dommages-intérêts, ainsi que l'atteste un arrêté de la Cour de Metz, à plus forte raison ce principe doit-il s'appliquer à l'homme qui exerce des fonctions aussi importantes que celles de l'enseignement public. »

Je ne pense pas qu'il soit possible de pousser, je ne dirai pas la mauvaise foi, mais au moins certainement le préjugé, plus loin que ne le font nos magistrats dans le considérant ci-dessus — l'usage en effet porte, comme nous venons de le dire, qu'un délai de huit jours ou une indemnité équivalente au salaire de huit jours est accordée au serviteur que l'on congédie. Or, cet usage, nous l'avons suivi. — Le commis de négociant dont il s'agit, était engagé à l'année, et nous n'avions pris à l'égard de M. Loy... aucune sorte d'engagement ; enfin les occupations du commis et ses devoirs étaient plutôt matériels que moraux, et la négligence de cet employé ne pouvait causer que des pertes financières. On a donc tort de dire *à plus forte raison ;* ces expressions n'auraient une raison d'être qu'autant qu'on devrait les appliquer aux maîtres de pension qui, ayant la faculté de congédier leurs serviteurs inutiles ou dangereux, à plus forte raison peuvent-ils le faire à l'égard des professeurs qui ne remplissent pas leurs devoirs, et qui peuvent faire d'autant plus de mal que leurs fonctions sont plus importantes.

C'est ainsi qu'une magistrature *non épurée* administrait la justice à Marseille, sous le gouvernement de Louis-Philippe, au moins à notre égard. Mais elle n'en était là qu'à son coup d'essai contre nous ; on la verra bientôt de nouveau à l'œuvre pour achever de nous détruire.

7°
Compte-rendu de la Représentation de la « Salamandre »

Chose singulière et digne de remarque ! Les établissements qui sont à la charge de l'Etat, administrés par conséquent et dirigés par des personnages officiels, ne se sont jamais avisés d'exercer leurs élèves à des représentations théâtrales ; ils leur mettent dans les mains les œuvres des écrivains tant anciens que modernes qui se sont distingués dans le genre dramatique. L'étude de tout ce qui le concerne fait partie du programme universitaire ; mais le soin de former des acteurs et de faire ainsi l'application des préceptes n'a jamais préoccupé ni les ministres de l'instruction publique, ni le Conseil général de l'Université, ni encore moins les recteurs, proviseurs et professeurs, qui exercent leurs divers emplois dans nos Académies.

Ce sont les institutions libres dirigées par des prêtres séculiers ou des congréganistes qui ont toujours pris l'initiative de ces sortes d'exercices, dans le seul but, j'ai hâte de le dire, de faire diversion à l'aridité des études scolaires, de donner à leurs élèves un délassement honnête, qui n'est pas sans utilité, et enfin de faire une sorte de réclame que personne n'osera blâmer.

Est-ce à dire que leurs élèves doivent avoir plus de propension à fréquenter les théâtres, à la fin de leurs études, que ceux des lycées ? L'expérience prouve que le genre d'éducation qu'ils ont reçue dans les institutions qui les ont élevés, exerce sur leurs habitudes ultérieures une plus grande influence que ces drames plus ou moins sérieux qui leur ont servi de récréation.

La crainte d'établir une école d'acteurs n'est pas mieux fondée. Ceux et celles qui dans la haute société jouent avec succès certains rôles dans ce qu'on appelle la *Comédie bourgeoise*, n'éprouvent pas la tentation d'aller se mesurer avec les acteurs de profession ; cependant ce fait n'est pas impossible ; il était en effet réservé au Pensionnat Menpenti d'offrir dans son histoire ce phénix, dans la personne d'un de nos élèves, qui, après avoir terminé brillamment ses études et passé avocat, se permit d'accepter un rôle au théâtre du boulevard Chave ; le Conseil de discipline lui ayant enjoint d'opter entre la simarre et les planches, il choisit les planches au grand regret de sa famille.

La représentation du drame intitulé *La Salamandre* fut la plus brillante et la plus solennelle de toutes celles qui ont été faites à Menpenti. Voici le compte-rendu qu'en fit un des assistants, pour le publier dans un journal de la rédaction duquel il faisait partie. J'en ai trouvé cette copie dans mes papiers :

« Nous avons été du nombre des six cents personnes qui ont assisté, samedi soir, à la représentation de *La Salamandre*, donnée par les élèves du Pensionnat Menpenti. Nous appartenons à cette classe de jeunes gens à qui la Providence a ménagé des ressources plus que suffisantes, pour parcourir avec sécurité et agrément cette longue chaîne de jouissances, qui compose la vie sensuelle ; nous pouvions, ce même soir, sans quitter l'atmosphère de plaisir, qui nous fait vivre, trouver ailleurs de quoi satisfaire nos goûts, réunion brillante au concert philharmonique, société bruyante et nocturne chez M. Colavier, peut-être aussi quelques représentations dramatiques au Gymnase ; cependant au risque de perdre pour une soirée de délicieuses occasions, nous nous sommes dit de diriger nos pas vers ce Château-Menpenti, dont la façade bizarre attirait depuis longtemps les regards des passants, avant qu'une pensée sociale fût venue se reposer sur ses créneaux, et que les hommes qui devaient en provoquer l'essor, eussent dressé leur tente contre cette lourde architecture.

« Depuis environ trois ans, une rumeur venant de ce côté, se soutient avec une intensité persévérante au niveau des grands bruits de bourse, de chronique contemporaine et d'évènements politiques. Le berceau du Pensionnat Menpenti s'annonça comme l'orage lointain qui gronde au sein des nues; et lorsque par un développement en quelque sorte spontané, il eut pris cette allure imposante qui, s'il faut en croire la superstition, attire la foudre, alors toute notre ville mercantile déserta pour quelques heures les comptoirs aux espèces sonnantes et aux registres à partie double, pour assister à un drame terrible, dont une paix imprévue devait être le dénouement.

« Depuis ce temps, qui n'est pas fort éloigné, le plus vif intérêt s'attache toujours à ce qui concerne cette maison ; le nom de Menpenti est comme un symbole ou une formule générale qui résume un corps de doctrine et toute une théorie, qui s'identifie dans notre esprit, avec méthode nouvelle d'enseignement, réforme dans l'éducation, progrès dans les sciences, juste appréciation des vrais rapports qui existent entre l'élève et le professeur, entre le directeur et le pensionnaire ; Menpenti est une mâle expression d'une volonté énergique et d'un courage pratique, qui a failli mourir victime des angoisses douloureuses de l'enfantement.

« Nous nous sommes jetés dans ces graves réflexions, pour justifier notre démarche aux yeux des lecteurs et surtout des confidents de nos habitudes. Mais il est temps que nous rendions compte des impressions que nous avons reçues, bien différentes de celles que nous éprouvons, lorsque nous prenons part aux fêtes somptueuses du monde ; car, il faut en convenir, les plaisirs que l'on goûte au foyer paternel, et dans ces réunions qui se rapprochent de la famille, reposent les sens dans une douce quiétude et laissent dans nos âmes un souvenir délicieux, qui est comme une longue trace de bonheur.

« Nous n'avons pas de jugement à porter sur le mérite littéraire de *La Salamandre* ; nous n'avons pas non plus le dessein en livrant le nom des acteurs à la publicité de les pousser dans une carrière, sur laquelle ils ne devront un jour porter que des regards de curiosité ; les représentations théâtrales ne sont et ne doivent être à Menpenti qu'un moyen de développement intellectuel, qui donne au jeune élève la conscience de ses propres forces, le délivre pour toujours de la timidité, cet impitoyable tyran de l'enfance, et le dispose efficacement à prendre des habitudes oratoires, indispensables aujourd'hui pour ceux qui ont la perspective ou de l'opulence ou d'un rang distingué dans le monde. C'est sous ce point de vue que nous allons considérer les brillantes qualités que les élèves ont déployées dans cette représentation. Nous sommes heureux de pouvoir donner des renseignements exacts, par les informations que nous avons prises sur les lieux, de leur capacité, de leurs dispositions et de leurs talents particuliers.

« Le rôle de Mélon exigeait un jeune homme d'un esprit souple et enjoué, capable de prendre sous un costume burlesque toute la gravité d'un personnage éminent, sachant deviner à propos par quelles saillies il mettrait son auditoire en frais de gaieté et en explosion d'enthousiasme. Eh bien ! Nous en appelons au témoignage de tous ceux qui ont suivi le jeune Perrée dans les diverses évolutions de quatre actes ; nous ne pensons pas qu'il soit donné à un acteur des grandes scènes, de mieux saisir que ne l'a fait un élève de 16 ans, le ton, les convenances, les tournures et l'attitude que réclamait ce rôle, le plus difficile sans contredit de toute la pièce. L'année dernière il avait, dit-on, déjà donné des preuves de son aptitude, et avait fait pressentir ce qu'il serait capable d'exécuter, lorsque l'âge, l'expérience et le développement de son talent, lui auraient donné plus d'aisance et de sang-froid ; mais nous croyons pouvoir assurer, sans crainte d'être démentis, qu'il a dépassé cette fois les espérances de ceux qui le connaissent de près, et qu'il a rendu on ne peut mieux toute la vérité de son rôle avec cette énergie d'expression et cette supériorité de pose, qu'on ne rencontre que dans les anciens acteurs.

« Le rôle du lieutenant Pierre Huet, le plus intéressant de la pièce, était pour cette raison très difficile à remplir ; on réussit plus aisément dans une assemblée publique à faire rire son auditoire, qu'à lui inspirer des sentiments nobles, désintéressés, généreux ; il ne suffit pas, pour obtenir ce dernier résultat, de captiver les sens, de maîtriser l'imagination et de dominer l'attention des auditeurs ; il faut encore avoir en quelque sorte la clef de leur cœur ; il faut, en un mot, être éloquent. Eh bien ! L'élève Firmin Obscur a été vivement applaudi dans cette soirée, pour avoir senti lui-même la beauté de son rôle et en avoir fait comprendre toute la dignité à ses nombreux auditeurs ; il a chanté également avec beaucoup de goût, et, sous ce dernier rapport, quoique sa voix ne nous ait point paru aussi flexible, ni aussi agréable que celle de l'élève Perrée, il peut bien marcher son égal. Toutes les fois que ce jeune homme commençait un couplet avec cette attitude imposante qui lui est habituelle, il exerçait sur les assistants une influence irrésistible ; c'était la vertu même, tenant le langage qui lui est propre ; et ses paroles, quoique mâles et austères, allaient au cœur, et le pénétraient tout entier.

« M. et Mme de Longetour ont été représentés par les élèves Billon et Truchy ; moins importants que les deux premiers, ces deux rôles avaient cependant leurs difficultés ; il n'est pas très facile de contrefaire l'imbécile, l'idiot et le lâche sur une scène théâtrale, quoique les hommes de ces caractères soient assez nombreux sur la scène du monde ; il n'est rien aussi de plus varié, de plus indéfinissable, ni de moins susceptible d'être saisi que le caractère d'une femme ambitieuse, qui sort de la poussière et qui se voit parvenue sur la route des faveurs : mais l'un et l'autre élèves s'étaient si bien pénétrés chacun de son rôle, qu'ils ont excité à plusieurs reprises l'hilarité et l'enthousiasme des spectateurs.

« Le rôle d'Amélie, qui a porté à Menpenti le nom d'Amédée, a été admirablement rendu par le petit Jonquier ; nous ne serions pas surpris, si, dans quelques années, lorsque l'établissement aura à regretter l'absence de M. Perrée, il le retrouvait dans la personne de ce spirituel et pétillant élève.

« Il est fâcheux que l'élève Duplat n'ait rempli que le rôle secondaire de Paul Huet ; le peu de paroles que ce beau jeune homme a prononcées ont produit une impression très favorable ; nous espérons qu'à une autre représentation les Directeurs n'oublieront pas le parti qu'ils peuvent en tirer ; il s'est montré (et cela sans compliment) le digne fils de celui que les matelots appelaient l'Ange gardien de la Salamandre.

« L'élève Samat a parfaitement saisi le ton qui convenait à un Amiral de l'Empire, qui avait su conserver son poste pendant les premières années de la Restauration ; c'était un mélange de bonhomie et de dignité, qui n'était pas déplacé dans un temps de bouleversements militaires, mais dont le ridicule ne dut pas échapper à la malignité de l'esprit français, lorsque la paix universelle vint la réveiller de son assoupissement.

« Parmi les autres rôles secondaires, il en est deux qui ont contribué efficacement à la réussite de la représentation ; le plus important, est celui de Cartahut, joué par l'élève Gardon ; ce jeune homme qui a paru sur la scène avec des formes athlétiques et une contenance guindée, telle qu'il convenait d'avoir à un maître d'équipage, qui veut trancher du *fashionable*, a ravi tout le monde par son aisance et le sentiment bien prononcé de son rôle. L'élève Barrême l'a secondé, nous ne dirons pas de tout son pouvoir (ce qui ne serait pas exact) mais autant que le cadre de la représentation le lui a permis : nous nous permettons à l'égard de cet élève les mêmes observations aux directeurs que pour l'élève Duplat.

« Nous croirions nous rendre coupables d'injustice, si nous passions sous silence la scène où l'élève Duclo, représentant le cuisinier, a su par des saillies opportunes, attirer sur sa personne l'attention de tout l'auditoire ; il est à regretter que ce jeune homme, qui ne manque pas d'esprit naturel, se laisse, dit-on, influencer par des suggestions financières, au point de se livrer de nouveau aux ballottements de la *Place*, dont il connaît mieux que personne les caprices.

« Nous finirons ce compte-rendu en faisant part au public d'une confidence qu'on nous a faite au Pensionnat. Trois chœurs de la pièce, lorsqu'on en fit le choix, s'étant trouvés sans musique, on avait eu d'abord la pensée de prier un professeur de vouloir bien remplir cette lacune. Mais le jeune Ferdinand Duqueylard a surpris agréablement et les maîtres et les élèves en présentant trois compositions musicales où l'on retrouve le feu de son imagination, la bonté de son cœur et la pureté de son âme : son condisciple et ami Joseph Robert, qui l'avait aidé dans ce travail, en a secondé puissamment l'exécution, sur son basson, dont les sons mélodieux se distinguaient parmi les autres instruments de l'orchestre. C'est sur ce dernier élève, dit-on, que le choix unanime des professeurs et des élèves se porte chaque année pour le prix de sagesse.

« Honneur à un père et à une mère, dont la tendre sollicitude et la vigilance consciencieuse ont su conserver dans leurs enfants la simplicité du caractère à côté du talent. Gloire aux directeurs du Pensionnat qui, après les avoir reçus comme un sacré dépôt, se préparent à les ramener au toit paternel bons, reconnaissants, généreux, et aimant avec passion tout ce qui dans les études porte l'empreinte du beau.

« Après avoir payé notre tribut d'applaudissement à cette jeunesse intéressante, nous avons quitté l'établissement, faisant halte à chaque pas, pour écouter encore quelque son de voix enfantine ou quelque bruit d'expansion d'un cœur chaleureux, s'échappant à travers les barrières. Enfin le silence de la grande rue de Rome nous a enveloppé de son manteau ténébreux ; nous avons été rendus à nous-mêmes, et nous avons retrouvé au Concert Philharmonique, avec les compagnons ordinaires de notre vie desœuvrée, nos joyeuses folies. »

8°

Fin de l'année classique

Je n'ai trouvé dans mes souvenirs et mes manuscrits rien de saillant qui ait marqué l'année classique 1837-38, en dehors de ce que j'ai exposé.

L'organisation des classes et le règlement général de la Maison étaient observés ponctuellement ; débarrassé de mes préoccupations concernant la question religieuse, j'avais plus de temps et de tranquillité d'esprit pour veiller à la marche des études.

Notre excellent curé du Rouet, l'abbé Camatte, remplissait ses devoirs de confesseur avec une exactitude et un zèle, que j'appréciais d'autant plus, qu'ils ressemblaient peu aux procédés dont des prêtres, d'ailleurs vénérables, avaient cru pouvoir user à notre égard. Aucun incident pénible n'a jamais troublé la sérénité de nos relations jusqu'à mon départ de Menpenti. Pendant qu'il travaillait ainsi consciencieusement à verser le baume de l'onction divine sur les blessures que les âmes de nos élèves avaient reçues, deux des principaux coupables se mouraient, et nous avons tous prié pour eux avec la sincérité dont nous étions capables.

J'avais soin, de temps en temps, d'aller à l'Évêché et de me ménager quelques entretiens confidentiels avec M⁼ʳ Eugène, qui était devenu évêque titulaire de Marseille, par la démission volontaire ou forcée *(controvertitur)* de son oncle. Ce vénérable vieillard avait, en effet, atteint cet âge où les forces physiques et les facultés intellectuelles dépérissent graduellement et réclament ou une retraite absolue ou un bras auxiliaire, qui aide à soutenir le fardeau épiscopal. Or, s'il faut ajouter foi à mes souvenirs, M⁼ʳ Fortuné, au dire de son entourage, pouvait encore exercer avec aisance quelques-unes de ses fonctions épiscopales. De plus, puisque le gouvernement avait enfin consenti à nommer M⁼ʳ Eugène, évêque de Marseille, pourquoi ne pas lui donner simplement le titre de Coadjuteur, avec droit de succession ? l'oncle ne serait pas descendu de son siège avant sa mort et ne l'aurait pas laissé vacant à son décès. Mais on était pressé de s'entendre dire *successeur des Lazare et des Belzunce,* comme on l'avait été naguère de se faire sacrer à Rome évêque *in partibus*. Or, ce double empressement était-il répréhensible ou avait-il quelque raison d'être légitime ? sa récente biographie jette du jour sur cette question de for intime. J'en parlerai plus tard.

Nos finances continuaient à ne pas être brillantes ; grâce à nos recettes copieuses, surtout pendant le premier semestre, j'avais réussi à mener au port notre navire, sans dévoiler les voies d'eau qui le mettaient en péril Nous étions toujours sous le coup de notre passif, que je n'avais pas augmenté, mais qui était à peu près stationnaire.

Cependant, il fallait faire bonne mine à mauvais jeu. Nos examens publics furent satisfaisants et devinrent le prélude de quelques admissions au baccalauréat. La Solennité du 15 août, fête des élèves, fut remarquable d'abord par les pratiques religieuses à l'église du Rouet, et ensuite par un diner somptueux, pour les apprêts duquel j'avais mis à profit les leçons de l'abbé Blanc ; enfin vers le soir nous donnâmes le spectacle d'un feu éblouissant d'artifice, qui attira de nombreux spectateurs.

La distribution des prix, qui se fit dans la grande salle de récréation, fut assez brillante. M. l'abbé Vidal, qui avait cédé à mes pressantes sollicitations, et préparé le discours d'apparat, le prononça avec beaucoup de dignité et d'entrain, et fut vivement applaudi. Mais il s'obstina à ne pas me donner une copie de son travail, dont l'objet était l'alliance de la Religion avec la Science. Après la cérémonie et le départ des élèves, il se rendit à Toulon, pour jouir de son triomphe au sein de sa famille, et me laissa le soin onéreux de faire notre liquidation.

Cependant j'allai moi-même prendre quelque repos à St-Chamas, où j'assistai pour la dernière fois aux processions si pittoresques de la St-Léger, que les vulgaires magistrats, qui administrent actuellement la commune, ont eu l'ineptie de supprimer brutalement.

Pour la dernière fois aussi je mis le pied dans notre propriété du *Delà*, qui fut bientôt vendue, pour en conserver la valeur à ma mère, dans le cas qui s'est réalisé, où mon père descendrait le premier dans la tombe et la soustraire ainsi aux mesures de mes avides créanciers.

J'eus la satisfaction d'avoir à mes côtés plusieurs prêtres et camarades d'enfance, qui prirent part à un repas champêtre, sur ces rives qui m'avaient vu souvent autrefois prendre mes ébats dans les eaux limpides qui les baignaient ; je profitais en effet du calme vulgairement appelé *bonace*, pour nager de compagnie avec les crabes, les anguilles et même les petits serpents inoffensifs, que j'apercevais distinctement à mes pieds.

En quittant St-Chamas quelques jours après, je pus dire comme le berger Ménalque :

> Nos patriæ fines et dulcia linquimus arva :
> *Dicere non ultra fas erit :* hæc mea sunt.

9°
CIRCULAIRE

Malgré les difficultés aussi ridicules qu'odieuses qu'avait soulevées contre nous l'Académie d'Aix, malgré l'hostilité latente de l'Administration épiscopale et nos embarras financiers, j'avais sur la réussite de notre Maison un tel espoir, que je pus tenir aux parents avec toute la sincérité de mon âme, le langage suivant dans notre circulaire du 20 septembre 1838.

Marseille, le 20 Septembre 1838.

L'Etablissement Menpenti vient d'atteindre le terme de sa troisième année classique, avec ce calme solennel qui accompagne toujours les faits accomplis.

La Providence, qui tient compte des bonnes intentions et des efforts privés non moins que des actes publics de zèle et de dévouement, nous permet enfin d'imposer silence à ces prophètes de malheur, qui, surtout durant l'année qui vient de s'écouler, nous ont poursuivis de leurs désespérantes prédictions.

Toutes les questions, qui jusqu'à ce jour avaient enveloppé notre établissement comme d'un inextricable réseau, et qui, par leur gravité, avaient failli compromettre son avenir, sont, à cette heure, résolues de la manière la plus avantageuse. Nous espérons donc qu'après avoir, durant trois ans, fécondé de nos sueurs la sève déjà abondante du vigoureux arbrisseau, nous n'aurons plus désormais qu'à en surveiller et à en diriger les développements, à le tailler en temps opportun avec une rigueur judicieuse et à lui prodiguer ces soins que nous osons appeler paternels, sans crainte de passer pour ridicules, parce que de nombreux témoins nous ont vus à l'œuvre et plusieurs savent, par leur propre expérience, combien notre sollicitude fut grande, combien notre amour fut ardent pour cette jeune plante que Dieu fit naître un jour sous nos pas.

Aujourd'hui plus que jamais nous sommes pleinement rassurés sur la bonté de notre méthode d'enseignement ; les résultats que nous avons obtenus durant l'année scolaire

1837-1838, ont changé nos espérances qui étaient loin d'être téméraires, en jugement arrêté et conviction profonde. Ce n'est pas que tous les individus à qui nous avons appliqué notre système soient devenus machinalement de bons élèves ; car nous n'avons jamais eu la prodigieuse prétention d'avoir trouvé le spécifique infaillible contre l'incapacité naturelle ou l'indolence encore plus désolante de certains caractères ; nous en faisons nous-mêmes l'aveu, qu'on ne l'oublie pas ; car nous avons toujours pensé qu'un chef d'institution ne devait jamais emprunter, pour faire valoir son établissement, le langage dissimulé des professions mercantiles.

Cependant nous sommes heureux de pouvoir affirmer que nos efforts particuliers, indépendants de tout système et de toute méthode, n'ont pas été sans succès à l'égard de plusieurs élèves de cette catégorie.

Notre position actuelle nous permettant de nous décharger d'une partie notable de l'enseignement sur des collaborateurs distingués, nous nous consacrerons désormais presque exclusivement à donner à notre administration l'attitude qui convient aux nobles entreprises, à faire régner dans notre gouvernement intérieur une discipline tout à la fois forte et paternelle, à soutenir dans la marche des études le mouvement qu'elles ont reçu et principalement à conserver parmi les élèves cet esprit de foi religieuse et de charité fraternelle, ces bonnes traditions de sincérité, de franchise et de soumission filiale, et enfin ces habitudes de politesse, qui ont fait remarquer nos élèves dans le monde ; ce sont là en effet les meilleures garanties de la moralité d'une maison d'éducation.

Nous avons ajouté aux dispositions de notre prospectus quelques règlements concernant les sorties et les heures auxquelles les élèves pourront être visités sans dérangement. Nous les avons consignés sur un tableau qui sera placé dans le parloir, afin que les parents puissent aisément en prendre connaissance et s'y conformer.

Nous avons conçu, pour notre lingerie, un genre d'administration, qui, nous l'espérons, répondra suffisamment à toutes les exigences.

Depuis le commencement des vacances, les portes de l'établissement n'ont pas cessé d'être ouvertes pour les élèves qui, connaissant le prix du temps, sont bien aises de recevoir quelques leçons. Cependant l'ouverture définitive des classes n'aura lieu que le 8 octobre.

Nous serions grandement contrariés si quelques élèves cédant à un amour de repos désordonné, ou à cette indifférence pour les études, qui, quoique naturelle au jeune âge, n'est pas, sans contredit, de notre siècle, différeraient leur rentrée seulement de quelques jours ; il suffira néanmoins que l'on se présente le 8 avant 7 heures du soir.

Agréez l'assurance de notre considération distinguée.

Les Directeurs.

CHAPITRE IV

Divers incidents du premier semestre

1°

Incident L.....d

L'année classique 1838-39 commence avec une diminution considérable d'élèves, produite par les causes générales que j'ai exposées et auxquelles je dois ajouter la perfidie d'un de mes professeurs, à la veille de l'ouverture des classes.

J'avais reçu, pour remplacer M. Blanc, comme professeur de littérature, un de mes anciens condisciples des Jésuites, nommé L...d ; il avait fondé un pensionnat à S..., mais il n'avait pas réussi.

Il avait une instruction classique solide et communiquait très bien ce qu'il savait ; les élèves en étaient donc très satisfaits, et je me félicitais sincèrement d'avoir fait cette acquisition, tout en lui rendant service, puisqu'il était à la recherche d'une position et que sa famille, d'origine italienne, était besoigneuse.

Mais vers la fin de l'année classique, j'appris indirectement que les jours de sortie il réunissait chez lui trois ou quatre élèves et qu'on lui avait proposé de former un pensionnat en lui promettant *un bon noyau*.

Comme je comptais sur sa loyauté, je ne fis pas cas de cet avertissement, et je continuai à lui donner ma confiance, puisqu'il était à peu près décidé, au mois d'août, qu'il reprendrait ses fonctions l'année suivante.

Mais on eut la maladresse de m'écrire pendant les

vacances une lettre anonyme dans laquelle on me faisait un grand éloge de M. L...d, comme d'une personne absolument indispensable à ma Maison ; on insistait sur la nécessité de le conserver, en m'insinuant qu'il fallait *améliorer sa position*, etc., etc. Cette fausse démarche m'ouvrit enfin les yeux ; je vis bien qu'on voulait m'imposer un associé, qui par des moyens détournés aurait travaillé à me supplanter ou à me faire la loi.

Mais si l'on avait un espoir fondé de lui procurer *un bon noyau*, pourquoi persistait-on à lui faire conserver chez nous une position secondaire, au lieu de l'établir dans une maison où il aurait occupé le premier rang ? C'était une puérilité doublée de méchanceté.

D'ailleurs pour être à la tête d'un pensionnat, il ne suffit pas d'être un professeur instruit et habile ; l'administration et la direction de la maison exigent d'autres qualités ; et M. L...d avait échoué à S..., sous ce double rapport ; ainsi ceux qui le poussaient, sans le connaître, me paraissent ressembler à l'aveugle dont parle l'Evangile, qui conduit un autre aveugle.

Autant que mes souvenirs sont fidèles, la perte de deux élèves n'eut pas d'autre cause que le départ de ce professeur *indispensable* ; mais je dois ajouter que ces deux élèves m'ont donné plus tard des témoignages spontanés de leur estime et de leur affection, toutes les fois que je les ai rencontrés dans le monde. Je me borne à donner les initiales de leurs noms, G... et B....

Quoi qu'il en soit, selon mes habitudes, j'allai droit au but ; je lui écrivis que, lorsque je l'avais introduit dans ma maison, c'était comme auxiliaire et non comme maître ; et que, quoiqu'il se crût indispensable, j'avais la bonhomie de ne pas être de son avis.

Je n'ai pas conservé la copie de ma lettre ; mais il paraît qu'elle produisit l'effet que j'avais en vue. Au lieu de venir pour me donner des explications franches et loyales que j'aurais accueillies et m'assurer qu'il était étranger aux sourdes menées de ses imprudents amis, il me répondit entre autres choses que ma lettre *était pleine de fiel.* « En « tout cas, lui répliquai-je, mon fiel n'est pas mêlé de miel ; « il a la franchise de plus et l'hypocrisie de moins. » Je faisais allusion à son caractère sournois et dissimulé dont je ne m'étais pas assez méfié ; il partit pour Nice où il mourut quelque temps après.

2°

Incident Ar... et avances des trimestres

Parmi les ennuis que j'eus à dévorer pendant cette année de décadence, il est trois incidents qui appartiennent au 1ᵉʳ semestre ; quoique peu importants en eux-mêmes, je dois les mentionner, comme faisant partie d'une étude de mœurs.

Un riche négociant, surnommé M... B..., parce que son père avait été jadis t..., était un de ceux qui nous avaient paru très dévoués ; mais il était l'ami intime des propriétaires de Menpenti, qui s'apprêtaient à nous déchirer à belles dents ; il ne pouvait donc pas décemment assister de sang-froid à ce carnage ; au lieu de calmer ses familiers et de leur inspirer des sentiments d'humanité ou au moins de justice, il crut bien faire de nous laisser dans l'embarras et vint me prévenir qu'il allait envoyer son fils à Lyon.

Mais il eut la simplicité, pour ne pas dire la bêtise, de me dire que dans l'établissement qu'il avait choisi, il y avait un prix fixe pour la pension et les fournitures, et qu'on ne voyait pas sur les notes un tas d'accessoires, tels que chapeaux de paille, etc. (cette expression m'est restée gravée dans la mémoire) ; je lui demandai quel était le prix fixe de la pension avec les fournitures. — 800 francs, me dit-il. — Je le crois bien, lui répondis-je, qu'avec 200 francs de plus on vous fournisse gratis *les chapeaux de paille* et autres choses. Voilà une preuve, entre mille autres, de la manière aussi ridicule que stupide dont certains pères de famille entendent l'administration des maisons d'éducation.

Cependant il nous restait encore un assez bon nombre de familles qui nous étaient sincèrement dévouées. Une d'elles, qui était au courant de notre état de gêne, me proposa de me payer d'avance un trimestre ; j'eus la maladresse d'accepter cette offre et même je me hasardai de faire une circulaire dans laquelle j'exposai notre situation et je faisais appel à la générosité des familles. Mais quelques-unes seulement y firent bon accueil (c'étaient les moins riches) et la plupart firent la sourde oreille, sans refuser formellement.

J'avais donc commis une faute, en faisant un aveu inutile et par cela même dangereux. Au début du second semestre, nous ne fûmes pas plus avancés qu'auparavant ; j'avais pu l'année précédente tenir le coup, maintenir la dette dans le *statu quo* sans l'augmenter, grâce aux abondantes recettes que nous procuraient nos cent élèves, et surtout à une stricte économie. Mais la défaillance de plusieurs familles, comme je viens de l'exposer, me coupa l'herbe sous les pieds. Je me décidai alors à faire quelques emprunts, en hypothéquant mes biens personnels. Nouvelle faute qui, sans nous sauver, ouvrit l'abîme qui devait engloutir ma petite fortune ; la somme en effet fut à peine suffisante pour payer les intérêts des billets qui étaient en circulation et satisfaire les principaux fournisseurs.

3º

Incidents B...as et D...le

Je passe aux deux autres incidents.

R... était un parent de mon cousin Louis Laveirarié. C'est sous les auspices de ce dernier qu'il se présenta, dès a première année, pour être professeur de dessin ; il arrivait à peine de Rome, et n'était pas connu ; notre Maison fut en quelque sorte pour lui comme une porte d'entrée pour s'introduire dans d'autres maisons. Mais la dernière année, nous voyant dans la gêne, non seulement il nous quitta brusquement, ce qui peut être excusé par les besoins du ménage, mais il eut encore l'ingratitude de me citer devant le juge de paix pour quelques arrérages.

Je le satisfis, mais je pris ma revanche sur son avocat, qui s'étant permis quelques fautes d'orthographe dans la lettre qu'il m'avait adressée, reçut tout à la fois dans ma réponse, une leçon de grammaire française pour lui et une leçon de hautes convenances pour son client. Ce misérable, assez bon paysagiste d'ailleurs, a fini, dit-on, par glisser dans le protestantisme.

M. Dar...le, père, dont le nom de famille était *Clergé*, s'était fait une certaine réputation à Marseille comme acteur comique ; son fils avait à peine seize ans, lorsqu'il nous l'offrit comme professeur de piano ; nous l'acceptâmes malgré sa jeunesse et son peu d'expérience ; tant que les honoraires furent payés exactement, le père ne jouait pas mal son rôle de reconnaissance ; mais l'année fatale arriva et nous fûmes forcément en retard de quelques mois. Comme le professeur de dessin, il s'effraya et commit la même inconvenance, en me citant devant le juge de paix.

Après m'avoir adressé une lettre dans laquelle il violait étourdiment les lois de la syntaxe, lui acteur comique de comédies françaises, il reçut son payement en numéraires, ce qu'il accepta volontiers ; mais la critique que je me permis de faire de sa lettre, en y répondant, ne fut pas de son goût. Son avocat déclara en effet devant le juge qu'*en ma qualité de prêtre, j'avais été trop mordant, même à l'égard d'un acteur comique*. Le fils est devenu un pianiste distingué, mais je ne l'ai plus revu.

4°
Incident B...

Vers la fin du 1ᵉʳ semestre il arriva un incident, qui, bien que triste et douloureux, ne fut pas néanmoins, dans son issue, sans consolation.

Un des élèves qui nous avaient suivis du Petit Séminaire, fut surpris ayant des liaisons au moins suspectes avec un autre élève, plus jeune que lui. Comme il m'était très attaché et que par conséquent je l'aimais beaucoup, je lui donnai, en particulier, quelques avis charitables et je le conjurai instamment de veiller sur sa conduite, afin de ne pas m'exposer à prendre contre lui des mesures, qui, naturellement, devaient me répugner. Il me remercia et me promit de faire ce que je lui recommandais. Mais quinze jours s'étaient à peine écoulés, que je le surpris moi-même continuant d'entretenir des relations qui pouvaient devenir dangereuses. J'eus avec lui une nouvelle conférence, dans laquelle je lui prodiguai les témoignages d'amitié les plus affectueux, pour lui faire prendre une résolution énergique. Il en fut tellement attendri, que je crus pour cette fois avoir réussi. Mais c'était une illusion de part et d'autre. Comme je m'étais chargé spécialement de cette surveillance, et que je ne le perdais pas de vue, j'eus la malheureuse conviction de sa rechute. Alors, malgré toute la douleur que j'éprouvais, je fus inexorable. Je lui tins à peu près ce langage : « Il m'est impossible, mon cher enfant, de vous garder plus longtemps dans notre Maison. Mais je ne veux rien faire qui puisse vous déshonorer et contrister votre famille. Ecrivez vous-même à votre sœur, puisque c'est elle qui dirige la maison, que vous êtes trop grand pour vivre dans une pension et que vous êtes décidé à travailler dans le commerce, etc. » Il pleura beaucoup, me fit les plus chaudes protestations ; mais je tins ferme, il fit sa lettre et sa sœur vint le prendre. Or, tout cela se passait dans l'état de nos finances, que j'ai exposé.

Devenu libre, ce jeune homme se livra à des excès qui sont dangereux pour tous et furent mortels pour lui, attendu qu'il était d'une santé délicate. Trois ou quatre mois de ce régime désordonné finirent par l'abattre et le clouer enfin dans sa chambre et même dans son lit. Comme nous avions pour élève un de ses neveux, je voyais quelquefois sa sœur et je savais ainsi quelle était sa situation. Je n'osais pourtant pas aller le voir de mon propre mouvement, craignant que ma présence ne lui rappelât de douloureux souvenirs. Enfin il m'envoya chercher de lui-même, pour me faire, disait-il, certaines confidences ; je m'empressai de le satisfaire et, après quelques propos évasifs, je l'engageai à penser à Dieu et à se souvenir de l'éducation chrétienne qu'il avait reçue. Indiquez-moi le prêtre de la paroisse en qui vous avez confiance, lui dis-je, et je me charge de le prévenir. « Je n'en veux pas d'autre que vous, me répondit-il. » Mais vous serez peut-être gêné. « Au contraire, je serai plus libre. »

C'est pour lui que je demandai à l'Evêché et que j'en obtins des pouvoirs, pour la première fois, depuis la fondation de Menpenti ; ma supplique et la réponse portent le n° 5 à l'appendice. Il me fit donc sa confession ; je lui administrai moi-même les derniers sacrements et je reçus, quelques jours après, son dernier soupir, en le baisant sur son font glacé. Tout le Pensionnat assista à ses funérailles. Un mois après le beau-frère m'apporta, au nom de la famille, comme souvenir, des burettes en argent, que j'ai fait dorer ; je les acceptai à condition que je dirais 30 messes pour le repos de son âme.

R..., mon cher élève, repose en paix.

CHAPITRE V

Vexations des Propriétaires et invention de l'Abbé Vidal

1°

Les Huissiers

L'année 1839 fut une des époques les plus humiliantes de ma vie ; pour la première fois je fus en relation avec les huissiers ; et ce furent nos propriétaires qui me ménagèrent cette connaissance. C'est une profession à peu près indispensable dans l'état actuel de notre société ; il nous faut des prisons et par conséquent des geôliers ; nous avons des forçats et par conséquent des gardes-chiourme ; il y a des condamnés à mort, le bourreau est donc nécessaire : tant qu'il y aura d'après notre législation des ventes judiciaires et des saisies mobilières, nous aurons des huissiers pour exécuter les arrrêts des tribunaux.

Profession odieuse par elle-même, pénible pour l'honnête homme qui l'exerce, surtout envers les familles malheureuses et accompagnée surtout d'excès révoltants de la part de ceux qui ajoutent à la rigueur du métier la rudesse des procédés.

Le premier qui se présenta, était un ex-professeur que j'avais congédié par défaut de capacité ; il eut l'air de ricaner ; mais d'un regard je le clouai sur place et il me pria d'agréer ses excuses.

Un autre qui instrumentait au nom des propriétaires, avait ordre de dresser l'inventaire du mobilier, pour en faire plus tard la saisie. Afin de ne pas augmenter les frais, j'acceptai la charge d'être séquestre, ce qui me rendait responsable de tout le mobilier inventorié, et par conséquent me faillit coûter cher, lorsque en quittant la Maison, j'omis de me faire décharger de cette lourde responsabilité.

L'abbé Vidal, en effet, qui avait attiré sa famille auprès de lui, pour administrer la Maison et se laissait diriger par elle, commit, d'après ses instigations, un acte d'indélicatesse dont il eût été tout seul incapable. Pour se libérer du fort loyer de Menpenti, il loua à la Plaine Saint-Michel la maison qui avait servi d'asile à l'abbé Blanc, et fit transporter de nuit clandestinement plusieurs des meubles qui avaient été saisis. M. Guin, le propriétaire de l'immeuble, ne manqua pas de me poursuivre ; mais grâce à l'influence de M. Robert, courtier, qui avait des relations de commerce avec M. Guin, l'affaire s'arrangea à l'amiable, moyennant une modique somme.

Singulière destinée de cette maison, qui a reçu deux fois les fuyards de Menpenti sans leur porter bonheur. Le Pensionnat fondé par M. Vidal, avec la coopération d'un sieur Laurent, qui était bachelier, ne prospéra pas plus que celui de l'abbé Blanc.

Je reviens à mon huissier, qui noircissait du papier timbré dans notre salon de réception. Pendant qu'il faisait ses opérations, deux élèves me furent amenés, parce qu'ils en étaient venus aux mains, à la suite d'une querelle : après quelques reproches et une exhortation à la concorde, ils s'embrassèrent devant moi et je leur pardonnai.

L'huissier témoin de cette procédure toute paternelle et de l'issue sans frais de ce procès d'écolier, ne put s'empêcher de sourire et d'admirer mon sang-froid, au milieu des angoisses qui devaient être l'effet naturel de l'office qu'il remplissait.

2°

Mes relations avec les deux Présidents à l'occasion de la dame Flory

L'opération de cet huissier me rappelle ce que j'ai dit ci-dessus concernant l'indigne conduite de nos propriétaires, et en même temps me sert de transition naturelle pour passer à nos discussions avec les honorables MM. Puget et Réguis, pour les billets négociés par Laurens et Flory.

Nous avions souscrit à forfait, on le sait, des billets à ordre pour 6.000 francs ; il fallait les renouveler tous les trois mois et nous en payions le 24 0/0 d'intérêt depuis le mois de juillet 1836 ; 2.000 francs seulement avaient été enlevés de la circulation, au mois d'octobre 1837, grâce aux prétendus sacrifices de M. l'abbé Blanc ; et 1.500 francs avaient été reconnus par un billet à ordre, que Flory et sa femme avaient souscrit et n'avaient pas payé à l'échéance.

M. Rolland, notre avocat, qui était parfaitement au courant de ce qui se passait dans un certain monde, nous avait engagés à prendre cette précaution, qui bien qu'elle nous parut alors une garantie purement nominale, pouvait à ses yeux, le cas échéant, ne pas être infructueuse. Voici en effet ce qui arriva.

Nous étions au mois de mars 1839 : la fête de la Saint-Joseph approchait. Il y avait alors à la Chambre de commerce une certaine somme déposée par une personne charitable, dont les intérêts servaient à délivrer les prisonniers pour dettes le jour de la susdite fête.

M. Rolland vint nous voir quelques jours auparavant, nous fit part de son dessein, qui consistait à faire emprisonner Mme Flory, 10 ou 12 jours seulement avant le 19, afin de ne pas trop dépenser pour les frais de nourriture. — A la première ouverture de ce plan, je fus révolté : « Cette femme est enceinte, lui dis-je, que pensera-t-on de nous ? » « Soyez tranquille, me répondit-il en riant ; elle sera parfaitement soignée, comme si elle était chez elle et même mieux : Croyez que c'est *une femme intéressante* — seulelement il faut graisser la patte d'un huissier, sinon elle sera introuvable. »

Cette manière d'envisager la question, je l'avoue, en fit disparaître tout ce qu'elle pouvait avoir d'odieux et de repoussant et nous lui donnâmes plein pouvoir pour agir selon ses vues.

Un huissier fut bientôt trouvé, qui, moyennant finances, surprit 10 jours avant la Saint-Joseph, la dame Flory au moment où elle remplissait une cruche d'eau à une fontaine, lui mit, comme l'on dit, la main dessus et la conduisit en prison. — Lorsqu'au Palais, on apprit cette nouvelle, il y eut un vacarme infernal ; c'était à qui déblatèrerait sur le ton le plus aigre contre nous. « Mais c'est une abomination ! C'est un scandale ! Des prêtres faire mettre en prison une femme enceinte ! Au moins qu'elle ne manque de rien. » Or quels sont ceux qui tenaient ces propos ? Je l'ai toujours ignoré — mais M. Rolland qui était un roué, les connaissait et se moquait d'eux, en leur disant : « Nous vous avons mis l'oiseau en cage, allez le soigner. »

Cependant j'eus l'honneur d'avoir une conférence en présence de M. Rolland, avec M. Réguis, 1ᵉʳ président du tribunal civil, pour déterminer le chiffre de la somme que nous consentions à recevoir ; de 1500 fr. nous descendîmes à 1200 fr. sur la demande de M. Réguis, puis à 1000 fr. tous frais payés, toujours sur la proposition pressante du même magistrat.

Le lendemain matin de cette conférence, je me promenais devant le château, lorsqu'un Monsieur, élégamment vêtu et d'une fort belle mine, se présenta à moi, pour m'entretenir sur un objet important. — « A qui ai-je l'honneur de parler, lui dis-je ? — A M. Wilfran Puget, Président de la Chambre de Commerce, répondit-il — et en même temps, sans vouloir entrer dans les appartements, il m'exposa l'objet de sa visite à peu près en ces termes : « Nous avons, vous le savez, chaque année une somme disponible pour déli vrer un certain nombre de prisonniers. M. Réguis que j'ai vu hier, pense que vous aurez la charité d'abaisser vos prétentions jusqu'à 600 francs, nous pourrons ainsi délivrer un prisonnier de plus — ma femme, qui est pieuse, ajouta-t-il en prenant le ton le plus sérieux, me disait ce matin qu'elle serait étonnée, si des prêtres se refusaient à faire ce sacrifice, et à ce propos, elle me rappelait la parabole du Serviteur qui devait 10.000 talents. »

L'honorable M. Puget, qui était alors une des sommités financières les plus importantes de la Ville, ne comprit pas que ses dernières paroles devaient produire sur moi un effet tout différent de celui qu'il attendait et que surtout cette leçon qui m'arrivait de la part de sa femme était une insulte, d'autant plus grave, que cette remontrance dans notre situation péchait par la base.

Je lui répondis respectueusement, mais avec froideur, que j'avais besoin de communiquer cette nouvelle proposition à M. l'abbé Vidal, mon collègue, et que j'aurais l'honneur de lui écrire, pour lui faire part de nos intentions. Dès qu'il fut parti, je montai immédiatement à l'Economat et je m'empressai de coucher sur le papier les impressions que je venais de recevoir. Je n'avais pas besoin de consulter M. Vidal. Je savais d'avance la réponse qu'il fallait faire : la voici telle que je la trouve dans mes papiers :

A M. Wilfran Puget.

MONSIEUR,

J'ai conféré avec mon collaborateur sur la proposition que vous avez eu hier l'extrême obligeance de me faire. Je ne puis vous dissimuler que nous avons dû être surpris de la facilité étonnante avec laquelle un de nos premiers magistrats a retiré deux fois sa parole sacrée. Je ne sais quel jugement porter sur cette conduite au moins singulière ; mais vous, Monsieur, qui connaissez de près M. le premier Président, vous pourriez nous dire si ces tergiversations sont ou ne sont pas une sorte de piège, tendu à notre simplicité et à notre peu d'usage des choses de ce monde.

Il a été entraîné, m'avez-vous dit, par un sentiment de

commisération. C'est fort bien. Mais l'aumône légitime et acceptable aux yeux des hommes et de Dieu ne se fait jamais avec le bien d'autrui ; et d'ailleurs M. Réguis avait un moyen fort simple de satisfaire sa philanthropie et de témoigner sa sympathie pour cette malheureuse femme. Ce moyen, est-il nécessaire de l'indiquer ? Vous le concevez facilement, l'honorable magistrat n'avait qu'à jeter un regard généreux sur sa caisse.

Quant à la parabole que votre pieuse épouse vous a chargé de rappeler à mon souvenir, j'ai l'honneur de vous faire observer qu'elle n'a pas eu la main heureuse, en choisissant cette parabole pour nous faire la leçon. Il s'agit, en effet, dans l'Evangile d'un débiteur à qui l'on a remis toute la dette, et qui, n'imitant pas la miséricorde de son créancier, exige jusqu'à la dernière obole ce que lui devaient ses propres débiteurs. Or, est-ce là notre situation ? Les jugements que M. le Président a pris contre nous en faveur de nos propriétaires et qui s'exécutent impitoyablement, prouvent que nous ne sommes pas dans la position du débiteur de l'Evangile ; et la réduction à laquelle nous avons adhéré bénévolement d'une très grande partie de la dette est encore une démonstration évidente de la différence qui existe entre ce féroce débiteur et nous.

Votre pieuse femme eût été beaucoup mieux inspirée, si elle nous avait cité ce passage de l'oraison dominicale : *Pardonnez-nous nos offenses, comme nous les pardonnons à ceux qui nous ont offensés*. Passage qu'on peut traduire ainsi littéralement : *remettez-nous nos dettes comme nous les remettons à nos débiteurs*.

Or, la première explication seule est rigoureusement obligatoire, et n'admet aucune sorte d'exception. Quant à la seconde, l'Eglise, M. le Président, ne nous oblige pas de nous appliquer strictement ce texte de l'Evangile, parce que la saine raison s'y oppose.

Ai-je besoin d'apprendre à des magistrats et à d'opulents financiers, que si les honnêtes gens ne pouvaient, sans prévarication, poursuivre leurs débiteurs, il en résulterait pour la société de très graves désordres ? Je connais cette maxime salutaire, à laquelle votre pieuse femme aurait encore pu faire allusion : *Ne faites pas à autrui ce que vous ne voudriez pas qu'on vous fît* (intercalez : ce que vous ne voudriez pas *raisonnablement*). Or, un débiteur quelconque, à moins qu'il ne soit dans une extrême nécessité, ne peut pas vouloir raisonnablement que son créancier renonce à son droit, lorsque surtout ce dernier se trouve en proie à de très graves besoins.

Eh bien ! M. le Président, j'avoue sans rougir que je me trouve dans cette catégorie de créanciers ; cet aveu ne me coûte pas beaucoup, parce que de nombreux témoins et des faits notoires pourraient au besoin certifier et démontrer que l'état de détresse de notre Maison est le résultat de fautes que nous n'avons pas commises et dont nous subissons l'expiation ; il est incontestable en effet que si nous sommes aujourd'hui malheureux, c'est que nous sommes victimes de notre trop grande crédulité, de notre confiance aveugle dans des encouragements chaleureux, et d'un dévouement désintéressé dont nous avons donné un éclatant exemple à votre ville financière.

M. le Président Réguis nous a donné, l'année dernière, une leçon d'équité judiciaire, en prononçant, contre nous, une sentence de condamnation, en faveur d'un de nos professeurs, quoique les lois existantes gardent sur cette question le silence le plus complet, et que notre conduite fût conforme à la pratique universelle des maîtres de pension. Il nous a donné, il y a à peine un mois, une leçon de miséricorde, lorsqu'il a envoyé, chez nous, les huissiers, avec ordre de saisie, sur la requête de M. Guin, votre caissier ; aujourd'hui, il nous donne enfin une leçon de droiture et de dignité. Grâces lui soient rendues pour cette triple instruction, dont je tâcherai de faire mon profit.

Je n'ai, pour le moment, d'autres communications à vous faire.

Agréez, etc.

A M. le Président du tribunal civil.

Monsieur le Président,

J'ai appris, hier, d'une bouche qui ne ment pas, bouche de magistrat et de président, comme la vôtre, que les 1200 francs, promis d'abord par vous solennellement et ensuite restreints encore par vous à 1000 francs, sont enfin descendus à la modeste somme de 600 francs.

Permettez-moi, Monsieur, de vous avouer humblement ce que je pense. Je ne comprends pas pourquoi, n'ayant ni assez de crédit pour me faire obtenir 1200 francs, ni assez de bonne volonté pour suppléer ce qui serait dans le cas de manquer, vous m'avez, néanmoins, promis 1200 francs, en présence de plusieurs personnes honorables, et puis 1000 francs ? Auriez-vous eu la pensée de vous jouer de notre simplicité ou bien ne compteriez-vous pour rien le déshonneur qui peut rejaillir sur votre robe de magistrat, si vous persistiez à retirer votre parole sacrée ?

Je ne puis adopter ni l'une, ni l'autre, de ces deux hypothèses, sans vous faire injure ; et cependant, le bon sens m'indique que toutes les deux sont probables et que l'une ou l'autre est une réalité. Quoiqu'il en soit, M. le Président, j'ai l'honneur de vous prévenir que je ne vous tiens pas quitte de votre promesse, et autant qu'il est en mon pouvoir, je vous requiers sur l'honneur d'y être fidèle.

Je vous remercie de la bonne intention que vous avez eue de me faire un petit sermon, pour m'inspirer des sentiments de miséricorde. Si votre projet se fût effectué, d'abord je vous aurais écouté, croyez-le bien, avec une attention respectueuse ; puis, mon tour étant venu de prendre la parole, j'aurais comparé ma position à la vôtre ; j'aurais fait observer aux assistants que, lorsque notre prochain se trouve dans une grave nécessité, c'est un devoir, pour un homme opulent, de sacrifier une partie de son superflu pour soulager son frère ; mais, que celui qui n'a que des ressources très médiocres ou même qui éprouve aussi de graves besoins n'est tenu, par aucune loi, ni divine, ni humaine, de sacrifier la moindre parcelle de son modique revenu ; que cependant, dans le cas présent, moi, qui ne gagne mon pain quotidien qu'à la sueur de mon front, qui non seulement n'ai aucun superflu, mais encore ne puis satisfaire à des obligations urgentes, moi, dis-je, je sacrifie plus de 300 francs de frais, deux années environ d'intérêts que j'ai payés au 24 0/0 et 300 francs du capital ; et que vous, M. le Président, qui appartenez, sans aucun doute, à la classe opulente de la Société, vous n'avez pas eu seulement la pensée d'offrir de faire les avances de 300 francs pour délivrer cette femme le plus tôt possible. Les assistants auraient, je n'en doute pas, apprécié à leur juste valeur mes observations.

J'aurais ajouté, en forme d'épisode, que les Directeurs de Menpenti vous savent beaucoup de gré, M. le Président, de les avoir condamnés, l'année dernière, dans l'affaire de M. L..., quoique vous n'eussiez, pour vous, ni les lois, ni l'usage et d'avoir, il y a un mois, envoyé chez eux, avec un miséricordieux empressement, des huissiers pour faire saisie.

J'aurais terminé ma harangue, en souhaitant que Dieu vous pardonne, comme nous-mêmes nous vous pardonnons de bien bon cœur, nonobstant la sévérité de votre langage et de votre conduite.

Agréez, etc.

Cette lettre n'est pas parlementaire ; elle est d'une rudesse condamnable, je le sais ; mais si l'on veut bien réfléchir sur la nature de la dette, sur les friponneries dont nous avions été victimes, sur notre détresse actuelle et enfin sur les insolentes prétentions de ces hommes fastueux qui, comme les Pharisiens de l'Evangile, voyaient une paille dans notre œil et n'apercevaient pas la poutre qui crevait le leur, je pense qu'on nous accordera le bénéfice des circonstances atténuantes.

« Voyez, dit M. Réguis à M. Rolland, comme votre client me traite. » Ce dernier, qui était au courant de tous les tripotages, me dit en me rapportant cette exclamation du Président : « Vous avez été dur envers ces Messieurs ; mais ils n'ont que ce qu'ils méritent. »

Le jour de la Saint-Joseph étant arrivé, nous fûmes invités, M. Rolland et moi, à nous rendre à la prison, où les membres de la Chambre de commerce et M. Léautier, ancien curé du Rouet et alors des Carmes, étaient réunis dans une salle, sous la présidence de M. Puget.

M. le Président osa me demander si je persistais dans mes prétentions. « J'y persiste, répondis-je, conformément aux observations que j'ai eu l'honneur de vous présenter et que je vous autorise à communiquer à ces Messieurs. »

Je remarquai que personne ne levait les yeux sur moi, pas même M. le Curé. Sur ma réponse, on me remit 1000 francs, par lesquels je donnai quittance intégrale, avec faculté de délivrer la prisonnière et je me retirai, en saluant respectueusement toute cette compagnie, qui me fit tout l'effet d'une sorte de Sanhédrin, présidé par un Curé, en guise de Grand-Prêtre.

3°

Inventions de l'Abbé Vidal

Ce n'est pas ma faute, si je ne mets pas souvent en scène l'abbé Vidal, le seul associé qui me restât ; l'excellent homme tout entier absorbé par la physique et l'histoire naturelle, de laquelle il rédigeait un Opuscule qui fut livré à l'impression aux frais de la Maison, il me laissait diriger la barque et tenir le gouvernail, sans trop de souci, mais sans jalousie.

Cependant il faillit, pendant le premier trimestre, devenir la pierre angulaire de notre Maison et se faire dans le monde savant et dans le commerce un renom qui assurément aurait effacé celui que j'avais acquis sous d'autres rapports ; et cette réputation, heureusement, n'eût pas été infructueuse ; si en effet les travaux auxquels il se livrait tous les soirs et même pendant des nuits entières avaient été couronnés de succès, non seulement nous aurions payé toutes nos dettes, mais encore Menpenti aurait repris une allure de prospérité qui nous eût ramené la confiance des familles marseillaises.

Il s'agissait de découvrir la fraude, par le moyen de laquelle les liquoristes introduisaient en ville de l'alcool, qu'ils faisaient passer pour de l'eau-de-vie, en y mêlant du sucre, ce qui ne contrarierait pas la plupart des acheteurs :

l'alcoomètre ou le pèse-liqueur ordinaire ne pouvant découvrir cette ruse, il en résultait un déficit pour les finances de la Ville. M. l'abbé Vidal avait fait dans ce but de nombreuses expériences, auxquelles il m'avait associé et était parvenu à découvrir que selon le degré du thermomètre au moment de l'ébullition, on découvrait le degré de la liqueur, quelle que fût la matière avec laquelle on l'avait mélangée. C'est au moins de cette manière qu'il m'expliquait alors son invention, aux calculs de laquelle j'étais alors, comme aujourd'hui, complètement étranger. Mais il fallait aller à Paris, y faire un séjour de quelques mois, s'aboucher avec les employés du Ministère et enfin vendre au Gouvernement le secret. M. Vidal était tellement convaincu de la réussite, que je n'osais le contredire; je ne dus pas, bien entendu, le laisser partir sans argent, afin qu'il n'eût pas l'air d'un mendiant. Etant arrivé à Paris, il ne tarda pas malheureusement à donner sa confiance à des hommes tarés qui, en voyant sa bonhomie et sa trop grande facilité à manifester ses pensées, entrèrent dans toutes ses vues, pour s'en rendre maître plus aisément et l'engagèrent à demander 100,000 francs, en lui faisant promettre d'en donner la moitié à ceux qui lui ouvriraient les portes du Ministère. Assurément cette somme n'était pas exorbitante ; mais s'il l'avait obtenue, ceux qui devaient prendre part au gâteau avaient pris sur lui un tel ascendant, que je ne m'attendais pas à de grands avantages pour notre Maison.

M. l'abbé Vidal comparut en effet devant une Commission, à laquelle, sans presque s'en douter, il découvrit son secret ; M. Gay-Lussac, à qui on fit part de l'invention, s'empressa de faire un appareil perfectionné ; lorsqu'on demanda à l'abbé Vidal ce qu'il demandait pour son invention et qu'il eût énoncé le chiffre de 100.000 francs, on se mit à rire et on lui prouva que M. Gay-Lussac avait fait quelque chose de mieux — telle fut l'issue de cette invention, à propos de laquelle nous avions fait de si beaux rêves.

M. l'abbé Vidal m'écrivit un jour qu'il rapporterait *quelque chose*. M. Rolland, notre avocat, me dit : « Il ne rapporterait qu'une coquille de noix, ce sera quelque chose. » En effet, à son retour il ordonna à Martin, notre commissionnaire, d'aller ramasser à tous les marchés de volailles les intestins, même ceux qu'on jette dans les ruisseaux ; et avec ces débris puants, il parvint à faire une espèce de savon, qui ne fut jamais coté à la bourse ; mais à la fin du mois nous eûmes à payer une traite de 300 francs pour le surcroît de dépenses qu'il avait faites à Paris ; ce qui, ajouté à la somme qu'il avait emportée à son départ de Marseille, augmenta notre passif d'environ 1.200 francs, sans compter tout le poids de la Maison que j'ai eu à supporter pendant trois mois, et les honoraires du professeur à qui j'avais confié les classes de physique et d'histoire naturelle.

Quelque temps après notre séparation, l'abbé Vidal retourna à Paris et fit de nouveau des efforts qui n'aboutirent qu'à lui faire un nom dans l'administration de l'octroi. Etant devenu aveugle, il fut presque réduit à la mendicité, n'ayant que l'abbé Chirac pour le consoler et le secourir dans son infortune ; celui-ci lui donnait en effet des honoraires pour des messes qu'il lui faisait célébrer *de Beatâ* ou de *Requiem* et qu'il acquittait quelquefois de nouveau, par précaution ; c'est de sa bouche même que je tiens ces détails.

L'abbé Vidal est mort dans cet état en 1863. Plus tard, grâce à la charitable intervention d'un ami, sa sœur était sur le point d'obtenir un résultat lucratif de cette mémorable invention ; mais elle est morte avant de pouvoir en profiter ; on le conçoit aisément, lorsqu'on pense que l'abbé Vidal ayant eu la première idée de son invention en 1838, est resté quatre ans à la développer, que le premier rapport, fait en 1848, ne conclut à rien de pratique, quoique fort élogieux, et par conséquent tout à fait platonique, et qu'enfin le dernier rapport qui semble toucher au but a pour date 1875.

Il a donc fallu environ 40 ans d'études, de veilles et de

recherches pour retirer quelque fruit appréciable ; espace de temps plus que suffisant pour enterrer deux personnes qui n'étaient pas, le prêtre surtout, de première jeunesse.

Moi seul, qui avais quelque droit de revendiquer une portion de bénéfice, je suis survivant. Je lis en effet dans la transaction qui fut faite entre M. Vidal et moi, le 6 janvier 1840, ce qui suit :

« Il est convenu que si par suite des espérances que
« M. Vidal pourra réaliser à Paris et ailleurs, il parvient à
« obtenir une indemnité, il viendra en aide à M. Jonjon, de
« la manière suivante :
« Si cette indemnité dépasse la somme de 50.000 francs,
« M. Vidal payera la totalité de la dette commune ; si, au
« contraire, il n'obtient qu'une indemnité inférieure à
« cinquante mille francs, M. Vidal payera la moitié de la
« portion mise à la charge de M. Jonjon, etc., etc.

« JONJON. — VIDAL. »

Mais il n'a jamais été question de ma coopération qui, quoique indirecte, n'en fut pas moins réelle, ni de l'engagement que M. Vidal avait pris envers moi. D'ailleurs l'indemnité qu'on se proposait d'accorder à Mademoiselle Vidal ne pouvait être qu'un secours alimentaire et viager, qu'il eût été cruel de lui disputer ; enfin je n'ai eu connaissance du dernier rapport, qu'en 1885.

Ainsi il était écrit dans le livre des destins, que mon lot ne devait pas être même *une coquille de noix*.

(Voir pour les détails l'appendice n° 7).

CHAPITRE VI

Fin de l'année scolaire et début de la nouvelle année

1°
Distribution des Prix et Maladie

Cependant la fin de l'année classique arrivait ; il fallait faire bonne contenance, malgré la douleur qui m'oppressait. Je pris donc la plume pour composer le discours de la distribution des Prix : j'en avais déjà écrit quelques pages, qu'on trouvera dans mes manuscrits, lorsque M. Geymet, notre excellent professeur de mathématiques, à qui j'ouvrais mon cœur quelquefois et je faisais part de mes chagrins, s'offrit spontanément pour me débarrasser de ce souci. Il s'acquitta à merveille de ce devoir, au-delà de mes espérances, puisqu'il débita son discours de mémoire, sans jeter une seule fois ses regards sur son cahier, qu'il tenait à la main.

Nous finissions cette quatrième année de véritable décomposition avec environ 70 élèves ; c'était encore beau, mais sans les jugements et les huissiers.

Dès le commencement des vacances, je fus atteint d'une fièvre inflammatoire qui m'obligea à garder le lit durant plus de quinze jours ; personne n'en fut surpris, ni moi encore moins que tout autre : ma mère vint s'installer à Menpenti pour me soigner elle-même : un jeune médecin appelé Despine, qui jouit aujourd'hui d'une grande considération, me faisait de fréquentes visites et parvint à triompher du mal qui, les premiers jours, lui inspirait de l'inquiétude, a cause de mes préoccupations dont il n'ignorait pas la gravité.

Comment se fait-il que bien des personnes vigoureuses ne résistent pas à des maladies en apparence légères et succombent en peu de jours, tandis que faible, décharné et ayant toujours l'esprit au moins aussi malade que le corps, j'ai survécu à des atteintes très-graves quatre ou cinq fois dans ma vie ? Tant il est vrai qu'une bonne santé habituelle n'est pas toujours la garantie d'une longue vie ; sauf meilleur avis, je crois que la sobriété est préférable à un bon appétit. J'ai toujours très-peu mangé parce que je n'ai jamais eu, même dans mon enfance, un appétit dévorant. Cependant je constate mon régime seulement comme un fait ; et je suis loin de m'en faire un mérite, et encore moins de me proposer pour modèle.

On trouvera sans doute fort drôle que je termine l'exposé d'une des années de ma vie les plus sombres par ce léger et froid aperçu sur l'hygiène, qui a toujours été le moindre de mes soucis dans ma longue carrière ; en tout cas, je réclame l'indulgence de mes lecteurs, si j'en ai.

2°

Début de la nouvelle année classique, mes perplexités et ma résolution

Nous commençons l'année classique avec 55 pensionnaires, c'était encore beau, si nous avions été une maison ordinaire, que ce fût là notre début, et surtout que la misère ne fût pas imminente. J'étais complètement découragé, sans forces physiques — j'étais (je l'ai dit souvent) comme une femme qui vient de faire une fausse couche, comme quelqu'un qui fait une chute lourde et qui en est tout étourdi — je voyais ce grand arbre, que j'avais planté et arrosé de mes sueurs, dont les branches vigoureuses s'étaient couvertes d'une luxuriante verdure et avaient même porté des fleurs et des fruits ; je le voyais, dis-je, se dessécher ; la sève ne montait plus jusqu'aux extrémités, parce que les racines elles-mêmes étaient atteintes du mal qui le rongeait.

Nous avions nécessairement diminué le nombre de nos professeurs et de nos domestiques ; mais les ressources étaient aussi devenues beaucoup moindres ; je m'attendais donc à une année de labeurs stériles, sans espoir d'améliorer notre situation et avec la certitude de la voir s'aggraver : c'était peut-être une crainte exagérée ; mais lorsque l'imagination est frappée, il est bien difficile de la calmer — il fallait cependant prendre un parti ; devais-je rester et mourir d'ennui et de honte, ou reprendre quelque part mes fonctions sacerdotales dans le ministère des paroisses, pour lesquelles, je l'avoue, j'avais une répugnance invincible ? Après avoir bien réfléchi, je crus avoir trouvé une voie qui me permettrait d'échapper aux deux extrémités dont j'étais menacé. L'Evêché m'avait offert maintes fois des emplois dans le diocèse, lorsqu'il me proposait de quitter mes associés et d'arrêter la formation du Pensionnat dans sa marche — alors je n'avais qu'à parler, et l'on m'aurait satisfait dans tous mes désirs ; mais en 1839, notre Pensionnat, par la force des choses, n'était plus qu'un cadavre ambulant ; il n'inspirait donc plus aucune frayeur et l'on se croyait dispensé d'avoir pour moi le moindre ménagement. J'aurais dû pressentir tout cela, lorsque j'eus la bonhomie de demander à Mgr Eugène de Mazenod le poste obscur d'aumônier auxiliaire à la Charité. Hélas ! les temps étaient changés : je n'avais plus ni griffes, ni dents ; on pouvait impunément me donner des coups de pieds ; on n'y manqua pas. On me répondit que l'aumônerie de la Charité était occupée par des prêtres *qui vivaient en paix et qu'on ne pouvait pas en détruire la bonne harmonie en faisant un changement que rien n'exigeait.* C'était juste ; mais en me refusant cela, on ne m'offrit rien autre. On n'avait pas même pour moi les égards qu'on avait eus pour celui à qui après trente jours de retraite, il n'avait pas éét permis de monter à l'autel. Je regrette de n'avoir pas conservé cette correspondance. J'avais poussé si loin l'illusion, que je m'étais décidé à demander à mes supérieurs ecclésiastiques d'Aix, de qui je croyais toujours relever, l'autorisation d'accepter un emploi dans le diocèse de Marseille. Elle me fut accordée par une lettre de M. Ginouilhac, qu'on trouvera au N° 2 de l'appendice (1).

Indépendamment de ma lettre à Mgr l'Evêque et de sa réponse, je crus devoir lui faire une visite, qui fut aussi froide de sa part que respectueuse de la mienne. Je remarquai que pendant notre court entretien, un domestique passait et repassait dans l'appartement ; il en avait probablement reçu l'ordre, afin d'être prêt à me chasser, si j'avais eu la velléité de renouveler la scène de 1835 ; ce qui me fit sourire de pitié.

L'ancien valet, qui m'avait pris par le bras pour me faire sortir, avait quitté l'Evêché l'année précédente d'une manière scandaleuse, en chargeant le prélat d'accusations obscènes, auxquelles personne n'ajouta foi. Ce misérable vint m'offrir ses services ; je le toisai d'un regard dédaigneux et lui montrai le chemin de la porte, pour lui faire comprendre que je ne voulais rien avoir à faire avec un sacrilège et un traître.

Mgr Eugène ignorait cette délicatesse de ma part, lorsqu'il m'accueillait avec cette froide pitié qui n'était pas exempte de malicieuse ironie. S'il avait pu lire dans mon cœur, il aurait su, ce que je ne pouvais lui dire, qu'à mon tour, j'avais compassion d'une *Grandeur* qui s'abaissait jusqu'au rôle d'un vulgaire vindicatif ; on n'ignore pas que plus tard je me suis vengé chrétiennement de cette vengeance.

Que faire dans l'état des choses ? aurais-je dû essayer de

---

(1) Si cette lettre n'est pas un *exeat*, quelle peut en être la valeur canonique ? En m'accordant la faculté d'accepter un emploi sans restriction dans le diocèse de Marseille, évidemment on ne se réservait pas celle de me faire rompre, à leur gré, les nouveaux engagements que j'allais prendre.

vivre avec les débris encore importants de notre Pensionnat ? Notre naufrage n'était pas précisément un déshonneur pour moi ; j'avais tout fait pour l'empêcher ou au moins pour le retarder ; et la planche qui nous restait, était encore assez large et assez solide, pour nous permettre d'échapper à la tempête et d'arriver peut-être sains et saufs à une côte hospitalière : mais ce ne serait plus la maison que j'avais rêvée et pour la durée de laquelle j'avais tout sacrifié : ma résolution fut donc arrêtée et je ne songeai plus qu'à opérer ma retraite le plus honorablement possible.

3°

Ma correspondance avec M. Bony

Dans l'impossibilité où je me trouvais d'avoir un emploi conforme à mes vœux dans le diocèse de Marseille, je tournai mes pensées du côté d'Aix ; je me souvins de tous les témoignages de bonté, d'estime et d'affection que m'avait donnés en toutes circonstances et même naguère M. Bony, supérieur du grand Séminaire d'Aix. Je lui fis donc part dans une longue lettre dont je n'ai pas conservé la copie, de ma situation physique et morale, de mon antipathie pour le service des paroisses et de la nécessité où je me trouvais de travailler pour gagner ma vie, sans être à charge à ma famille, attendu que j'avais perdu ou j'étais sur le point de perdre mon bien personnel.

J'avais fait appel à son cœur ; c'est le cœur qui lui dicta sa réponse, où je retrouve M. Bony en 1839, tel qu'il n'avait jamais cessé d'être, depuis mon entrée au grand Séminaire en 1825 (Voir l'appendice n° 9.) *J'étais toujours très-cher, mais encore plus cher par mes infortunes.* Il me félicite *de n'avoir laissé échapper de mon cœur aucune plainte offensante dans cette dernière circonstance qui a été si pénible pour moi* (c'est-à-dire pendant l'entretien que j'avais eu avec Mgr l'Evêque).

J'acceptai avec empressement l'offre qu'il me faisait de faire l'éducation de deux ou trois élèves et je pensai comme lui que la Providence, malgré toutes mes fautes, ne m'abandonnait pas ; je pouvais ainsi continuer ma profession d'instituteur, quoique dans d'autres conditions, mais avec la paix de l'âme ; *j'en avais au moins la ferme confiance ;* ce qui suffit pour me tranquilliser ; mais je recommandai à M. Bony de ne pas encore me nommer.

Par sa lettre du 2 janvier, M. Bony me communique celle de l'abbé Laugier, curé de Lançon, qui expose les intentions des deux familles et me demande mes conditions. Je répondis immédiatement que j'acceptais les trois élèves, moyennant le logement, la nourriture, le blanchissage, et au moins 1000 fr. d'honoraires. C'était un vrai gagne-petit pour trois élèves qui allaient m'être confiés depuis le matin jusqu'au soir. Mais il fallait sortir de ma position, coûte que coûte. Les deux familles, quoique riches, *ne pouvaient pas donner davantage.* Ces modiques conditions sont devenues le cadre que je n'ai pas dépassé pour les deux maisons avec lesquelles je suis entré plus tard en relation. Si la Providence dont j'ai toujours adoré les décrets ne m'abandonnait pas, elle ne me gâtait pas non plus, ou plutôt elle m'offrait un champ fertile en expiation.

Les membres de ma famille qui liront mes manuscrits, auront de la peine à croire les humiliations et les souffrances morales que j'ai endurées pendant les deux tiers de la nouvelle carrière, que j'allais embrasser.

La seconde maison surtout, malgré la noblesse de son origine, établie sur des noms historiques, et des principes religieux, solidement soutenus par la parole onctueuse des jésuites, m'a fait boire jusqu'à la lie le calice des amertumes (1).

---

(1) Au moment où j'écris ces lignes, j'assiste avec regret à la décadence de cette maison, que j'avais prévue.

Mais je ne voyais alors pour sortir d'embarras que la *porte d'ivoire,* dont parle Virgile, *qui s'ouvre aux songes décevants* (1) ; aussi je me hâtai de ne plus faire un mystère de mon nom ; et l'abbé Laugier, qui ne lisait pas plus que moi dans le livre de l'avenir, en fut on ne peut plus satisfait. Sa lettre du 12 janvier est très affectueuse, mais il y a deux lignes de trop.

M. Bony avait sans doute le droit de me reprocher mes fautes ; mais il a la sagesse de ne laisser échapper aucun mot qui me les rappelle ; il n'est question dans ses lettres que *de mes infortunes, de mes épreuves, de mes peines* ; il s'est bien gardé de m'écrire : « le triste état dans lequel « vous êtes, est le châtiment de votre insubordination ». Il eût fait comme le pédant dont parle le fabuliste. M. Bony n'a pas commis cette imprudence, qui de sa part m'eût indisposé. Mais en m'envoyant la lettre de l'abbé Laugier, il a voulu probablement me donner une leçon indirecte qui n'a pas été aussi pénible à recevoir, et qui m'a dispensé d'entrer en discussion avec lui sur ce point.

Qu'on se souvienne de tout ce que j'ai écrit ci-dessus ; je crois avoir démontré avec la plus grande clarté que, si j'ai commis des fautes, très certainement je n'ai pas été insubordonné, et que la lutte de ma part a été plutôt *une résistance qu'une opposition.*

L'abbé Laugier aurait donc pu se dispenser d'écrire ce qu'on ne lui demandait pas, ce qu'il ne m'a jamais dit en face, ce qui était même opposé à son opinion confidentielle sur ce qu'il appelle *ma lutte.* Cependant c'était mon ami, un vrai ami ; il n'a jamais su que j'étais dépositaire de ses lettres ; j'ai voulu lui épargner cette confusion, parce que mon amitié pour lui était à la hauteur de la sienne. Ce qui le prouve, c'est tout ce que j'ai fait *pour lui, avant et après sa mort,* pour *sa famille* et pour *son neveu*..... aux souvenirs duquel je me rapporte hardiment, sans oublier

---

(1) *Enéide*, livre VI, vers. 895.

ma correspondance avec M. Lucas, supérieur du Grand Séminaire(1); correspondance qu'il a probablement oubliée.

4°

Bilan

Dès que je fus assuré d'avoir une position, je communiquai à M. Vidal mon projet de me séparer de lui, en faisant valoir des raisons de santé, qui certes n'étaient pas tout à fait supposées, quoiqu'elles fussent exagérées par l'imagination. Comme il ne s'y attendait pas, il fut d'abord un peu étourdi de ma proposition ; mais, insensiblement, il s'habitua à la regarder en face ; la perspective d'être enfin réellement le maître (ce qu'il n'avait jamais été) flattait naturellement son amour-propre, de telle sorte que notre séparation eût été fort pacifique, s'il n'avait eu la pensée de faire venir sa famille de Toulon. Elle se composait d'un père, d'une mère et d'une sœur célibataire ; je n'ai pas à parler de la sœur cadette, qui, après avoir reçu une excellente éducation, était institutrice et vivait, depuis longtemps, hors de la famille.

Le père était un vieux bonhomme, qui ne se mêlait de rien et passait sa journée à se promener, à lire les

---

(1) Le quatrain suivant que je dérobe à mes manuscrits exprime mes sentiments sur ma vie de précepteur :

> Pour expier l'éclat de ma célébrité,
> De mon âge viril les plus belles années
> A des emplois obscurs ont été condamnées ;
> Pour vivre, j'ai vendu dix ans de liberté.

Comme il n'est pas en ce monde de bonheur absolu et que tout est relatif, je puis considérer mon existence dans la dernière maison comme une sorte d'oasis dans le désert.

Je dois encore mentionner le pieux souvenir que m'ont donné deux élèves de la première maison, lorsque j'ai célébré le 50me anniversaire de mon ordination sacerdotale ; ils n'avaient donc pas oublié, quoique arrivés eux-même au déclin de l'âge, ce que j'avais fait pour eux dans leur enfance.

journaux légitimistes et à dormir après ses repas. Il portait les *jupons* et avait cédé, depuis longtemps, la *culotte*, c'est-à-dire, le commandement à sa femme, qui la portait à merveille. Sa fille la secondait parfaitement, pour annihiler le vieux Vidal et faire entrer, dans la cervelle de l'abbé, les idées les plus fantasques, dont on aurait pu rire, si parfois elles n'avaient pas été méchantes. Ces deux femmes étaient arrivées avec la persuasion intime que je m'en allais, parce que j'avais rempli mes poches, que je n'avais pas plus de probité que M. Blanc et que, par conséquent, il était temps qu'elles arrivassent pour arrêter le gaspillage et s'enrichir à leur tour. Je n'ai pas assisté à leurs conciliabules, mais la volte-face de M. l'abbé Vidal à mon égard m'indiqua à peu près les propos qu'on devait y tenir.

Nous avions alors, pour professeur principal, un grand flandrin, un peu damoiseau, qui, se croyant un personnage nécessaire, après mon départ, eut la pensée de profiter de la situation et de devenir le pivot de la maison, attendu que l'abbé était incapable de l'administrer ; il se mit donc à cajoler la demoiselle, à lui faire presque la cour, quoiqu'elle fût plus âgée que lui.

Il fallait enfin en venir à un arrangement qui ne pouvait être que le partage du passif. Or, ce partage était impossible. Comme la plus grande partie de la dette consistait en billets à ordre, qui portaient les deux signatures, il devait être évident que les créanciers, ayant action sur les deux associés, ne consentiraient jamais à un partage, dont le résultat aurait été que leurs créances n'auraient plus qu'une demi-valeur ; eh bien ! il nous fut impossible, à M. Rolland et à moi, de faire comprendre cela à M. Vidal, qui s'imaginait que notre convention suspendrait les poursuites ; et comme j'étais seul propriétaire, il était encore évident que presque tout le poids de la dette allait peser sur moi ; le petit cerveau de M. Vidal ne pouvait encaisser cette crainte, plus que probable ; c'était à ses yeux une futilité ou plutôt une ruse de ma part pour me décharger d'une partie du passif et l'en rendre responsable. Il fallut absolument dresser notre bilan, d'abord pour constater les dettes (ce qui était indispensable), mais encore pour déterminer celles dont chacun de nous deux serait spécialement chargé. On trouvera ce double travail dans mes manuscrits.

Notre liquidation était ainsi faite, autant qu'elle pouvait se faire ; ce fut donc un acte de pure méchanceté, inspiré à M. Vidal par les deux femmes et M. Laurens, le professeur, que la citation que je reçus plus tard, pour faire une nouvelle liquidation et ajouter de nouveaux frais, qui auraient augmenté notre ruine. Nous aurions ressemblé à deux naufragés, qui, appuyés l'un et l'autre sur une planche suffisante pour les empêcher d'être submergés tous les deux, se seraient disputé la possession de toute la planche en s'exposant ainsi à la perdre tout entière ; cette démarche de l'abbé Vidal fut plus qu'un acte de méchanceté et de folie ; elle était honteuse au suprême degré ; c'est ce que je lui fis observer dans une conférence intime que j'eus avec lui et qui eut, grâce à sa bonté naturelle, un résultat pacifique, autant que ma mémoire est fidèle.

5°
Suites de mon départ

Lorsque les parents des 55 élèves que je laissais à M. Vidal connurent ma résolution, ils firent de grands efforts pour me retenir ; mais après tant de déceptions je ne crus pas devoir me fier à toutes leurs protestations de dévouement, et je fis bien ; le chapitre des illusions sur les promesses des familles marseillaises était tout à fait déchiré, aussi fut-ce avec une répugnance extrême que dix ans plus tard je suis revenu dans la même ville fonder une nouvelle maison.

Je quittai Menpenti le 1er février, pour faire gagner à

M. Vidal le 2ᵉ trimestre, et je me retirai chez ma mère à la rue Sénac, en attendant le 1ᵉʳ mars. Il m'eût été bien facile pendant tout le mois de février d'arranger mes affaires, de manière à ce que les créanciers, qui méritaient le plus d'intérêt, ne perdissent rien et que je ne fusse pas exproprié : j'avais pour conseillers, dans ce moment, trois avocats qui étaient ou se disaient mes amis ; ils connaissaient ma situation et savaient parfaitement que plusieurs jugements avaient été pris contre moi ; puisque j'étais décidé à faire le sacrifice de mes propriétés personnelles pour payer ma portion de dettes, je pouvais les céder à mes créanciers pour le prix qu'elles valaient et ne pas attendre une expropriation, en vertu de laquelle ordinairement les propriétés sont vendues à très bas prix ; c'est ce que j'ai toujours appelé un vol juridique.

Eh bien ! aucun de ces messieurs (Renoux, mon ancien professeur, Rolland, notre avocat de Menpenti et Chausse, mon camarade d'enfance et mon nouvel avocat) aucun, dis-je, ne me donna le conseil de me soustraire à ce nouveau et irréparable désastre. Tant que je me promenais dans Marseille, on ne me dit rien. Mais lorsqu'on sut que j'étais parti, alors les citations et les exploits des huissiers tombèrent comme la grêle. La vente judiciaire se fit avec plus ou moins de rigueur, selon le caractère des créanciers, et ma ruine fut complète ; pour la première fois, après tant d'angoisses, d'amertumes et de déboires, je versai des larmes ; l'abbé Laugier en fut témoin, j'étais alors à Lançon. Je comptais sur une cession de mes biens à l'amiable et par conséquent sur le payement intégral de mes dettes, surtout après quelques années de travail et d'économie ; avec l'expropriation, tout espoir s'évanouissait. Comment rentrer désormais, en gagnant si peu, dans mon état normal et me débarrasser de tous ces jugements, qui s'attachaient à ma personne et l'enlaçaient, comme le lierre serre le tronc du chêne ? Ma lettre à un avoué appelé Seytres, qu'on trouvera dans mes manuscrits, est la faible expression des sentiments qui m'obsédaient.

Je n'ai pas le courage de relire toutes les pièces dont les avoués et les avocats, sangsues humaines, ne se firent pas faute, pour retirer de M. Vidal et de moi surtout tout ce qu'ils purent ; après plus de cinquante ans, je ne veux pas remuer ce fumier de procédures, où quelques noms *mal propres*, en me rappelant des souvenirs amers, me soulèveraient le cœur, comme ces odeurs puantes qui s'exhalent des marais.

D'ailleurs ces Messieurs adoptent généralement un jargon inintelligible pour le commun des mortels ; le dictionnaire de l'Académie n'est pas reçu dans leurs Etudes ou Cabinets. Ceci soit dit, sans avoir la pensée de faire peser sur l'ordre en général la responsabilité de ceux qui sacrifient leur honneur à la cupidité ou à la vengeance personnelle.

On trouve dans mes manuscrits et papiers de famille des explications ou notices historiques sur nos principaux créanciers, sur la nature et l'origine de leurs créances ; j'y ai indiqué principalement les ressources inattendues, quoique légitimes, que la Providence m'a ménagées et qui m'ont permis de reparaître honorablement sur la scène du monde, et d'y reprendre mes fonctions d'instituteur libre ; grâce à un travail incessant, qui pour la première fois de ma vie n'a pas été infructueux, j'ai acquis une modeste aisance, aussi éloignée de l'opulence que de la gêne ; même il m'a été donné de *faire quelque bien*, en appliquant sans entraves et avec succès mon système d'instruction et d'éducation, en dehors des honneurs et de toutes les servitudes sociales ; système qui descendra avec moi dans l'oubli de la tombe.

> Je n'ai jamais connu l'écueil de l'opulence ;
> Je dois à mon travail le pain qui me nourrit ;
> J'ai su me garantir aussi de l'indigence ;
> Ce milieu, c'est de l'or, les sages l'ont écrit.

(Voir l'appendice n° 10).

6°
Conclusion finale

Je quittai Menpenti le 31 janvier ou le premier février 1840 ; peu importe la date ; ce ne fut pas sans une vive émotion que je franchis pour la dernière fois le seuil de la porte ; cependant je pouvais dire sans honte, ni orgueil, comme François Ier, après la bataille de Pavie : *tout est perdu, fors l'honneur.*

En effet, en 1850, je suis revenu à Marseille comme je viens de le dire, pour y fonder une nouvelle institution, et pendant vingt-cinq ans ma Maison a toujours été trop étroite pour contenir les élèves qu'on m'offrait. C'est incontestable, malgré mes nombreux défauts de caractère et les lacunes qu'il était facile de découvrir dans mon bagage scientifique.

En 1873, Mgr Place, en suivant les traditions laissées à l'Evêché par ses prédécesseurs, Mgr de Mazenod et Mgr Cruice, et en écoutant la voix de son clergé, écrivait à Mgr Forcade, nouvel Archevêque d'Aix, que *j'étais entouré à Marseille de l'estime générale ;* voilà les grandes lignes que cinquante années de vie publique et exposée au grand jour, de luttes, de contradictions et d'humiliations, n'ont pas effacées ! que Dieu en soit béni ! *Non Nobis, Domine, non nobis, sed nomini tuo da gloriam !* (Voir l'appendice n° 11).

J'ai toujours cru à l'intervention de la Providence dans les grands événements qui intéressent l'humanité et les Peuples : Les individus eux-mêmes n'échappent jamais dans leurs moindres démarches aux regards de Dieu, et souvent en ce monde ils expient leurs fautes et reçoivent la récompense de leurs bonnes œuvres ; mais l'expérience de tous les siècles, depuis le meurtre d'Abel, démontre que la justice divine ne s'exercera d'une manière complète que dans une autre vie ; et le spectacle du crime triomphant et de l'innocence opprimée est si fréquent dans l'histoire du genre humain, qu'on n'hésite pas à le donner comme une des preuves les plus convaincantes de l'immortalité de l'âme.

Qu'on ne me dise donc pas : « Vous n'avez pas réussi, « vous avez succombé, votre ruine a été complète, parce « que vous avez péché. » Mais est-ce que les intentions de nos adversaires étaient plus pures que les nôtres, et leurs actes ont-ils toujours été marqués au coin de la charité, de la justice et de l'honneur ? Nous avons péché assurément ; si nous affirmions que notre conduite a toujours été irréprochable, *nous serions des menteurs*, selon les expressions de l'apôtre. Mais n'ai-je pas démontré plus haut que nos adversaires ont succombé plusieurs fois à la tentation de *faire le mal moral*, c'est-à-dire, de violer la loi, afin que le *mal physique*, c'est-à-dire, notre ruine, tombât sur nous ?

Rien n'arrive en ce monde que ce que Dieu veut ou directement, soit en changeant l'ordre naturel des choses par sa toute puissance, soit en dirigeant vers ses fins les causes secondaires qui concourent ainsi avec les secrets desseins de sa sagesse ; ou indirectement, en laissant agir les causes secondaires qui produisent leur effet naturel, sans aucune intervention surnaturelle positive. Dans ce cas Dieu veut que quelque chose arrive, en ce sens qu'il n'en empêche pas la réalisation, quoi qu'il puisse le faire.

Cela posé, Dieu a-t-il voulu directement notre ruine ? Personne n'a le droit de l'affirmer, puisque notre entreprise était bonne en soi et que les circonstances qui ont pu, aux yeux de certaines personnes, la rendre répréhensible, d'abord n'ont pas dépendu de notre volonté, et ensuite ont été écartées par la suite des événements. La lecture sérieuse de notre règlement et de nos deux prospectus prouve que notre établissement méritait d'être encouragé et même protégé, au lieu d'être ébranlé et démoli, comme il l'a été par des attaques tout à la fois publiques et clandestines, dont la méchanceté gratuite suinte par tous les pores. Mais il est évident que, puisque nous avons succombé, Dieu a voulu indirectement notre ruine, c'est-à-dire qu'il a laissé agir les causes secondaires et ne les a pas empêchées de produire leur effet. Je puis cependant affirmer que, si ces causes secondaires, qui auraient pu ne pas exister, ne s'étaient pas rencontrées, nous aurions réussi, et qu'en ce sens Dieu n'a voulu que conditionnellement notre ruine, tout en la voulant indirectement.

J'ai exposé plus haut les principales causes qui, successivement ou simultanément, ont préparé notre insuccès et l'ont enfin achevé ; leur influence délétère est incontestable ; cependant j'ose encore affirmer, après cinquante ans d'expérience, que nous aurions pu les dominer, à une seule condition, que malheureusement nous ne pouvions pas réaliser ; je crois qu'il nous aurait suffi d'avoir une position financière débarrassée de toutes dettes, parce que dans une ville commerçante, je le redis, *quiconque est riche est tout ;* je n'exclus cependant ni la moralité ni la capacité ; mais il est fâcheux d'avouer que la plupart des pères de famille, si nous avions pu jeter un voile d'or sur ces deux choses, ordinairement indispensables, ne se seraient pas livrés à une enquête minutieuse sur l'organisation intérieure de notre Maison. L'état florissant de la plupart de nos Colléges de l'Etat et d'autres maisons, où au moins l'une des deux choses fait souvent défaut, démontre suffisamment ce que j'avance.

Il est encore incontestable que nous avons manqué d'habileté, de prévoyance et d'économie ; je dis *nous,* quoique mes associés, plus âgés que moi, aient été par conséquent plus coupables et l'un d'eux criminel. Cependant, à ne considérer les choses que superficiellement, ce dernier a le moins ressenti les conséquences de la ruine, et aucun huissier n'est allé ni frapper à sa porte ni instrumenter dans ses appartements. Mais aurais-je échangé alors ma position, toute humiliante qu'elle était, pour la sienne ? Assurément non. L'autre, qui s'endormait sur le bord de l'abîme et me laissait tout le poids de la Maison, a expié cruellement ses légèretés et son indolence. Je dois donc à Dieu de la reconnaissance, de ce que, ayant été le moins coupable, mon sort a été meilleur, en réalité, que celui de mes associés, et que, je le répète, *si j'ai tout perdu*, il m'est resté au moins l'*honneur*.

Qu'on me permette encore quelques considérations sur la volonté indirecte et conditionnelle de Dieu, afin de faire connaître tout le fond de ma pensée à ceux qui ne jugent de la bonté d'une cause que par le succès, conformément à mon épigraphe : *In vacuum laboravi... ideò judicium meum*.

Lorsque deux armées sont en présence et sur le point d'en venir aux mains, pour défendre, chacune, les droits de la nation qu'elle représente, de part et d'autre, les mains et les cœurs se lèvent souvent vers le ciel, pour en implorer le secours. Espère-t-on que Dieu déploiera le bras de sa toute-puissance, en suspendant les lois de la nature ? Ce n'est pas là la pensée des deux armées ennemies ; elles sont toutes les deux convaincues que le succès sera le résultat des causes secondaires, auxquelles la faveur divine peut donner une plus grande efficacité, sans sortir de l'ordre naturel ; ainsi en supposant que des deux côtés les chefs soient également expérimentés et que les deux armées soient animées à un égal degré des plus héroïques sentiments, il peut survenir des incidents imprévus, qu'on attribue généralement au hasard, quoique en réalité ils soient souvent amenés par la Providence ; et, si ces incidents procurent aux uns la victoire et causent aux autres la défaite, il est possible que ces deux résultats opposés soient dus à une intervention divine, qui, quoique occulte, n'en est pas moins réelle, ainsi se vérifie la maxime : « Aide-toi, et le ciel t'aidera. »

Mais les moyens surnaturels, à quelque degré qu'on les suppose, ne sont plus de mode aujourd'hui aux yeux de nos penseurs, surtout dans l'art militaire et les expéditions guerrières ; on se permet même d'en plaisanter en disant que *Dieu est toujours du parti des gros bataillons*. Je soutiens cependant que cette assertion peut avoir un sens orthodoxe et par conséquent être avancée sans blasphème, quoique de nombreux exemples tirés des livres saints et même de l'histoire profane attestent que Dieu, quand il lui plaît, accorde la victoire aux bataillons les moins nombreux ; toutefois il n'est pas tenu de suspendre au gré des hommes les lois de la nature ; or, il est conforme à ces lois que le grand nombre des combattants, lorsque les autres causes de succès ne font pas défaut, l'emporte infailliblement sur le nombre de beaucoup inférieur ; on peut donc avancer sans impiété que Dieu est toujours ou presque toujours du parti des gros bataillons.

Ainsi nous avions contre nous d'abord l'agression ouverte et ensuite la propagande occulte de l'Évêché, l'hostilité visible de l'Académie d'Aix, la défaveur des tribunaux et enfin la misère qui nous serrait la gorge ; voilà les gros bataillons que nous avions en face ; fallait-il que Dieu fît un miracle pour nous en délivrer ? Nous n'étions pas assez coupables pour qu'il se mît ostensiblement de leur parti, afin de nous mieux écraser ; mais aussi notre Maison n'était pas tellement nécessaire, qu'il fallût pour en prolonger l'existence, un acte de la Toute-Puissance divine. Dieu n'a pas arrêté la marche des causes secondaires ; c'est donc seulement à leur action qu'il faut attribuer notre chute. Quant à moi personnellement, qui suis le seul survivant des trois, sachant que Dieu a toujours sur nous des vues de miséricorde, même lorsqu'il semble nous abandonner, je dirai avec l'apôtre, en terminant ces considérations, ce que je fis imprimer en tête du second prospectus :

Omnia cooperantur in bonum !

APPENDICE
N° 1

Marseille, 23 septembre 1837.

Monsieur,

J'ai répondu hier à votre lettre avec la précipitation que vous demandiez vous-même. J'étais bien aise de vous envoyer tout de suite la réponse catégorique que vous désiriez. Aujourd'hui je suis conduit, par la réflexion, à vous prier à mon tour de me dire catégoriquement votre pensée. Il ne vous est pas difficile de comprendre que j'ai dû avoir plus d'une fois dans l'espace du grand mois qui vient de s'écouler, des incertitudes sur ma position future. Quelquefois j'ai regardé comme un projet bien arrêté des pensées que la méditation du jour suivant venait détruire. C'est au milieu de ces combats que votre première lettre est venue me surprendre et m'aurait décidé à prendre mon parti, si j'avais pu croire qu'il fût convenable de vous quitter si tard. Votre lettre m'offensait par cela seul que j'avais senti moi-même que je n'avais plus le temps de vous annoncer mon éloignement auquel je n'avais pu jusqu'alors me résoudre. Croyez-vous, Monsieur, que je vous supposasse assez peu d'esprit pour oser me jouer de vous? et ne devais-je pas aussi quelque respect à un établissement qui est notre œuvre commune? tout ce que j'avais eu d'hésitation se trouvait arrêté depuis assez longtemps et je n'avais plus que l'intention de subir les conséquences de notre position mutuelle en me rendant encore à Menpenti, où je me sens d'ailleurs tout naturellement entraîné. Je n'ai d'ailleurs présenté mon projet comme bien formé qu'à un seul homme à Marseille, c'est à M. Renoux, et cela depuis mon retour d'Auriol. J'ai demandé son conseil, et je ne l'ai pas revu depuis le 12 du mois. Les avis de M. Renoux m'avaient éloigné de ma première pensée. C'est dans cette résolution bien fixe que j'ai répondu à votre lettre ; mais ne faut-il pas après tout que je consulte le bien de la maison. Vous êtes en ce moment, Monsieur, le représentant des intérêts de tout genre de cet établissement. C'est à vous d'ailleurs, que ma question doit s'adresser, parce que c'est dans votre âme que vous avez à prendre la réponse. Croyez-vous que le bien de la maison puisse permettre que nous vivions ensemble ; dans l'état où nous nous trouvons, nos inquiétudes personnelles ne nuiront-elles pas au dévouement et au zèle, au moins de l'un de nous deux ? Y aura-t-il entre nous assez de confiance pour que nous nous traitions dans nos rapports particuliers et vis-à-vis de la communauté, avec ces égards que l'on doit attendre de deux collègues ? Qu'en pensez-vous ? Dites-le moi franchement. Je vous avais demandé cela avant le quinze du mois d'août. Je regardais alors comme aujourd'hui, notre intimité et notre bonne harmonie comme plus utile à la maison que la présence de plusieurs directeurs qui ne seraient pas d'accord entre eux. Je vous adresse au nom de notre commun intérêt, la même demande aujourd'hui 23 septembre, parce que je sens que nous ne pouvons pas demeurer ensemble sous l'impression de notre correspondance de ces jours-ci, si cette impression n'est pas oubliée et complètement effacée. Veuillez bien me dire toute votre pensée et terminons-en bien vite sur une affaire qui ne peut manquer de peser sur le cœur et dont il faut que nous ayons une solution que le temps rend fort pressante. Que verrez-vous ici, je vous en prie, que la probité la plus délicate ne puisse avouer ? Hâtons-nous donc et soyez sûr que quel que soit votre dernier mot sur ce point, je n'y verrai qu'une bonne foi très estimable.

Je n'ai pas compris pourquoi vous vouliez faire ouvrir mes appartements, tandis que nous n'avons pas perdu la clé qui vous sera confiée avec l'indication des pièces que vous désirez. Mais d'ailleurs je n'attends que votre réponse pour me rendre à l'établissement et vous y remettre tout ce qui vous sera convenable.

Veuillez bien me dire, si en retranchant ces deux échéances du mois de novembre, vous ne vous trouvez pas juste dans vos comptes. Il me semble ainsi à moi, parce que le billet du 1ᵉʳ juillet et celui du 2, sont les deux billets de mille francs que j'ai pris sur moi de vous faire acquitter. Celui du 15 mai, et les deux de quinze cents francs répondent aux trois anciens de Flory. Mais je puis être encore dans quelque erreur que je vous prie de rectifier.

Je suis avec une profonde considération, Monsieur, votre collaborateur,

L'abbé BLANC.

N° 2

Marseille, 25 septembre 1837.

MONSIEUR,

Je suis allé hier, dimanche, à Menpenti, avec l'intention de vous entretenir un moment sur divers points. J'ai été fâché de ne pas vous y rencontrer, et l'on m'a appris que vous étiez parti pour Toulon. Je pense que vous aurez trouvé M. Vidal jouissant d'une bonne santé. Votre absence m'a mis dans le cas de donner à M. Gasc communication des choses les plus importantes que j'avais à dire et sans doute il vous en a fait part. Aujourd'hui l'on m'a dit que vous me demandiez à l'établissement ; je n'ai pu m'y rendre et comme je ne sais pas davantage si demain je serai assez libre pour aller vous voir à Menpenti, vous n'avez qu'à m'écrire ce que vous voulez me dire, à moins que vous ne dussiez venir en ville. Dans ce cas je serai chez moi à l'heure qui vous conviendra. Je vous ai fait remettre le cahier de la direction des classes, parce que je passerai mon temps à m'occuper de mes affaires particulières jusqu'au jour de la rentrée. Quelques personnes m'ont demandé des prospectus, que je ne puis pas leur remettre parce que je n'en ai point. Mme Théric, fabricant de pâtes de Gênes, demande le n° 17 pour son fils, si ce numéro est disponible.

J'ai l'honneur de vous saluer avec une profonde considération,

L'abbé BLANC.

N° 3

En l'année mil huit cent trente-cinq, une maison d'éducation fut établie à Marseille sous le titre de *Menpenti*, et une association à cet effet fut formée entre MM. Honoré Vidal, Louis-Pascal Blanc et Polydore Jonjon, prêtres.

Un écrit en date du quinze juin mil huit cent trente-cinq fixa les conditions de la Société.

L'établissement a été exploité en commun par les trois associés jusqu'au trente septembre mil huit cent trente-sept, époque à laquelle des raisons de convenance mutuelle engagèrent M. Blanc à se retirer.

Il fut question alors de régler les intérêts qui avaient existé entre les parties et à cet effet des arbitres avaient été nommés par elles pour examiner tous les comptes, fixer les droits respectifs et prononcer sur les contestations qui pourraient s'élever.

Un premier examen rapide de la position de l'établissement fit connaître qu'il existait un déficit considérable qui ne pouvait pas être couvert par l'actif consistant uniquement en mobilier de la maison, de sorte qu'il fut facile de voir que cette liquidation confiée à des arbitres ne produirait aucun résultat.

Qu'il ne s'agissait pas de recevoir mais au contraire de contribuer au payement des dettes.

Pour arriver à ce but il fallait ne pas détruire cet établissement afin de pouvoir retrouver dans les profits à venir de quoi payer les dettes du passé.

L'arbitrage a donc été abandonné et MM. Vidal et Jonjon d'une part et M. Blanc, d'autre part, ont arrêté et convenu ce qui suit :

Article Premier

La Société entre les sus-nommés pour l'exploitation de la maison d'éducation sous le titre de *Menpenti* est et demeure dissoute à dater du trente septembre dernier.

Art. 2

A partir de cette époque, M. Blanc demeure étranger à ce qui a pu être fait par MM. Vidal et Jonjon.

Art. 3

Ces deux derniers demeurent seuls chargés de la suite de l'exploitation de la dite Maison d'éducation.

Art. 4

Ils prennent à leur compte propre tous les engagements qui auraient pu être contractés par la Société, promettant de relever et garantir M. Blanc de toutes recherches de la part de tous les créanciers de la Société et ce à quelque titre et à quelque cause que ce puisse être.

Art. 5

Ils demeurent seuls propriétaires de tout le mobilier qui se trouve dans l'établissement à raison de quoi M. Blanc leur fait abandon et remise de tous ses droits.

Au moyen des accords qui sont ci-dessus établis, toutes relations d'intérêts cessent entre MM. Vidal et Jonjon et M. Blanc. Les parties renonçant à tous plus grands droits et prétentions, les uns à l'égard des autres et se tenant quittes et libérés. La présente transaction faisant cesser l'arbitrage commencé, dont les frais seront payés par chaque partie et par moitié.

Fait à double original, Marseille le vingt trois janvier mil huit cent trente-huit.

J'approuve l'écriture et le contenu ci-dessus.
L. BLANC.

J'approuve l'écriture et le contenu ci-dessus.
JONJON.

N° 4
ÉTABLISSEMENT MENPENTI

PENSIONNAT

DÉCENTRALISATION INTELLECTUELLE

PROSPECTUS

La Société est aujourd'hui témoin d'un spectacle bien consolant. Si l'on avait pu croire un moment à une affligeante séparation entre la science et la foi, tout à coup on les voit former entre elles une noble alliance. Le drapeau qu'elles ont levé pour rallier le passé et préparer l'avenir, commence à dominer les dissidences les plus orageuses. Marseille, qui occupe sur l'échelle sociale une position des plus brillantes, ne pouvait demeurer étrangère à un mouvement si salutaire ; aussi voyons-nous dans ses murs de nombreux établissements où, sous l'influence des principes religieux, les beaux-arts, la littérature et les sciences positives sont cultivées avec un succès qui rappelle son ancienne gloire littéraire.

En nous permettant ces observations préliminaires, nous ne faisons que constater un fait universellement reconnu, et qui nous explique l'enthousiasme avec lequel notre projet fut accueilli dès l'origine par des hommes d'un mérite éminent dont s'enorgueillit notre cité. S'associer aux efforts des autres maisons d'éducation, donner aux études une direction nouvelle qui réponde aux besoins et aux croyances religieuses de l'époque, et par là, essayer de mettre un terme à ces émigrations passagères, que beaucoup de familles font encore subir à leurs enfants, pour leur donner l'éducation, cette autre vie de l'homme social, telles sont les intentions des fondateurs de l'établissement *Menpenti*.

Ce projet a été conçu par des prêtres bien connus dans Marseille qui, pour satisfaire leur inclination naturelle, se sont dévoués depuis quelques années à l'éducation de la jeunesse ; fonction qui est un des plus beaux apanages du sacerdoce. Ils ont demandé à quelques laïques, dont le nom est une garantie, le secours de leur coopération ; l'empressement avec lequel on a toujours répondu à leur appel et la confiance absolue que plusieurs familles distinguées ont accordée à leur entreprise, sont pour eux tout à la fois un honneur et un encouragement.

La réputation que leur maison s'est faite, après dix-huit mois d'existence, le genre de prospérité qu'ils ont acquis, en présence de nombreux témoins, qui peuvent, chaque jour et à toute heure, vérifier l'exécution des promesses, les dispensent de ces préambules apologétiques, où la magnificence des expressions peut quelquefois être considérée comme une de ces draperies fastueuses qui revêtent des parois dégradées d'une sorte d'éclat éblouissant ; leur existence actuelle est un fait public, presque monumental. C'est un livre ouvert pour tout le monde où chacun peut lire les obligations des chefs, leurs actes et leurs succès.

Persuadés que les mœurs d'un peuple, subissant par la succession des temps, des modifications plus ou moins graves, réclament impérieusement des systèmes d'éducation analogues, ils n'ont point cru que pour attirer sur leurs travaux l'attention du public éclairé, il fallût, s'appuyant sur d'illustres devanciers, invoquer comme caution une réputation séculaire ; les vieilles institutions étant souvent plus respectables qu'utiles, ils se proposent d'adopter toutes les améliorations convenables de quelque part qu'elles leur soient présentées ; ils se déclarent indépendants de tout préjugé de caste et de corporation, et ils seront toujours disposés à faire même le sacrifice de leurs idées personnelles, lorsque la Providence ou quelque heureuse circonstance leur suggérera des réformes salutaires. C'est ainsi qu'on les verra mettant à profit les leçons de l'expérience correspondre au zèle qu'on a employé en leur faveur ; pour garant de leur fidélité à tenir leurs engagements, ils en appellent sans crainte au témoignage de deux années d'exercice : voici maintenant l'exposé de leurs promesses, de leur système d'éducation et d'enseignement, et des conditions que les élèves ont à remplir.

RELIGION

Il est inutile de faire observer que la religion catholique est la seule pratiquée dans une maison dirigée par des prêtres. Les exercices de piété y sont distribués avec discernement, de telle sorte que les élèves après en avoir contracté l'habitude sans efforts, ne les trouvent point incompatibles avec leur nouvelle position, lorsqu'ils seront rendus à la société.

La religion n'est pas présentée comme un précepte nu et décoloré ; elle est considérée comme la science fondamentale qui doit servir de base et de couronnement à l'éducation profane. Un cours progressif d'instruction religieuse est fait par un des prêtres fondateurs : les questions de dogme et de morale y sont traitées avec tous les développements convenables. Rien n'est négligé pour attacher les élèves à une religion qui, après un siècle de combats, est devenue l'étendard de la jeunesse éclairée de notre France.

ENSEIGNEMENT

Langues Anciennes

Depuis longtemps on éprouve le besoin de modifier l'enseignement du Grec et du Latin ; la perspective de neuf ou dix ans consacrés à apprendre ces langues savantes, effraye beaucoup de parents qui renoncent à faire donner à leurs enfants une instruction solide ou les retirent d'une maison d'éducation, lorsqu'ils vont bientôt recueillir le fruit de plusieurs années d'un travail fastidieux. Pour obvier à ces graves inconvénients, nous avons adopté une nouvelle méthode dont le succès déjà promis par notre propre conviction, et garanti par l'assentiment de quelques hommes d'une prudence consommée et d'un savoir étendu, est désormais assuré, après l'expérience de deux ans que nous en avons faite. Nous n'entrerons pas dans le détail de l'organisation des classes ; il nous suffit d'annoncer qu'on étudie simultanément le Grec et le Latin, en considérant toutefois la première de ces langues comme la base de l'autre, et qu'on n'exerce les élèves aux thèmes, qu'après que la mémoire a été enrichie des expressions et des tournures des meilleurs auteurs de l'antiquité, et que déjà des analyses grammaticales multipliées auront développé et le mécanisme de chaque langue et l'intelligence de l'enfant.

Les élèves qui déjà avancés en âge n'auraient reçu aucune teinture du Grec, pourront facilement, en consacrant une heure par jour à l'étude de cette langue, expliquer à livre ouvert, après deux ans, les auteurs que l'on suit en rhétorique dans les collèges.

Langues Vivantes

Le cours de langues vivantes, suivi dans l'établissement, se compose des langues Française, Italienne, Anglaise et Espagnole.

Pour l'enseignement de la langue Française, on a pris des mesures dont l'efficacité est incontestable, soit pour se perfectionner dans l'étude raisonnée de la grammaire, soit pour exceller dans cette science pratique qu'on appelle orthographe.

Le cours de langues étrangères est d'obligation pour tout élève qui n'appartient pas aux classes élémentaires ; on recevra, au choix des parents, des leçons d'Italien, ou d'Anglais, ou d'Espagnol. Personne n'ignore combien la connaissance de ces langues, aujourd'hui si répandue, facilite les opérations commerciales et les progrès de la littérature.

SCIENCES

Un établissement fondé dans l'unique but de répondre aux besoins de notre siècle doit attacher la plus haute importance aux sciences positives et naturelles qui ont contribué si efficacement aux progrès des arts et aux succès de l'industrie. Ces études dont quelques-unes sont très agréables, deviennent aujourd'hui, pour tout élève, d'une utilité de plus en plus croissante ; mais elles sont indispensables pour ceux qui se destinent à la marine royale, à la médecine, aux entreprises industrielles, etc.

Elles seront divisées en quatre années de mathématiques, trois années d'histoire naturelle, deux années de physique et une année de chimie appliquée aux arts ; le médecin de la maison sera chargé de faire un cours de physiologie et d'hygiène ; plusieurs de ces cours se faisant simultanément, les études ne seront pas prolongées au delà du temps fixé plus bas.

Des professeurs spéciaux et permanents sont chargés des cours de géographie et de belles-lettres ; nous traitons avec quelque étendue l'histoire des événements politiques, des sciences et des arts et surtout de la philosophie ; ces connaissances sont en ce moment le complément nécessaire de toute éducation soignée ; la calligraphie, le calcul commercial et la tenue des livres font également partie de l'enseignement.

CLASSIFICATION

Les élèves sont divisés en trois catégories : ceux qui veulent embrasser une carrière où le grade de bachelier est nécessaire ; ceux qui ne se destinant qu'au commerce peuvent être dispensés d'apprendre les langues anciennes ; ceux enfin qui ont à pousser encore plus loin les études classiques.

Les élèves de la première catégorie, pourvu qu'ils soient doués d'une intelligence ordinaire et qu'ils nous aient été confiés à l'âge de huit ans, pourront à quatorze posséder les connaissances nécessaires pour l'examen de la marine royale ou de bachelier ; si quelqu'un d'eux se destinait à l'école polytechnique ou à tout autre établissement de ce genre, ses études pourraient être dirigées d'une manière spéciale. Aux mêmes conditions les élèves de la deuxième catégorie termineront leurs études dans quatre ans ; les heures de leurs classes sont combinées de manière à ce qu'ils puissent, avec les élèves de la première catégorie, suivre les cours de sciences, de belles-lettres et autres.

Les élèves de la troisième catégorie trouveront dans la maison, pendant la septième ou cinquième année, des professeurs qui leur donneront sur telle ou telle autre science, à leur gré, des connaissances plus étendues.

ARTS D'AGRÉMENT

Le dessin qui comprend la figure, le paysage, la topographie, le dessin linéaire et l'architecture, la musique soit vocale soit instrumentale, sont enseignés par des professeurs dont les hommes de l'art ont depuis longtemps apprécié les talents ; on peut aussi recevoir des leçons de danse, d'escrime et d'équitation ; nous pouvons annoncer, sans crainte d'être démentis, que les maîtres qui dirigent ces sortes d'exercices, jouissent d'une réputation méritée.

RÉGIME DE LA MAISON

Les élèves sont reçus en qualité de pensionnaires et de demi-pensionnaires ; les demi-pensionnaires participent avec les pensionnaires à tous les exercices de la maison et ne se retirent que le soir, après la dernière classe ou avant le souper, selon la saison.

On n'emploie, pour châtier la désobéissance, la paresse et autres fautes de ce genre, que des peines morales, qui, en laissant au jeune enfant sa dignité d'homme intacte, sont de nature à produire dans son âme la plus vive impression. Si les fautes devenaient habituelles ou prenaient un certain caractère de gravité, on se concerterait avec les parents pour les mesures que l'on aurait à prendre.

S'il arrivait que des maîtres subalternes se permissent des actes contraires à ces dispositions, ils n'auraient à rendre compte de leur conduite qu'aux seuls directeurs de l'établissement.

Afin de maintenir la discipline et de soutenir l'application, les récompenses sont multipliées, en évitant toutefois cette profusion aveugle qui les avilit. D'autres moyens, parmi lesquels nous croyons devoir mentionner les examens publics, les séances littéraires, sont aussi mis en œuvre pour exciter l'émulation.

Les élèves peuvent être visités chaque jour, mais seulement aux heures de récréation. L'éloignement du local rend cette concession nécessaire, pour faciliter aux parents des entrevues avec leurs enfants : l'expérience nous a appris, d'ailleurs, les inconvénients des retraites trop prolongées ou trop rigoureuses, qui, en prévenant le péril pendant quelques années, ne font que l'augmenter pour toute la vie. On supplée toujours à cette extension de liberté, par une surveillance active et consciencieuse.

Les sorties ne sont point défendues les jours de fête solennelle, qui sont encore dans le Midi, comme le rendez vous des plus beaux sentiments religieux et des scènes de famille les plus touchantes. En conséquence, les fêtes de Noël, de Pâques et du Sacré-Cœur sont des époques de sorties générales ; les élèves qui désirent sortir plus fréquemment, c'est-à-dire, une fois le mois, doivent mériter cette faveur, par leur bonne conduite et leurs succès dans les études.

La propreté, la politesse et en général toutes les qualités extérieures qui annoncent un enfant de bonne maison, sont sous la surveillance immédiate d'un des prêtres fondateurs. Cette partie de l'éducation n'est pas considérée comme un de ces accessoires qu'il suffit d'annoncer : un maître spécial enseigne aux élèves la manière de se présenter ; ils reçoivent, en outre, des leçons de bonne lecture et de déclamation.

La nourriture est également l'objet d'une attention particulière ; nous croyons, sans témérité, qu'il serait difficile de trouver une autre maison d'éducation, où cette partie fût mieux soignée et mieux appropriée aux besoins de l'enfance. Aussi déclarons-nous avec confiance que cette question se trouve en dehors de toute critique. Nos élèves jouissent ordinairement d'une bonne santé et portent dans leurs regards le témoignage d'une satisfaction intérieure, qui étonne les personnes étrangères aux habitudes de notre maison ; la situation du local n'est pas une des moindres causes de ce bien-être ; le château Menpenti situé à 1500 mètres de la ville, est en effet dans une position des plus heureuses ; la pureté de l'air y contribue à entretenir la santé, tandis que l'imagination s'agrandit à la vue des tableaux ravissants et variés que la nature y étale.

Quoique l'Université ne reconnaisse qu'un seul directeur, cependant l'administration intérieure de la Maison étant partagée entre les trois prêtres associés, on aura soin, si l'on veut recevoir des renseignements officiels sur telle ou telle question en particulier, de s'adresser à celui des trois qui en est chargé spécialement.

Les parents reçoivent à la fin de chaque trimestre un bulletin de l'état de santé de leurs enfants, de leurs succès, de leur application et de leur conduite.

L'année scolaire commence aux premiers jours d'octobre, et se termine vers la fin d'août par des exercices publics, la distribution solennelle des prix et une cérémonie religieuse, après laquelle les élèves peuvent être remis entre les mains des parents. Ceux qui passent les vacances dans l'établissement y trouvent des moyens d'utiliser le temps dont le bon emploi est un devoir sacré pour la jeunesse.

CONDITIONS

Les enfants qui ne savent ni lire ni écrire ne sont pas reçus ; ceux qui n'ont pas été atteints de la petite vérole doivent présenter un certificat de vaccine ; enfin, ceux qui auront quitté une autre maison d'éducation devront exhiber un certificat de bonne conduite, à moins qu'ils ne puissent constater un séjour, dans leur famille, d'environ trois mois. Le prix de la pension est fixé à 600 francs pour le cours d'études, de sciences et de langues vivantes, et pour la calligraphie ; la rétribution universitaire ne se trouve point comprise dans cette somme. On y ajoute 60 francs pour la fourniture des livres, du papier, des plumes, de l'encre, pour le médecin, l'abonnement au bain, la coupe des cheveux et le cirage des souliers ; les livres rentrent dans le domaine de l'établissement, à la fin de chaque année scolaire ; la maison fournit également la couchette, pendant tout le temps des études, moyennant la somme de 10 francs.

Le prix de la demi-pension est fixé, pour les études classiques, les autres cours, la fourniture et la rétribution universitaire à 400 francs ; celui des externes à 144 francs ; la maison se charge du blanchissage et du raccommodage du linge et des habits moyennant 60 francs par an. Dans ce cas le trousseau consiste ordinairement en trois paires de draps, huit chemises, huit paires de bas, douze mouchoirs de poche, huit serviettes, huit essuie-mains, six serre-tête, deux peignes, deux peignoirs, deux cols noirs et quatre cravates noires, trois paires de souliers, une brosse, un couvert et un gobelet en argent, un couteau de table, un traversin, des couvertures et un matelas d'environ 7 pans de long sur 3 1/2 de large, deux pantalons d'hiver, quatre pantalons d'été, un habit, une redingote et une casquette d'uniforme, deux vestes ordinaires, une barette, un chapeau de paille et deux blouses. Un double inventaire est dressé et signé par les parents et l'un des directeurs de la maison, qui répondra du linge et des effets égarés.

Tous les prix que nous avons indiqués sont payables d'avance et par trimestre. Les arts d'agrément sont au choix et aux frais des parents.

Lorsque l'élève, après avoir commencé le trimestre, ne l'achève pas, par un événement quelconque, le trimestre entier et dû, et si déjà on l'a payé, on ne rend point les avances ; la même règle est observée à l'égard de ceux qui ne passent point les vacances dans la maison.

Il existe dans l'établissement un cabinet de lecture composé de neuf ou dix écrits périodiques et d'un certain nombre d'ouvrages aussi instructifs qu'agréables ; le prix de l'abonnement est fixé à 6 fr. par an, payables d'avance, au premier trimestre, et sans que l'on soit obligé d'en rendre une partie, à raison des absences, quel qu'en soit le motif ; il est pourtant bon d'observer que cette dépense est un impôt volontaire, dont nous ne chargerons aucun élève, sans l'autorisation expresse des parents.

On désire que les élèves n'aient point de l'argent à discrétion et qu'ils soient soumis à une pension de semaine, dont la maison ferait les avances ; le prix en serait déterminé par les parents ; la retenue de cette pension est un moyen très-sûr d'empêcher les dégâts, d'en faire subir les dépenses aux coupables, de prévenir la paresse et d'épargner aux élèves des punitions humiliantes.

Nous sommes disposés à prendre des arrangements avec les parents qui désirent que nous soyons chargés exclusivement du linge, des vêtements et de toutes les dépenses qu'exigent l'éducation et l'entretien de leurs enfants ; dans ce cas le trousseau doit être en bon état et au complet. Nous nous engageons à rendre la valeur du trousseau, lorsque l'élève se retirera de la maison après y avoir terminé ses études ; si pour une raison quelconque, excepté pour cause de grave maladie, il était obligé de quitter l'établissement, nous ne serions débiteurs que de la moitié de la susdite valeur.

L'uniforme adopté par la maison est de rigueur pour tous les élèves ; il se compose, pour l'hiver, d'un pantalon et d'un habit bleu de ciel à collet droit ; pour l'été, l'habit est le même avec les pantalons blancs, sans plis ; le petit costume d'été, est une redingote courte en coutil gris foncé et un pantalon à blouse, de la même étoffe ; la casquette et les boutons se trouvent dans l'établissement.

Le linge de chaque élève et tous les effets, sans exception, doivent porter le numéro qui lui aura été assigné.

Les lettres qu'on écrit aux élèves seront ainsi adressées :

M..., élève au Château-Menpenti, quartier du Rouet, route de Toulon, Marseille.

Marseille, le 1er juillet 1837.

Honoré VIDAL, Louis BLANC, Polydore JONJON, *Directeurs.*

N° 5

Évêché
DE
MARSEILLE

Marseille, le 29 septembre 1838.

Tout bien examiné et malgré le désir que j'ai de ne pas contrarier en vous un sentiment conforme à vos devoirs de prêtre, je ne saurais, Monsieur, vous autoriser à célébrer la sainte messe dans votre établissement de Menpenti. Cet établissement a pour chef avoué et légal un prêtre interdit par son propre évêque et par mon prédécesseur. Il en résulte que tant qu'il reste sous l'autorité même seulement nominale d'un tel homme, cet établissement ne peut jouir de la faveur que vous sollicitez. Si je l'accordais je paraîtrais contredire des décisions que je suis malheureusement obligé de maintenir en ce qui me concerne. Il y aurait à la fois de ma part inconvenance et inconséquence.

Je suis vraiment fâché pour vous et pour vos élèves d'être ainsi empêché de faire ce que vous demandez et ce qui sans la difficulté dont il s'agit, serait tout à fait conforme à mes propres sentiments.

Recevez, Monsieur, l'assurance de ma considération.

† C.-J. EUGÈNE, *Evêque de Marseille.*

Menpenti, le 21 mars 1839.

Monseigneur,

Ayant trouvé hier le jeune homme dont je vous ai parlé, dans un état de faiblesse extrême, j'ai cru qu'il était de mon devoir de presser l'affaire de la confession. Grâce à Dieu, j'ai réussi ; et il m'a témoigné le désir, ainsi que je l'avais prévu, de s'adresser à moi. En conséquence je vous prie de m'accorder l'autorisation que je vous ai demandée hier, d'entendre la confession de ce jeune homme jusqu'à ce qu'il plaise à Dieu de fixer sa destinée.

Agréez l'assurance du plus profond respect avec lequel j'ai l'honneur d'être, Monseigneur, de Votre Grandeur, le très obéissant serviteur.

JONJON.

Je vous approuve pour confesser le jeune homme dont vous me parlez.

Marseille, le 21 mars 1839.

† C.-J. EUGÈNE, *Evêque de Marseille.*

Veillez à ce qu'il ne meure pas sans avoir reçu le sacrement de confirmation. Je vous autorise aussi à lui appliquer l'indulgence plénière *in artic. mortis.*

N° 6

Extraits de l'œuvre de M. Brès

« Gustave Ricard fit, avec ses frères, ses études classiques dans divers établissements, et, en dernier lieu, dans un pensionnat que dirigeait, à Menpenti, M. l'abbé Jonjon. Les élèves logeaient dans une *grande* et *vieille* maison, qui se voit encore et d'où l'on découvrait alors les plus jolis horizons. Ricard y demeura jusqu'à l'âge de treize ans et puisa dans ses études le goût des *belles lettres* auxquelles il ne cessa d'être fidèle.

« Cependant l'enfant griffonnait volontiers sur les cahiers maintes figures de condisciple, maintes silhouettes de maître d'études, où se révélaient déjà ses aptitudes de portraitiste.

« Les jours de promenade, il obtenait d'être laissé seul à la Maison de Menpenti, on l'enfermait dans la classe de dessin. Ricard était là dans son atelier, et il se livrait à une œuvre colossale qu'il avait entreprise avec l'agrément du Directeur du Pensionnat. Il ne s'agissait de rien moins que de décorer les murs blanchis à la chaux de cette vaste salle. L'écolier y exécuta en effet de grandes compositions. L'une, entre autres, représentait une chasse aux papillons où étaient figurés, dans les positions les plus plaisantes, *les bons professeurs* de l'établissement. S'appropriant les procédés de certains caricaturistes ou les devinant, Ricard avait su, en quelques traits sommaires, préciser la physionomie de *chacun* de ses maîtres.

« Cette décoration est demeurée légendaire dans la mémoire des condisciples et des maîtres de Ricard. M. l'abbé Jonjon, de qui nous tenons ces détails, nous écrivait récemment à ce sujet : « Lorsque, frappé par le malheur, j'ai dû quitter
« Menpenti, j'aurais emporté volontiers les cloisons dans mes
« malles, si je l'avais pu, pour les soustraire au marteau et au
« badigeonnage de l'industrie. »

....

« Cependant Ricard *avait obtenu de son père de continuer ses études de dessin*. Il suivait les cours du modèle vivant à l'école des *Beaux-Arts* que dirigeait alors M. Aubert........ A la suite du concours de 1840, le premier prix de la classe

— 150 —

lui fut décerné ; il avait alors dix-sept ans ; cette étude fait partie d'une très intéressante collection des prix de l'école depuis les premières années du siècle ....

« Le goût de Ricard pour la peinture ne faisait que s'accroître et s'enraciner, au grand chagrin de son père qui voulait faire de lui un changeur : « Gustave est bien sage, écrivait-il, mais « il est toujours entêté pour la peinture. »
....

« Gustave parlait d'aller à Paris. C'était le renversement de toutes les espérances paternelles. Notre jeune artiste appela à son secours son ancien professeur, M. l'abbé Jonjon, qui avait gardé dans la famille l'autorité due à son caractère et à ses talents. L'abbé consentit à plaider la cause de son élève. Il s'adressa au cœur du père. L'éloquence chaleureuse du professeur porta ses fruits. M. Ricard fut ébranlé. *Mais*, dit-il enfin, réunissant en cet argument toutes ses objections, *il ne gagnera rien à ce métier !* — Qu'en savez-vous, riposta l'abbé, accompagnant cette exclamation d'un geste sibyllin et d'un regard chargé d'inspiration. L'abbé Jonjon, grand, sec, le profil dantesque, dut produire ainsi un effet irrésistible ; le fait est que M. Ricard accéda aux vœux de son fils, et que la destinée s'est chargée de ratifier le pronostic du bon abbé. Il est peu de peintres contemporains dont les portraits aient été cotés à un plus haut prix que ceux de Ricard. »

A M. L. Brès, rédacteur du Sémaphore.

Monsieur,

On vient de me faire lire dans le *Sémaphore* le feuilleton que vous consacrez à la mémoire de mon regrettable élève et ami, Gustave Ricard ; comme j'y suis nommé plusieurs fois, vous me permettrez, je l'espère, de rectifier brièvement quelques-unes des circonstances où je me trouve mêlé.

L'établissement Menpenti comprenait le Château-Menpenti, ancienne maison, et le pensionnat où logeaient les élèves, maison entièrement neuve, à cette époque, et si bien neuve, que j'y ai perdu à cause de l'humidité plusieurs de mes dents. On n'enfermait pas Gustave dans une classe, lorsqu'il voulait se dispenser de la promenade ; c'était la salle de dessin qui était son cachot momentané ; il l'exigeait lui-même, afin de ne pas être dérangé dans son travail. J'avais soin cependant de recommander aux domestiques d'aller voir de temps en temps s'il n'avait besoin de rien.

Ainsi il n'était pas nécessaire qu'il *remplît ses poches de fusain* ; il était dans son atelier ; rien ne lui manquait. Vous concevez que pour charger tous les murs de cette salle, qui était spacieuse, de grandes peintures, il lui fallut plus d'une séance, et qu'il ne dut achever son œuvre qu'en étant de connivence avec moi.

Je dois encore faire observer que parmi ces peintures murales, une seule tendait à la caricature ; c'était celle qui représentait une chasse aux papillons.

L'éponge n'a jamais passé sur ces peintures ; et lorsque frappé par le malheur, j'ai dû quitter Menpenti, j'aurais emporté volontiers les cloisons dans mes malles, si je l'avais pu, pour les soustraire au marteau et au badigeonnage de l'industrie.

Quant à l'entretien qui eut lieu entre le père de Gustave et moi, il faut le placer quatre ou cinq mois après sa sortie de notre maison, lorsqu'il désirait fréquenter l'école de M. Aubert, et non avant son départ pour Paris.

L'éloquence cicéronienne n'avait pas beaucoup d'influence sur l'esprit de M. Ricard père, qui était rond dans toutes les affaires, comme la monnaie qu'il maniait tous les jours ; il fallait aller droit au cœur, qui chez lui était excellent ; c'est par là que je triomphai de sa résistance.

Vous ferez, Monsieur, de ces détails, l'usage que vous jugerez convenable et daignerez agréer l'assurance de ma considération distinguée. — J. P.

N° 7

OCTROI DE PARIS

DIVISION de L'INTÉRIEUR

TABLEAU du résultat de dix-neuf expériences faites par M. l'abbé Brossard-Vidal (de Toulon) à l'Entrepôt Général des Boissons, le mercredi 13 novembre 1844, pour constater la richesse alcoolique de divers liquides, en présence de MM. Wernert, Rouvenat et Desbrières, inspecteurs ; Decalonne et Moulin, sous-inspecteurs ; Faye, Besse, Legendre, Bertrand, Orsay et Béjos, contrôleurs ambulants, tous employés de l'Octroi de Paris ; de MM. Elsberg, contrôleur ambulant, et Lévêque, contrôleur receveur des Contributions Indirectes ; de M. Desbordes, ingénieur en Instruments de Mathématiques et de M. Calvaire, préparateur de Chimie au Jardin du Roi, ce dernier n'ayant assisté qu'aux onze premières expériences.

Numéros des Expériences	NATURE DES LIQUIDES	Temps qu'a nécessité chaque expérience de M. Vidal	DEGRÉS de richesse alcoolique	
			Alcoomètre de M. Gay-Lussac	Alcoomètre de M. Vidal
		minutes	degrés	degrés
1re	Eau..................................	15 »	0	0
2me	Esprit de vin à 85° coupé de moitié d'eau devant donner rationnellement et sans contraction 42° 50.	14 »	41.50	42 »
3me	Esprit à 85° avec 3 parties d'eau et addition de 100 grammes de sucre par litre.........	11 »	0	21.50
4me	Esprit à 85° avec moitié d'eau et addition de 75 grammes de mélasse par litre.	7.50	0	42 »
5me	Roussillon (Vin de)...............	8 25	0	17.10
6me	Même vin mêlé moitié d'eau......	10 »	0	8 75
7me	Esprit à 85° mêlé de moitié de vinaigre de bois	7.50	36.50	42 »
8me	Vinaigre de bois pur.............	11 »	0	0
9me	Vinaigre d'Orléans................	10.55	0	0
10me	Cidre........	11 »	0	0.30
11me	Vin de Bordeaux.................	10.20	0	9 »

Numéros des Expériences	NATURE DES LIQUEURS	Temps qu'a nécessité chaque expérience de M. Vidal	DEGRÉS de richesse alcoolique	
			Alcoomètre de M. Gay-Lussac	Alcoomètre de M. Vidal
		minutes	degrés	degrés
12ᵐᵉ	Même vin mêlé d'un 5ᵐᵉ d'esprit à 85° (1)............	10 »	0	21.25
13ᵐᵉ	Vin de Bordeaux mêlé de 2 fois son volume d'eau............	11 »	0	3 »
14ᵐᵉ	Bourgogne (Vin de)............	10 »	0	6.50
15ᵐᵉ	Même mêlé de moitié d'eau.......	10.25	0	3.30
16ᵐᵉ	Infusion de Cassis, composée à peu près de 2/3 du volume d'eau-de-vie à 56°; et 1/3 de volume de fruits écrasés et sur lesquels de l'eau-de-vie aurait été déjà puisée............	12.25	20.50	40 »
17ᵐᵉ	Infusion de Cassis mêlée de moitié d'eau............	12 »	9 »	20 »
18ᵐᵉ	Rhum venant de la Martinique...	10 »	52 »	53 »
19ᵐᵉ	Alcool de bois à 90° 50 mêlée d'une égale quantité d'esprit de vin à 85°. Ce qui devait produire rationnellement sans contraction un degré moyen de 87° 75; mais qui ne donnait que 86° 50 à l'alcoomètre de Gay-Lussac; le dit mélange étendu d'eau............	11 50	46 »	54 »

Certifié par l'Inspecteur soussigné,

Signé : Wernert.

Paris, 14 Novembre 1844.

---

(1) Ce liquide au goût est fortement alcoolisé et le mélange serait facile à reconnaitre.

1875

Extrait *du rapport de Paul Thénard à l'Académie des Sciences sur un alcoomètre présenté par M. Malligaud.*

« L'abbé Vidal partit de ce principe : qu'un vin commence à bouillir à une température d'autant moins élevée qu'il contient plus d'alcool...

« M. Malligaud, très honorablement connu sur la place de Paris comme négociant en vins, n'est ni chimiste, ni physicien ; c'est, avant tout, un homme charitable ; et c'est à cette charité que nous devons le précieux instrument que l'Académie nous a chargé d'examiner.

« Vers 1863, en effet, l'abbé Vidal mourut, ne laissant à sa sœur, pour tout héritage, que son inutile appareil et sa profonde misère. M. Malligaud, averti, secourut immédiatement la pauvre femme ; mais, en même temps, comprenant mieux que tout autre l'importance de la solution poursuivie par Vidal, et ne voyant alors que peu de difficultés à compléter son œuvre, il espéra les résoudre promptement et créer ainsi des ressources à Mlle Vidal. Malheureusement, cela dura 12 ans ; la mort emporta Mlle Vidal au moment où le but venait d'être atteint. Comme par un pieux hommage, l'instrument porte, avec le nom de M. Malligaud, celui du frère et de la sœur. »

Or, ce rapport avait été précédé le 16 octobre 1848 de celui de M. Despretz, en huit articles, comprenant neuf séries d'expériences. En voici un résumé :

« L'ébullioscope Malligaud démontre :

1° Que si la plupart des matières fixes et solubles retardent le point d'ébullition d'un liquide alcoolisé, il en est cependant qui l'abaissent sensiblement ;

2° Que ces matières se trouvent toujours réunies dans le vin en proportions diverses ;

3° Qu'en s'en tenant aux vins de table, dont la fermentation est achevée, ces matières sont assez bien compensées pour que le point d'ébullition corresponde à celui de l'eau alcoolisée au même degré ;

4° Qu'avec des vins de liqueur et ceux dont la fermentation est inachevée, le degré d'ébullition est avancé, mais que, en coupant ces vins avec de l'eau en quantité convenable, on fait toujours disparaître cette anomalie ;

5° Que dans les plus mauvaises conditions on ne commet pas une erreur de plus de 1/6 de degré, et que dans la majorité on est sûr du vingtième ;

6° Que l'opération est facile et rapide ;

7° Que par suite des soins donnés à la graduation, les instruments construits jusqu'ici, et dont le nombre dépasse *cent,* sont comparables entre eux.

« En conséquence, votre Commission déclare que l'ébullioscope de M. Malligaud fournit le meilleur procédé connu jusqu'ici pour titrer l'alcool dans les vins ; elle conclut à ce que l'Académie vote des remerciements à son auteur et l'insertion de son Mémoire au *Recueil des Savants Etrangers.*

« Les conclusions du rapport sont adoptées. »

N° 8

Archevêché
d'Aix

Aix, le 11 décembre 1839.

Monsieur l'Abbé,

Mgr l'Archevêque a appris avec plaisir la détermination que vous avez prise de vous consacrer de nouveau au Saint Ministère, et il me charge de vous écrire qu'il vous donne l'autorisation, que vous lui demandez, d'accepter un emploi dans le diocèse de Marseille.

Recevez, monsieur l'abbé, l'assurance des sentiments distingués et respectueux avec lesquels je suis votre très humble et très obéissant serviteur.

Ginoulhiac, *vicaire général.*

N° 9

Aix, le 22 décembre 1839.

Il me semble, monsieur et très cher Jonjon (plus cher encore par vos infortunes), qu'il ne vous reste qu'à vous jeter dans les bras de Mgr l'Archevêque d'Aix, votre supérieur naturel, qui, je l'espère, ne vous repoussera pas ; quelles que soient au reste ses dispositions à votre égard, je suis assuré, qu'en ce moment il n'a point de place disponible à vous offrir. Mais moi j'en ai une que la Providence a peut-être disposée pour vous. Je souhaiterais beaucoup qu'elle pût vous aller, car j'y verrais un acheminement à votre rentrée dans le diocèse et à y être employé d'une manière convenable. Voici ce que c'est : le curé de Lançon vient de m'écrire pour me demander, de la part de M. et de Mme Serré, ses paroissiens (je ne sais si vous connaissez cette maison) un précepteur pour deux petits garçons, leurs fils, dont l'un a onze ans, et l'autre neuf. J'avais fait déjà ma réponse au curé, et lui disais que je ne pouvais lui indiquer personne en ce diocèse qui fût propre à cet emploi, quand votre lettre m'est arrivée ; et la pensée m'est aussitôt venue de vous proposer cette place en attendant mieux. Qui connaît les voies de la Providence ? Réfléchissez y, et répondez-moi le plus tôt possible afin que je puisse moi-même ne pas laisser trop longtemps ces braves gens dans l'incertitude.

Vous devez comprendre, mon très cher Jonjon, par le tendre attachement que j'ai toujours eu pour vous, combien mon cœur souffre de vous voir dans la peine, et quels vœux sincères je forme pour qu'il plaise au Seigneur de vous mettre dans une situation meilleure. Oh ! que vous avez bien fait de ne laisser échapper de votre cœur aucune plainte offensante, dans cette dernière circonstance qui a été si pénible pour vous. C'est une dernière épreuve par laquelle il a plu à Dieu de vous faire passer. Que son saint nom soit béni !

En attendant votre réponse, je suis avec les sentiments que vous savez, monsieur et très cher Jonjon, votre affectionné serviteur.

BONY.

Lançon, le 30 décembre 1839.

A Monsieur Bony, supérieur du Grand Séminaire.

MONSIEUR LE SUPÉRIEUR,

J'ai communiqué hier à M. et à Mme Serré la dernière lettre que vous m'avez fait l'honneur de m'écrire, je ne pourrais vous dire toute la joie qu'elle leur a procurée, bien volontiers ils attendront jusqu'à la fin de janvier. Seulement ils sont un peu embarrassés pour les offres à faire à ce monsieur, et leur embarras vient de ce qu'ils ont à traiter avec un prêtre ; vous acquerriez de nouveaux droits à leur vive reconnaissance si vous vouliez bien le prier en leur nom de dire lui-même ce qu'il veut gagner, en lui observant : 1° qu'il aura trois élèves au lieu de deux, ce troisième est le fils de Me Bouteille, notaire, c'est un enfant qui promet beaucoup sous tous les rapports, il commence comme les autres et est du même âge qu'eux ; 2° qu'il sera à ma table, du moins pour le moment ; la famille Serré restant ordinairement à la campagne et n'ayant guère qu'un pied-à-terre ici à Lançon, a nécessité cette mesure, ou plutôt m'a imposé ce sacrifice que je fais volontiers pour le bien et qui d'ailleurs sera bien adouci par les qualités que vous nous faites espérer dans l'individu ; 3° qu'il aura à sa disposition des appartements meublés autant qu'il en voudra. En regrettant bien de vous donner tant de peine, les familles Serré et Bouteille vous supplient très humblement et je vous supplie aussi de vouloir bien avoir encore pour eux cette complaisance. Ils me chargent de vous présenter leurs très humbles respects et hommages.

Je vous offre mes vœux de bonne année et vous prie de vouloir bien les offrir de ma part à M. Malègue. Je compte toujours, pour moi et mes paroissiens, sur vos bonnes prières.

J'ai l'honneur d'être, avec un profond respect, Monsieur le Supérieur, votre très humble et très obéissant serviteur.

LAUGIER.

Aix, le 2 janvier 1840.

Je ne crois pas pouvoir faire mieux, mon très cher Jonjon, que de vous envoyer la lettre du curé de Lançon. Vous y réfléchirez et aurez la bonté de me répondre sans trop de retardement.

J'ai cru devoir ne pas laisser ignorer cette affaire à Monseigneur l'Archevêque, qui vous verra par ce moyen si naturel rentrer dans son diocèse, avec une vraie satisfaction de sa part ; il désire beaucoup que vous acceptiez cette place, qui, dans son idée, comme il me l'a donné à entendre, deviendra pour vous une sorte de vestibule, pour rentrer dans le Sanctuaire.

Je le désire tout comme lui, mon très cher enfant, n'en doutez pas, afin qu'après tant de traverses, vous puissiez trouver enfin ce repos du cœur, dont vous avez plus besoin encore, comme vous dites, que celui du corps.

Je vous embrasse mon très cher Jonjon, et suis à tout jamais, votre dévoué et affectionné serviteur.

BONY.

Lançon, le 12 janvier 1840.

MONSIEUR LE SUPÉRIEUR,

Je ne réponds qu'aujourd'hui à votre lettre parce que j'étais absent quand elle est arrivée ici ; ma joie a été grande autant que ma surprise, en apprenant que vous alliez nous donner le brave et trop malheureux Jonjon : ce que vous me dites du triste état de ses affaires, est un nouvel exemple ajouté à tant d'autres : Qu'il n'y a rien à gagner à lutter contre ses supérieurs, et que l'insubordination ne saurait mener à rien de bon. Cependant je plains bien sincèrement l'abbé Jonjon, je connais ses excellentes qualités et d'ailleurs il est mon ami, à ces titres et à votre recommandation je lui rendrai toujours bien volontiers tous les services qui dépendront de moi. J'ai fini avec les parents, ils consentent à lui donner avec la nourriture et le logement la somme de 1.000 francs ; il ne m'a pas été possible d'obtenir davantage, quelques instances que j'aie faites. Je vous prie, Monsieur le Supérieur, de vouloir bien le lui apprendre et lui dire en même temps que s'il pouvait, du moins si cela ne le dérangeait pas trop, d'attendre jusqu'à la fin de février, les parents en seraient bien aises pour deux raisons, d'abord ils gagneraient un mois sur le trimestre déjà payé d'un de ces enfants qui est à la pension, et puis ils auraient plus de temps pour approprier mieux les appartements qu'ils lui destinent ; dans le cas où ce retard le dérangerait, il peut venir à l'époque déjà fixée par lui, en fin janvier. Je suis fâché de ne pas vous épargner cette peine, mais c'est que je ne sais si Jonjon est encore à Menpenti.

En attendant de pouvoir aller vous remercier eux-mêmes de tant de peines qu'ils vous donnent, les parents me chargent de vous réitérer avec l'expression de leur vive reconnaissance, celle de leurs hommages respectueux.

J'ai l'honneur d'être avec un profond respect, Monsieur le Supérieur, votre très humble et très obéissant serviteur.

LAUGIER.

Je ne crois rien encore pouvoir faire de mieux que de vous envoyer la lettre du curé de Lançon, votre ami. Vous voyez que cette fois il sait quel est le personnage mystérieux dont il s'agissait, je bénis Dieu, mon cher enfant, de ce que notre affaire semble devoir réussir. La petite condition qu'on y met, n'est pas, je pense, de nature à vous arrêter. Je vous conseille de vous mettre directement en relation avec le curé. Je vous embrasse tendrement.

BONY.

Aix, 13 janvier 1840.

P. S. — J'étais déjà inquiet de n'avoir point de réponse. Voilà heureusement mon inquiétude dissipée.

N° 10
Dernière Période de ma Carrière de l'Enseignement

Pendant la nouvelle et dernière période de ma carrière de l'enseignement, qui a duré environ trente ans, sans doute tous mes jours n'ont pas été sereins, et de noirs nuages ont souvent encore assombri mon existence.

Mais pendant les seize années qui venaient de s'écouler, j'avais passé par tant d'épreuves aussi humiliantes que douloureuses, que j'ai subi les contre-temps dont cette nouvelle période a été largement pourvue, avec une émotion modérée, selon la maxime de Saint-Grégoire : *tela prævisa minùs feriunt*. Si au jugement de Dieu je les ai mérités, je courbe la tête sous ces fourches caudines d'un nouveau genre ; si je ne les ai pas mérités, je les accepte comme le juste châtiment de mes infidélités envers Dieu.

D'autre part, aucun instituteur que je sache n'a reçu plus que moi des témoignages de respect, de générosité et d'affection. Il est à croire que cette expansion n'a été ni aveugle ni irréfléchie ; elle reposait donc sur quelque base.

Enfin lorsque la somme des déboires et des amertumes ne dépasse pas trop celle des succès et des consolations, et que l'ensemble de la vie humaine est à peu près ainsi équilibré, je pense qu'on doit s'estimer heureux ; cette situation, en effet, qui préserve tout à la fois du découragement et du vertige, est un vrai don de Dieu.

Mais après environ un demi-siècle d'expérience, j'ai le droit, il me semble, d'entrer dans quelques considérations générales sur cette sorte d'antagonisme que je viens de constater.

Parmi les familles qui se déchargent sur des instituteurs du soin d'élever leurs enfants, il en est qui considèrent notre profession comme un métier vulgaire et se tiennent quittes envers nous, lorsque à la fin des études, ils ont la conscience d'avoir payé exactement tous les trimestres échus ; tout est fini entre nous : nous ne sommes liés par aucune de ces relations qui produisent des devoirs réciproques. La plupart de ceux qui appartiennent à cette catégorie jouissent dans le monde d'une grande considération et pratiquent même assidûment leurs devoirs religieux ; on ne peut donc les blâmer que d'ignorer ce que l'antiquité profane enseignait avant même le christianisme.

Juvénal dans sa satire VII, après les auteurs dont j'ai cité les témoignages dans l'appendice de la première partie, reproche à son tour avec son énergie habituelle aux pères de famille de son temps de renoncer aux principes *des ancêtres qui voulaient que leurs enfants respectassent dans un gouverneur la sainte autorité du père* et leur met sous les yeux l'exemple d'*Achille déjà grand, qui craignait encore la verge de Chiron, son maître sévère.*

Pour se dispenser de la reconnaissance, qu'on ne m'objecte pas qu'elle a une raison d'être dans l'incurie des instituteurs, qui ne remplissent pas leurs obligations.

Dieu me garde de succomber à la tentation d'écrire des personnalités dans cette question délicate ; mais je crois pouvoir affirmer que ce désordre (car c'en est un) existe souvent, même lorsque les familles sont très satisfaites des bons résultats qu'ils doivent au zèle et au dévoûment notoires des instituteurs.

Lorsque pour la première fois je me suis livré à l'enseignement, ma conscience m'aurait reproché, comme une faute grave, la pensée de faire de cette carrière un objet de spéculation, et d'y ambitionner la fortune. Mais plus tard, sans déserter mes principes, je me suis montré plus indulgent à l'égard de ceux de mes collègues, qui ne les partageaient pas ; il est bien difficile, en effet, de concevoir d'une tâche qui nous est imposée, une plus haute idée que celle de ceux qui nous l'imposent.

Quant aux élèves on ne peut pas leur faire un grand crime de méconnaître un devoir qui n'est jamais nommé au foyer de la famille.

Cependant la reconnaissance, quoiqu'elle tende de plus en plus à devenir rare, n'en est pas moins pratiquée par d'autres pères et mères, qui la comptent parmi leurs traditions d'honorabilité, de hautes convenances et de moralité religieuse. Je suis heureux de faire encore appel sur ce point à ma vieille expérience. Les relations que j'ai contractées avec telles et telles familles, qui n'ont jamais cessé depuis le premier jour, de m'honorer de leur estime, de leur confiance et de leur amitié, adoucissent les amertumes de mes vieux jours, et m'aident à en supporter le poids (1). Une preuve incontestable de ce que j'avance, a déjà reçu une certaine publicité ; mais la reconnaissance que je dois à mon tour à ces familles et à leurs enfants, m'impose l'obligation de la placer sur un théâtre plus élevé ; je vais la remplir, en transcrivant ce qui suit :

---

(1) J'écris cette page, apèrs le 60me anniversaire de mon ordination sacerdotale.

COMPTE-RENDU

d'une

FÊTE DE FAMILLE SCOLAIRE

Le 11 avril, dimanche du Bon-Pasteur, à 5 heures du soir, les délégués des anciens élèves de M. l'abbé Jonjon, lui ont offert une statue en bronze de Moïse.

M. Antoine de Jessé-Charleval, avocat, ancien Maire de Marseille, a prononcé, au nom de tous les élèves, l'allocution suivante :

Monsieur l'Abbé,

« Le 19 décembre dernier une Cérémonie des plus touchantes réunissait autour de vous un nombre imposant de vos anciens élèves ; vous célébriez ce jour-là le cinquantième anniversaire de votre ordination ; aussi tous ceux qui n'avaient pas été retenus par un invincible empêchement, étaient venus avec autant de bonheur que d'empressement, assister à la célébration de vos Noces d'Or avec l'Eglise.

« Nous avons voulu perpétuer le souvenir de cette fête ; et de même qu'autrefois on frappait des médailles commémoratives de tous les événements heureux, vos anciens élèves ont tenu à vous offrir, à l'occasion du cinquantième anniversaire de votre prêtrise, un témoignage impérissable de leur profonde reconnaissance et de leur affectueux dévouement.

« J'ai l'honneur de vous présenter, en leur nom, l'objet qu'ils ont choisi : c'est la reproduction d'un des chefs-d'œuvre de Michel-Ange, de la statue de Moïse, qui forme le principal ornement d'un des beaux monuments de Rome, le Mausolée du Pape Jules II.

« Cette statue vous est donnée non-seulement comme un souvenir et un hommage, mais encore comme un emblème.

« Si Moïse, en effet, retira les Hébreux de l'Egypte, si par sa main puissante il les délivra de la servitude des Pharaons, vous avez su, par votre énergique impulsion et par vos soins éclairés, nous retirer de l'esclavage et des ténèbres de l'ignorance.

« De même que Moïse a fait tomber les barrières qu'opposaient les flots de la Mer Rouge à son peuple, vous avez abaissé devant nous les obstacles nombreux que nous avons rencontrés dans le cours de nos études.

« De même qu'il fit jaillir l'eau du rocher pour étancher la soif des Hébreux, vous avez fait jaillir en nous ces étincelles intellectuelles à la lumière desquelles nous avons pu profiter de vos précieux enseignements et de ceux de nos autres maîtres.

« De même qu'il nourrissait les Hébreux avec la manne céleste, vous avez nourri nos âmes avec la parole de Dieu.

« Enfin, nous pouvons le dire, plus heureux que lui, vous avez été admis à voir, en quelque sorte, la terre promise.

« N'avez-vous pas, en effet, à la fin de votre carrière, la satisfaction de voir les heureux résultats de votre labeur incessant ? Ne vous est-il pas donné de constater par vous-même les effets bienfaisants produits par votre paternelle éducation sur cette légion d'hommes qui vous entourent ?

« Et maintenant puisse Dieu vous conserver longtemps encore à l'affection de ceux qui doivent d'être ce qu'ils sont !

« Puisse-t-il nous être permis de nous trouver encore souvent réunis autour de vous pour vous témoigner la profonde gratitude dont nos cœurs sont pleins !

« C'est le vœu que je forme en vous embrassant affectueusement au nom de tous vos anciens élèves, présents et absents. »

M. l'abbé Jonjon, vivement ému, a répondu en ces termes :

MES CHERS ENFANTS, MES BONS AMIS,

« Je me permets de vous donner ces deux noms, parce que je n'en trouve pas dans le langage humain, qui expriment mieux les anciennes relations que j'ai eues avec vous et les sentiments que m'inspire votre démarche de ce jour.

« Après la manifestation du 19 décembre, je croyais que la reconnaissance qui était due à mes modestes services, avait atteint des limites infranchissables ; je comptais sans votre générosité, qui, par une pieuse exagération, a évidemment dépassé le but.

« Le 19 décembre n'était pas, à vos yeux, suffisamment complet ; vous y avez ajouté le 11 avril ; aussi, désormais dans ma pensée et dans mon cœur, ces deux dates s'identifieront, et j'appellerai cette unique journée la Fête de la Piété filiale et de la Reconnaissance.

« Je regrette seulement que des actes de si belles et si touchantes vertus aient pour objet, je dois le redire, un mérite aussi inférieur que le mien. Cependant je les accepte avec une vraie satisfaction, parce que je comprends qu'en ce moment, malgré mon indignité personnelle, je représente le droit qu'ont tous les professeurs à l'affection et à la reconnaissance des Elèves ; droit naturel, qui n'a pas échappé à l'intelligence des Sages de l'antiquité profane et que l'Evangile a confirmé.

« Quel est celui d'entre nous (s'écrie l'orateur romain, se faisant l'écho sur ce point comme sur bien d'autres de ces traditions sociales qui ont résisté à la corruption du monde moral) quel est celui d'entre nous, s'il a été dignement élevé, dans l'âme duquel le nom de ses maîtres et de ses instituteurs, le lieu même insensible et muet où il a été nourri et instruit dans son enfance, ne réveillent de délicieux souvenirs ?

« *Quis est nostrûm liberaliter educatus, cui non educatores, cui non Magistri sui, cui non locus ille mutus ipse, ubi altus aut doctus est, cum grati recordatione in mente versetur (Cic. pro Plancio).*

« Aujourd'hui, mes chers Elèves, vous avez répondu noblement à cet écho ; Gloire à vous ! Ainsi, lorsque je vous témoigne ma satisfaction, voyez en moi principalement l'interprète de tous ceux qui ont coopéré si consciencieusement à l'œuvre importante de votre éducation.

« Il est un autre motif, mes chers Elèves, pour lequel cette journée m'est également précieuse.

« Dans le silence de ma retraite et dans le sang-froid de mes occupations actuelles, je ne puis m'empêcher de revenir sur le passé des nombreuses années que j'ai consacrées à l'enseignement ; rien de plus efficace que ce calme intérieur et cet éloignement des affaires pour voir clair dans les plus minutieux détails des devoirs qu'on a eu à accomplir, du bien que la Providence nous a aidés à faire, et surtout des illusions qui nous ont portés à faire fausse route.

« Eh bien ! mes chers Elèves, je voudrais que tous les Elèves qui ont vécu plus ou moins longtemps sous ma direction, fussent ici présents pour entendre les aveux qui sont comme le cri de ma conscience ; mais puisque les lois mêmes de la nature s'opposent à la réalisation de ce vœu, je remercie Dieu de me donner en ce jour une heureuse occasion de remplir le mieux possible ce que je crois être un devoir.

« Nos relations journalières vous ont fait connaître assurément les tendances de mon caractère très expansif et doué d'une assez grande activité, que je dépensais tout entière, sans ménagement, pour m'acquitter de mes obligations pédagogiques ; les succès scolaires de mes Elèves étaient ma passion favorite ; ce sont là des qualités sans doute, lorsqu'elles sont renfermées dans de certaines limites : *Certi sunt fines, quos ultra citraque nequit consistere rectum*, a écrit autrefois, d'accord avec le bon sens, un de mes vieux et fidèles amis.

« Mais vous avez dû remarquer aussi que j'ai eu en quelque sorte, l'exubérance de ces qualités et que je n'ai pas toujours observé cette modération qui est l'essence de la droiture. Ainsi je me reproche de m'être laissé aller quelquefois, par excès de zèle, à des actes de sévérité exagérée, pour exiger une perfection idéale, au lieu de me contenter d'un progrès ordinaire, le seul qu'il fût possible d'obtenir dans les circonstances où je me trouvais. Quoi qu'on puisse dire pour atténuer ce qu'il y a de répréhensible dans ces prétentions, je ne les confesse pas moins comme des fautes, sans tergiverser ; et je vous prie de me donner, avant que je quitte tout à fait la vie publique, la consolation de savoir que vous, qui êtes les représentants de mes anciens Elèves, vous me les avez pardonnées.

« Mais, pour me relever un peu de cet abaissement volontaire, je vous ferai une autre déclaration avec la même franchise et la même naïveté. (Mon langage actuel est une suite de ces communications familières que j'avais avec vous et qui étaient une de mes jouissances les plus intimes).

« Il y a assurément des instituteurs beaucoup plus savants, beaucoup plus intelligents, beaucoup plus habiles que moi ; il ne m'en coûte nullement de faire cet aveu, que m'arracherait, d'ailleurs, l'incorruptible vérité. Mais, en consultant ma conscience, ce témoin irrécusable de nos vrais sentiments, il me semble que je puis affirmer sans témérité, que personne ne doit aimer ni plus sincèrement ni plus efficacement ses élèves que je ne l'ai fait ; et, si en affirmant cela, je ne me fais pas illusion, permettez-moi de m'accorder le bénéfice des paroles consolantes que notre Sauveur prononça en faveur d'une célèbre pécheresse : *remittuntur ei peccata multa, quoniam dilexit multum.* Ainsi, puisque je vous ai beaucoup aimés, j'espère que vous me pardonnerez beaucoup.

« Quant à vos fautes (qui n'en commet pas à l'âge de l'inexpérience ?) vous savez que le soleil ne se couchait jamais sur ma colère, et que l'aurore du lendemain nous trouvait complètement réconciliés. D'ailleurs, l'image de celui qui a supporté pendant quarante ans les mutineries sacrilèges du peuple Hébreu et qui s'est posé, victime expiatoire, entre les iniquités de ses Frères et la Justice Divine, ne m'indiquerait-elle pas la route, si je ne l'avais suivie depuis longtemps ? Laissez-moi vous dire encore que si mon cœur nourrissait (ce qui n'est pas) un levain de vieux souvenirs, vous élevez, sans figure de style, un rempart d'airain entre mes réminiscences et vos légèretés.

« Tel est l'échange de confession et de pardon, après lequel je soupirais, ne pouvant pas prévoir que l'occasion de le faire se présenterait par une heureuse coïncidence, avant que je meure ; et c'est le second motif pour lequel je vous réitère, mais cette fois-ci en mon propre nom, mes sincères remercîments pour votre grande manifestation de ce jour.

« Avant de finir cette causerie, mes chers Elèves, j'ai un dernier épanchement confidentiel à vous faire.

« Vous avez voulu, par ce don, me témoigner votre reconnaissance pour les bons soins que je vous ai donnés lorsque vous étiez sous ma direction ; mais avez-vous bien mesuré toute l'étendue du mérite de cette offrande ?

« Après une carrière plus ou moins longue, consacrée à des travaux utiles et honorables, plusieurs de mes contemporains, plusieurs mêmes de mes Elèves ont reçu justement des distinctions auxquelles bien de nobles âmes, bien des cœurs honnêtes ne sont pas insensibles. Dieu, qui ne s'arrête pas aux apparences, mais dont le regard pénétrant sonde les pensées les plus intimes, Dieu sait, mes chers Elèves, quels ont été les mobiles qui ont dirigé mes actes pendant le demi-siècle que j'ai consacré soit au salut des âmes dans le ministère sacré, soit à l'éducation de la jeunesse dans l'enseignement, et quels sont ceux de ces actes qui, n'étant pas étrangers au bien public, ne sont pas cependant méritoires à ses yeux, ou sont écrits là-haut dans le livre de vie ; décision mystérieuse qui dépasse le jugement des hommes.

« Mais si j'avais eu la faiblesse de céder au désir de recevoir ma récompense en ce monde, je serais en ce jour pleinement satisfait au-delà même de toutes mes espérances. Vous me parez en effet avec ce bronze impérissable d'un ornement qui ne s'usera jamais, qui conservera toujours son éclat, et que les vers n'atteindront pas. *Non tinea demolitur.* Vous m'honorez d'une décoration dont le brillant ne se fanera jamais et sur laquelle le temps rongeur exercera en vain son pouvoir. *Quod innumerabilis annorum series et fuga temporum non possit eruere (Hor.)* Ce monument de votre reconnaissance survivra à mon dernier soupir et échappera même aux sombres ténèbres du tombeau. *Non omnis moriar multaque pars meï vitabit Libitinam (Hor.)* Ce monument, mes chers Elèves, ne périra qu'avec l'univers.

« Voilà l'étendue du mérite de votre offrande telle que je la conçois ; il y a une immensité, je reviens sur ce contraste, il y a un abîme entre cette image sublime du législateur immortel et l'humble personnalité de votre ancien professeur. Laissez-moi donc vous rappeler en finissant que si je dois être vivement ému de cette noble expansion de vos cœurs, je n'éprouve pas moins une profonde confusion d'avoir été choisi pour recevoir un honneur qui est certainement dû à ma profession, mais que bien d'autres pourraient revendiquer avec plus de droit.

Le 19 décembre et le 11 avril compteront parmi les beaux jours, bien rares, de mon existence accidentée et laborieuse ; mais ils seront les derniers, parce qu'ici-bas les satisfactions ne sont pas inépuisables et que la répétition des plus belles choses en altère la valeur, *assiduitate vilescunt (S. A.)* D'ailleurs, par la faute (permettez-moi cette expression) de votre munificence, je suis arrivé à ces limites au-delà desquelles il n'y a plus que l'espoir des biens à venir, pour étancher la soif de bonheur qui nous dévore tous. Aussi n'ai-je plus rien à désirer de ce monde dans ma solitude.

« Cependant je ne vous perdrai pas de vue ; comme je l'ai toujours fait, je prendrai une large part à vos amertumes et à vos douleurs et j'applaudirai avec bonheur à votre prospérité, à vos succès et à vos triomphes, me souvenant avec une légitime fierté, que j'ai soutenu vos premiers pas chancelants dans la vie intellectuelle, que j'ai arrosé de mes sueurs les premiers sillons que vous avez tracés dans le champ de la pensée, que j'ai fécondé de mon amour le germe de vos talents, et que j'ai encouragé plusieurs d'entre vous à poser le pied sur le premier degré de l'échelle glorieuse au faîte de laquelle les uns sont parvenus et les autres ne tarderont pas à monter.

« Mais je vous retrouverai tous au Saint-Autel, au moins par le cœur, en offrant le divin sacrifice ; et vous-mêmes, en y assistant quelque part dans le monde, vous formerez une Sainte Union des âmes avec moi, avec vos condisciples et surtout avec ceux que « nous pleurons parce qu'ils ne sont plus, » *quia non sunt.* Soyez tous fidèles à ce rendez-vous auquel je vous convie, et lorsque ma dernière heure aura sonné, je compte sur le pieux souvenir au moins de mes bons amis. *Saltem vos amici mei.* »

Après ces deux discours, qui ont été chaleureusement applaudis, M. l'abbé Jonjon a récité à haute voix, avec tous les délégués pieusement recueillis, un *Pater Noster* et un *Ave Maria* pour tous ses élèves vivants, et un *De Profundis* pour ses élèves défunts ; il les a ensuite embrassés avec attendrissement et enfin les a introduits dans une salle où il avait fait préparer une collation qui rappelait les anciennes fêtes de la Maison.

Une gaîté toute fraternelle a régné entre ces élèves de tout âge (de 1833 à 1879). Cette fête de famille laissera de profonds souvenirs dans le cœur de tous.

M. l'abbé Jonjon aurait été très heureux de réunir à cette délégation les Membres du clergé, amis ou anciens élèves, qui s'étaient associés à ses joies intimes le 19 Décembre et d'engager M. le curé de Notre-Dame-du-Mont à consacrer, par les prières de l'église, la statue de Moïse en présence des délégués ;

mais, pour éviter l'encombrement, il a dû renvoyer cette cérémonie au lendemain 12 avril, qui a été ainsi une sorte de prolongement du 11. — Le lundi, en effet, à la même heure, M. le Curé, assisté de tous les prêtres qui avaient été invités et qui n'ont pas été retenus par les occupations du sacré Ministère, a bénit solennellement la statue. — La cérémonie a été suivie, comme la veille, d'une collation aussi abondante que recherchée ; à la fin de ces agapes, M. l'abbé Rigaud et M. l'abbé Jonjon ont échangé quelques paroles amicales et affectueuses qui ont dignement clôturé la séance.

Un grand exemple de reconnaissance a été donné ; puissent les élèves de toutes les institutions s'en pénétrer et ne jamais l'oublier.

Un Élève.

N° 11

Dernière et respectueuse réponse à des observations amicales

Que de conseillers bienveillants n'ai-je pas rencontrés sur ma route dans ma longue carrière, à la sincère amitié desquels j'ai dû ajouter foi !

Les uns ne se préoccupant que de ma tranquillité, et faisant bon marché de ma dignité et de mon honneur, auraient voulu que j'en fisse litière et m'insinuaient que cette détermination eût été héroïque.

Mais comme l'héroïsme, heureusement pour la faiblesse native de l'homme n'est pas obligatoire ; qu'il a donc toujours été permis de se défendre contre un injuste agresseur et de revendiquer ses droits violés dans sa personne, dans ses biens et dans son honneur, surtout lorsque un intérêt public s'identifie avec celui d'un homme privé, j'ai pu et quelquefois dû user de cette faculté sans blesser ma conscience.

Quelques-uns même ont poussé le sentiment de la correction fraternelle jusqu'à me reprocher d'*aimer* la guerre, d'être trop *batailleur*, etc., etc. ; reproches assurément peu aimables que je n'invente pas, que j'ai entendus et contre lesquels je proteste en face de la tombe ;

S'il m'est arrivé de repousser trop loin mes agresseurs, n'est-ce pas aux coups de fouet qu'on ne m'épargnait pas qu'il faut attribuer ces emportements accidentels et non aux prétendues tendances de mon caractère ?

Son Eminence le cardinal archevêque de Paris était plus équitable, lorsque pour couvrir Mgr l'évêque de Nevers, il écrivait :

« Si l'expression d'une douleur légitime a dépassé quel-
« quefois la limite, la justice veut qu'on n'attache pas d'impor-
« tance à quelques exagérations de langage, inspirées par le
« sentiment de sa dignité froissée et de ses droits violés. »

Il ne me paraît pas hors de propos de rappeler au souvenir de mes lecteurs ces paroles remarquables que j'ai citées plusieurs fois dans l'*Histoire du Revenant* (1).

Les autres moins exigeants, et tout aussi bienveilllants, voulaient bien que je fisse un traité inoffensif de lois canoniques qui auraient condamné indirectement mes adversaires, mais désapprouvaient la question personnelle.

Mais comment un accusé, peu satisfait du plaidoyer de son avocat, peut-il entreprendre de le compléter par des développements indispensables sans traiter la question personnelle ? Est-ce sur des accusations et des défenses vagues, générales et non personnelles que se forment les décisions des tribunaux ? j'ai d'abord exposé la loi ; or je ne sais comment j'aurais pu m'y prendre pour prouver qu'ils l'avaient violée, si je ne m'étais pas mis en scène en face d'eux.

Il est permis à toute personne qui a pris part ou qui s'est trouvée mêlée, malgré elle, à des événements graves de laisser en manuscrits, et même de publier de son vivant des Mémoires qui complètent le récit de certains faits ou les dégagent des obscurités dont les avaient entourées les préjugés et les passions des contemporains. C'est souvent dans les écrits de ce genre que puisent les historiens sérieux, qui tiennent essentiellement à être véridiques. Or, en vertu de quel privilège me refuserait-on cette autorisation ? je ne m'attribue pas plus

---

(1) Ma famille et mes amis, s'il m'en reste, pourront en parcourant les dossiers complets de toutes mes affaires litigieuses privées et le compte-rendu des diverses positions que j'ai occupées ; ils pourront, dis-je, se convaincre que si j'ai fait forcément la guerre, je ne l'ai pas aimée.

d'importance que je ne vaux ; je prends seulement celle que des faits indéniables m'ont donnée.

N'est-il pas vrai qu'un mandement et une circulaire archiépiscopale reposent, l'un dans les archives de toutes les paroisses du diocèse de Marseille et l'autre dans celles de toutes les paroisses du diocèse d'Aix ? N'est-il pas vrai que *seul* de mon temps j'ai été ainsi signalé à l'opinion publique comme un prêtre indigne de l'estime du clergé et des fidèles ? Personne donc ne devrait oser me trouver répréhensible, si, ne pouvant faire ni annuler ni retirer des archives ces pièces officielles, je place en quelque sorte vis-à-vis d'elles mon plaidoyer, tel que je l'ai complété, au moins dans les blibliothèques d'Aix et de Marseille, qui sont à ma disposition.

Je laisserai à ma famille les débris de mon patrimoine et le fruit d'honorables labeurs ; ne sera-t-elle pas bien aise, je l'espère avec confiance, de n'avoir, pour défendre ma mémoire, qu'à indiquer du doigt les écrits qui la justifient ?

D'ailleurs mes adversaires ont-ils observé à mon égard la réserve qu'on veut m'imposer ?

Qu'on aille à la bibliothèque nationale, et l'on trouvera mon nom en toutes lettres au bas de l'amende honorable que j'ai commentée plus haut, et dans laquelle on a eu l'habileté de passer l'éponge sur les torts de l'administration et de ne faire mention que des miens en les aggravant. Aussi un vicaire général d'Aix s'est-il empressé, pour satisfaire une vengeance personnelle, d'envoyer cette pièce à Rome, au centre de la catholicité, afin d'y prouver jusqu'à la fin des siècles, que je suis, selon ses expressions, *un très méchant homme (Vir pessimus)*.

Qu'on aille encore aux archives du Ministère de la Justice, qui en 1836 se confondait avec le Ministère des Cultes, et on y lira, sur mon propre nom, trois accusations mensongères, et par conséquent calomnieuses, qu'on a laissées comme une diffamation permanente, bien qu'on ai paru sincèrement me donner le baiser de paix.

Ainsi j'aurais trouvé partout, si j'avais eu, malgré mon incapacité, la malheureuse pensée d'aspirer à un honneur quelconque dans le sacré Ministère ; j'aurais trouvé, dis-je, une barrière infranchissable, ou que je n'aurais peut-être franchie, qu'en y laissant des lambeaux de conscience et de dignité.

Au reste, les bienveillants et charitables conseils, qui viennent d'être l'occasion de cette dissertation expansive, ne m'ont jamais surpris, parce qu'ils tiennent à la nature du cœur humain. Nous ne sentons bien *tous* que ce que nous éprouvons nous-mêmes ; nous sommes instinctivement portés à rejeter au second plan ce qui ne nous touche pas de près ; et nous oublions presque fatalement cette maxime de Térence, prise dans son sens littéral :

Homo sum, humani nihil à me alienum puto (1).

Pièces justificatives concernant mes appréciations des personnnes et des faits

NOTES DIVERSES

Vicaires généraux

On prétend que, d'après le Droit Canon, les vicaires généraux ne devraient pas appartenir au diocèse qu'ils administrent au nom de l'évêque.

Je réponds qn'il ne faut pas confondre le Droit Canon ou le texte de la loi avec les canonistes qui l'expliquent, l'interprètent et au besoin le développent selon leur jugement privé ; ainsi je n'ignore pas que quelques canonistes enseignent qu'un vicaire général doit être étranger au diocèse.

J'ai lu attentivement sur cette question Reiffenstuel, Rousseau de Lacombe, de Héricourt, Durand de Maillane, et je n'ai rien trouvé qui autorisât de près ou de loin les canonistes susdits à émettre une telle opinion ; parmi les qualités en effet qu'ils exigent des vicaires généraux, les auteurs précités sont unanimes à garder le silence sur cette fameuse condition, que repoussent tout à la fois le bon sens et la tradition de l'Eglise.

Le vicaire général, dit-on, est le représentant de l'évêque et

---

(1) Je suis homme, je m'intéresse à tout ce qui regarde un membre de l'humanité.

ne fait avec lui qu'une même personne morale ; mais si d'après l'histoire ecclésiastique, le peuple d'abord, puis le clergé et enfin les chapitres, avaient le droit d'élire les évêques parmi les chrétiens qui appartenaient au diocèse sans qu'il leur fût défendu de les choisir ailleurs, on se demande avec raison pourquoi ce coopérateur, qui d'ailleurs n'a pas toujours existé, puisqu'il n'est pas indispensable, devrait être nécessairement d'une autre provenance que l'évêque lui-même : c'est bientôt dit de citer le Droit Canon, mais c'est plus difficile d'en indiquer les titres, les chapitres et les numéros.

L'abbé Goyénèche, en effet, dans son cours élémentaire de droit canonique, page 82, enseigne vaguement « qu'on ne peut « régulièrement choisir pour vicaire général ni un curé, ni le « chanoine pénitencier, ni un religieux, ni un parent de « l'évêque, ni *quelqu'un qui soit originaire de la ville épisco-* « *pale ou du diocèse.* »

D'autre part l'abbé André dans son cours alphabéthique de Droit Canon, à l'article *vicaire général*, s'exprime ainsi : « *Quelques canonistes* pensent que les vicaires généraux ne « peuvent être pris dans le clergé du diocèse qu'ils sont « appelés à gouverner ; nous croyons au contraire qu'une « telle mesure serait préjudiciable à des diocèses aussi vastes « que le sont la plupart de ceux de France. »

La meilleure raison, dirai-je à mon tour, est que, conformément au bon sens, au texte même de l'évangile (1) et à la pratique constante de l'eglise, avant l'institution des concordats, les pasteurs doivent connaître leurs ouailles ; et comme depuis les concordats on ne nomme généralement pour gouverner les diocèses que des évêques qui y sont étrangers, si le vicaire général est aussi un homme nouveau, il leur faudra longtemps pour pouvoir administrer avec connaissance de cause.

Curés des Cathédrales

Le Concile de Trente, session VII, ch. 7, n'ordonne pas absolument que les cures unies aux cathédrales soient remplies par des vicaires perpétuels ; il laisse la chose au gré de l'évêque.

---

(1) Cognosco oves meas et cosgnoscunt me meæ (St-J. C. 10).

A Aix et à Marseille les cures étaient réunies aux chapitres, et le chanoine qui administrait la paroisse était inamovible d'après le droit commun.

Or, il est arrivé que M⁀ʳ Bernet, à Aix, et M⁀ʳ Cruice, à Marseille, ont décrété que, désormais, les chanoines-curés ne seraient plus que des vicaires amovibles et qu'ils seraient choisis dans le chapitre par l'évêque ; et tous les chanoines de part et d'autre ont adhéré par écrit à cette nouvelle disposition.

Il s'ensuit donc que l'ancien curé, sous lequel ce changement s'est fait, a été censé donner sa démission et consentir à devenir amovible, d'inamovible qu'il était, et que par conséquent son successeur, qui n'ignorait pas les conditions de la cure qu'il acceptait, n'avait pas plus de droit que lui.

Il y a cette différence entre Aix et Marseille que M⁀ʳ Bernet fit confirmer son décret par Louis-Philippe et le Conseil d'Etat, tandis que M⁀ʳ Cruice ne remplit pas cette formalité, qui, au reste, n'a pas grande valeur sous le point de vue canonique ; mais en cas de discussion, comme cela est arrivé à St-Martin, le gouvernement ne pourrait pas soutenir l'autorité de l'évêque de Marseille.

Péchés Réservés

(Traduction littérale du Concile de Trente)

« Comme la nature et la raison du jugement exigent que la sentence ne soit prononcée que contre des sujets, on a toujours été persuadé dans l'Eglise de Dieu, et le Concile confirme que c'est très vrai que l'absolution est nulle, lorsque le prêtre la donne à celui sur lequel il n'a de juridiction ni ordinaire ni subdéléguée.

« Or, il a paru à nos très saints pères qu'il importe grandement à la discipline du peuple chrétien que *certains crimes plus atroces et plus graves* fussent absous non par tout prêtre, mais seulement par les supérieurs ; d'où avec raison les souverains pontifes, à raison de la suprême puissance qui leur a été donnée dans l'Eglise universelle, ont pu réserver à leur jugement particulier certaines causes de crimes plus graves ; et il n'est pas douteux, comme ce qui est établi vient de Dieu, que chaque Evêque dans son diocèse n'ait la même faculté, seulement pour l'édification et non pour la distraction, à l'égard de leurs sujets et à raison de l'autorité qu'ils ont reçue au-dessus des prêtres inférieurs ; surtout par rapport à ces crimes auxquels est liée la censure de l'excommunication.

« Or, il est conforme à l'autorité divine que cette réserve de fautes soit valide non seulement pour les effets extérieurs, mais encore devant Dieu. Cependant, de peur qu'à cette occasion quelqu'un ne périsse, il a toujours été pieusement et exactement pratiqué dans l'Eglise de Dieu qu'il n'y a aucune réserve à l'article de la mort.

« Par conséquent tout prêtre peut absoudre quelque pénitent que ce soit de tout péché et de toute censure ; comme les prêtres n'ont aucun pouvoir pour les cas réservés, en dehors de cet article de la mort, ils doivent seulement persuader leurs pénitents d'avoir recours pour le bienfait de l'absolution aux juges supérieurs et légitimes. » (Sess. VIV, C. 7 de Pœnit.).

« Afin que les *ordinaires* des lieux ne soient pas onéreux aux sujets ou aux confesseurs, qui sont leurs coopérateurs pour procurer le salut des âmes, par des réserves excessives, nous les avertissons tous de ne se réserver que quelques cas qu'ils jugeront nécessaires pour conserver la discipline chrétienne et pour le salut des âmes qui leur sont confiées, en ayant égard à la situation et aux circonstances de chaque diocèse ».

« Afin que les *ordinaires* des lieux, auxquels appartient la réserve des cas, ne dépassent pas les limites dans cette question, la même sacrée Congrégation pense qu'il faut de nouveau les avertir grandement de ne se réserver l'absolution que des *crimes plus atroces et plus graves*, non habituellement, mais seulement lorsque le bien commun l'exigera, de telle sorte que cette réserve contribue à la discipline chrétienne et à l'édification et non à la destruction ; autrement il résulterait de cette restriction de pouvoir des ministres du Sacrement de pénitence un effet contraire aux pieuses intentions de notre Sainte Mère l'Eglise. » (Ben. XIV de Syn. Diœs. Liv. 5, c. 4, n° 3).

« Le Souverain Pontife ne pourrait pas détruire totalement la juridiction des Evêques ; il peut pourtant limiter leur autorité et se réserver plusieurs péchés dont les Evêques ne peuvent pas absoudre. De la même manière l'Evêque qui n'a pas le pouvoir d'anéantir la juridiction des curés, a le pouvoir de la limiter... Ce pouvoir procède de la concession du Souverain Pontife, qui a jugé opportun de ne pas exempter les pasteurs inférieurs en cette matière, comme il les a exemptés en plusieurs autres. » (Ligorio de Sacr. Pœnit. 579).

Judicature du Saint Siège

« Pourquoi êtes-vous étonnés que nous soyons trompés, nous qui sommes des hommes ? N'avez-vous pas vu que David, ce roi qui avait l'esprit de prophétie, ayant donné créance aux impostures de Siba, rendit un jugement injuste contre le fils de Jonathas ? Qui trouvera donc étrange que des imposteurs nous surprennent quelquefois, nous qui ne sommes point prophètes ? La foule des affaires nous accable ; et notre esprit qui, étant partagé en tant de choses, s'applique moins à chacune en particulier, en est plus aisément trompé en une. » (St Grégoire, l. 1, in Dial).

« Le siège apostolique a cela de recommandable qu'il ne se pique pas d'honneur et se porte volontiers à révoquer ce qu'on en a tiré par surprise ; aussi est-il bien juste que personne ne profite de l'injustice et principalement devant le Saint Siège. » (St Bernard, épit. 180).

« Ce n'est pas une chose étonnante ni nouvelle que l'esprit de l'homme puisse tromper et être trompé. Des religieux sont venus à vous dans un esprit de mensonge et d'illusion, ils vous ont parlé contre un évêque qu'ils haïssent et dont la vie a été exemplaire. Ces personnes mordent comme des chiens et veulent faire passer le bien pour le mal. Cependant, très-saint père, vous vous mettez en colère contre votre fils. Pourquoi avez-vous donné un sujet de joie à ses adversaires ?

— 177 —

Ne croyez pas à tout esprit, mais éprouvez si les esprits sont de Dieu. J'espère que quand vous aurez connu la vérité, tout ce qui a été fondé sur un faux rapport sera dissipé. Je prie l'esprit de vérité de vous donner la grâce de séparer la lumière des ténèbres, et de réprouver le mal pour favoriser le bien. » (St Bernard, lettre à Innocent II).

« Il y a un autre défaut si général que je n'ai vu personne des grands du monde qui l'évite. C'est, saint père, la trop grande crédulité d'où naissent tant de désordres. Car c'est de là que viennent les persécutions violentes contre les innocents, les préjugés injustes contre les absents et les colères terribles pour des choses de néant. Voilà, saint père, un mal universel, duquel si vous êtes exempt, je dirai que vous êtes le seul qui ayez cet avantage entre tous vos confrères. » (St Bernard, au pape Eugène, de consid. 1. 2. Caput ultimum).

« Si quelquefois nous envoyons à Votre Fraternité des décrets qui choquent vos sentiments, ne vous en inquiétez pas, car ou vous les exécuterez avec révérence, ou vous nous manderez la raison que vous croyez avoir de ne le pas faire ; parce que nous trouverons bon que vous n'exécutiez pas un décret qu'on aurait tiré de nous par *surprise* et par artifice. » (Alexandre III à l'archevêque de Ravenne).

Concessions de Léon XII et de l'épiscopat français concernant les ordonnances — Feutrier, en 1828.

« Les évêques de France, dans un *Mémoire* adressé à Charles X, relèvent l'usurpation de la puissance séculière sur les droits de l'église… ils concluent qu'ils ne peuvent *(non possumus)* concourir d'une manière active à l'exécution de ces ordonnances. On consulta de part et d'autre le pape Léon XII qui, *dit-on, ne jugea point à propos* de répondre aux évêques, mais seulement au ministre du roi, lequel *ne jugea point à propos* de faire connaître la réponse… Enfin

12

après toutes les doléances, presque tous les évêques finirent par plier sous la main impérieuse de leur collègue Feutrier. » (Rohrbacher, pages 645-646).

De 1842 à 1845, Grégoire XVI

« Sur les instances du gouvernement russe, le pape eut la condescendance d'instituer un évêque prévaricateur pour la métropole de Mokilow sans avoir exigé une rétractation préalable... Sur les instances du même gouvernement il engagea le courageux athlète Mgr Guthowski, évêque de Podlachie, en Pologne, à donner sa démission pour complaire au czar... S'il eût manifesté un peu plus de courage apostolique, il eût fait plus de bien et d'honneur à l'Eglise. » (Page 702).

D'autre part le même Pape aurait à se reprocher, au jugement du même historien, son Bref sur la Pologne, pour satisfaire le gouvernement russe.

Ne pourrait-on pas dire aussi qu'il traita Lamennais avec trop d'indifférence et qu'il contribua ainsi à jeter hors de l'église un de ses plus éminents défenseurs ?

« Les concessions de Grégoire XVI, dit le biographe de Mgr Eugène de Mazenod, favorables comme moyen d'éluder, furent fâcheuses pour leur effet moral. » (Page 236).

« Longtemps on parlerait avec regret, dit-il encore, des concessions de Léon XII, comme de la lettre qui lui a été faussement attribuée dans le temps, par laquelle il aurait fait inviter les évêques de France à se désister de leur opposition aux ordonnances de 1828. » (Page 220).

Cependant, Nettement affirme dans son histoire de la Restauration, livre 20, pages 123 et suivantes, que Léon XII fut consulté et qu'il répondit que *les Evêques devaient se confier en la haute piété du Roi pour l'exécution des ordonnances et marcher d'accord avec le trône.*

Ainsi à force de reculer et de céder, on préparait la chute inévitable du pouvoir temporel, *abyssus abyssum invocat.* Fraissynous lui-même, tout en désapprouvant les ordonnances, se reposait sur la sagesse du Roi. Ainsi il lui accordait ce qu'il refusait au Pape, l'infaillibilité du jugement.

Sentiments de M⁽ʳ⁾ Eugène de Mazenod sur l'inamovibilité

« Impossible d'investir d'un titre irrévocable les prêtres qui
« arrivent de diocèses étrangers ou qui ne sont pas les plus
« dignes de confiance. »

Ce n'est là qu'une exception qui confirme la règle. D'ailleurs il n'y a aucune sorte d'obligation d'investir ces prêtres d'un titre irrévocable ; il est même prudent de ne pas le faire.

« Il faudrait aussi rendre irrévocables la plupart des jeunes
« prêtres qui sortent du Séminaire, puisqu'il y a nécessité de
« leur donner une succursale à desservir. »

On sait que cette nécessité n'existe pas ; il est très rare en effet qu'un prêtre sortant du Séminaire soit mis à la tête d'une paroisse.

« Les postes de vicaire, occupés en partie par des hommes
« qui ne peuvent pas avoir d'autre place, ne sont ni assez
« nombreux, ni susceptibles de mutations assez fréquentes
« pour servir toujours d'échelons à ceux qui sont appelés aux
« fonctions curiales. D'ailleurs l'épreuve n'y serait pas suffi-
« sante ni pour la durée ni pour le genre de ministère. Tel qui
« est bon vicaire, pourrait n'être qu'un très mauvais curé. »

Les postes de vicaire sont partout et surtout à Marseille assez nombreux et variés pour servir d'échelons ; d'ailleurs on n'est pas obligé d'appeler un vicaire aux fonctions curiales, s'il manque de capacité.

« Le clergé ancien était plus nombreux. Il y avait une mul-
« titude de bénéfices simples, sans charge d'âmes. Les prêtres
« riches vivaient sans emploi de leur patrimoine. Aujourd'hui
« tous les prêtres sont employés et la plupart sont desser-
« vants. »

Les bénéficiers simples n'étaient pas ordinairement prêtres ; les prêtres riches ne laissaient pas que d'être ou bénéficiaires simples ou bénéficiaires-curés ; il s'ensuit que le clergé paroissial ancien n'était guère plus nombreux que celui d'aujourd'hui. Ajoutons qu'autrefois on résignait les bénéfices même à charge d'âmes et souvent à de jeunes prêtres.

« Nécessité d'avoir en permanence les officialités avec un
« caractère légal, scandales résultant des procédures, difficul-
« tés entravant l'administration des paroisses, esprit d'oppo-
« sition et de parti, sous couleur de soutenir une légitime
« défense. »

Tous ces motifs ne sont que des prétextes pour pallier l'arbitraire et l'esprit de domination. Est-ce que les tribunaux civils ne sont pas en permanence, sans entraver les administrations ? la crainte du scandale a-t-elle empêché l'Eglise d'établir les procédures ? Proscrire le droit de légitime défense, qui appartient à la loi naturelle, parce qu'il peut se glisser des abus, est un sophisme grossier qui ne doit échapper à personne.

« La vigilance des Evêques prévient le mal et l'empêche de
« croître ; tel aujourd'hui n'est qu'imprudent qui étant inamo-
« vible deviendrait coupable ; on sauve son honneur, en l'ar-
« rêtant par des mesures faciles. »

Rien n'empêche d'employer au préalable ces mesures faciles ; la vigilance a toujours été le devoir des Evêques ; mais si tout cela ne suffit pas, la justice exige qu'on en vienne aux procédures établies par l'Eglise, comme garantie des accusés ; et puis on exagère les difficultés qui ne se rencontrent que rarement, lorsqu'on a soin de faire des choix judicieux et non de faveur.

« A la suite de condamnations connues de tous, on augmen-
« terait le nombre de ces prêtres, heureusement si rares aujour-
« d'hui, qui affligent jusqu'aux regards du monde, ce qui
« serait évité par la protection paternelle des Evêques. »

La protection paternelle des Evêques, si connue sous le nom de jugement *ex informatâ conscientiâ*, c'est-à-dire sans procédures, a jeté sur le pavé, depuis le Concordat, un nombre considérable de prêtres qui affligent les regards du monde ; ce qui a été loin d'être *rare*. Les condamnations juridiques troublent beaucoup moins les consciences que ces mutations *ex abrupto*, sans motif bien connu, qui donnent lieu à des jugements plus ou moins défavorables de la part des fidèles.

« Le desservant se donne quelquefois des torts, soit à l'égard
« de la population, soit à l'égard de l'autorité civile ; et s'il

« n'a pas tort, il est à désirer souvent pour le bien de la paix,
« qu'on le change. »

Si le desservant a tort, l'officialité est établie pour lui faire entendre raison ; on se soumet toujours plus volontiers à la décision d'un tribunal qu'à l'appréciation d'un homme, fût-il Evêque.

S'il n'a pas tort, pourquoi le sacrifier aux caprices d'une population ou d'un maire ? Cela n'est arrivé que trop souvent. Enfin si le bien de la paix exige absolument la mutation et que le desservant résiste, on peut encore avoir recours à l'officialité.

« Les prêtres ne sont en réalité que les représentants du
« premier pasteur, qu'ils suppléent dans les fonctions qui
« leur appartiennent et de qui ils reçoivent la mission et la
« juridiction nécessaire. Les prêtres, curés et autres ne sont
« que des coopérateurs envoyés par lui pour agir sous sa
« direction ou en son nom et pour sa décharge et dans la
« limite des pouvoirs qu'il croit convenable de leur départir.
« Si dans la suite des temps, ils ont eu un titre inamovible,
« cela n'a pas changé la nature de leur mission ; le droit qui
« leur a été accordé n'est qu'une concession épiscopale ; il
« émane d'une législation émanée de l'Episcopat, et d'une
« coutume consentie par le même Episcopat. »

« La volonté du corps épiscopal, en qui réside le pouvoir
« législatif, a pu déroger à l'ancienne discipline, nonobstant
« les réclamations tardives de quelques hommes à tendances
« presbytériennes ; cet état de choses a été sanctionné par
« une durée de plus de quarante ans, et a passé en coutume.

« L'amovibilité des desservants introduite à la suite d'évé-
« nements immenses, est devenue une exception nécessaire
« que l'Episcopat a dû adopter et doit maintenir de tout son
« pouvoir. »

Le grand ultramontain semble ne se préoccuper que de l'autorité épiscopale et faire bon marché du Saint-Siège et de l'Eglise, dont il ne dit pas un mot.

A l'entendre, tous les curés, même les titulaires, ne sont que de simples vicaires, qui exercent le ministère au nom du seul et unique curé qui est l'Evêque. Est-ce bien là une doctrine vraiment catholique ? Ligorio, le cardinal de Lugo, le cardinal de la Luzerne, Suarez, etc., enseignent le contraire. Il serait bien difficile de prouver que telle était la discipline de l'Eglise dans les premiers siècles.

Quoi qu'il en soit, le Corps épiscopal a-t-il pu, sans le Saint-Siège, abolir le droit curial, et sa volonté l'a-t-elle de fait aboli, comme le prétend le Prélat ? Rien de plus faux que ces deux prétentions.

Une durée de quarante ans ne suffit pas pour abolir une loi de l'Eglise, surtout lorsque pendant ce temps, il y a eu constamment des réclamations très légitimes et qu'on accuse faussement d'être presbytériennes.

On croit rêver, lorsqu'on lit dans sa biographie, l'exposé naïf de si graves erreurs.

« On dit que le consentement des Evêques a été forcé par
« la loi civile. Ce n'est pas exact. En entrant dans le sens de
« la loi du 18 germinal, on aurait pu se conformer à l'ancienne
« discipline. »

« L'article 31 des articles organiques n'appelle paroisses
« que les cures de canton ; il donne le nom de succursales
« aux paroisses qui en dépendent ; aux yeux du premier Con-
« sul les succursalistes étaient des espèces de vicaires atta-
« chés à une église subordonnée à la paroisse. Mais les Evê-
« ques investirent les succursalistes des droits curiaux, et les
« placèrent sous leur juridiction immédiate, sans leur donner
« tous les privilèges des curés inamovibles et les succursales
« ne sont que des chapelles vicariales....

« Les Canons autrefois attachaient l'inamovibilité aux fonc-
« tions curiales, parce que les cures étaient des bénéfices con-
« sistant en dotations et il a dû être de principe que le titulaire
« d'un tel bénéfice fut inamovible, qu'il eût charge d'âmes ou
« non. Il n'y a plus de bénéfices aujourd'hui ; les pensions de
« l'Etat ne peuvent équivaloir à une dotation. » (Page 161).

On attribue à Mgr Eugène cette maxime : *Le Droit Canon, c'est moi*. On pourrait bien aussi, d'après ce que je viens de transcrire, lui mettre dans la bouche ces paroles : *l'Eglise, c'est moi*.

D'abord je constate volontiers l'aveu bien précieux que l'Episcopat français n'a pas été forcé par la loi civile d'admettre la distinction des cures et des succursales établie par les articles organiques — le gouvernement en effet ne se préoccupant dans cette distinction que des besoins budgétaires, n'a pas voulu et même n'a pas pu rien statuer pour déterminer et restreindre les fonctions curiales. Par conséquent si cette distinction existe, c'est grâce à la connivence des évêques, qui ont pensé que cette discipline favorisait leur omnipotence.

Ensuite il est faux que les Evêques aient investi les succursalistes des droits curiaux ; le Prélat s'arroge une faculté que le Saint-Siège seul a exercée, et encore plus faux que les succursales ne soient que des chapelles vicariales.

Enfin s'il est vrai que les bénéfices devaient être inamovibles et que ce privilège doit être inhérent aux fonctions curiales qui y étaient attachées, c'est le comble de la fausseté de soutenir que les pensions de l'Etat ne remplacent pas les anciennes dotations. Cette proposition en effet a été condamnée par une décision de la sacrée pénitencière du 19 janvier 1819.

Au reste cette décision découle de la déclaration suivante du cardinal Caprara, du 9 avril 1802 :

« *Declaramus earumdem ecclesiarum* dotationem ex iis
« reditibus conflatam fore, qui ab ipso Gubernio, juxta præfatæ
« Conventionis tenorem singulis Archiepiscopis et episcopis
« assignandi erunt. »

« J'incline assez pour l'opinion du célèbre historien du
« Concile de Trente, Pallavicini, qui ne craint pas de dire que
« les Conciles ont fait plus de mal que de bien à l'Eglise. »
Aveu aussi curieux qu'affligeant.

« Ce n'est pas sans raison, ajoute son biographe, que Mgr
« de Mazenod, qui a toujours voulu être maître absolu chez
« lui, n'aimait pas les synodes provinciaux qui ont le droit
« de déférer à leur tribunal l'administration particulière de
« chaque Evêque. Rome n'est pas éloignée pour les Evêques,
« mais elle l'est encore beaucoup pour les prêtres, qui ont à
« se plaindre de leur Evêque.

« Ce qui me préoccupe pour mon voyage, écrivait le même
« Prélat, c'est la difficulté d'obtenir ce que je vais demander
« à Rome ; c'est un travail qui coûtera plus de peine qu'on
« ne pense. »

Il avait pourtant écrit ailleurs : « N'y a-t-il pas à Rome
« comme un Concile permanent de toute l'Eglise pour résou-

« dre sans bruit, sans tiraillement, sans division toutes les
« difficultés qui peuvent s'élever ? » (Page 337).

Autres extraits de la biographie de Mgr Eugène de Mazenod

« J'ai reçu l'épiscopat, parce que je trouvais qu'il y avait
« plus de distance de l'état séculier à la prêtrise, que de la
« prêtrise à l'épiscopat... Maintenant que d'évêque *in partibus*
« je suis devenu titulaire, je sens tout le poids de l'épiscopat.
« Si j'avais pu croire, contre toute vraisemblance, que ce
« malheur m'arriverait, jamais je n'aurais consenti à me lais-
« ser imposer les mains. » (Page 21).

Mgr de Mazenod avoue naïvement qu'il a consenti sans répugnance, pour un motif qu'on ne comprend guère, à se faire sacrer évêque *in partibus* ; personne n'ignore qu'il a voulu spontanément devenir évêque titulaire. Or, avant sa consécration et sa nomination, il s'était chargé de tout le poids de l'épiscopat et en avait toute la responsabilité ; il semble donc qu'il n'est pas sincère dans sa dernière protestation, ou bien il se fait la plus étrange des illusions.

« Quoique je me sente peu porté à l'orgueil, peut-être que
« le démon aurait fini par me tenter de ce vice détestable, en
« me représentant le peu de bien que j'ai pu faire, et dont,
« grâce à Dieu, jusqu'à présent je n'ai jamais eu la pensée de
« m'attribuer la gloire. Eh bien ! le bon Dieu prend les
« devants ; il permet que les hommes ne me sachent gré de
« rien, qu'au contraire ils dénaturent mes intentions et me
« calomnient quand ils ne peuvent se refuser à l'évidence. »
(Page 41).

Mgr de Mazenod aurait beaucoup mieux fait de dire qu'avec la grâce de Dieu il n'avait pas succombé à la tentation de l'orgueil, ce qui aurait pu être vrai, sans nuire à sa sainteté. Quel est l'homme, en effet, qui ne sente pas qu'il est porté à l'orgueil ? Si les hommes ont le tort indéniable de ne lui savoir gré de rien, c'est qu'il a voulu beaucoup trop exiger d'eux.

« Ne voulant de mal à personne, désirant de faire du bien à
« tous et me sentant prêt à accorder mon affection à tous
« ceux qui *sauraient l'apprécier*, je n'aurais pas compris qu'il
« fût un seul homme, qui, en me connaissant, voulût me nuire
« ou seulement me contrister, etc. »

Est-ce que l'orgueil ne suinte pas à travers l'expression de ces sentiments ? *Je ne donne mon affection qu'à ceux qui m'apprécient ;* et quoique J.-C., le meilleur des hommes ait été crucifié, *je ne comprends pas pourquoi un seul homme voudrait me nuire ou me contrister*. Il faut cependant que le serviteur ne soit pas mieux traité que le maître ; c'est textuel dans l'Evangile.

« Je fus accueilli à Marseille, comme un étranger envahis-
« seur, quoique j'arrivasse les mains pleines de bénédictions
« et l'esprit rempli de projets inspirés par la grâce, etc. »
(Page 48).

Les de Mazenod furent accueillis à Marseille avec enthousiasme ; j'en ai été moi-même un des témoins oculaires. Mais lorsqu'on apprit le lendemain l'expulsion des missionnaires de France, on put dire sans exagération, qu'ils étaient entrés en envahisseurs ; leurs mains n'étaient pas pleines de bénédictions pour tous et évidemment l'exécution du projet d'expulsion n'était pas inspirée par la grâce.

« Se servir des journaux, ce n'est pas se mettre sous leurs
« auspices ; c'est aujourd'hui le grand moyen de se faire
« entendre. M. le Ministre lui-même avait convenu avec moi
« que c'était pour nous un droit, et que ce pouvait être un
« devoir de l'employer. » (Page 78).

Aussi n'ai-je pas été bien coupable en ayant recours au seul journal qui était à ma disposition, pour résister aux attaques des deux journaux qu'employait l'Evêché de Marseille.

Lorsque Mgr l'Evêque d'Alger transporta d'Italie en Afrique les reliques de St-Augustin, il fit appel à plusieurs évêques et spécialement à celui de Marseille, afin de rehausser par leur assistance l'éclat de cette imposante cérémonie.

Comme me l'a rapporté l'abbé Sibour, qui assista à cette translation en qualité de Vicaire général de Digne, Mᵍʳ de Mazenod fut d'une *humeur massacrante*, ne cessant de critiquer la combinaison du plan de translation. Cependant on le combla d'honneur à Alger, ce qui ne l'empêcha pas d'écrire à son retour ce qui suit, à l'adresse du clergé de ce diocèse :

« Les prêtres n'ont pas assez de confiance en Dieu, et ne
« comptent pas assez sur la grâce de J.-C. dans toute cette
« Algérie ; ils vous dépitent par leur découragement et le peu
« de zèle qu'ils montrent pour la conversion de ces peuples ;
« on dirait que c'est inutile de le tenter, comme s'il est plus
« facile de convertir les chinois. Non, c'est tout simplement
« qu'ils sont trop dociles aux prescriptions de l'autorité civile,
« qui a défendu que l'on s'occupât d'instruire les Arabes pour
« les amener à la connaissance de notre sainte religion.
« Qu'ils jugent que le moment n'est peut-être pas propice,
« passe ; mais qu'ils désespèrent des heureux résultats de
« leurs soins en temps opportun, c'est ce que je ne puis souf-
« frir ; et je le leur ai dit en leur recommandant à tous de
« s'appliquer à apprendre l'Arabe, ce que la plupart d'entre
« eux ne se donnent pas la peine de faire. » (Page 133).

Ces réflexions, que je ne crois pas au fond déplacées, auraient beaucoup gagné à ne pas être si amères et si agressives.

Marseille, 31 Mars 1823.

« .... pour me résumer : j'ai fait mon oncle évêque
« pour faciliter à *notre société* les moyens de faire le bien dans
« l'Eglise, pour *consolider* son existence, etc. ; je ne puis pas
« en conscience, après avoir contribué si puissamment à son
« élévation, ne pas lui fournir les *moyens* indispensables de
« s'acquitter dignement de sa charge. Il ne peut y parvenir
« que par mon secours ; je dois donc m'y dévouer ; mais cette
« obligation ne pèse sur moi que pour avoir voulu faire du
« bien à la société ; donc la société me doit à moi l'assistance
« qui m'est nécessaire pour remplir de mon mieux mon
« devoir. »

« Ces lignes, ajoute le biographe, nous exposent les vrais
« motifs qui ne permirent pas à M. Eugène de Mazenod
« de refuser sa nomination à l'évêché de Marseille ; malgré

« ses répugnances et la résolution qu'il avait formellement
« prise de ne jamais accepter la responsabilité d'un siège
« épiscopal, ce siège fut-il celui de Marseille. » (Page 743).

Ainsi les prêtres et les fidèles de Marseille sont bien et
dûment avertis, l'épiscopat n'a été rétabli et maintenu chez
eux que dans l'intérêt spirituel et.... temporel de la société
des oblats. Rien de plus clair que cet aveu. Mais poursuivons :

« Nous ne faisons aucune difficulté de le reconnaître ; car il
« en a fait lui-même plusieurs fois l'aveu avec la noble fran-
« chise qui le caractérisait. L'épiscopat répondait aux aspi-
« rations les plus élevées de son âme ; il s'en reconnaissait
« véritablement la vocation ; il en aimait la dignité, les
« *pouvoirs*, la sainteté, les redoutables obligations...

« Il n'eût rien osé faire pour obtenir d'être évêque ; il avait
« même jusque-là repoussé toutes les avances qui lui avaient
« été faites ; maintenant il n'eût rien voulu faire pour refuser,
« le moment et les circonstances lui semblaient venues d'ac-
« cepter d'ailleurs d'être évêque sans la participation aucune
« du gouvernement... Oh ! cela le séduisait ; donc il se fût
« reproché comme une lâcheté de refuser. » (Page 603).

Et de plus peut-on en conscience résister à sa vocation ?...
Les commentaires sont ici superflus.

« Accusé, donc coupable, donc pendu, roué ou brûlé. C'est
« tout simple ; voilà une petite justice à la turque. *Ma piano*,
« nous aurons un petit mot à dire avant de nous laisser
« étrangler. » (Lettre au père Tempier, sept. 1833).

Deux ans plus tard j'ai été moi-même accusé auprès de
Mgr de Mazenod ; on sait comment il a usé à mon égard de
la petite justice à la turque. (Voir la première partie de cette
histoire).

« Mgr de Mazenod avait fait vœu d'obéissance à M. Tempier,
« qui avait de son côté fait vœu d'obéissance à Mgr de Maze-
« nod, » d'où l'on pouvait conclure que Mgr de Mazenod avait
fait vœu d'obéissance à lui-même. (ô *inauditum commercium*) !

« Cependant nous devons avouer que les répugnances de
« Mgr d'Icosie, qui étaient *invincibles* pour l'acceptation d'un
« évêché titulaire, n'étaient pas si vives ni si tranchées pour

« celle de la cuadjutorerie de Marseille. Il en expose les
« raisons dans sa lettre du 26 août à M. Tempier. »

Celui-ci lui avait en effet écrit avec une très louable franchise, le 24 août :

« Je désirerais seulement pour votre tranquillité et pour
« bien d'autres considérations que vous fussiez évêque d'un
« autre siège que de celui de Marseille. Vous y feriez plus de
« bien. »

Ce conseil ne fut pas suivi, nonobstant le vœu d'obéissance, qui probablement n'excluait pas les remontrances.

« Mgr de Mazenod depuis les événements de 1830 s'était
« toujours tenu avec le plus grand soin à l'écart de tous les
« partis politiques. » (Page 635).

Pourquoi donc lui seul de tous les évêques de France ne faisait-il pas chanter le *Domine Salvum fac* et s'inscrivait-il comme actionnaire de la *Gazette du Midi*, fondée uniquement pour faire de l'opposition au gouvernement de juillet ?

« Je serais tenté quelquefois de croire que je valais mieux
« que mon siècle, en un sens que je pourrais soutenir, sans
« détriment de l'humilité... Mes amis savent si j'ai toujours
« été apprécié. » (Page 636).

« J'ai toujours eu une grande aversion pour toute sorte
« d'affaires : je n'ai jamais conçu comment on peut faire
« *un pas, la moindre démarche par ambition.* » (Page 706).

Sans commentaires.

« J'ai perdu de vue tout le reste du monde, les hommes
« pervers, méchants, haïssables ou méprisables, avec lesquels
« il me faut sans cesse être en contact hors d'ici ; et je ne
« puis exprimer quel soulagement c'est pour moi. Je suis
« content d'être oublié de tous ceux que je n'ai pas de raisons
« pour aimer autrement que de la grande charité universelle. »
(Lettre d'octobre 1835. Page 718).

En connaissant le cœur humain et après un tel langage peut-on croire que ces personnes *haïssables* se trouvent renfermées même dans la grande charité universelle ?

« Si la modération est convenable de la part des évêques,
« la dignité outragée a aussi son langage, qui n'est pas moins
« convenable pour être vif. » (Lettre à M⁰ʳ Affre. Page 188).

Est-ce que le prêtre n'a pas aussi sa dignité ? et lorsqu'elle est outragée, s'il la défend avec vivacité, son langage serait-il inconvenable ? il n'y a pas dans le sanctuaire deux poids et deux mesures.

« M⁰ʳ de Mazenod condamne ceux de ses collègues qui ont
« l'habitude de ne pas répondre aux lettres qu'on leur écrit. »
Page 386).

A-t-il répondu à mes lettres polies et respectueuses, avant nos débats publics ? (Voir la première partie de cette histoire). Il n'est que trop vrai en effet qu'il ne manque pas de supérieurs ecclésiastiques, évêques ou vicaires généraux, qui se dispensent de remplir ce devoir d'urbanité.

« Sa vivacité, il est vrai, était toute méridionale ; prompt à
« s'enflammer sous l'empire de l'impression présente dont
« il semblait totalement dominé, il allait jusqu'au paroxysme
« du sentiment de joie ou de douleur, d'admiration ou d'indi-
« gnation, d'amour ou de *colère*, qui l'agitait. Dans ces
« moments-là les expressions les plus vives, les plus brûlantes
« tombaient en foule de ses lèvres, et vraiment alors, s'il avait
« un reproche à adresser, il était *terrible*. Quelques-uns le
« trouvaient *excessif*. Mais ces moments, devenus plus rares
« à mesure qu'il avança dans la vie, n'ont toujours été que
« très *passagers*, une fois le reproche adressé, la bonté repre-
« nait le dessus, et elle *s'efforçait de guérir* les blessures
« faites par la sévérité. La vivacité de M⁰ʳ tenait d'ailleurs à
« sa nature franchement méridionale, à la pénétration et à la
« promptitude de son esprit, qui ne prenait pas le temps de
« la réflexion ; à l'extrême sensibilité de son cœur, qui se
« laissait entièrement émouvoir par l'impression du moment,
« et s'y portait de tout son poids. Cela tenait encore à une
« imagination ardente, à un tempérament de feu, à une nature
« droite et franche, qui ne connaissait pas les talents de la
« dissimulation, les ruses de la diplomatie, les retenues, les
« réserves d'une politique mondaine... Il s'abandonnait à

« l'impression du moment avec d'autant plus de spontanéité
« que ses intentions étaient plus droites et ses vues plus
« pures, plus élevées ; mais autant il était prompt à prendre
« une détermination, autant il l'était à revenir, quand il
« s'apercevait de s'être trompé. » (Page 620).

S'il s'agissait de canoniser Mgr de Mazenod, je ne pense pas qu'on pût présenter décemment le portrait qui précède, pas plus au reste que celui de Mgr Forcade, comme je l'ai fait observer ailleurs. On est porté à accorder le bénéfice des circonstances atténuantes à des excès qui sont le triste résultat de la nature ; mais il me semble qu'il ne faut pas tellement y passer l'éponge, qu'il ne reste rien de défectueux dans des actes qui sont de leur nature répréhensibles.

Son biographe, beaucoup trop souvent panégyriste, ajoute dans un excès de zèle filial :

« A l'exemple des plus grands saints, il n'était sévère que
« pour lui-même. » Un peu aussi pour les autres. (Page 665).

« Tout ce qui sentait l'immortification lui était odieux.

« Il disait à ses prêtres en quelque sorte comme Dieu lui-
« même : *sancti estote quoniam ego sanctus sum.* » (Page 656).

« Eclairer, fortifier les soldats, exciter à la confiance les
« combattants de l'armée du Christ, c'était bien ; mais avertir
« le généralissime de l'armée, lui apporter le concours de ses
« lumières et de son dévouement à toute épreuve, c'était plus
« et mieux encore. Aussi n'y avait-il pas manqué. Nous
« l'avons vu sous Grégoire XVI ; et n'y manque-t-il pas non
« plus sous Pie IX. » (Page 261).

Sans nier le rôle assez actif de Mgr de Mazenod et la part qu'il a prise à tous nos débats contemporains, il me semble que son biographe lui donne beaucoup trop d'importance et nous le présente en quelque sorte comme *la mouche du coche.*

Le 13 avril, au banquet de la Plaine, le biographe fait une longue justification de la démarche du prélat ; il avoue
« qu'il était en présence d'une énorme statue de la liberté,
« masse assez mal vêtue ; les orateurs s'étaient trop inspirés
« de la circonstance ; le commissaire lui-même s'était oublié

« et n'avait pas parlé avec sa modération ordinaire, etc., on ne
« comprenait que les gestes et les mouvements convulsifs de
« la mâchoire des orateurs, ce qui, raconta le prélat, lui
« paraissait grotesque. »

Cependant il eut la pensée de faire entendre sa voix au milieu de ces orgies, mais M. Tempier l'en dissuada. Lui qui s'était montré si indépendant en 1830, pourquoi se montrait-il si facile, pour ne pas déplaire aux organisateurs du banquet qui n'étaient que des révolutionnaires, et qui se montrèrent tels d'après son propre aveu ? Que dire encore de la bénédiction de l'arbre de la liberté à la place de la Bourse qu'il autorisa ? Quelle nécessité y avait-il de faire des concessions si ridicules aux passions démagogiques ?

Après ces actes incontestables de faiblesse, on regrette de lire ce qui suit dans sa biographie :

« S'il est un spectacle ravissant à contempler, c'est assuré-
« ment celui de ce puissant athlète, si grand, si noble, si
« intrépide dans ses luttes en faveur de la liberté, de l'indé-
« pendance et de l'honneur de l'Eglise, se montrant si humble,
« si doux et si simple, dans sa piété. Il unissait vraiment en
« lui la fierté de caractère, la hauteur de raison, la grandeur
« d'âme d'un Saint-Athanase et d'un Saint-Ambroise, à la
« ferveur angélique, tendre et affectueuse d'un Saint-Louis de
« Gonzague et d'un Saint-Stanislas Kostka. » (Page 268).

L'exagération est encore ici tellement notoire, qu'il est superflu de la signaler. Voici une nouvelle affirmation à laquelle les contemporains auront peine à ajouter foi :

« La contradiction ne l'irritait jamais ; elle ébranlait tout
« d'abord son jugement et le forçait à se replier sur lui-
« même ; il se reprenait alors à réfléchir de nouveau, à
« douter de la sûreté de son coup d'œil, de la justesse de
« son point de vue, et insensiblement il se laissait gagner :
« finalement, il se rangeait toujours, malgré ses répugnances,
« à l'opinion de la majorité des membres de son Conseil. »
(Page 716).

Voici comment le saint-Ambroise moderne s'arrogeait le droit de se plaindre de la plus haute puissance spirituelle de ce monde.

« Mgr Capuccini est bien tranquille au Quirinal ; il se préoc-

« cupe peu de la qualité et de la grandeur du sacrifice fait
« par un évêque, qui abandonne ses droits et désarme devant
« un ennemi astucieux, et puissant, qui pourra abuser de sa
« victoire et me fouler à plaisir... Je laisse tout et m'aban-
« donne à la divine Providence, je voudrais ajouter *et à la*
« *bienveillance du St-Père ; mais j'espère peu de ce côté. Le*
« *St-Père, je crois le comprendre, n'a pas apprécié mon*
« *caractère ni mes services, qui me donnaient droit à sa*
« *protection, ni tout ce que j'ai fait dans des temps malheu-*
« *reux pour l'église romaine ni l'affection que m'ont accor-*
« *dée Léon XII et Pie VIII*. Si la persécution me contraignait
« à m'exiler de mon pays et à me retirer à Rome, *je sais que*
« *je ne devrais pas compter ni sur la faveur ni sur les*
« *bonnes grâces*. La récompense me viendra de Dieu. »
(Lettre à M`gr` Frezza, page 691).

Ah ! si j'avais osé tenir ce langage, n'est-ce pas que le plafond de toutes les sacristies se seraient écroulées et et m'auraient écrasé ?

Voici un fragment d'un roman comique, que cependant la postérité enregistrera comme véridique, parce que c'est ainsi *qu'on fabrique* certaines histoires.

« Une pensée vint alors à M`gr` Fortuné de Mazenod, pensée
« d'abnégation pour lui-même et de dévouement pour ses
« ouailles. Plusieurs fois l'offre avait été faite à son neveu
« d'un siège archiépiscopal ; le gouvernement ne paraissait
« vouloir reculer que devant le titre de coadjuteur. D'un autre
« côté son neveu ne refusait un siège épiscopal que pour ne
« pas priver son oncle d'un concours qui lui était indispen-
« sable à son âge avancé. Pourquoi ne donnerait-il pas sa
« démission d'évêque de Marseille en faveur de son neveu ?
« Tout serait ainsi concilié, et l'intérêt du Diocèse, et les
« exigences du gouvernement et les répugnances de l'évêque
« d'Icosie. Le Diocèse de Marseille verrait à sa tête un des
« plus saints évêques de l'époque. Le gouvernement n'aurait
« plus à nommer un coadjuteur ; enfin l'évêque d'Icosie ne
« pourrait plus reculer ; car ayant accepté en principe d'être
« nommé coadjuteur de Marseille, comment pourrait-il refuser
« d'en devenir l'évêque ?

« Cette pensée mûrie longuement dans l'esprit du St-Vieil-

« lard, fut communiquée par lui au père Tempier et à
« M. Jeancard, ses confidents. Ceux-ci l'approuvèrent avec
« enthousiasme, et il fut convenu entre eux qu'afin que
« Mgr d'Icosie n'apportât pas d'obstacle à la réalisation d'un
« projet qui paraissait inspiré par Dieu lui-même, on garderait
« à son égard un secret absolu.

« Mgr Fortuné écrivit donc directement au roi, lui envoyant
« sa démission d'évêque de Marseille, en y mettant pour
« condition que son neveu lui fût donné pour successeur. »

Or, il est certain que Mgr Fortuné, après sa démission, était très heureux lorsqu'en l'absence de son neveu, il pouvait reprendre les fonctions épiscopales, ce qui prouve qu'il n'y avait pas renoncé spontanément ; si son neveu avait refusé un siège archiépiscopal, c'était parce qu'il n'y aurait pas trouvé comme à Marseille *le bien de sa société* ; le gouvernement qui se décida à le nommer évêque de Marseille, après avoir refusé de l'accepter comme coadjuteur, ne le fit sans doute qu'à la suite de pourparlers occultes, qui cependant n'ont échappé à personne ; on ne réussira jamais en effet à faire croire que le gouvernement ait accordé sans obstacle le plus, après avoir refusé le moins. Quant *aux répugnances du neveu, à la pensée longuement mûrie de l'oncle*, et aux circonstances du dénoûment de ce petit drame, on en parlera, je le sais, comme d'événements historiques, pour l'édification des fidèles.

« Enfin dans le numéro de la *Correspondance de Rome*, du
« 14 juillet 1851, lit-on dans la biographie, parut un article
« contenant une série de 17 questions auxquelles le journal
« promettait de répondre prochainement. Ces questions,
« envoyées par quelques prêtres *dévoyés*, n'étaient qu'une
« critique plus ou moins déguisée de l'administration épisco-
« pale de Mgr de Mazenod.

« Or, la *Correspondance de Rome*, on le sait, était un
« journal rédigé par quelques ecclésiastiques français, qui
« s'étaient donné la mission de répondre à toutes les ques-
« tions de théologie, de liturgie et de Droit Canon qui leur
« étaient adressées. Ils se prévalaient de leur présence à
« Rome, de la proximité des consulteurs des sacrées congré-
« gations et de l'*imprimatur* du maître du sacré palais,

« pour s'attribuer une importance et une valeur doctrinale à
« leurs yeux indiscutable. On comprend quelle portée redou-
« table pouvait avoir l'article du 14 juillet. Le blâme voilé,
« mais transparent, des actes de Mgr de Mazenod paraissait
« venir des congrégations romaines elles-mêmes. Quelle
« autorité morale fût restée après cela à l'évêque de Marseille
« pour le gouvernement de son diocèse ?

« Il est vrai, l'exposé des questions portait à faux, il
« reposait sur la supposition d'un état de choses contraire
« à la vérité ; il était fait aussi dans un mauvais esprit très
« évident et on sut bientôt à l'Evêché de Marseille qu'il était
« l'œuvre de *trois malheureux* que Mgr de Mazenod avait dû
« interdire pour cause d'inconduite. Ces tristes personnages
« ne pardonnaient pas à leur évêque d'avoir rempli un pénible
« devoir. C'était de leur part une œuvre de vengeance, mais
« cela n'était pas su et ne pouvait se savoir qu'à l'Evêché. Il
« restait donc une accusation formelle, rendue publique et
« venant de Rome, sans qu'il fût possible d'en rectifier la faus-
« seté, ou d'en montrer la perfidie. Les suites ne pouvaient en
« être que très fâcheuses ; car le journal qui s'en faisait l'écho,
« passait dans la majorité du clergé français, pour être l'ex-
« pression de l'ultramontanisme le plus pur et le plus autorisé ;
« or n'était-il pas vraiment intolérable que les actes d'une
« administration diocésaine fussent ainsi portés publiquement
« à la barre d'un journal par des mécontents pour y être
« discutés, critiqués, jugés et condamnés ?... »

D'autre part, « je connais, écrivait le prélat, ceux d'où vien-
« nent ces calomnies et ces attaques ; je pourrais en désigner
« jusqu'à trois ; il en est parmi eux qui ne me pardonnent pas
« d'avoir connu *leur immoralité et leur mauvais esprit.* »
(Page 346 et suivantes).

Je dois d'abord rappeler que parmi les rectifications que
j'ai exigées de l'auteur de la vie de Mgr de Mazenod, se trouve
celle-ci : « M. l'abbé Joujon et ses collaborateurs ont été com-
« plètement étrangers aux divers articles de la *Correspondance*
« *de Rome*... Nous faisons d'autant plus volontiers cette décla-
« ration que ni Mgr de Mazenod, ni nous, n'avons jamais eu la
« pensée de les incriminer sur ce point. »

« La *Correspondance de Rome*, en effet, disais-je à la page 22,
« a paru environ dix ans après la séparation définitive des

« prêtres de Menpenti, qui d'ailleurs étaient rentrés en grâce
« avec l'autorité ecclésiastique. Quoique j'aie ignoré presque
« jusqu'à ce jour les ennuis que ce journal avait donnés à
« Mgr de Mazenod, je ne puis cependant dissimuler que j'ai
« pris des renseignements à peu près officiels sur cette affaire ;
« or, j'ai découvert à ma grande surprise, que les prêtres col-
« laborateurs de la *Correspondance* n'étaient ni immoraux, ni
« interdits, et qu'ils ont presque toujours occupé dans le clergé
« de Marseille et même ailleurs, un rang très distingué. »

Quels sont donc ces trois prêtres *dévoyés, calomniateurs,
qui ne pardonnaient pas au prélat d'avoir connu leur immoralité et leur mauvais esprit ?* Pu'squ'on ne les nomme pas,
il me paraît superflu de faire des conjectures plus ou moins
hasardées. Mais après avoir lu attentivement tous les articles
de la *Correspondance* visés par le biographe, je ne puis m'empêcher d'être surpris de l'amertume de ses reproches.

« Nous remarquons, lit-on à la page 137 du n° 49, dans les
« statuts diocésains, à côté de bien des dispositions louables,
« des décrets qui nous paraissent contraires aux prescriptions
« les plus irréfragables du droit commun ; d'autres ne sont
« pas, il est vrai, en opposition avec les dispositions canoni-
« ques, mais ils ne nous paraissent pas moins insoutenables,
« attendu les déclarations des sacrées congrégations dans des
« cas semblables ou analogues. Il en est d'autres qu'il est dif-
« ficile de ne pas considérer comme excessifs. »

Il n'entre pas dans mon plan d'exposer toutes les matières
qui étaient alors l'objet des légitimes plaintes du clergé marseillais et dont furent l'écho les critiques insérées dans la
Correspondance. Mais comme la réserve tout à fait insolite et
excessive des péchés a été le principal grief que j'ai reproché
à l'administration épiscopale de Marseille, on ne me reprochera
pas d'invoquer le témoignage du Cardinal de Lugo, tel que je
le trouve dans le même numéro du journal :

« L'excès des réserves, dit le savant théologien, ne se mesure
« pas tant sur la multitude des cas que sur leur qualité. Les
« réserves pontificales sont très nombreuses, et pourtant elles
« ne se vérifient que très rarement. Sur mille pénitents, à peine
« en trouve-t-on un seul qui ait encouru une réserve papale.
« Si l'Evêque se réservait certains crimes, par exemple, les
« péchés contre le 6me commandement, les transgressions des

« fêtes, les vols, cette simple réserve serait plus grave et plus
« onéreuse que toute la multitude des réserves pontificales ;
« car ces sortes de péchés étant plus fréquents, la pratique du
« Sacrement de Pénitence deviendrait plus difficile. » (De pœnit.
disp. 20, sect. 3).

La confession de tous les péchés, sans distinction, de nos
élèves réservée aux trois vicaires généraux, était-elle de nature
à rendre le sacrement plus facile et plus abordable ? Cette
mesure n'était-elle pas de plus une atteinte à la juridiction
ordinaire des curés ? Voici ce que pensait sur cette dernière
question le savant Cardinal, comme le rapporte la *Correspondance* à la page 108, du n° 45 :

« De même que tout pasteur ordinaire ne peut pas être des-
« titué de son office arbitrairement, mais seulement pour cause
« d'inaptitude ou de délit, ainsi on ne peut pas le priver arbi-
« trairement de la juridiction qui lui est nécessaire pour exer-
« cer son office. Puisque la destitution d'un curé faite sans
« cause serait non seulement illicite mais nulle, on devrait en
« dire autant du retrait de la juridiction qu'il doit avoir afin
« de remplir son office. Lui ôter cette juridiction, ce serait la
« même chose que lui ôter son office, puisqu'on lui ôterait ce
« qui est nécessaire pour remplir l'office de curé. Si donc la
« réserve était telle que moralement le curé cessât d'être pas-
« teur ordinaire ; si la limitation de sa juridiction arrivait au
« point de l'empêcher de remplir son office, qui consiste dans
« le pouvoir d'exercer tels et tels actes, alors ce changement
« notable survenu dans ce pouvoir devrait être considéré
« comme un changement fait moralement dans l'office même ;
« et comme l'on ne peut pas dénaturer un office qui a ses
« attributions réglées par une autorité supérieure et univer-
« selle, ainsi on ne peut pas sans un motif légitime en dimi-
« nuer les droits au point que ce ne soit plus moralement le
« même office. »

Il n'est pas nécessaire de réfléchir longtemps pour se convaincre que dans notre cas la juridiction du curé était totalement supprimée à l'égard de nos élèves et qu'on lui avait
enlevé, sans jugement, une portion de sa paroisse. (Voir sur
cette question la note 2 sur les péchés réservés).

D'après l'exposé que je viens de faire, on ne se rend pas
compte du ton passablement violent avec lequel l'auteur de la

biographie incrimine *les trois malheureux prêtres* anonymes, qui sont à peu près introuvables. La critique des Statuts, telle que je l'ai lue dans la *Correspondance*, ne *portait pas à faux*, comme le prétend le biographe, puisqu'elle reposait *sur un état de choses* réellement existant ; que plusieurs de ces Statuts ont été supprimés dans l'édition suivante, et que d'autres sont encore en vigueur, comme le casuel des paroisses en commun. Le blâme serait-il exagéré, ce qu'il serait difficile de prouver, il est certain que les Statuts qui en étaient l'objet, n'étaient pas imaginaires.

Peut-on d'ailleurs ne pas se récrier contre les décrets suivants ? « Seront suspendus *ipso facto* les prêtres qui « donneront l'absolution à une femme en cheveux au confes- « sionnal ; ceux qui ne font pas l'encensement à une messe « solennelle *pro defunctis* ; ceux qui sortent du diocèse sans « permission au-delà de quinze jours, etc. »

De plus puisque la *Correspondance* jouissait de *l'imprimatur du maître du sacré palais*, on ne conçoit pas qu'on ait laissé passer dans la rédaction des *faussetés*, des *calomnies* et des exposés faits *dans un mauvais esprit* et dans un but de *vengeance personnelle*.

On me dira peut-être qu'une adresse des curés de la ville fut envoyée à Rome pour protester contre les auteurs des articles et certifier qu'ils adhéraient à toutes les ordonnances de leur évêque. Le fait n'est que trop vrai, et prouve seulement qu'il est très facile à l'autorité de faire plier l'épine dorsale à son clergé, selon son bon plaisir.

Mais on n'ajoute pas, ce qui est encore très vrai, que cette adresse rédigée à l'Evêché fut imposée aux curés, qui l'ont signée sans sourciller, comme ils l'ont fait en d'autres circonstances. Le clergé marseillais en effet, malgré son allure, est malheureusement coutumier de ce fait.

Je conclus donc comme je l'ai déjà fait ailleurs dans l'histoire du *Revenant* : *qu'une autorité sans contrôle, qu'un gouvernement absolu, que réprouvent également la raison et la foi chrétienne est un écueil dangereux même pour les intentions les plus pures et les vertus les plus éprouvées.*

M⁰ʳ Eugène de Mazenod, qui, simple missionnaire, avait été, lorsqu'il évangélisait la Provence, un modèle de douceur, d'abnégation et d'éloquence onctueuse, en fit l'expérience, lorsque le pouvoir personnel tomba dans ses mains.

(Voir la fin de la 3ᵐᵉ partie de *l'histoire du Revenant.*)

Lettre de M. l'abbé Eugène de Mazenod à M. Duclaux, supérieur du grand séminaire de St-Sulpice.

Cette lettre ayant été publiée *in extenso* dans la Biographie, je puis à mon tour en donner quelques extraits comme pièces justificatives de mes appréciations.

« Je suis d'un caractère vif et impétueux ; les désirs que je
« forme sont toujours très ardents ; je souffre du moindre
« retard ; les délais me sont insupportables... Entier dans ma
« volonté et dans mes sentiments, je me révolte à la seule
« apparence d'une contradiction. »

Mgr Eugène de Mazenod, j'en appelle au témoignage des contemporains, s'est montré, étant vicaire général et Evêque, tel qu'il se dépeint dans cette lettre, d'où l'on peut conclure que malgré ses méditations, ses retraites, ses examens et ses résolutions, il n'était pas parvenu à se corriger de ce qu'il y avait de défectueux dans son caractère.

« Je suis naturellement enclin à la sévérité, bien résolu à ne
« jamais me permettre le moindre relâchement. Je suis fort
« porté aussi à ne pas le souffrir dans les autres. Je ne puis
« supporter aucune sorte de mitigation pour ce qui est du
« devoir.

Etre enclin à la sévérité pour soi-même, passe, c'est le propre des Saints ; mais ce n'est pas une vertu d'être impitoyable pour le moindre relâchement des autres ; or c'est le défaut qu'on a reproché à l'administration de Mgr de Mazenod et qui en a été en quelque sorte le cachet principal.

« Je hais la jalousie et la regarde comme un vice indigne
« d'un cœur généreux ; ainsi je suis charmé que les autres
« aient un mérite éclatant. »

J'ignore si Mgr de Mazenod détestait la jalousie ; mais je sais qu'il ne se gênait pas de critiquer ses collègues dans l'épiscopat en certaines occasions — quoi qu'on en dise, il y avait rivalité entre les missionnaires de Provence et ceux de

France, rivalité qui s'est manifestée de la part de M⁹ʳ de Mazenod par un procédé scandaleux.

« J'entre en courroux contre moi-même de ce que je n'ai pas
« assez bien employé le temps de ma jeunesse, et me suis
« sottement borné à quelques connaissances seulement. »

M⁹ʳ de Mazenod à peine ordonné prêtre, ayant toujours mené un genre de vie, qui ne lui permettait pas de se livrer à l'étude, il est peu probable qu'il ait augmenté, après sa sortie de St-Sulpice, le bagage de ses connaissances ; on peut donc conclure de son aveu que son instruction n'était pas au niveau de sa dignité.

« J'ai toujours eu une extrême franchise ; elle m'a fait
« constamment refuser toute espèce de flatteries. »

Il est incontestable que M⁹ʳ de Mazenod n'a pas toujours refusé la flatterie ; ses amis ne lui en ont pas fait faute ; il les a toujours comblés d'honneurs ; et il a presque toujours disgracié ceux qui le contrariaient.

« Je n'ai jamais pu me décider à excuser une action mauvaise
« par la pensée que l'intention peut être bonne. »

Ne pas chercher à excuser une action mauvaise par la pensée que l'intention peut être bonne, ce n'est pas être charitable, surtout lorsqu'on n'est pas Administrateur, comme il était censé ne pas l'être, lorsqu'il a écrit cette confession :

« Mon cœur est sensible et il l'est à un point excessif... »

Lorsqu'on pousse la sensibilité jusqu'à ce point, il ne faut pas croire que les autres sont de marbre ou de bronze et qu'ils ne sentent rien.

« J'aime en général, passionnément, tous ceux dont je crois
« être aimé ; mais il faut que je sois payé de retour ; et alors
« la reconnaissance donne les derniers développements à
« l'élasticité de mon cœur... disposé à beaucoup donner,
« j'exige aussi beaucoup.

« Je ne me refuse pas à certaines amitiés ordinaires, moins
« excellentes, quoiqu'elles ne soient guère de mon goût. J'ac-
« corde dans ce cas à proportion de ce que je crois pouvoir en
« obtenir.. mon cœur a besoin d'aimer ; et comme il a le
« sentiment intime du plus parfait amour, il ne sera jamais
« satisfait de ces amitiés ordinaires dont la plupart se
« contentent ; il vise à une amitié, qui de deux êtres n'en
« forme plus qu'un. Rien de charnel pourtant ne se mêle à

« ces vœux, qui partent de la partie la plus élevée de mon
« cœur... ces sortes d'amitié étant trop souvent plus l'affaire
« des sens que du cœur. D'ailleurs, la qualité des personnes
« n'influe en rien sur le sentiment qui me porte à aimer celui
« de qui je suis aimé. La preuve en est que je suis affectionné
« d'une manière incroyable aux domestiques qui me sont
« vraiment attachés... non par magnanimité, ni grandeur
« d'âme ; je n'agirais par ce motif qu'avec des indifférents,
« mais par sentiment, par tendresse, il faut que je dise le
« mot, par amitié. »

Cette théorie de l'amitié pourrait être inoffensive, si elle n'était que curieuse ; mais n'est-elle pas un peu confuse, même erronée, et par conséquent dangereuse ? Examinons-là tant soit peu. D'abord, évidemment cette amitié n'a rien de commun avec l'amour du prochain, vertu théologale, en vertu de laquelle nous devons *aimer nos ennemis et leur faire* du bien et ne pas nous contenter, *comme les Païens, à aimer ceux qui nous aiment.*

Ensuite, la vraie et solide amitié consiste-t-elle dans la sympathie qu'on éprouve à cause de l'égalité d'humeurs, de goût et de caractère, qui est le côté banal et quelquefois criminel des liaisons intimes ? Ne repose-t-elle pas au contraire essentiellement sur l'estime réciproque, qui naît des qualités de l'esprit et du cœur, et qui produit les généreux dévouements ?

Or l'amitié de M. l'abbé de Mazenod n'est rien autre, d'après son langage, qu'un amour tendre et passionné pour ceux qui conçoivent à son égard le même degré d'amour et qui par conséquent, quoiqu'il affirme le contraire, est cet amour charnel qui naît dans la partie la moins élevée du cœur et satisfait les sens : aussi en connaissant le cœur humain et sachant que Mgr de Mazenod appartenait à l'espèce humaine, on croit difficilement à la prétention qu'il affiche d'avoir été insensible à certaines séductions, quoiqu'on admette qu'il n'y ait pas succombé.

Quant à *son affection incroyable* pour les domestiques, il est à croire qu'une cruelle expérience lui en a montré les inconvénients.

« La reconnaissance qui pour tant d'autres est un poids « incommode, est pour moi pleine de charmes, parce qu'elle « me porte à aimer la personne à qui j'ai de l'obligation. »

On ne peut mieux dire.

« Je suis heureux quand on m'a obligé par sentiment et si « c'est de préférence et par goût pour moi. »

Il est évident que cet aveu est de l'égoïsme.

« Il n'est rien que je ne fasse pour reconnaître plus encore « l'amitié que le service. »

Ce correctif, quoique irrépréhensible, ne justifie pas le précédent aveu.

» Si l'on ne m'offre que des sentiments ordinaires et com- « muns, et que l'on m'oblige comme on aurait obligé un autre, « je ne puis donner en retour qu'une reconnaissance extérieure « qui ne part pas du cœur, qu'une disposition à rendre ser- « vice aussi, mais en vue de m'acquitter, tandis que dans « l'autre cas je trouve mon plaisir à rester obligé. »

Ainsi les pauvres auxquels on fait l'aumône par commisération ou par charité, les malheureux qu'on secourt par humanité ou générosité, et en général tous ceux qui sont entretenus par des souscriptions ou de bonnes œuvres à la tête desquelles sont des personnes inconnues, seraient dispensés de la reconnaissance.

Ensuite n'être disposé à rendre service que pour s'acquitter d'un bienfait, c'est considérer la reconnaissance comme un fardeau, dont il faut se débarrasser ; ce qu'on a pourtant repoussé ci-dessus.

« Ainsi j'apprécie infiniment plus un très petit service qui « part du cœur de celui qui m'oblige, qu'un service infiniment « plus grand qu'on ne m'aurait rendu que parce qu'on est « bien aise d'obliger. » Il y a encore un fond d'égoïsme caché sous cet aveu d'après lequel les grandes aumônes faites, par exemple, aux hospices, devraient être moins appréciées d'un malade que quelques centimes qu'il a reçus personnellement. Je dis *appréciées et non senties*, parce que la sensibilité plus ou moins grande n'est pas une condition essentielle pour l'accomplissement d'un devoir.

Nul plus que moi n'est disposé à rendre hommage aux bonnes intentions du pieux et savant biographe, qui s'est montré si équitable et si généreux à mon égard ; mais je ne pense pas que la critique à laquelle je me suis livré soit déplacée et sans utilité ; elle démontrera une fois de plus, ce qu'au reste personne n'ignore, qu'il faut se méfier, lorsqu'on écrit l'histoire, autant de l'amour que de la haine, pour se maintenir dans le vrai ; et que par conséquent il est dangereux de traiter *ex-professo* les questions personnelles des contemporains.

« Homines, lit-on en effet dans Salluste, ab odio, amicitiâ,
« irâ atque misericordiâ vacuos esse decet ; haud facilè animus
« verum providet, ubi illa officiunt. » (1)

Il n'est pas non plus prudent de se presser de faire l'apothéose de ceux qui, quoique *revêtus* de leur vivant *d'un pouvoir divin, sont morts comme de simples mortels*, selon le langage du psalmiste.

Cependant, comme tout est relatif pour les affaires temporelles de ce monde, et que mon âge avancé m'a permis de voir de mes propres yeux fonctionner les successeurs de Mgr Eugène de Mazenod, mon expérience m'autorise à affirmer, sans que je m'attribue le droit d'imposer mon sentiment à qui que ce soit, que si l'on a hérité largement de ses défauts, aucun d'eux n'eût été capable de faire les grandes choses, dont le diocèse finalement a profité, quelle qu'ait été la pensée principale et directe du prélat. J'affirme surtout avec connaissance de cause que celui qui a occupé le siège immédiatement après lui, a contribué à relever son mérite et à illustrer sa mémoire par une administration incohérente et ruineuse, dont l'issue tristement fatale avait été prédite par le clergé de Paris tout entier ; et ce désastre, sur lequel on passe trop légèrement l'éponge, eut pour complices, au moins indirectement, les membres distingués du clergé marseillais, qui furent ses collaborateurs. Aussi n'est-ce pas sans quelque surprise qu'on a pu lire dans un grand journal de la Ville-Lumière que ce prélat a été une *des grandes figures* de notre épiscopat contemporain ! ! ! *(Sic itur ad Astra).*

---

(1) *On ne démêle pas aisément la vérité, lorsque l'esprit est prévenu des sentiments de haine, d'amitié, de colère et de compassion.*

ERRATA

Page	13,	ligne	8,	lisez :	qui sans doute
»	13	»	24	supprimez :	Ne pas
»	13	»	30	lisez :	a pu
»	15	»	30	»	1500
»	15	»	31	»	500
»	18	»	13	»	arrière-salon
»	24	»	19	»	j'ajoutai
»	26	»	6	»	fut
»	27	»	28	»	Ilium.
»	31	»	35	»	de détruire ;
»	33	»	17	»	fût
»	36	»	28	»	confessionnal ?
»	40	»	3	»	devait
»	45	»	16	»	qu'il eût fait
»	51	»	34	»	quelque
»	54	»	24	»	Burnouf ;
»	56	»	2	»	en apparence
»	58	»	2	»	arrivés
»	60	»	29	»	nuisible ;
»	64	»	10	»	poursuivit
»	68	»	29	»	du métier
»	71	»	8	»	de mauvais
»	99	»	30	»	la
»	105	»	27	»	quelques semaines
»	112	»	9	»	invention
»	119	»	1	»	été
»	125	»	13	»	tous deux
»	136	»	17	»	résultat ;
»	146	»	25	»	est dû,
»	147	»	17	»	d'été est
»	153	»	16	»	mêlé.
»	156	»	20	»	réfléchissez y,
»	159	»	1	»	attendre
»	161	»	4	»	que cet oubli a une raison d'être

Page 170,	ligne 15,	lisez :	bienveillants,
» 170	» 18	»	mais ils
» 170	» 25	»	que mes accusateurs
» 171	» 34	»	qu'on ait
» 173	» 17	»	alphabétique
» 173	» 38	»	cognoscunt
» 174	» 16	»	Louis-Philippe
» 175	» 2	»	destruction,
» 183	» 15	»	pénitencerie
» 185	» 26	»	était convenu
» 186	» 5	»	honneurs
» 187	» 3	»	fût-il

TABLE

QUATRIÈME PARTIE

Fin de l'année classique 1836-37. — Années classiques 1837-38 et 1838-39. — Mon départ en 1840.

CHAPITRE PREMIER
Suite et fin de l'année classique 1836-37

Administration de la Maison.....................	3
Etat de nos finances............................	5
Choléra, incident V.............................	10
Rupture entre l'Abbé Blanc et ses deux associés...	12
Dissolution de la Société.......................	26

CHAPITRE II
Vexations de l'Académie d'Aix

Préliminaires...................................	32
Nouveau prospectus..............................	35
Interrogatoire subi par l'Abbé Vidal.............	39
Commentaire.....................................	42
Dénoûment comique...............................	50
Burnouf et ma grammaire grecque.................	54

CHAPITRE III
Année classique 1837-38

Tableau de notre Maison.........................	57
Causes de notre ruine...........................	58
Incident L....d et A....d.......................	66
L'élève Gustave Ricard..........................	69

Examens publics...	76
Le professeur Loy...	79
Représentation de la *Salamandre*...	84
Fin de l'année classique...	90
Circulaire...	93

CHAPITRE IV

Divers incidents du premier semestre

Incident L... d...	96
Incident Ar... et avances des trimestres...	98
Incidents B... et D...	99
Incident R...	101

CHAPITRE V

Vexations des Propriétaires et Invention de l'Abbé Vidal

Les huissiers...	103
Mes relations avec les deux Présidents...	105
Invention de l'Abbé Vidal...	112

CHAPITRE VI

Fin de l'année scolaire et début de la nouvelle année

Distribution des prix et maladie...	116
Début de la nouvelle année classique, mes perplexités et ma résolution...	117
Ma correspondance avec M. Bony...	120
Bilan...	123
Suites de mon départ...	125
Conclusion finale...	128

APPENDICE

N° 1. 2me Lettre de l'abbé Blanc...	133
N° 2. 3me Lettre...	135
N° 3. Transaction...	135

N° 4.	Prospectus.............................	138
N° 5.	Lettre de Mgr l'Evêque..................	147
N° 6.	Extraits de l'œuvre de M. Brès..........	149
N° 7.	Invention-Vidal........................	152
N° 8.	Lettre de M. Ginoulhiac................	155
N° 9.	Lettres de M. Bony et de M. Laugier....	156
N° 10.	Dernière période de ma carrière de l'Enseignement.	159
N° 11.	Dernière et respectueuse réponse à des observations amicales............................	169

Pièces justificatives concernant mes appréciations des personnes et des faits

NOTES DIVERSES

Vicaires généraux...........................	172
Curés des Cathédrales........................	173
Péchés réservés..............................	174
Judicature du Saint-Siège....................	176
Les ordonnances — l'eutrier..................	177
Sentiments de Mgr de Mazenod sur l'inamovibilité.....	179
Autres extraits de la biographie..............	184
Lettre de M. l'abbé de Mazenod à M. Duclaux...	189

www.ingramcontent.com/pod-product-compliance
Lightning Source LLC
Chambersburg PA
CBHW071227300426
44116CB00008B/938